KB234458

훌륭한 교사의 창의적 학급경영·학생지도 길라잡이

으뜸 학급경영 핸드북

훌륭한 교사의 창의적 학급경영 · 학생지도 길라잡이

으뜸 학급경영 핸드북

박은종 지음

한국학술정보(주)

훌륭한 교원의 탁월한 학급경영의 길라잡이

우리가 사는 21세기 현대사회를 흔히 지식 기반사회, 지식정보화 사회라고 부른다. 전 세계가 하나의 지구촌 사회(Global society)를 이루어 지식과 정보를 기반으로 하며 역동적인 변화와 개혁이 특징인 새로운 사회를 의미한다. 현재 전 세계가 시공간적으로 거리감 없이 가까워져 일일생활권이 되어 지구촌 사회의 구성원으로서 생활하고 있는 것이다.

21세기에 들어 세계적인 교육의 트렌드(Trend)는 변화와 혁신이다. 세계화 · 정보화 시대를 맞아 세상의 모든 것들이 변화를 거듭하지만, 그 변화를 앞에서 이끌고 혁신의 선구자적 역할을 하는 것이 곧 교육인 것이다. 국가의 백년지대계(百年之大計)인 교육의 새 천년 화두는 분명히 '새로운 변화와 혁신'의 추구인 것이다.

사회의 변화를 선도하는 것이 교육이고 그 교육을 앞에서 이끄는 사람이 곧 교원들이다. 사회와 교육, 그리고 교원들이 함께 어우러져 변화와 혁신을 거듭하지 않으면 안 되는 이유가 바로 이와 같은 사회의 변화와 교원의 역할 제고에 있는 것이다.

자고로 학교는 미래의 기둥인 학생들을 교육하는 곳이다. 교육에 대한 불변의 정의가 '인간 행동의 바람직한 변화를 위한 의도적 활동'이라는 점을 전제하면, 학교는 그러한 교육적 경험과 활동을 다양하게 펼치는 요람이자 보금자리인 것이다.

학교는 교육과정에 따라 다양한 활동을 한다. 교과, 특별활동, 재량활동 등 교육과정 운영과 더불어 학생 생활 지도, 방과 후 학교 지도, 학교행사, 특기 · 적성교육 활동 등이 종합적으로 이루어지는 공간이 곧 학교인 것이다. 교사는 이러한 다양한 교육활동을 주도적으로 이끄는 역할을 한다. 즉 교육과 학교의 변화와 혁신의 역동적인 '이끄미'가 곧 교원, 특히 교사인 것이다. 그리고 그 교육과 학교 변화의 핵심적 본질과 출발은 곧 수업이다.

사실, 바람직한 인간 육성이라는 본연의 역할과 책무를 논하지 않더라도 교육과 학교, 그리고 교원의 중요성은 아무리 강조해도 지나치지 않는다. 지난날 자원과 자본, 기술이 현저히 낙후된 어려운 여건 가운데에서도, 유구한 역사 속에서 우리나라가 발전과 성장을 거듭하여 이렇게 세계 속의 한국으로 우뚝 서게 된 것을 교육과 학교, 교원들을 제외하고 설명할 수는 없을 것이다. 누가 뭐래도 교육이 국가 백년대계(國家百年之大計)로서 묵묵히 국가와 국민의 미래를 보고 일신우일신(日新又日新)해야 하는 이유도 여기에 있는 것이다.

교육을 주 업무로 하는 학교의 주체는 교원들이다. 그중에서도 학생들을 직접 가르치는 교사들은 교육과 학교의 중추적 역할을 맡고 있다. 교실 현장에서 가장 본질적인 교육을 담당하고 있다. 학교교육의 핵심적 교원이 곧 교사들이기 때문이다. 교육의 길은 멀고도 험하지만, 우리 모두 마음을 모아 행복한 마음으로 함께 가야만 한다.

초·중·고교를 막론하고 대부분의 교사들은 자기 전공 교과목을 가르치면서, 학급 경영을 한다. 즉 자신이 담임을 맡고 있는 학생들에게 교과 학습 지도, 재량활동과 특별활동 지도, 생활 지도, 인성교육, 기타 다양한 활동을 지도하는 위치에 있는 사람들이 곧 담임교사들이다. 학교의 교사의 업무는 매우 다양하다.

하지만 우리나라 교육 현실에서 교사들이 학생들을 지도할 때 참고할 만한 교재, 교구 및 자료가 충분하지 못한 게 사실이다. 처음 교단에 서는 초임 교사들이 초·중·고교에서 담임을 맡아 당황하고 시행착오를 거듭하는 이유 중의 하나도 길라잡이 형식의 지도 자료가 부재하기 때문이다. 특히 학급경영에 관한 자료는 더욱 부족한 형편이다.

본서는 이와 같은 초·중·고교의 교사들에게 학급 경영 자료로 제시하기 위한 것이다. 따라서 학급을 맡아 경영을 하며 학생들을 지도하는 담임교사들에게 필요한 자료를 중심으로 구성하였다.

본서는 제1장 학년(학급) 교육과정 편성·운영, 제2장 수업설계 및 수업분석, 제3장 인성·예절교육, 제4장 학습·생활 부적응 학생 지도, 제5장 학생회(자치회: 어린이회) 조직·운영, 제6장 학교행사 운영·지도, 제7장 고사성어(속담·사자성어) 지도 등 총 7장으로 구성되어 있다. 모두 일선 학교 현장에서 담임교사를 비롯한 모든 교사들의 학급 경영, 학생 지도에 필요로 하는 핵심 주제 중심으로 조직하였다. 특히 초임교사와 저경력 교사들의 교실 현장 적응에 도움이 되도록 구성하였다.

본서가 일선 학교의 담임교사를 비롯한 교원들과 예비 교사, 교육 전문가, 교육 행정가들에게 교육과 연구의 좋은 자료가 되기를 기대한다. 그리고 책장과 책꽂이에 진열되어 있는 도서가 아니라 항상 이용하는 사람들의 손에 들려 있기를 기대한다. 학급 경영과 학생 지도의 길라잡이 역할에 충실하기를 소망하는 것이다.

끝으로, 본서를 세상에 내놓으면서 그동안 도움과 격려를 주신 모든 분들에게 고마운 말씀과 함께 감사드린다. 우선 교육과 연구 활동으로 늘 가정에 무성의한 필자에게 말 없는 성원과 격려로 용기를 주는 사랑하는 가족들에게 심심한 감사를 드린다. 가정적인 일을 제대로 챙기지 못하는 부족한 필자에게 질책보다는 든든한 후원자로서 박수를 보내는 가족과 친지 여러분께 진심으로 감사를 드리는 바이다.

아울러, 필자를 처음 학문의 길로 이끌어 주신 진주교육대학교(전)의 이종문 교수님, 충남대학교(전)의 강상철 교수님, 일본 루오코우대학교의 권오정 교수님께 감사드린다. 그리고 항상 학문적·인격적으로 지도해 주시고 이끌어 주시는 공주대학교 사범대학의 김병무 전 학장님, 정종호 교수님, 김덕수 교수님, 임경수 교수님, 현승숙 조교님 등에게도 감사드린다. 오랫동안 현장 교육에 종사하며 먼 길을 돌아 묵묵히 학문의 길을 가고 있는 필자에게 베풀어 주시는 과분한 격려와 지원에 늘 옷깃을 여미고 감사드린다.

또한 필자에게 항상 학문적·인격적으로 지원과 지도를 해 주시는 한국교원대학교 권낙원 교수님, 공주교육대학교 서재천 교수님, 충남대학교 김두정 교수님, 김언주 교수님, 김정겸 교수님 등에게도 심심한 사의를 표하는 바이다.

그리고 원고 집필 자료를 함께 정선·구성하는 등 많은 도움을 준 김영혁 선생님(부여 남성초), 김혜자 선생님(금산 남일초), 노은수 선생님(공주 장기초), 유미선 장학사님(충남교육청), 이효선 장학사님(충남보령교육청), 정희순 장학사님(충남부여교육청) 등 여러 선생님께 감사드린다.

한편, 필자와 함께 교육과 학문을 함께 하며 동고동락한 박명배 선생님(서울 자양초), 신현영 선생님(경기 포천초), 오정학 선생님(충남 대천여고), 명재덕 선생님(대전 동대전고), 신현복 선생님(충남 당진정보고), 차성우 선생님(충남 주산산업고), 김명순 선생님(충남 천안 성거초), 김완선 선생님(충남 아산 금곡초), 이종숙 선생님(충남 공주 신관초) 등에게도 고마운 인사를 드린다. 친절한 동반자이자 건설적 비판사인 그들과의 영원한 동행은 필자를 더욱 노력하게 하는 '행복 마중물' 같은 원동력이기에 그저 행복하기만 하다.

끝으로 최근 출판 시장의 여러 가지 어려움에도 불구하고 본서를 출판하여 세상에 빛을 보게 해주신 한국학술정보(주) 채종준 사장님과 출판사업부의 문진현 기획자님, 디자인편집부의 양은정 · 김소영 선생님께 감사를 드린다. 많은 분들의 격려와 성원의 보살핌에 그저 고맙고도 송구스럽다.

모든 분들의 성원과 격려를 마음속 깊이 새기며, 앞으로 더욱 교육과 학문 연구에 매진하려고 다짐한다. 교육과 학문의 길이 멀고도 험하지만, 중단하지 않고 뚜벅뚜벅 열심히 걸어가고자 한다. 그리고 앞으로 더욱더 열심히 정진하겠다는 약속을 드리는 바이다. 생각이 바뀌면 세상이 달리 보인다는 말처럼, 정녕 세상의 모든 것들이 아름답고, 모든 사람들이 사랑스러운 새봄이다.

경인년(庚寅年) 신춘(新春)에
웅진골 연구실에서
박 은 종

contents | 차례

제1장

◀◀◀ 학년(학급) 교육과정 편성 · 운영 ▶▶▶

[Key Point]

제1장에서는 학교 교육과정의 하위 교육과정으로서의 학년(학급) 교육과정에 대해서 탐구한다. 일선 학교의 학년(학급) 교육과정의 형식과 내용을 사례로 제시함으로써 초임 교사를 비롯한 담임교사들이 학년(학급) 교육과정의 체제를 이해할 수 있다. 이를 바탕으로 교사들이 담당한 학년과 학급의 교육과정을 창의적으로 개발(편성), 실행(운영)할 수 있는 능력과 함께 교사로서의 교육과정 전문성과 교육적 자질을 함양한다.

1. 학년(학급) 교육과정의 편성 절차

학년(학급) 교육과정은 학교 교육과정을 편성한 뒤 편성 작업을 해야 하며 학년(학급) 교육과정 편성 작업 방향을 제시할 수 있는 사전 연수가 필요하다. 학교 교육과정 편성·운영 방향에 명시된 편성, 운영, 편제와 시간 배당, 평가에 관한 내용이 벗어나지 않는 방향으로 하되 학급 특색을 살릴 수 있어야 한다.

가. 학급 교육과정 편성 절차

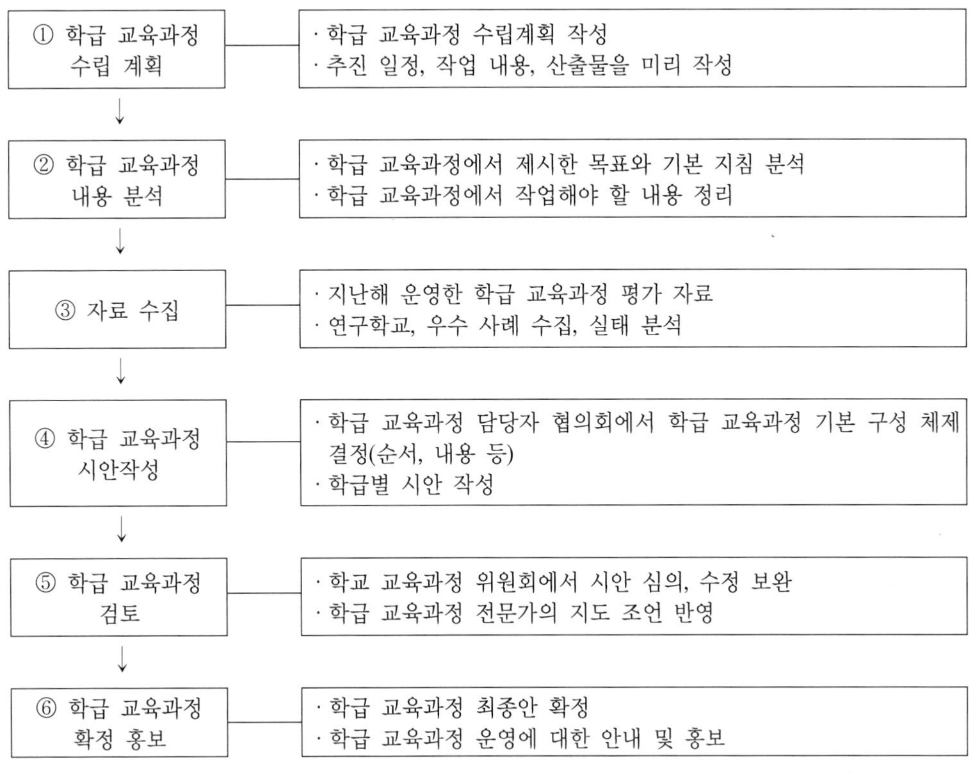

[그림 1] 학급 교육과정 편성 절차

나. 학급 교육과정 편성 시에 결정할 방향

1) 교육목표의 결정: 학급 교육과정 운영계획은 2007년 개정 교육과정 및 2009년 개정 교육과정에서 추구하는 바람직한 교육적 인간상을 근간으로 하여 학교와 학년의 목표를 구체화할 과정있어야 한다. 그러기 위해서는 먼저 학급 학생들의 개성, 능력은 물론, 요구사항 및 학부모의 바라는 점들을 먼저 파악하는 것이 중요하다. 그리하여 학생, 학부모의 요구와 국가 수준 교육과정, 시·교육청 지침, 학교(학급) 교육과정과 상통하는 교육목표를 조화롭게 설정해야 할 것이다.

2) 교과별 학년 목표의 결정: 국가수준의 교육과정에서는 교과별 교육목표가 제시되어 있으나 학교급별 학년 목표는 제시되어 있지 않다. 그렇기 때문에 국가수준의 교육과정, 과목별 초·중·고등학교 교육과정 해설서, 교사용 지도서를 바탕으로 학년 목표를 구체화해야 한다. 이때 학년에서는 교과별 교육목표를 파악하여 학년별 학생의 발달특성과 학교 실태를 반영하여 실천할 수 있는 구체적인 목표를 설정해야 한다.

3) 교과별, 학년별 교육내용의 결정: 국가 수준에서 제시한 교과별, 영역별, 학년별 교육 내용을 골격으로 상세하게 보완하여 제시하여야 한다. 교과 내 내용요소 또는 학습주제 간, 교과목 간, 교육내용의 가치에 대한 합리적 판단에 따라 타당성과 중요도의 우선순위를 설정하고, 그에 따른 합리적이고 체계적인 내용의 정선과 재조직이 필요하다. 특히, 교과의 특성, 학교의 교육중점, 지역의 특성, 학생의 발달 정도 등을 반영하여 교육내용을 결정하는 것이 바람직하다.

4) 교육 내용별 소재의 결정: 지역, 학교에 적절한 수업 소재를 선택해야 한다. 교육활동은 교육해야 할 내용에 따라 적절한 소재를 선택하는 것이 학습의 효과를 얻을 수 있다. 그러므로 교육내용에 따른 수업소재를 학생들의 흥미와 관심, 학교의 여건, 지역의 실태를 고려하여 선택하고 제시하는 것이 바람직하다.

5) 교육 방법의 결정: 교육목표, 교과의 특성, 교육 내용, 교육 수요자인 학생에 따라 교육 방법은 달라질 수밖에 없다. 여러 교과에서 제시되는 비슷한 학습주제 내용을 추출하여 그것을 바탕으로 체험학습으로 구성할 것인가, 개별학습으로 구성할 것인가, 모둠별 학습으로 구성할 것인가, 전체 학습으로 구성할 것인가 등 다양한 방법 중에서 가장 효과적인 방법을 선택 결정하도록 한다. 이 또한 학교의 여건과 학생의 특성에 맞추어 교육 방법을 융통성 있게 결정하여야 하며 교육목표에 도달할 수 있는 효과적인 방법을 선택하도록 해야 할 것이다.

6) 학습 시간의 결정: 고정적인 시간 배당에서 유연하고 융통성 있는 방식을 택한다. 연간 수업시수는 계절, 학교 실정, 학생 실태, 교육 여건 등을 고려하여 월별, 주별로 적절히 배정하여 탄력적으로 편성할 수 있다. 그러나 교육과정 최소기준 시간 수는 반드시 확보하여야 한다.

7) 학습 시기의 결정: 학생중심의 다양한 조직, 수준별 수업 운영 등을 고려한다. 학습내용과 학습방법, 학생들의 수준과 특성과 따라 다양한 학습 형태와 학습조직이 필요하다. 학습 집단 조직을 어떻게 편성하고 운영할 것인가, 개별 학습 형태로 구성할 것인가, 모둠별 학습 조직으로 구성할 것인가 등을 선택하여 결정해야 한다.

8) 학습 형태, 학습 조직의 결정: 학생중심의 다양한 조직, 수준별 수업 운영 등을 고려한다.

9) 학습 매체의 결정: 교수·학습 활동에 필요한 매체 모두를 포함하여 결정하도록 한다. 학생뿐

아니라 교사용 교수 매체도 모두 포함하여 결정한다. 교수·학습 활동에 활용할 수 있는 학습 매체는 너무나 많을 것이다. 실물자료, 모형자료, 조작자료, 시청각자료, 실험관찰도구 등 학습 내용과 학습 방법에 따라 학습 목표 도달에 적합한 최적의 학습 매체를 결정해야 한다.

10) 평가 계획의 결정: 평가 도구, 방법, 시기를 결정한다. 학생들의 교육목표를 달성하기 위해 타당성, 신뢰성, 객관성을 갖고 교과 성취도를 측정하고 그 결과가 환류(feedback)되도록 해야 한다. 학교에서 자체 개발한 평가도구를 활용할 것인지, 한국교육과정평가원이나 시·도교육청 단위에서 개발된 평가도구를 사용할 것인지를 학교 전체에서 결정한다. 이때 평가 횟수, 평가 시기를 결정하며 지필평가와 수행평가의 비율도 결정해야 한다. 그리고 평가 계획이 결정되면 학부모에게도 사전에 예고하여 준비할 수 있도록 교육 서비스도 함께 이루어져야 할 것이다.

2. 학급 교육과정의 구성 내용

단위 학교에서의 교육은 학교 교육과정으로 구현된다. '학교 교육과정을 어떤 내용으로 구성할 것인가?' 하는 문제는 기본적으로 당해 학교장에게 자율권·재량권이 부여되어 있다. 따라서 학교 교육과정의 내용 및 구성 내용은 지역 및 학교 실정과 학교장의 교육적 판단에 따라 창의성을 발휘하여 특색 있게 구성되어야 한다. 어떤 내용, 어떤 형태로 편성하든지 학교 교육과정 속에는 학교장의 교육 철학과 교육목표, 당해 연도의 노력 중점이 뚜렷이 부각되어야 하며, 교육과정 편제와 시간 배당, 교과, 재량활동, 특별활동의 학년·교과·영역별 중점과 연간 지도 계획, 평가 계획 등이 포함되어야 하는 것이다. 학급 교육과정도 이와 같은 맥락에서 살펴볼 필요가 있다. 학교 교육과정의 구성 내용이 학교장에게 자율·재량권이 부여되어 있는 것과 마찬가지로, 학급 교육과정의 구성 내용도 담임교사에게 자율·재량권이 부여되어 있다고 볼 수 있다.

교육과정의 편성 내용은 학교·학급 교육과정 편성 및 모든 교육활동의 한계를 결정한다. 따라서 교육과정의 구성 내용을 바르게 설정하는 것은 매우 중요한 일인데, 교육과정 구성 내용과 관련하여 '교육과정의 편성과 운영을 구분할 필요가 있는가?'에 대한 논의가 그 하나이다. 교사가 교육과정을 쉽게 이해하고 활용하도록 하는 데는 교육과정의 편성과 운영을 구분하는 것이 좋을 것이나 현실적으로 구성주의적인 '만들어 가는 교육과정'을 표방하는 현행 교육과정에서는 편성과 운영이 분리되는 것이 아닌 상호 보완되는 것이다. 교육과정의 편성은 운영을 전제한 것이며, 운영 과정에서 수시로 보완·수정되는 것이 편성 내용이기 때문이다. 편성과 운영을 구분하기는 어려운 경우가 많다. 따라서 여기에 교육과정의 편성과 운영을 구분하지 않은 '교육과정 구성 내용'을 하나의 사례로 제시한다.

〈표 1〉 학교 및 학급 교육과정 구성 내용(예시)

학교 교육과정 구성 내용	학년(학급) 교육과정 구성 내용
Ⅰ. 학교 교육과정의 배경 1. 국가 수준의 교육과정 분석 2. 시·도교육청 교육과정 지침 3. 실태 및 기초 조사 Ⅱ. 학교 교육목표 1. 학교장 교육 경영관 2. 학교 교육목표 3. 학교 교육 중점 과제 추출 Ⅲ. 교육과정 편성·운영 지침 1. 학교 교육과정의 성격 2. 학교 교육과정 편성·운영의 방향 3. 편제와 시간 배당 가. 편제 나. 시간 배당 다. 주간 시간 운영 라. 수업 일수 및 시간 확보 계획 Ⅳ. 교육과정 편성·운영 1. 교과활동 가. 각 교과의 목표, 지도 중점, 지도방법 , 평가 나. 수준별 교육과정 다. 교과 통합 창의적 교육활동 2. 재량활동 가. 정보통신 기술 교육 나. 창의성 계발 교육 3. 특별활동 -자치·적응·계발·봉사·행사활동 4. 특수 교육 Ⅴ. 교육과정 평가 1. 교육과정 평가의 방향 2. 교과 평가 3. 재량활동 평가 4. 특별활동 평가 5. 행동 발달 상황 평가 6. 학교 교육과정 운영 자체 평가 ※ 부록	Ⅰ. 학교 교육목표 1. 학교장 교육 경영관 2. 학교 교육목표 3. 학교 교육 중점 과제 4. 학교 교육과정 편성 방침 Ⅱ. 학년 교육목표 1. 학년 실태 2. 학년 교육목표 3. 학년 특색활동 Ⅲ. 학급 교육목표 1. 학급 실태 2. 학급 교육목표 3. 학급 특색활동 Ⅳ. 학급 교육과정 편성·운영 지침 1. 학급 교육과정 편성 방침 2. 학급 교육과정 운영방침 3. 학급 교육과정 운영계획 Ⅴ. 학급 교육과정 운영 1. 교과활동 가. 각 교과 운영 나. 수준별 교육과정 운영 다. 교과 통합 창의적 교육활동 운영 라. 교과 평가 2. 재량활동 가. 재량활동 운영 지침 나. 학급 운영계획 -창의적 재량활동 -정보통신 기술 교육 다. 재량활동 평가 3. 특별활동 가. 특별활동 운영 지침 나. 학급 운영계획 -자치, 적응, 계발, 봉사, 행사활동 다. 특별활동 평가 4. 행동 발달 및 교육과정 평가 5. 주간 교육활동 계획 가. 주간 교과, 재량, 특별활동 계획 나. 수업 협의록 Ⅵ. 부록 ■ 주요 학사 일정 및 행사 일람표 ■ 학교 중점 과제 추진 세부 계획 ■ 학급별 각종 기록 및 통계 ■ 특수아 지도 기록 ■ 학습 부진학생 지도 기록 ■ 표창 및 수상 기록 ■ 체격·체질·체력 검사 기록 ■ 재활용 실적 기록 ■ 학급 규칙

3. 학급 교육과정의 유형

가. 일반적인 학급 교육과정 유형

〈표 2〉 일반적인 학급 교육과정 유형

<table>
<tr><td valign="top">

Ⅰ. 학교 교육목표
 1. 학교장 교육 경영관
 2. 학교 교육목표
 3. 학교교육 중점과제
 4. 학교 교육과정 편성·운영 방향
 5. 편제와 시간 배당
　가. 교과
　나. 재량활동
　다. 특별활동
Ⅱ. 학급 실태 및 교육목표
 1. 학급 실태
　가. 학생 실태
　나. 학부모 실태
　다. 학습 부진학생 및 학력 실태
 2. 학급 교육목표
　가. 교육목표
　나. 노력 중점
Ⅲ. 학급 실태 및 교육목표
 1. 학급 실태
　가. 학생 실태
　나. 학부모 실태
　다. 학급 운영 지원을 위한 학부모
　　조직
 2. 학급 교육목표
　가. 교육목표
　나. 학급 특색활동
Ⅳ. 학급 교육과정 편성·운영 방향
 1. 학년 교육과정 편성·운영의
　기본방향
 2. 학급 교육과정 편성·운영
　가. 교육과정 시간 배당 기준
　나. 연간 교육과정 운영계획
　다. 교육과정 운영 시간 산출 및
　　시간 배정

</td><td valign="top">

　라. 일과 운영계획
　마. 특별실 사용 계획
　바. 기준 시간표
　사. 교육과정 연간 운영 진도표
Ⅴ. 학급 교육과정 운영
 1. 교과활동
　가. 각 교과 교육과정
　나. 교과통합 창의적 체험학습 교육
　　과정
 2. 재량활동
　가. ICT 활용 교육
　나. 창의적 재량활동
 3. 특별활동
　가. 특별활동 운영방침
　나. 영역별 활동 계획
　　－자치, 적응, 봉사, 계발, 행사활동
 4. 주간교육활동 계획
Ⅵ. 교육과정 평가
 1. 교육과정 평가의 기본방향
 2. 행동 특성 기록
 3. 교육과정 자체 평가

부록: 학급경영자료

</td></tr>
</table>

나. 학교 교육과정 상세화 학급 교육과정

〈표 3〉학교 교육과정 상세화 학급 교육과정

1. **학급 교육과정 편성·운영의 기저**
   가. 학급 교육과정 편성·운영의 배경
   나. 본교 교육목표 및 경영방침
2. **학급 교육과정 편성·운영의 기본계획**
   가. 교육과정의 성격
   나. 교육과정 편성·운영의 기본방향
   다. 교육과정 편성 및 운영방침
   라. 학급 교육목표
   마. 학급 운영의 기본방향
   바. 학급 중점 교육활동
   사. 학급 실태 분석 및 지도 방안
   아. 학급 역점사업 운영
   자. 학급 역점 사업에 따른 학급 실천계획
3. **교육과정 편제 및 시간운영 계획**
   가. 편제 및 시간 배당
   나. 교육과정 시간 운영계획
4. **교육과정 운영의 실제**
   가. 교과 지도의 방법
   나. 교과별 운영계획
   다. 재량활동 운영계획
   라. 특별활동 운영계획
   마. 수준별 교육과정 운영계획
   바. 주5일제 토요휴업일 운영계획
   사. 보건교육 운영계획
   아. 안전교육 운영계획
   자. 경제교육 운영계획
   차. 환경교육 운영계획
   카. 인성교육 운영계획
5. **교육과정 운영 평가 계획**
   가. 목 적
   나. 방 침
   다. 세부 추진 계획
   라. 수행평가 실시 계획
   마. 학급 교육과정 편성 운영 평가

다. 학급운영 상세화 학급 교육과정

〈표 4〉학급 운영 상세화 학급 교육과정

Ⅰ. **학급 교육과정 편성의 기저**
  1. 학교장의 경영관 2. 본교 교육목표 및 경영방침 3. 정재 중점 교육 및 특색사업
Ⅱ. **학년 교육과정의 편성·운영**
  1. 학년 교육과정 편성·운영방침   2. 학년의 실태 및 특성
  3. 학년 교육목표   4. 학년 경영 중점   5. 학년 노력 중점
  6. 학년 특색 사업   7. 학년 경영 조직   8. 학년 아침활동 운영계획
Ⅲ. **학급의 운영**
  1. 학급경영관   2. 우리 학급 기초 조사 및 실태 분석
  3. 학생 명부   4. 생활지도계획
  5. 학습 부진 학생도   6. 특별 어린이 지도 및 상담
  7. 우리 학급 자랑   8. 우리 학급 교육목표
  9. 우리 학급 노력 중점   10. 우리 학급 특색사업
  11. 우리 학급 임원 조직   12. 특별활동 운영
  13. 받아쓰기 급수제 운영   14. 우리 학급 특색 사업
  15. 리코더 급수제 운영   16. 독서 지도 기록
Ⅳ. **학급 교육과정 편성·운영계획**
  1. 편성 기본방향 2. 운영 목표 3. 운영방침 4. 편제
  5. 학급 교육과정 운영계획
    가. 연간 교과별 기준 수업시수   나. 연간 수업 일수 운영계획
    다. 연간 시간표 라. 수업시수표   마. 교육과정 연간 지도계획
Ⅴ. **교과 교육과정 편성·운영계획**
  1. 교과별·영역별 지도 내용   2. 교과별·차시별 지도 내용
  3. 수준별 교육과정 편성·운영계획
  4. 창의성 교육 및 자기 주도적 학습활동
    가. 창의성 교육 나. 자기 주도적 학습활동 다. 기대효과   라. 연간 지도 계획
  5. 안전 교육과정 편성·운영계획
    가. 운영 목적   나. 운영 방법   다. 연간 지도 계획
  6. 보건 교육과정 편성·운영계획
    가. 성교육 연간지도계획   나. 약물 오남용 교육 연간지도계획
Ⅵ. **재량활동 교육과정 편성·운영계획**
  1. 운영 목표 2. 운영 방법 3. 영역별 지도 내용 및 시간 배당 4. 연간 지도 계획
Ⅶ. **특별활동 교육과정 편성·운영계획**
  1. 운영 목표   2. 운영 방법 3. 영역별 지도 내용 및 시간 배당 4. 연간 지도 계획
Ⅷ. **학년 평가 계획**
  1. 교과활동 평가: 가. 기본 방침   나. 평가방법   다. 수행평가 계획
  2. 재량활동 평가: 가. 기본 방침   나. 평가방법   다. 평가 관점
  3. 특별활동 평가: 가. 기본 방침   나. 평가방법   다. 평가 관점
  4. 행동 발달 상황 평가: 가. 기본 방침 나. 평가방법   다. 평가 관점
  5. 평가 결과 활용: 가. 기초학습 부진 학생 책임관리 나. 교과학습 부진 학생 책임관리
Ⅸ. **토요휴업일 운영계획**
  1. 토요휴업일 지정   2. 방침   3. 내용   4. 토요휴업일 프로그램
Ⅹ. **각종 회의 기록:** 1. 동 학년 회의록 및 자기장학록 2. 교직원 회의록

라. 학급경영록 강조 학급 교육과정

〈표 5〉학급경영록 강조 학급 교육과정

제1장 교육과정 편성
　1. 20○○학년도 교무분장 조직표
　2. 20○○학년도 부장교사 및 학급담임 배정안
　3. 동 학년 조직 현황
제2장 학급 교육과정 수립의 기저
　1. 도교육청 교육의 지향점
　2. 지역교육청 교육의 기본방향
　3. 학교 교육의 방향
　4. ○학년 교육의 기본방향
제3장 학급의 운영
　1. 학급실태 분석 및 실천과제
　2. 학급의 교육목표
　3. 학급별 지역사회 인적ㆍ물적 자원 활용계획
제4장 교육과정 운영계획
　1. 편성 기본방향
　2. 운영 목표 및 방침
　3. 교육과정 편제와 시간 배당
　4. 연간 교육과정 시간 운영계획
제5장 학급 교육과정 운영의 실제
　1. 교과교육활동
　2. 재량활동 운영계획
　3. 특별활동 운영계획
　4. 주5일 수업제 운영계획
　5. 수행평가 운영계획
제6장 학급경영록
　1. 학생 명부
　2. 학습활동 기록
　3. 학습 부진 학생 지도 기록부
　4. 수행평가 보조부
　5. 재량활동 평가부
　6. 행동 발달 상황 기록부
　7. 특별활동 상황 기록부
　8. 수상 기록부
　9. 출결 상황부
　10. 신체검사 상황
　11. 조사 및 기록부
　12. 협의록
　13. 교내 장학 지도부

마. 상위 교육목표 연계 학급 교육과정

<표 6> 상위 교육목표 연계 학급 교육과정

Ⅰ. 학급 교육과정 수립의 기저
 1. 학급 교육과정의 성격
 2. 국가 수준의 교육과정 분석
 3. 도 교육의 지표 및 주요 시책
 4. 군 교육의 지표 및 주요 시책
 5. 학교 교육의 지표 및 주요 시책
 6. 학교 교육 여건과 분석
 7. 학급 교육 여건과 실태 분석
Ⅱ. 학급 교육목표
 1. 학교 교육목표
 2. 학교 교육목표별 교육 중점
 3. 학교 교육 역점 사업 및 특색 사업
 4. 학년 교육목표
 5. 학급 교육목표
 6. 학급 노력 중점
 7. 학급 특색 사업
 8. 명품 학교 만들기를 위한 학급 교육활동
 9. 학급 교육목표별 세부 실천 계획
Ⅲ. 학급 교육과정 편성 · 운영계획
 1. 학급 교육과정 편성의 기본방향
 2. 학급 교육과정의 운영
 3. 학급 교육과정 시간 배당
 4. 연간 교과별 기준 수업시수
 5. 기본 시간표
 6. 교육과정 시간 운영계획
 7. 주5일제 운영계획
Ⅳ. 교과 교육과정 편성 · 운영계획
 1. 교과 교육과정 편성 · 운영 기본 방침
 2. 교과별 목표 및 지도 내용

20○○학년도
『사랑을 가꾸는 학교, 기초·기본을 다지는 교육』을 구현하는

학 급 교 육 과 정

학교	○○초등(중·고등)학교
학반	제 ○학년 ○반
재적	남: ○, 여: ○, 계: ○ 명
담임	교사 ○ ○ ○

○ ○ 초 등(중·고 등)학 교

1. 학교 교육과정의 기본방향

목 표	내 용	방 법	평 가
▪ 건전한 인성과 창의성을 함양하는 기초·기본 교육의 충실	▪ 세계화·정보화에 적응할 수 있는 자기 주도적 학습능력 신장	▪ 학생의 능력·적성·진로에 적합한 학습자 중심 교육 실천	▪ 교육목표 달성도 및 학생의 창의력 탐구력 신장 모색

초등학교의 교육은 학생의 학습과 일상생활에 필요한 기초 능력 배양 및 기본 생활습관을 형성하는 데 중점을 둔다.
1) 몸과 마음이 균형 있게 자랄 수 있는 다양한 경험을 가진다.
2) 일상생활의 문제를 인식하고 해결하는 기초 능력을 기르고, 자신의 생각과 느낌을 다양하게 표현하는 경험을 가진다.
3) 다양한 일의 세계를 이해할 수 있는 폭넓은 학습 경험을 가진다.
4) 우리의 전통과 문화를 이해하고 애호하는 태도를 가진다.
5) 일상생활에 필요한 기본 생활습관을 기르고, 이웃과 나라를 사랑하는 마음씨를 가진다.

2. 학교 교육목표

가. 학교장 경영관

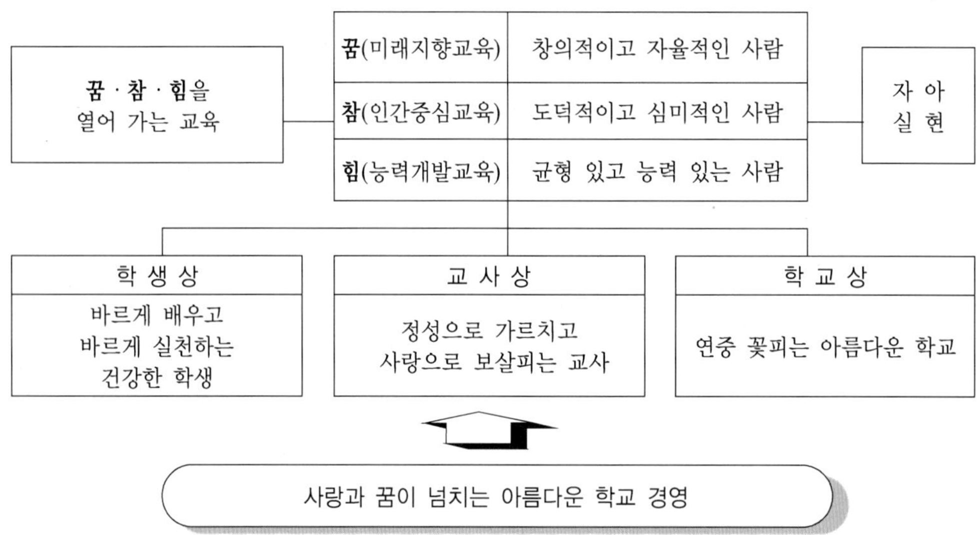

나. 교육목표

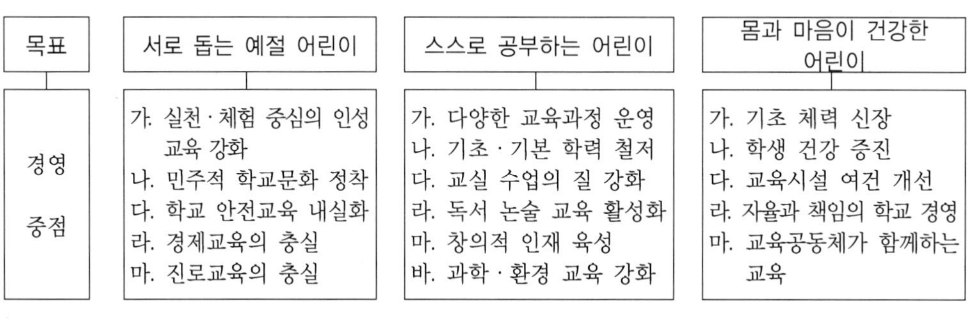

다. 경영 중점

목표	서로 돕는 예절 어린이	스스로 공부하는 어린이	몸과 마음이 건강한 어린이
경영 중점	가. 실천·체험 중심의 인성 교육 강화 나. 민주적 학교문화 정착 다. 학교 안전교육 내실화 라. 경제교육의 충실 마. 진로교육의 충실	가. 다양한 교육과정 운영 나. 기초·기본 학력 철저 다. 교실 수업의 질 강화 라. 독서 논술 교육 활성화 마. 창의적 인재 육성 바. 과학·환경 교육 강화	가. 기초 체력 신장 나. 학생 건강 증진 다. 교육시설 여건 개선 라. 자율과 책임의 학교 경영 마. 교육공동체가 함께하는 교육

라. 교육목표 및 경영방침

교육목표	경영방침
1. 서로 돕고 예절바른 어린이 (도덕인)	1. 지역사회와 함께하는 교육풍토 조성 2. 세계로 나아가는 외국어 교육 강화 3. 화합으로 다져 가는 통일교육의 강화 4. 기본이 바로 선 학생 생활교육 충실 5. 더불어 살아가는 공동체 의식의 함양
2. 창의적으로 생각하고 스스로 공부하는 어린이 (자주인)	6. 기초·기본학력의 책임 지도 7. 교육과정의 발전적 운영 8. 독서교육 충실 9. 특기·적성계발 교육의 활성화 10. 교육의 전문성 신장 및 책무성 제고 11. 기초과학 교육의 충실 12. 환경보전 교육의 충실 13. 창의성 교육의 강화 14. 교육환경 여건의 현대화
3. 몸과 마음이 건강한 어린이 (건강인)	15. 보건·체육교육의 내실 16. 안전사고예방 교육의 충실 17. 미래를 설계하는 꿈 교육

마. 학교 노력중점 및 특색사업

학교 노력중점	◆ 마음이 행복해지는 독서교육	◇ 도서관 활용교육의 충실 ◇ 교과 연계 논술교육 강화
	◆ 영어 활성화 교육	◇ Step & Jump 인증제 강화 ◇ 다양한 영어축제 운영
학교 특색사업	◆ 사랑 나눔 활동	◇ 친구사랑 체험활동 운영 ◇ 친구사랑 마음 가꾸기 교육 강화
	◆ 살금살금 소곤소곤 활동	◇ "질서 지킴이" 운영 ◇ 조용한 교실 만들기
	◆ 건강 짱! 체력 짱!	◇ 맞춤체력 인증제 실시(줄넘기) ◇ 희망 꿈둥이 어린이

3. 학년(학급) 경영 계획

가. 학년(학급) 경영 목표

질서를 지키고 예의 바르며 스스로 학습내용을 선택하여 활용할 수 있는 어린이

나. 학년(학급) 경영관

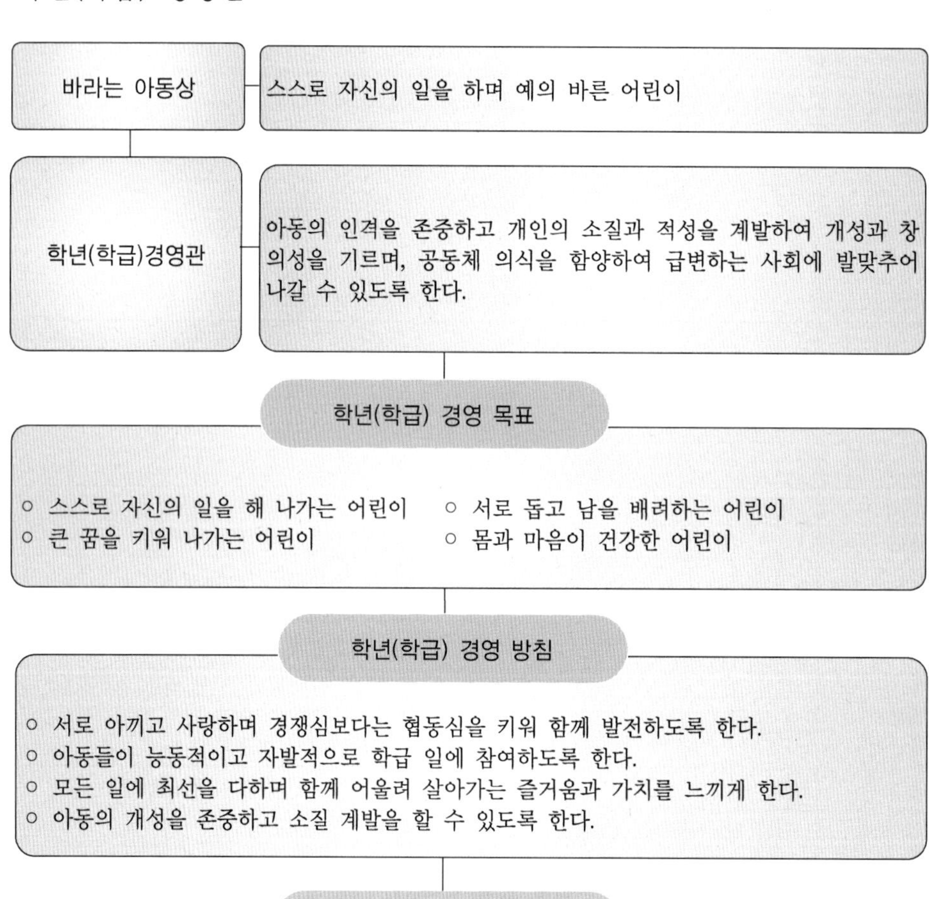

다. 학년(학급) 경영의 실제

(1) 조직

반	담 임	담당교과	학년(학급) 교육목표	학년업무
			학년(학급) 특색 교육	
1	○○○	국어, 도덕 실과, 체육 영어	• 서로 도와서 함께 발전하는 어린이	체험학습 운동회
			• 독서를 잘하는 어린이 • 예절이 바른 어린이	
2	○○○	사회, 수학 과학, 재량활동, 특별활동	• 즐거운 마음과 자신감 있는 태도로 생활하는 어린이	총괄 교육과정
			• 독서를 많이 하는 어린이 • 바른 자세와 태도로 조리 있게 말하기 • 스스로 학습하는 방법 찾기	

(2) 학년(학급) 중점 경영 활동

영역	경영중점	실천내용	추진(월)											
			3	4	5	6	7	8	9	10	11	12	1	2
특색 사업	독서를 통한 자기 주 도적 학습능력 신장	• 1주일 1편 이상 독서하기 • 도서지원시스템을 활용하기	○	○	○	○	○	○	○	○	○	○	○	○
교과	기초 학습 능력 및 자기 학습력 배양	• 학생의 자기 주도적 학습 능 력 배양 • 바른 학습 방법 익히기 • 아침 자율 학습 시간의 효율 적 활용	○	○	○	○	○	○	○	○	○	○	○	○
특별 활동	자율적이며 협동적 인 참여로 민주시민 정신 함양	• 학생의 1인 1특기 신장 교육 강화 • 자발적이고 협동적 참여 • 교과활동과 상호 보완	○	○	○	○	○	○	○	○	○	○	○	○
재량 활동	창의적이고 자기 주 도적인 학습 능력의 신장	• 자기표현의 기회 제공 • 범교과 학습을 중점적으로 지도 • 미래사회 대처 능력 함양	○	○	○	○	○	○	○	○	○	○	○	○
생활 지도	기본 생활습관 정착 과 건전한 심신단련	• 기본 생활습관 지도 • 근검·절약 및 저축생활 실천 • 1인 1역할 활동 강화 • 새로운 문화 정착을 위한 생 활지도	○	○	○	○	○	○	○	○	○	○	○	○
학력 평가	학습 목표 도달도	• 수행평가 • 단원평가 • 학기말 평가	○	○	○	○	○		○	○	○	○	○	

1. 학년(학급) 학생의 일반적 특성

구분	학년 특성
지적 발달	* 활기차고 열성적이고, 직관력과 통찰력이 보다 깊어진다. * 문장을 일정한 중심을 두고 통일성 있게 정리한다. * 함수적 관계로 수를 처리하는 고차적인 수리적 능력이 발달한다. * 기계적 기억력이 발달한다. * 연역적 사고가 현저히 나타난다. * 추리작용, 창조적 사고, 문제 해결적 사고, 비판적 사고의 힘이 발달한다. * 정의, 정직과 같은 추상적인 사상을 이해하게 된다.
신체적 발달	* 소녀들은 신장이나 몸무게에서 빠른 성장을 보여 주고 소년들은 성적 발달이 두드러지게 나타난다. 신체에 더 많은 관심을 보이며 더 많은 사생활을 요구한다. * 신체의 모든 구조가 완성된다. * 몸의 움직임은 5학년에 이어 더욱 교차성이 더해진다. * 좋고 싫은 운동이나 놀이가 개인의 기호에 따라 강하게 작용한다. * 좀 더 긴 시간 동안 자리에 앉아 있을 수 있지만 계속해서 몸을 씰룩거리거나 뒤튼다.
정서적 발달	* 정서적으로 자신감이 증가하고 자아 중심적이 되며 자부심을 확신한다. * 생각이 깊어지고 유머감각이 뚜렷해진다. * 대부분 학교를 좋아하며, 또래는 여전히 중요한 대상이다. * 집단의 일원이 되기를 진정으로 바라며 의상이나 취미가 집단에서 너무 벗어나길 원치 않는다. * 표현은 점점 내면화의 경향으로 발달한다. * 남 · 여의 성격 차이가 더욱 뚜렷해진다. * 여러 가지 정신적, 사회적, 도덕적인 세계에 정서를 일으키게 된다. * 이성에 대한 흥미가 더욱 증진되어 부끄러워하는 행동이 생긴다. * 공중도덕심이 생긴다.
사회적 발달	* 학급의식은 더욱 높아진다. * 지적놀이에 대한 흥미는 더욱 깊어진다. * 교사 · 양친에 대해서도 비판적인 경향이 강화된다. * 스포츠 놀이를 즐기는 경향이 점점 짙어진다. * 선악에 대한 판단은 타인에 의해서가 아니라 완전히 자의식에 의해 행해진다. * 어른 정도로 도덕의 성질을 이해한다. * 어린애 같던 행동에서 성숙한 어른 같은 행동으로 변한다.

2. 학년(학급) 실태 및 분석(예)

가. 학부모 관계

구 분	부모와 생활	편부	편모	부모 부재
남	11명	1명	3명	·
여	8명	1명	·	·
계	19명	2명	3명	·

대다수의 아동들은 부모님과 함께 생활하고 있으며 편부가정 2명, 편모가정이 3명인 것으로 조사되었다. 편부, 편모 가정은 대부분 기초가정수급자 가정으로 조사되었다.

나. 보호자 직업

회사원		자영업		서비스		운전		일용직		무직		농사		기 타		계	
부	모	부	모	부	모	부	모	부	모	부	모	부	모	부	모	부	모
9	3	7	2	1	5	·	·	·	·	2	8	2	2	·	2	21	22

회사에 다니시는 가정이 많으며 대부분의 어머니들은 가사를 하거나 옷가게, 미용실 등 서비스업에 종사를 많이 하며 나이가 많은 부모님들도 있어 연금으로 생활하는 가정도 있음.

다. 교과 선호도

구분	좋아하는 교과										싫어하는 교과									
	국	도	사	수	과	실	체	음	미	영	국	도	사	수	과	실	체	음	미	영
남	6	2	2	4	7	7	13	1	2	·	3	1	11	10	3	·	1	12	11	12
여	4	1	1	2	3	6	7	·	4	·	1	·	6	5	·	·	1	5	4	7
계	10	3	3	6	10	13	20	1	6	·	4	1	17	15	3	·	2	17	15	19
분석과 대책	교과 선호도에서는 국어, 과학, 실과, 체육을 좋아하는 과목이었으며 특히 체육을 좋아하는 것으로 조사되었다. 싫어하는 과목에는 사회, 수학, 음악, 미술, 영어 등을 싫어하며 특히 예능 과목을 싫어하는 것으로 조사되었다. 이는 우리 학생들은 밝고 힘차게 움직임을 좋아하는 성향이 있으며 지역상의 특성과 가정에서의 교육 역할이 감수성을 자극하는 과목에는 무신경하다는 것을 알 수 있다. 따라서 학생들에게 움직임과 탐구하는 습관을 길러 주어야 하겠으며 문화적인 혜택을 많이 제공해 주기 위해 여러 가지 문화 체험을 많이 지도해야겠다.																			

라. 학생과 학부모가 바라는 교사상(敎師像)

학 생	♠ 재미있게 공부를 잘 가르쳐 주는 선생님 ♠ 편애하지 않는 선생님 ♠ 잘 웃고 친절하며 상냥한 선생님 ♠ 나를 잘 이해해 주는 선생님 ♠ 때리지 않는 선생님
학부모	♠ 책임감 있고 적극적인 아이가 되도록 지도해 주는 선생님 ♠ 정리 정돈 습관 형성 및 나쁜 습관을 교정해 주는 선생님 ♠ 스스로 공부하는 습관이 형성될 수 있도록 지도해 주는 선생님 ♠ 예의 바른 어린이가 될 수 있도록 인성을 지도해 주는 선생님
분석과 대책	아이들은 친절하고 상냥하며 재미있게 수업하고 편애하지 않는 교사를 원한다. 부모들 역시 인성교육을 강화하여 자녀가 적극적이고 즐겁게 학교생활에 임할 수 있도록 배려하기를 희망한다. 동시에 학업에 대한 관심도가 높아 아이들이 스스로 공부할 수 있는 습관을 형성하여 중학교 진학에 어려움이 없기를 원하고 있다. 따라서 선생님과 학생 사이에 친구들 사이에 사랑과 믿음이 가득한 학급분위기를 조성하여 즐거운 학교생활이 되도록 다양한 방편을 구사함과 동시에 즐겁게 공부할 수 있는 다양한 활동을 통해 기초학습의 손실이 없도록 힘써야 하겠다.

마. 학기 초 진단 평가를 통한 학력 정도

교과	상(90 이상)		중(70~80)		하(60~70)		교과학습부진		기초학습부진	
국어	남	10	남	3	남	2	남	1	남	1
	여	7	여	2	여	·	여	·	여	·
수학	남	4	남	3	남	8	남	6	남	6
	여	2	여	4	여	3	여	3	여	3
분석과 대책	진단평가를 실시한 결과 국어과 과목에서는 전체적으로 평균 이상의 점수가 나왔으며 교과학습부진에는 1명만이 부진한 것으로 조사되었으며 수학과에서 상당수의 학생들이 평균 이하의 점수가 분포되어 있었다. 이는 수학과에서 아직 기초가 부진하여 생긴 결과이며 기초적인 학습을 통해 극복해 나가야겠다.									

바. 학원 수강 현황

구 분	단과학원	미술	피아노	컴퓨터	영어	학습지	방과 후 학교		학원을 다니지 않음
							학교	교외	
남	6	·	·	·	·	3			6
여	3	·	·	·	3	3			3
계	9	·	·	·	3	6			9
현재 국어, 수학, 영어 등을 가르쳐 주는 단과학원에 대다수 다니고 있으며 학원에 다니지 않는 학생들도 상당수 있음. 가정 형편상 다니지 않고 있으며 학교에서 실시하는 방과 후 학교에 등록하여 공부를 하고 있음.									

3. 학년(학급) 학생의 특성 및 지도 방향

구분	주요 특성	유의할 학생
가정 환경	♤ 가정불화로 인해 부모님과 같이 안 살고 외할머니와 같이 있는 어린이 2명, 편부 2명, 편모 3명으로 집안의 관심을 많이 받지 못하고 있는 어린이가 있다. ♤ ○○○라는 지역의 특성에 의해 부모의 소득수준이 낮은 집이 많다.	
학력	♤ 국어와 수학과목에 기초적인 어려움을 보이는 학생들이 1명 있고, 교과학습 부진이 9명 있다. ♤ 학습활동에 소극적이며 발표력이 낮은 편이다. 발표하는 태도와 말하기 훈련을 통해서 발표에 대한 자신감을 기를 수 있도록 지도해야 하겠다. ♤ 사회과목은 어렵고 재미없는 과목이라는 생각을 가진 학생들이 많으므로 사회과목에 대한 흥미와 관심을 높일 수 있는 사회교수 학습방법을 탐구해야 하겠다. ♤ 글씨가 바르지 못한 학생들이 많이 있으며 이에 대한 지속적인 지도가 필요하다.	
교우 관계	♤ 대부분 아이들이 단짝 친구를 갖고 있는데, 특히 여학생의 경우 끼리끼리 모여 다니며 집단을 형성하고 다른 집단을 배척하는 문제가 가끔 있는 것 같다. 따라서 좌석 배치나 모둠 구성에서 이를 고려하여 보다 다양한 교우관계를 맺도록 해야겠다. ♤ 남녀가 함께하는 활동에 대해서 부정적인 표현을 한다. 남여가 함께하는 신체활동을 통해 남녀관계가 보다 친숙해지는 방안을 강구해야겠다.	
기타	♤ ○○○라는 지역적 특성에 의해 아무래도 도시에 있는 아이들에 비해 순수한 면이 많다. 하지만 반대로 생각해 보면 그만큼 도시의 아이들에 비해 교육적 여건이 떨어지고 학부모의 관심이 떨어지는 것 같다. ♤ 가정불화도 조금 있어 정상적인 부모관계에서 생활하지 못하는 아이들이 더러 있다. ♤ 갖가지의 문제점을 안고 1년간 아이들이 즐겁게 생활할 수 있도록 교육과정 및 학급 특색을 살려야겠다.	

4. 학년(학급) 교육목표

급훈	서로 도우며 함께 발전하는 학생이 되자!
교육목표	나보다 남을 존중하고, 다음보다는 지금하는 사람을 기른다.

5. 학년(학급) 경영 중점 : 담임 교사

경영 중점
1. 남을 배려하고 예절을 잘 지키는 어린이가 되자.
2. 독서를 많이 하는 어린이가 되자.
3. 다양한 활동으로 공동체 의식을 기르자.
경영방침
모둠활동과 협동활동을 통해 서로 돕는 자세를 기르며 자기 것을 나누면 더욱더 커지고 풍성해진다는 것을 학생들이 인지하도록 학급을 경영한다.

6. 학년(학급) 특색 교육

1. 예의 바른 어린이
- 인사 잘하기
- 어려운 친구 도와주기
- 나보다 남을 먼저 배려하고 양보하기

2. 독서를 많이 하는 어린이
- 책을 아끼고 사랑하기
- 학급문고와 도서실 잘 이용하기
- 다양한 독후활동 하기
- 풍부한 상식 기르기 – 골든벨

3. 공동체 의식을 가진 어린이
- 모둠활동의 활성화
- 체육활동 시 팀별 협동하기
- 서로 도와서 과제 해결하기
- 함께 도와서 깨끗한 환경 만들기

1. 학급 교육과정 시간 운영계획

가. 학사 일정

20○○학년도

구분	학기별 / 월별	3	4	5	6	7	8	계	9	10	11	12	1	2	계	합계
	일수	31	30	31	30	31	31	184	30	31	30	31	31	28	181	365
휴업일수	일요일	5	4	4	5	3	·	21	4	4	5	3	·	2	18	39
	공휴일	1	·	2	1	·	·	4	2	1	·	·	·	·	3	7
	개교기념일	·	·	·	·	·	·	·	·	·	·	·	·	·	0	0
	주5일제	2	2	2	2	1	·	9	1	2	2	1	·	1	7	16
	임시휴업일 (총선)	1	·	·	·	·	·	1	·	·	·	·	·	·	0	1
	재량휴업일 (단기방학)	·	·	4	1	·	·	5	2	1	·	·	·	·	3	8
	방학	·	·	·	·	7	31	38	·	·	·	7	31	12	50	88
	계	9	6	12	9	11	31	78	9	8	7	11	31	15	81	159
수업일수	전 학년 (1~6년)	22	24	19	21	20	0	106	21	23	23	20	0	13	100	206

비고

공휴일
삼일절(3. 1. 토), 어린이날(5. 5. 월),
석가탄신일(5. 12. 월), 현충일(6. 6. 금)
추석연휴(9. 13. 토~9. 15. 월), 개천절(10. 3. 금), 성탄절(12. 25. 수)

재량휴업일 (단기방학)
1학기 재량휴업일(5. 6. 화~5. 9. 금, 6. 7. 토)
2학기 재량휴업일(9. 12. 금, 9. 16. 화, 10. 4. 토)

주5일 휴무일

3	4	5	6	7	8	계	9	10	11	12	1	2	계	합계
8	12	10	14	12		9		11	8	13	14		7	16
22	26	24	28				27	25	22	27				

방 학
◎ 여름방학: 20○○. 07. 25(금)~20○○. 08. 31(일) (38일간)
◎ 겨울방학: 20○○. 12. 25(목)~20○○. 02. 05(목) (43일간)
◎ 학년말방학: 20○○. 02. 22(일)~20○○. 02. 28(토) (7일간)

참 고 사 항
◎ 시업식: 20○○. 03. 03(월)
◎ 입학식: 20○○. 03. 03(월)
◎ 여름방학식: 20○○. 07. 24(목)
◎ 겨울방학식: 20○○. 12. 24(수)
◎ 재량휴업일(단기방학): 20○○. 05. 06(화)~05. 09(금)(4일), 06. 07(토)
　　　　　　　　　　　　　09. 16(화), 10. 04(토)(3일)
◎ 개교기념일: 20○○. 06. 01(일)
◎ 추석연휴: 20○○. 09. 13(토)~09. 15(월) (3일간)
◎ 졸업식: 20○○. 02. 21(토)
◎ 종업식: 20○○. 02. 21(토)

나. 연간 수업일수 확보 계획표

(▨공휴일, ○학교행사일, ☐토요휴업일)

20○○학년도

월	주	월	화	수	목	금	토	공휴(업)일	토요휴업일	계	주별수업일수	월별수업일수	공휴(업)일 및 학교 행사 내용
3	1						**1**	1		1	0	22	삼일절(1, 토) 시업식, 입학식(3, 월)
	2	③	4	5	6	7		1	1	1	4		토요휴업일(8, 토)
	3	10	11	12	13	14	15				6		
	4	17	18	19	20	21	☐22		1	1	5		토요휴업일(22, 토)
	5	24	25	26	27	28	29				6		
	6	31									1		
4			1	2	3	4	5				5	23	현장학습(8, 화) 수학여행(7, 월~9, 수) 토요휴업일(12, 토)
	7	7	8	**9**	10	11	☐12	1	1	2	4		
	8	14	15	16	17	18	19				6		
	9	21	22	23	24	25	☐26		1	1	5		토요휴업일(26, 토)
	10	28	29	30							3		
5				1	2	③	1		1	2	2	19	운동회(3, 토)
	11	**5**	**6**	**7**	**8**	**9**	☐10	5	1	6	0		어린이날(5, 월) 단기방학(6, 화~9, 금) 토요휴업일(10, 토)
	12	**12**	13	14	15	16	17	1		1	5		석탄일(12, 월)
	13	19	20	21	22	23	☐24		1	1	5		토요휴업일(24, 토)
	14	26	27	28	29	30	31				6		
6	15	2	3	4	5	**6**	**7**	1		1	5	21	현충일(6, 금) 재량휴업일(7, 토)
	16	9	10	11	12	13	☐14		1	1	5		토요휴업일(14, 토)
	17	16	17	18	19	20	21				6		
	18	23	24	25	26	27	☐28		1	1	5		토요휴업일(28, 토)
7	19	30									1	20	
			1	2	3	4	5				5		
	20	7	8	9	10	11	☐12		1	1	5		토요휴업일(12, 토)
	21	14	15	16	17	18	19				6		
	22	21	22	23	24						4		여름방학식(24, 목)
소 계								11	9	20	106		

학 년	1학년	2학년	3학년	4학년	5학년	6학년
수업일수	106	106	106	106	106	106

· 입학식/시업식: 20○○. 03. 03.(월)
· 국회의원 선거일: 20○○. 04. 09.(수)
· 재량휴업일(단기방학): 20○○. 05. 06.(화)~05. 09.(금): 4일간, 06. 07.(토)
· 여름방학: 20○○. 07. 25.(금)~20○○. 08. 31.(일): 38일간

다. 수업시수 운영계획표

가) 6학년(1학기)

월	주	기 간	일수	공휴일수	수업일수	교과											재량활동	특별활동					소계	총계	비 고
						국어	도덕	사회	수학	과학	실과	체육	음악	미술	영어	소계		자치활동	적응활동	계발활동	봉사활동	행사활동			
3	1	3. 2~3. 7	6	0	6	7	0	3	4	3	0	3	2	2	0	24	2	.	1	.	.	2	3	29	3. 2(월) 시업식 3. 2(월) 입학식
	2	3. 9~3. 14	6	1	5	6	1	3	4	2	0	3	1	2	1	23	2	.	1	.	.	.	1	26	3. 14(토) 토요휴업일
	3	3. 16~3. 21	6	0	6	7	1	3	4	3	0	3	2	2	1	26	2	1	.	.	.	.	1	29	
	4	3. 23~3. 28	6	1	5	6	1	3	4	3	0	3	1	2	1	24	2	.	.	.	.	.	0	26	3. 28(토) 토요휴업일
	5	3. 30~4. 4	6	0	6	7	1	3	4	3	0	3	2	2	1	26	2	1	.	.	.	.	1	29	
4	6	4. 6~4. 11	6	1	5	6	1	3	4	3	0	3	1	2	1	24	2	.	.	.	.	.	0	26	4. 11(토) 토요휴업일
	7	4. 13~4. 18	6	0	6	6	1	3	3	1	0	2	2	2	1	21	2	1	.	4	1	.	6	29	
	8	4. 20~4. 25	6	2	4	4	1	2	2	3	0	1	0	2	1	16	0	.	.	.	.	.	0	16	4. 22(수) 개교기념일 4. 25(토) 토요휴업일 4. 24(금) 봄소풍
	9	4. 27~5. 2	6	2	4	3	1	1	2	2	0	1	1	2	1	14	2	.	.	.	.	.	0	16	4. 29(수) 교육감선거일 5. 2(토) 석가탄신일 4. 30(목) 체육대회총연습
5	10	5. 4~5. 9	6	3	3	3	0	1	1	1	0	2	2	0	0	10	0	.	.	.	.	.	0	10	5. 5(화) 어린이날 5. 8(금) 단기방학 5. 9(토) 토요휴업일 5. 4(월) 봄 체육대회 5. 4(월) 체육대회
	11	5. 11~5. 16	6	1	5	5	1	2	4	2	0	2	2	2	1	21	2	1	.	.	.	.	1	24	5. 14(목) 교육자대회
	12	5. 18~5. 23	6	1	5	6	1	2	4	3	0	3	2	2	1	24	2	.	.	.	.	.	0	26	5. 23(토) 토요휴업일
	13	5. 25~5. 30	6	0	6	7	1	3	4	3	0	3	2	2	1	26	2	.	1	.	.	.	1	29	

월	주	기 간	일수	공휴일수	수업일수	국어	도덕	사회	수학	과학	실과	체육	음악	미술	영어	소계	재량활동	자치활동	적응활동	계발활동	봉사활동	행사활동	소계	총계	비 고
	14	6. 1~6. 6	6	1	5	6	1	2	4	3	0	3	2	2	1	24	2	.	.	.	.	.	0	26	6. 6(토) 현충일
	15	6. 8~6. 13	6	1	5	6	1	2	4	3	0	3	2	2	1	24	2	.	.	.	.	.	0	26	6. 13(토) 토요휴업일
6	16	6. 15~6. 20	6	0	6	7	1	3	4	3	0	3	2	2	1	26	2	.	1	.	.	.	1	29	
	17	6. 22~6. 27	6	1	5	6	1	3	3	2	0	4	2	2	1	24	2	.	.	.	.	.	0	26	6. 27(토) 토요휴업일
	18	6. 29~7. 4	6	0	6	7	1	3	4	3	0	3	2	2	1	26	2	.	.	.	1	.	1	29	
7	19	7. 6~7. 11	6	1	5	7	1	3	3	2	0	3	2	2	1	24	2	.	.	.	.	.	0	26	7. 11(토) 토요휴업일
	20	7. 13~7. 18	6	0	6	8	1	3	3	3	0	3	4	0	1	26	2	.	1	.	.	1	2	30	7. 18(토) 여름방학식
		1학기 계	120	16	104	120	18	51	69	51	0	54	36	36	18	453	36	0	2	0	1	1	18	507	

나) 6학년(2학기)

월	주	기 간	일수	공휴일수	수업일수	국어	도덕	사회	수학	과학	실과	체육	음악	미술	영어	소계	재량활동	자치활동	적응활동	계발활동	봉사활동	행사활동	소계	총계	비 고
8	1	8. 24~8. 29	6	0	6	7	0	3	4	3	0	3	2	2	1	25	2	.	1	.	.	1	2	29	8. 24(월) 여름개학식
	2	8. 31~9. 5	6	0	6	7	1	3	4	3	0	3	2	2	1	26	2	1	.	.	.	.	1	29	
	3	9. 7~9. 12	6	1	5	6	1	3	4	3	0	3	1	2	1	24	2	.	.	.	.	.	0	26	9. 12(토) 토요휴업일
	4	9. 14~9. 19	6	0	6	7	1	3	4	3	0	3	2	2	1	26	2	.	.	.	1	.	1	29	
9	5	9. 21~9. 26	6	1	5	4	1	2	4	2	0	2	1	2	1	19	2	.	.	.	.	.	0	21	9. 26(토) 토요휴업일 9. 24(목) 가을소풍
	6	9. 28~10. 3	6	2	4	5	1	3	3	3	0	2	1	2	1	21	0	.	.	.	.	.	0	21	10. 2(금) 추석연휴 10. 3(토) 추석연휴

월	주	기 간	일수	공휴일수	수업일수	교과											재량활동	특별활동						총계	비 고
						국어	도덕	사회	수학	과학	실과	체육	음악	미술	영어	소계		자치활동	적응활동	계발활동	봉사활동	행사활동	소계		
10	7	10. 5~10. 10	6	2	4	4	0	2	2	1	0	3	1	0	0	13	2	.	.	.	.	.	0	15	10. 5(월) 재량휴업일 10. 10(토) 토요휴업일 10. 6(화) 가을체육대회
	8	10. 12~10. 17	6	0	6	7	1	3	4	3	0	3	2	2	1	26	2	1	.	.	.	.	1	29	
	9	10. 19~10. 24	6	1	5	6	1	3	4	3	0	3	1	2	1	24	2	.	.	.	.	.	0	26	10. 24(토) 토요휴업일
	10	10. 26~10. 31	6	0	6	6	1	3	4	3	0	3	1	2	1	24	2	.	.	.	.	.	0	26	10. 31(토) 학예회
11	11	11. 2~11. 7	6	0	6	7	1	3	4	3	0	3	2	2	1	26	2	.	.	1	.	.	1	29	
	12	11. 9~11. 14	6	1	5	6	1	3	4	3	0	3	1	2	1	24	2	.	.	.	.	.	0	26	11. 14(토) 토요휴업일
	13	11. 16~11. 21	6	0	6	7	1	3	4	3	0	3	2	2	1	26	2	.	.	1	.	.	1	29	
	14	11. 23~11. 28	6	1	5	6	1	3	3	3	0	3	2	2	1	24	2	.	.	.	.	.	0	26	11. 28(토) 토요휴업일
	15	11. 30~12. 5	6	0	6	7	1	3	4	3	0	3	2	2	1	26	2	.	.	1	.	.	1	29	
12	16	12. 7~12. 12	6	1	5	6	1	3	3	3	0	3	2	2	1	24	2	.	.	.	.	.	0	26	12. 12(토) 토요휴업일
	17	12. 14~12. 19	6	0	6	7	1	3	4	2	0	3	3	2	1	26	2	.	.	1	.	.	1	29	
	18	12. 21~12. 22	2	0	2	2	1	0	2	1	0	0	1	0	1	8	0	.	1	.	.	1	2	10	12. 22(화) 겨울방학식
2	19	2. 8~2. 13	6	2	4	8	0	2	2	2	0	1	2	0	1	18	0	.	1	1	.	1	3	21	2. 8(월) 개학식 2. 12(금) 재량휴업일 2. 13(토) 설날
	20	2. 15~2. 19	5	2	3	5	0	1	2	1	0	0	1	0	0	10	1	.	.	1	1	1	3	14	2. 15(월) 설날 2. 18(목) 졸업식 2. 19(금) 종업식
		2학기 계	115	14	101	120	16	52	69	51	0	50	32	32	18	440	33	1	5	3	1	3	13	490	
		1학기 계	120	16	104	120	18	51	69	51	0	54	36	36	18	453	36	4	5	4	2	3	18	507	
		총 계	235	30	205	240	34	103	138	102	0	104	68	68	36	893	69	6	11	7	4	7	35	997	

라. 교과별 연간 수업시수 확보 계획

구 분		학 년 → 6			
		교육과학기술부	감축시수	권장시수	본교시수
교과	국어	204	6	198	202
	도덕	34	1	33	37
	사회	102	3	99	103
	수학	136	4	132	136
	과학	102	3	99	102
	실과	68	2	66	71
	체육	102	3	99	102
	음악	68	2	66	68
	미술	68	2	66	70
	영어	68	2	66	69
재량활동		68	5	65	71
특별활동		68	3	65	71
연간수업 시간 수		986	36	1,054	1,102

마. 탄력적 주간 시간 운영계획

학년 / 요일	구 분	월	화	수	목	금	토	계	평균(1주)	비고
4학년	보통 주	5	5	5	5	5	4	29	27	주당 1시간의 감축 있음 (현행 29시간)
	토요휴업일 주	5	5	5	5	5	·	25		

바. 행사별 수업시수 확보 계획

월	일	요일	행사명	지도시수	1학년 교과	1학년 특,재	2학년 교과	2학년 특,재	3학년 교과	3학년 특,재	4학년 교과	4학년 특,재	5학년 교과	5학년 특,재	6학년 교과	6학년 특,재	비 고
3	3	월	시업식	3			2	1	2	1	2	1	2	1	1	1	행사(1)
3	3	월	입학식	2	2											1	6학년 행사(1)
4	7~9	월~수	수학여행	16											12	4	재량, 자치, 적응,봉사
4	8	화	현장학습	6	5		5		5	1	5	1	5	1			봉사 혹은 재량(1)

월	일	요일	행사명	지도시수	학년 및 시수 배정												비고
					1학년		2학년		3학년		4학년		5학년		6학년		
					교과	특,재	교과	특,재	교과	특,재	교과	특,재	교과	특,재	교과	특,재	
5	3	토	운동회	6	4	2	4	2	4	2	4	2	4	2	4	2	계발(1), 행사(1)
5	31	토	개교기념 행사	4	3	1	3	1	3	1	3	1	3	1	3	1	자치(1)
7	24	목	여름방학식	3	2	1	2	1	2	1	2	1	2	1	2	1	행사(1)
9	1	금	개학식	3	2	1	2	1	2	1	2	1	2	1	2	1	행사(1)
10	22	수	현장학습	6	5		5		5	1	5	1	5	1			봉사 혹은 재량(1)
12	3	수	성과발표회	2	2		2		2		2		2		2		관련 교과
12	27	목	방학식	3	2	1	2	1	2	1	2	1	2	1	2	1	행사(1)
2	6	금	개학식	3	2	1	2	1	2	1	2	1	2	1	2	1	행사(1)
2	21	토	졸업식	2		2		2		2		2		2		2	행사(2)
2	21	토	종업식	1		1		1		1		1		1			행사(1)

사. 교과 전담 과목 및 시수

가) 담임교사 주당 시수

교과 \ 학년	4학년
영 어	1
음 악	2
담임교사 주당 시수	26

나) 전담교사 시수

교 과	주당 시수	주당 총시수	담당자	비 고
영 어	2	12	안희자	원어민교사
음 악	4	16	양경자	

다) 교과 전담 및 고정시간 운영계획

■ 교과전담 시간표(영어·미술)

교시 \ 요일	월	화	수	목	금	토
1		5-2	3-1	6-2	5-1	
2	6-2	5-2	3-2	6-1	5-2	
3	6-2	5-1	5-2	4-2	6-2	
4		5-1	5-1	4-1	6-1	
5						

■ 교과전담수업 시간표(음악·미술)

교시 \ 요일	월	화	수	목	금	토
1			5-2			
2	6-1	4-1	5-1	4-2	3-1	
3	6-1	4-2	6-1	6-2	5-2	
4	3-2		6-2	6-1	5-1	
5	3-1			4-1	3-2	

■ 고정 시간표(컴퓨터실·재량컴퓨터)

교시 \ 요일	월	화	수	목	금	토
1	4-2	4-1	4-2	6-1	3-1	5-2
2	1-1	3-2	2-1	6-2	3-2	4-1
3	2-1	5-1	2-2	1-1	5-1	6-2
4	2-2		6-1	3-1	5-2	
5						

■ 고정 시간표(과학실)

교시 \ 요일	월	화	수	목	금	토
1	6-2		4-1	4-2	5-1	6-2
2		6-1	4-2	4-1	5-2	6-1
3	5-2	6-2	3-1	3-1	4-1	
4	5-1	5-2	3-2		4-2	
5	6-1	5-1		3-2		

2. 연간 교육과정 시간 운영계획

가. 교과별 시간 운영계획

(1학기)

월	주	기간	수업일수	교과목											재량활동	특별활동	총합계	특별활동					비고
				국어	도덕	사회	수학	과학	체육	음악	미술	영어	실과	재량컴				자치활동	적응활동	계발활동	봉사활동	행사활동	
3	2	3~8	4	2	0	2	3	2	2	2	0	2	2	1	1	3	22	0	0	1	0	2	임시휴업일(3) 시업식(4) 입학식(4) 토요휴업일(8)
	3	10~15	6	6	1	3	4	3	3	2	2	2	2	1	1	2	32	1	0	1	0	0	
	4	17~22	5	5	1	3	4	2	2	2	2	2	2	1	1	1	28	0	0	1	0	0	토요휴업일(22)
	5	24~29	6	6	1	3	4	3	3	2	2	2	2	1	1	2	32	1	0	1	0	0	
	6	31~4. 5	6	6	1	3	4	3	3	2	2	2	2	1	1	2	32	1	0	1	0	0	
4	7	7~12	5	1	1	3	3	4	3	3	2	2	1	1	1	3	28	1	1	0	1	0	수학여행(7~9)토요휴업일(12)
	8	14~19	6	6	1	3	4	3	3	2	2	2	2	1	1	2	32	0	1	1	0	0	
	9	21~26	5	5	1	3	4	2	2	2	2	2	2	1	1	1	28	0	0	1	0	0	토요휴업일(26)
	10	28~5. 3	6	7	1	3	4	2	4	2	2	2	2	1	1	3	34	0	1	1	0	1	운동회(3)

월	주	기간	수업일수	교과목											재량활동	특별활동	총합계	특별활동					비고
				국어	도덕	사회	수학	과학	체육	음악	미술	영어	실과	재량컴				자치활동	적응활동	계발활동	봉사활동	행사활동	
5	11	5~10	0	0	0	0	0	0	0	0	0	0	0	0	0	0	0	0	0	0	0	0	어린이날(5) 재량휴업일 (6~9) 토요휴업일 (10)
	12	12~17	5	4	0	3	3	3	3	2	0	2	2	1	1	2	26	1	0	1	0	0	석가탄신일 (12)
	13	19~24	5	5	1	3	4	2	2	2	2	2	2	1	1	1	28	0	0	1	0	0	토요휴업일 (24)
	14	26~31	6	5	2	4	4	2	2	2	2	2	2	1	1	3	32	1	0	1	0	1	개교기념행사 (31)
이하 생략																							
1학기 합계			107	103	20	57	72	52	55	37	34	37	36	19	19	38	579	8	3	18	4	5	

나. 교과 지도 진도표

월	주	기간	교과목											재량 활동	특별 활동	총 합 계
			국어	도덕	사회	수학	과학	체육	음악	미술	영어	실과	재량(컴)			
3	1	3.1~3.1														0
3	2	3. 3 ~3. 8	첫째 마당. 삶과 이야기(2/22)		1. 우리 민족과 국가의 성립(2/24)	1. 분수와 소수(3/7)	1. 기체의 성질(2/7)	I. 체조활동 (2/14)	1. 봄 오는 소리(2/2)		1. Where Are You From?(2/5)	1. 일과 직업의 세계(2/4)	1. 올바른 정보 생활(1/4)	인성교육 (1/3)	시업식(1/1) 입학식(1/1) 부서별 활동(1/32)	22
3	3	3. 10 ~3. 15	첫째 마당. 삶과 이야기(6/22)	1. 성실한 생활(1/3)	1. 우리 민족과 국가의 성립(3/24)	1. 분수와 소수(4/7)	1. 기체의 성질(3/7)	I. 체조활동 (3/14)	2. 금강산 (2/3)	1. 상상 표현(2/5)	1. Where Are You From?(2/5)	1. 일과 직업의 세계(2/4)	1. 올바른 정보 생활(1/4)	진로교육 (1/2)	부서별 활동(1/32), 학급어린이 회의(1/6)	32
3	4	3. 17 ~3. 22	첫째 마당. 삶과 이야기(5/22)	1. 성실한 생활(1/3)	1. 우리 민족과 국가의 성립(3/24)	2. 각기둥과 각뿔(4/9)	1. 기체의 성질(2/7)	I. 체조활동 (2/14)	2. 금강산 (1/3), 3. 봄(1/2)	1. 상상 표현(1/5), 2. 관찰 표현(1/10)	1. Where Are You From?(1/5), 2. Is This York Street? (1/5)	2. 아름다운 환경 가꾸기(2/6)	1. 올바른 정보 생활(1/4)	안전 (1/5)	부서별 활동(1/32)	28
3	5	3. 24 ~3. 29	첫째 마당. 삶과 이야기(6/22)	1. 성실한 생활(1/3)	1. 우리 민족과 국가의 성립(3/24)	2. 각기둥과 각뿔(4/9)	2. 지진(3/4)	II. 육상활동 (2/12), VI. 보건 (1/21)	3. 봄(1/2), 4. 봄비 (1/3)	2. 관찰 표현(2/10)	2. Is This York Street? (2/5)	2. 아름다운 환경 가꾸기(2/6)	1. 올바른 정보 생활(1/4)	진로교육 (1/2)	부서별 활동(1/32), 협의활동 (1/6)	32
3	6	3. 31 ~4. 5	첫째 마당. 삶과 이야기(3/22), 둘째 마당. 알아 가는 기쁨(3/20)	2. 소중한 생명(1/5)	1. 우리 민족과 국가의 성립(3/24)	2. 각기둥과 각뿔(1/9) 3. 수의 범위(3/6)	2. 지진(1/4) 3. 우리 몸의 생김새(2/11)	II. 육상활동 (2/12), VI. 보건 (1/21)	4. 봄비 (2/3)	2. 관찰 표현(2/10)	2. Is This York Street? (2/5)	2. 아름다운 환경 가꾸기(2/6)	2. 잘 알고 쓰면 편리 한 컴퓨터 (1/4)	안전 (1/5)	부서별 활동(1/32), 협의활동 (1/6)	32

월	주	기간	교과목											재량 활동	특별 활동	종합계
			국어	도덕	사회	수학	과학	체육	음악	미술	영어	실과	재량(컴)			
4	7	4. 7 ~4. 12	둘째 마당. 알아 가는 기쁨(2/20)	2. 소중한 생명(1/5)	1. 우리 민족과 국가의 성립(3/24)	3. 수의 범위(2/6)	3. 우리 몸의 생김새(3/11)	IV. 표현활동 (3/14)	24. 여러 나라의 음악(2/4) , 5. 둥당 기 타 령 (1/3)	2. 관찰 표현(2/10)	3. I Like Spring(2/5)	3. 간단한 음식 만들 기(1/12)	2. 잘 알고 쓰면 편리 한 컴퓨터 (1/4)	안전 (1/5)	학급어린이 회의(1/6), 기본 생활 습관 형성 활동(1/1), 환경시설 보전활동 (1/5)	28
4	8	4. 14 ~4. 19	둘째 마당. 알아 가는 기쁨(6/20)	2. 소중한 생명(1/5)	1. 우리 민족과 국가의 성립(3/24)	3. 수의 범위(1/6) 4. 쌓기 나무(3/8)	3. 우리 몸 의 생김새 (3/11)	IV. 표현활 동(2/14), VI. 보건 (1/21)	5. 둥당기 타령(2/3)	2. 관찰 표현(1/10) 3. 다양한 표현(1/6)	3. I Like Spring(2/5)	3. 간단한 음식 만 들기(2/12)	2. 잘 알고 쓰면 편리 한 컴퓨터 (1/4)	성교육 (1/2)	부서별 활 동(1/32), 상담활동 (1/1)	32
이하 생략																

2학기(생략)

1. 교과

가. 교과지도의 기본방향

1) 교과지도를 통해 학생의 기본 생활습관을 형성할 수 있도록 편성하고, 정확한 국어 사용능력을 신장할 수 있도록 배려한다.
2) 각 교과의 기초적 · 기본적 요소들이 체계적으로 학습되도록 계획하고, 이를 일관성 있고 지속성 있게 지도한다.
3) 교과 중에서 주당 평균 3시간 이상의 수업시간 수가 배당된 교과는 주당 평균 1시간 이내에서 시수를 감축하여 학생의 요구와 학교의 필요에 따라 창의적인 직접 체험 교육활동에 증배하여 편성 · 운영한다.
4) 각 교과별 학습목표를 모든 학생이 성취하도록 노력하여 지도하고, 능력에 알맞은 성취가 가능하도록 다양한 학습의 기회와 방법을 제공한다.
5) 교과 수업은 탐구적인 활동을 통하여 개념 및 원리를 이해하고, 새로운 사태에 적용하는 기회를 많이 갖도록 한다.
6) 교과의 교수 · 학습 활동을 통하여 여러 가지 자료를 활용한 정보처리 능력을 갖도록 힘쓴다.
7) 개별적인 학습활동과 더불어 소집단 공동 학습활동을 중시하여 공동으로 문제를 해결하는 경험을 많이 가지게 한다.
8) 각 교과활동에서는 학습의 개별화가 이루어지도록 하고 발표, 토의활동과 실험, 관찰, 조사, 수집, 노작, 토론, 견학 등의 직접 체험이 충분히 이루어지도록 한다.
9) 교과의 내용 배열은 학습의 순서를 의미하는 것이 아니므로 교사의 필요에 따라 각 교과목의 학년별 목표에 대한 지도 내용의 순서와 비중, 방법 등을 본교의 교과 지도에 부합되게 조정하여 운영한다.
10) 학습 효과를 높이기 위하여 교과용 도서 이외에 교육방송, 시청각 교재, 각종 학습 자료를 다양하게 활용한다.
11) 학생들이 흥미를 가지고 적극적으로 학습활동에 참여하도록 활동 중심의 열린 학습체제로 지도한다.
12) 본교의 교육과정 운영계획을 참고하여 각 학년에서는 교과별 교육내용, 교과목표를 상세화 및 체계화하여 작성한다.
13) 정보통신 기술 교육의 활용은 각 교과별 교수 · 학습과 교과용 도서에 10% 이상 반영한 수업이 진행될 수 있도록 한다.

나. 교과별 교육 중점 및 지도 계획(예)

가) 우리들은 1학년

구 분	내 용
교과목표	새로운 학교 환경에 적응하여 즐겁고 건강하게 학교생활을 한다. 가. 학교 환경과 생활 방법을 익혀 학교생활에 적응한다. 나. 기본적인 학교생활 규범을 익혀 학교생활을 바르게 한다. 다. 바르고 원만한 인간관계를 형성하여 학교생활을 즐겁게 한다. 라. 학습에 필요한 최소한의 기초적인 기능을 습득한다.
기본방향	**즐겁고 건강한 학교생활을 위한 새로운 환경에의 적용**
교육중점	1) 학교 환경에 대한 기초 지식과 생활 방법 습득 2) 기본적인 생활 규범 준수 3) 바르고 원만한 인간관계 형성 4) 학습에 필요한 기초적인 기능 습득
재구성할 내용	1) 생활 중심의 통합적 활동 내용 2) 학교 시설(도서실, 컴퓨터실, 화장실, 놀이터 등)과 이용 방법 3) 학교 주변 환경의 활용 방법 4) 교과 관련 지역 사회 환경 요소 추출
운영방법	1) 지역의 특수성, 학교와 학급의 실정, 학생의 학습 경험과 요구, 성장 발달상황 등을 고려하여 학습내용과 방법, 활동 시간 등을 조정한다. 2) 학습활동의 전 과정에서 학생 개인에게 풍부한 활동과 표현의 기회를 제공하여 학생의 관심과 흥미에 따라 선택적인 학습활동이 가능하도록 한다. 3) 놀이, 표현, 조작, 탐구활동 등의 다양한 활동과 실물, 영상, 모형, 사진, 그림 등의 교수 · 학습 자료를 사용하여 즐거운 수업이 이루어지도록 한다. 4) 활동 주제 및 기대되는 효과, 활동 장소 등에 따라 학습 조직을 전체 학습, 소집단 학습, 개별 학습 등으로 융통성 있게 한다. 5) 짝 활동이나 소집단 활동 등을 통하여 학생들이 서로를 인정하고 이해하는 친밀한 인간관계를 형성하도록 한다. 6) 학습내용을 다양하게 제공하여 학생들이 자기 주도적인 학습 능력과 태도의 기초를 형성할 수 있게 한다. 7) 성공적인 후속 학습을 위해 학생의 능력과 수준, 필요에 적합한 최소한의 기초 학습 기능을 익힐 수 있도록 지도한다. 8) 학생과 개방적이고, 자유로운 대화로 심리적, 정서적으로 친밀한 유대감을 형성하도록 한다. 9) 학교생활 적응이나 습관 형성에 필요한 내용은 가정과 연계하여 지도가 이루어지도록 한다.
지도상의 유의점	1) 학습내용은 언어에 의한 설명 방식이나 단순 지식의 전달은 피하고 노작과 직접적인 활동을 통해 학습이 이루어지도록 한다. 2) 창의적이고 탐구적인 활동이 이루어지도록 한다. 3) 놀이나 게임 형식의 학습 형태를 강조하여 유아기의 놀이가 자연스럽게 학교 학습으로 이어지도록 배려한다. 4) 학교가 갖는 지역적 특성이나 학생의 요구에 따라 프로그램의 내용과 운영에 융통성을 부여한다. 5) 입학 초기부터 학교는 즐거운 곳이라는 생각과 공부는 재미있는 것이라는 느낌을 갖게 한다. 6) 4월부터 시작되는 교과 학습과 연계되도록 한다. 7) 유아 교육을 받지 못한 학생들은 학교생활에 적용할 수 있도록 특별한 관심 속에서 지도가 이루어질 수 있도록 한다.
평가방법	1) 학교생활에 대한 적응, 바른 생활습관, 바르고 원만한 인간관계 형성, 기초 학습 기능 습득과 관련하여 학생 개개인의 이해에 초점을 둔다. 2) 학교생활 전반에 나타나는 학생의 행동과 학습 결과물을 주의 깊게 관찰, 학생과의 자연스런 대화 등을 통해 학생의 성장을 도울 수 있도록 한다. 3) 학습의 과정과 결과를 평가하여 학생생활 적용에 어려움이 있는 학생은 즉시 개별적으로 지도하고, 가정과 연계하여 지도한다.

나) 바른 생활

구 분	내 용
교과목표	개인생활과 사회생활을 하는 데 필요한 기본적인 생활습관, 예절, 규범을 알고 꾸준히 실천하여 민주시민의 자질을 형성한다. 가. 일상생활에서 필요한 기본적인 생활습관, 예절, 규범의 의미와 중요성을 이해하고 초보적인 가치 판단 능력을 기른다. 나. 일상생활에서 기본적인 생활습관, 예절, 규범을 지키려는 태도를 가진다. 다. 일상생활에서 기본적인 생활습관, 예절, 규범을 꾸준히 실천한다.
기본방향	**개인생활과 사회생활을 하는 데 필요한 기본적인 생활습관, 예절, 규범을 알고 꾸준히 실천하여 건전한 인성을 지닌 민주시민의 자질 함양한다.**
교육중점	1) 기본적인 생활습관 정착과 예절 및 규범의 이해 2) 바른 생활태도의 형성과 자율적 실천 능력 신장
재구성할 내용	1) 수촌초등학교의 생활 규범 활용 2) 개인 또는 공공물건 사용 방법 3) 교통 공원 방문 체험학습 4) 효도 마을 학습, 효행비 체험학습
운영방법	1) 학생의 발달 수준과 흥미, 학교와 지역 사회의 특성, 학교 및 국가 행사 등을 고려한 교수·학습 계획을 수립한다. 2) 구체적인 체험과 실천을 강조하고 반복적, 지속적으로 지도하되, 설명해 주기, 모범적 행동 따라 배우기, 직접 해 보면서 익히기 등의 다양한 학습 방법을 적용한다. 3) 학생이 스스로 느끼고 생각하여 행동할 수 있도록 깊이 생각해 보기, 서로 이야기해 보기 등의 개방적인 대화 기회를 마련한다. 4) 교사는 일상적인 언행, 태도, 사고방식 등에서 항상 학생들에게 본보기가 되어 지도한다. 5) 활동 주제에 따라 학교와 지역 사회의 특성을 고려한 교수·학습 자료, 적절한 읽기 자료와 극화 자료, 멀티미디어 자료 등을 활용하여 지도한다. 6) 학생이 수업에서 배운 내용들을 실제 생활에서 습관화하기 위해 실천 여부를 지속적으로 확인하고 반성하여 개선해 가도록 지도한다. 7) 교사는 학생의 바람직한 태도의 습관화를 위해 가정 통신문, 실천 기록장 등 가정과 학교의 연계 방법을 모색하여 학부모와 협동적인 지도가 이루어지도록 한다.
지도상의 유의점	1) '바른 생활'과는 초등학교 저학년 학생들의 발달 특징과 우리 사회의 요구를 감안하여 기본 생활습관과 예절 및 규범에 대한 자신의 생활태도를 반성하고, 바른 행동을 직접 체험하게 하고, 다양한 교수·학습 방법을 통하여 반복 지도함으로써 그 구체화된 체험과 실천을 습관화되도록 하는 지도상의 특성을 지닌다. 2) 초등학교 저학년 학생들은 기본적인 생활태도와 가치관을 형성하는 데 있어서 담임교사의 영향을 크게 받으므로, 교사들은 일상적인 언행, 태도, 사고방식 등에서 항상 훌륭한 본보기가 되도록 한다.
평가방법	1) 학생의 기본 생활습관과 예절 및 규범에 대한 이해와 초보적인 판단 능력, 태도 및 행동 성향 등을 종합적으로 평가한다. 2) 평가 대상은 학생의 결과물은 물론, 과제를 수행하는 과정에서 이루어지는 모든 경험과 활동, 과제의 산출 과정 등으로 한다. 3) 평가 대상과 내용의 특성을 고려하여 누가 관찰기록, 자기 보고, 학생 상호 평가, 면담 등 다양한 방법으로 평가한다. 4) 평가 결과는 학생 개개인의 인격적 성장을 촉진하고 교수·학습 방법 개선을 위한 자료로 활용한다. 5) 평가 결과를 가정에 통지함으로써 학교와 가정의 연계를 통한 학생의 인격적 성장을 도모한다.

다) 슬기로운 생활

구 분	내 용
교과목표	사회 현상과 자연 현상에 대한 경험과 탐구활동을 통하여 자신과의 상호 관계를 이해하며 슬기롭게 사고하고 행동할 수 있는 능력과 태도를 기른다. 가. 나와 다른 사람과의 관계를 이해하고 서로 어울려 살아갈 수 있는 능력과 태도를 기른다. 나. 초보적인 탐구활동을 통하여 자신과 주위 현상의 관계를 이해하고 일상생활에서 부딪치는 문제를 스스로 해결하는 능력을 기른다. 다. 생물의 자람을 살펴보고 생명을 존중하고 사랑하는 마음을 가진다. 라. 주위 현상에 대하여 호기심을 가지고 꾸준히 학습하려는 태도와 습관을 기른다.
기본방향	**사회 현상과 자연 현상에 대한 경험과 탐구활동을 통하여 자신과의 상호 관계를 이해하며 슬기롭게 사고하고 행동할 수 있는 능력과 태도를 육성한다.**
교육중점	1) 사회적 관계 능력과 태도 육성 2) 초보적인 탐구 능력과 사고 능력 신장 3) 일상생활과 관련한 문제해결 능력 신장 4) 생명을 존중하고 사랑하는 마음 고취 5) 주위 현상에 대한 호기심과 지속적 탐구 태도 배양
재구성할 내용	1) 학교 주변의 동·식물(목련, 박태기나무, 동백나무, 향나무, 진달래 등) 2) 고장에서 도움을 주시는 분(장학금을 주시는 분, 의용소방대원 등) 3) 고장의 자연 환경과 생활 모습(수촌천, 학교 뒷산, 논밭 등) 4) 공주시 교통공원 시설과 주요 기관(면사무소, 보건소, 지구대, 우체국)
운영방법	1) 학생, 학교, 지역 사회의 여건, 계절, 타 교과와의 연계성, 시대의 변화를 고려한 탄력적 운영으로 학습 효과를 극대화할 수 있도록 재구성한다. 2) 학습의 효과를 높이기 위해 주변의 자연 환경이나 사회 환경을 다양하게 활용한다. 3) 자료의 수집, 관찰, 분류 등의 활동을 통하여 기초 탐구 능력을 기르고, 창의적으로 사고할 수 있도록 지도한다. 4) 개별 학습, 소집단 학습, 전체 학습 등 학습활동 조직을 다양하게 하고 학습자가 자기 주도적으로 학습할 수 있도록 지도한다. 5) 관찰, 견학, 기르기, 만들기, 놀이 등의 구체적이고 직접적인 경험 중심 활동으로 사회 현상이나 자연 현상을 통합적으로 이해하도록 한다. 6) 학생의 지적 호기심과 학습 동기를 유발할 수 있는 다양한 질문을 하고, 허용적이며 자유로운 학습 분위기를 조성하여 창의적인 사고를 촉진한다. 7) 사회 현상과 자연 현상의 이해와 더불어 생명 존중, 타인에 대한 배려 등 정의적 특성이 길러지도록 지도한다. 8) 소집단 활동을 통하여 의사소통 능력, 의사결정 능력, 민주적인 생활습관을 기를 수 있도록 지도한다. 9) 글이나 그림 등 다양한 방법으로 탐구과정 및 결과를 표현할 수 있도록 지도한다. 10) 다양한 교수·학습 자료를 이용하되, 주위의 실물 자료나 일상생활에서 일어나는 사례를 많이 활용한다. 11) 학습이나 생활에 쓰이는 도구의 사용 방법을 익혀 바르고 안전하게 사용하도록 지도한다.
지도상의 유의점	1) 여러 가지 학습을 통하여 탐구 능력을 기르도록 하고 탐구 과정 및 결과를 글, 그림, 말 또는 다른 방법으로 표현하는 기회를 갖도록 한다.
평가방법	1) 자신과 사회 현상, 자연 현상 간의 관계 이해와 슬기롭게 사고하고 행동할 수 있는 능력과 태도의 성취 정도를 평가한다. 2) 학생들의 흥미와 호기심을 유발하고 창의적인 사고를 기를 수 있도록 관찰법, 체크리스트, 자료철(포트폴리오), 자기평가, 동료 평가 등 다양한 방법을 활용하여 학습 과정 및 결과를 평가한다. 3) 평가 결과는 학습 지도 계획의 수립과 지도방법 의 개선, 학생의 성장과 발달을 돕기 위한 이해 자료로 활용한다.

라) 즐거운 생활

구 분	내 용
교과목표	다양하고 즐거운 놀이와 활동을 통하여 몸과 마음을 건강하게 하고 창의적인 표현 능력과 감상 능력, 심미적인 태도를 기른다. 가. 놀이와 활동을 통하여 건강한 몸과 마음을 기른다. 나. 놀이와 활동을 통하여 자신의 느낌과 생각을 창의적으로 표현한다. 다. 놀이와 활동을 통하여 다양한 작품과 생활문화에 관심과 흥미를 가지고 아름다움을 느낀다.
기본방향	**건강한 심신을 기르고, 창의적인 표현 능력과 감상 능력, 심미적인 태도를 함양한다.**
교육중점	1) 건강한 신체적, 정서적, 사회적 성장 2) 창의적인 놀이와 표현 및 감상 활동 능력 신장 3) 다양한 작품과 생활문화에 대한 심미적 태도 습득
재구성할 내용	1) 고장과 학교 주변의 자연 환경(수촌천, 학교 뒷산) 2) 관내 학교 합동 체육대회, 백제문화재, 수촌 선사문화유적지 3) 공산성, 무령왕릉, 공주 박물관, 석장리 박물관, 장승 등 조형물 감상 4) 고장의 전래 동요와 의당 집터 다지기
운영방법	1) 학생의 특성 및 발달 정도, 지역 사회의 특수성, 학습내용, 계절, 행사, 타 교과와의 연계성 등을 고려하여 재구성한다. 2) 학생의 발달 수준에 맞게 다양한 학습과제를 통합하여 생활과 관련된 즐거운 놀이 및 활동 중심으로 지도한다. 3) 짝 활동, 소집단 활동 등과 같이 서로 돕고 협동하는 상호작용의 기회를 자주 제공한다. 4) 학생 개개인 모두에게 학습과 발표의 기회를 고르게 주어, 적극적이고 자기 주도적인 학습이 되도록 한다. 5) 실물, 예화, 삽화, 사진, 만화, 멀티미디어 등의 다양한 자료를 적절히 활용하여 교수·학습의 효과를 높이도록 한다. 6) 학생의 발달 수준에 적합한 질문과 긍정적인 피드백을 제공하여 학생의 관심과 흥미가 지속될 수 있도록 지도한다. 7) 생각과 느낌을 창의적으로 나타낼 수 있도록 자유로운 분위기를 조성하고 다양한 활동을 경험하도록 지도한다. 8) 즐거운 활동 속에서도 질서와 안전을 중시하며 타인을 존중하는 태도를 갖도록 한다. 9) 고장의 자료를 최대한 수집하여 표현 재료로 활용하고, 민속놀이와 문화재 감상, 우리의 놀이와 표현활동에 대한 흥미를 갖도록 한다.
지도상의 유의점	단일 학습과제를 일정 시간 계속 제공하기보다는 학생 중심의 통합 운영을 통해 다양한 학습과제를 서로 연결하여 변화 있게 제시함으로써 학습 효과를 높일 수 있다. 1) 효율적이고 탄력적인 시간 운영 2) 창의성을 기르는 다양한 학습 지도방법 의 적용 3) 학생의 발달 수준을 고려하여 가급적 생활과 관련된 쉽고 재미있는 놀이와 표현 중심의 교수·학습 운영 4) 여럿이 함께하는 활동을 전개함으로써 서로 돕고 활동하는 태도 신장
평가방법	1) 학습의 결과뿐만 아니라 활동 과정에서 나타나는 학생의 흥미, 태도, 적극성, 창의성 등을 종합적으로 관찰하여 평가한다. 2) 관찰, 실연, 작품 및 활동 분석, 면담, 누가기록법 등의 다양한 평가방법을 활용하여 학생의 성장과 변화를 종합적으로 기술한다. 3) 평가 결과는 학생 개개인의 이해 수준 파악, 수업 내용 및 방법의 선정, 학생의 학습 동기 유발, 프로그램의 효과 측정, 학부모와의 의사소통에 활용한다.

마) 국어과

구 분		내　용
교과목표	7차	가. 언어활동과 언어와 문학에 대한 기본적인 지식을 익혀, 이를 다양한 국어사용 상황에서 활용하는 능력을 기른다. 나. 정확하고 효과적인 국어사용의 원리와 작용 양상을 익혀, 다양한 유형의 국어 자료를 비판적으로 이해하고 사상과 정서를 창의적으로 표현하는 능력을 기른다. 다. 국어 세계에 흥미를 가지고 언어 현상을 계속적으로 탐구하여, 국어의 발전과 국어 문화 창조에 이바지하려는 태도를 기른다.
	2007 개정	가. 언어활동과 언어와 문학에 대한 기본적인 지식을 익혀, 이를 다양한 국어사용 상황에서 활용할 수 있다. 나. 정확하고 효과적인 국어사용의 원리와 작용 양상을 익혀, 다양한 유형의 텍스트를 비판적으로 이해하고 사상과 정서를 창의적으로 표현할 수 있다. 다. 국어 세계에 흥미를 가지고 언어 현상을 계속적으로 탐구하여, 국어의 발전과 국어 문화 창조에 이바지할 수 있다.
기본방향		**국어를 정확하고 효과적으로 사용하며 국어의 발전과 민족의 국어 문화 창조에 이바지할 수 있는 능력과 태도를 함양한다.**
교육중점		1) 자신의 언어를 창조적으로 사용하는 능력 신장 2) 담화와 글의 창의적인 수용과 생산 3) 국어 세계에 대한 흥미와 탐구 4) 책 읽기의 생활화
재구성할 내용		1) 상황에 맞는 국어사용(바르고 고운 말, 표준어, 경어) 2) 고장의 다양한 소재(민속극 박물관 등) 3) 국어 관련 다양한 행사(각종 독서 골든벨 대회, 글짓기, 독후감대회 활용) 4) 실생활과 관련된 바르고 고운 우리말(저속어, 비어 사용 금지)
운영방법		1) 학습자의 창의적인 국어활동을 권장하고, 학습자의 다양한 반응을 적극적으로 수용한다. 2) 국어 관련 행사에 참여하여 국어에 대한 친밀감을 갖도록 한다. 3) 창의적 사고력과 바른 국어사용 및 문학에 대한 이해를 높이도록 독서 교육을 강화한다. 4) 개별적인 언어 현상을 지나치게 분석하는 접근 방식에서 탈피하여 국어사용의 양상을 총체적으로 이해할 수 있게 한다. 5) 지식을 실생활의 언어 자료나 구체적인 사례와 관련지어 지도함으로써 지식의 생성 과정을 경험할 수 있게 한다. 6) 문학 작품의 경우 원작이나 완역본 자료를 최대한 확보하여 활용하고, 고장의 설화, 전래 동요를 적극 활용한다. 7) 듣기 · 말하기 지도는 실제적인 언어 상황에서 적극적이고 협력적인 태도로 의견을 교환하는 학습활동을 강조한다. 8) 읽기 · 문학 지도는 학습자의 삶과 관련지어 능동적으로 의미를 형성하는 활동과 심미적 상상력을 기르고 건전한 심성을 계발하며, 바람직한 인생관과 세계관 형성을 돕는 학습활동을 강조한다. 9) 쓰기 지도는 다양한 목적과 예상 독자를 고려하여 실제로 글을 쓰는 학습활동을 강조한다. 특히 쓰기 상황과 조건을 분명하게 제시하여 글을 쓰게 하고, 쓴 글에 대한 자기평가와 상호 평가활동을 강조한다. 10) 국어활동에서 사용하는 음성 언어와 문자 언어의 특성을 고려하여 듣기와 말하기, 읽기와 쓰기를 통합한다. 11) 문법 지도는 언어 현상의 규칙을 찾아내는 탐구활동을 강조하고, 학습한 지식을 국어사용 실제에 적용할 수 있도록 한다.
지도상의 유의점		1) 열린 마음으로 문제 해결의 다양한 방안을 제안할 수 있게 격려해 주도록 한다.
평가방법		1) 영역별 평가 목표와 내용에 적합한 평가방법으로 학습자의 국어 능력을 타당하고 신뢰성 있게 평가한다. 2) 국어사용의 실제성을 고려하여 평가 상황을 설정하고, 영역을 통합하여 평가한다. 3) 평가의 기준과 방법을 미리 알려 주어 평가가 국어 학습과 언어 발달을 적극적으로 도와준다. 4) 교수 · 학습 과정과 평가를 연계하여 평가한다. 5) 지필 평가, 관찰 평가, 연구보고서법, 자료철(포트폴리오), 면접법, 구술평가, 토론법, 관찰법 등의 다양한 평가방법을 활용한다. 6) 국어 능력의 평가는 가급적 질적 평가, 비형식 평가, 직접 평가, 수행평가를 적극적으로 활용하되, 필요에 따라 평가방법을 통합한다.

바) 도덕과

구 분	내 용
교과목표	한국인으로서 바람직한 삶을 살아가는 데 필요한 기본 생활습관과 예절 및 도덕규범을 익히고, 일생생활 속에서 부딪치는 도덕적 문제를 바람직하고 합리적으로 해결할 수 있는 판단 능력을 기르며, 올바른 시민의식과 국가·민족의식 그리고 세계 평화와 인류 공영 의식을 함양하고, 삶의 이상과 원리를 체계화하여 실천할 수 있는 도덕적 성향을 기른다.
기본방향	**도덕규범에 대한 올바른 이해 및 기본적인 도덕적 판단력과 실천 능력을 함양한다.**
교육중점	1) 기본 생활습관 내면화 2) 도덕규범 및 기본 생활 예절 실천 3) 도덕적 가치 판단 능력 신장 4) 올바른 통일관 함양 5) 한국인 및 세계 시민으로서의 태도 함양
재구성할 내용	1) 경로효친 중심 예절교육(1교 1예절운동, 도령서당 효 교육) 2) 민족 문화 유산 애호 3) 학교·고장의 발전과 협동 4) 민주적 절차를 중시한 민주시민 의식(토의 토론 문화, 양성평등 교육) 5) 새로운 가치·규범 및 도덕적 쟁점(세계화와 윤리문제, 생명윤리, 정보윤리, 인권교육, 환경윤리, 안전의식) 6) 충남의 얼(충남 5대 정신: 충효, 절의, 선비, 예의, 개척) 계승
운영방법	1) 바람직한 행동의 실천 의지를 북돋우는 다양한 방법으로 기본 생활습관과 예절 및 규범의 실천을 강조한다. 2) 도덕적 지식이나 판단력 같은 인지적 영역과 함께 도덕적 가치와 태도, 행동 성향과 같은 정의적 영역을 중점적으로 다루되, 도덕규범이나 예절은 정서적 공감대를 형성하여 행동으로 옮길 수 있도록 확고한 신념과 열정을 갖고 지속적으로 지도한다. 3) 일상생활에서 경험하는 도덕적인 문제들을 교과서의 내용과 관련지어 탐구함으로써 도덕적 사고 능력을 키워나갈 수 있도록 역할놀이, 주제 토의 등 다양한 학습 방법을 활용한다. 4) 감화와 설득, 탐구식 지도, 실천·체험 중심의 지도 등 다양한 지도방법 과 기법을 활용하고, 같은 학년에서도 목표와 내용에 따라 특색 있게 지도한다. 5) 학생의 도덕성 발달 수준을 파악하고, 촉진할 수 있는 수업 계획이 이루어지도록 한다. 6) 일상생활이나 다른 교과에서 다루어지는 가치문제를 교사와 학생의 적절한 상호 작용으로 해결함으로써 학생의 규범의식을 내면화하고 건전한 도덕성을 함양한다. 7) 지역성이나 시사성이 있는 자료는 편향되지 않은 객관적 입장에서 재구성하여 학습 자료로 활용한다.
지도상의 유의점	1) 감화 및 설득 방법, 탐구식 지도방법 , 실천 체험 중심의 지도방법 등 다양한 방법과 기법을 활용한다. 2) 덕성의 내면화를 위한 예절 교실 등 실천의 장을 많이 제공하여 기본예절이 몸에 배도록 한다.
평가방법	1) 학생의 계속적인 도덕적 성장 촉진과 교수·학습 방법 개선에 도움이 되도록 평가한다. 2) 도덕적 가치·규범에 대한 이해, 도덕적 사고력과 판단력, 도덕적 신념과 태도, 실천 및 습관화 정도 등을 포함한 통합적 평가를 실시한다. 3) 덕목 및 도덕규범의 이해, 도덕적 문제 해결, 도덕적 정서 및 도덕적 실천 등을 고려하여 평가한다. 4) 지필평가, 구술·논술 평가, 행동 관찰, 자기 보고, 자료철(포트폴리오), 토론 및 발표에 대한 평가, 학생 상호 평가 등 다양한 평가방법을 활용하여 종합적으로 평가한다.

사) 사회과

구 분	내 용
교과목표	사회 현상에 관한 기초적인 지식과 능력은 물론, 지리, 역사 및 제 사회 과학의 기본 개념과 원리를 발견하고 탐구하는 능력을 익혀, 우리 사회의 특징과 세계의 여러 모습을 종합적으로 이해하며, 다양한 정보를 활용하여 현대사회의 특징과 세계의 여러 모습을 종합적으로 이해하며, 다양한 정보를 활용하여 현대사회의 문제를 창의적이며 합리적으로 해결하고, 공동생활에 스스로 참여하는 능력을 기른다.
기본방향	**사회 현상에 대하여 관심과 흥미를 가지고, 생활과 관련된 기본 지식과 능력을 습득하며, 상의석으로 문제를 해결하는 민주시민의 자질을 함양한다.**
교육중점	1) 고장·충청남도·국토·세계 여러 지역의 지리적 특성 이해 2) 충청남도와 우리나라의 역사적 전통과 문화의 특수성 이해 3) 사회생활에 관한 기본적 지식과 원리 이해 4) 정보 활용 능력, 탐구 능력, 의사 결정 능력 및 사회 참여 능력 신장 5) 민족 문화 및 민주 국가 발전에 이바지하려는 태도 함양
재구성할 내용	1) 금강, 공산성 계룡산 등의 자연 환경과 그 이용 모습 2) 행정복합도시, 공주 재래시장, 공주대학교, 공주교육대학교 연계 지역적 기능 3) 백제문화재, 의당 집터 다지기 등의 전통 문화 존중과 계승 발전 4) 역사·지리적 사실 등 시대적 상황 5) 여러 생활 문제와 해결방안 6) 주민 자치와 지역 사회의 발전
운영방법	1) 사회 현상에 대한 흥미와 관심을 가지고, 구체적 사실과 경험으로 사회 현상을 이해하도록 한다. 2) 과제 해결을 위하여 장기간이 필요한 경우에는 단원 지도 계획에 따라 장기 학습과제를 선정·제시하여 운영하도록 한다. 3) 탐구 학습과제는 학습자가 스스로 선택하여 학습 계획을 세우고, 문제를 해결할 수 있도록 다양한 학습 방법을 적용한다. 4) 사회 현상에 대한 종합적인 인식을 위하여 통합적인 교수·학습 방법을 활용한다. 5) 학습내용에 적합한 주제와 문제를 중심으로 단원을 재구성하여 수업을 운영하도록 한다. 6) 교과서 이외에도 지역 사회의 사진, 그림, 통계, 연표, 문화재, 영상 자료 등 다양한 교수학습 자료를 활용한다. 7) 정보화 사회에서 요구되는 정보처리기능과 창의적 사고력 신장을 위하여 컴퓨터 보조 학습 프로그램(CAI), 인터넷 활용기능(IIE), 신문 활용교육(NIE) 등을 적극 활용한다. 8) 학습자의 생활 경험과 관련된 지역 사회와 학교 실정을 고려하여 학습내용을 알맞게 재구성하고, 지역 사회에 대한 이해를 깊게 하며, 학생이 생활 주변에서 직접 경험할 수 있는 자료를 활용한다. 9) 충청남도교육청에서 개발한 4학년 '충청남도의 생활'과 지역 교육청에서 개발한 3학년 '사회과 탐구'를 수업 시간에 적극 활용한다.
지도상의 유의점	1) 정보화, 세계화에 대비하는 교육을 위해서는 실물 활용과 컴퓨터 등 다양한 매체를 활용하여 정보를 수집하고 처리하는 능력과 창의적인 사고력을 길러 주도록 한다.
평가방법	1) 교육과정에서 제시한 목표와 내용, 교수·학습 방법과 일관성을 유지한다. 2) 학습자 개개인의 성취 수준을 고려하여 학습자 개인의 진도와 성취도 변화를 평가한다. 3) 단순한 결과적 지식 평가보다는 기본개념과 원리의 이해, 지식과 정보의 획득 과정 및 활용 능력을 알아보는 수행 중심의 평가를 한다. 4) 사고력 신장이나 가치·태도의 변화를 평가하기 위하여 양적 자료와 더불어 질적 자료를 수집하여 평가한다. 5) 각 영역의 평가는 교육과정에서 제시한 목표를 준거로 하여 추출된 평가 요소에 따라 종합적이고 균형 있게 평가한다. 4) 지필평가, 구술·논술 평가, 행동 관찰, 자기 보고, 자료철(포트폴리오), 토론 및 발표에 대한 평가, 학생 상호 평가 등 다양한 평가방법을 활용하여 종합적으로 평가한다.

아) 수학과

구 분		내 용
교과목표	7차	가. 여러 가지 생활 현상을 수학적으로 고찰하는 경험을 통하여 수학의 기초적인 개념, 원리, 법칙과 이들 사이의 관계를 이해할 수 있다. 나. 수학적 지식과 기능을 활용하여 생활 주변에서 일어나는 여러 가지 문제를 수학적으로 관찰, 분석, 조직, 사고하여 해결할 수 있다. 다. 수학에 대한 흥미와 관심을 지속적으로 가지고, 수학적 지식과 기능을 활용하여 여러 가지 문제를 합리적으로 해결하는 태도를 기른다.
	2007 개정	가. 생활 주변에서 일어나는 현상을 수학적으로 관찰하고 조직하는 경험을 통하여 수학의 기초적인 개념, 원리, 법칙을 이해하는 능력을 기른다. 나. 수학적으로 사고하고 의사소통하는 능력을 길러, 생활 주변에서 일어나는 문제를 합리적으로 해결하는 능력을 기른다. 다. 수학에 대한 관심과 흥미를 가지고, 수학의 가치를 이해하며, 수학에 대한 긍정적 태도를 기른다.
기본방향		**수학의 기본적인 지식과 기능을 습득하고 수학적 능력을 신장한다.**
교육중점		1) 수학의 기초적인 개념, 원리, 법칙의 이해 2) 수학적 사고력, 의사소통 능력 및 문제해결력 신장 3) 수학의 가치 제고와 수학에 대한 긍정적인 태도 함양
재구성할 내용		1) 실생활과 관련 있는 내용 2) 학생의 수준과 능력을 고려한 수준별 수업 및 수준별 교육과정 운영 3) 숫자 줄이기, 전 단계 내용 활용하기, 실험실습 기구 활용하기
운영방법		1) 기본 과정의 내용은 모든 학생이 학습하는 것을 원칙으로 하되, 그 내용을 수준별로 차별화하여 지도함으로써 학습의 효율성을 높이도록 한다. 2) 교수·학습 계획 수립 및 학습 자료를 개발할 때에는 내용의 특성과 난이도를 고려하여 내용 및 순서 등을 재구성할 수 있다. 3) 수학적 개념, 원리, 법칙의 교수·학습에서는 가능한 한 생활 주변 현상이나 구체적인 사실을 학습 소재로 활용하며 학생들의 구체적 조작활동과 사고 과정을 중시한다. 4) 수학적 사고와 추론 능력을 신장시키기 위하여 귀납, 유추를 통해 학생 스스로 수학적 사실을 추측하게 하고, 수학적 관계를 조직하고 종합하며 학생 자신의 사고 과정을 반성하게 한다. 5) 수학적 의사소통 능력을 신장시키기 위하여 학생 자신의 수학적 사고를 조리 있고 명확하게 설명하고, 수학적 아이디어를 표현하기 위한 수학의 언어와 기호를 사용할 수 있도록 지도한다. 6) 문제해결력을 신장시키기 위하여 이미 학습된 내용을 종합적으로 활용하여 사고를 구성하고 학생의 경험과 욕구를 바탕으로 문제를 창의적으로 해결하게 한다. 7) 수학에 대한 긍정적 태도를 신장시키기 위하여 수학에 대한 가치를 인식하고 흥미와 관심, 자신감을 갖도록 동기를 유발한다. 8) 수학활동이나 수학적 사고 실험을 구체적으로 해 볼 수 있도록 교육 기자재의 활용을 적극 권장한다.
지도상의 유의점		1) 문제 해결은 전 영역에서 정형 문제 및 비정형 문제 해결 전략이 실생활의 문제 해결에 활용될 수 있도록 한다.
평가방법		1) 학생의 인지적 영역과 정의적 영역에 대한 유용한 정보를 제공하여 학생 개개인의 수학 학습과 전인적인 성장을 돕고 교사의 교수·학습 방법을 개선하는 데 활용한다. 2) 획일적인 방법을 지양하고 다양한 평가방법을 통해 교수·학습 방법을 향상시킬 수 있게 한다. 3) 인지적 영역에 대한 평가에서는 학생의 수학적 사고력 신장을 위하여 결과뿐만 아니라 과정도 중시하되, 다음 사항을 강조한다. 가) 수학의 기본적인 개념, 원리, 법칙을 이해하고 적용하는 능력 나) 수학적 표현의 의미를 이해하고 정확하게 사용하는 능력 다) 수학적 지식과 기능을 활용하여 타당하게 추론하는 능력 라) 수학적으로 사고하여 해결하는 능력 마) 수학적 사고 과정과 결과를 합리적으로 의사소통하는 능력 4) 정의적 영역에 대한 평가는 수학에 대한 바람직한 가치관, 관심, 흥미, 자신감 등의 정도를 파악한다.

자) 과학과

구 분	내 용
교과목표	자연 현상과 사물에 대하여 흥미와 호기심을 가지고, 과학의 지식 체계를 이해하며, 탐구 방법을 습득하여 올바른 자연관을 가진다. 가. 자연의 탐구활동을 통하여 과학의 기본 개념을 이해하고, 실생활에 이를 적용한다. 나. 자연을 과학적으로 탐구하는 능력을 기르고, 실생활에 이를 활용한다. 다. 자연 현상과 과학 학습에 흥미와 관심을 가지고, 실생활의 문제를 과학적으로 해결하려는 태도를 기른다. 라. 과학이 기술의 발달과 사회의 발전에 미치는 영향을 바르게 인식한다.
기본방향	**자연 현상과 사물에 대하여 흥미와 호기심을 가지고 탐구 능력과 태도를 길러 과학적 소양을 함양한다.**
교육중점	1) 과학의 기본 개념 이해와 적용 2) 과학적인 탐구 능력 신장 및 활용 3) 실생활의 문제를 과학적으로 해결하려는 태도 육성 4) 과학·기술·사회의 상호 관계 인식 5) 생명 존중과 환경 보전 의식 함양
재구성할 내용	1) 교육과정과 관련된 과학 교육 행사(과학의 날 행사, 면내 사전대회 등) 2) 체험 위주의 과학 교육(교육과학연구원 초청 수업) 3) 학습내용과 생활 과학과의 연계성 4) 자연 환경의 교육 자료화(수촌천, 학교 뒷산)
운영방법	1) 과학과 관련 있는 특별활동, 과학전람회 및 전시회 등 여러 가지 과학활동에 적극 참여하여 결과를 발표할 수 있도록 기회를 제공한다. 2) 학습의 소재는 생활 주변의 소재를 활용함으로써 흥미를 높이고, 생활과 과학을 관련지어 학습하게 한다. 3) 학습의 주제에 따라 개인·소집단·시범 실험, 멀티미디어 활용 등 수업 방법을 다양화한다. 4) 저학년에서는 관찰과 경험으로 자연에 친숙하게 하고, 점차 고학년으로 가면서 과학의 개념 이해에 주안점을 두고 지도한다. 5) 학생 중심의 탐구활동과 토의가 이루어지도록 하며, 자신의 의견을 명확히 표현하려는 태도와 다른 사람의 의견을 존중하는 태도를 가지게 한다. 6) 최신 과학, 과학자 이야기, 시사성 있는 과학 내용 등을 적절히 소개하여 학생이 과학에 흥미와 호기심을 가지게 한다. 7) 필수 실험 기구의 올바른 사용 방법을 익히도록 하고, 실험할 때에는 안전에 유의하여 지도한다. 8) 실험 후 발생하는 폐기물은 환경 보호 차원에서 관심을 가지고 제시된 방법에 따라 처리한다. 9) 동·식물 교재원, 암석원, 기상 관찰원 등을 운영할 수 있다.
지도상의 유의점	1) 관찰, 실험 등의 탐구활동은 가급적 분단학습 형태로 상호 협력 학습을 전개한다. 2) 실험 후 폐기물이 환경을 오염시키지 않도록 한다. 3) 실험 시 안전에 유의한다.
평가방법	1) 과학의 기본 개념 이해, 과학 탐구 능력 및 과학적 태도를 균형 있게 평가한다. 2) 타당도와 신뢰도가 높은 평가를 하기 위하여 가능한 범위에서 공동으로 평가 도구를 개발하여 활용한다. 3) 탐구 능력은 탐구 과정에 따른 탐구활동 수행 능력과 이를 실생활 문제 해결에 적용하는 능력을 관찰, 보고서 검토, 실기 등의 방법으로 평가한다. 4) 학습과정에서 계속 탐구하려는 의욕, 상호협동, 증거를 존중하는 태도 등을 평가한다.

차) 실과(기술 · 가정)

구 분	내 용
교과목표	실생활에 필요한 일을 경험하게 하여, 개인의 소질을 계발하고, 현실과 미래의 생활에 대처할 수 있는 기본적인 능력과 태도를 기른다. 가. 기본적인 공구 다루기와 일상생활에 필요한 것을 만들 수 있는 기초적인 능력을 가지게 한다. 나. 생활환경을 아름답게 꾸미고 가꾸며, 개선할 수 있는 관리 능력을 가지게 한다. 다. 일의 체험을 통하여 근로의 가치를 이해하게 하며, 근면과 협동하는 태도를 가지게 한다.
기본방향	**개인과 가정생활에 필요한 기본적인 지식과 기능을 습득하여 생활 적응 능력을 신장한다.**
교육중점	1) 실험 · 실습, 조사, 토의, 노작활동의 강화 2) 일상생활에 필요한 기초 능력 습득 3) 일의 창의적인 계획과 실천 능력 신장 4) 컴퓨터 활용 능력 신장 5) 건전한 소비 생활 실천과 환경 보존 교육 강화
재구성할 내용	1) 소, 닭, 돼지 사육과 벼, 고구마 재배 2) 학용품, 용돈, 학습준비물의 올바른 사용과 아껴 쓰기 3) 커리어 넷을 활용한 자신의 진로와 직업 선택에 필요한 기본적 소양 교육 4) 사이버 가정학습 게시판, 학교 홈페이지 사용 교육 5) 분리수거, 학교 환경 정화활동
운영방법	1) 재배 및 사육은 학교와 지역의 여건을 고려하여 선택적으로 학습할 수 있도록 지도 계획을 수립한다. 2) 가정에서의 나의 위치와 역할을 알고, 가족 구성원이 하는 일의 종류와 특성을 이해하여 원만한 가족 관계를 유지할 수 있도록 한다. 3) 기르기, 가꾸기 등 계속 관찰과 실습이 요구되는 것은 가정과 연계하여 일상생활에 적용하는 기회를 넓히도록 한다. 4) 지역성이 강조되는 영역은 학교와 지역의 실정에 따라 알맞은 내용을 선정 재구성하여 지도한다. 5) 정보통신 기술 교육은 컴퓨터 학습의 중요성과 함께 정보통신 윤리를 강조하여 지도한다.
지도상의 유의점	1) 타 교과와의 연계성을 살려 교수 · 학습의 효과를 높이도록 한다. 2) 컴퓨터를 활용한 수업을 권장한다. 3) 실험 실습의 지도에 있어서는 안전에 유의하고 뒷정리 지도
평가방법	1) 실험 · 실습, 실기 등의 평가에서는 평가 항목을 세분화, 단계화한 평가 기준안을 작성 활용한다. 2) 평가의 기준이 되는 요소들을 학생에게 미리 알려 줌으로써 도달해야 할 목표를 분명히 인식하여 교수 · 학습의 효과를 높인다. 3) 과정 평가는 지도 시간 단위별로 실시하여 평가의 타당성을 높이고 과제나 가정에서의 실습 결과도 평가에 반영한다. 4) 문제 해결에 대한 태도, 가치관의 평가 등 정의적 영역의 평가는 자율적인 학습 경험을 발전시켜 나갈 수 있도록 실천에 주안점을 두되, 자기평가는 학생들 스스로 평가할 수 있도록 명료한 기준을 제시한다.

카) 체육과

구 분	내 용
교과목표	다양한 신체활동을 통하여 개개인의 움직임 욕구를 실현하고, 운동을 수행하는 데 필요한 기능과 체력을 증진하며, 운동과 건강에 관한 지식을 이해하고, 사회적으로 바람직한 태도를 함양한다. 가. 운동을 통하여 사회적으로 바람직한 태도 및 문화적으로 가치 있는 규범을 익힌다. 나. 운동과 건강에 관한 다양한 지식을 이해하고 활용하는 방법을 익힌다. 다. 다양한 운동에 적극적으로 참여해 운동 기능과 체력 및 심신의 건강을 증진한다.
기본방향	**기초 운동 능력과 체력을 신장하고, 운동에 적극적으로 참여하는 실천적 태도 형성한다.**
교육중점	1) 움직임 욕구 충족을 통한 흥미 유발 2) 기초적인 운동 능력의 신장 및 기초 체력 증진 3) 운동과 건강에 관한 지식의 이해와 실생활 적용 방법의 체득 4) 적극적으로 운동에 참여하는 실천적 태도 형성 5) 우리 고장 체육 행사에 적극적인 참여
재구성할 내용	1) 충청도 웃다리 풍물놀이 장단 익히기 2) 줄넘기 운동, 배드민턴 운동의 생활화 3) 계절운동 현장학습 추진
운영방법	1) 지도 내용의 성격, 시간 배당, 학급당 인원 수, 학생의 성취 수준 및 발달 특성, 시설 및 학교행사 등을 고려한 계획을 수립하여 지도하도록 한다. 2) 혹서기, 혹한기에는 지도 시간을 감축하고, 봄·가을에는 지도 시간을 증배하여 신축성 있게 운영할 수 있다. 3) 계절 및 민속활동의 지도는 가급적 지도 시간을 집중 배치하여 연속 운영할 수 있다. 4) 학교 및 학년, 반의 제반 특성을 고려하여 교과 통합, 단원 통합, 차시 통합 등 효율적인 학습 계획을 수립하여 지도할 수 있다. 5) 체육과 학습에 필요한 시설, 기구를 충분히 확보하도록 노력하되, 부족한 경우에는 지역 사회의 체육 시설을 적극 활용하도록 한다. 6) 지역 고유의 민속놀이, 민속 춤, 민속 운동 등을 지도하여 향토 문화를 이해하고 즐길 수 있도록 한다.
지도상의 유의점	1) 학습 목표를 달성하기 위하여 선정된 학습내용을 학생들이 가장 효과적으로 학습할 수 있도록 체계적으로 진행하되, 모든 학생들에게 동일하고 평등한 기회가 제공되도록 한다. 2) 보건학습 내용은 되도록 보건 교사가 지도한다. 3) 체육활동에 시설 설비를 이용할 때에는 안전사고 방지에 유의한다.
평가방법	1) 운동 기능에 대한 평가는 학기당 내용 영역별로 선정하여 실시한다. 2) 운동 지식 평가는 학기별로 실시하는 것을 원칙으로 하되, 학교 실정에 따라 달리할 수 있다. 3) 운동 태도 평가는 전 수업과정을 통한 지속적인 관찰과 체계적인 기록을 근거로 하여 실시한다. 4) 목적과 내용을 고려하여 실시하도록 하고, 학년별 평가의 기준, 절차, 시기, 시설 및 용구, 평가 도구 등을 공정하게 적용하여 객관적이고 신뢰성 있게 평가한다. 5) 평가 자료는 학생에 대한 교사의 이해도를 높이고, 학생의 학습 성취도를 향상시킬 수 있도록 활용한다.

타) 음악과

구 분	내 용
교과목표	다양한 악곡과 음악활동을 통하여 창의성을 기르고, 음악적 정서를 풍부하게 한다. 가. 음악의 구성요소를 이해한다. 나. 가창, 기악, 창작, 감상활동을 통하여 음악성과 정서를 풍부하게 한다. 다. 음악의 역할과 가치를 이해하여 음악을 생활화하는 태도를 기른다.
기본방향	**다양한 악곡과 활동을 통하여 음악성과 창의성을 기르고, 풍부한 음악적 정서를 함양한다.**
교육중점	1) 음악의 기초적인 개념 습득 2) 음악활동으로 창의적 표현력과 사고력 신장 3) 음악에 대한 흥미와 즐겨 참여하는 태도 육성 4) 우리 지역의 음악 행사에 적극 참여 5) 전통 음악 문화의 계승 및 발전
재구성할 내용	1) 우리 지역의 전래 동요와 민요(의당 집터 다지기 노래) 2) 부제재곡 활용과 악기 연주 기능 3) 세계화 시대에 맞는 다양한 음악 경험 4) 각종 음악회와 예술제 등의 행사(수촌 학예회)
운영방법	1) 음악 학습은 실음 중심으로 이루어지도록 한다. 2) 내용 영역은 이해와 활동으로 구분되어 있으나, 실제 학습에서는 두 영역을 통합하여 지도하도록 한다. 3) 교수·학습 내용에 따라 활동 중심의 개인별, 그룹별 수업 등 다양한 방법을 통하여 지도하도록 한다. 4) 우리 지역에서 전래되고 있는 동요, 민요 등 적절한 전통 음악 자료를 수집·활용하여 향토 음악에 대한 이해를 높인다. 5) 전통 음악의 교수·학습 활동에서는 교사 또는 전문인의 범창을 듣거나 멀티미디어 학습 자료를 활용하도록 한다. 6) 음악적 문화 행사를 실제로 접할 기회가 적은 지역에서는 다양한 교수·학습 자료를 활용하여 실제적인 음악 교육이 이루어지도록 한다.
지도상의 유의점	1) 모든 학습활동은 음악을 창의적으로 표현하고, 사고하며 수용하는 능력 신장에 중점을 둔다.
평가방법	1) 교육과정의 목표, 내용, 과정과 부합되고, 영역별로 균형 있게 평가한다. 2) 이해와 활동의 영역별 필수 지도 내용을 실음과 관련하여 평가한다. 3) 이해 영역은 지식 위주의 평가가 되지 않도록 활동 영역과 관련지어 평가한다. 4) 활동 영역의 평가는 실기 평가, 관찰, 학생의 자기평가, 학생 간의 상호 평가, 자료철(포트폴리오) 등 다양한 방법과 도구를 활용한다. 5) 음악적 태도에 대한 평가는 음악적 관심과 흥미, 태도의 변화, 각종 음악 행사의 참여 및 성과 등을 반영한다.

파) 미술과

구 분	내 용
교과목표	미술활동을 통하여 표현 및 감상 능력을 기르고, 창의성을 계발하며, 심미적인 태도를 함양한다. 가. 미적 대상의 가치를 발견하고 이해할 수 있다. 나. 느낌과 생각을 창의적으로 표현할 수 있다. 다. 미술품의 가치를 판단하고, 미술 문화유산을 존중할 수 있다.
기본방향	**미술활동을 통하여 표현 및 감상 능력을 기르고, 창의성을 계발하며, 심미적 태도를 함양한다.**
교육중점	1) 대상의 아름다움을 발견하고 느낄 수 있는 미적 체험 기회 확대 2) 창의적인 활동의 기반이 되는 기초 표현 능력 신장 3) 미술품의 특징을 이해하고 존중하는 태도 함양 4) 우리 고장의 미술 행사에 적극 참여
재구성할 내용	1) 주변 자연 환경과 조형물 2) 생활 주변의 다양한 미술 소재 3) 국립 공주박물관, 석장리 박물관 미술품 활용 4) 민속극 박물관, 연미산 설치 미술 품, 문예회관 미술 작품 전시회
운영방법	1) 학교 및 지역 사회의 미술 행사와 연계하여 학생의 생활과 관련된 활동이 되도록 한다. 2) 전통 미술에 대한 관심을 높일 수 있도록 고장의 미술품을 선정하여 활용한다. 3) 효과적인 학습을 위하여 다양한 매체와 방법을 활용한다. 4) 미적 체험은 현장 학습이나 멀티미디어를 활용하여 미적인 안목을 기르도록 한다. 5) 학교 환경을 미적으로 구성하여 실제적인 체험을 할 수 있도록 한다. 6) 표현은 다양한 발상 지도로 학습 효과를 높이고, 학생의 흥미, 수준을 고려하여 융통성 있게 내용을 선정한다. 7) 미술활동에 필요한 기본적인 재료와 용구의 바른 사용법을 충실하게 지도한다. 8) 감상은 작품에 대한 기초적 이해에 도움이 되도록 다양한 감상 관점을 선정하여 활용한다. 9) 박물관, 전시장, 미술관 등의 관람 기회를 제공하여 미술에 대한 이해와 관심을 갖도록 한다. 10) 미술과 관련된 문화 행사에 적극 참여하도록 한다.
지도상의 유의점	1) 학교 및 지역 사회의 특성, 행사나 계절 등을 고려하여 학습의 효율성을 높일 수 있도록 지도한다.
평가방법	1) 평가 계획을 세울 때에는 평가의 관점과 기준을 제시하여 객관성을 높인다. 2) 학생의 발달 특성 및 환경을 고려하여 평가한다. 3) 지속적인 관찰로 학습 태도, 과정 및 결과를 균형 있게 평가한다. 4) 미적 체험 영역은 관찰력, 이해, 적용, 발표력, 태도 등을 평가한다. 5) 표현 영역은 표현력, 상상력, 관찰력, 재료 및 용구의 선택과 활용, 창의성, 심미성, 실용성, 이해의 적용, 태도 등을 평가한다. 6) 감상 영역은 지식, 이해, 적용, 분석력, 판단력, 발표력, 태도 등을 평가한다. 7) 지필평가, 관찰법, 감상문, 자기평가 및 동료 평가, 실기 평가, 자료철(포트폴리오) 등 다양한 평가방법을 활용한다.

하) 외국어(영어)과

구 분	내 용
교과목표	가. 영어에 흥미와 자신감을 가지며, 의사소통을 할 수 있는 기본능력을 기른다. 나. 일상생활과 일반적인 화제에 관해서 자연스럽게 의사소통을 한다. 다. 외국의 다양한 정보를 이해하고, 이를 활용할 수 있는 능력을 기른다. 라. 외국 문화를 이해함으로써 우리 문화를 새롭게 인식하고, 올바른 가치관을 기른다.
기본방향	**일상생활에 필요한 영어를 이해하고 사용할 수 있는 기본적인 의사소통 능력을 신장한다.**
교육중점	1) 영어에 대한 친숙감과 자신감 고취 2) 음성 언어 중심의 영어 의사소통 능력 신장 3) 외국의 다양한 정보를 이해하고 이를 활용할 수 있는 능력 신장 4) 외국 문화와 우리 문화의 올바른 이해를 통한 문화 간 다양성 수용
재구성할 내용	1) 언어 4기능(듣기, 말하기, 읽기, 쓰기)의 통합적 지도방법 2) 생활 주변 어휘의 확장 3) 지역 소재의 교재화 및 교육과정과의 연계 4) 원어민 영어 교사 활용 극대화
운영방법	1) 학습 목표와 내용에 맞는 다양한 교수 방법을 구안하여 적용하고 개별 학습과 협력 학습이 조화롭게 이루어지도록 한다. 2) 활동 중심의 수업이 되도록 하되 게임, 놀이 등 지나친 흥미 중심의 수업이 되지 않도록 학년성을 고려하여 지도한다. 3) 듣기는 초기에는 영어의 음운적 특성에 자연스럽게 익숙해지도록 지도하고, 점진적으로 의미 이해에 중점을 두어 지도한다. 4) 말하기는 초기에는 의미 전달에 중점을 두어 지도하고, 점진적으로 유창성을 높여 가도록 지도한다. 5) 시청각 자료 및 멀티미디어를 다양하게 활용하여 흥미를 유발한다. 6) 유창성을 강조하되 정확성과의 조화를 적절히 도모하여 지도하고, 상황에 적절한 방법으로 오류를 수정하도록 한다. 7) 영어의 적용력을 높이기 위하여 영어 원어민 교사와의 팀티칭을 강화하여 지도한다. 8) 수업은 가급적 영어로 진행하되 한국어 사용이 수업 중에 더 효율적인 경우에는 상황에 따라 적절히 활용한다. 9) 친숙한 주변 생활환경 요소를 영어 교재화하여 영어 사용 능력의 폭을 넓힌다. 10) 외국 문화를 수업 상황에서 적절히 지도하여 문화 간 다양성을 인식시킨다.
지도상의 유의점	1) 말하기 지도의 초기에는 의사소통이 될 정도의 오류에 대해서는 즉각적인 수정을 피하도록 한다.
평가방법	1) 교육 과정의 성취 기준과 교과서의 학습 목표에 준하여 평가 목표를 설정한 후에 평가를 시행한다. 2) 진단 평가를 통하여 학생들의 수준을 진단한 후 교수·학습 방법 및 내용에 적용한다. 3) 정의적 영역의 평가와 함께 의사소통 능력 평가도 동시에 이루어지도록 한다. 4) 음성 언어 중심의 평가와 함께 문자 언어 평가도 통합적으로 이루어질 수 있도록 한다. 5) 형성평가를 통하여 학생들의 학업 성취 정도를 파악하고, 그 결과를 교수·학습 방법 개선 자료로 활용한다. 6) 학생의 심리적 부담을 최소화하며, 과정 중심의 수행평가가 되도록 한다.

거) 교과 재구성

(1) 학교행사일 교과 지도 계획

주제명	시기	시수	재구성 현황				비고
			교과	단원	주제 관련 요소	활용 시수	
수학 여행	4월 7일 4월 9일	14	도덕	2. 소중한 생명	생명을 보호하는 활동 실천하기	1	
			국어	둘째 마당. 1. 정보의 바다	문화유산에 대한 정보 찾기	1	
			과학	5. 주변의 생물	에버랜드 동물원의 동물 분류하기	2	
				3. 우리 몸의 생김새	국립중앙과학관에서 우리 몸의 생김새 관찰하기	1	
			미술	2. 관찰표현	수학여행에서 인상 깊었던 장면 그리기	2	
			음악	24. 여러 나라의 음악	세계의 여러 나라 음악 알아보기	2	
			사회	1-(3) 유교를 정치의 근본으로 삼은 조선	백성들의 생활모습	2	
			체육	Ⅳ. 표현활동 (4) 창작표현	공간에 따른 움직임 알기	2	
운동회	5월 3일	4	국어	국어 교실 함께 가꾸기 1. 우리 함께	운동회에 생기는 일들을 재미있게 써 보기	2	
			체육	Ⅱ. 육상활동 (2) 뜀뛰기	여러 가지 방법으로 뛰어 보기	2	
개교기념 행사	5월 31일	2	도덕	4. 우리학교, 우리교장	우리 학교에 자랑거리를 생각하며 우리 학교 사랑하는 마음 다지기	1	
			사회	1. 우리 민족의 국가성립 (1) 하나로 뭉친 겨레	우리 학교 주변의 옛 문화 살펴보기	1	
현장 학습	10월23일	10	미술	2. 관찰 표현	현장학습에서 관찰한 것 표현하기	2	
			체육	Ⅳ. 표현활동 (2) 우리나라 민속춤	풍물놀이의 여러 가지 진법을 알고 풍물놀이를 하기	2	
			실과	8. 환경을 살리는 나의 생활 (1) 생활 자원과 환경	생활에 필요한 자원이 부족하거나 없다면 어떻게 될지 생각해 보기	2	
			과학	3. 쾌적한 환경	생태계의 평행 알아보기	2	
			수학	4. 원과 원기둥	현장학습지 주변의 원의 원주와 원주율 비교해 보기	2	
성과 발표회	12월 3일	2	국어	국어 교실 함께 가꾸기 1. 우리 함께	학예회에서 생기는 일들을 재미있게 써 보기	1	
			음악	26. 여러 사람들 앞에서 연주하기	여러 사람 앞에서 연주하기	1	

2. 재량활동

가. 기본방향

1) 본교의 재량활동은 학교나 지역사회의 실정과 학생·교사·학부모의 요구를 반영하여 자기 주도적 학습 능력과 창의성을 신장시키기 위하여 창의적인 교육활동을 다양하고 특색 있게 전개하여 운영한다.
2) 본교의 재량활동은 세계화·정보화 시대를 주도하며 살아갈 자율적이고 창의적인 한국인을 육성하기 위하여 다양한 교육활동과 체험학습에 중점을 두어 운영한다.
3) 재량활동은 교과 재량활동과 창의적 재량활동으로 구분되나, 본교는 창의적 재량활동 영역인 범교과 학습, 자기 주도적 학습, 자율적 교육활동을 중심으로 지도한다.
4) 본교의 재량활동은 정보통신기술교육(ICT)은 주 1시간 고정 운영한다.

나. 목표

총괄 목표
다양한 교육활동과 체험학습을 통하여 건전한 인성 발달을 도모하고 창의성과 자기 주도적 학습 능력을 기른다.

하위 목표
1) 학교의 독특한 교육적 필요, 학생과 지역 사회의 요구 등에 따른 범교과 학습을 통하여 자기 주도적 학습 능력을 기른다. 2) 학교 교육과정의 편성과 운영에 있어서 교사의 책무성, 전문성, 자율성을 확보하여 학생들의 창의성을 기른다. 3) 독특한 학교 문화 풍토를 조성하여 학생들이 즐겁고 유익하게 생활하는 태도를 기른다.

다. 내용

1) 체계

영 역	하위 영역	내 용	본교 중점 지도 내용
창의적 재량활동	• 범교과 학습	• 인성교육, 안전교육, 보건교육, 성교육, 민주시민 교육, 환경교육, 경제교육, 소비자 교육, 에너지 교육, 진로교육, 근로정신 함양 교육, 해양교육, 정보화 및 <u>정보 문화 교육</u>, 한국 문화 정체성 교육, 통일교육, 국제 이해 교육, 이웃 사랑 교육, 충남 5대 정신 교육(충효, 절의, 선비, 예의, 개척 정신) 등	정보통신기술소양교육(ICT), 정보문화교육(10시간) 인성교육, 안전교육, 보건교육(5~6학년 17시간) 국제 이해 교육
	• 자기 주도적 학습	• 주제 탐구 학습, 개인별 조사 연구, 소집단 공동 연구, 학습하는 방법의 학습, 체험을 통한 학습 등	○○ 3인증제

라. 방법

1) 재량활동은 교과·특별활동과 조화로운 연계 지도가 이루어지도록 계획하고, 교육 중점이 반영될 수 있도록 편성한다.
2) 재량활동의 시간 운영은 교육과정 연간 시간 운영계획과 월별 교육과정 시간 운영 세부 계획을 수립하여 융통성 있게 운영한다.
3) 재량활동에 배당된 시간은 연간 34주를 기준으로 한 최소한의 시간이므로 기준에 미달되지 않도록 한다(1학년 60시간, 2~6학년 68시간 이상).
4) 정보통신 기술 교육(ICT)과 자기 주도적 학습을 각각 연간 34시간 이상(1학년 30시간 정보문화교육 10시간)을 확보하여 운영하며, 범교과 학습은 담임교사가 학생들의 실태를 분석하여 필요한 내용을 선정하여 실시한다.
5) 재량활동 시간 중 5~6학년에서는 보건교육으로 17시간 이상을 운영한다.
6) 정보통신기술 교육은 담임교사가 실시하며, 학생의 창의성과 자기 주도적인 학습 능력을 신장시키기 위한 다양한 프로그램을 적용한다.
7) 정보통신기술 교육은 충청남도 정보통신기술 운영 지침에서 제시한 5개 영역(정보문화 교육 10시간)을 기준으로 하되 학생의 능력과 수준, 교과와의 관련 등을 고려하여 학년별 또는 학기별 하위 단계를 설정하여 융통성 있게 운영한다.
8) 교육과정 운영 일수와 필수 수업 일수의 차이 약 13~15일은 심화·보충의 시간 증배 활용, 체험활동 등의 통합단원 방법으로 재량활동과 연계하여 창의적인 교육활동을 한다.

마. 세부 추진 계획

1) 학년별 시간 배당

학기 \ 학년	1학년	2학년	3학년	4학년	5학년	6학년
1학기	28(14)	36(18)	36(18)	36(18)	36(18)	36(18)
2학기	32(16)	32(16)	32(16)	32(16)	32(16)	32(16)
계	60(30)	68(34)	68(34)	68(34)	68(34)	68(34)

※ 위의 시간은 연간 34주를 기준으로 한 연간 시간이며 ( )은 ICT 시수임.
※ 5학년과 6학년은 1학기 재량활동 시간에 17시간씩 보건교육 실시.

2) 창의적 재량활동 영역별 지도 내용

가) 정보통신기술교육(ICT) 영역별 지도 내용

<table>
<tr><th colspan="2">학교급 (단계)</th><th>초등 1·2학년
(1단계)</th><th>초등 3·4학년
(2단계)</th><th>초등 5·6학년
(3단계)</th></tr>
<tr><td rowspan="5">내용
및
수준</td><td>정보
사회의
생활</td><td>• 정보사회와 생활 변화
• 컴퓨터로 만나는 이웃
• 컴퓨터 사용의 바른 자세
• 사이버 공간의 올바른 예절</td><td>• 사이버 공간의 이해
• 네티켓과 대인 윤리
• 인터넷과 게임 중독의 예방
• 정보 보호와 암호
• 바이러스, 스팸으로부터의 보호</td><td>• 협력하는 사이버 공간
• 사이버 폭력과 피해 예방
• 개인 정보의 이해와 관리
• 컴퓨터 암호화와 보안 프로그램
• 저작권의 보호와 필요성
• 정보 사회와 직업</td></tr>
<tr><td>정보
기기의
이해</td><td>• 컴퓨터 구성요소의 이해
• 컴퓨터의 조작</td><td>• 운영 체제의 사용법
• 컴퓨터의 관리
• 소프트웨어의 이해
• 유틸리티 프로그램 활용
• 주변 장치의 활용</td><td>• 컴퓨터 동작의 이해
• 컴퓨터 사용 환경 설정
• 네트워크의 이해
• 정보 기기의 이해와 활용</td></tr>
<tr><td>정보
처리의
이해</td><td>• 다양한 정보의 세계
• 재미있는 문제와 해결 방법</td><td>• 숫자와 문자 정보의 표현
• 문제 해결 과정의 이해</td><td>• 멀티미디어 정보의 표현
• 문제 해결 전략과 표현
• 프로그래밍의 이해와 기초</td></tr>
<tr><td>정보
가공과
공유</td><td>• 생활과 정보교류
• 사이버 공간과의 만남</td><td>• 사이버 공간에서의 정보 검색과 수집
• 문서 편집과 그림 작성</td><td>• 사이버 공간 생성, 관리 및 교류
• 수치 자료 처리
• 발표용 문서 작성</td></tr>
<tr><td>종합
활동</td><td>• 정보사회에 대한 올바른 인식과 이해</td><td>• 문제 해결을 위한 정보의 수집, 생성 및 보호</td><td>• 책임 있는 협력활동을 통한 문제 해결</td></tr>
</table>

나) 창의적 재량활동 영역별 지도 내용

구 분	대주제	영 역	지도 내용	지도자
창의적 재량활동	자기 주도적 학습	학교특색사업: 수촌 3인증제(영어, 한자, 독서) 주제탐구, 소집단학습, 학습하는 방법의 학습 등	• 영어 한자 독서 인증 • 학년별 자체 계획 수립	담임
	범교과 학습	정보 문화 교육(10시간)	• 재미있는 컴퓨터 공부	담임
		보건교육(5, 6학년)	• 생활 속의 보건	보건교사
		보건교육, 인성, 환경, 경제, 소비자 교육, 통일교육, 국제이해 교육, 해양교육, 인권교육, 여가활용 교육, 문화예술 교육, 미디어 교육, 다문화 교육, 한국문화 정체성 교육, 토론교육, 논술교육, 민주시민 교육, 성교육, 양성평등 교육, 저출산 고령화 대비 교육 등	• 학년별 자체 계획 수립	보건교사 담임

3. 특별활동

가. 기본방향

1) 본교의 특별활동은 교과 상호 보완적인 관련 속에서 학생의 심신을 조화롭게 발달시키기 위하여 실시하는 교과 이외의 활동으로 근본적으로는 집단활동의 성격을 지니고 있으나, 집단에 소속한 개인의 개성, 자율성, 창의성도 아울러 고양하려는 교육적인 노력을 포함한다.
2) 본교의 특별활동은 주 1회 1시간을 자치활동, 적응활동, 계발활동, 봉사활동, 행사활동 등으로 운영하되 학생이 공동 협의하거나 학생 자신의 힘으로 활동 계획을 수립하고 역할을 분담하여 실천하게 한다.
3) 본교의 특별활동은 집단을 단위로 하는 활동으로 집단 속에서 개인의 행복과 삶의 질을 제고할 수 있는 미래 지향적 교육의 실시와 연관 짓도록 한다.
4) 본교의 특별활동 운영은 융통성을 가지며 지역과 학교의 독특한 교육 문화 풍토를 고려하여 특색 있게 운영하되, 토요휴업일의 취지를 살려 가족 간의 유대 증진, 사회 체험을 통한 바람직한 인성 함양에 중점을 두고 지도한다.

나. 목표

총괄 목표

다양하고 건전한 집단활동에 자발적으로 참여하여 개성과 소질을 개발·신장하고, 공동체 의식과 자율적인 태도를 기름으로써 민주시민으로서의 기본적인 자질을 함양한다.

영역별 목표

자치활동	학급 구성원으로서의 역할을 분담 수행하고 자치활동에 적극 참여함으로써 민주시민의 기본 자질과 태도를 지닌다.
적응활동	변화하는 환경에 잘 적응하고 대처하는 능력을 신장하여, 자신의 문제를 능동적으로 해결한다.
계발활동	계발활동에 자발적으로 참여하여 질서를 배우고, 협동심을 기르며, 자신의 취미와 특기를 계발, 신장함으로써 자아실현을 위한 기초를 다진다.
봉사활동	봉사활동의 의미를 이해하고, 타인을 돕는 일에 적극 참여하여 공동체 의식을 함양하고, 삶의 보람과 자신의 가치를 느낀다.
행사활동	각종 행사의 중요성을 이해하고 자발적으로 참여하여, 학교와 지역 사회의 일원으로서 갖추어야 할 기본 자질과 태도를 가진다.

다. 내용

영　　역	주요 활동 영역	중점 지도 내용
자치활동	• 협의 활동	• 학급회·학생회 조직 및 운영 • 학급, 학교생활에 필요한 사항 협의
	• 역할 분담 활동	• 1인 1역 활동 • 학급부서 활동 및 전교어린이회 활동
	• 민주시민 활동	• 모의 의회 활동 • 각종 토론회 및 학생 교사와 대화의 광장 설치 운영
적응활동	• 기본 생활습관 형성 활동	• 예절, 준법, 질서, 절제, 청결, 정리 정돈, 근검절약, 자립심 앙양
	• 친교활동	• 생일잔치, 위로회, 사제동행 행사, RCY
	• 상담활동	• 학습 부진아 및 부적응 상담 • 건강 문제 상담, 교우(집단 따돌림 문제 등) • 클럽활동 상담, 부모와 교사 간 긴밀한 협조 관계
	• 진로활동	• 직업 세계의 이해 • 진로 인식 문제 해결
	• 정체성 확립 활동	• 자기이해, 심성 계발

영 역	주요 활동 영역	중점 지도 내용
계발활동	• (월~금)	• 계발활동 부서 조직(4~6학년) 수요일 5교시 실시 　(부서: 컴퓨터, 논술, 한자, 서예, 영어 등) • 1~3학년은 담임교사가 시간 확보하여 지도
봉사활동	• 일손 돕기 활동	• 복지시설 및 공공시설 일손 돕기 • 학교 내 일손 돕기
	• 위문활동	• 나눔의 집(양로원) 위문 • 장애인, 고아원 위문
	• 캠페인 활동	• 공공질서, 환경보전 캠페인 • 교통안전, 학교 주변 정화 캠페인
	• 자선구호 활동	• 불우 이웃 돕기, 국제 난민 돕기
	• 환경·시설 보전 활동	• 자연보호, 문화재 보호, 환경보전
행사활동	• 의식행사활동	• 국경일, 기념일, 애국조회 • 입학식, 졸업식, 시업 및 종업식
	• 학예 행사활동	• 수촌 종합 학예회
	• 보건 체육 행사활동	• 신체검사 · 예방접종 · 체육대회
	• 수련활동	• 야영 수련활동
	• 안전 구호 활동	• 대피 방호 훈련 · 소방교육
	• 교류활동	• 농산어촌 공동 운영교교 및 도시학교 학교와의 교류

라. 운영

1) 편제

가) 특별활동은 내용 중심으로 자치활동, 적응활동, 계발활동, 봉사활동, 행사활동의 5개 영역으로 설정하여 분산 운영한다.

나) 자치활동은 학급·학년 학생회, 적응활동은 나의 주장발표, 계발활동은 아침시간의 학급 특색활동과 특기·적성교육, 준거집단 활동, 봉사와 행사활동은 학년에서 시간을 확보하여 실시한다.

다) 학생 발달 단계에 따라 다음의 활동 영역을 우선 선정 지도한다.

　(1) 1~2학년은 자치, 적응, 봉사활동을 중심으로 운영한다.

　(2) 3학년은 자치활동을 중심으로 운영하되 계발활동은 방과 후 학교 교육과 연계하여 지도하도록 한다.

　(3) 4~6학년은 자치활동과 계발활동을 중점 지도하며 학년별로 취미활동, 토의활동, 나의 주장 등 프로그램에 의해 운영한다.

라) 특별활동 배당 시간은 수요일 5교시와 토요일 3교시에 배당하여 운영한다.

2) 시간 배당

구분＼학년	1	2	3	4	5	6
자치활동	3	3	10	20	20	20
적응활동	12	16	6	3	3	3
계발활동	2	2	3	29	29	29
봉사활동	4	4	6	6	6	6
행사활동	9	9	9	10	10	10
계	30	34	34	68	68	68
비 고	-이 표의 시간 수는 연간 34주를 기준으로 한 최소 시간 수이다. -4~6학년 계발활동은 주당 1시간을 영어 학습 시수로 확보하여 운영한다.					

3) 연간 시간 운영

월	주	기간	수업 일수	휴일 수	특별 활동 시간	융통 성 시간	계	영역별 배당 시간					행사 (비고)
								자치 활동	적응 활동	계발 활동	봉사 활동	행사 활동	

4) 연간 활동 내용

특별활동의 연간 활동을 다음과 같이 계획을 수립하여 계획적이며 체계적으로 운영하여 학생들의 기본 생활습관과 자율적인 생활태도를 형성한다.

월	주	활동영역					소영역	주 제	활 동 내 용	시간	장소
		자치	적응	계발	봉사	행사					

5) 영역별 운영 방법

가) 자치활동: 별도 계획에 의거 운영

나) 적응활동

(1) 운영방침

　(가) 더불어 살아가는 개인으로서의 자기 발전과 성장에 중점을 두고 지도한다.

　(나) 교과활동과 생활지도뿐만 아니라 다른 영역과도 통합적으로 운영한다.

　(다) 학생의 발단 단계에 맞게 적응 활동의 교육과정을 편성·운영하여 지도한다.

(2) 적응활동 운영

영　역	지 도 내 용	대상학년
기본 생활습관 형성 활동	• 꿀벌 생활 규정을 제정하여 실천 • 학년별 기본 생활습관 형성을 위한 지도 내용을 설정하여 지도	1~6학년
친교활동	• 학급 단위의 축하, 위로 친목회 운영, 사제동행 수련회 • 청소년 단체(준거집단) 중심의 친교활동의 체험학습 실시	3~6학년
상담활동	• 사랑의 대화 시간 운영, 가족 대화의 날 운영, 친구의 좋은 점 찾아 칭찬하기	1~6학년
정체성 확립 활동	• 수련활동을 통한 자기 이해와 심성 훈련 • 나의 주장 발표, 명상의 시간 운영 • 학년별 심성 교육 프로그램 운영	1~6학년

다) 계발활동

(1) 운영방침

　(가) 자신의 소질과 관련하여 상설로 운영하는 특기적성부에 참여하여 활동하고, 담당교사가 운영한다.

　(나) 학교의 교육 환경과 교사의 지도 여건이 허용되는 범위 내에서 학생들의 취미와 소질을 최대한 발휘할 수 있는 기회를 제공한다.

(2) 영어 계발활동 연간 운영계획(영어교육부)

(　　　　)부

월	주	영　　역	활 동 내 용	준 비 물
3	1			
	2			
	3			
	4			

(3) 계발활동 부서명

부서명	지도교사	대상 학년	부서명	지도교사	대상 학년
서예반	○ ○ ○	4~6학년	체육반	○ ○ ○	4~6학년
한자반	○ ○ ○	4~6학년	미술반	○ ○ ○	4~6학년
컴퓨터반	○ ○ ○	4~6학년	보건반	○ ○ ○	4~6학년

라) 봉사활동

(1) 운영방침

　(가) 봉사활동의 의미를 인식시키고, 학생들이 자발적으로 참여할 수 있도록 지도한다.

　(나) 진정한 봉사활동이 되도록 충분한 정보를 수집하고 계획을 수립하여 실시한다.

　(다) 봉사활동 시 학생들의 안전에 각별히 유의하고 불의의 사고에 대비한다.

(2) 봉사활동 운영

영 역	활 동 내 용	비 고
일손 돕기 활동	복지시설, 공공시설, 학교 내 일손 돕기 등	1~6학년
위문활동	고아원, 양로원, 장애인 시설, 미화원, 군부대 위문하기 등	3~6학년
캠페인 활동	공공질서 확립, 학교 주변 정화, 환경보전 캠페인 등	3~6학년
자선구호 활동	이웃 돕기, 북한 어린이 돕기, 국제협력 및 구호활동 등	1~6학년
환경시설 보존 활동	깨끗한 환경 만들기, 자연 보호 활동 등	1~6학년

마) 행사활동

(1) 학교행사활동은 행사 전, 행사 당일, 행사 후의 지도를 철저히 한다.

(2) 행사 내용은 의식행사, 학예행사, 보건 체육 행사, 청소년 수련활동 등 고루 선정하여 지도한다.

(3) 학교행사는 학생 중심의 교육적 활동으로 이루어지도록 주관하여 운영한다.

4. 1학기 수행평가 계획(예시안)

교과	시기	영역	단원	내용	평가방법
국어	3월 4주	문학	첫째 마당 2. 아름다운 삶	작품의 배경이 사건의 전개와 어떤 관련이 있는지 알기	서술형
	4월 3주	쓰기	둘째 마당 2. 자연과 더불어	묘사의 방법으로 글쓰기	서술형, 상호평가
	5월 2주	듣기	셋째 마당 1. 노래가 머무는 곳	시나 이야기를 듣고 장면과 느낌 이야기하기	관찰
	6월 1주	읽기	넷째 마당 2. 헤아리고 살피며	주장에 대한 근거의 적절성을 판단하는 방법 알기	서술형, 상호평가지
	7월 1주	말하기	다섯째 마당 2. 나눔과 어울림	상황에 어울리는 속담이나 격언, 관용표현 사용하기	지필, 구술법, 포트폴리오
	7월 2주	국어지식	다섯째 마당	국어과 내용에 관한 전반적 이해	지필
도덕	4월 1주	개인생활	2. 소중한 생명	생명을 존중하는 마음 다지기	보고서, 관찰법
	6월 2주	가정, 이웃, 학교생활	4. 우리 학교, 우리 고장	학교와 고장의 발전을 위해 할 수 있는 일 실천하기	면접, 자기평가
	7월 1주	사회생활	5. 함께 지키자	법과 규칙을 지키는 생활 실천하기	관찰, 체크리스트
사회	3월 3주	인간과 시간	1. (1) 하나로 뭉친 겨레	대표적 유물을 통해 그 시대의 문화적 특징 서술하기	서술, 조사 보고서
	5월 2주	인간과 시간	2. (1) 새로운 사회로의 움직임	조선 후기에 서민들이 경제적으로 성장할 수 있었던 이유 말하기	서술, 분석
	7월 1주	인간과 사회	3. (2) 대한민국의 수립 과 발전	4·19혁명, 5·18민주화 운동, 6월 민주항쟁에 대해 설명하기	서술, 관찰법
수학	3월 2주	수와 연산	1. 분수와 소수	분수와 소수의 크기 비교	서술, 실기
	3월 5주	도형	2. 각기둥과 각뿔	각기둥과 각뿔의 전개도 그리기	서술형
	5월 2주	측정	5. 겉넓이와 부피	겉넓이와 부피를 알고 들이의 개념 알기	서술형
	6월 2주	규칙성과 함수	7. 비례식	비례식을 이용하여 여러 가지 문제 해결하기	서술형
	6월 4주	확률과 통계	8. 비율 그래프	문장으로 된 자료를 정리하여 그래프로 나타내기	서술형
	7월 2주	문자와 식	9. 문제를 해결하기	여러 가지 방법으로 문제 해결하기	서술형
과학	3월 2주	물질	1. 기체의 성질	기체가 물에 녹는다는 것을 실험을 통해 알기	실험, 관찰, 보고법
	4월 2주	생명	3. 우리 몸의 생김새	소화기관과 배설기관이 하는 일과 종류에 대해 알기	관찰, 조사법
	5월 2주	지구	4. 여러 가지 암석	변성암의 생성원인과 여러 암석의 특징 알기	실험, 관찰, 조사보고
	7월 2주	에너지	7. 전자석	전자석의 세기에 영향을 주는 요인과 변화의 요인 알기	실험, 토론법

5. 생활지도 계획

가. 학급 인성지도 계획

재 적	남	명	여	명	계	명
가정환경 아동발달 인성 측면의 학급 실태	대부분의 어린이들이 안정된 가정환경 속에서 보호자와 함께 생활하는 편이나 한 부모 가정이나 조모와 생활하는 어린이로 생활형편이 어려운 경우가 다소 있음. 고집이 세고, 친구들을 놀리고 귀찮게 하는 어린이들이 많아 작은 다툼이 잦으며 대부분의 어린이들이 친구들을 이해하는 마음이 부족하고 자기 위주로 행동하며 행동 절제력이 부족하여 주의가 산만한 어린이들이 많음.					
주 제	존중해요 나를, 칭찬해요 너를, 우리 모두 함께해요.					
실 천 계 획	1. 존중해요 나를(나 발견하기) -주제별 일기 쓰기를 통해 내 생활을 돌아보고 나를 반성하며 긍정적인 자아 개념을 심어 준다. 2. 칭찬해요 너를(숨은 천사 되기) - 비밀친구를 통해 숨은 천사가 되어 친구의 어려운 점을 도와주어 즐거운 학교생활이 되도록 한다. 3. 우리 모두 함께해요(모둠활동 활성화하기) 학습활동 시나 자율 활동시간에 모둠원 간의 협동하는 분위기를 조성하여 우리의식 갖기					
기대 성과	1. 자신의 잘못된 행동을 발견하여 교정하려고 노력할 것이다. 2. 자기 위주의 생활에서 벗어나 친구들의 입장을 이해하는 마음이 커질 것이다. 3. '나'만을 생각하는 이기주의적인 태도에서 벗어나 공동체의식이 커지고 주변을 살피는 아량이 길러질 것이다. 4. 아동들이 자기 자신의 소중함을 알고 상대방의 소중함도 인정하게 될 것이다.					

나. 학급 안전지도 계획

주 제	안전한 학교 즐거운 교실
실 천 계 획	1. 안전생활 지도하기 1) 조회시간을 통한 훈화를 통하여 안전한 생활태도를 습관화한다. 2) 알림장 활용하기 알림장을 통한 안전지도를 수시로 시행하여 학부모와 어린이 스스로 안전에 대한 경각심을 키운다. (안전구호-집에 갈 때-차 조심/길 건널 때-횡단보도/마치면-집으로/집에 가면-손발 씻기) 2. 어린이 안전지킴이 활동하기 어린이 안전지킴이로 하여금 학급어린이들의 실내 및 실외생활을 관찰, 보고하게 하여 안전사고를 예방한다(생활부 어린이들이 돌아가면서 한다.).

다. 생활지도 연간 운영계획(생략)

6. 학습 부진아 지도

가. 학습 부진아 기초학습 지도록

학 생 명		성별		진단평가 결 과	읽기		쓰기		셈하기	
학습 부진 내용·원인										
변화내용	월	3	4	5	6	7	9	10	11	12
	읽기									
	쓰기									
	셈하기									
지도일자		지 도 내 용				지 도 결 과				

7. 특수 학생 지도 및 상담

가. 특수 학생 지도 및 상담록

학 생 명		성별	보호자		연락처	자택	
						핸드폰	
가정환경 문제원인							
선도내용							
지도일자		지 도 내 용			지 도 결 과		

8. 학급 특색활동

◈ 독서를 많이 하여 창의력을 기르기

가. 주제 설정 취지

○ 지식기반 사회에 접어든 이후 사고력이나 창의력 개발의 밑거름이 되는 독서 교육의 중요성 부각
○ 취미, 즐거움 차원의 독서에서 삶의 변화와 능력을 개발하는 학습 독서 필요성 강조

나. 목적

○ 학생들의 사고력과 창의력, 문제해결력 신장과 소질·적성의 조기발견을 통한 진로 지도
○ 교과교육과 연계한 독서지도로 학습하는 방법의 습득 및 자기 주도적 학습 능력 신장

다. 방침

○ 1일 30분 이상 독서를 실시한다(아침 자습시간 활용 8:30~9:00).
○ 개인별 독서 목표 및 독서 계획 수립·실천
　　－"1주 1권 책 읽기 운동" 적극 실천
　　－개인별, 월별 독서 달력 만들기
　　－"1주 1권 책 읽기 운동"에 따른 개인별 독서 카드 제작·활용
　　－개인별 독서 기록장 준비 및 누가 기록
　　－개인별 독서량 누가 기록 게시
○ 개인별 독서 내용 간단 기록(1일 1줄) 및 독서 감상문·독서 감상화(1인 1주 1편)
○ 매달 마지막 날 독서 우수 학생 담임상 수상

라. 실천계획

○ 세부적이고 구체적 계획
○ 학급의 특색있는 활동 중심

마. 실천 결과

○ 목표 달성도 파악
○ 구체적 통계 수치 제시
○ 차기 교육 계획 수립의 자료

■ 제7절 ■ 학년(학급) 교육과정의 평가

1. 학년(학급) 교육과정 영역별 자기평가 척도표

(1학기 · 2학기)

영역	세부 영역	평가요소	평가 척도				
			5	4	3	2	1
교육계획	학교 교육과정 연계	1. 학교 교육과정 운영계획의 활용					
	목표 충실도	1. 교육목표의 일관성					
		2. 교육목표의 실현 가능성					
	편성 타당성	1. 법정 수업시수의 확보					
		2. 재량활동 시간 편성의 적절성					
		3. 특별활동 편성의 적절성					
		4. 학급 운영계획의 실천 적절성					
		5. 재구성 계획의 적절성					
교과 교육과정	교수학습 계획	1. 학교 · 학년 교육과정과의 연계성					
		2. 교육목표를 위한 재구성 실천계획					
		3. 교과지도 목표 설정의 타당도					
		4. 교과별 영역별 시간 확보					
	교수학습 환경	1. 다양한 학습 자료의 구입 · 제작 · 확충 정도					
		2. 다양한 자료의 활용 정도					
		3. 교실 환경의 구성과 재구성 정도					
		4. 교실 환경의 교육목표 접근성 정도					
	교수학습 활동	1. 교육목표에 맞는 주간 학습계획 실천					
		2. 융통성 있는 주간 교육과정 운영					
		3. 교과별 필수 성취 기준 편성 운영					
		4. 학습 부진학생 지도 프로그램 운영					
		5. 교육목표에 의거한 체험학습 실시					
		6. 교육목표에 맞는 교수 · 학습 실시					
		7. 교수 · 학습 재구성 운영과 자기평가					
		8. 학습 분위기 형성을 위한 유인책					
	교수학습 평가	1. 학습목표에 따른 평가					
		2. 수행평가 계획에 따른 이행도					
		3. 개별 학생 성취도에 따른 처방 마련					
학급 운영	계획	1. 교육목표에 따른 학급운영 연간계획의 일관성					
	실천	2. 연간계획의 적절성과 실천 정도					
	교과	3. 학급 운영과 교과 지도의 연계성					
	재량	4. 학급 운영과 재량활동의 연계성					

영역	세부 영역	평가요소	평가 척도				
			5	4	3	2	1
학급 운영	특활	5. 학급 운영과 특별활동의 연계성					
	자기반성	6. 학급 운영의 자기반성과 재계획 수립과 실천					
	상담	7. 학부모와의 교육 상담과 반응					
		8. 아동과의 교육 상담과 반응					
학급 환경	시설·설비	1. 학급 시설·설비의 효율적 관리					
	위생	2. 교실 환경 위생 관리					
	환경 구성	3. 교육목표 달성을 위한 환경 구성					
		이하 생략					

학급 조직표

20○○학년도 　　　　　　　○○초등(중·고등)학교 제○학년 ○반

회　　　　장	
부　회　장	
반　　　　장	
부　반　장	

부　　　서	부　　　장	부　　　　　　　　　원
편 집 부		
학 습 부		
생 활 부		
도 서 부		
환 경 부		
체 육 부		

【부서별 역할분담 활동】

부　　　서	역할 분담 활동
편 집 부	학급문집 만들기(자료 정리, 워드작업) **신나고 즐겁게 맡은 일에 최선을 다하자~!!**
학 습 부	과학자료 준비, 교과서 및 준비물 준비 확인, 학습자료 제작 보조 **맡은 일에 최선을 다하고 최고의 반을 만들자~!!**
생 활 부	좋은 말 쓰기 운동, 책상 치우기·걸상 넣고 다니기 점검 **욕 없는 우리 반을 만들자~!!**
도 서 부	학급도·대출도서 관리 및 정리, 독서통장 확인, 도서관 이용 시 책임관리 **친구들이 열심히 독서할 수 있도록 이끌고, 좋은 책을 많이 권하자~!!**
환 경 부	환경 게시물 및 작품 관리, 사물함 관리, 청소구역 둘러보기 **우리 반을 아름답게 꾸미자~!!**
체 육 부	체육 수업 준비(줄 세우기, 준비체조), 체육 준비물(체육복, 운동화) 확인, 체육 기구(공, 매트 등) 운반 및 정리 **끝까지 최선을 다하자~!!**

1. 학생 명부

제 ○학년 ○반

번호	이름	주민등록번호	부	모	집 전화	응급 시 전화번호	주소	본교재학형제
1								
2								
3								
4								

2. 우리 학급 자랑

독서를 많이 하여 창의력을 기르는 어린이

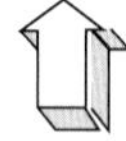

1. 바른말 고운 말을 사용하는 어린이   2. 학습활동에 능동적으로 참여하는 어린이
3. 1인 1특기를 기르는 어린이   4. 즐겁게 줄넘기하는 어린이

3. 우리 학급 교육목표

본교 교육목표	우리 학년 교육목표	우리 학급 경영목표
1. 바르게 행동하는 예절 바른 어린이(도덕인)	1. 기본이 바른 어린이	1. 바른말 고운 말을 쓰는 어린이
2. 스스로 공부하는 자주적인 어린이(자주인)	2. 기초가 튼튼한 어린이	2. 학습활동에 능동적으로 참여하는 어린이
3. 새롭게 생각하는 슬기로운 어린이(창의인)	3. 재주를 키워 가는 어린이	3. 1인 1특기를 기르는 어린이
4. 몸과 마음이 건강한 어린이(건강인)	4. 몸이 튼튼한 어린이	4. 즐겁게 줄넘기하는 어린이

4. 우리 학급 노력 중점

본교 노력 중점	학년 노력 중점	학급 노력 중점
마음이 행복해지는 독서교육	1. 독서의 생활화	1. 시업 전 10분 책 읽기
다양한 활동중심의 영어교육	2. 영어활용 능력의 신장	2. 기초 영어 생활화하기

구분	노 력 중 점
교과	• 모둠별 학습을 통한 집단적 사고, 토의 방법, 의견 수렴 방법을 기름 • 받아쓰기, 100칸 연산훈련 등으로 기초 학습력 신장
특별활동	• 민주적인 학급회의 운영을 통해 민주시민의 기본자질을 기름 • 다양한 노작활동을 통해 창의성 신장
재량활동	• 컴퓨터 교육활동을 통한 정보통신 능력 신장 • 에듀넷 등을 활용한 정보통신 윤리교육의 강화
생활지도	• 칭찬을 통한 올바른 생활습관 형성 • 알림장을 통한 기본예절 및 교통안전의 반복지도
봉사활동	• 1인 1역 실천을 통해 일의 즐거움을 알고 봉사 정신을 함양

아침자습	월	화	수	목	금	토
	애국조회	영어와 친해지기	책을 읽어요	영어와 친해지기	책을 읽어요	영어와 친해지기
	교장선생님 훈화말씀 숙지하기	알파벳, 단어놀이	필독도서 읽기	간단한 생활영어	필독도서 읽기	STEP & JUMP

기대 효과

- 올바른 가치관과 기본 생활습관의 정착
- 기초학습 능력의 신장
- 정보화시대에 앞서 나가는 미래사회의 주인공
- '우리'가 함께 생활하는 사회적 환경에 대한 적응력 향상

5. 우리 학급 특색사업

본교 특색사업	학년 특색사업	학급 특색사업
1. 사랑 나눔 활동 2. 살금살금 소곤소곤 활동 3. 건강 짱 체력 짱	1. 친구사랑 체험활동 운영 2. 정재 질서 지킴이 운영 3. 맞춤 체력 인증제 실시	1. 수호천사 활동하기 2. 칭찬 키 재기 3. 음악 줄넘기하기

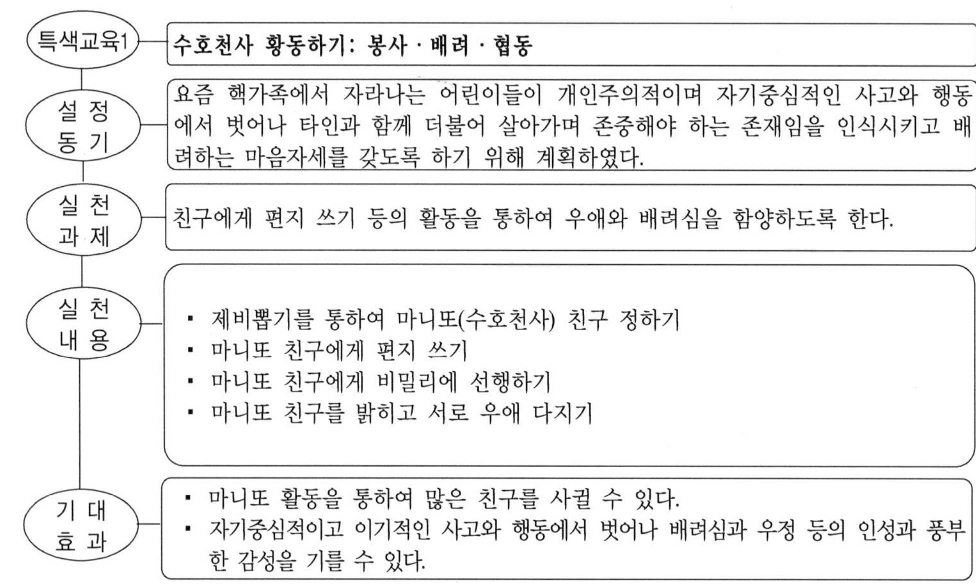

6. 우리 학급 임원 조직

구분	1학기	2학기
반 장		
부반장		
부반장		

7. 특별활동 운영

가. 학급 학행회(어린이회) 조직표

1 학 기		
부　명	부　장	부　　원
생활부		
과학부		
학습부		
환경부		
체육부		

나. 역할 분담 조직표(생략)

부록 2. 각종 교육활동 기록부

가. 학생 명부

나. 학급 역할 분담 활동 확인표

다. 수행평가 기록표

라. 성취도평가 기록부

마. 상담기록

바. 기초ㆍ기본학력 부진학생 기록 카드

사. 학급 교육활동 및 동 학년 협의록

아. 전체 협의록

제 ② 장

◀◀◀ 수업설계 및 수업분석 ▶▶▶

[Key Point]
　　제2장에서는 교육과정의 본질적 내용으로서 수업의 전반에 대해서 학습한다. 교사의 본질적 자질인 수업의 설계와 수업분석, 수업실행, 수업평가 등 일련의 수업과정을 직접 탐구하고 접근해 본다. 이를 통하여 교사로서 보람 있게 가르치고, 학생들이 용이하게 배울 수 있는 바람직한 수업의 진행 방향에 대하여 탐구한다. 다양한 수업탐구를 통한 실질적 접근으로 교사로서의 교수 내용 지식(PCK)과 교수 기술 함양, 수업설계 및 수업분석 능력을 함양한다.

제1부 수업설계

■ 제1절 ■ 수업설계의 기초

1. 수업설계의 의미

수업설계란 교육에 관련된 요구 및 문제점을 파악하고 이를 토대로 목표에서 내용, 방법, 평가에 이르기까지 교수체제의 전 과정을 계획하고 계발하기 위한 체계적 접근을 의미하며 효율적이고 효과적인 수업을 성취하기 위한 수단으로 사용되고 있다. 딕(Dick, 1987)은 수업설계를 수업을 계획하기 위해 수업이론과 경험적 연구결과를 체계적으로 적용하는 과정이라 정의하였고, 스미스와 라간(Smith & Ragan, 1999)은 수업자료나 활동을 위한 계획수립을 위해 학습과 수업에 관한 원칙들을 적용하는 체계적 과정이라고 정의하고 있다. 다시 말하면 수업목표를 학습자들에게 효율적으로 성취시키기 위하여 수행되어야 할 제반 활동과 요소를 계획하는 활동으로 다음 세 가지 질문에 대한 답을 찾는 과정이 수업설계라고 할 수 있는 것이다.

   가. 학습자는 무엇을 학습해야 하는가?

   나. 학습자는 무엇을 학습해야 하는가에 대한 질문에서 도출된 수업목표를 학습자들이 성취하도록 하기 위해 제공될 학습활동, 학습전략 그리고 학습 자료들은 어떤 것인가?

   다. 학습자들이 수업목표를 달성했는지 여부는 어떻게 밝힐 것인가?

2. 수업설계의 필요성

가. 수업설계는 수업 전에 충분히 계획한 수업이 그렇지 않을 때보다 수업의 효과를 높이는 데 더 효과적일 것이라는 가정 때문이다.

나. 수업설계는 설정된 목표와 교육내용, 교육방법, 매체, 평가 간의 유기적 통합을 통해 학습효과를 극대화시킬 수 있는 효과를 낼 수 있기 때문이다.

다. 수업설계는 내용 전문가나 교사의 입장이 아닌 학습자의 입장에서 학습자에게 적합한 수업을 계획하게 해 줌으로써 학습자의 적극적인 수업 참여를 유도하여 궁극적으로 수업의 효과를 높이게 해 줄 수 있기 때문이다.

라. 자료나 수업매체의 장점을 최대한으로 활용하기 위해서이다.

마. 수업에서 오류나 실패는 쉽게 교정하거나 되돌리기가 어려워 최소화하기 위해서이다.

바. 수업의 경제성 측면에서도 충분한 계획이 필요하기 때문이다.

3. 수업설계의 전제조건

가. 수업설계는 개인차를 최대한으로 고려해야 한다.
나. 수업설계는 단기적인 것과 장기적인 것을 고려해야 한다. 단기적인 수업설계를 한 수업자가 수업이 이루어지기 전에 한 시간 또는 몇 시간의 수업지도안을 작성하는 일이고, 장기적인 수업설계란 몇 개의 과 또는 단원의 수업을 설계하는 일이다.
다. 수업을 설계하는 일과 수업하는 일은 밀접한 관계는 있지만 서로 분리하여 수행할 때 효과적일 수 있다.
라. 모든 수업설계는 항상 인간은 어떻게 학습하게 되는가 하는 지식 위에서 이루어져야 한다.
마. 수업설계를 하는 과정에서는 경제성의 원칙을 고려해야 한다.
바. 현재까지 밝혀진 자료, 매체, 교구, 기교재 등 교육공학 기기(機器)를 최대한으로 이용한다.

4. 수업설계의 체계적 · 체제적 접근

최근에는 수업설계를 체계적 접근에서 체제적 접근을 해야 한다고 주장하고 있는데 리치(Richey, 1993)는 수업설계에서 체계적이라 함은 설계활동을 위해 사전에 명세화된 절차를 의미하는 반면 체제적 접근은 학습에 영향을 미칠 수 있는 모든 상황적 변인들은 고려해야 한다는 의미가 있다고 설명하고 있다.

배나씨(Banathy, 1996)도 체계적이란 논리적이고 순차적인 단계에 따라 실행되는 일련의 활동을 의미하고 있으므로 설계는 창조적이고 반복적인 활동으로 체계적인 접근이 아닌 비선형적이고 비순차적인 성격을 갖고 있는 체제적 접근을 해야 한다고 주장하고 있다.

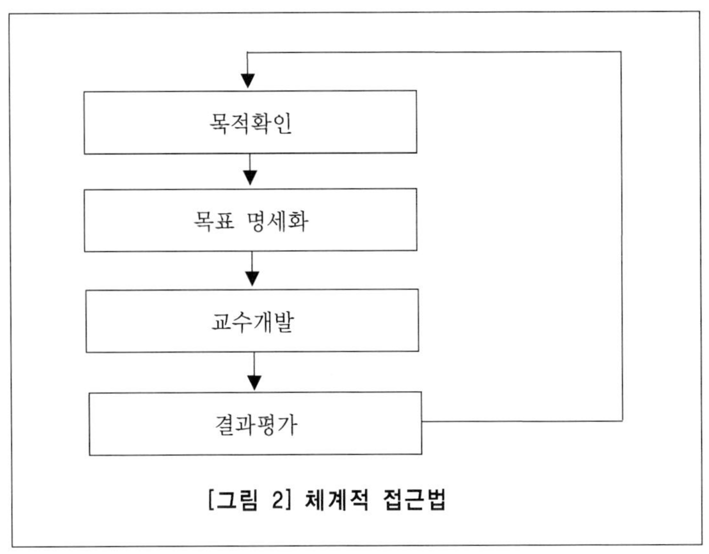

[그림 2] 체계적 접근법

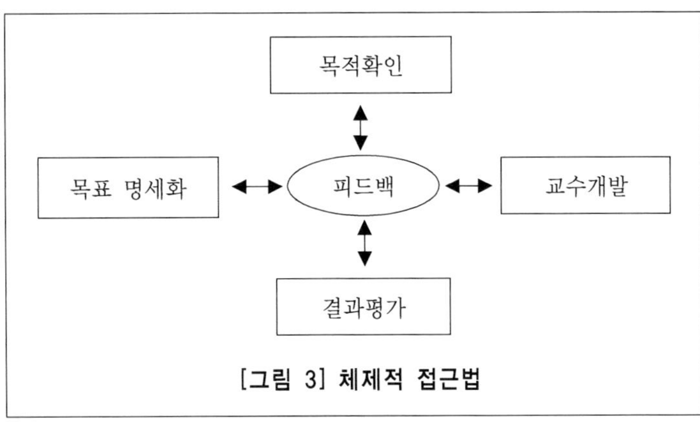

[그림 3] 체제적 접근법

5. 수업체제의 구성요소

가. 목표

수업체제의 목표로서 학습자가 새로이 습득하거나 변화시켜야 할 행동 유목을 말한다.

나. 내용(메시지)

수업체제의 구성요소들에 의하여 전달되는 정보로서 사실, 의미, 자료 및 아이디어를 의미한다.

다. 사람

내용을 전달하거나 전달받기 위해서 활동하는 사람으로서 교사, 학습자, 직원, 보조원, 기술자 등을 포함한다.

라. 자료

기구나 장치에 의하여 전달할 수 있도록 내용을 저장하고 있는 것으로 보통 소프트웨어라고
하며, 기계나 장치에 의하여 활용된다.

마. 기자재 장치

자료에 저장된 내용의 전달체로서 하드웨어라고 한다.

바. 기법 또는 절차

내용의 전달에 동원되는 자료, 장치 및 사람의 활용에 관한 절차, 방법 등을 말한다.

사. 환경

내용을 전달하고 전달받기 위한 활동을 전개하는 물리적 시설이나 상황적 조건을 포함한다.

아. 시간계획

교수·학습 활동을 위해 미리 작성해 놓은 시간 계획을 의미한다.

제2절 | 수업설계의 모형

수업설계 모형은 교육연구와 이론에서 유출된 원리를 토대로 하여 상호 관련된 일련의 절차를 제공한다. 교수 설계 분야의 연구자들은 다양한 학습결과, 학습자, 환경, 매체를 위해 효과적이고 효율적인 수업을 신출하기 위한 절차를 개발해 왔다. 수업설계 모형은 특정한 학습 대상자에게 효과적이고 효율적으로 지식 및 기능을 가르치기 위해 설계된 수업계열이다.

1. 수업설계의 일반모형

교수설계의 범위는 한 시간 수업, 한 학교의 교육과정, 국가의 교육체계에 이르기까지 다양하게 설정될 수 있다. 그러나 그러한 대상을 하나의 체제로 보고 체계적 접근에 의해 계획해 나가는 교수설계 모형은 분석, 설계, 실행과 평가의 기본적인 과정들을 포함한다.

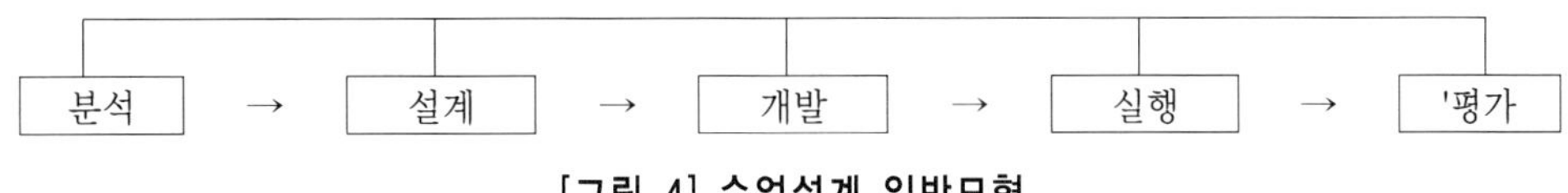

[그림 4] 수업설계 일반모형

가. 분석(analysis)

(1) 수업설계의 첫 단계는 학습과 관련된 요인들을 분석(analysis)하는 것으로 요구 분석, 학습 분석, 환경 분석과 과제분석이 이에 포함된다.

(2) 요구란 어떤 바람직한 상태와 현재 상태 간의 차이를 말한다. 교육적인 요구는 학습자들이 의도하는 지식, 기술, 태도 등을 가지고 있지 않기 때문에 이러한 차이를 극복하기 위해 발생한다.

(3) 학습자 분석은 학습자의 특성을 파악하는 것이다. 학습자의 지적 특성으로는 지능, 적성, 선수학습 능력을 들 수 있으며, 정의적 특성은 동기, 자아 개념, 불안, 태도 등을 말한다. 그 밖에 학습자의 사회 문화적 배경, 학습양식 등을 들 수 있다.

(4) 환경 분석은 설계과정에서 영향을 미치는 제반 환경과 교수의 목적을 달성하기 위해 필요한 학습 환경에 대한 분석을 의미한다. 설계 과정에서 영향을 미치는 환경으로는 수업설계 과정에 참여할 인적 자원, 교수설계 과정에서 요구되는 기자재, 시설, 경비 등의 물적 자원, 개발 기간 등을 말한다. 교수의 목적을 달성하기 위해 필요한 학습 환경은 교실, 도서실, 실험실 등 교수−학습이 일어나는 공간과 교수매체 등을 포함한다.

(5) 과제분석은 교육의 목적을 성공적으로 수행하기 위해 필요한 지식, 기능, 태도 등을 파악하고

이들 간의 계열성을 밝히는 것이다.

나. 설계(design)

분석의 결과로 밝혀진 정보들을 토대로 구체적인 명세서를 작성해야 한다. 설계(design) 단계에서는 목표를 명세화하고, 평가도구를 개발하고, 수업전략 및 수업매체를 선정한다.

다. 개발(development)

설계 단계에서 작성된 명세서에 의해서 실제로 사용할 교수 프로그램이나 수업에 사용할 교수자료를 제작한다. 먼저 교수 프로그램이나 교수자료의 초안을 만들고 교과전문가와 학습 대상자를 대상으로 초안에 대한 형성평가를 실시한다. 형성평가를 통해 수집된 정보를 바탕으로 교수 프로그램이나 교수자료를 수정하여 실제 교육현장에 활용될 최종산물을 개발한다.

라. 실행(implementation)

실행 단계에서는 개발된 교수 프로그램이나 교수자료를 실제 교육현장에서 활용하고 관리한다. 이때 의도한 목적을 달성하기 위해서 교수 프로그램이나 교수자료의 실행에 필요한 지원체제를 갖추는 것이 중요하다.

〈표 7〉 학습목표별 교수전략

학습목표	교수전략	
주의집중	• 활자크기 조절 • 소리의 크기 조절 • 색다른 경험 제공 • 학습자의 눈을 보기	• 목소리의 크기 조절 • 친숙한 음악의 사용 • 색의 사용 • 학습자와 가까이하기
동기유발	• 내용의 제시 일정 • 외재적 보상에 대한 약속 • 도전과 경쟁심 유발 • 실생활과 관련짓기	• 내재적인 가차의 언급 • 시험에 대한 예고 • 자부심의 자극과 격려 • 동료들과 그룹 짓기
선행조직	• 사전검사 • 내용에 대한 요약이나 개관 • 선수학습회상 • 내용에 관한 어의적인 도표	• 예습 • 목표 진술 • 브레인스토밍

학습목표	교수전략	
이 해	• 내용의 타당도 • 제목 • 원리 • 데이터 수집과 분석 • 모델링 • 질문과 응답 • 정보적인 피드백	• 내용의 조직 • 단서나 예제 • 제안 • 수업속도 • 설명 • 시험 • 사전지식과 연관 짓기
숙 달	• 반복과 지시적인 연습 • 재택시험 • 아이디어의 촉진	• 리포트 작성 • 문제해결 활동 • 발표
전 이	• 일반화나 적용시키기 • 실생활과 연결된 상황학습	• 견학과 시뮬레이션 • 실제문제 해결하기
창 의 력	• 지시적인 발견학습 • 상호 작용적인 멀티미디어 • 상호 작용적인 의사소통 • 가상현실의 탐구	• 독립적인 프로젝트 • 문제해결에 대한 도전 • 사이페이스의 여행

마. 평가(evolution)

평가 단계에서는 교육 프로그램이나 교수자료의 효과성과 효율성을 측정하기 위해서 총괄평가를 실시한다. 개발 단계에서 교수 프로그램의 질을 개선시키기 위해서 실시되는 형성평가와 달리 총괄평가는 개발된 교수 프로그램의 선택에 관련된 사항을 결정하기 위해서 실시된다.

2. 딕과 캐리의 모형

딕과 캐리의 모형은 초보자나 경험이 적은 교수설계자가 유용하게 사용할 수 있도록 수업설계 과정을 단계적으로 설명한다. 이 모형은 초보자가 교수설계를 하도록 훈련시키기 위해 만들어졌기 때문에 시작 단계부터 차례차례 모형을 통해서 순서적인 방식으로 교수설계 방법을 학습할 수 있도록 권장하고 있다.

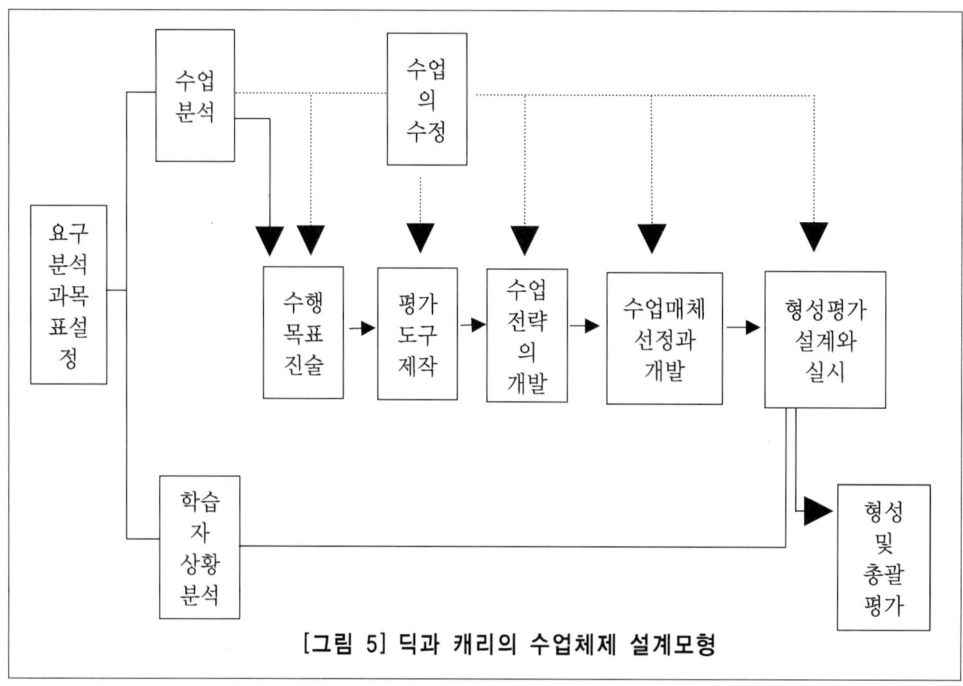

[그림 5] 딕과 캐리의 수업체제 설계모형

3. 스미스와 라간의 모형

스미스와 라간(Smith & Ragan, 1993)은 수업설계 모형을 크게 분석, 전략개발, 평가 세 단계로 나누어 설명하고 있는데 수업설계자의 상황에 따라 각 절차를 수정 보완하여 사용할 수 있는 융통성을 부여하고 있다. 이 모형의 특징은 각 단계의 하위단계들은 순서대로 일어나는 것이 아니라 동시에 발생한다고 하는 것이다.

가. 분석 단계에는 학습환경 분석, 학습자 분석, 학습과제 분석과 평가문항의 개발 단계를 포함한다.
나. 전략개발 단계에는 수업전략을 개발하는 단계로 조직적 전략, 수업전달 전략, 경영 전략을 결정하게 된다.
다. 평가 단계에서는 형성평가와 총괄평가가 이루어진다.

4. 겔라크와 일리의 모형

이 모형은 수업을 위한 체제적 모형의 요소를 수업목표의 세분화, 수업목표에 따른 지도내용의 선정, 선수학습 능력의 측정(진단), 수업목표에 따른 지도내용의 선정, 활동자의 학습 집단 조직, 수업시간의 분배와 계획, 학습자들이 학습하게 될 학습장의 분배, 적합한 학습 자료의 선정, 학습자의 학습 성취도와 교사의 수업방법에 관한 평가, 평가결과의 분석과 수업설계를 위한 재투입의 열 가지로 나누고 있다.

5. 수업설계 모형의 공통점

수업설계 모형들을 살펴볼 때 공통점은 다음과 같다.

가. 수업설계를 위해서는 무엇보다도 먼저 수업목표를 명료하게 규정해야 한다.

나. 수업설계에서는 반드시 학습자의 선수학습 능력을 정확하게 진단해야 하며 그 진단결과에 따른 처방을 계획해야 한다.

다. 수업의 활동이나 수업매체의 선정은 반드시 수업목표를 우선적으로 생각하여 결정한다.

라. 수업설계의 효율성을 평가하거나 학습자의 수업목표에 대한 성취도를 평가할 때는 목표기준의 평가, 즉 절대기준 평가의 아이디어를 이용한다.

마. 설계된 것은 현장학습에서 시행을 거치고 수정할 부분을 수정한 후에 정상적인 학급에 활용한다.

▌ 제3절 ▌ 수업설계의 원리

1. 수업설계의 일반 원리

가. 수업설계의 목표 및 필요조건은 설계 과정이 이루어지기 전에 명시되어야 한다. 설계자는 이 체재가 성취하려는 것이 무엇이고 필요조건과 제한점이 무엇인지 분석한 후에 실제적인 설계를 한다.

나. 수업설계 과정은 점진적으로 수정을 한다. 설계자는 설계과정의 모든 단계에서 목표가 성취되었나를 수시로 점검하면서 필요하면 재설계한다.

다. 수업설계 과정은 반복적이고 상호 작용적이다. 교수·학습 체제는 여러 구성요소들로 이루어진 복합적인 조직체이고 이 체제를 구성하고 있는 각 요소들은 상호 작용적인 관계에 있다. 설계자는 수업설계를 실행하면서 계속적으로 평가하고 목표와 각 단계를 수정하는 과정을 반복한다.

라. 수업체제는 모든 구성요소들이 그 목표를 성취하는 데 있어서 상호 보완적인 관계가 있을 때 가장 효율적으로 작용한다.

마. 교수체제는 이 체제가 속해 있는 상위체제와 잘 조화되어 작용되도록 설계해야 한다. 교수 체제의 목표는 상위체제의 목표를 달성할 수 있도록 설계되어야 하고, 따라서 단기적인 수업설계는 장기적인 수업설계의 목표를 달성할 수 있도록 상위체제의 목표를 고려해서 조화를 이루어 설계되어야 한다(Gagne& Briggs, 1997).

바. 어떤 체제의 구성요소나 절차도 다른 구성요소나 절차에 영향을 미치지 않고는 수정될 수 없다.

2. 구성주의 수업설계 원리

윌슨(Wilson, 1995)과 그의 동료들의 주장에 기초하여 구성주의의 수업설계 원리를 정리하면 다음과 같다.

가. 학습자, 학습과제, 환경 등과 같은 수업요소 모두를 고려해 전체적, 체제적으로 접근해야 한다.

나. 요구분석 시 실제 수행상황에 기초하여 실시하여야 한다.

다. 문제해결 능력의 형성과 의미의 형성에 최상의 학습목표 우선권을 부여한다.

라. 학습내용을 다양한 방법으로 규정한다.

마. 수업자가 사전에 주어진 전략에 얽매이기보다는 상황에 따라 순간순간에 맞는 수업전략을 사용할 수 있도록 허용한다.

바. 매체선택은 설계과정 초기에 결정하고 다양한 매체를 사용하여 하나의 학습내용을 다양한 방

법으로 표상하고 다양한 경험을 할 수 있도록 한다.
사. 평가를 독립된 기능이 아닌 교수활동의 하나로 통합하여 사용한다.

3. 수업모형 구안의 원리

가. 수업목표의 명확한 제시

(1) 학습자가 학습목표를 명확하게 인지하면 학습은 촉진된다.
(2) 학습자가 학습목표를 획득하는 절차를 이해하면 학습은 촉진된다.
(3) 학습이 완료되었을 때 기대되는 결과나 모범작품을 관찰하면 촉진된다.

나. 학습동기 유발

(1) 학습자가 학습과제에 주의집중을 하게 되면 수업진행이 용이해진다.
(2) 학습자가 수업목표의 가치를 인식하면 학습동기는 높아진다.
(3) 학습자가 학습목표 달성에 자신감을 가지면 학습동기가 높아진다.
(4) 학습자가 학습과정 중에 성공적인 경험을 하면 학습동기가 강화된다.
(5) 학습자가 학습과제에 호기심과 흥미를 갖게 되면 학습동기가 높아진다.

다. 학습결손 발견과 처치

(1) 학습자가 선수학습 요소를 충분히 학습하였을 때 학습목표 달성이 용이하다.
(2) 학습자가 선수학습 능력에 따라 자신의 결손을 명확히 알 수 있을 때 보충학습은 효율적이다.
(3) 학습자의 선수학습 능력 결손부분에 적합한 보완학습의 자료나 보충학습을 마련하면 효율적이다.

라. 학습내용의 제시

(1) 학습자의 학습능력 수준에 맞게 학습활동을 개별화시켜 주면 학습목표의 달성은 촉진된다.
(2) 학습자가 학습활동에 능동적으로 참여하게 되면 그 학습자의 학습은 촉진된다.
(3) 수업목표의 유형에 따라 적절한 수업사태를 마련하여 주면 학습은 효율적으로 이루어진다.
(4) 다양한 학습양식에 적합한 수업매체를 선택하고 활용하면 학습은 효과적으로 이루어진다.
(5) 수업목표의 하위 구성요소들을 계열적으로 순서화하여 그 순서대로 가르치면 학습이 용이하다.

(6) 수업 이해력에 알맞은 학습내용을 설명하면 학습자들은 보다 쉽게 수업목표에 도달할 수 있다.
(7) 새로운 개념이나 원리의 학습에서 학습자들에게 선행조직자를 형성시켜 주면 유의미한 학습이
될 수 있다.

마. 연습

(1) 연습은 학습을 확고하게 해 주고 망각을 방지시켜 준다.
(2) 학습한 것을 새롭고 다양한 상황에 적용하는 연습을 하면 효과의 일반화가 증대된다.
(3) 학습자의 개인차를 고려하여 개인의 능력에 알맞은 연습량을 제공하면 연습의 효과는 높아진다.

바. 피드백, 형성평가

(1) 학습결과에 대한 즉각적인 정보제공 및 강화가 효과적이다.
(2) 즉각적이고 구체적으로 학습 오류를 교정한다.
(3) 학습자에게 기대되는 행위가 나타날 때 강화는 처음에는 자주 하고 다음에는 부분적으로 한다.

사. 파지, 전이, 일반화

(1) 학습 자료는 간단한 것에서 복잡한 것으로, 친숙한 것에서 친숙하지 않은 것의 순으로 제시한다.
(2) 단순 암기나 공식에 의한 학습보다는 확실하게 이해된 학습이 필요하다.
(3) 학습한 직후에 학습한 내용을 정리한다.

아. 학습평가

(1) 수업 전에 평가 기준을 제시한다.
(2) 학습자에게 학습결과 평가 기회를 제공한다.
(3) 수업목표 달성 여부를 확인할 수 있는 평가를 계획한다.
(4) 학습자 자신의 성취결과 평가로 자기 주도적 학습력을 신장시킨다.

4. 수업전략 결정

수업목표 달성을 위한 효과적 방법이 무엇인지에 관한 구체적인 계획을 세우는 것이며 특히 고려

해야 할 것은 수업계열 결정(학습요소별 시간 계획), 수업활동의 결정, 교수·학습 집단 조직 등이다.

가. 수업형태 결정

(1) 수업 분위기 또는 학습 분위기의 관점

(가) 민주적, 학생 중심적, 통합적, 비지시적인 수업형태
학생들의 자율적 학습을 권장하고 사고를 자극하여 비교적 자유스러운 활동에 제한,
수동적 태세 등과 같은 방법을 사용한다.
(나) 전체적, 교사 중심적, 지배적, 지시적인 수업형태
교사의 강의, 지시, 일제 학습, 자유스러운 활동에 대한 제한, 수동적 태세 등과 같은
방법을 사용한다.

(2) 학생의 사고과정을 중심

(가) 발산적 사고를 요하는 수업형태
문제해결법, 구안법, 발견학습 등과 같이 탐구적, 창조적, 비판적 사고를 학생들에게
요구하는 수업형태이다.
(나) 수렴적 사고를 요하는 수업형태
강의법, 문단법 등과 같이 논리적으로 정확한 해답을 이끌어 가는 수업이다.

가. 수업방법 결정

(1) 수업계열의 배열 방법

(가) 연역적 방법은 개념과 원리와 같은 일반적인 것(세부 목표)을 먼저 제시하고, 특수적
인 것(최종 목표)을 나중에 제시한다.
(나) 귀납적 방법은 특수적인 것(최종 목표)을 먼저 제시하고 일반적인 것(세부 목표)을 나
중에 제시한다.

(2) 수업 방법의 선정

(가) 수업방법은 크게 교사 중심 교수형, 학생 중심 자율 학습형, 교사와 학생 상호작용형
방법 등이 있다.

(나) 구체적 단계별 수업방법에는 강의법, 시범법, 반복법, 토의법, 실연법, 자율학습법, 프
로그램법, 학생상호학습법 모의학습법 등이 있다.

■ 제4절 ■ 수업설계의 실제

1. 교수·학습과정안 작성의 필요성

수업의 준비 단계에서 가장 중요한 일은 바로 교수·학습지도안의 작성이다. 교수·학습지도안은 한 시간의 수업을 효과적으로 이끌기 위한 수업의 시안이며 수업의 가설이다. 따라서 교수·학습지도안은 건축의 설계도나 항해사가 가진 나침반과 같이 수업이 나아갈 방향을 제시해 주는 역할을 하는 것으로 수업자는 물론 참관자에게 있어서 안내 지침서가 된다. 또한 수업자에게는 교재 연구가 될 뿐만 아니라 자신 있게 수업을 할 수 있고, 학습요소를 빠짐없이 지도할 수 있으며, 지도의 과정이 명료하고, 지도방법 이 확실해지기 때문이다.

2. 교수·학습과정안의 형식

가. 좋은 교수·학습과정안의 조건

교수·학습과정안은 학습내용이나 교재의 유형, 학습자의 요구 수준, 학습 환경 등에 따라서 각각 그 특성을 고려하고 필요에 따라서는 계획을 변경할 수 있게 작성되어야 한다. 다시 말해서 형식적이 아닌 실질적인 것이 되어야 한다는 것이다(서명원 & 스콜링의 견해 중심).

(1) 지도목표가 단위시간에 달성될 수 있고 가치가 있어야 한다.
(2) 목표의 진술이 구체적이고 간결하며 행동목표로 진술되어야 한다.
(3) 수업 결과 도달목표의 기준이 마련되어야 한다.
(4) 교재의 핵심이 분명하게 파악되어야 한다.
(5) 전시 및 차시 학습과의 관계를 맺어야 한다.
(6) 학습요소의 시간적 배려가 적절하여야 한다.
(7) 알맞은 학습과정이 선택되고, 바르게 적용되어야 한다.
(8) 학생의 활동이 활발히 될 수 있는 형태가 적용되어야 한다.
(9) 학생의 개인차와 흥미, 선수학습 능력이 고려되어야 한다.
(10) 적절한 자료가 적절한 시기에, 적절한 방법으로 활용되게 계획되어야 한다.
(11) 판서계획이 분절마다 고려되어야 한다.
(12) 학생의 실태가 제시되어야 한다.

(13) 단원 전체의 구조와 전개 계획이 명료하게 나타나야 한다.

(14) 수업을 보지 않고도 수업의 흐름을 파악할 수 있도록 한다.

(15) 목표달성 성취도에 대하여 적절한 평가방법이 준비되어야 한다.

(16) 본시 수업을 통하여 해결하고자 하는 연구과제가 제시되어야 한다.

나. 교수 · 학습과정안의 형식

교수 · 학습과정안은 교재의 특성이나 학생의 요구, 교사의 의도가 다를 수 있기 때문에 일정한 형식은 없다고 보아야 할 것이다. 그러므로 교수 · 학습지도안은 수업의 내용이나 지도방법에 따라 창의적으로 작성하면 된다. 그러나 교수 · 학습지도안이 수업자에게는 수업의 가설이 되며 참관자에게는 수업을 위한 귀중한 안내서가 된다는 점을 고려한다면, 어떤 교수 · 학습과정안이든지 중요한 몇 가지의 요건만은 체계적으로 갖추어야 할 것이다.

(1) 단원명

(2) 단원의 개관

(3) 단원의 목표

(4) 학습의 계통 및 관련

(5) 학습과제 분석

(6) 지도계획

(7) 평가계획

(8) 지도의 실제

　　(가) 본시의 교수 · 학습개요

　　(나) 지도과정

　　(다) 판서계획

　　(라) 형성평가 계획

　　(마) 참고 사항

　　　1) 실태조사 및 분석

　　　2) 교재 연구

　　　3) 기타

※ 참고문헌

3. 교수 · 학습과정안 작성의 실제

교수 · 학습과정안은 일정한 틀이 없지만, '세안'을 중심으로 작성 요령을 알아보면 다음과 같다.

가. 단원(제재)

　단원은 교수·학습 장면에 있어서 일정한 과제를 해결하는 데 필요한 학습내용 및 경험을 전체성과 통일성을 지니게 조직해 놓은 분절을 말한다. 일반적으로 국어, 사회, 수학, 과학, 실과, 체육, 미술, 영어 교과의 경우는 '단원'으로 하고, 도덕, 음악 교과는 '제재'라 한다.

나. 단원(제재)의 개관

　단원의 개관은 단원 전체의 윤곽을 파악하여 지도의 방향을 확실하게 하기 위하여 살펴보는 것이다. 사회관, 학생관, 교재관으로 관점을 나누어서 기술하는 방법과 단원의 내용 개요, 계열성, 의의(학생, 사회, 교재의 특성), 실태(출발점 행동) 등을 종합적으로 체계 있게 진술하는 방법으로 대체로 예·체능 교과와 수학·과학 교과 등에서 편리하게 적용될 수 있는 종합적으로 기술하는 방법이 있다.

다. 단원(제재)의 목표

　단원을 학습했을 때 학습자가 지녀야 할 바람직한 성과를 구체적인 용어에 의해(내용＋행동의 형식으로) 지적, 기능적, 정의적인 면을 진술한다. 단원의 목표는 해당 단원의 교수·학습 과정 및 그 결과를 평가할 수 있는 준거를 마련해 준다.
　(1) 단원 목표는 적절한 일반성을 가지고, 수업목표의 수준에서 진술하는 것이 좋다.
　(2) 목표에는 내용과 행동을 나타내는 말이 있어야 한다.
　　(예) <u>자연의 개념을 정의할 수 있다.</u>
　　　　　(내용)　　＋　　　(행동)
　(3) 수업에서 성취하게 될 학생의 행동으로 진술한다.
　　(예) 글을 통하여 생각과 느낌을 바르게 표현할 수 있다.
　(4) 각 목표는 한 가지 학습 결과를 포함하고 있어야 한다.
　　(예) 과학적 방법을 이해하고 그것을 효과적으로 적용한다.
　→ '이해한다.'와 '적용한다.'는 따로따로 진술한다.
　(5) 지적, 기능적, 정의적 영역을 포괄하고 있어야 한다.
　(6) 목표는 학습 경험 결과의 산출물로서의 행동으로 진술되어야 한다.

라. 학습의 계통 및 관련

　본 단원의 학습내용과 관련되는 선수학습 내용 및 후속학습 내용의 학년, 학기, 단원을 제시하여 단원의 학습내용이 계통적으로 보아서 어느 정도의 수준에 있다는 것을 쉽게 알 수 있게 한다. 따라서 선수학습 내용에 따라 진단학습 및 준비학습 내용을 결정할 수 있게 하며, 후속학습 내용에 따라 본 단원의 학습내용이 앞으로 어떻게 발전, 전개되어 가는가를 파악할 수 있게 한다.

마. 학습과제 분석

학습계획을 세울 때 학습내용을 구성하는 어떤 개념, 법칙, 원리를 가르칠 것인지를 구상하게 된다. 이를 학습요소라고 하는데, 이러한 학습요소 배열을 한눈에 볼 수 있게 체계화하고 시각화한 수업지도(授業地圖)를 작성하는 것을 학습과제의 분석이라고 한다.

(1) 학습과제 분석의 필요성

    (가) 단원에서 가르칠 학습요소가 무엇인지를 명백히 한다.
    (나) 학습요소 상호 간의 관련성을 밝힌다.
    (다) 학습의 순서를 밝혀낼 수 있다.
    (라) 학습요소의 누락이나 중복을 찾아낼 수 있다.
    (마) 형성평가의 기준이 된다.
    (바) 필요한 선수학습 능력이 무엇인지를 밝혀 준다.

(2) 학습과제 분석법

학습과제의 분석은 그 단원이나 교과의 성격에 따라 학습 위계별 분석, 학습 단계별 분석, 시간·기능별 분석 등으로 나누게 된다.

(가) 학습 위계별 분석법

학습과제가 지적 영역일 경우에 사용될 수 있는 분석법의 하나로 지적인 내용이 위계적인 관계 속에 있을 때 대단히 유익한 방법이다. 즉 하나의 학습과제나 학습요소는 독립적으로 존재하는 것이 아니라 다른 학습요소와 종적으로 연결되어 위계적 조직을 이루고 있다는 가정 속에서 이 방법을 쓰게 된다.

(나) 학습 단계별 분석법

학습 단계별 과제분석 방법은 학습과제가 문제해결 학습, 원리학습, 개념학습 등의 위계적인 관계가 불분명하고 다만 학습해야 할 순서가 분명하게 되어 있는 경우에 쓰는데 지적, 정의적 영역에도 쓸 수 있다. 이 분석방법은 주어진 학습과제를 달성하기 위하여 학습과제의 내용적 측면을 보다 세부적으로 분석하고 이를 가르치는 순서에 따라 조작하는 방법이다. 이 방법에 의거하여 학습과제를 분석하면 한 단계 학습이 끝난 후에 다음에는 무엇을 학습하도록 해야 하는지가 밝혀지게 된다. 이들 단계 사이에는 순서적인 계열이 있을 뿐이다.

(다) 시간·기능별 분석법

이 방법은 주로 운동기능 학습에 사용될 수 있다. 이 방법은 주어진 학습과제를 수행하기 위하여 필요한 일련의 하위 과제들을 작업이 수행되는 과정이나 기능에 따라 관계를 규정하는 것이다.

(3) 학습과제 분석 절차

(가) 최종 수업목표를 확인하고 진술한다.

(나) 학습요소를 추출한다.

수업의 최종목표가 확인이 되면 이 목표를 달성하기 위하여 학습해야 할 요소나 항목에는 어떤 것이 있는지를 찾아낸다.

(다) 학습요소의 구조도 즉 수업지도(授業地圖)를 작성한다.

학습요소들이 어떻게 상호 관련되어 있으며, 어떤 위계성을 갖는지를 시각화한다.

(라) 학습요소들의 수업 순서를 정한다.

수업지도(授業地圖)가 작성되면 학습요소들의 대강의 수업 순서는 정해진다. 즉 최종목표에 접근한 수업요소일수록 나중에 수업할 요소이며 가장 하위에 있는 학습요소일수록 먼저 가르쳐야 한다.

(4) 학습과제 분석도의 유형

변영계는 학습과제를 수평적 구조도, 위계적 구조도, 수직적 구조도, 혼합적 구조도의 네 가지 유형으로 분류하고 있다.

(가) 수평적 구조도

수평적 구조도의 특징은 각 하위 학습과제가 같은 유형 혹은 같은 수준의 학습과제로 서로 수평적인 관계만을 갖고 있을 때 제시될 수 있는 것이다. 그러므로 학습과제의 학습은 나머지 다른 학습과제를 하는 데 별다른 영향을 주지 않는 경우이다.

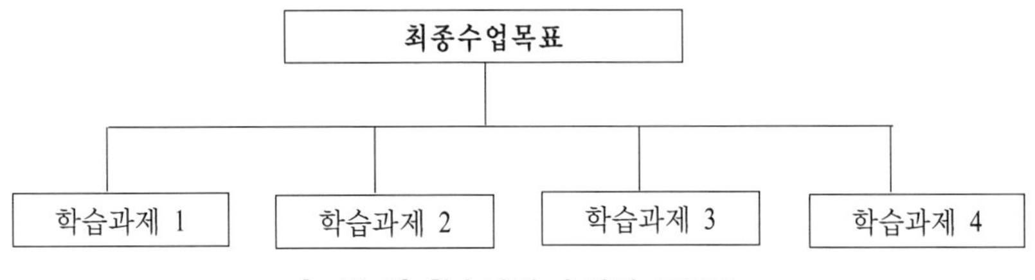

[그림 6] 학습과제 수평적 구조도

(나) 수직적 구조도

각 하위 학습과제가 각기 다른 수준의 학습과제로 서로 수직적인 관계 속에 있는 것으로 각 학습과제는 서로 학습전이를 이루는 위계적 관계 속에 배열되어 있다. 기능을 요구하는 교과나 어떤 특수한 기능을 학습하는 경우이다.

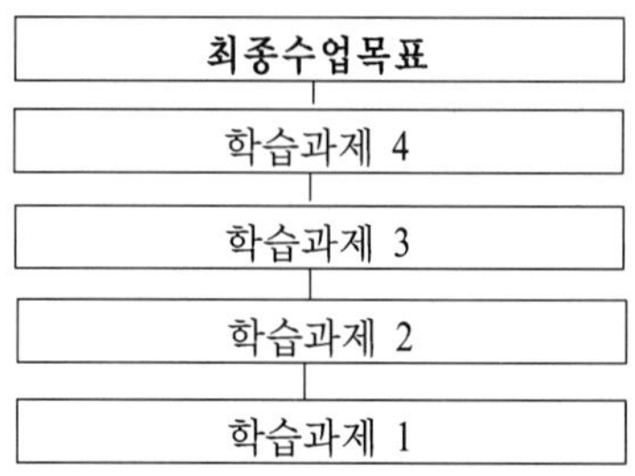

[그림 7] 학습과제 수직적 구조도

(다) 위계적 구조도

학습 위계적 분석표의 대표적인 것으로 많은 교과의 단원에서 이 모양으로 분석될 수 있는데 학습과제가 횡적, 종적으로 연결되어 있다.

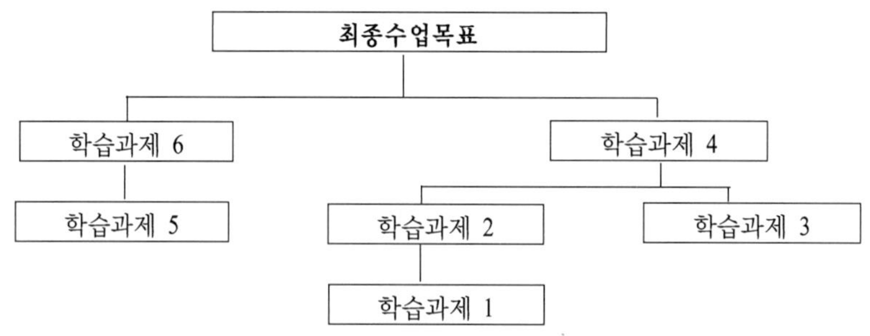

[그림 8] 학습과제 위계적 구조도

(라) 혼합적 구조도

혼합적 구조도는 앞에서 제시한 세 가지의 특징이 섞여 있는 것으로 어떤 학습과제들은 단순한 수평적 관계 속에 놓여 있고 어떤 경우에는 수직적·위계적인 관계 속에 있는 경우이다.

바. 지도계획(총 시간)

과제분석에서 학습요소가 추출되고 그 위계성이 밝혀지면 학습요소들의 학습 순위가 결정되는데, 이를 토대로 시간 계획을 세우게 된다. 즉 단원 전체의 전개 계획으로서 차시별로 지도 내용을 요약 진술하여 단원 전체의 지도 과정을 파악할 수 있게 하기 위한 것이다.

사. 평가계획(평가관점)

특정 단원의 학습이 끝난 후에 이루어지는 총괄적 평가(단원목표 달성도의 측정) 계획을 말한다. 이때 단원목표의 학습 활동, 평가 계획이 일관성이 있도록 유의해야 하며 편의상 평가 관점만 기술할 수 있다.

아. 지도의 실제

전체 지도 계획에서 본시에 해당하는 학습과제 및 내용의 구체적인 학습 전개 계획이다.
(1) 단계: 보편적인 단계(도입, 전개, 정리-구분선은 점선으로)로 나누어 쓰며 교과나 교재에 따라 알맞게 선정한다.
(2) 학습요소
  (가) 명사식: 시장의 종류, 물건 유통 경로 알기
  (나) 권고식: 시장의 종류를 알아보자.
  (다) 문제식: 시장의 종류에는 어떤 것이 있나요?
(3) 교수·학습 활동
  학습 요소별로 학습 형태, 방법, 활동 등을 교사와 학생의 입장에서 구분하여 진술한다.
(4) 시간
  지도 단계별 또는 학습 요소별로 소요 시간을 분 단위로 적는다.
(5) 자료 및 유의점
  자료는 교수·학습 과정에서 동원되는 교사와 학생의 유형, 무형의 모든 자료를 투입 시기에 적절하게 적는다. 유의점은 교수·학습 활동과 관련하여 교사가 유의해야 할 점을 교사의 입장에서 진술한다.
(6) 판서계획
  단위 학습 시간의 핵심 정리 계획으로서 구조화, 도표화하여 요점 정리한다.
(7) 형성평가 계획
  구두 또는 필답 문항(3~5문제) 등 수행평가 계획을 제시한다.
(8) 참고 사항
  (가) 실태 조사 및 분석
  (나) 교재 연구 자료
  (다) 기타
※ 참고문헌

제2부 수업분석

■ 제1절 ■ 수업분석의 의미

1. 수업분석의 특성

수업이 복잡하고 다양한 의미를 지닌 활동이기 때문에 수업을 분석한다는 것은 다양한 변인들이 복합적으로 적용하는 매우 복잡하고 다양한 특성을 지닌 활동이라고 말할 수 있다.

수업분석의 방법은 내용적 분석과 형태적 분석 두 가지로 나누어서 생각해 볼 수 있는데 내용적 분석은 교과의 본질상의 문제에 초점을 두고 전개된 수업이 교과의 목적이나 단원의 목적에 비추어 과연 타당하였는가를 보려는 분석방법이다. 그러나 형태분석법은 학습 지도방법 및 판서, 시청각 교재의 이용 등 주로 형태적, 형식적인 면의 분석이다. 좋은 수업이란 내용적인 면과 형태적인 면이 상호 보강적인 관계에 있으면서 조화를 이루는 수업을 말한다고 할 수 있다.

수업분석에서의 진단과 조언의 기준은 무엇이 되어야 하는가? 그것은 '학생들에게 의미 있는 교과학습 경험을 제공하는 수업인가' 하는 것이며, 수업 분석에서 분석자의 조언은 분석자의 기준에 입각한 교사의 수업에 대한 진단 결과를 교사와 함께 나누어 보는 '대화'로서의 조언이라고 할 수 있다.

수업분석은 다양한 목적과 필요성에 의해 이행 시도된다는 점, 분석방법이 여러 종류인 점, 그리고 수업분석의 결과를 해석하고 활용하는 방법도 다양하다는 점 등 여러 요인들의 역동적으로 작용하는 독특한 특성을 지니고 있다.

이와 같은 특성들을 몇 가지로 분류하여 요약하면 다음과 같다(배호순, 1992: 123).

첫째, 수업분석이란 매우 다양한 목적과 필요성에 의해 이루어진다는 점이다. 수업은 어떤 목적을 추구하기 위해 실시되는 복잡한 활동이기 때문에 이를 분석하려면 어떤 목적으로, 왜 필요한가를 먼저 고려해야만 그 의미를 구체화할 수 있다.

둘째, 수업이 복잡한 특성을 포괄하고 있는 개념이므로 이를 분석하는 준거도 다양하다는 점이다. 수업활동이 복잡하고 다양한 상호작용으로 이루어지고 있기 때문에, 이를 분석하기 위한 준거도 필연적으로 복잡하고 다양하다는 특성을 지닌다. 수업을 분석하기 위한 준거가 분석자마다, 분석목적마다, 분석상황에 따라 다르게 설정할 수 있기 때문에 일관성 있고 통일된 준거가 설정되어 있지 못하다는 점이다.

셋째, 이처럼 분석준거가 상황에 따라 다르기 때문에 분석지표나 분석 자료가 각기 다를 수밖에 없다는 것이다. 말하자면 분석자마다 각기 다른 분석 자료를 수집하여 분석할 수 있는 동시에, 같은 자료를 가지고도 분석목적이나 강조점마다 각기 다른 지표를 설정할 수 있다는 점이다.

넷째, 분석준거가 다양한 것처럼 분석기준도 다양하게 설정할 수 있다는 점이다. 하나의 분석준거에 대해서도 분석자마다 각기 다른 분석기준을 설정할 수 있고, 또한 각기 다른 판단을 내릴 수 있다는 점이다.

다섯째, 수업분석 결과가 여러 각도로 해석될 수 있고 여러 목적으로 활용될 수 있다는 점이다. 즉 분석의 결과가 그 목적하는 바에 따라 각기 다른 각도로 활용될 수 있다는 점은 그만큼 활동가치가 많다는 점을 말해 준다.

2. 수업분석의 목적

수업분석은 누가, 어떤 필요에 의하여 어떤 목적을 달성하기 위해서 어떤 점에 초점을 두고 실시하느냐에 따라 그 의미와 특성이 달라진다. 즉 교사 자신이 수업활동 자체를 연구하여 바람직한 수업모형을 탐색할 필요성에 입각하여 수업분석을 하였다면 분석준거와 교과 간의 관계라든가, 수업패턴의 탐색, 수업모형의 효율적 적용, 교수자료의 활용과 검증 등에 초점을 두게 될 것이고 교사가 수업목표를 어느 정도 달성하였는가를 분석해 볼 목적으로 분석을 시도하였다면 수업목표 달성도 평가에 초점을 두게 될 것이다.

이와 같이 수업분석의 필요성은 그 분석이 어떤 목적을 달성하기 위해서 시도되는가에 의해서 결정된다고 할 수 있다. 그러므로 수업분석의 목적을 정리하면 다음과 같다(배호순, 1992).

- 수업의 질을 개선하기 위한 목적
- 수업목표의 달성 정도를 파악하기 위한 목적
- 수업효과를 탐색하기 위한 목적
- 교육과정 및 교육과정 자료를 개선하기 위한 목적
- 교원, 인사행정에 필요한 자료를 수집하기 위한 목적
- 학생지도를 위한 목적
- 교육연구를 위한 목적

일반적으로 수업분석은 단일 목적만을 추구하는 경우보다는 여러 목적을 복합적으로 추구하는 경우가 많다. 그러나 대체로 수업개선에 목적이 있으므로 기본적인 수업전개 능력, 학습활동의 관리능력, 필수적인 수업기술, 수업계획 및 수행능력, 자료의 선택 및 활용능력, 수업활동의 열성 정도, 수업목표의 달성도 등에 초점을 두어 분석하는 것이 바람직한 것이다.

3. 수업의 질 관리

교사의 질은 무엇인가? 그것은 교사의 수업능력 혹은 수업활동을 말한다. 교사의 수업활동은 가르치는 내용과 가르치는 방법으로 구분하여 접근할 수 있다. 그것은 교과라는 내용을 가르치는 일로 반드시 어떠한 방법이 동원되기 마련이다. 그러므로 일단 교사능력은 교과내용의 이해와 수업 방법의 숙달로 이루어진다고 볼 수 있을 것이다.

내용과 방법에 관한 문제를 탐구하는 데에는 비비(C. E. Beeby)의 유명한 논의가 도움이 된다. 그는 한 사람의 교사가 받은 전체 일반교육의 정도와 교사가 되기 위하여 받은 전문훈련의 정도를 기준으로 교사의 질을 4수준으로 규정하고 있다.

- 제1단계 수준: 보잘것없는 일반교육을 받았고 전문훈련을 거의 받은 바 없어 교사들은 알고 있는 교과내용을 학생에게 힘겹게 전달할 뿐이다.
- 제2단계 수준: 보잘것없는 일반교육을 받았으나 전문훈련을 제법 받은 교사이다. 지적으로 자신이 없어서 내적 안정을 기하기 어렵고 엄격한 외적 훈육, 고도로 조직된 통제, 빡빡한 시험, 세밀한 검열 분위기로 특징지어진다. 또한 새로운 교육법을 받아들이지 못하고 전통적인 교수법으로 일관하기 쉽다.
- 제3단계 수준: 이 수준의 교사들은 일반교육과 전문훈련을 어느 정도 받은 상태이므로 지적으로 자신감이 생기고 만족하지는 않지만 교육활동도 무난하다. 즉 4단계의 과도기 단계이다. 아직 교사철학의 변화는 이루지 못한 단계이다.
- 제4단계 수준: 이 수준에 속하는 교사들은 일반교육과 전문훈련을 충분히 받은 사람으로 규정한다. 이 수준은 학생들의 창의적인 작업과 신체활동 및 탐구가 활발하고 정서적·심미적 분위기가 연출된다.

비비의 4단계의 수준에서 보듯이 교사의 질이 수업의 질을 좌우한다는 것을 알 수 있다. 우수한 교사의 질은 우수한 수업의 질을 보장한다. 따라서 교사는 각 교과의 교재연구를 철저히 하여 가르쳐야 할 목표와 내용을 상세히 파악하고 수업방법의 기술을 향상시키는 전문훈련을 강화하여 수업의 질을 높여 나가야 할 것이다.

4. 수업분석의 절차

가. 준비 및 설계 단계

(1) 수업분석 목적의 확인 및 근기의 확인

수업분석의 최초 단계는 수업분석을 '누가', '어떤 필요'에 의해 '어떤 목적'으로 실시하고자 하는가를 확인하는 일이 된다. 수업을 분석하기 위해서는 먼저 '왜' 수업을 분석하고자 하는가를 파악하는 일이다. 이것은 분석의 목적을 확인하고 분석에서 특히 강조해야 할 점과 초점으로 삼아야 할 점이 무엇인가를 명료화하는 데 필요한 조건이 되기 때문이다.

이 단계에서 특히 생각해야 할 점은 수업분석의 근본목적과 분석에서 강조해야 할 점이 무엇인가를 확인하는 일이라고 할 수 있다.

(2) 수업분석 활동의 설계

어떤 목적으로 수업을 분석하고자 하는가와 어떤 여건과 제한하에서 어떤 수업을 분석할 것인가를 확인하는 일은 거의 동시에 이루어지며 이와 같은 확인이 이루어져야만 구체적인 분석활동을 설계할 수 있게 된다.

따라서 이 단계에서는 분석자가 어떤 관점 및 분석모형을 선정할 것인가를 고려하는 동시에 누구를 대상으로 어떻게 분석 자료를 수집할 것인가를 고려하며, 수집된 자료를 근거로 하여 판단을 어떻게 내리고 그 결과를 어떻게 보고하고 협의할 것인가 등 전반적인 분석활동 및 일정을 설계해야 한다.

나. 판단근거 수집 단계

(1) 수업분석 준거의 설정

이 단계에서는 수업의 어떤 점을 분석해야 할 것인가를 확인하는 일로 수업을 통하여 달성하고자 하는 것, 학생들로 하여금 성취하도록 의도하는 것, 수업을 통하여 산출되어야 할 것, 수업활동의 주요 특성, 수업의 주요 기능, 그리고 수업의 주요 영역, 범위, 내용 등이 수업분석에서 준거가 될 수 있다.

그러나 어떤 점을 분석근거로 삼아야 할 것인가는 분석자, 분석목적, 강조점, 분석방법 등에 따라 각기 다를 수 있으며 보다 타당하고 효율적인 분석을 위해서는 세분화하고 구체화한 준거를 설정하는 것이 바람직하다. 예를 들면 교사의 수업효과를 준거로 삼는다고 할 때 이를 의사소통의 효과,

학습동기 유발의 효과, 수업내용의 구조와 효과, 학생의 학습 시간 및 기회 활용 면에서의 효과, 학습활동의 관리 면의 효과 등으로 세분화할 수 있다는 것이다.

(2) 수업분석 자료의 수집

이 단계는 설정된 분석준거에 입각하여 준거마다의 증거자료인 분석 자료를 수집하는 단계로 각 준거마다의 특성을 고려하여 각 준거의 관점에서 실천된 상황과 사실을 바탕으로 수업을 통하여 영향을 받고, 성취하거나 변화한 점 또는 수업으로 인하여 자극되거나 산출된 점 등을 나타내거나 증거가 되는 근거자료들을 관찰하고 기술하여 측정하는 활동이 요구된다.

분석자는 이 단계에서 적용하는 분석방법이나 분석모형을 고려하여 보다 적합한 측정방법을 정해야 하는 동시에 관련 자료를 수집하는 데 필요한 측정도구를 선정하거나 개발해야 한다. 측정방법은 대개 관찰법, 검사법, 면접법, 기록물 분석법, 평정법, 질문지법 등이 있으며 주요 자료원으로는 수업담당교사, 동료교사, 교장 및 교감, 학생, 교직원, 각종 기록물 등이 있다.

(3) 수업분석 기준의 결정

이 단계에서는 분석준비와 측정 자료를 바탕으로 하여 분석기준을 결정하는 일이 이루어진다. 어떤 준거를 중심으로 수집된 자료를 이용하여 그 수업이 준거 측면에서 어느 정도 만족스럽게 달성되고 있는가를 판단하기 위해서는 그 판단 기준이 필요하므로 이러한 판단을 위한 기준으로 삼을 수 있도록 바람직한 수준이나 정도를 정하는 일이 곧 분석기준을 결정하는 일이 된다.

예를 들면 수업 목적을 학생이 어느 정도 달성하였는가를 중점적으로 분석하는 경우 '수업목표의 달성'이 하나의 분석준거가 될 수 있으며, 학력검사 실시결과로서 검사점수가 하나의 측정 자료가 될 수 있다. 또한 교사가 의도했던 수업목표 달성 정도가 하나의 분석기준이 될 수 있다.

다. 판단 및 정리 단계

(1) 분석에 의한 판단의 실시

이 단계는 설정된 분석 준비와 수집된 분석자료 그리고 분석기준을 분석근거로 삼아 총괄적인 판단을 내리는 단계로 분석대상인 수업의 가치를 확인하고 발견하는 일, 전반적인 성취와 달성 면에서의 추세나 패턴을 파악하고 발견하는 일, 기준에 비추어 결과로서의 자료를 비교하는 일 등이 중심이 되며 비교활동을 통하여 수업의 가치와 장점, 수업의 효과와 영향, 수업 자체의 문제점과 개선할 점을 파악할 수 있다.

(2) 수업분석 결과의 보고 및 활용

이 단계는 분석결과를 수업담당자에게 보고하는 활동이 이루어지는 단계로 이때는 보고 대상자를 확인 결정하고 보고할 시기, 보고방법 및 형태, 보고한 내용 등을 체계적이고 효과적으로 보고하게 되도록 해야 하며 분석결과는 수업담당교사가 유용하게 활용할 수 있도록 하여야 한다.

예를 들어 수업을 개선하는 데 목적을 두고 수업분석을 하였다면 분석결과 보고 및 협의가 수업의 질 개선과 수업의 효과 증대를 위하여 직접 활용하도록 하는 데 모든 활동의 초점이 맞추어져야 한다는 것이다.

▌제2절 ▌ 수업관찰 및 수업분석 준비

교사들은 학교에서 생활하는 시간의 대부분은 수업에 사용하므로 교사의 주된 업무는 수업이라고 할 수 있다. 날마다 행하여지는 교수·학습에서 수업결과가 항상 성공적이지 않기 때문에 교수·학습의 개선이 요구된다. 그래서 교사들도 수업방법에 대한 다른 사람들의 조력이 필요한 것은 당연하다.

교사가 열심히 계획하고 실행한 수업에 대하여 학생이나 교사, 장학 담당자 등 다른 관찰자는 똑같은 수업을 보고서도 느낌이 서로 다르다. 그것은 수업 관찰에 대한 시각의 차이이며 준거의 차이에서 있을 수 있는 일로 수업 관찰이 얼마나 중요한가를 의미한다고 할 수 있다.

1. 수업관찰의 중요성

수업관찰은 교수방법 개선을 위한 자료 수집과 분석을 위해 가장 보편적으로 활용되고 있는 한 수단이다. 수업관찰이 필요한 이유는 교수·학습 방법에 대한 연구의 기초 자료를 제공하는 데 큰 비중을 차지하고 있기 때문이다. 교사의 교수 행위는 그것이 학습을 도울 뿐만 아니라 부진의 원인을 진단하고 처방적인 기능까지 지니고 있다. 보다 나은 수업 기술의 향상은 주관적이고 인상적인 관찰보다는 어떤 모형에 입각한 과학적인 방법을 통하여 진단되고 처방될 때 그 효과가 지대함을 감안한다면 수업관찰에 의한 자료 수집은 수업 개선을 위해 필수적이다.

하이어(Higher)는 수업은 체계적으로 평가되거나 사용될 수 없는 정서를 수반한다고 하였으며 교수 행위는 재치와 자발성, 형태·형식·공간·리듬 등의 다양성, 그리고 방법에서의 적절성 등을 매우 복잡하게 요구하기 때문에 그 방법을 나타낼 수 없다고 하며 수업을 예술이라고 주장하면서도 효율적인 수업의 특성과 능력을 상세화하고 있다.

가네(Gagne)는 가르치는 일은 예술인 동시에 과학이라는 것을 여러 번 설명했다. 이는 가르치는 일은 복잡하고 창의적이기 때문에 응용예술과 같다고 강조한다. 또한 가르치는 일은 원리나 법칙의 제한을 받으므로 예술이면서도 과학이라 할 수 있다. 가르치는 과정은 상황, 교과, 학생 집단, 연령 등이 매우 다양하고 복잡하기 때문에 그 방법을 단순하게 요약해서 말할 수 없다. 그렇다면 어떤 수업이 우수하고 효과적이고 성공적인 수업일까? 이에 대해 Gagne는 가르치는 일은 또한 과학적인 기초를 가질 수 있고, 수업에는 예측 가능성과 통제를 할 수 있는 엄격한 법칙을 담은 과학적인 바탕이 존재한다고 주장한다.

그러므로 수업에 대한 계속적인 연구가 필요하고 수업을 구성하는 여러 가지 요인들이 효과적인 상호관계를 맺도록 하기 위한 가장 기본적인 행동이 수업관찰을 하는 것이다. 결국 수업을 직접 관찰함으로써 수업의 다양한 측면 및 제반 관련 요인들을 직접 기술(記述)하고, 수업과정에 관한 다양한 자료를 수집해야 한다. 그러나 '왜 관찰자의 견해는 교사들의 인식과 다르게 나타나는가?', '왜 관찰자는 이런 일을 하는 것으로 보았는데 교사는 다르게 인식하고 있는가?'라는 문제에 부딪치게 된다. 교사나 관찰자 또는 학생들이 보는 입장에 따라 수업에 관한 관찰 결과가 과가 면 어떤 자료를 선택하여야 하는가? 수업에 관한 자료가 다르게 나타나는 이유는 학생과 관찰자가 교사의 구체적인 행동을 평가하는 데 거의 훈련이 되어 있지 않고 급속하게 일어나는 사건을 아주 많이 관찰해야 하기 때문이다. 그러므로 수업관찰에 대한 체계적인 도구와 이를 정확하게 파악해 낼 수 있는 훈련과정이 필요하다. 이러한 수업관찰을 통해서 얻어진 자료는 객관적으로 신뢰할 수 있으며 교사의 수업 방법 개선에도 이용될 수 있다(주삼환, 1999).

2. 수업관찰의 목적

수업관찰을 하는 목적은 무엇인가? 학생들에게 그들이 배워야 할 내용을 유의미하고 효과적인 방식으로 학습할 수 있도록 수업하고자 할 때 이를 방해하는 요인과 더욱 촉진시켜야 하는 부분은 어떤 것이고 실제로 어떻게 확인할 것인가? 이에 대한 해답을 구하고자 실시하는 것이 바로 수업관찰이다.

수업관찰을 통해서 수업에 대한 분석 자료를 바탕으로 보다 효과적인 수업계획과 구조를 세울 수 있도록 하는 것이다. 교사의 교수 행위의 변화를 위해서 계획적, 공식적으로 그리고 직접적으로 도와주고, 교사와 학생 사이에서 상호 작용하는 교육과정을 잘 마련하도록 노력하고, 교육 자료와 학습 환경을 개선해야 한다. 결국 수업관찰은 교사의 장점과 개선의 필요 영역을 진단하고 학습 곤란의 상황을 발견하며 객관적 자료를 수집하는 데 두어야 한다(주삼환, 1999).

3. 수업관찰과 기록방법

수업관찰은 우선 관찰 대상으로 적합하다고 보는 사상이나 행동에 주의하고 그 행동에 대한 객관적인 기록을 한 후 작성된 기록을 통해 유의미한 해석을 할 수 있도록 분석하고 그것을 바탕으로 자료를 해석할 수 있어야 한다.

수업과정에 관한 다양한 방법 수집을 위해서 수업관찰법이 가장 널리 사용되는데 관찰법에는 체계적 관찰법, 비체계적 관찰법, 녹음법이나 녹화법 등 다양한 자료수집 방법이 있다.

일반적으로 수업관찰에서 공통적으로 사용되는 척도(평가기준)는 피드백 방식과 수업단서가 얼마나 자주 나타나는가의 빈도를 이용하고 있는데 어느 시점에서 관찰하느냐에 따라 나타나는 빈도나 행동의 특성이 다르기 때문에 관찰법을 사용할 때는 '학습 진행의 어느 시점의 행동을 관찰할 것인가?'를 특히 유념해야 한다.

그리고 수업관찰의 주된 목적이 수업 중 교사의 수업기술 개선과 관련한 교수행동을 체계적으로 분석하기 위해 자료를 수집하는 데 있으므로 관찰 항목을 세분화시키고 해당하는 행동특성을 명확하게 정의하여 가능한 한 객관성이 높은 관찰이 되도록 하여 주관적인 판단을 최소화시켜야 한다.

수업자의 수업을 관찰하고 기록할 때 기호체계법이나 범주체계법, 수업의 특징을 문장으로 기술하거나 사실적 자료 수집을 위해서는 녹화나 녹음 기법을 사용하게 된다.

기호체계법은 한 장면을 스냅 사진을 찍듯이 수업 장면을 기술하는 방식으로 어떤 특정한 행동이나 현상에 초점을 두고 기술하는 방법이다. 이것은 관찰 중에 일어났던 모든 행동관찰의 기준 해당란에 체크를 하게 되는데 여러 번 일어났더라도 한 번만 체크한다.

범주체계법은 사전에 정해진 관찰행동이 일어나는 대로 누가적으로 기록하는데 이 관찰법에 따라 관찰된 자료는 양화될 수 있다.

수업관찰 방법에 따라 관찰내용을 기록하는 방법, 관찰된 사항을 기초로 누가 기록하는 방법, 체크리스트법, 녹음이나 녹화하는 방법 등으로 나누어지는데 여러 가지 관찰방법을 요약해 보면 다음과 같다.

〈표 8〉 수업관찰의 방법

관 찰 방 법	주 요 내 용
1. 관찰내용을 서술식으로 기록하는 방법	• 전체적인 기록: 교사와 학생의 모든 언어를 기록 • 부분적인 기록: 특정한 형태의 언어만을 기록 (예: 교사의 발문, 학생에 대한 피드백 방법, 교사의 지시와 구조적 진술 등)
2. 관찰된 사항을 약어나 부호를 사용하여 빈도를 기록하는 방법	• 학생들의 과업집중도 기록법: 학생들의 과업집중 형태를 기록 • 교사와 학생들 간의 언어흐름 기록법: 교사와 학생들 언어적 상호작용 형태를 기록 • 교사와 학생들의 이동 기록법: 교사와 학생들의 수업 중 이동양식을 기록 • Flanders의 상호작용 분석법: 교사와 학생들 간의 언어적 상호형태를 기록하고 분석
3. 관찰된 사항을 체크리스트를 사용하여 기록하는 방법	• 학교 또는 개인별로 자체 개발한 다양한 체크리스트를 사용하여 수업관찰 결과를 기록
4. 녹음기, 녹화기를 사용하는 방법	• 녹음 녹화내용: 수업 전 과정을 전체 녹음 및 녹화하는 경우와 관찰 중점 또는 수업개선 자료로서 가치가 있는 부분만을 녹음, 녹화 • 녹음 녹화 담당자는 교수학습이론과 임상장학에 익숙한 교사로 하며 녹음 녹화자료는 수업분석의 객관적 근거자료, 교사의 자기수업 반성자료, 자체 연수 자료로 활용

4. 수업관찰의 준거

수업은 매우 복잡한 활동이기 때문에 객관적이고 정확한 수업관찰을 하기란 그리 쉬운 일이 아니다. 그러므로 수업관찰의 목적을 달성하기 위해서는 관찰자는 사전에 치밀한 준비와 노력을 요구한다.

가. 수업관찰의 기본 전제

(1) 수업이 전개되는 일련의 진행과정은 단순한 것 같지만 실제로 다양하고 복잡하므로 수업 관찰의 범위나 내용을 분명히 해야 한다.
(2) 수업관찰 방법은 관찰 결과가 객관적이고 신뢰할 수 있는 자료를 수집할 수 있는 방법이어야 한다.
(3) 수업관찰 결과를 객관적인 방법으로 기록하고 해석할 수 있는 관찰 방법이나 도구를 선정해야 한다.
(4) 수업관찰의 결과는 수업자에게 확인되고 스스로의 수업행동을 교정하는 데에 도움을 주어야 한다.
(5) 한 가지의 수업관찰 방법만으로 수업 전체에 관한 평가를 하는 것은 삼가야 할 것이다.
(6) 수업관찰 방법은 실용적인 목적에 부합되어야 한다.
(7) 수업관찰 도구는 계속적으로 학교 현장에서 개발·적용되어야 한다.

나. 수업관찰 방법의 장점과 문제점

(1) 장점

(가) 수업상황에서 학생 및 교사의 사회적, 정서적, 대인관계 면에서의 적응에 관한 자료를 수집하기에 적합하다.
(나) 교사의 관련 정보를 활용하는 능력을 검증할 수 있는 자료를 수집하는 데 유용하다.
(다) 교사의 수업에 관한 능력 및 수업의 효과에 관한 유용한 자료를 수집하기에 적합하다.
(라) 다양한 수업상황, 수업내용, 교사 및 학생의 개성, 연령 수준 및 교육 수준에 크게 구애받지 않고 활용할 수 있는 자료를 수집할 수 있는 방법이다.
(마) 객관적인 표준화 검사 결과나 다양한 검사 결과를 보완하여 타당한 평가 자료로 활용할 수 있는 가치 있는 자료 수집 방법이다.
(바) 수업에 관한 질적 자료와 양적 자료를 동시에 수집하기에 적합한 방법이다.
(사) 수업에 작용하는 다양한 변인에 관한 신뢰감이 있는 자료수집 방법이다.

(2) 문제점

(가) 관찰 결과를 해석하기 위한 분명한 준거와 방법이 결정되어 있지 않은 경우에는 평가자에 따라 각기 다르게 해석하거나 활용할 수 있다.
(나) 관찰기록에 관한 사실과 견해를 혼동함으로써 관찰 결과를 잘못 해석할 수 있다.
(다) 관찰에 임하기 전에 무엇을 관찰해야 할 것인가를 명료하게 그리고 구체적으로 정하지

않고 관찰하는 경우에는 관찰 결과가 무용지물이 될 수 있다.

(라) 관찰 결과를 잘못 해석하여 근거 없는 결과를 추론하거나 비약하여 엉뚱한 결론을 추론할 수 있다.

(마) 주어진 상황이나 전제 조건을 고려하지 않고 관찰된 행동 및 사실만을 중심으로 해석하여 빈약한 결론을 추론할 수 있다.

(바) 소수의 제한된 행동에 근거하여 우연히 발생할 수도 있는 자료를 바탕으로 엉뚱하게 추론하거나 일반화할 수 있다.

(사) 관찰된 행동에 작용한 교사와 학생의 요구, 태도, 기대, 편견 등을 고려하지 않은 채로 기록된 행동과 그 빈도만을 단순화하여 해석할 수 있다.

(아) 관찰된 교사와 학생의 행동이 여러 복합적인 요인의 작용 결과라는 점을 무시하고 관찰 행동의 인과관계를 지나치게 단순화하여 해석할 수 있다.

다. 수업관찰의 기준

과거의 수업관찰은 학습자의 학습결과보다는 교사의 활동에 지나치게 많을 관심을 가졌으나 오늘날은 학생의 다양한 학습과 학생들의 학습을 도와줄 수 있는 교사의 교수방법에 집중되고 있다.

(1) 수업관찰을 위한 준비사항

(가) 목적을 확인한다.
(나) 참여한 다른 참여자들이 수용할 수 있는 목적을 설정한다.
(다) 관찰 시간을 설정한다.
(라) 관찰 도구를 선정한다.
(마) 관찰 절차를 검토한다.
(바) 교사를 안심시킨다.
(사) 피드백(후속활동)을 제공할 준비를 한다.

(2) 수업관찰을 위한 지침

(가) 교과내용을 계획하고 실천하는 데 학습목적과 기대되는 학습 행동에 강조점을 두는가?
(나) 학생들이 기대하는 학습행동을 성취하기 위하여 사용하는 학습 자료가 의미 있고 유용한가?
(다) 학생들의 동기 유발을 위한 수업전략이 있는가?
(라) 수업 분위기는 학생들의 학습에 적절한가?
(마) 학생들의 학습에 있어서의 어려움을 발견하고 도와주기 위한 방법을 찾는가?

(바) 학생의 요구, 흥미, 능력에 관심을 보이는가?

(사) 교육목표와 학습결과의 일치를 평가하는 데 관심을 갖는가?

(3) 수업관찰의 원리와 기법

(가) 말하는 것과 행동하는 것을 가능한 한 많이 기록한다.

(나) 수업과 관련되는 해석은 제공된 원래 자료와는 별도의 면에 기록한다.

(다) 비언어적 행동의 표현은 가능하면 사실적이고 객관적으로 기록한다.

(라) 교실에서 관찰자의 위치는 학생들에게 방해가 되어서는 안 된다.

(마) 교사와 관찰자가 공통적인 견해를 나누지 않는다면 관찰은 수행할 필요가 없다.

(바) 관찰기록은 보통 교사의 요구에 대하여 접근할 수 있는 것이어야 한다.

(사) 관찰하는 동안에 관찰자는 수업을 진행하는 데에 방해를 하지 않아야 한다.

(아) 관찰자는 계속 진행되는 사태들을 재확인하기 위해서 부수적으로 시간을 기록한다.

(자) 처음부터 끝까지 계속적으로 기록하는 것이 아니라면 전체 사태에서 해당되는 특정 사태만을 선택하는 것이 더 효과적이다.

(차) 교실에서의 교사와 학생의 위치를 그림으로 나타내는 것이 유용하다. 특히 장학에서는 교사 대 학생, 학생 대 학생의 상호작용 형태를 파악하는 것이 중요하다.

(4) 성공적인 수업관찰을 위한 기준

(가) 관찰자는 고정된 시간에 수업관찰을 하기보다는 다소 융통적으로 하는 것이 좋다.

(나) 관찰자는 수업관찰 동안에 교사와 학습자의 요구를 파악하려고 한다.

(다) 관찰자는 우선적으로 현직연수 프로그램 계획을 세우는 데 이용할 수 있는 정보를 수집하도록 노력해야 한다.

(라) 관찰자는 신임교사들이 교수에 자신감, 이해력 그리고 교수능력을 향상시킬 수 있도록 처음 몇 년 동안은 특별한 주의를 기울여야 한다.

(마) 관찰자는 수업관찰을 하기 전에 교사와 래포를 형성하려고 해야 한다.

(바) 관찰자는 수업관찰 프로그램의 계획과 운영에 교사를 포함시켜야 한다.

(사) 관찰자는 수업 방문 중에 학생들 간 또는 교사와 학생들 간에 바람직한 인간관계를 확인하려고 해야 한다.

(아) 관찰자는 사전에 참여하기로 되어 있지 않은 경우에 수업관찰 동안 침묵을 지켜야 한다.

(자) 수업관찰 방문시간은 상황과 관찰목적에 맞게 조절해야 한다.

(차) 관찰자는 방문 후에 시간과 장소를 정해서 교사와 관찰자 간의 일치 정도를 교사와 확인해야 한다.

(카) 관찰자는 교사가 사용하는 방법과 기술이 학생의 성장과 발달에 유익하고 그 학습과정이 적절한지를 주목해야 한다.

(타) 관찰자는 교사의 분명한 수업목표와 수업활동 간의 관계를 평정해야 한다.

(파) 관찰자는 교사가 보여 준 성격이나 기법 등에서 교사의 장점을 강조함으로써 교사로 하여금 자신감을 갖도록 한다.

(하) 관찰자는 수업활동에서 동료로서 인식되도록 교사나 학생들의 유대를 가져야 한다.

(거) 관찰 절차나 기법은 교사와 관찰자가 협동적으로 결정해야 한다.

(너) 관찰 절차는 교수 · 학습 상황에 맞추도록 한다.

라. 수업관찰의 방해요인

효과적인 교수 · 학습이 이루어지기 위해서는 수업개선을 통한 수업의 질을 향상시켜야 한다. 그러므로 교사는 잘 가르치고 학습자는 잘 배우도록 하여야 한다는 것은 가장 보편적인 원칙이다. 이러한 수업 개선의 노력은 교실로부터 출발하므로 교실에서의 수업관찰은 수업의 질적 향상을 위한 가장 중요한 요소라 할 수 있다.

그렇지만 그동안의 수업관찰이 오랫동안 형성되어 온 관행(형식적인 교내 수업연구)에 의해서 하나의 요식 행위로 이루어졌을 뿐 수업방법의 개선과는 거리감이 있었던 여러 가지 복합적인 요인을 요약하면 다음과 같다.

(1) 교사 자신의 개인적 태도나 가치관

(가) 자신이 하는 수업을 동료교사나 장학담당자들이 관찰할 필요성을 느끼지 못한다.

(나) 수업공개 후에 얻게 될 다른 사람들의 지적에 대한 불이익이나 수업공개에 대하여 막연한 불안감을 갖는다.

(다) 교사의 교수행위는 고유한 전문적 영역이기 때문에 자신의 수업에 대한 평가에 대해서 거부감을 나타낸다.

(2) 학교조직의 특성

(가) 교사들의 과중한 업무와 연구를 위한 시간이 부족한 편이다.

(나) 수업개선에 필요한 재정적 지원이 부족한 편이다.

(다) 학교 조직체 속에 바람직하지 못한 심리적 사회적 분위기가 내재되어 있다.

(라) 학교 내 행정이 제도적으로 경직되어 있었던 부분이 있다.

(마) 종전보다 규모가 훨씬 커진 학교조직 때문에 구성원 상호 간의 인간관계에 어려움이 있다.

(바) 세분화된 전공교과로 인해서 수업관찰을 위한 협동과 합의에 어려움이 있다.

(3) 사회제도적인 방해요인

    (가) 대부분의 학부모들이나 학생들이 수업과정에 관심을 두기보다는 점수로 나타나는 결과
에만 관심을 두는 경향이 있다.
    (나) 초ㆍ중등 교육의 의미를 대학입학 준비에 두고 있는 학부모들이나 학생들이 대부분이다.

(4) 수업관찰에 대한 오리엔테이션과 수업관찰을 위한 기술의 부족

    (가) 수업관찰의 방법과 전략에 대한 지식이 미흡한 교사들이 많은 편이다.
    (나) 장학담당자들이 수업장학에 치중하기보다는 행정적인 업무처리에 급급한 것이 현실이다.

5. 수업자의 자세

가. 자신의 수업을 스스로 개선한다는 전문직으로서의 확고한 신념이 있어야 한다.

교사의 교수 행위는 기술적(Descriptive)인 데 그치는 것이 아니라 진단적이고 처방적인 기능을 지닌다. 바람직한 교수 활동은 교사와 학생이 학습 자료와 밀접하게 융화되어 학습목표를 중심으로 재구성되어 전개되는 고도의 전문성을 요하는 활동이다. 따라서 수업기술의 향상을 위해서는 주관적이고 인상적인 관찰보다는 객관적이고 과학적인 방법을 통해 진단되고 처방될 때 효과가 있음을 인식해야 한다. 단위수업은 이러한 준비와 실천 그리고 분석이 함께 존재해야 하는 고도의 활동이라 할 수 있다.

나. 개선할 점을 겸허하게 받아들일 수 있는 아량이 있어야 한다.

수업관찰의 결과가 수업자 자신에게 수업행동을 교정하는 데 도움이 될 수 있다는 믿음을 가져야 한다. 현재까지 많은 연구수업이 이루어지고 있으나 수업연구가 제 역할을 하지 못하는 가장 큰 이유로 교사 자신이 자기 방어적인 행동을 하기 때문이라는 연구가 있었다. 이는 제3자의 충고나 지적이 주관적이고 인상적인 경향이 강하여 지적을 받아들이기에 앞서서 자기의 행동을 정당화하기 위한 근거를 찾아서 방어하려는 태도를 보이는 것으로 나타났다. 수업자는 수업관찰의 필요성을 인식하고 자기 방어적인 태도에서 벗어나는 일이 선행되어야 할 것이다.

다. 수업공개는 새로운 교수법이나 모형을 자기 것으로 만드는 계기가 되어야 한다.

수업자는 수업을 공개하기에 앞서 공개하고자 하는 수업에 새로운 교수법이나 교수ㆍ학습 모형을 재구성하여 적용해 봄으로써 관찰자들의 다양하고 객관적인 도움을 받아 자신의 수업능력 향상에 기여할 수 있다는 열린 마음이 전제되어야 한다.

그리고 학습목표 도달을 위해 어떤 방법을 사용할 것이며, 학생들에게 자기 주도적인 학습력과

의도적인 학습 경험을 제공하기 위한 최선책이 무엇인가에 대한 연구의 결과가 수업공개를 통해 나타나게 된다. 특히 학교에서의 중견교사는 교육과정 개정 및 새로운 교수·학습 모형에 대한 시범·실험 수업을 기획하고 수행함으로써 초임교사에게 전문성 신장을 위한 계기를 제공할 수 있어야 한다.

라. 학습자의 행동변화에 대한 명확한 목표를 인식해야 한다.

수업자는 다음과 같은 명확한 인식을 가지고 수업에 임해야 할 것이다. 교육과정의 이해를 기반으로 한 수업을 위해 학교급 교육의 목표 인식→ 교과의 교육목표→ 학년 교과목표→ 단원의 구조→ 차시의 위치 및 학습자의 행동 변화 목표를 명확하게 인식하여야 한다.

단위 수업은 교육과정에서 추구하는 인간상을 최종점으로 하는 일련의 단위(unit)이므로 수업설계 및 분석에 있어 위의 단계는 반드시 병행되어 이루어져야 할 것이다.

마. 구조화된 교수·학습안을 제시하여야 한다.

관찰자는 수업자가 제시하는 교수·학습안(또는 교수·학습과정안, 학습지도안)을 통해 수업분석을 위한 근거자료로 삼게 된다. 따라서 수업자는 교수·학습안을 작성할 때 본시 목표와 관련된 아동의 실태 및 간단한 기초조사 자료를 제시하고 교육과정의 목표를 분석하여 수업자의 관점에서 위계적으로 제시하며, 일반적인 세안의 요소를 기록함으로써 관찰자에게 구조화된 교수·학습안을 제공해 주어야 한다.

바. 수업연구는 수업의 질적 향상을 위한 노력의 일환이다.

교사는 단위 시간의 학습 활동을 위해 많은 노력을 기울인다. 그러나 수업연구가 전적으로 교사 자신만의 몫이 되어서는 발전의 한계가 나타나게 될 것이다. 이는 수업을 분석하는 여러 가지 관점과 분석의 기준을 가지고 자신의 수업을 되돌아보고 분석하는 일이 혼자로는 역부족이기 때문이다.

여러 관찰자의 도움은 자신의 수업기술 향상을 위해 큰 도움이 될 수 있을 것이다. 또한 관찰자들도 수업자의 수업과 여러 관찰자들의 분석을 통해 자신의 수업 향상에 도움을 받을 수 있게 된다.

6. 수업관찰자의 자세

수업을 참관하는 장학지도자나 참관자는 수업자에 대한 예의를 갖출 뿐만 아니라, 교수·학습 개선에 대한 의지를 갖고 성실한 태도로 수업을 관찰하여야 하며 수업이 끝난 후 협의회에 참가하여 수업에 대한 지도 조언을 함으로써 교사들의 교수방법 개선에 기여해야 한다. 교사의 교수 행위를 향상시킬 수 있도록 하는 수업참관 요령을 살펴보면 다음과 같다.

가. 지도교과 및 교수 · 학습과정안에 대한 사전연구를 충분히 한다.

수업자는 을 수업시작 2~3일 전에 미리 참관자에게 배부해야 한다. 이때 수업에 참관할 교사나 장학지도자는 이 과정안을 분석 검토하고 본시 학습과제에 대한 연구를 해야 한다. 내가 이 학습과 제를 가지고 1시간 동안 지도한다면 어떤 방법으로 할 것인가? 이 과정안대로의 수업지도는 가능한 가? 그리고 그 결과는 성공적일까? 과정안은 계획성과 실현 가능성이 있게 작성되었는가 등 과정안 에 대한 사전 평가를 스스로 한 다음 수업을 참관해야 한다.

나. 교수 기술에 대한 이론을 알고 있어야 한다.

좋은 수업은 교수이론을 바탕으로 계획되고 실천되어야 한다. 학교 현장에서 이론과 수업은 별개 의 것으로 생각하는 견해가 지배적이나 깊이 생각해 보면 수업기술은 교수이론을 배경으로 발전해 오고 있음을 알아야 한다. 과거 수업에 임하는 교사들은 입시 위주의 주입식 교육에 많은 관심과 투 자를 해 왔다. 그러나 급격한 사회의 변화와 정보 및 지식 기반 사회에서는 더 이상 암기식의 교육 방법만으로는 미래 사회를 이끌어 갈 바른 인재를 양성할 수 없다. 따라서 교육과정의 개정과 그 철 학적 배경을 이해하고 좀 더 적합한 교수방법에 대한 탐색과 연구적인 노력은 생애 학습자로서, 전 문 직업인으로서의 바른 자세라 할 것이다.

다. 관찰자는 수업에 방해가 되지 않아야 한다.

수업관찰자는 수업 시작 5분 전에 교실에 입실하여 학습자의 준비활동을 관찰하고, 수업이 시작 되고 학생과 찰자는간에 상호 인사를 할 때에는 관찰자도 일 전서 교단에 있는 수업자와 인사를 나 누어야 한다. 수업자와 학생는간에 인사를 교환하는데도 관찰자가 의자에 앉아 있는 것은 예의에 벗 어나는 행위이며 관찰 시에는 교실 내를 배회한다든지 다른 관찰자와 소리 내어 이야기하는 행위를 지양해야 한다.

라. 사전 협의회를 통해 관찰할 영역과 방법을 확실하게 알아야 한다.

사전 협의회에서는 수업자의 수업설계를 중심으로 수업안의 구성과 활동 계획을 검토하게 된다. 이때 관찰자 역시 관찰하고자 하는 범위와 내용을 결정하고 이를 효과적으로 관찰할 수 있는 관찰 도구를 준비해야 한다. 이 부분에 대해 소홀할 경우 관찰 결과의 자료는 초점이 없고 산만한 느낌을 주게 되어 자신의 주관에 의하면 혹은 나의 경우에는 식의 결과가 되기 쉽다.

마. 수업관찰 도구의 선택 및 개발은 관찰자의 역할이다.

수업관찰의 결과를 객관적이고 과학적인 방법으로 기록하고 해석할 수 있는 관찰방법이나 도구를 선정해야 하며 명확한 자료나 수치를 통하여 객관적이고 신뢰성 있는 자료를 제시해야 할 의무가 있다.

수업관찰 후 자료를 정리하여 이를 검토하는 과정에서 '나의 생각', '내가 본 바', '나의 느낌' 등에 근거하여 수업을 진단하고 해석하는 것이 아니라 '이 표에서 보는 바와 같이', '이 통계치의 의미는' 등과 같이 객관적인 자료를 토대로 해야 하는 것이다. 수업자가 자기 방어적인 차원으로 충고나 지적을 받아들인다면 이것은 관찰자가 주관적인 느낌에 중점을 둔 표현을 하였기 때문일 것이다. 교사는 관찰자인 동시에 때때로 수업자의 역할을 동시에 수행하게 된다. 따라서 자신의 수업이나 동료 교사의 수업을 정확하게 분석할 수 있는 관찰도구의 개발에도 지속적인 관심을 가져야 할 것이다.

그리고 관찰자는 수업을 관찰하면서 기록할 때 어떤 도구를 사용할 것인지에 대해 생각하여야 하는데 수업을 관찰하는 여러 도구들의 장점과 단점을 알아보면 다음과 같다.

<표 9> 수업관찰 도구의 장점과 단점

도구	장점	단점
노트	• 협의회 시간에 즉시 활용하기가 용이하다. • 시간이 절약된다. • 관찰자가 본 것들을 즉시 기록할 수 있다.	• 순간적인 결정에 의해 기록 여부가 달려 있으므로 피상적이거나 신뢰도가 떨어질 수 있다. • 관찰 장면을 다시 볼 수가 없다.
캠코더	• 반복하여 볼 수 있고 시각적이고 음성적인 정보를 즉시 기록할 수 있다. • 관찰자의 의도에 따라 교사, 학생에게 초점을 맞추어 기록할 수 있다.	• 분석할 때에 시간이 많이 걸린다. • 카메라 앵글 범위 밖에서 일어나는 사건 등에 대한 정보를 얻기에 불편하다.
녹음기	• 교사의 발언 내용을 정확히 파악하기 쉽다. • 토의, 분석할 때 반복적으로 사용하기에 용이하다.	• 표정, 동작 등과 같은 중요한 시각적 단서를 얻을 수 없다. • 음질상태가 좋지 않을 수 있다. • 분석할 때 시간이 많이 걸린다.

바. 폭넓은 관찰이 필요하다.

한 가지 수업관찰 방법으로 수업 전체를 평가하려는 태도를 지양해야 한다. 한두 가지의 관점에 의해서 잘된 수업이라 할 수 있어도 종합적으로 잘된 수업이라는 평가를 내리기란 어려운 일이다.

남의 수업을 잘 관찰할 수 있는 교사는 자신의 수업도 잘할 수 있다고 단정 지어도 무리는 아니다. 수업을 볼 수 있는 안목을 기르기 위하여 또한 수업을 바르게 평가하기 위해서는 폭넓게 세밀히 관찰하려는 노력이 이루어져야 한다.

과정안대로 교수·학습활동이 진행되고 있는지, 도입, 전개, 정리에 배정된 시간계획은 잘 지켜지는지, 발문형태는 어떤지, 지명이 몇 명의 학생에게 치우치지 않는지, 발표자의 자세나 반응은 어떤

지, 전인적인 차원에서 교수·학습활동이 진행되는지, 판서계획이 실제 상황과 일치하는지 등 단위 시간의 교수·학습활동을 시작에서부터 끝까지 다양한 관점을 가지고 분석하여야 한다.

사. 수업관찰 도구의 개발에 노력해야 한다.

수업분석 자료를 통해 현장 개선을 목적으로 한다면 실용적인 도구의 개발에도 관심을 가져야 한다. 즉 수업관찰을 수행하면서 쉽고 간편하게 이용할 수 있는 관찰도구가 필요하며 이러한 도구의 개발은 바로 관찰자의 몫이기도 하다. 이는 수업 상황, 학생 실태, 학교 환경, 수업목표 등에 따라 수업관찰의 관점이 달라지며 이러한 상황에 따라 적합한 도구를 개발하는 것은 수업자 및 관찰자 모두의 노력이 필요한 것이다. 아무리 좋은 도구일지라도 실용적이지 못하여 불편함을 느낀다면 활용되기 힘들 것이다. 따라서 쉽게 활용하면서도 관찰 관점을 정확하게 측정할 수 있도록 개발되어야 할 것이다.

아. 좋은 수업이란 어떤 것인가를 스스로 느끼는 참관이 필요하다.

수업은 수업자의 특성에 따라 다양한 형태로 나타난다. 또한 참관자도 각자 자기 나름대로의 관찰과 평가를 하게 된다. 그러나 수업 참관자의 입장에서 생각해 보면 수업을 관찰한 다음 어떻게 하면 성공적인 수업이 될 수 있을 것인가 예상할 수 있어야 하며, 그것은 자기의 다음 수업에 적용될 수 있어야 한다. 수업의 참관을 통한 자료가 관찰자 자신에게도 반성자료로서 활용되며 수업개선에 도움이 될 수 있을 때 좋은 수업을 느끼는 진정한 참관이 될 것이며 바람직한 관찰자의 자세가 될 것이다.

7. 수업협의회 운영

효과적인 수업분석을 위하여 대체로 다음과 같은 협의회 절차를 적절히 조정하여 활용할 수 있다. 바람직한 수업협의회 운영계획은 학년 초 학교 교육과정 운영계획 수립 시부터 연구계획의 일부로 삽입하여 교원의 전문성 신장의 기회로 삼으며 충분한 사전 협의를 통해 운영절차를 학교의 특성에 맞게 조절해야 한다.

가. 협의회 운영 절차

(1) 1단계: 계획 수립

동료교사들 간의 자율적이고 협력적인 분위기를 조성하고 수업연구 과제 혹은 수업개선 과제를 확인한다. 또 이에 대한 해결방안이나 개선방안에 대하여 논의한다. 수업관찰 이전안에 상호 간 교재 연구를 진행하고 수업지도안에 대한 협의를 기초로 수업지도안을 완성하며 필요한 수업자료를 준비하고 수업환경을 조성한다.

(가) 제1차 협의

1) 자율적ㆍ협력적 관계 조성

수업분석 절차에 대한 이해를 높이고 동료교사들 간에 자율적이고 협력적인 관계를 조성한다. 사전 자체 연수를 통해 수업분석의 개념, 영역, 형태, 과정 등에 대한 충분한 이해를 가지도록 한다. 그리고 경력교사와 초임교사가 짝을 이루는 경우 초임교사가 편안한 분위기를 만들어 준다.

2) 수업공개자 선정

시범수업이나 일반수업을 공개할 교사를 협의하여 선정한다. 경력교사와 초임교사가 짝을 이루는 경우 경력교사가 먼저 시범적으로 자신의 수업을 초임교사에게 공개하고 이에 대한 환류협의를 가진 후에 초임교사가 보다 편안한 상태에서 자신의 수업을 공개하는 과정이 바람직하다.

3) 수업연구 과제 선정

수업공개 교사가 수업에 관련하여 연구해 보고자 하는 사항이나 수업 개선을 위해 도움이 필요한 사항이나, 동료 교사들이 공동적으로 연구해 보고자 하는 사항을 선정한다. 그리고 수업공개 교사는 연구과제나 도움이 필요한 사항을 확인하기 위하여 교재연구, 기본 교수법, 지도과정, 학습형태, 자료 활용, 정리 발전, 학력정착 평가영역의 자기평가를 실시한다.

4) 학생 및 수업에 대한 정보 교환

담당 학생들의 학습 능력, 학습 태도, 학습 의욕 등을 사전에 설명하고 의견을 교환한다. 그동안의 수업진도, 수업내용, 수업방법 등 학생과 수업에 대한 정보를 동료 교사들에게 제공함으로써 사전 이해의 폭을 넓힌다.

(나) 제2차 협의

1) 상호 사전 교재 연구

선정된 수업연구 과제 또는 수업개선 과제에 대하여 해결방안 또는 개선방안을 위하여 상호 간 의견을 교환한다

2) 수업지도안 협의·작성

　동료 교사들 간의 의견 교환과 협의를 참고로 하여 수업자는 수업 지도안 작성에 착수한다. 작성된 수업 지도안은 수업관찰 단계 이전에 관찰자에게 배포하여 참고 자료로 사용하도록 해야 한다.

3) 역할 분담 및 수업관찰 계획 수립

　동료 교사들은 관찰한 내용, 관찰방법, 관찰위치, 관찰장소 등에 대하여 협의하고 그에 따라 필요한 자료를 준비한다. 그리고 역할 분담이나 수업관찰 계획은 사전에 정리하여 확인한다.

(2) 2단계: 수업관찰

　수업관찰 단계에서 동료 교사들은 수업지도안을 다시 한 번 확인하여 전개될 수업활동의 전반적인 과정에 대한 이해를 높인다. 그리고 수업공개 교사는 수업지도안에 따라 수업을 실시하고 수업 참관 교사들은 이미 계획된 역할 분담에 따른 수업관찰을 실시하여 연구과제 해결 또는 수업개선을 위한 구체적이고 객관적인 자료를 수집한다.

(가) 수업지도안(교수·학습 과정안) 확인

　수업활동의 목표, 내용, 방법 등에 대한 이해를 위해 수업안을 확인한다.

(나) 역할 분담에 따른 수업관찰

　수업관찰 계획에 따라 수업분석에 참여하는 교사들은 수업을 관찰, 기록한다. 담당한 구체적인 양식을 사전에 기록 요령이나 관찰 요령을 충분히 익혀 사전에 협의된 몇 가지 사항을 중점적으로 관찰한다. 담당한 역할에 따라 필요한 준비물(VTR, 카메라, 녹음기, 각종 관찰기록 양식)을 준비한다.

(다) 수업관찰 결과 정리

　수업을 관찰한 교사들은 결과를 정리하여 환류 협의에 대비한다.

(3) 3단계: 환류 협의

　수업관찰 결과를 중심으로 수업분석에 참여한 교사들 간에 상호 협동적이고 동료적인 분위기에서 선정된 수업연구 과제의 해결 및 개선방안을 협의하여 일반화하기 위해 노력한다.

(가) 수업관찰 결과 논의

　수업공개 교사는 자신의 수업에 대한 개략적인 자기평가, 자기반성을 위해 정리하고 수업관찰 교사는 수업관찰 자료를 정리하여 협의한다. 다양한 방법 및 관점을 중점으로 협의함으로써 객관적인 협의가 이루어지도록 한다. 수업관찰 자료를 중심으로 상호 협동적이고 동료적인 분위기에서 실제 수업에서 만족스러운 점과 개선이 요구되는 점을 논의한다.

(나) 수업연구 과제 해결 및 수업 개선방안의 설정

수업관찰 교사들과 공개 교사는 수업연구 과제의 해결 및 개선방안을 협의하고 수업관찰 교사들은 수업연구 과제 해결과 관련한 정보 및 관찰 결과를 통해 계속적인 도움이 될 수 있는 방안에 대해 의견을 교환한다.

(다) 적용 및 평가

교사는 수업 개선방안에 대하여 실제 수업에 적용하고 평가하기 위하여 가능하면 차기의 수업관찰을 계획하거나 교사 스스로 자기평가의 노력을 하도록 유도하고 있다. 자기 장학의 노력을 전개하고 설정된 수업연구 과제에 대한 자료를 다른 학급에서도 일반화하여 적용해 보며 교장 및 교감은 환류 협의에 참석하여 교사들의 협의사항이나 건의사항을 청취하고 교사들을 격려, 지원 및 조언을 한다.

나. 수업협의회 요령

성공적인 협의회를 위해서는 계획협의회에서 일정한 목표를 설정하고 교사의 관심을 확인하여 협동적 노력의 필요성을 인식하고 그에 따른 전략을 수립하여야 한다. 수업에 대해 고민하는 것만으로도 수업개선에 도움이 되겠지만 가능하면 협의회를 가져 서로 간에 의견을 교환하는 것이 더 바람직한 일이라 생각된다. 그러나 수업협의회는 그 순기능과 역기능을 고려해야 한다. 수업자, 관찰자(분석자)는 서로 간에 인격을 존중하고 진지하게 협의회를 진행해야 한다. 형식적인 협의회나 교사 간의 갈등을 유발하는 협의회, 수업자에게 별다른 도움을 주지 못하는 협의회가 되지 않도록 노력해야 할 것이다.

실제 수업 관찰 후 협의회에 이루어질 구체적 피드백 기법을 알아보면 다음과 같다.

(1) 객관적인 관찰 자료를 사용하여 교사에게 피드백을 제공한다.
(2) 교사가 관찰되고 기록된 자료에 대해 반성할 기회도 갖기 전에 어떤 결론을 제시하지 말고 교사의 반성적 의견과 느낌을 유도한다.
(3) 어떤 것을 가르치는 데는 여러 가지 대안들이 있을 수 있으며 교사들은 일어난 수업사태에 대해 스스로 대안적 설명을 할 수 있어야 하므로 대안적 수업기법과 그 이유를 제시하도록 교사들을 격려한다.

(4) 교사가 다른 교사의 수업 스타일이나 수업전략 혹은 다른 기법을 배울 수 있도록 하기 위하여 여러 수업을 관찰하게 하고 교사에게 연습과 비교의 기회를 제공한다.

다. 수업협의회 순서

수업협의회는 수업의 성격에 따라 다르겠지만 일반적으로 개회사→ 수업자 반성→ 질의·응답→ 관찰자(분석자) 의견 발표→ 전문가의 지도조언→ 총평의 순으로 진행된다.

라. 바람직한 수업협의회를 위한 역할

(1) 수업자

수업이 끝난 후 즉시 자기의 수업과정을 세밀히 분석하여 그 문제점을 파악한 다음 협의회 때 미리 자신의 수업개선 사항을 발표해야 한다. 관찰자에게 수업을 관찰해 준 점에 감사를 표하고 수업의 주안점, 수업설계 및 본 차시 수업에서 목표했던 학습목표 및 성취수준, 수업과정 중의 오류 및 스스로의 의문점, 부족했던 점 등을 간략하게 발표한다. 또한 끝에는 "저의 발전을 위해 아낌없는 지도조언을 부탁합니다."와 같은 말을 함으로써 관찰자의 의견을 진심으로 받아들일 것임을 표현하는 것이 바람직할 것이다.

(2) 관찰자

질의 및 의견을 발표할 때에는 수업이론을 바탕으로 여러 사람이 공감할 수 있도록 객관적이고 타당한 근거를 가지고 말해야 하며, 수업자의 수업을 관찰자 자신의 관점을 중심으로 전체적인 장점을 먼저 이야기하며, 개선점을 이야기할 때는 나쁘다 혹은 고쳐야 한다는 관점보다는 객관적인 자료에 근거하여 바람직한 방향을 정중하게 표현해야 한다. 또한 수업자에게 도움이 되는 관찰자가 되기 위하여 반드시 사전 교수·학습지도안에 대한 충분한 분석과 검토가 이루어져야 하며 대안을 제시할 수 있는 자료 준비가 있어야 할 것이다.

(3) 사회자

수업협의회의 사회자는 대개 연구 담당자나 교무가 역할을 하게 된다. 이때 사회자는 수업연구의 핵심을 잘 알고 수업자의 수업에 대한 특징과 장점을 사전에 미리 파악하여 적절하게 표현할 수 있어야 하며 수업자나 관찰자의 의견에 대해 요약하고 주요 관점을 표현할 수 있어야 한다.

특히 반복적인 관찰자의 의견, 감정적인 표현, 주관적인 근거에 의한 분석 등에 대해 적절하게 대처할 수 있도록 해야 할 것이다. 수업협의회가 바람직하게 진행되기 위해서는 사회자의 역할이 매우 중요함을 알고 꾸준한 노력이 필요하다. 특히 수업협의회가 끝난 뒤 수집된 자료를 피드백 자료로 활용하기 위한 대책을 수립하여 수업자에게 환류될 수 있도록 하는 몫도 사회자의 역할이다.

(4) 지도조언이나 총평 담당자

수업자에게 용기와 만족을 줄 수 있는 역할에 최선을 다해야 할 것이다. 또한 관찰자에게 수업을 보는 안목과 관찰자의 바람직한 자세, 결과의 환류, 협의회 요령 등에 대한 전문적인 식견을 가지고 있어야 할 것이다. 따라서 수업협의회가 수업자와 관찰자의 역할에 충실하며 객관적이고 타당한 근거를 가지고 진지하게 운영되었을 때 이를 전체적으로 분석할 수 있어야 한다.

특히 총평의 역할 담당자는 수업협의회를 통해 이루어지고 있는 정도를 빨리 파악하여 적절한 지도가 이루어지도록 해야 한다. 바람직한 지도조언자는 수업협의가 끝난 뒤 수업에 국한하지 않고 보다 넓은 차원에서 교사로서의 바람직한 노력을 권고하는 과정을 잊지 않아야 할 것이다.

수업설계 분석에는 다양한 접근방법이 있는데, 과학적이고 객관적으로 분석하여 일반화할 가치를 제공하는 것에 의미를 두고 분석해야 한다.

학습준비 상황 분석으로 학생들의 선수학습 정도나 정의적 특성 등 여러 측면의 출발점 행동, 수업의 준비도와 수업환경 등을 파악할 수 있으며, 수업설계 부분에서 교수·학습과정안 구성, 수업목표 진술방법, 수업형태 적용원리, 교사의 발문 계획, 판서계획, 학습자료 및 지도상의 유의점 등 교사의 수업 준비 상태를 면밀히 분석함으로써 보다 질 높은 수업을 실시할 수 있도록 하는 기능이 수업설계 분석이다.

수업설계 분석은 하나의 표로 작성하여 활용하는 방법과 요소별로 나누어 어느 한 부분을 집중적으로 분석하는 방법이 있을 수 있으므로 상황에 따라 적절히 활용한다.

1. 수업설계 분석 요소

가. 학습준비 상황

분석 관점은 교수·학습과정안에 학생의 학습 준비상황(출발점 행동)의 반영 여부, 본시 학습과 관련한 학생실태 파악 여부, 학생의 학습 성취수준 판정 반영 여부, 사전지도 상황, 학습매체 준비 상황, 사고력 신장을 위한 과제제시 여부, 교사의 재구성 의지 등이 있다. 중점을 두고 파악해야 할 출발점 행동이란 새로운 단원이나 학습과제를 학습하기 전에 학습자가 이미 획득하고 있는 지식, 기능, 태도 등을 의미한다.

나. 교수·학습과정안 구성

분석 관점에는 명확한 지도 목표 및 교육과정의 요구에 대한 적중 여부, 학습목표와 학습내용에 알맞은 지도 형태, 교수·학습과정안으로서 갖추어야 할 요건의 적절성, 교과 특성에 적합한 수업모형의 적용 및 지역화 재구성, 평가 계획 등이 있다.

다. 수업목표 진술

분석 관점은 수업목표 진술이 학습 후에 나타나는 학생의 행동 또는 학습 결과를 알 수 있도록 명시적이고 구체적이며 행동적인 용어로 진술되어야 한다. 또 수업과정에서 의도하고 있는 성취행동과 그 행동을 수행하게 될 조건, 학습 결과를 받아들일 수 있는 도달기준의 세 가지 요소가 포함되도록 진술되었는가 등이다.

라. 수업형태 적용

분석 관점은 교과의 특성·단원·제재의 특징에 적합한 모형, 학습자의 사고형성 과정에 도움이 되는 모형, 학습자의 학습목표 도달과 학습활동 주도를 위한 모형, 다양한 학습방법·수업매체를 활용한 모형, 학습결과에 대한 강화·교정이 효율적인 모형, 단순 암기보다는 해석, 적용, 판단 등에 역점을 둔 모형인가를 살펴보는 데 중점을 둔다.

마. 교사의 발문 계획

분석 관점은 학생 수준, 교과, 학습과제 특성에 적절한 발문, 재생·추론·적용적 발문의 조화, 도입, 전개, 정리의 과정에 따라 단계적으로 수준을 높여 가는 발문, 수업의 구조화에 도움을 주는 발문, 학생들의 사고 확산과 답변의 용이성을 위한 발문, 목적이 뚜렷하고 간결한 발문을 들 수 있다.

바. 형성평가 계획

분석 관점으로는 수업과정 중의 형성평가 계획이 적절하게 수립되어 있는지, 형성평가 문항이 수업목표 성취도를 충분히 반영하고 있는지, 형성평가가 학생들의 학습동기를 유발시킬 수 있는 요소로 구성되어 있는지, 형성평가 계획이 창의적이고 방법이 다양한지를 중점으로 살펴본다.

사. 판서 계획

분석 관점은 판서의 요건을 충분히 갖추었는지에 초점을 두고 수업의 흐름을 한눈에 알아볼 수 있는 내용의 명료성, 판서의 내용·분량·시기의 사전 계획, 수업목표에 밀착된 간결한 판서, 학생의 사고를 자극하는 내용 등을 중점으로 살펴본다.

아. 학습 자료 및 지도상의 유의점

교수·학습과정안에 제시된 학습 자료가 단위 시간에 지도될 학습내용이나 시간에 적합하게 제시되었는지, 매체의 적정한 제시나 활용에 대한 안내, 구입, 제작, 대여 등 준비가 가능한지, 분석하고 검토해야 한다. 그리고 효과적인 학습효과를 높일 수 있도록 지도상의 유의점을 제시하였는지 살펴본다.

2. 수업안(교수 · 학습 과정안) 구성의 분석

수업안(교수 · 학습과정안, 교수 · 학습안, 학습지도안 등)이란 한 시간의 수업을 어떤 목표로 또한 어떤 내용을 어떤 과정이나 방법으로 지도할 것인가를 기록한 실제 수업의 설계도 또는 수업가설이다.

교수 · 학습 과정 분석이 교사 활동에 있어 수업목표의 제시, 선수학습과 동기유발, 발문, 학습 환경 조성, 교수 태도, 학습모형, 학습 집단 구성, 자료, 학습내용 정리 및 환류, 예습과제의 제시 등을 살피고, 학생 활동에 있어서는 참여도, 질문과 발표, 기본학습 훈련, 학생 발언, 학습장 정리 등을 살펴 교사의 적극적인 지도와 학습자 스스로가 문제 사태에 적응할 수 있도록 도와주는 수업인지를 분석해 보는 것이다. 하지만 수업안은 형식적인 틀이 있는 것이 아니고 학습내용의 성질, 교재의 종류, 학습자의 요구수준, 학습 환경에 따라서 각각 그 특성을 고려해서 융통성 있게 작성한다는 특성을 가지고 있다.

가. 교수 · 학습과정안 분석 방법

(1) 수업목표의 제시

수업목표는 학습자의 학습활동 방향을 제시하고 학습동기를 유발시키며 학습 후 확인학습이나 형성평가의 기준이 되기 때문에 학생이 학습 후에 나타나는 도착점 행동으로 진술하며 학생들에게 제시하고 충분히 인지시켜야 하며 제시방법으로는 차트, 판서, 구두, TP, 컴퓨터 등 다양한 방법이 투입되어야 한다.

수업목표의 제시는 일방적으로 교사가 학습자에게 제시하는 것을 지양하고 학습자가 철저히 인지할 수 있도록 한다.

(2) 선수학습과 동기유발

본시의 수업목표를 성공적으로 달성하는 데 동기유발은 큰 비중을 차지하는데 학습과제의 특성과 학습 분위기, 학생 개인의 특성, 교사의 지도능력 등의 변인에 따라 외발적 동기유발과 내발적 동기유발을 적절하게 사용할 수 있어야 한다.

분석 관점으로는 선수학습과 본시학습과의 관련성, 지도방법, 발문과 매체활용 또는 기타 방법으로 학습의 흥미를 자극하는지, 학생의 아이디어에 대한 칭찬과 격려 · 활용은 어떠한지, 학생의 발표에 대한 진지한 관심은 가지는지, 학습에 호기심을 유도하는지, 주의 집중(Attention: 학습자의 흥미, 어떻게 학생의 흥미를 유발할까?), 적절성(Relev-ance: 학습자의 필요와 목적, 어떻게 학생을 관련시킬까?), 자신감(Confidence: 학습자의 성공에 대한 신념, 어떻게 하면 학생들에게 할 수 있다는 신념을 줄까?), 만족(Satisfaction: 학습자 성취의 보상, 어떻게 학생들에게 성취를 강화해 줄까?) 등에 관하여 분석해 보아야 한다.

(3) 발문

발문은 학습자와 교사 간의 의사소통을 촉진시키고 주제의 특정한 내용이나 특징에 주의를 집중시키며 교과에 대한 학생들의 지식과 이해 정도를 평가하는 데 사용된다.

(4) 학습 환경 조성

학습 환경에는 교수·학습이 전개되고 있는 물리적 학습 환경, 심리적 학습 환경, 교육적인 접근 등을 생각해 볼 수 있는데 물리적 학습 환경이 유목적적이고 유용한 것인지, 심리적 학습 환경이 원활한지, 학생과의 래포 형성과 공정성이 유지되어 수업에서 열성감이 보이는지, 학생의 인격을 존중하는지, 학습자 간의 방해 행동을 관리하는지 등 여러 요소들을 들 수 있다.

(5) 교수 태도

교수 태도의 범주에는 포괄적이지만, 단위 교수·학습 과정 동안 이루어지는 교사의 언어, 행동, 표정 등이 해당된다고 볼 수 있다.

분석 관점으로는 불필요한 군더더기 말을 사용하지 않는지, 어조의 고저와 속도가 적당한지, 명확하고 알아듣기 쉬운 용어를 사용하는지, 용모 단정한 자세인지, 학생이 수업에 도전감을 갖도록 유도하는지, 피드백 정보를 기술적으로 활용하는지, 다수의 발표기회를 주는지, 수업의 난이도를 조절하는지, 학생의 당황, 지루, 호기심 등을 주의 깊게 관찰하고 대처하는지, 학생의 질문에 만족한 답변을 하는지, 양, 위치, 분필 색, 크기, 시간을 고려한 판서인지 등을 생각해 볼 수 있다.

(6) 수업모형

교과, 교재의 특성에 맞는 수업 모형을 적용하는 여부에 관한 것으로 교과의 특성에 적합한 학습 과정 모형을 적용하였는지 분석한다.

(7) 학습 집단 구성

단위 시간의 교수·학습 과정 중 유목적적인 학습 집단 구인지, 본시 학습과 관련하여 효율성을 높일 수 있는 방법인지, 학습 진단 내 학생 간 상호 협동과 소집단별 활동은 원활한지, 교수·학습 과정의 흐름에 어긋나지는 않은지, 수준별 개별화 지도를 수행하기 위한 집단 구성인지 등을 중심으로 분석한다.

(8) 자료

분석 관점으로는 학습자의 특성과 학습과제의 목표, 내용, 매체의 장단점을 고려하여 선정하였는지, 자료가 적절한 것인지, 학습자의 학습수행 능력을 감안하여 언어, 그림, 설명, 내용, 제시의 속도를 조절하였는지, 최소 경비로 최대의 효율을 올릴 수 있는 경제성이 있는 자료인지, 널리 활용감안하여 는 것인지, 활용이 가능한 것인지, 기술 지원이 원활한 것인지 등을 생각해 볼 수 있다.

(9) 학습내용 정리·환류

분석 관점으로는 정리의 단계에서 적절한 매체를 활용하여 명확하고 간결하게 정리되었는지, 학생과 교사가 양 방향으로 소통되어 정리되었는지, 확인학습(형성평가)이 교육적으로 바람직하게 적용되었는지, 교수·학습 과정의 상황에 따라 탄력적으로 투입되었는지, 개별, 수준별 지도가 정착되었는지 등을 살펴볼 수 있다.

(10) 예습과제 제시

분석 관점으로는 예습과제가 차시 교수·학습과 연관되어 있는지, 차시학습을 위하여 유목적적으로 제시되었는지, 학습자가 이해하고 수행하기에 어려움은 없는지 등을 중심으로 생각해 볼 수 있다.

(11) 질문과 발표

분석 관점으로는 질문의 기회가 많은지, 질문에 대한 수용 자세는 어떠한지, 질문에 대한 교사의 대처 반응은 어떠한지, 다양하고 창의적이며 발전적인 질문을 하는지 등을 생각해 볼 수 있고, 발표자의 복장은 어떠한지, 발표자의 인사 태도는 바른지, 발표에 있어서 소외 계층이 생기지 않도록 세심한 주의를 하는지, 발표자는 모든 학습자가 잘 들을 수 있는 위치에서 발표하는지, 잘 듣는 자세가 정착되었는지, 발표 절차를 준수하는지 등으로 정리해 볼 수 있다.

(12) 기본 학습 훈련

분석 관점으로는 의사 표시를 나름대로의 규칙에 맞추어 하는지, 앉고 일어서는 자세, 발표, 듣기 태도가 진지한 수업 집중과 참여하는 정도, 교사와의 상호 유대 정도, 목소리·복장, 학생이 준비할 자료 준비상태, 학습과 관련한 과제해결 상태 등을 관점으로 생각해 볼 수 있다.

(13) 학습 의욕, 참여도

학습의욕 및 참여도는 학생들이 수업에 임하는 자세와 태도를 준거로 가늠할 수 있는데 분석의 관점으로는 학생들의 학습과정 몰입 정도, 발표에 참여 정도, 활기찬 분위기 등을 생각해 볼 수 있다.

(14) 학생 발언

분석 관점으로는 단순 재생적인 답변보다 얼마나 추론, 적용적인 답변인지, 교사의 발문에 대해 생각하고 나서 재생산한 대답인지, 다른 사람의 이야기를 듣고 난 후 바른 대답하기인지 등으로 정리할 수 있다.

(15) 학습장 정리(노트 필기)

분석의 관점으로는 학생 스스로의 필요에 의해 정리한 것인지, 자신의 생각을 나타낼 수 있는 정리인지, 내용을 바르게 정리하는지 등으로 생각해 볼 수 있다.

(16) 기타 사항

수업안 분석에서 중요한 것은 수업안의 목적에 부합되는가 하는 분석의 초점이다. 즉, 수업안(교수 · 학습과정안, 교수 · 학습안, 학습지도안)이 단위 수업의 설계도 내지 이정표 이상 수업을 이끄는 데 충실하게 구안되었는가를 분석해야 한다.

아울러, 수업은 교사와 학생의 상호작용이 중요하므로 단위 수업 시간에 가르치는 교사와 배우는 학생이 학습 목표 달성을 위하여 충분한 역할과 활동을 할 수 있도록 구안되어 있는가를 분석해야 한다. 따라서 수업목표, 발문, 수업모형 적용, 각종 자료의 활용 등을 토대로 종합적으로 살펴보아야 한다. 특히 학습내용의 환류(Feedback)를 통한 심화와 보충 활동 등도 세밀하게 분석하는 것이 바람직하다.

나. 교수 · 학습 과정 분석표

〈표 10〉 교수 · 학습 과정 분석표(예시 1)

구분	주 안 점	관 점	평점 (적정한 곳에 √표)	분석 의견
교사면	① 수업목표 제시	지역화, 학생 수준 고려, 출발점 행동의 진단과 활용, 수업목표 달성도, 수업목표 진술 내용	1 2 3 4 5	
	② 선수학습과 동기 유발	선수학습 관련지도, 능숙한 동기유발과 문제의식, ARCS	1 2 3 4 5	
	③ 발문	간결, 구체적, 명료한 발문 균등하고 의도적인 지명	1 2 3 4 5	
	④ 학습 환경 조성	학습 분위기, 공간 활용, 시설 환경의 다양화, 교육적 접근	1 2 3 4 5	
	⑤ 교수태도	전개, 지도력, 학습밀도, 언어, 자세, 안정감, 판서기법	1 2 3 4 5	
	⑥ 수업모형	수준별, 개별학습과 협동학습의 조화, 개인차, 학습 속도 고려	1 2 3 4 5	
	⑦ 학습 집단 구성	목표접근, 자율, 책임감, 협동심 발양, 리더 활동 균형	1 2 3 4 5	
	⑧ 자료	준비, 자료의 유인성, 목표접근, 창의력, 사고력 자극, 경제성, 실용성	1 2 3 4 5	
	⑨ 학습내용 정리 · 환류	개별화, 강화, 명확 간결한 정리, 융통적인 투입, 개별 · 수준별 지도	1 2 3 4 5	
	⑩ 예습과제 제시	차시 관련성, 능력 고려, 시간의 적절성	1 2 3 4 5	
학생면	⑪ 질문과 발표	적극적인 질문과 발표, 태도 고른 발표, 빈도와 질적 내용	1 2 3 4 5	
	⑫ 기본 학습 훈련	학습자의 기본 학습 훈련 정착 (태도, 복장, 용어사용, 준비도 등)	1 2 3 4 5	
	⑬ 학습의욕 · 참여도	학습과정의 고무, 몰입, 자발적이고 의욕적인 참여	1 2 3 4 5	
	⑭ 학생발언	단순 재생적 답변보다 추론, 적용적 발언, 생각하고 대답하기, 다른 사람의 이야기 듣고 바른 대답하기	1 2 3 4 5	
	⑮ 학습장 정리	스스로 정리, 바른 내용 정리, 생각을 나타낼 수 있는 정리	1 2 3 4 5	

【평점: 아주 부족 1, 조금 부족 2, 보통 3, 만족 4, 아주 만족 5】

〈표 11〉 교수 · 학습 과정 분석표(예시 2)

관 점	평 점 (적정한 곳에 √표)				
	1	2	3	4	5
1. 교과의 특성, 단원 및 제재의 특성에 적합한 수업과정 모형을 적용하였다.					
2. 도입에서 정리까지의 수업 흐름이 학생의사고 형성과정에 도움을 주는 수업안이다.					
3. 학생이 학습목표에 도달되는 절차를 이해하도록 짜인 수업안이다.					
4. 학생이 학습문제에 호기심과 흥미를 갖도록 짜인 수업안이다.					
5. 학생이 학습 준비도에 알맞게 학습 자료와 활동을 개별화시켜 주는 수업안이다.					
6. 학생이 학습에 적극적으로 참여하도록 유도하는 과정모형이다.					
7. 학생이 다양한 학습방법을 활용할 수 있도록 짜인 수업안이다.					
8. 수업목표 달성을 위해 다양한 수업매체를 활용하도록 짜인 수업안이다.					
9. 학습과제의 전체적인 성격을 학습자가 이해할 수 있도록 짜인 수업안이다.					
10. 학생이 학습한 것을 새롭고 다양한 상황에 적용하는 연습을 할 수 있게 짜인 수업안이다.					
11. 학습 결과에 대한 강화나 교정이 효율적으로 이루어질 수 있게 짜인 수업안이다.					
12. 학습이 단순한 암기보다는 해석, 적용, 판단 등에 역점을 두도록 짜인 수업안이다.					
13. 학생 자신이 학습결과를 평가할 수 있도록 짜인 수업안이다.					
14. 수업자가 수업목표 달성 여부를 확인할 수 있도록 짜인 수업안이다.					

【평점: 아주 부족 1, 조금 부족 2, 보통 3, 만족 4, 아주 만족 5】

〈표 12〉 교수·학습 과정 분석표(예시 3)

관 점	평 점 (적정한 곳에 √표)
1. 지도 교사명, 일시, 장소, 대상이 명시되어 있다.	아주 부족　조금 부족　보통　조금 만족　아주 만족
2. 단원명이 명시되어 있다.	아주 부족　조금 부족　보통　조금 만족　아주 만족
3. 교재관, 아동관, 사회관, 지도관을 조명하여 단원의 성격을 개관하였다.	아주 부족　조금 부족　보통　조금 만족　아주 만족
4. 차시별 학습계획이 학습요소나 성격을 감안하여 타당성 있게 짜였다.	아주 부족　조금 부족　보통　조금 만족　아주 만족
5. 단원의 목표 진술이 지식·이해, 기억 태도 등 일반 동사로 진술되어 있다.	아주 부족　조금 부족　보통　조금 만족　아주 만족
6. 단원의 평가계획이 합리적으로 수립되었다.	아주 부족　조금 부족　보통　조금 만족　아주 만족
7. 본시의 수업목표가 그 시간에 달성될 수 있으며 명세적 동사로 진술되었다.	아주 부족　조금 부족　보통　조금 만족　아주 만족
8. 도입은 전시학습과 관련을 맺어 진술되었다.	아주 부족　조금 부족　보통　조금 만족　아주 만족
9. 수업목표와 '학습내용이 일치되도록 짜였다.	아주 부족　조금 부족　보통　조금 만족　아주 만족
10. 수업과정에서 분절마다의 시간배정이 적절히 안배되었다.	아주 부족　조금 부족　보통　조금 만족　아주 만족
11. 수업과정 모형이 교과, 제재의 특성에 맞게 적용되었다.	아주 부족　조금 부족　보통　조금 만족　아주 만족
12. 활동란은 학습문제나 방법보다는 행동적인 용어로 진술되었다.	아주 부족　조금 부족　보통　조금 만족　아주 만족
13. 교사의 발문계획이 학생의 학습의욕을 자극할 수 있도록 제시되었다.	아주 부족　조금 부족　보통　조금 만족　아주 만족
14. 판서의 내용 구조화가 적절하게 제시되었다.	아주 부족　조금 부족　보통　조금 만족　아주 만족
15. 수업매체의 선택 및 활용계획이 적절하게 계획되었다.	아주 부족　조금 부족　보통　조금 만족　아주 만족
16. 형성평가 계획이 수업목표 성취점검에 적합하도록 수립되었다.	아주 부족　조금 부족　보통　조금 만족　아주 만족
17. 예습과제 활용이 유효하도록 제시되었다.	아주 부족　조금 부족　보통　조금 만족　아주 만족
18. 학습과정에서 지도상의 유의점을 친절히 제시하였다.	아주 부족　조금 부족　보통　조금 만족　아주 만족
19. 차시학습의 예고와 준비가 적절하게 제시되었다.	아주 부족　조금 부족　보통　조금 만족　아주 만족
20. 수업에 도움이 되는 참고자료들을 천천히 소개하였다.	아주 부족　조금 부족　보통　조금 만족　아주 만족
21. 출발점 행동 상태를 점검하여 제시하였다.	아주 부족　조금 부족　보통　조금 만족　아주 만족

다. 교수·학습 과정 분석 실제(예시)

일 시	20○○. 6. 30. 5교시	프로젝트명	문자와 초대장	수업형태	소집단 학습
대 상	3학년 4반	주제	우리 고장을 알려요	수 업 자	♡♡♡
수업목표			고장의 특색을 알리는 초대장을 만들 수 있다.		

구분	주안점	관점	평점 (적정한 곳에 √표)	분석의견
교사면	① 수업목표 제시	지역화, 학생 수준 고려, 출발점 행동의 진단과 활용, 수업목표 달성도, 수업목표 진술 내용	1 2 3 4 √5	우리 주위에서 쉽게 접할 수 있는 소재를 사용함으로써 학생들이 흥미를 느끼고 적극적으로 참여하는 수업이 될 수 있었음. 동기유발로 직접 실물을 제시하여 학습에 흥미를 높임. 다양한 멀티자료를 활용하여 수업목표를 학생들이 확실히 인지할 수 있도록 하였다. 모둠별 수업으로 주제에 맞는 적절한 수업모형이었음.
	② 선수학습과 동기유발	선수학습 관련 지도, 능숙한 동기유발과 문제의식, ARCS	1 2 3 4 √5	
	③ 발문	간결, 구체적, 명료한 발문 균등하고 의도적인 지명	1 2 3 4 √5	
	④ 학습 환경조성	학습 분위기, 공간 활용, 시설 환경의 다양화, 교육적 접근	1 2 3 4 √5	
	⑤ 교수 태도	전개, 지도력, 학습밀도, 언어, 자세, 안정감, 판서기법	1 2 3 4 √5	
	⑥ 수업모형	수준별, 개별학습과 협동학습의 조화, 개인차, 학습속도 고려	1 2 3 4 √5	
	⑦ 학습 집단 구성	목표접근, 자율, 책임감, 협동심 발양, 리더 활동 균형	1 2 3 4 √5	
	⑧ 자료	준비, 자료의 유인성, 목표접근, 창의력, 사고력 자극, 경제성, 실용성	1 2 3 4 √5	
	⑨ 학습내용 정리·환류	개별화, 강화, 명확 간결한 정리, 융통적인 투입, 개별·수준별 지도	1 2 3 4 √5	
	⑩ 예습과제 제시	차시 관련성, 능력 고려, 시간의 적절성	1 2 3 4 √5	
학생면	⑪ 질문과 발표	적극적인 질문과 발표, 태도, 고른 발표, 빈도와 질적 내용	1 2 3 4 √5	기본 학습 훈련이 잘되어 있었으며 모둠별로 하는 토의, 제작에 적극적인 자세로 수업에 임하였음.
	⑫ 기본 학습 훈련	학습자의 기본 학습 훈련 정착(태도, 복장, 용어사용, 준비도 등)	1 2 3 4 √5	
	⑬ 학습의욕·참여도	학습과정의 고무, 몰입, 자발적이고 의욕적인 참여	1 2 3 4 √5	
	⑭ 학생발언	단순 재생적 답변보다 추론, 적용적 발언, 생각하고 대답하기, 다른 사람의 이야기 듣고 바른 대답하기	1 2 3 4 √5	
	⑮ 학습장 정리	스스로 정리, 바른 내용 정리, 생각을 나타낼 수 있는 정리	1 2 3 4 √5 (/ = %)	

【평점: 아주 부족 1, 조금 부족 2, 보통 3, 만족 4, 아주 만족 5】

■ 분석 결과 및 해석
- 수업목표는 지역화의 과정과 학생의 수준을 고려한 제시이며, 출발점 행동을 진단하여 활용하였고 수업목표에 달성 가능성이 있는 제시였으며 진술 내용이 바람직하다.
- 실물 자료는 동기유발에 있어 학습자들의 호기심 자극이 잘되었다. 발문과 교수 태도에 있어서 안정된 교수 용어를 사용하였고, 발음과 태도가 바람직하며 구체적이고 간결하고 명료한 발문과 균등하고 의도적인 지명이 이루어졌다.
- 자료의 준비에 있어 사전 학습 설계나 전개 계획 시 명확한 안내 · 계획 · 의이 수용된 흔적이 많았고 사고력을 자극하고 목표에 접근하기 위한 매체의 투입과 적용이 용이하였다. 거수 발표, 앉는 자세 등 기본학습 훈련이 대체로 정착된 흔적을 발견하였다.

3. 수업목표의 분석

본시의 수업목표는 한 시간의 수업을 성공적으로 마쳤을 때 학생이 성취해야 할 행동의 양식을 서술한 것이다. 본시 수업목표를 최종 수업목표로서 상세화된 수업목표로 진술되어야 한다고 한다. 그 이유는 수업자가 수업목표를 분명히 알게 하면 주어진 시간에 무엇을 가르쳐야 하는가가 명확하게 되어 수업시간을 낭비하지 않으며 수업태도를 높일 수 있으며 학생은 주어진 시간에 배워야 할 목표가 뚜렷함으로써 학습주의력을 높이게 되어 학습의 효과를 더 높일 수 있다. 그리고 구체적이고 세분화된 수업목표는 학습평가의 신뢰도와 타당도를 높일 수 있고 수업목표가 세분화되면 길러야 할 행동이 무엇인지 분명해져서 어떤 수업매체를 선정해야 하는지도 명확해지기 때문이다(변영계, 1979).

가. 수업목표 진술 요령

(1) 학습 후에 나타나는 학생의 행동 또는 학습 결과로 진술하여야 한다.
　(가) 교사의 수업활동으로 진술하는 오류
　　(예) 현미경으로 초파리를 관찰시킨다(교사의 수업활동 진술).→ 초파리의 생김새를 그림으로 나타낼 수 있다(학습결과 학생의 행동으로 진술).
　(나) 학습과정으로 진술하는 오류
　　(예) 지도에서 기호의 표식을 배우게 한다(수업과정 진술).→ 지도에서 기호의 이름을 지적할 수 있다(학습의 결과 행동).
　(다) 두 개 이상의 학습결과를 포함하여 진술하는 오류
　　(예) 우리 학교에 있는 시설물을 알고 이를 바르게 이용할 수 있다(2개의 행동 진술 포함). → 우리 학교에 있는 시설물을 예를 들어 지적할 수 있다. 시설물을 바르게 이용하는 방법을 설명할 수 있다(둘로 나누어 진술).

(2) 명세적 동사로 진술한다.

명세적 동사로 진술할 때의 어미처리는 '~를 찾아낸다.' '~를 설명한다.' '~을 해결한다.' '~차이점을 구별한다.' '~비교한다.' '~지적한다.' '~제시한다.' '~완성한다.' '~암송한다.' '~순서로 나열한다.' '~활동한다.' 등이다.

(3) 수업과정에서 의도되고 있는 성취행동(A)과 그 행동을 수행하게 될 조건(B), 학습결과를 받아들일 수 있는 도달기준(C)의 세 요소가 포함되어야 한다.

(예) <u>받아 내림이 있는 (두 자리 수) - (한 자리 수)의 계산문제를</u> <u>5분 이내에</u> <u>2문제 이상을 풀 수 있다.</u>
          (B)   (C)   (A)

나. 수업목표 분석표

〈표 13〉 수업목표 분석표

관 점	평 점 (적정한 곳에 √표)
1. 한 시간 내에 성취할 수 있는 분량으로 수업목표가 진술되었다.	아주 부족 조금 부족 보통 조금 만족 아주 만족
2. 학습내용의 요소와 구조를 충분히 반영한 수업목표이다.	아주 부족 조금 부족 보통 조금 만족 아주 만족
3. 수업목표가 학습 후에 나타나는 학생의 행동 또는 학습결과로 진술되었다.	아주 부족 조금 부족 보통 조금 만족 아주 만족
4. 수업목표가 관찰될 수 있는 명세적 동사로 진술되었다.	아주 부족 조금 부족 보통 조금 만족 아주 만족
5. 한 개의 수업목표 속에 두 개 이상의 성취행동이 포함되지 않도록 진술되었다.	아주 부족 조금 부족 보통 조금 만족 아주 만족
6. 수업목표가 성취행동, 조건, 도달기준의 3요소가 포함되도록 진술되었다.	아주 부족 조금 부족 보통 조금 만족 아주 만족
7. 일반 교수목표 달성을 적절히 반영할 수 있는 충분한 수의 명세적 목표를 설정하였다.	아주 부족 조금 부족 보통 조금 만족 아주 만족

4. 수업모형 적용 계획의 분석

수업과정의 일반모형은 일반적으로 계획단계, 진단단계, 지도단계, 발전단계, 평가단계로 구분되어 제시되는데 이것은 전 학년, 전 교과에 걸쳐 사용될 수 있지만 이 모형을 근거로 각 교과별 특색에 맞는 수업절차 모형을 만들어 적용하고 있다.

가. 수업과정의 일반모형(KEDI 수업모형)

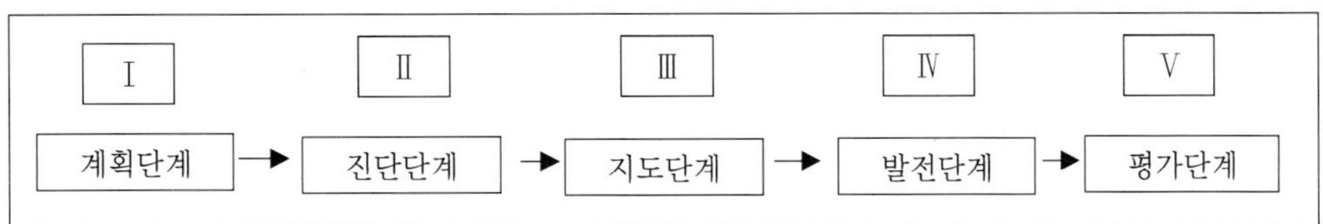

〈그림 9〉 수업과정의 일반모형

(1) 계획단계는 교사가 한 학습과제의 수업을 위해 교재연구를 하며 수업계획을 수립하는 단계이다.
(2) 진단단계는 학생들이 그 학습과제의 학습에 들어가는 데 필요한 준비가 되어 있는지를 진단하고 그에 따라 적절한 교정 조치를 실시하는 단계이다.
(3) 지도단계는 본 수업이 이루어지는 단계로서 교수·학습 활동이 일어나는 중심적 부분단계이다.
(4) 발전단계는 지도단계에서 학습한 내용에 대한 학생들의 학업성취도를 중도 평가해 보고 그 결과에 따라 심화 또는 보충학습의 기회를 제공하는 단계이다.
(5) 평가단계는 학습과제의 수업 결과를 종합적으로 평가함으로서 수업 활동을 끝맺는 단계이다.

나. 수업모형 적용 계획 분석표

〈표 14〉 수업모형 적용 분석표

관 점	평 점 (적정한 곳에 √표)
1. 교과의 특성에 적합한 학습과정 모형을 적용하였다.	아주 부족 조금 부족 보통 조금 만족 아주 만족
2. 단원 및 제재의 특질에 적합한 학습과정 모형을 적용하였다.	아주 부족 조금 부족 보통 조금 만족 아주 만족
3. 도입에서 정리까지의 수업흐름이 학생의 사고형성 과정에 도움을 주는 모형이다.	아주 부족 조금 부족 보통 조금 만족 아주 만족
4. 학생이 학습목표에 도달되는 절차를 이해하도록 짜인 모형이다.	아주 부족 조금 부족 보통 조금 만족 아주 만족
5. 학생이 학습문제에 호기심과 흥미를 갖도록 짜인 과정모형이다.	아주 부족 조금 부족 보통 조금 만족 아주 만족
6. 학생의 학습 준비도에 알맞게 학습 자료와 활동을 개별화시켜 주는 과정모형이다.	아주 부족 조금 부족 보통 조금 만족 아주 만족
7. 학생이 학습에 적극적으로 참여토록 유도하는 과정모형이다.	아주 부족 조금 부족 보통 조금 만족 아주 만족
8. 학생이 다양한 학습방법을 활용할 수 있도록 짜인 과정모형이다.	아주 부족 조금 부족 보통 조금 만족 아주 만족

관 점	평 점 (적정한 곳에 √표)				
9. 수업목표를 달성하도록 다양한 수업매체를 활용토록 짜인 과정모형이다.	아주 부족	조금 부족	보통	조금 만족	아주 만족
10. 학습과제의 전체적인 성격을 학습자가 이해할 수 있도록 짜인 과정모형이다.	아주 부족	조금 부족	보통	조금 만족	아주 만족
11. 학생이 학습한 것을 새롭고 다양한 상황에 적용하는 연습을 할 수 있게 하는 과정모형이다.	아주 부족	조금 부족	보통	조금 만족	아주 만족
12. 학습결과에 대한 강화나 교정이 효율적으로 이루어질 수 있게 하는 모형이다.	아주 부족	조금 부족	보통	조금 만족	아주 만족
13. 학습이 단순한 암기에 의해서라기보다 해석, 적용, 판단 등에 역점을 두도록 하는 과정모형이다.	아주 부족	조금 부족	보통	조금 만족	아주 만족
14. 학생 자신이 학습 결과를 평가할 수 있도록 하는 과정모형이다.	아주 부족	조금 부족	보통	조금 만족	아주 만족
15. 수업자가 수업목표 달성 여부를 확인할 수 있도록 하는 과정모형이다.	아주 부족	조금 부족	보통	조금 만족	아주 만족

5. 교사의 발문계획 분석

발문은 수업목표 달성을 위한 가장 중요한 도구이며 기술이고 발문의 질은 수업의 질을 결정하기도 하며 수업 분위기도 조성할 수 있는 중요한 의미를 갖고 있다.

가. 발문내용의 구성절차

(1) 학습과제를 분석하여 수업목표를 분명히 설정한다.
(2) 수업목표 달성을 위한 수업계열을 결정한다.
(3) 수업계열에 따라 발문의 제재를 추출한다.
(4) 발문의 제재에 따라 발문을 작성한다.

나. 발문의 유형

(1) 재생적 발문
학습했던 내용이나 경험한 사실을 알아보기 위한 것으로 도입단계, 낮은 능력 수준에서 사용한다.
(예) 한라산의 높이는 몇 m인가요?

(2) 추론적 발문

　지식, 정보 등을 이용하여 비교, 대조, 분석, 종합하여 응답할 수 있게 하는 것으로 전개과정에 많이 사용한다.

　(예) 새로운 형태의 시장이 생겨나고 있는 이유는 무엇인가?

(3) 적용적 발문

　학습한 결과를 기반으로 하여 보다 확산적인 사고활동을 촉진하는 발문으로 수업의 전개과정에 많이 사용한다.

　(예) 통신이 발달하면 사람들에게 어떤 영향을 가져올까?

다. 질문내용상 문제가 있는 질문의 유형

(1) 기계적으로 답이 나오기는 하지만 별 의미가 없거나 어떤 답이 나올지 너무 분명한 경우
(2) 무엇을 요구하는지 분명하지 않은 막연한 질문의 경우
(3) 규격화된 정답을 요구하는 질문

라. 교사의 발문 기술상 문제가 있는 질문의 유형

(1) 적절한 시기를 놓친 질문을 하는 경우
(2) 질문을 한 후 교사가 학생들을 바라보는 대신에 다른 상황에 집중하고 있는 경우
(3) 같은 말을 몇 번씩 반복하는 질문과 답변의 형식을 지나치게 강조하는 경우

마. 수업의 효과를 높여 줄 수 있는 질문

　수업의 효과를 높여 줄 수 있는 효과적인 질문은 학생들을 생각하게 만드는 질문, 흥미를 유발하는 질문, 답변을 쉽게 하도록 하는 질문, 수업의 구조화에 도움을 주는 질문 등으로 분류한다.

바. 교사의 발문 계획 분석표

〈표 15〉 발문 계획 분석표

관 점	평 점 (적정한 곳에 √표)
1. 학생의 학년 수준에 맞는 계획이다.	아주 부족 조금 부족 보통 조금 만족 아주 만족
2. 교과 학습과제 특성에 맞는 발문계획이다.	아주 부족 조금 부족 보통 조금 만족 아주 만족
3. 재생, 추론, 적용적 발문을 적절히 조화시킨 발문계획이다.	아주 부족 조금 부족 보통 조금 만족 아주 만족
4. 도입, 전개, 정리의 과정에 따라 단계적으로 수준을 높여 나가는 발문계획이다.	아주 부족 조금 부족 보통 조금 만족 아주 만족
5. 학생들을 생각하게 만드는 발문계획이다.	아주 부족 조금 부족 보통 조금 만족 아주 만족
6. 학생들의 흥미를 유발시키는 발문계획이다.	아주 부족 조금 부족 보통 조금 만족 아주 만족
7. 학생들의 답변을 쉽게 할 수 있도록 유도하는 발문계획이다.	아주 부족 조금 부족 보통 조금 만족 아주 만족
8. 수업의 구조화에 도움을 주는 발문계획이다.	아주 부족 조금 부족 보통 조금 만족 아주 만족
9. 목적이 뚜렷한 발문계획이다.	아주 부족 조금 부족 보통 조금 만족 아주 만족
10. 명확하고 간결한 발문계획이다.	아주 부족 조금 부족 보통 조금 만족 아주 만족

6. 판서계획의 분석

판서는 학습내용을 학생들에게 전달하기 위해 사용하는 중요한 수단 중의 하나로 별다른 부담감 없이 누구나 쉽게 활용할 수 있는 가장 보편적인 전달 수단이다.

가. 판서 구조화 방법

(1) 판서내용 전체를 분류체계 도표 양식으로 조직하되 포괄적인 상위 개념을 수업 초기에 미리 판서하여 줌으로써 단위 시간의 수업내용 전체를 개관하는 효과를 얻는 방법
(2) 분석체계 도표 또는 목차양식과 화살표를 집합시키는 방법

(3) 화살표를 이용한 순환적 판서양식을 사용하여 수업 내용을 요약하는 방법

(4) 수업 초기에는 학생들이 인식했던 내용을, 수업 진행과정에는 학습문제의 답을 판서하는 방법

(5) 제목 이외에는 주로 빈칸으로 된 도표를 사용하여 수업을 진행 중 칸을 채워 가는 판서방법

(6) 의도적으로 틀리게 판서한 후, 학생들과 함께 문답을 통해 틀린 부분을 수정해 가는 방법

(7) 시각적인 효과가 높은 판서방법을 사용하여 문제를 해결해 나가는 효과를 높이는 방법

(8) 정리단계에서 수업내용의 핵심을 판서하되 주요 단어 몇 개가 들어갈 자리를 괄호로 하여 형성평가의 효과까지 얻는 방법(이용숙·조영태, 1989: 100).

나. 판서계획의 분석표

<표 16> 판서계획 분석표

관 점	평 점 (적정한 곳에 √표)
■ 판서계획 면 ■	
1. 수업목표에 밀착된 간결한 판서계획이다.	아주 부족 조금 부족 보통 조금 만족 아주 만족
2. 수업의 흐름을 제삼자가 쉽게 파악할 수 있을 만큼 명료한 판서계획이다.	아주 부족 조금 부족 보통 조금 만족 아주 만족
3. 판서의 내용과 양, 시기 등이 적절히 계획되어 있다.	아주 부족 조금 부족 보통 조금 만족 아주 만족
4. 교재의 본질에 맞으면서 학생의 사고를 자극하는 판서계획이다.	아주 부족 조금 부족 보통 조금 만족 아주 만족
5. 수업의 흐름에 맞춰 사고를 발전적으로 이끌어 가는 판서계획이다.	아주 부족 조금 부족 보통 조금 만족 아주 만족
6. 문자, 지도, 도해 등을 조화롭게 활용하는 판서계획이다.	아주 부족 조금 부족 보통 조금 만족 아주 만족
7. 다른 매체 또는 교구와 병행하여 융통성 있게 활용하는 판서계획이다.	아주 부족 조금 부족 보통 조금 만족 아주 만족
8. 학생의 노트 정리와 관련 있는 판서계획이다.	아주 부족 조금 부족 보통 조금 만족 아주 만족
■ 판서 방법 면 ■	
9. 글자체가 활자체이고 글자의 크기가 학년 수준에 적절하다.	아주 부족 조금 부족 보통 조금 만족 아주 만족
10. 글씨는 정확하게 필순에 따라 썼다.	아주 부족 조금 부족 보통 조금 만족 아주 만족
11. 판서의 양에 따라 칠판의 사용 범위를 계획성 있게 배분하였다.	아주 부족 조금 부족 보통 조금 만족 아주 만족
12. 색분필의 혼용으로 시각적 효과를 높이는 판서였다.	아주 부족 조금 부족 보통 조금 만족 아주 만족

관 점	평 점 (적정한 곳에 √표)
13. 바른 어휘, 띄어쓰기, 바른 철자법을 반영하는 판서였다.	아주 부족　조금 부족　보통　조금 만족　아주 만족
14. 속도는 되도록 빠르게 하였다.	아주 부족　조금 부족　보통　조금 만족　아주 만족
■ 내용 면 ■	
15. 내용을 함축성 있게 요약한 구조화된 판서계획이다.	아주 부족　조금 부족　보통　조금 만족　아주 만족

7. 수업매체 활용계획의 분석

수업매체란 교수활동에 사용되는 의사소통의 도구를 의미하는데 교사가 의도하는 수업목표에 보다 효과적으로 도달할 수 있도록 학습을 자극하고 증진시키기 위해서는 수업목표, 학습자의 특성, 학습과제 등을 고려하여 수업매체를 활용하여야 한다.

가. 수업단계에 따른 좋은 매체

(1) 도입단계: 의문의 제기, 학습의욕 상기, 흥미유발을 할 수 있는 매체
  (가) 프로그램에 활용된 동화상, 그림, 음향효과나 실물모형
  (나) 저학년은 실생활과 연관된 그림이나 구체적으로 조작 가능한 실물
  (다) 전시에 학습한 내용을 요약 정리하여 나타낼 수 있는 매체
(2) 전개단계: 이해 및 문제해결, 요점 정리, 사고력 신장, 개념의 획득 등에 도움을 주는 매체
  (가) 개념 형성, 이해, 문제해결의 경우 그림이나 슬라이드를 단계적으로 보여 줄 수 있는 수업매체
  (나) 태도와 관련된 것이라면 TV나 비디오 등과 같이 단계적으로 보여 줄 수 있는 매체
(3) 정리단계: 결과의 정리, 이해의 심화, 적용 발전의 강화에 적합한 매체
  (가) 학생들이 전개과정에서 발표한 판서 내용
  (나) 학습한 내용을 정리할 수 있는 학습지
  (다) 기본학습, 적용학습, 발전학습 등으로 구별하여 수준을 알 수 있는 매체
  (라) 교사가 교수·학습 정리단계에서 파워포인트 등으로 요약한 내용

나. 수업매체 선정 시 고려할 점

(1) 학습자의 특성을 고려해야 한다.
(2) 지도해야 될 학습내용과 시간을 고려하여 수업매체를 알맞게 선정하여야 한다.
(3) 수업매체별 특성과 장·단점을 살펴보고 학습과제 해결에 도움이 되는지 검토해야 한다.
(4) 수업매체가 수업에 적합한가, 학생의 학습에 적합한가를 검토해야 한다.
(5) 수업매체는 구입, 제작, 대여 등 준비가 가능한 것인가를 검토해야 한다.
(6) 교수·학습과정에서 수업매체의 투입시기가 적합해야 한다.
(7) 학습자가 수업매체를 통해 학습목표를 인지할 수 있는지 생각해야 한다.
(8) 수업매체가 학습과제 해결에 도움을 줄 수 있어야 한다.
(9) 교사의 발문은 수업매체 활용에 도움을 주어야 한다.
(10) 학습과제의 수업결과를 종합적으로 평가할 수 있어야 한다.
(11) 학생의 생활과 밀접한 관계가 있는 수업매체를 선정하여야 한다.

다. 수업매체 활용의 좋은 점

(1) 생동감 있는 경험을 제공해 준다.
(2) 학생의 심리적인 효과가 있다.
(3) 학습의 능률화를 가져온다.
(4) 학생의 탐구적 활동을 촉진한다.
(5) 짧은 시간에 효과가 있음으로써 학습시간의 경제화를 가져온다.
(6) 과거현상의 현실화에 도움을 준다.

라. 수업매체 활용 관점

(1) 선수학습 파악: 학생들이 본시 학습과제를 해결하는 데 필요한 기본학습이 되었는지 진단하고 알맞은 오류교정 및 보완을 실시하는 데 알맞은 수업매체를 활용해야 한다.
(2) 학습동기 유발: 학생들에게 본시 학습에 대한 실마리를 제공하여 교사의 발문에 학생들이 학습할 내용을 미리 예측할 수 있고 학습에 대한 도전 의욕과 흥미를 느낄 수 있는 매체를 활용한다.
(3) 학습목표 인지: 학습동기 유발 자료에서 학습할 내용을 인지하고 교사의 발문에 따라 학생 스스로 학습목표를 찾도록 학년성을 고려하여야 한다.
(4) 실마리 제공: 학생들이 학습과제를 해결하는 데 교사의 발문내용을 이해하지 못하고 어려움을 나타내거나 대답하지 못할 때 학생들의 사고를 자극하고 학습에 대한 두려움을 제거하며 적극적인 참여를 조장할 수 있는 수업매체여야 한다.

(5) 사고의 확장성: 다양한 사고와 창의적인 해결방법을 통하여 학습과제를 해결할 수 있는 수업 매체여야 한다.

(6) 문제해결의 효율성: 각각의 학습단계에서 수업매체를 활용한 학습이 문제해결을 통한 개념획 득과 학생들의 문제해결 과정에 많은 도움을 줄 수 있어야 한다.

(7) 학습목표 해결의 적합성: 수업상황에 따라 순서대로 제시된 수업매체가 학습목표 해결에 어떠 한 영향을 주는지 또 학생들이 제시된 수업매체를 통하여 문제를 해결하고 학생들의 행동에서 나 타나는 결과가 학습목표에 부합되어야 한다.

(8) 학습내용 정리: 학습한 내용을 교사가 판서를 하였을 때 학생들은 그 내용을 갖고 학습목표에 서 요구하는 내용들로 학습결과를 정리하고 교사가 예상되는 학생들의 정리내용을 컴퓨터나 실물 제시기를 통하여 정리하여야 한다.

(9) 학습내용 평가: 학습한 내용을 중심으로 학생들이 학습목표에 도달하였는지 알아보기 위하여 학생들의 수준을 보충학습, 심화학습으로 분류할 수 있는 수업매체여야 한다.

(10) 수업매체의 적합성: 교사는 자신이 가르치려고 하는 것이 무엇인가, 학생들이 학습하기를 원 하는 것이 무엇인가를 분명히 알고 구체화된 학습과제를 성취하는 데 도움을 줄 수 있는 수 업매체여야 한다.

(11) 수업매체의 계열성: 학습의 동기유발과 전개과정에서 투입되는 수업매체가 학생들의 사고활 동을 단계적으로 자극하여 학습목표에 도달할 수 있도록 탐색, 문제해결, 적용 또는 활동 내 용에 맞는 것이어야 한다.

(12) 수업매체의 투입시기: 수업목표와 학습유형에 따라 수업사태가 결정되므로 수업설계자는 각 단계에 따라 어떠한 수업매체가 필요한가를 결정하고 도입, 전개, 정리단계에 알맞게 활용하 여야 한다.

(13) 수업매체 제시 장소: 어느 장소에 배치해야 학생들에게 잘 보이고 편한가를 고려하는 일이다. 이는 학생들의 시력, 좌석 배치에 따라 달리해야 하고 학습이 이루어진 후에는 즉시 제거해 야 한다.

(14) 학습의 흥미유발: 학습의 성패는 학생이 얼마나 흥미를 갖고 참여하느냐에 달려 있으며 교사 의 유머, 생활이야기, 학생의 역할극 등이 활용되어야 한다.

마. 수업매체 활용 분석표

〈표 17〉 수업매체 활용 분석표(예시 1)

관 점	평 점 (적정한 곳에 √표)
1. 학습자의 특성, 학습유형, 학습과제의 특성을 고려하여 선정한 매체이다.	1 2 3 4 5
2. 매체의 특성과 장단점을 충분히 검토한 활용계획이다.	1 2 3 4 5
3. 수업사태에 적합한 매체 활용 분석표를 작성하여 선정한 매체 활용계획이다.	1 2 3 4 5
4. 수업해야 할 과제와 시간에 적합한 매체준비가 되어 있다.	1 2 3 4 5
5. 준비된 매체가 수업의 흐름에 맞추어 효과적으로 활용할 수 있는 계획이다.	1 2 3 4 5
6. 학습의 능률화를 가져올 수 있는 다양한 매체활용 계획을 수립하였다.	1 2 3 4 5
7. 학생의 탐구적 활동을 촉진하는 생동감 있는 매체를 선정하였다.	1 2 3 4 5
8. 수업과정에서 적당한 시간에 활용하였다.	1 2 3 4 5
9. 학생의 시력, 건강, 편리성을 고려하여 적당한 장소에서 활용할 계획이다.	1 2 3 4 5
10. 학생들이 이해하기 쉽고 흥미를 자극할 수 있는 적당한 방법으로 활용하였다.	1 2 3 4 5
11. 구입, 제작, 대여 등의 방법으로 쉽게 준비할 수 있는 매체를 활용하였다.	1 2 3 4 5
12. 매체의 활용 설명서가 첨부되었다.	1 2 3 4 5

【평점: 아주 부족 1, 조금 부족 2, 보통 3, 만족 4, 아주 만족 5】

〈표 18〉 수업 주안점 및 관점(예시 1)

주 안 점	관 점	평 점 (적정한 곳에 √표)	분석 의견
① 선수학습 파악	선수학습을 진단하고 결손내용의 보완	1　2　3　4　5	
② 학습동기 유발	본시 학습에 대한 실마리를 제공하고 흥미를 유발	1　2　3　4　5	
③ 학습목표 인지	학습목표를 인지하고 말할 수 있는 매체	1　2　3　4　5	
④ 실마리 제공	학습과제 해결에 어려움을 나타낼 때 문제해결을 위한 실마리를 제공	1　2　3　4　5	
⑤ 사고의 확장성	학생의 발달 수준에 맞고 다양한 사고를 통해 문제해결에 도움을 주는 매체	1　2　3　4　5	
⑥ 문제해결의 효능성	문제해결을 통하여 개념을 획득할 수 있는 매체	1　2　3　4　5	
⑦ 학습목표 해결의 적합성	수업사태에 따라 본시 학습목표 해결에 도움을 주는 매체	1　2　3　4　5	
⑧ 학습내용 정리	학습결과를 요약 정리하여 학생들이 한눈에 볼 수 있는 매체	1　2　3　4　5	
⑨ 학습내용 평가	학습한 내용을 중심으로 수준을 분류할 수 있는 매체	1　2　3　4　5	
⑩ 매체의 적합성	교사의 의도에 따라 학생들의 학습과제 해결에 도움을 주는 매체	1　2　3　4　5	
⑪ 매체의 계열성	학습전개 과정에 따라 단계적으로 학생들의 사고를 자극할 수 있게 투입된 매체	1　2　3　4　5	
⑫ 매체의 투입시기	수업설계에 따라 도입, 전개, 정리 단계에 알맞게 투입된 매체	1　2　3　4　5	
⑬ 매체제시 장소	학생들에게 가장 잘 보이고 편안한 장소에 제시된 매체	1　2　3　4　5	
⑭ 학습흥미 유발	학생들이 학습에 흥미를 갖고 적극적으로 참여하는 매체	1　2　3　4　5	

【평점: 아주 부족 1, 조금 부족 2, 보통 3, 만족 4, 아주 만족 5】

바. 수업매체 활용분석의 실제(예시)

분석자　　　　　　(인)

수 업 일	20○○. ○. ○. 5교시	교 과	재량활동	단원(프로젝트)	문자와 초대장
대　　상	3학년 4반	장 소	소집단 학습실	수 업 자	
학습목표	고장의 특색을 알리는 초대장을 만들 수 있다.				

주안점	관 점	평 점 (적정한 곳에 √표)	분석의견
① 선수학습 파악	선수학습을 진단하고 결손내용의 보완	1 2 √3 4 5	참신한 동기유발과 우리 지역의 특산물을 계절과 연계하여 제시함으로써 학습목표 도달이 용이하였음.
② 학습동기 유발	본시 학습에 대한 실마리를 제공하고 흥미를 유발	1 2 3 √4 5	
③ 학습목표 인지	학습목표를 인지하고 말할 수 있는 매체	1 2 3 4 √5	
④ 실마리 제공	학습과제 해결에 어려움을 나타낼 때 문제해결을 위한 실마리를 제공	1 2 3 4 √5	• 우리 생활과 밀접한 그림 자료를 제시하여 문제해결을 위한 실마리를 제공하는 것이 인상적이었음. • 학년 발달 수준에 적합하고 문제해결을 통하여 개념을 획득할 수 있는 매체였음.
⑤ 사고의 확장성	학생의 발달수준에 맞고 다양한 사고를 통해 문제해결에 도움을 주는 매체	1 2 √3 4 5	
⑥ 문제해결의 효율성	문제해결을 통하여 개념을 획득할 수 있는 매체	1 2 3 √4 5	
⑦ 학습목표 해결의 적합성	수업사태에 따라 본시 학습목표 해결에 도움을 주는 매체	1 2 3 √4 5	
⑧ 학습내용 정리	학습결과를 요약 정리하여 학생들이 한눈에 볼 수 있는 매체	1 2 √3 4 5	• 학습결과 정리를 확산적으로 할 수 있는 교수매체였음.
⑨ 학습내용 평가	학습한 내용을 중심으로 수준을 분류할 수 있는 매체	1 2 3 √4 5	
⑩ 매체의 적합성	교사의 의도에 따라 학생들의 학습과제 해결에 도움을 주는 매체	1 2 3 √4 5	• 학습자의 수준을 고려한 실물 매체가 효과적이었음. • 다양한 활동이 가능해서 교사의 의도에 따라 학습에 도움을 줄 수 있음. • 매체가 가장 잘 보이고 편안한 장소에 제시되어 학생들의 학습 참여도가 극대화되었음.
⑪ 매체의 계열성	학습전개 과정에 따라 단계적으로 학생들의 사고를 자극할 수 있게 투입된 매체	1 2 √3 4 5	
⑫ 매체의 투입시기	수업설계에 따라 도입, 전개, 정리단계에 알맞게 투입된 매체	1 2 √3 4 5	
⑬ 매체제시 장소	학생들에게 가장 잘 보이고 편안한 장소에 제시된 매체	1 2 3 4 √5	
⑭ 학습흥미 유발	학생들이 학습에 흥미를 갖고 적극적으로 참여하는 매체	1 2 √3 4 5 (/ = %)	

【평점: 아주 부족 1, 조금 부족 2, 보통 3, 만족 4, 아주 만족 5】

8. 형성평가 계획의 분석

형성평가는 최종의 수업목표를 향해 학습이 형성되어 가는 수업과정 중의 평가활동으로 학습의 방향과 무엇이 바람직한 행동인지 명시되어 있으며, 수업의 각 단계에서 필요한 학습요소를 학습했는가를 점검함으로써 교수·학습 과정이 원활하게 진전되는 기능을 가지고 있다. 그리고 학습행동을 강화시켜 주는 역할을 해 주며 학습곤란의 진단과 교정, 학습지도 방법을 수시로 개선할 수 있는 정보를 제공함으로써 학습의 극대화에 이바지할 수 있게 해 준다.

가. 형성평가 계획의 분석표

〈표 19〉 형성평가 계획 분석표

관 점	평 점 (적정한 곳에 √표)
1. 수업과정 중의 형성평가 계획이 적절하다.	1 2 3 4 5
2. 형성평가 문항이 수업목표 성취도를 충분히 반영하였다.	1 2 3 4 5
3. 형성평가가 학생들의 학습동기를 유발시킬 수 있는 요소들로 구성되었다.	1 2 3 4 5
4. 형성평가 계획이 창의적이고 방법이 다양하다.	1 2 3 4 5

【평점: 아주 부족 1, 조금 부족 2, 보통 3, 만족 4, 아주 만족 5】

9. 학습준비 상황의 분석

학습준비 상황은 출발점 행동의 진단과 사전학습 능력의 진단을 통하여 분석된다. 학생들이 갖고 있는 능력 중 특히 주어진 수업목표를 획득하는 데 관계되는 능력, 태도, 흥미 등은 그 단원의 학습을 위한 출발점 행동이 되는데 출발점 행동 요소는 학습자 개개인, 주어진 수업목표에 따라 다르며 한 개인의 출발점 행동은 고정된 것이 아니라 교과목이나 단원에 따라서도 달라질 수 있다.

가. 출발점 행동 규정 요소

(1) 어떤 단원이나 학습과제의 수업목표를 달성하기 위해서 수업이 이루어지기 전에 반드시 갖추고 있어야 할 것으로 판단되는 능력을 들 수 있는데 선수학습 능력이나 선수학습 요소라고 하고 있다.
(2) 어떤 단원이나 학습과제에서 가르치려고 의도하고 있는 수업목표들 중에 수업이 시작되기 전에 가정이나 학교에서 학습자가 이미 습득하고 있는 능력을 들 수 있다.
(3) 특정한 수업전략이나 수업방법에 관련이 있을 것으로 짐작되는 흥미, 성격, 경험배경, 적성, 기능, 학력 등을 들 수 있다.

나. 사전학습 능력 진단 시 고려할 점

(1) 사전학습 능력 진단의 요소는 해당 단원에서 학생들에게 가르치려고 의도하고 있는 하위 학습 과제나 세부 수업목표가 된다.
(2) 사전학습 능력 진단을 위한 평가도구는 해당 단원의 총괄평가, 형성평가를 사용하는 것이 좋다.
(3) 평가 결과의 분석은 학습자 개개인이 무엇을 알고 모르는지를 밝혀야 한다. 학습해야 할 수업 목표 중에 이미 학습되어 있고 앞으로 학습되어야 할 것이 밝혀져야 한다.
(4) 사전학습 능력의 진단은 교과의 특성에 따라서 다르지만 매 단원별로 1회씩 실시하는 것이 좋다(변영계 · 이상수, 2003: 145).

다. 학습준비 상황 분석표

〈표 20〉 학습준비 상황 분석표

관 점	평 점 (적정한 곳에 √표)
1. 수업안에 학생의 학습준비 상황 분석(출발점 행동 진단)이 반영되어 있다.	1　2　3　4　5
2. 본시 학습과 관련한 학생의 흥미, 적성, 경험배경, 기능 등의 사전파악이 반영되어 있다.	1　2　3　4　5
3. 사전에 학생의 학습 성취 수준 판정이 반영되었다.	1　2　3　4　5
4. 사전에 학생의 특성이나 학습과제 특성을 분석하여 수업방법을 선택하였다.	1　2　3　4　5
5. 본시 학습내용과 관련된 학습과제를 부여하여 수업의 효과를 가져오도록 하는 사전지도가 있었다.	1　2　3　4　5
6. 학생들이 필요로 하는 학습매체 준비가 사전에 이루어지도록 하였다.	1　2　3　4　5

【평점: 아주 부족 1, 조금 부족 2, 보통 3, 만족 4, 아주 만족: 5】

10. 수업설계 분석표

　수업설계 분석과정 요소별 분석 관점을 하나의 수업설계 분석표로 작성하여 활용되기도 한다. 일반적인 수업설계의 분석표는 다음과 같다.

가. 수업설계 분석표(예시)

분석자 직위:　　　　성명:　　　(인)

수업일	20○○. . . 교시	교 과		단 원	
대　　상	학년　　반	장 소		수 업 자	
학습목표					

분 석 관 점		평점 (적정한 곳에 √표)	내용
학습준비 상황	• 학생실태 파악·출발점 행동의 반영 • 사전지도 상황·학습 성취 수준 반영 • 학습매체 준비·과제 제시 여부 • 교사의 재구성 의지	1　2　3　4　5	
교수·학습과정 안 구성	• 지도목표·교육과정 적중 • 학습목표·내용에 적정한 지도형태 • 교수·학습과정안의 제 요건에 적절 • 교과특성에 맞는 수업모형 적용 • 계절의 적정·지역화 • 지도방법·형태의 다양한 기술 • 평가계획	1　2　3　4　5	
수업목표 진술방법	• 단위시간에 적정한 분량 진술 • 학습내용과 요소의 구조 반영 • 도착점 행동·명시적·3요소 포함하여 구체적이고 행동적 인 진술	1　2　3　4　5	
수업형태 적용원리	• 교과의 특성·단원·제재·학습자의 적합성 • 학습방법·수업매체의 다양성 • 사고형성 유도 및 강화·교정 제시	1　2　3　4　5	
교사의 발문 계획	• 학생수준·교과·학습과제 특성과의 적정성 • 재생·추론·적용적 발문의 조화 • 수업과정에 따른 단계적 수준 조절 • 학습자의 사고확산·답변의 용이성 • 뚜렷하고 명확·간결한 발문	1　2　3　4　5	
형성평가 계획	• 수업과정 중 평가계획이 적절 • 수업목표 성취수준이 반영된 계획 • 창의적이고 다양한 방법으로 수립 • 학습자의 동기유발을 유도하는 요소	1　2　3　4　5	
판서 계획	• 수업의 흐름이 파악되는 명료성 • 내용·분량·시기에 대한 계획 • 수업목표에 부합되는 간결성 • 학생의 사고를 자극하는 내용	1　2　3　4　5	

분 석 관 점		평점 (적정한 곳에 √표)	내용
학습자료 및 유의점	• 학습내용 · 시간에 알맞은 학습 자료 • 학습과제 해결에 필요 · 적합한 자료 • 구입 · 제작 · 대여가 가능한 자료 • 다양한 형태의 지도상의 유의점 언급	1 2 3 4 5	

【평점: 아주 부족 1, 조금 부족 2, 보통 3, 만족 4, 아주 만족 5】

나. 수업설계 분석 결과(예시)

분석자:

수 업 일	20○○. 6. 30.(목) 5교시	교 과	재량활동	단원(프로젝트)	문자와 초대장
대 상	3학년 4반	장 소	소집단 학습실	수 업 자	
학습목표	고장의 특색을 알리는 초대장을 만들 수 있다.				

분 석 관 점		평 점 (적정한 곳에 √표)	내용 및 대안
학습준비 상 황	• 학생실태 파악 · 출발점 행동의 반영 • 사전지도 상황 · 학습 성취수준 반영 • 학습매체 준비 · 과제 제시 여부 • 교사의 재구성 의지	1 2 3 4 5 √	사전에 고장의 특산물이나 대표 인물, 유적 등에 대한 지도가 잘되어 있었음.
교수 · 학습 과정안 구성	• 지도목표 · 교육과정 적중 • 학습목표 · 내용에 적정한 지도형태 • 교수 · 학습과정안의 제 요건에 적절 • 교과특성에 맞는 수업모형 적용 • 계절의 적정 · 지역화 • 지도방법 · 형태의 다양한 기술 • 평가계획	1 2 3 4 5 √	'고장의 특색을 알리는 초대장 만들기'라는 목표에 알맞게 수업 모형이 선택되었으며 지역화를 중심으로 수업안이 구성되었으며 교수 · 학습과정안 요건에 따라 짜임새 있게 작성되었음.
수업목표 진술방법	• 단위시간에 적정한 분량 진술 • 학습내용과 요소의 구조 반영 • 도착점 행동 · 명시적 · 3요소 포함하여 구체적이고 행동적인 진술	1 2 3 4 5 √	구체적이고 명확하게 수업목표가 진술되었음.
수업형태 적용원리	• 교과의 특성 · 단원 · 제재 · 학습자에 적합 • 학습방법 · 수업매체의 다양성 • 사고형성 유도 및 강화 · 교정 제시	1 2 3 4 5 √	다양한 수업매체의 활용으로 역동적인 수업 분위기가 조성되었음.

분 석 관 점		평 점 (적정한 곳에 √표)	내용 및 대안
교사의 발문계획	• 학생수준·교과·학습 과제 특성과의 적정성 • 재생·추론·적용적 발문의 조화 • 수업과정에 따른 단계적 수준 조절 • 학습자의 사고확산·답변의 용이성 • 뚜렷하고 명확·간결한 발문	1　2　3　4　5 　　　　　√	동기유발과 문제해결 과정에서는 확산적 발문, 정리단계에서는 수렴적 발문을 통해 수업단계에 맞게 발문이 이루어짐.
형성평가 계획	• 수업과정 중 평가계획이 적절 • 수업목표 성취수준이 반영된 계획 • 창의적이고 다양한 방법으로 수립 • 학습자의 동기유발을 유도하는 요소	1　2　3　4　5 　　　　　√	수업 후에 정리단계에서는 초대장의 조건을 질의, 응답함으로써 형성평가가 이루어짐.
판서계획	• 수업의 흐름이 파악되는 명료성 • 내용·분량·시기에 대한 계획 • 수업목표에 부합되는 간결성 • 학생의 사고를 자극하는 내용	1　2　3　4　5 　　　　　√	단순하면서도 명료하게 판서내용이 구성되었음.
학습자료 및 지도상의 유의점	• 학습내용·시간에 알맞은 학습자료 • 학습과제 해결에 필요·적합한 자료 • 구입·제작·대여가 가능한 자료 • 다양한 형태의 지도상의 유의점 언급	1　2　3　4　5 　　　　　√	수업 중 사용할 자료들은 쉽게 사용할 수 있는 것들로 계획됨.

【평점: 아주 부족 1, 조금 부족 2, 보통 3, 만족 4, 아주 만족: 5】

■ 분석결과 해석 ■

- 학습준비 상황에서 정의적인 실태·학력 실태·학습 훈련 실태·실제 수업에서 필요한 컴퓨터 보유 및 활용 실태 등 치밀하게 학생 실태 및 출발점 행동을 파악하고 있으며, 사전에 지도한 학습 훈련 내용과 충분한 학습매체 준비 상황, 교재 연구를 통해 적합한 수업모형을 적용하려는 교사의 재구성 의지가 돋보인다.

- 교수·학습과정안 구성의 제 요건 및 지도목표·교육과정에 적중하는 교수·학습과정안을 적절히 구성하였고, 학습목표와 내용에 따른 지도방법 및 형태의 기술도 바람직한 편이고 계절과의 적정성, 지역화 내용이 제시되어 있다.

- 수업목표는 도착점 행동 용어로 명세적이고 구체적이며 3요소가 포함되도록 진술되었다.

- 수업형태는 재량활동의 특성에 따라 학습내용과 요소의 구조를 충분히 반영하고 있으며 생활 속에서 주제를 선정하여 사회과와 미술과, 국어과의 통합수업, 수업내용 중의 역할놀이, 인터넷 활용, 모둠별 토의 및 발표 등이 함축되었다고 분석된다.

- 교사의 발문계획은 도입, 전개, 정리의 수업과정 단계에 따른 재생적 발문, 추론적 발문, 적용적 발문의 수준 조절은 엿보이나 구체적인 발문계획이 다소 미흡한 편이다.

- 형성평가는 수업 중에 학습이 형성되어 가는 과정평가를 말하는데, 수업설계에 있어 평가라는 항목을 두었으나 좀 더 창의적인 계획이 제시되었으면 한다.

■ 제4절 ■ 수업과정 분석의 실제

1. 필터(Filter)식 수업분석법

필터(Filter)의 사전적 의미는 '여과기를 통과하다. 사실, 정보 등이 흘러들다.' 이다. 수업의 분석효과를 높이기 위해 이들 사실정보들을 분석할 수 있는 '틀(여과기)'을 만들어 활용하는데 수업의 여러 가지 사실, 정보를 통과시켜 수업개선에 필요한 자료들을 빼내어 지도교사가 효과적으로 활용하는 것을 수업분석 필터라고 한다.

수업은 학습 환경, 교재, 가르치는 교사, 학생 등 여러 가지 복잡한 요소들이 상호작용을 하면서 나타나는데 구성요소들을 영역별로 분석, 종합해 보면 수업을 과학적으로 분석하고 해석할 수 있다.

수업분석 필터의 종류에는 ① 교사의 발문, ② 학생의 발언, ③ 학생의 행동반응, ④ 학습 자료, ⑤ 판서, ⑥ 공책 기록 등이다. 그러나 수업분석의 목적이나 연구주제에 따라 종류를 가감하고 양식을 변경하여 다양하게 활용할 수 있다.

가. 교사발문 필터

(1) 요구하는 것(형태적 발문)

이 발문은 문답법의 형태에서 많이 쓰이는데 교사가 학생에게 어떤 의견으로 요구하거나 객관적인 사실의 관례를 묻거나 학습한 사실을 적용하고 객관적인 정의를 요구하는 등의 발문이다. 발문의 특징은 말이 짧고 간명하고 자주적이며 학생에게 적절한 문제나 사태를 제시하여 사고력, 비판력, 추리력을 자극하는 학습활동에 참여하는 기회를 주는 발문이다.

(2) 주는 것(수여적 발문)

강의법에서 많이 쓰이는 발문으로 학생의 요구, 흥미, 자발성을 고려하지 않고 설명 위주로 교사가 독점으로 발문함으로써 비교적 참여 기회를 주지 않는 발문으로 학생의 발언을 정리하여 주거나 사고를 유발하기 위한 교사의 보충발언이나 설명이다. 학습문제의 제시설명, 결과요약 설명, 사례소개 등 정리할 때 많이 사용하는 발문이다.

(3) 확인하는 것(확인적 발문)

이 발문은 수업의 과정에서 문제해결의 진전에 따라 그 결과의 이해 여부를 알려는 수단으로 경험, 이해, 지식, 기능, 태도 등의 상태를 확인하는 발문으로 수업의 중간 중간에 교사가 하는 학생평가나 수업의 끝에 행하는 평가적 성질을 띠고 있다. 그 유형으로는 일제답, 또는 개인별 응답 반응을 요구하는 방법이 있다.

(4) 교사발문 분석

<표 21> 교사발문 분석표

수업단계	시간경과	요구하는 것					주는 것							확인하는 것				교사발문
		작업	의견	개괄	응용	정의	사례	조건	자료	개념	개괄	강화	주의질책	경험	지식	이해	태도	
과제파악			①															① 칠판에 물체를 분류해 보려면 어떻게 하면 좋겠습니까?
			③									②						② 참 좋은 생각입니다.
		④		·														③ 또 다른 사람 없어요.
																		④ 이제 여러분이 말한 대로 자기 분류해 봅시다.
			⑥	⑤														⑤ 분류한 것을 발표해 봅시다.
																		⑥ 이 물체의 특징은 무엇입니까?

■ 해석 ■

- 작업: 읽기, 계산, 쓰기, 조작, 공책기록 등을 지시
- 의견: 아이디어, 의견, 감상, 해답을 요구하는 질문
- 개괄: 원리, 법칙, 종합을 묻는 질문
- 적용: 원리, 법칙, 개념의 사례를 묻는 질문
- 정의: 의미를 묻는 질문
- 사례: 보기를 들어 사례를 유발시킴
- 조건: 문제의 조건을 제시해 줌
- 자료: 문제해결을 위한 자료를 줌

- 개념: 용어나 부호의 개념을 줌
- 개괄: 원리, 법칙, 개괄의 지시
- 강화: 칭찬, 격려의 말
- 주의, 질책: 주의하고 질책하는 말
- 경험: 공동이나 개인의 생활 경험을 물어서 손들게 하는 교사의 질문
- 지식: 단순한 사실이나 지식을 확인하는 질문
- 이해: 원리, 원칙, 개념 등을 확인하는 질문
- 태도: 태도를 확인하는 질문

나. 학생발언 분석

〈표 22〉 학생발문 분석표

수업단계	시간경과	수업의 참여도					발언대상			발언방법			발언개요
		①	②	③	④	⑤	거수지명	지명	자발	일제	단순재생	추론적용	
문제파악	5'						①						① 네, 유관순입니다. ② 신라시대입니다. ③ 중국 아니면 일본인 것 같습니다.
								❷					
									③				

■ 해석 ■

- 시간 경과는 5분 단위로 해서 표시하는 것이 좋음.
- 발언방법은 첫째 번에 대답한 어린이가 정답을 말했음에도 불구하고 두 번째로 말한 어린이가 틀린 답을 했을 경우에도 표시한다.
- 발언율＝발언자 수/수업 참여자(발언자: 발언 횟수에 상관없이 발언에 참여한 수)
- 발언 내용의 분석을 통하여 해석을 종합적으로 내려야 한다.
- 발언방법을 기록할 때 기록지에 표시하는 방법으로 ①은 첫 번째 답한 학생이 정답을 말했음을 의미하고 ❷는 두 번째 지명당한 학생이 오답을 하였음을 의미하고 ③은 정답 여부가 애매한 경우를 나타낸다. ①, ②, ③은 방법의 순서를 나타낸다.

다. 학생 행동 분석 필터

<표 23> 학생 행동 분석 필터

수업 단계	경과 시간	송은별		이빛나		김소라	
		행동반응 A a b B	행동개요	행동반응 A a b B	행동개요	행동반응 A a b B	행동개요

■ 해석 ■

- A(적극적 반응): 학습에 관계있는 사람이나 사물에 깊은 관심을 나타내거나 작업, 거수 발언을 할 때의 행동 반응
- a(소극적 반응): 가벼운 행동이나 관심을 표시하는 행동 반응
- b(도피적 반응): 사고 활동을 하지 않거나 학습에 흥미 없는 무관심(휴식) 상태를 나타내는 행동 반응
- B(완전 도피적 반응): 학습 활동과 전연 관계없는 행동이나 학습 이외의 것에 흥미를 나타냄.
- 관찰 대상자는 상, 중, 하 어린이를 택하여 관찰하는 것이 효과적이라 생각됨.
- 행동 개요: 관찰 순간의 행동 상태의 개략을 기록함.
- 반응도(학습에 참가도)＝A±a/관찰 횟수×100
- 학습 참가도는 상, 중, 하의 어린이에 대해 개별로도 필요하고 전체적인 것도 필요하며 반응 상태를 점선 위에 찍어 나타내면 관찰대상 어린이의 학습반응 프로파일이 나타남.

라. 자료 분석 필터

<표 24> 자료 분석 필터

수업 단계	시간 경과	동 기		자료의 내용 횟수량		사용목적				취급방법				활동개요 및 반응
		교사	아동	내 용	수량	문제 제시	흥미	이해	문제 해결	지식	의문	설명	해석	

■ 해석 ■

- 동기: 누구의 필요에 의해 자료가 제시되었는가?
- 자료의 내용: 도표, 인쇄물, 사진, 파일, 슬라이드, 영화, 줄 사진, TP, VTR, 모형사물 등 구분
- 활동 개요 및 반응: 교사와 아동의 활동 개요를 적고 반응 상태를 기록함.
- 자료의 규격, 글씨, 내용, 아동의 반응 등을 다각적으로 분석하여 다른 분석 필터와 유기적 관련을 적고 해석하여야 함.

마. 판서분석 필터

〈표 25〉 판서분석 필터

수업 단계	시간 경과	판서의 위치	표　　현					판서의 내용	활동개요 및 반응
			도식화	관련화	구조화	창조화	발전화		

■ 해석 ■
- 도식화: 판서의 내용에 그림이 그려져 있는 경우
- 관련화: 판서의 내용은 바로 수업의 내용
  학습자의 어떤 능력을 신장시켜 주기 위한 수업인가의 관련성 있는 판서 내용
- 구조화: 개체 표기를 연결표기로 관련짓는 데 따라 성립
  보통 언어, 상징적인 기호사용으로 구조화
- 창조화: 일정한 틀이 있는 것이 아니라 학습내용에 따라 창의적인 형태의 다채로운 방법 선택
- 발전화: 창조와 상통하지만 보다 발전적인 판서로 글씨뿐 아니라 도식화, 그림, 도해 등을 내용에 따라 또 효과 기능을 생각해서 판서

바. 공책(노트) 기록 분석 필터

〈표 26〉 공책 기록 분석 필터

수업단계	경과시간	공책기록 유형				관 찰 내 용
		정 리	작 업	연 습	메 모	

■ 해석 ■

- 정리: 판서내용을 공책에 옮겨 쓰는 일, 대개 계획적이기 때문에 창의적 활용의 여지가 없는 것이 흠임.
- 작업: 실험, 관습, 관찰 계획이나 결과를 기록하는 일
  교사가 인쇄한 구조도에 써 넣거나 공책에 자유롭게 쓰기도 함
  내용의 다양한 표현이 예상됨
- 연습: 그날 배운 문제를 연습으로 푼다든지 반복연습의 성격
  공책 착오점 발견하여 교사의 지도를 받거나 문제해결의 반성자료로 활용
- 메모: 교사의 설명을 자유롭게 요약하여 공책에 기록하는 방법
  사전에 교사의 유의점, 요령 등을 자세히 지도

2. 플랜더즈의 언어 상호작용 분석

플랜더즈(Flanders)의 언어 상호작용 분석법은 수업의 주요 변인인 교사와 학생의 언어적 행동에 초점을 맞추었다는 것과 일정한 분류체계에 따라 기록하고 분석하는 객관적 분석법이라는 점에서 과학적인 수업분석 도구로 알려져 있다.

가. 언어 상호작용 분류항목

플랜더즈는 수업의 형태를 크게 두 가지로 보고 있으며 그 하나는 지시적 영향이며, 다른 하나는 비지시적 영향이다. 지시적 영향은 지배적, 전제적, 교사중심, 배제적 제한적인 의사소통이 하나의 개념을 형성하고, 비지시적 영향은 통합적, 민주적, 학생중심, 포괄적, 권장적 의사소통의 개념이다.

〈표 27〉 Flanders 상호작용 분석 10개 범주(FIAC)

교사의 발언	비지시적 발언	① 감정의 수용	비위협적인 방법으로 학생의 감정적 색조나 태도를 수용하거나 명료화한다. 감정은 긍정적이거나 부정적일 것이다. 감정을 예측하고 회상하는 것도 포함된다.
		② 칭찬이나 격려	학생을 칭찬하거나 격려한다. "으흠", "그렇지"라고 말한다. 긴장을 완화하는 농담을 한다. 그러나 학생을 무시하는 것은 아니다.
		③ 학생의 아이디어 수용 또는 발언	학생의 말을 인정한다. 학생의 아이디어에 기반을 두어서 질무을 명료화, 형성하며 묻는다.
		④ 질문	학생이 대답할 것을 기대하는 의도로 교사의 아이디어에 기반을 두고 내용 또는 절차에 대하여 질문을 한다.
	지식적 발언	⑤ 강의	내용이나 절차에 대하여 사실이나 의견을 제시한다. 교사 자신의 아이디어를 표현하고, 교사 자신의 아이디어를 설명하고 표현한다.
		⑥ 지시	학생에게 주의집중이나 벌을 줄 의도로 특정행동을 요구하는 수업자의 언어이다.
		⑦ 학생을 비평 또는 권위를 정당화함	좋지 못한 학생의 행동을 좋은 행동으로 바꾸기 위한 교사의 말, 꾸짖는 것, 교사가 왜 그렇게 하는가에 대한 이유 설명, 극단적인 교사의 자기자랑이 여기에 속한다.
학생의 발언		⑧ 학생의 말 – 반응	교사의 단순한 질문에 대한 학생의 단순답변, 학생이 답변하도록 교사가 먼저 유도하는 경우가 여기에 속한다.
		⑨ 학생의 말 – 주도	학생 자발적으로 또는 교사의 유도에 의한 반응으로 학생 자신의 아이디어를 중심으로 표현하는 경우이다. 학생들의 자진 질문, 혹은 자진해서 아이디어를 발표하는 경우가 여기에 해당한다.
기 타		⑩ 침묵, 혼란	실험, 실습, 토론, 책 읽기, 머뭇거리는 것, 잠시 동안의 침묵 및 관찰자가 학생 간의 의사소통 과정을 이해할 수 없는 혼돈의 과정 등이 여기에 해당한다.

나. 플랜더즈의 언어 상호작용 분석법의 특징

(1) 수업형태 분석 방법이다.

(2) 언어 상호작용 분석이 비언어 상호작용보다 신비롭다.

(3) 정의적 영역 분석이다.

(4) 수업결과가 수업자에게 확인되고 스스로의 행동을 고치는 데 도움이 되는 방법이다.

(5) 과학적인 방법으로 분석되고 해석된다.

(6) 분석방법이 간단하고 실용적이다.

(7) 학생들의 학업성취와 민주적, 창의적, 태도 함양에 도움을 준다.

(8) 교사중심의 일제수업에 한하여 적용시킬 수 있다.

(9) 결과가 바람직하게 나왔다고 해서 그 수업이 잘된 수업이라고 단정할 수는 없다.

다. 분류의 원칙

(1) 교사나 학생의 언어가 둘 이상의 어느 항목인지 분류가 곤란할 경우에는 5항목에서 멀리 떨어진 항목을 선택한다(10항목은 해당되지 않음).
(2) 교사의 어조가 계속 비지시적 또는 지시적이면 변경이 곤란하고 관찰자의 편견도 곤란하며 교사보다 학생의 행동을 보고 판단한다.
(3) 3초 내에도 분류항목이 나타나면 기록하고 한 항목이 3초 이상이면 계속 기록한다.
(4) 3초 내에 두 항목이 나타나면 다음 항목은 다르게 나타난 항목으로 분류한다.
(5) 6항목은 학생의 어떤 행동을 유발하는 것을 관찰할 수 있거나 예견될 수 있는 교사의 말이어야 한다.
(6) 어떤 질문을 하고 이 질문에 답변할 학생을 지명하면 대부분 4항목으로 분류한다.
(7) 교사가 책 읽으며 설명하면 5항목으로 분류하고 범독, 3초 이상의 침묵과 웃음, 혼동은 10항목으로 분류한다.
(8) 판서, 토론, 실험, 작업 등이 오래되면 10항목으로 분류하고 비고란에 문장으로 기록하여 둔다.
(9) 교사가 학생의 맞은 답변을 반복하면 이것은 하나의 칭찬으로 보고 2항목으로 분류하고 학생의 발문을 토대로 강의, 토론에 이용하면 3항목으로 분류한다.
(10) 한 학생이 말하고 이어서 딴 학생이 말하면 9와 9, 8과 9, 9와 9 사이에 10을 기록한다.
(11) 9항목이 3초 이상 계속되는 동안에 교사가 '으응, 그래서' 등은 9와 9 사이에 2(권장, 칭찬)를 기록한다.
(12) 학생에게 창피, 비꼼이 아닌 교사의 농담은 2(칭찬)항목으로 분류하나 농담이 한 학생을 웃음거리로 만들면 7항목으로 분류한다.
(13) 수직적인 질문은 5항목으로 분류하고 교사의 좁은 질문은 그다음에 8을 기록하는 전조다.
(14) 학생의 일제 답변은 8항목으로 분류한다.

라. 분류의 유의점

(1) 수업 5분 전에 착석한다.
(2) 분류 기능이 우수해야 한다.
(3) 4항목과 5항목에 특히 유의한다.
(4) 40분 수업에 900개 정도가 보통이다.
(5) 분류 기록 외에 수업 전체 흐름을 파악해야 한다.
(6) 관찰자, 일시, 수업자, 학년, 교과, 단원명, 학습단계, 관찰주제를 기록한다.
(7) 녹음하는 것을 사전에 연습한다.
(8) 신뢰도 있는 산출이 되어야 한다.

마. 수업분석 방법

(1) 항목 분류 기록표

<표 28> 항목 분류 기록표

01															
02															
·															
·		★ 횡: 한 칸은 1분을 나타냄(40분)													
40		★ 종: 3초 간격으로 기록(3초×20칸)													

(예) 다음 발문을 위 표에 분류하여 기록하는 경우

★ 교사: 인호야, 곤충에는 어떤 것이 있는지 예를 들어 말해 볼래? (항목: 4)

★ 인호: 거미가 있어요. (항목: 8)

★ 미선: 거미는 곤충이 아니에요. (항목: 9)

★ 교사: 맞아요. 미선이 말이 옳아요. 에 …… (항목: 2) (교사가 산만한 행동을 보임) (항목: 10)

★ 교사: 거미는 곤충이 아니랍니다. 왜냐하면 거미는 다리 수가 달라요. (항목: 5)

　　　　거미는 다리가 8개가 아니라 6개이거든요. (항목: 6)

★ 영철: 그리고 거미는 몸 전체가 세 부분으로 되어 있어요. (항목: 9)

★ 교사: 그래, 영철아, 거미의 몸은 세 부분으로 이루어져 있단다. (항목: 3)

　　　　그리고 가운데 부분은 흉곽이라고 아주 딱딱하지. (항목: 5)

(기록 예시)

01	10	4	8	9	2	10	5	5	9	3	5	10							
02																			

(2) 자료처리

(가) 최초와 최후에 10항목 넣기

(예) 10 6 7 6 1 4 9 9 2 3 10

(나) 분류항목 해석 및 짝짓기

(해석): 침묵→ 지시→ 침묵→ 비판→ ( )→ ( ) …….

(짝짓기): 10 - 6, 6 - 10, 10 - 7, 7 - 6, …….

(다) 행렬표에는 빈도를 기록하는데 시간별, 각 활동별로 기록

<표 29> 자료처리 행렬표

행＼열	1	2	3	4	5	6	7	8	9	10	계
1											
2											
3											
4											
5											
6											
7											
8											
9											
10											
계											

★ 행: 선행행동, 열: 후속행동

(3) 자료의 해석

(가) 분류항목별 통계적 해석

항목	1	2	3	4	5	6	7	8	9	10	계
빈도	0	18	27	31	59	2	3	12	145	568	865
%	0	2.08	3.12	3.58	4.82	0.03	0.04	1.38	16.76	65.66	100

■ 해석 ■
- 학생의 느낌을 받아들이는 항목(1항목)의 비율이 0이므로 좀 딱딱하다.
- 2항목이 2.08%로 칭찬이 적은 편이다.
- 5항목이 4.42%로 교사의 강의가 많은 편이다.
- 비지시적 발언(1, 2, 3항목)이 5.2%이고 지시적 발언(5, 6, 7항목)이 5.89%로 지시적 발언이 약간 많은 편이다. 발언의 비중이 비슷하다고 볼 수 있다.
- 학생의 발언을 볼 때 8번이 1.38%이고 9번이 16.76%로 자진답변이 단순답변보다 거의 12배가 됨을 볼 수 있다. 9번 항목이 많아 이 수업은 탐구력, 창의력, 비판력, 종합력 같은 고등 정신 기능의 함양에 도움이 되는 수업이라고 볼 수 있다.

(나) 영역별 해석

1) 내용 강조형

교사의 강의 및 발표 즉 지식 내용을 강조하는 유형

행 \ 열	1	2	3	4	5	6	7	8	9	10	계
1											
2											
3											
4											
5											
6											
7											
8											
9											
10											
계											

2) 계속적인 비지시적형

학생의 발언을 명백히 해 주고 칭찬하거나 권장, 학생의 생각을 활용하는 유형

행 \ 열	1	2	3	4	5	6	7	8	9	10	계
1											
2											
3											
4											
5											
6											
7											
8											
9											
10											
계											

3) 계속적인 지시적형

교사의 계속적인 지시로 권위주의적인 교사의 자세가 보이는 유형

행＼열	1	2	3	4	5	6	7	8	9	10	계
1											
2											
3											
4											
5											
6											
7											
8											
9											
10											
계											

4) 학생의 응답에 대한 교사의 반응형

행＼열	1	2	3	4	5	6	7	8	9	10	계
1											
2											
3											
4											
5											
6											
7											
8	A		B								
9											
10											
계											

5) 교사의 발언에 대한 학생의 응답형

열 행	1	2	3	4	5	6	7	8	9	10	계
1											
2											
3											
4								A			
5											
6											
7											
8											
9								B			
10											
계											

3. 수업대화 및 수업반응 분석

수업 중에 이루어지는 일련의 행동들은 교사와 학생 사이에 오가는 대화나 그에 따른 반응들로 이루어지므로 수업 중에 이루어지는 교사와 학생 간의 대화 상황이나 교사와 학생 간의 반응을 분석하여 좋은 수업으로 만들어 갈 수 있도록 하기 위해 수업대화 분석이나 수업반응 분석이 반드시 필요하다.

가. 수업대화 방법

수업에 활기를 불어넣고, 학생들을 흥미 있게 학습에 참여시키기 위한 수업대화 방법에는 칭찬·격려하기, 맞장구치기, 딴청 부리기, 기다리기, 실마리 제공하기, 유머 활용하기, 나누어 질문하기 등이 있다.

(1) 칭찬·격려하기

칭찬·격려하기는 적절한 반응에 대해 긍정적인 평가를 하는 방법이다. 교사는 칭찬과 격려를 통해서 학생들이 자유롭고 적극적으로 대답할 수 있도록 유도해야 한다.

또한 학생들이 자신이 발표한 내용에 대해 마음의 상처를 받지 않도록 자연스럽게 오류를 수정할 수 있도록 기회를 준다.
  (예) "잘했어.", "정말 좋은 생각이야."

(2) 맞장구치기

맞장구치기는 교사가 학생들의 말을 듣는 도중이나 다 들은 다음에 사용하는 방법이다. 맞장구치기에는 언어적, 비언어적 행위가 포함된다. 고개 끄덕이기, 눈짓 보내기, 미소 짓기 등 동조의 의미 보내기이다.
  맞장구치기의 기능은 학생의 말을 교사가 주의 깊게 듣고 있음을 알려 주고, 대화를 지속시킬 수 있는 윤활유 역할을 한다.
  (예) "정말 그렇구나!", "그래, 아주 좋았어.", "어머나, 실망했겠네요."

(3) 딴청 부리기

딴청 부리기는 수업 시간에 학습동기를 유발시킬 때, 선수학습 관련 요인을 확인하기 위해 배경지식을 활성화시킬 때, 새로운 학습과제에 도전하도록 학생을 격려할 때, 오개념을 제시하면서 학습자에게 긴장감을 조성할 때 사용하는 수업대화 전략이다.
  교사가 답을 알면서도 일부러 모르는 척하거나, 정답이 아닌 것처럼 잡아떼기 방법이 이에 속한다.
  (예) "선생님도 잘 기억나지 않는데, 혹시 여러분 알고 있어요?"

(4) 기다리기

기다리기란 발문을 한 후에 학생들이 충분히 생각할 수 있도록 시간적 여유를 주는 것을 말한다. 교사의 기다리는 시간이 증가할수록 학생 대답의 길이가 늘어나고, 학습 부진 학생들의 학습 참여도가 높아진다. 교사가 발문한 후 학생이 대답하기까지의 과정에서 충분히 생각할 수 있는 시간적인 여유를 3~4초 정도 준다.
  (예) "다음에는 이야기가 어떻게 이어질까? 누가 말해 볼까요?"
  "· · · · · · ·." (3~4초간 기다린다.)

(5) 실마리 제공하기

실마리 제공하기는 학생이 전혀 대답을 못하거나 일부분만 대답하였을 때, 혹은 틀리게 대답하였을 경우에 학생의 학습 활동 참여를 조장하기 위하여 사용하는 언어적, 비언어적 수업대화 방법으로 학생이 대답해야 할 내용을 이미 알고 있는 상태에서 이 방법을 사용한다.
  (예) "어제 우리가 배운 내용을 다시 한 번 잘 보세요.", "첫 낱말은 '미'로 시작합니다."

(6) 유머 활용하기

학생들에게 긴장과 이완의 심리를 적절히 활용하여 진행하는 수업대화 방법으로 오답을 발표한 학생이 있는 경우에도 적절한 유머를 사용하면 학생이 무안하지 않고 학습에 참여할 수 있다.
(예) "정말 그런 거야? 정말 답이 그렇다고 생각하는 거야?"

(7) 작게 나누어 질문하기

작게 나누어 질문하기는 초기 발문의 목적과 내용은 바꾸지 않고 학습자의 수준에 맞게 발문의 범위를 작게 조정하거나 쪼개어 대화를 나누는 방법으로 한 번에 한 가지씩, 체계적인 절차를 밟아 학생이 이해하기 쉽고 대답하기 쉽도록 발문을 해야 한다.
(예) "당나귀를 타고 가는 아들에게 해 주고 싶은 말을 해 보세요."

나. 수업 반응 방법

학생들의 대답에 대해 교사가 반응을 보이고, 다시 교사의 반응에 따라 학생들이 사고 유형을 달리하여 교사가 원하는 답을 구할 때까지 반응하게 하는 방법으로 확장하기, 정교화시키기, 초점화시키기, 입증시키기, 명료화시키기 등이 있다.

(1) 확장시키기

동일한 내용에 대한 다양한 반응을 보이도록 요구하는 반응대화로 특정 학생의 다양한 생각이나 여러 학생의 다양한 생각을 알아보고자 할 때 사용한다.
(예) "또 다르게 생각하는 사람 없나요?"

(2) 정교화시키기

학생에게 보다 더 구체적이고 체계적이며 상세하게 반응하도록 요구하는 반응대화로 학생이 핵심 발문에 대해 기본적인 대답을 하였지만, 상위 수준의 사고활동을 통해서 보다 개선된 대답을 해야 한다고 판단했을 때 사용한다.
(예) "좀 더 자세히 말해 볼까요?"

(3) 초점화시키기

학생의 대답이 교사의 핵심 질문에서 벗어났거나, 벗어나려 할 때 그 핵심으로 다가올 수 있도록 바로잡아 주는 반응대화이다.

(예) "이런 쪽으로 생각해 보면 어떨까?"

(4) 입증시키기

학생에게 자기 응답 속에 담긴 생각이나 정보에 대해 증거를 제시하는 기회를 주어 그 정보의 정확성을 한층 높이도록 하는 반응대화이다. 정보를 입증하도록 요구하는 수업대화는 정보의 원천, 개인의 체험, 전문가나 권위자의 언급, 정보를 예시하는 원리나 일반화 등 네 가지 방법으로 제시된다.
(예) "어디서 그런 소리를 들었나요?"

(5) 명료화시키기

학생의 첫 반응이 다소 불분명하거나 부적절한 용어로 표현하여 기대에 미치지 못할 경우에 사용하는 반응대화로 진술에 대한 추가적인 반응의 요구가 아니라 정확한 의미를 요구하는 것이다.
(예) "~이라는 말은 무엇을 의미하지요?"

다. 수업대화 및 수업반응 수업분석표(예시)

〈표 30〉 수업대화 및 수업반응 수업분석표(예시)

참관자 직위:　　　　　성명　　　　　(인)

일　시	20○○. . . (　) 교시	교　과		단　원	
대　상	학년　반	장　소		수업자	
학습목표					

수업 방법		적용 상황	대화 예시	빈도수
수업대화	칭찬, 격려하기	적절한 반응에 대한 긍정적 평가	자유롭고 적극적인 대답을 하도록 유도	
	맞장구치기	말을 듣는 중 또는 들은 후에 사용	"좋았어. 그래, 잘했어.", 또는 적극적으로 고개 끄덕여 주기 "으~음, 아~~, 어~"	
	딴청 부리기	동기유발, 배경지식 활성화, 긴장감 조성	"나도 잘 모르겠네." "언니들도 어려워했어."	
	기다리기	학생의 반응을 기다리는 시간	발문 후 생각할 수 있는 시간적 여유 주기(3~4초)	
	실마리 제공하기	적극적 학습 활동 참여를 조장할 때 사용	"어제 배운 내용을 다시 한 번 생각해 보지 않겠니?"	
	유머 활용하기	학생에게 적절한 긴장과 이완을 줄 때 사용	딱딱한 수업 분위기를 부드럽고 온화하게 만들기	
	나누어 말하기	학습자의 수준에 맞게 발문의 범위 조정	한 번에 한 가지씩 체계적으로 절차를 밟아 쉽게 질문하기	

수업 방법		적용 상황	대화 예시	빈도수
수업 반응	확장시키기	부정확한 답변이나 오답을 제시한 경우	"더 좋은 생각 없을까?" "누가 더 보충해 볼까?"	
	정교화시키기	보다 정확한 답변을 유도할 때 사용	"좀 더 자세히 말해 볼까?" "예를 들어 보면?"	
	초점화시키기	대답을 바른 대답으로 유도	"다시 한 번 생각해 보자." "정말 그럴까요?"	
	입증시키기	정보의 출처 요구	"어떻게 알았을까?" "누구에게 들었어요?"	
	명료화시키기	지식, 기능, 태도에 대한 개념 정의	"이 말이 무슨 뜻이지?" "다른 말로 뭐라고 할까?"	

(1) 수업대화 방법 사용분석 사례

(가) 우수교사

빈도수 방법	0	3	6	9	12	15
칭찬, 격려하기						
맞장구치기						
딴청 부리기						
기다리기						
실마리 제공하기						
유머 활용하기						
나누어 질문하기						

우수교사들은 수업대화 방법을 사용할 때 어느 것에 편중되지 않고 골고루 적절하게 사용한다.

(나) 일반교사

빈도수 방법	0	3	6	9	12	15
칭찬, 격려하기						
맞장구치기						
딴청 부리기						
기다리기						
실마리 제공하기						
유머 활용하기						
나누어 질문하기						

일반교사들은 사용하는 수업대화 방법이 한곳에 집중되어 있거나, 사용 빈도수가 적은 편이다.

(2) 수업반응 방법 사용분석 사례

(가) 우수교사

방법 \ 빈도수	0	3	6	9	12	15
확장시키기						
정교화시키기						
초점화시키기						
입증시키기						
명료화시키기						

우수교사들이 사용하는 수업반응 방법 역시 영역별로 골고루 사용하는 경우가 대부분이다.

(나) 일반교사

방법 \ 빈도수	0	3	6	9	12	15
확장시키기						
정교화시키기						
초점화시키기						
입증시키기						
명료화시키기						

일반교사들이 사용하는 수업반응 방법은 정답을 요구하는 정교화하기나 명료화하기에 집중되는 경향이 있다.

4. 수업 분위기 분석

수업 분위기란 수업 중 교사와 학생이 서로에 대하여 가지는 전반적인 태도를 의미하는데 수업 분위기는 수업 중에 학생 간의 상호작용뿐만 아니라 교사와 학생 간의 다양하고 구체적인 상호작용에서 비롯된다고 볼 수 있다. 긍정적인 수업 분위기 속에서 수행된 교육이 바람직하다고 볼 때 긍정적인 분위기는 학생들 사이에 유익한 상호작용을 조장하고 교사와 학생 간의 경험을 명료화하며 앞으로의 학습활동을 수행하는 데 충분한 동인이 되어 주고 교사와 학생 간의 이해를 촉진시키는 것이다. 수업 분위기 분석이란 학습의 성취 및 수업의 효과를 높이기 위하여 수업 분위기를 관찰하고 평가하여 수업을 개선하고자 하는 수업장학의 한 방법이다.

가. 수업 분위기 분서법이 특징

변영계는 터크만(Rutgers Tuckman) 교수가 학업 성취와 관련이 있는 수업 분위기를 크게 네 가지로 나눈 것을 우리나라의 실정에 맞게 제작하여 수업에 긍정적인 효과를 유발시킬 수 있는 네 가지 수업 분위기의 특징별로 얼마나 긍정적인 수업이 이루어지고 있느냐를 분석하여 그 수업의 효과 정도를 파악하려고 하였다.

(1) 수업 분위기 분석법은 수업의 네 가지 핵심적 요소에 초점을 두고 있다.
   (가) 창의성: 독창적, 창의적, 개방적이며 융통성이 있고, 자율성, 모험성, 대담성을 권장하는 수업 분위기이다.
   (나) 활기성: 능동적이고 진취적이며 활기차고 자신감 넘치는 외향적인 수업 분위기이다.
   (다) 치밀성: 체계적이고 계획적이면서 객관성과 일관성이 있는 신중한 수업 분위기이다.
   (라) 온화성: 수용적이고 공정하면서 우호적인 수업 분위기이다.
(2) 수업 분위기 분석법은 배우고 사용하기가 쉽다.
(3) 수업 분위기 분석을 위한 도구는 수업 분위기 관찰지와 수업 분위기 관찰 분석지가 있는데 활용 요령에 따라 수업을 관찰하고 분석한다.
(4) 수업 분위기 분석을 위하여 활용되는 도구들은 신뢰성이 입증된다.
(5) 수업 분위기 분석법은 약 40분~45분간을 관찰하면서 그 결과를 기록할 것을 요구한다.

나. 수업 분위기 분석법의 장점 및 평가

(1) 배우기 쉽고 사용하기에 간편하다.
(2) 수업 분위기는 수업의 효과나 학업의 성취에 영향을 미치기 때문에 수업 분위기를 구성하는 중요한 조건들 중 교사변인에 주목할 필요가 있고, 바람직한 수업 분위기의 형성을 위한 교사의 노력이 요구된다.
(3) 수업 분위기 분석을 통해 긍정적인 분위기를 형성시킬 수 있다.

다. 수업 분위기 분석도구 및 활용 절차

(1) 수업 분위기 관찰지 특징

수업 분위기 관찰지는 수업 분위기를 관찰하고 기술하기 위한 도구로서 28쌍의 형용사들로 이루어졌는데 각 형용사는 상반된 의미를 가진다. 28쌍의 형용사들은 긍정적인 것과 부정적인 것들로 짝지어져 있는데 어떤 쌍은 왼쪽에 또 어떤 쌍은 오른쪽에 긍정적인 형용사들이 배치되어 있다.

(2) 수업 분위기 관찰지 이용 요령

    (가) 관찰 전에 28쌍의 형용사들을 충분히 읽고 숙지한다.
    (나) 28쌍의 형용사들을 마음에 새기면서 수업을 관찰한다.
    (다) 관찰자는 28개 문항에 대해 표시하는데, 각 형용사 쌍 사이에 있는 5개 수치 중 해당 숫자에 ● 표시를 한다.
    (라) 수업 분위기 관찰 분석지에 제시된 공식에 그 값을 적는다.
    (마) 각 범주(4영역)별로 해당 특성의 지수를 산출한다.
    (바) 수업자의 수업 분위기 형성과 관련된 네 가지 특성을 하나로 종합하여 4상한 표에 나타낸다.

(3) 수업 분위기 분석표

〈표 31〉 수업 분위기 분석표(관찰지 1)

관찰일: 20 년 월 일(요일)	관찰자:＿＿＿ (인)	수업자:＿＿＿ (인)

	5 4 3 2 1	
1. 독창적인		상투적인
2. 참을성 있는		성미가 급한
3. 냉정한		온화한
4. 권위적인		상냥한
5. 창의적인		모방적인
6. 통제가 많은		자율성이 많은
7. 개방적인		폐쇄적인
8. 부드러운		딱딱한
9. 불공정한		공정한
10. 변덕스러운		일관성 있는
11. 겁이 많은		모험적인
12. 엉성한		치밀한
13. 고립적인		우호적인

관찰일: 20 년 월 일	관찰자: _______ (인)	수업자: _______ (인)

	5　　4　　3　　2　　1	
14. 확실한	└─ ─ ─┴ ─ ─ ─┴ ─ ─ ─┴ ─ ─ ─┴ ─ ─ ─┘	애매한
15. 소극적인	└─ ─ ─┴ ─ ─ ─┴ ─ ─ ─┴ ─ ─ ─┴ ─ ─ ─┘	적극적인
16. 융통적인	└─ ─ ─┴ ─ ─ ─┴ ─ ─ ─┴ ─ ─ ─┴ ─ ─ ─┘	획일적인
17. 산만한	└─ ─ ─┴ ─ ─ ─┴ ─ ─ ─┴ ─ ─ ─┴ ─ ─ ─┘	체계적인
18. 능동직인	└─ ─ ─┴ ─ ─ ─┴ ─ ─ ─┴ ─ ─ ─┴ ─ ─ ─┘	수동직인
19. 수용적인	└─ ─ ─┴ ─ ─ ─┴ ─ ─ ─┴ ─ ─ ─┴ ─ ─ ─┘	비판적인
20. 조용한	└─ ─ ─┴ ─ ─ ─┴ ─ ─ ─┴ ─ ─ ─┴ ─ ─ ─┘	시끄러운
21. 진취적인	└─ ─ ─┴ ─ ─ ─┴ ─ ─ ─┴ ─ ─ ─┴ ─ ─ ─┘	보수적인
22. 계획적인	└─ ─ ─┴ ─ ─ ─┴ ─ ─ ─┴ ─ ─ ─┴ ─ ─ ─┘	즉흥적인
23. 경솔한	└─ ─ ─┴ ─ ─ ─┴ ─ ─ ─┴ ─ ─ ─┴ ─ ─ ─┘	신중한
24. 활기찬	└─ ─ ─┴ ─ ─ ─┴ ─ ─ ─┴ ─ ─ ─┴ ─ ─ ─┘	무기력한
25. 객관적인	└─ ─ ─┴ ─ ─ ─┴ ─ ─ ─┴ ─ ─ ─┴ ─ ─ ─┘	주관적인
26. 내성적인	└─ ─ ─┴ ─ ─ ─┴ ─ ─ ─┴ ─ ─ ─┴ ─ ─ ─┘	외향적인
27. 자신감 있는	└─ ─ ─┴ ─ ─ ─┴ ─ ─ ─┴ ─ ─ ─┴ ─ ─ ─┘	망설이는
28. 소심한	└─ ─ ─┴ ─ ─ ─┴ ─ ─ ─┴ ─ ─ ─┴ ─ ─ ─┘	대담한

〈표 32〉 수업 분위기 분석표(관찰지 2)

① 네 가지 범주별 점수 환산 공식

Ⅰ. 창의성
　문항 (1 + 5 + 7 + 16) − (6 + 11 + 28) + 11
　　(　 + 　 + 　) − (　 + 　) + 11 =＿＿

Ⅱ. 활기성
　문항 (18 + 21 + 24 + 27) − (15 + 20 + 26) + 11
　　(　 + 　 + 　) − (　 + 　) + 11 =＿＿

Ⅲ. 치밀성
　문항 (14 + 22 + 25) − (10 + 12 + 17 + 23) + 17
　　(　 + 　) − (　 + 　 + 　 + 　) + 17 =＿

Ⅳ. 온화성
　문항 (2 + 8 + 19) − (3 + 4 + 9 + 13) + 17
　　(　 + 　) − (　 + 　 + 　) + 17 =＿＿

② 수업 분위기 종합도

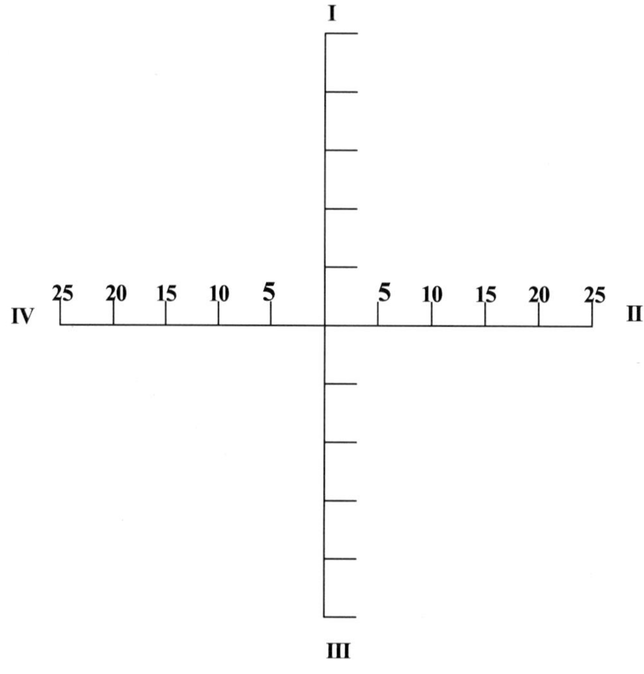

<그림 10> 수업 분위기 종합도(1)

라. 수업 분위기 관찰 분석 사례

<표 33> 수업 분위기 관찰 분석 사례표

관찰일: 년 월 일	관찰자:______ (인)				수업자: ______ (인)
	5	4	3	2	1
1. 독창적인	●					상투적인
2. 참을성 있는		●				성미가 급한
3. 냉정한			●			온화한
4. 권위적인			●			상냥한
5. 창의적인		●				모방적인
6. 통제가 많은			●			자율성이 많은
7. 개방적인		●				폐쇄적인
8. 부드러운		●				딱딱한
9. 불공정한						공정한

<table>
<tr><td>관찰일:　년　월　일</td><td>관찰자: ______ (인)</td><td>수업자: ______ (인)</td></tr>
</table>

	5	4	3	2	1	
10. 변덕스러운				●		일관성 있는
11. 겁이 많은		●				모험적인
12. 엉성한				●		치밀한
13. 고립적인				●		우호적인
14. 획일화된	●					애매한
15. 소극적인		●				적극적인
16. 융통적인			●			획일적인
17. 산만한						체계적인
18. 능동적인	●					수동적인
19. 수용적인		●				비판적인
20. 조용한		●				시끄러운
21. 진취적인		●				보수적인
22. 계획적인	●					즉흥적인
23. 경솔한			●			신중한
24. 활기찬	●					무기력한
25. 객관적인						주관적인
26. 내성적인			●			외향적인
27. 자신감 있는		●				망설이는
28. 소심한			●			대담한

■ 해 석 ■

- 수업 분위기가 교사가 치밀하게 수업을 계획하여 진행하였고 학생들이 교사의 질문에 적극 반응하고 있었다.
- 비교적 온화한 분위기에서 수업이 전개되었다.
- 학생들의 반응을 수용하는 것을 볼 수 있었으나 창의성에 개선의 여지가 엿보였다.

① 네 가지 범주별 점수 환산

Ⅰ. 창의성
   문항 (1 + 5 + 7 + 16) − (6 + 11 + 28) + 11
       (5 + 4 + 4 + 4) − (2 + 3 + 2) + 11 = 21

Ⅱ. 활기성
   문항 (18 + 21 + 24 + 27) − (15 + 20 + 26) + 11
       (5 + 4 + 5 + 4) − (3 + 4 + 2) + 11 = 20

Ⅲ. 치밀성
   문항 (14 + 22 + 25) − (10 + 12 + 17 + 23) + 17
       (5 + 5 + 4) − (1 + 1 + 2 + 2) + 17 = 20

Ⅳ. 온화성
   문항 (2 + 8 + 19) − (3 + 4 + 9 + 13) + 17
       (4 + 4 + 4) − (2 + 2 + 1 + 1) + 17 = 23

② 수업 분위기 종합도

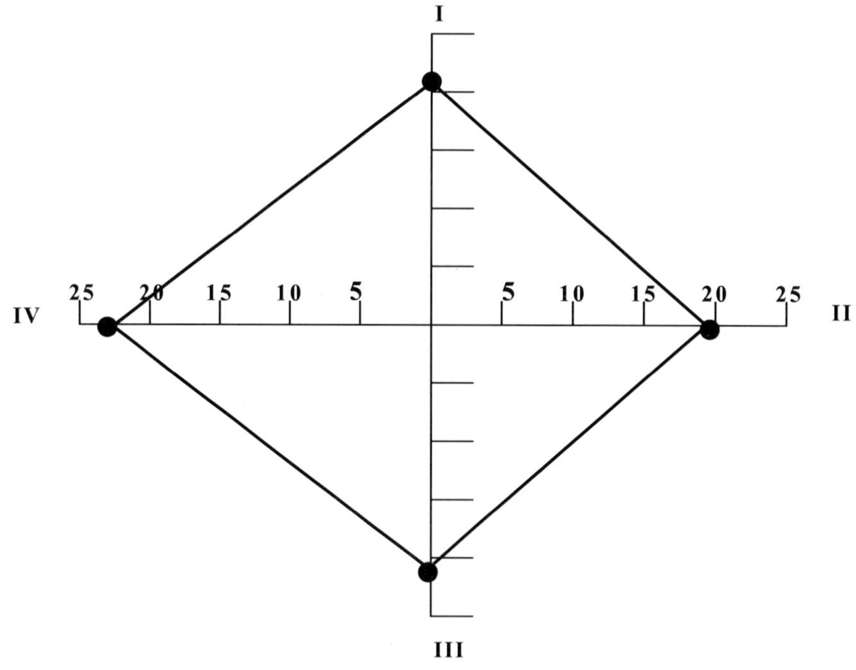

〈그림 11〉 수업 분위기 종합도(2)

- 창의성 21점, 활기성 20점, 치밀성 20점, 온화성이 23점으로 나타났다.
- 본 관찰의 대상이 된 수업 분위기는 네 가지 범주 중에서 온화성이 가장 높게 나타났고 활기성과 치밀성이 낮았으나 전체적으로 별 차이가 없게 나타났다.
- 보다 더 바람직한 수업 분위기를 위해서 활기성과 치밀성 영역에 좀 더 관심을 가져 볼 필요가 있다고 할 수 있다.

5. 체크리스트(Check list)에 의한 분석

체크리스트에 의한 분석은 평정체제를 이용한 관찰방법의 하나이다. 이 방법은 비교적 추상적이고 일반적인 수업활동을 관찰대상으로 삼는 경우에 흔히 활용하는 관찰방법이다. 즉, 관찰대상이 일반적이고 추상적인 수업변인 및 활동을 유목체제로 관찰 기록하기가 모호한 경우에 관찰자가 수업을 관찰한 후 평정척도의 각 문항에 의거하여 주관적으로 판단하는 방법이다.

평정척도에 의한 분석은 관찰자의 주관성이 개입되어 작용할 가능성이 많아 그 자료의 객관성과 신뢰성을 보장받기가 용이하지 않다는 제한점이 있다. 그러므로 관찰자는 평정의 객관성을 증진시키기 위해 평정척도를 체계화하고 구조화하여 평정상의 주관성이 지나치게 작용하지 않는 상태로 반응할 수 있도록 예방하고 그렇게 유도하도록 문항을 개발해야 한다.

가. 평정척도에 의한 수업분석 준거

배호순 교수는 평정척도에 의한 수업분석 준거변인으로 수업목표, 학생 성장 및 발달, 교사의 자질과 능력, 수업활동, 복합적인 준거 등을 들어 설명하는바 이들을 근거로, 어느 교사나 공통적으로 활용할 수 있는 일반적인 수준의 분석 준거를 제시하면 다음과 같다.

(1) 교사의 활동

(가) 과제 제시의 명료
1) 도입단계에서 수업목표를 명확하게 제시하기
2) 본 수업내용과 지난 수업내용을 관련지어 제시하기
3) 학습내용, 과제의 윤곽을 명쾌하게 설명하기
4) 수업 중 핵심적인 내용 요약하기
5) 본 시간과 다음 시간 내용을 관련지어 제시하기

(나) 수업과정 및 수업형태
  1) 교과 교재의 특성에 맞는 수업모형 적용
  2) 교과 교재의 특성에 맞는 수업형태 적용
(다) 교사의 발문
  1) 재생적 발문보다 추론적, 적용적 발문 적용
  2) 목적이 뚜렷하고 명료함
  3) 학년 수준, 개인차를 고려한 발문
  4) 발문을 한 후에 학생들이 답변을 할 여유 주기
  5) 어려운 발문은 힌트를 주어 격려하거나 보조 질문하기
(라) 교수용어
  1) 듣기 거북할 정도로 쓸데없는 말 사용하지 않기
  2) 지나치게 빠르거나 느린 어조 피하기
  3) 음성의 고저는 학습의 강조점에 따라 다양하게 조절하기
  4) 명확하고 알아듣기 쉬운 용어
(마) 학습 동기 부여
  1) 발문, 매체활용, 기타 방법으로 학습의 흥미 자극하기
  2) 학생의 아이디어에 대한 칭찬, 격려 또는 활용하기
  3) 유머 활용하기
  4) 학생 발표에 대한 진지한 관심 갖기
  5) 학생 질문에 격려하기
  6) 학습에 호기심 유도하기
(바) 학생과의 관계형성 및 유지
  1) 학생과의 래포 형성
  2) 학생들과 공정성 유지
  3) 수업에서의 열성감 보이기
  4) 세심한 배려
  5) 학생의 인격존중
  6) 학습자 간의 방해 행동 관리
  7) 용모 단정히 하기
(사) 교사의 기능 발휘
  1) 학생이 수업에 도전감 갖게 유도하기
  2) 피드백 정보를 기술적으로 활용하기
  3) 다수의 발표기회 제공
  4) 수업의 난이도 조절하기
  5) 학생의 주의집중을 위해 질문 활용하기
  6) 학생의 당황함, 지루함, 호기심 등을 주의 깊게 관찰하고 대처하기

7) 학생 질문에 만족한 대답을 하기

(아) 수업매체 활용

1) 준비된 자료를 능숙하게 조작하기

2) 학습에 흥미, 관심, 동기를 부여하도록 조작하기

3) 적당한 시간, 장소, 방법의 원리에 입각한 내용

4) 학습효과에 도움 주기

(자) 판서하기

1) 내용을 명확히 표현하기

2) 문자, 도해, 구조 등을 활용하는 구조화된 판서

3) 학생의 발언 정리

4) 판서의 시기, 위치, 방법이 계획적이고 학습에 자극

5) 알맞은 크기, 인쇄체 글씨

(2) 학생의 활동

(가) 학습 준비

1) 학생이 필요한 자료 준비 상태

2) 학습과 관련한 과제해결 상태

(나) 학습의욕과 참여

1) 토의활동에 고무됨

2) 학습활동에 몰입된 분위기

3) 발표에 다수 참여

4) 자주적이고 활기찬 분위기

(다) 학생 발언

1) 단순 재생적 답변보다 추론 적용적 답변

2) 교사의 발문에 대해 생각하고 나서 답변하기

3) 남의 이야기를 잘 듣고 바로 대답하기

(라) 공책 정리

1) 자기 스스로의 필요에 의해 정리하기

2) 자기의 생각을 나타낼 수 있는 정리

3) 바른 내용의 정리

나. 관찰지(예시)

★ 평정 기준은 만족 여부 및 정도를 이용한다.

★ 매우 만족: 5, 조금 만족: 4, 보통: 3, 조금 부족: 2, 매우 부족: 1

★ 각 준거별로 참관자들의 평정점을 합하여 평균평점을 도출한다.

★ 도출된 평점을 가지고 준거의 관점에 어느 정도 접근했는지 분석한다.

(1) 교사활동 관찰지

〈표 34〉 교사활동 관찰지(예시)

준거	분석의 관점	평점					특기사항
		5	4	3	2	1	
1. 과제제시의 명료성	• 수업목표를 명확하게 제시 • 본 수업내용과 지난 수업내용 관련지어 제시하기 • 수업 중 핵심적인 내용 요약하기						
2. 수업과정 및 수업형태	• 교과 교재의 특성에 맞는 수업모형 적용 • 교과 교재의 특성에 맞게 재구성						
3. 교사의 발문	• 재생적 발문보다 추론적, 적용적 발문 적용 • 목적이 뚜렷하고 명료함. • 학년 수준, 개인차를 고려한 발문 • 답변을 할 여유 주기 • 힌트를 주어 격려하거나 보조 질문하기						
4. 교수용어	• 쓸데없는 말 사용하지 않기 • 지나치게 빠르거나 느린 어조 피하기 • 음성의 고저는 학습의 강조점에 따라 조절 • 명확하고 알아듣기 쉬운 용어						
5. 학습동기 부여	• 발문, 매체활용 등으로 학습의 흥미유발 • 학생의 아이디어에 대한 칭찬, 격려 또는 활용 • 유머 활용하기 • 학생 발표에 대한 진지한 관심 • 학생 질문에 격려 및 학습에 호기심 유도하기						
6. 교사와 학생 간의 관계형성 및 유지	• 학생과의 래포 형성 • 학생들과 공정성 유지 및 세심한 배려 • 수업에서의 열성감 보이기 • 학생의 인격존중 • 학습자 간의 방해 행동 관리						
7. 수업기술	• 학생이 수업에 도전감 갖게 유도하기 • 피드백 정보를 기술적으로 활용하기 • 다수의 발표 기회 제공 • 수업의 난이도 조절하기 • 주의집중을 위한 질문활용 및 질문에 만족한 답변						
8. 수업매체 활용	• 준비된 자료를 능숙하게 조작 • 학습에 흥미, 관심, 동기부여 조작 • 적당한 시간, 장소, 방법의 원리에 입각한 조작 • 학습효과에 도움 주기 조작						

준거	분석의 관점	평점					특기사항
		5	4	3	2	1	
9. 판서하기	• 내용을 명확히 표현하기 • 문자, 도해, 구조 등을 활용하는 구조화된 판서 • 학생의 발언 정리 • 판서의 시기, 위치, 방법의 적절성 • 알맞은 크기, 인쇄체 글씨						

(2) 학생활동 관찰지

〈표 35〉 학생활동 관찰지(예시)

준거	분석의 관점	평점					특기사항
		5	4	3	2	1	
1. 학습준비	• 학생이 필요한 자료 준비 상태 • 학습과 관련한 과제해결 상태						
2. 학습의욕 및 참여	• 토의활동 참여 정도 • 학습활동에 몰입된 분위기 • 발표에 다수 참여 • 자주적이고 활기찬 분위기						
3. 학생의 발언	• 단순 재생적 답변보다 추론 적용적 답변 • 교사의 발문에 대해 생각하고 나서 답변 • 남의 이야기를 잘 듣고 바른 답변						
4. 공책정리	• 자기 스스로의 필요에 의해 정리하기 • 자기의 생각을 나타낼 수 있는 정리 • 바른 내용의 정리						

다. 평정척도의 설정

평정척도에 의한 평정은 분석하고자 하는 준거에 대하여 수업관찰 후 또는 관찰 도중에 주어진 항목에 반응을 하는 것이 대부분인데 준거문항에 대한 동의 여부, 동의 정도, 만족 여부 및 그 정도 발생 가능성 및 확률, 질적인 수준 및 정도, 순서 및 우선순위, 중요성 정도 및 비중 등을 판단하거나 주어진 여러 항목 중에서 적합한 것을 선정하도록 요구하는 형태들이다(배호순, 수업설계).

〈표 36〉 평정척도표

준 거	평 정 기 준				
	빈약함	보통	평균 정도	좋은 편임	우수함
전문지식					
발표의 명료성					
공정한 태도					
학급통제					
학생에 대한 태도					
학생 흥미 자극					
열성도					
학생의 아이디어에 대한 태도					
학생의 참여 격려					
유머 감각					
과제부여					
용모 단정함					
솔직 담백함					
자아(감정)통제					
예절감각					
수업효과 증진					

6. 평정척에 의한 분석

평정척에 의한 수업분석은 일반적이고 관찰하기가 모호한 추상적인 수업활동을 정해진 평정척도에 의거하여 주관적으로 평가하는 방법으로 관찰행동을 비연속적인 용어로 쉽게 기록할 수 없어서 수량화하기 어려운 경우에 특히 유용하다. 대개의 평정법에는 어떤 행동이 등급으로 나누어진 여러 단계 중에 어디에 해당되는지를 구체적으로 알려 주는 설명이나 진술문이 순서적으로 제공되고 있다.

가. 평정척의 종류

(1) 기술평정척

평정척도의 각 유목 혹은 단계를 가치의 정도에 따라 간단한 단어, 구, 문장으로 표시하는 방법으로 수업 후, 강의평가를 평정척도에 나타낸 기술평정척의 예를 들면 다음과 같다.

> 1. 본 강의의 난이도 정도는 나의 능력과 준비 정도에 비하여
> ① 매우 기초이다.　　　② 약간 기초적이다.　　　③ 적절한 편
> ④ 다소 어려운 편이다.　　⑤ 매우 어려운 편이다.
> 2. 본 강의의 진행 속도는
> ① 매우 느리다.　　　　② 다소 느리다.　　　　③ 적절하다.
> ④ 다소 빠르다.　　　　⑤ 매우 빠르다.

(2) 숫자평정척

　평정하려는 특성의 단계를 숫자로 표시하는 방법으로 제작이 쉽고 결과를 통계적으로 처리할 수 있기 때문에 가장 보편적으로 사용된다. 숫자의 평정을 0에서 출발하여 1, 2, 3 ……으로 한 것을 단일척도 혹은 단극척도라고 한다. 그리고 -2, -1, 0, 1, 2와 같이 0을 중심으로 양극단으로 뻗어 나가게 하는 것을 복수척도 혹은 양극척도라고 한다. 평정의 단계는 3, 5, 7, 9단계가 있으며 이 중에서 가장 많이 사용되는 것은 5단계와 7단계인데 9단계 이상으로 나누는 것은 삼가야 한다.

　교사의 정의적 특성을 연구하기 위한 방법으로 학급관찰을 위해 실험적으로 제작한 숫자평정척을 예를 들면 다음과 같다.

〈표 37〉 학생 · 교사행동 숫자평정척

■ 학생행동									
1	냉담한	1	2	3	4	5	6	7	예민한
2	방해하는	1	2	3	4	5	6	7	책임감 있는
3	주저하는	1	2	3	4	5	6	7	자신 있는
4	의논하는	1	2	3	4	5	6	7	독자적인
■ 교사행동									
5	편파적인	1	2	3	4	5	6	7	공정한
6	전체적인	1	2	3	4	5	6	7	민주적인
7	냉담한	1	2	3	4	5	6	7	예민한
8	억압적인	1	2	3	4	5	6	7	이해심 있는
9	냉정한	1	2	3	4	5	6	7	친절한

(3) 도식평정척

　기술평정척과 숫자평정척을 결합해서 만든 것으로 평정을 선 위에 나타내도록 하는 방법으로 단순하고 실시하기 쉬우며 신속하게 할 수 있는 것이 특징이다.

　실제로 수업을 평정하고 관찰하기 위한 목적으로 제작하여 사용하는 평정척도는 어느 한 가지만 사용하지 않고 문항형식이 두 가지 이상 혼합되어 있는 혼합형식의 평정척도를 제작하여 활용한다.

나. 수업관찰을 위한 평정척도

수업관찰을 위한 평정척은 교사 자신이나 동료, 행정가, 학생들에 의해 사용이 가능한데 교사 자신에게 적용해 볼 수 있는 평정척도, 학생들이 교사에게 피드백을 주기 위해 사용될 수 있는 평정척도와 장학사나 동료교사들에 의해 사용될 수 있는 평정척도가 있다.

(1) 관찰자가 적용할 수 있는 척도

수업자는 학생, 동료 교사, 교장, 교감 및 장학사 등으로부터 자신의 수업에 관한 피드백을 받고 그것을 바탕으로 수업을 개선해 나갈 수 있는데 관찰자에게 활용할 수 있는 평정척도가 있다.

(가) 문답식 수업에서 활용할 수 있는 평정척도

문답, 즉 질문을 주고받는 것은 새로운 주제를 소개할 때나 학생들이 방금 읽거나 보기를 마친 교육과정 자료를 복습하고 검토할 때 자주 사용하는데 세 가지 형태의 하위 범주는 다음과 같다(변영계 · 김경헌, 2005: 91).

첫 번째 범주는 수업에 학생의 행동을 하위 범주로 하고 있다. 교사는 학생의 참여를 높이기 위해 손을 들지 않은 학생 등 비자발적인 학생을 지적하여 수업에 참여하도록 유도할 수 있다. 똑같은 질문을 여러 학생들에게 하거나 학생 반응을 인정하고 칭찬하는 것, 학생 주도의 질문을 유도하는 방법이 있다.

두 번째 범주는 교사수업의 인지적 수준에 해당하는 것이다. 수업이 단순히 질문과 대답을 주고받는 식으로 진행되어서는 안 된다. 창의적이고 적극적인 학습참여를 유도하고 처음 대답에 추가적인 질문을 계속 지시하는 것도 있다.

세 번째 범주는 교사가 하지 말아야 할 것에 관한 것이다. 교사는 부정적인 반응을 보여 주는 것을 피하고 동일한 질문을 반복하거나 복수질문을 하는 것은 자제하여야 한다.

분석방법은 첫째, 둘째, 셋째의 범주에 있는 문항은 그 문항이 나타내는 빈도수를 기록하고, 넷째와 다섯째는 관찰자가 논평을 할 자유기술 난을 두도록 한다.

〈표 38〉 문답식 수업을 위한 체크리스트(예시)

항 목	문 항	빈도수
1. 수업에 학생의 참여를 증대시키는 교사의 행동	① 자발적으로 참여하지 않는 학생을 지명하여 수업에 참여시키는가?	
	② 동일한 질문을 여러 학생에게 재지명시키는가?	
	③ 학생의 반응을 칭찬하는가?	
	④ 학습내용에 대하여 학생에게 질문이 있는지 물어보는가?	
2. 사려 깊은 행동을 끌어내는 행동	① 고도의 인지적 질문을 하는가?	
	② 질문을 한 다음 3초에서 5초 정도를 기다리는가?	
	③ 첫 응답에 대하여 추가 질문을 하는가?	
3. '하지 말아야 하는 행동'에 관련된 것	① 학생 반응에 부정적으로 반응하는가?	
	② 자신의 질문을 반복하는가?	
	③ 복수적 질문을 하는가?	
	④ 자신의 질문에 자신이 답하는가?	
	⑤ 학생의 대답을 강요하는가?	
4. 수업의 강점		
5. 개선을 위한 제언		

(나) 강의 설명식 수업에서 활용할 수 있는 평정척도

강의 설명식 수업은 교수매체로서 말을 사용한다. 교사의 목소리에 있어서 열의, 말의 명료성, 불안한 몸짓의 회피, 말 중간에 들어가는 군더더기 말의 제거 등이 수업의 전반적인 효과성에 기여한다.

계수될 행동 부분은 행동이 나타날 때마다 숫자(빈도)를 기록한다. 이 계수표는 수업 중 교사가 얼마나 자주 특별한 수업을 하는지 알아내기 위하여 계산한다.

두 번째 평정될 행동은 교사가 얼마나 수업내용을 잘 조직하는지와 관련된 것으로 전달에 있어서의 교사의 기술과 관련된 것이다. 이 부분은 해당되는 숫자에 표시하는 방법으로 분석한다.

〈표 39〉 강의 설명수업을 위한 평정척(예시)

항 목	문 항	빈도수
■ 계수될 행동 ■		
의미 깊은 내용	① 학생들에게 이미 친숙한 내용과 수업내용을 관련짓는가?	
	② 개념을 예를 들어 설명하는가?	
	③ 일반화를 고려하여 설명하는가?	
학생참여	① 학생들이 어떤 점을 궁금해하는지 학생들에게 질문하는가?	
	② 학생들에게 질문함으로써 수업에 참여시키는가?	
	③ 학생들이 활동에 전념하게 하는가?	

항목	문항	평정
■ 평정될 행동 ■		
조직성	① 수업이 분명하게 조직되고 시간 절차를 가지고 있는가?	5 4 3 2 1
	② 수업조직을 알려 주기 위해 칠판, 배부물을 사용하는가?	5 4 3 2 1
	③ 반드시 학습해야 할 것을 학생들에게 말하는가?	5 4 3 2 1
	④ 요점을 반복해 주고 수업 끝에 요약해 주는가?	5 4 3 2 1
	⑤ 주제로부터 탈선을 피하는가?	5 4 3 2 1
전 달	① 천천히 분명하게 말하는가?	5 4 3 2 1
	② 열의 있게 전달하는가?	5 4 3 2 1
	③ 노트에 기록한 것을 그대로 읽어 주는 것을 피하는가?	5 4 3 2 1
	④ "예" "알았지?"와 같은 중간 채우는 말을 피하는가?	5 4 3 2 1
	⑤ 불안한 몸짓을 하지 않는가?	5 4 3 2 1
	⑥ 학생들과 계속 눈을 마주치는가?	5 4 3 2 1
	⑦ 유머를 적절히 사용하는가?	5 4 3 2 1

【좋음: 5, 개선요: 1】

(2) 교사의 자기평정척도

교사의 자기평정척도는 교사 자신이 수업활동 자체에 관하여 매일, 매주 또는 매 학기 반성하고 수업의 장점과 단점을 발견하려고 노력하는 활동을 통해 수업을 개선하고자 여러 가지 방법을 이용한다. 특히 수업전개 절차, 수업전략, 교수 · 학습 자료의 활용 면, 과제물 부과, 학습활동 관리 등에 관하여 분석적으로 반성하는 것이 중심활동이 되고 있다. 교사는 자신의 수업을 관찰한 후 1에서 5까지의 숫자를 이용하여 각 항목의 진술에 가까울수록 5를, 보통이면 3, 그리고 멀수록 1을 기입하면 된다.

<표 40> 교사의 자기평정척도(예시)

분류	항 목	평점		
		5	3	1
제1그룹	• 학생의 생각을 자극하는 아이디어를 제시한다. • 학생의 입장을 고려하고 동조한다. • 나는 나의 수업의 질을 중요시한다.			
제2그룹	• 학생의 요구를 알고 있다. • 수업 중 학생이 도전할 문제나 질문을 제기한다. • 학생이 수업 중 보람을 느끼는 것을 바람직하다고 생각한다.			
제3그룹	• 학생들의 지식, 견해, 경험을 다른 학생과 나누어 갖도록 격려한다. • 학생의 질문을 자극하고 질문에 대하여 답변한다. • 학생들이 학습내용이나 문제점을 정리하고 파악할 수 있도록 돕는다.			
제4그룹	• 나 자신을 학생과 밀접하게 관련시킨다. • 수업을 개선하는 데 적극적이고 개별적인 관심을 가지고 있다.			
제5그룹	• 학습내용을 폭넓게 학습하도록 학생을 자극한다. • 나는 학생과 잘 어울린다.			
제6그룹	• 학생들의 감정에 민감하다. • 전체 학생이 모두 분명하게 이해하도록 질문이나 코멘트를 반복한다.			
제7그룹	• 나는 학생들이 창의적인 생각을 하도록 돕는다. • 나는 수업에 열성적이다. • 수업 중 명료하고 적절한 예를 든다.			
제8그룹	• 학생이 교과목에 흥미를 갖도록 자극한다. • 나는 학생의 질문을 철저하고 정확하게 답변하도록 노력한다.			
제9그룹	• 나는 학생들이 나의 수업을 평가할 수 있다고 믿는다. • 나는 학생이 나의 조언을 얻으러 오는 것을 좋아한다.			
제10그룹	• 어려움을 겪고 있는 학생을 능동적으로 돕는다. • 학생들의 지적 호기심을 자극한다. • 학생들이 수업에 참여하도록 격려한다.			
제11그룹	• 수업의 목표를 명료하게 진술한다. • 학생들의 학습동기를 높이려고 노력한다.			

제 **3** 장

◀◀ 인성 · 예절 교육 ▶▶

[Key Point]

제3장에서는 미래 사회의 주역인 학생들에게 지도할 바람직한 인성교육과 예절교육의 방법과 덕목에 대하여 고찰한다. 현대보다 더욱더 역동적인 사회가 될 지구촌 사회(Global society)로서의 미래는 세계시민으로서의 자질과 교양 및 인성이 요구되고 있다. 이와 같은 세계 시민, 지구촌 사회 구성원으로서의 인성교육과 예절교육은 가정, 학교, 지역사회, 국가 등 전 교육공동체 모두가 함께 관심을 갖고 지도하여야 한다. 이를 위하여 학생들에게 주변의 작은 질서와 예절부터 준수하려는 인식과 행동 실행을 유도하는 것이 중요하다.

■ 제1절 ■ 인성교육 및 예절교육 개관

인성을 '다른 사람과 구별되는 사고와 태도 그리고 행동의 특성'이라고 볼 때 인성교육이란 인본주의 사상과 인간 존중을 바탕으로 인간성과 인간의 태도, 흥미, 가치관을 중시하여 사람다운 사람으로 교육하는 것을 의미한다고 할 수 있다.

예절교육이란 좁은 뜻으로 '예의범절을 가르쳐서 익히게 하는 것'이지만, 넓은 뜻으로는 '한 사람의 어엿한 사회인으로서의 완성시키는 일'이리고 볼 때 예절교육은 후자에 속할 것이다.

예절교육을 통한 인성교육은 우리 조상 때부터 강조되었으며 공자는 예(禮)를 통한 인(仁)의 달성을 최선의 방법이라고 하였는데, 이렇듯 어린이가 한 인간으로서의 기본적인 행동양식을 익혀 가는 과정에서 예절교육을 통한 인성교육은 아주 중요한 것이다.

1. 인성교육의 개념

인성이란 글자 그대로 사람의 성품이다. 성품은 사람의 성질(性質)과 품격(品格)이다. 사람의 성질은 마음의 바탕이고 품격은 사람의 '됨됨이'이다. 인성이란 곧 한 사람의 마음의 바탕과 사람됨을 가리키는 말이다. 여기서 우리는 인성의 개념이 '마음의 바탕'과 '사람됨'이라는 두 가지 요소로 구성되어 있음을 알 수 있다.

마음의 바탕은 지(知 – 앎), 정(情 – 느낌), 의(意 – 다짐) 등 세 요소로 구성된다. 그들 움직임의 근원이 되는 정신적 작용의 총체이다. 지(知)는 사물을 인식하고 이해하고 판단하는 마음의 작용이다. 정(情)은 사물에 느끼어 일어나는 마음의 작용이다. 의(意)는 무엇을 하겠다고 속으로 다짐하는 마음의 작용이다. 이처럼 마음의 바탕은 지(知), 정(情), 의(意)의 세 요소로 구성되며 정신적 작용의 총체이다. 마음은 선악(善惡)을 느낄 수 있고 시비(是非)를 판단할 수 있으며 행동을 다짐할 수 있는 정신능력이다. 마음의 바탕인 지, 정, 의(知, 情, 意)는 그 자체로서는 가치 중립적이다. 이에 비해 인간됨은 가치 지향적이다. 인간됨은 가치를 추구하고 실현하는 인간의 삶의 모습이기 때문이다. 그러나 인성이라는 말은 전체적으로 볼 때에 가치어(價値語)라고 생각한다. 그리고 인간다움이란 '가치의 추구와 실현'으로 구성된다는 풀이를 가능케 해 준다. 한편 우리가 어떤 가치를 실현한다고 할 때 그 과정을 분석해 보면 가치가 지, 정, 의, 행(知, 情, 意, 行)이라는 네 가지 요소로 구성되어 있음을 알 수 있다.

마음과 가치의 관련성을 이상에서와 같이 생각할 때, 가치는 마음이 발전된 것으로 볼 수 있다. 다시 말하면, 가치란 마음에 행동이 가해진 것이다. 그러나 이 말은 마음이 행동으로 옮겨지기만 하면, 모든 것이 다 가치가 된다는 뜻은 아니다. 그것에는 조건이 있다. 즉 마음이 행동으로 옮겨지되 그 마음이 인간됨 또는 인간다움을 지향한 행동이어야 가치가 된다. 인간됨은 가치에 의해 구성되기 때문이다. 이처럼 가치는 마음이 인간됨을 향해 발전된 것이라고 볼 수 있다.

인성교육이란 곧 마음의 바탕을 교육하고 인간이 되는 것을 교육하는 것이다. 마음의 바탕을 교육한다는 것은 그것의 구성요소인 지, 정, 의(知, 情, 意)를 교육하는 것이다. 인간이 되는 것을 교육한다는 것은 그것의 구성요소인 가치를 추구하고 실현하는 것을 교육하는 것이다. 이처럼 인성교육은 한편으로는 지, 정, 의(知, 情, 意)의 교육이고 다른 한편으로는 가치의 교육이다.

인성교육으로서의 가치교육은 결국 인성의 중요한 구성요소인 인간됨을 교육하기 위한 것으로 다음과 같은 특성을 갖고 있다.

첫째, 인성교육이란 지, 정, 의(知, 情, 意)를 조화롭게 발달시키는 마음의 교육이다.

둘째, 인성교육이란 자아를 실현시키는 가치교육이다.

셋째, 인성교육이란 더불어 살아가게 하는 도덕교육이다.

가. 조화로운 발달을 위한 마음의 교육(心性 敎育)

교육은 본래가 인간교육이다. 다시 말하면, '교육'이란 '인간교육'의 준말이다. 그러나 지난 수십 년 동안 우리의 교육은 인간교육에 충실하지 못했다. 냉정하게 교육이 성공적이지 못했다. 이는 무엇보다도 전체로서의 인간을 교육하지 못하고 부분으로서의 인간을 교육해 왔기 때문이다. 즉 인간을 구성하는 부분인 지(知)를 중심으로 교육해 왔기 때문이다. 이러한 맥락과 상황에서 인성교육이 대두되다 보니 자연히 인성교육의 개념이나 구성요소에서 정(情)과 의(意)의 교육이 강조되게 되었다. 이는 상대적으로 지(知)의 교육을 소홀하게 생각하는 경향을 초래했다고 여겨진다. 그러한 나머지 지(知)의 교육은 마치 인성교육에서 배제되는 인상마저 주기에 이르렀다.

우리는 또 다른 우(遇)를 범하는 교육을 해서는 안 된다. 정(情)과 의(意)의 교육이 중심이 되어 이루어지면, 이는 또한 전체로서의 인간교육이 되지 못하고 부분으로서 인간교육이 된다. 이는 마치 지(知) 중심의 교육이 전체로서의 인간교육에 실패한 것과 같은 결과를 초래하게 될 것이다. 인성교육으로서의 심성교육은 지, 정, 의(知, 情, 意)의 조화로운 발달을 꾀하여야 한다. 지, 정, 의(知, 情, 意)의 조화와 통합된 발달은 인간됨 또는 인간다움의 형성에 기초와 전제가 된다.

우리가 심성교육을 마음을 구성하는 지, 정, 의(知, 情, 意)의 조화롭고 통합된 발달을 꾀하는 것이라고 할 때 심성교육의 범위는 교육의 거의 전 영역에 걸치는 것임을 알 수 있다. 학교교육의 경우에도 잠재적 교육과정은 물론, 표면적 교육과정의 전 교과에 해당되는 것임을 알 수 있다. 어느 교과도 지, 정, 의(知, 情, 意)의 전부 또는 일부의 요소와 관련되지 않는 교과는 없기 때문이다. 이는 교육의 본질에서 볼 때 당연하다고 생각된다. 모든 교육은 인간교육이고 인성교육은 인간교육의 주요한 부분이기 때문이다. 그러므로 모든 교과는 직접적이든 간접적이든, 전부이든 일부이든, 정도에 차이가 있을 뿐 지, 정, 의(知, 情, 意)를 교육한다. 이처럼 인성교육으로서의 심성교육은 모든 교과에 걸쳐 이루어지는 것이므로 '심성교육은 무엇을 어떻게 하는 것인가 또는 하여야 하는가'의 물음에 대답하는 것은 그만큼 어렵다. 이에 대한 대답, 즉 심성교육의 내용이나 방법을 살펴보려면 그것은 결국 전 교과의 교육내용과 교육방법을 살펴보아야 하는 것이기 때문이다.

나. 자아실현을 위한 가치교육

자아실현(自我實現)이란 글자 그대로 '나를 실현하는 것'이다. '나를 실제로 나타내는 것'이다. '나를 실제로 보이는 것'이다. 자신을 보일 수 있는 방법은 나는 어떤 사람이라고 말하거나 행동함으로써 가능하다. 삶은 가치의 실현과정이라고 말할 수 있다. 의미 있고 보람된 삶은 더욱 그러하다. 자아실현은 무엇보다도 의미 있고 보람된 삶이다. 행복한 삶이다. 이러한 삶은 가치를 실현함으로써 가능하다. 다시 말하면, 자아실현은 가치의 실현이다.

가치를 실현하는 삶을 살 수 있기 위해서는

첫째, 개인인 각자가 가치를 형성하고 있어야 한다.

둘째, 가치문제가 발생했을 때 그것을 해결할 수 있는 가치 판단력을 갖추고 있어야 한다.

셋째, 보다 바람직하게는 자신의 가치관(가치체계)이 수립되어 있어야 한다.

우리는 가치관(가치체계)이 정립되어 있지 않은 사람들에게는 가치의 실현을 기대하기 어렵다. 결과적으로 자아실현도 기대하기 어렵다. 그러므로 가치교육을 한다는 것은 교사가, 아동ㆍ학생들이 가치에 대한 관점을 수립할 수 있도록 그들을 도와주는 일이다. 그런데 가치에 대한 관점은 아동ㆍ학생들이 특별히 학교에서 표면적 교육과정에 의한 가치교육을 받지 않아도 일상적인 삶의 과정을 통해 자연스럽게 형성되는 성질의 것이다. 그러나 그렇게 형성된 가치관은 이른바 건전하지 못한 가치에 선호를 두는 관점으로부터 건전한 가치에 선호를 두는 관점을 가질 수 있도록 그들을 도와주는 일이어야 한다. 즉 물질적 가치보다는 정신적 가치에, 외재적 가치보다는 내재적 가치에 선호를 두는 관점을 가질 수 있도록 도와주는 과정이어야 한다. 가치관이 정립되지 않은 사람은 삶의 의미를 발견하고 보람을 느끼기 어렵다. 삶의 목적을 설정하기도 어렵다. 그러므로 삶의 의미와 보람을 어디서 무엇에서 찾아야 할지 방황한다. 삶의 의미와 보람은 가치의 실현에 의해 가능한 것이기 때문이다. 가치관이 정립되어 있는 사람은 그에게 있어서 삶의 중요한 가치가 무엇인가를, 의미 있는 가치가 무엇인가를 보람 있는 가치가 무엇인가를 알고 있는 사람일 뿐 아니라 그것을 추구하고 실현하는 사람이다. 그러한 가치를 실현하는 사람이 바로 우리가 말하는 자아를 실현하는 사람이다.

다. 더불어 사는 삶을 위한 도덕교육

도덕이란 '옳은 길' 또는 '선한 길'이다. 여기서 도(道)를 '삶'에 비유하면, 도덕이란 '옳은 삶', '선한 삶'이다. 삶은 구체적이든 추상적이든 '행위'에 의해 이루어지므로 옳은 삶, 선한 삶으로서의 도덕은 '옳은 행위', '선한 행위'를 가리킨다.

한편, 도덕의 개념을 기능적인 면에서 볼 때, 도덕은 '공동생활의 원리'라고 정의할 수 있다. 도덕은 공동생활에서 발생하는 문제를 해결하여 사람들의 공동생활을 가능케 하는 작용을 하기 때문이다. 또한 도덕을 삶의 지혜라고 정의할 수 있다. 도덕은 사람들 사이에서 발생한 문제를 해결하여 그들이 원만하게, 즉 사람답게 살아갈 수 있도록 도와주기 때문이다. 이는 우리가 도덕적으로 살지 않고서는 사회구성원으로서 인간답게 살아가기 어렵다는 말이다.

인간은 사회적 존재이다. 사회를 떠나서는 살 수 없다. 이른바 개인적 삶도, 그리고 앞 장에서 살펴본 자아실현마저도 사회에서 사회를 통해 이루어진다. 그러므로 우리는 도덕이 실현되지 않는 사회에서는 인간답게 살기 어렵다. 우리가 인간다울 수 있으려면, 도덕적으로 살아야만 한다. 어떤 사람이 다른 모든 면에서 설사 훌륭하다고 하더라도, 만약에 그가 도덕적이지 못하다면, 우리는 그를 인간답다고 또는 인간이 되었다고 말할 수 없을 것이다. 우리가 도덕적으로 살아야 하는 이유는 바로 인간답게 살기 위해서이다. 우리는 왜 도덕적이어야 하는가? 이는 우리가 도덕적이지 않으면 사람답게 살아갈 수 없기 때문이다. 사회적 차원에서 인간의 인간다움은 도덕적 삶에서 찾아볼 수 있다. 그것은 옳고 선한 삶이기 때문이다. 도덕적 삶은 서로 간에 대립이나 갈등이 없는 더불어 조화롭게 살아갈 수 있도록 우리를 이끌어 준다. 그러므로 도덕적 삶은 인간다운 삶이다. 즉, 인성에 바탕을 둔 삶이다.

2. 학교에서의 인성교육

가. 인성교육 무엇을 지향하는가?

현행 교육과정 총론의 기본방향은 '21세기 세계화 정보화 시대를 주도할 창의적인 한국인육성'이다. 그리고 목표 면에서는 '건전한 인성과 창의성을 함양하는 기초 기본교육 충실'로 삼고 있다. 즉 단위학교 재량권의 범위가 기존의 교육과정보다 넓어졌으며 지식교과 중심에서 인성교육 부문을 교육과정에 표면화하고 있다. 특히, 재량활동 부분의 창의적 재량활동은 인성교육 영역으로 볼 수 있으며 범교과 학습은 인성교육의 내용을, 자기 주도적 학습은 인성교육의 방법을 제시하고 있다. 또한 특별활동 부분의 영역별 분류는 인성교육의 체험적 활동을 구체화하고 있다. 이와 같이 교육과정에서 인성교육이 교육과정의 한 부분으로 자리매김된 것은 시대적, 사회적 요청에 부응된 것으로 볼 수 있다.

인성교육의 기본 목표는 인성교육의 철학 및 목표정립을 통해 도덕성과 인간적인 덕성 함양의 내실화로 세계 속의 시민으로서 더불어 살아가는 '사람다운 사람'으로 육성하는 것이라고 밝히고 있다.

이러한 기본 목표를 달성하기 위한 중점 지도 덕목을 중점 지도 영역별로 나누어 제시하고 있는데, 이러한 덕목을 지도하기 위해

첫째, 세계화를 향한 교육 관계자들의 인성교육에 대한 의식전환과 다음 세대를 사람다운 사람으로 기르겠다는 열정을 불러일으킴으로써 교사들의 자발적인 참여 분위기를 고취시켜 정책수행의 실효성을 제고한다.

둘째, 도덕성, 인간성 함양 교육을 핵심으로 하고 학교교육의 전반적인 사항을 재조정하여 교과활동, 특별활동 등 전 교육 활동에 인성교육이 스며들게 한다.

셋째, 학교 · 가정 · 사회가 함께하는 교육으로 학교 교육의 권위를 회복하여 학교는 전인 교육을 실현하고 가정은 효와 예를 바르게 가르친다는 정책 방향을 설정하고 교육의 전 영역에 걸쳐 인성

교육이 바르게 이루어질 수 있도록 추진하고 있다. 2007년 개정 교육과정과 2009년 개정 교육과정에서 강조하고 있는 덕목을 살펴보면 다음과 같다.

  (1) 개성을 추구하는 사람
  (2) 창의적인 능력을 발휘하는 사람
  (3) 진로를 개척하는 사람
  (4) 가치를 창조하는 사람
  (5) 공동체의 발전에 공헌하는 사람

나. 교육 여건은 어떤가?

학교는 독립된 기관이지만 가정과 지역 사회를 떠나서는 존립할 수 없다. 학교에서 도덕 교육이 잘 이루어진다고 하더라도 가정이나 사회에서 부정적인 영향이 강하면, 학생들은 겉으로만 또는 학교 안에서만 도덕적인 행동을 할 수도 있다. 그리고 실제로 이러한 사례도 많이 발견되고 있다.

물론 학교에서 가정과 지역 사회를 연계하는 인성교육 프로그램이 없는 것은 아니다. 경로 행사, 지역 봉사활동, 학교 주변 정화 운동 등 지역 실정에 따라 다양하게 운영되고 있으나 소기의 성과를 거두지 못하고 형식적이고 전시적인 것으로 그치는 경우가 많다. 또한 학부모들은 자기 자녀의 성적에는 큰 관심을 가지고 있으면서도 친구 관계나 원만한 학교생활 등 도덕적인 측면에 대해서는 관심이 적은 편이다. 학생들의 인성 함양을 위해 가정 및 지역 사회와의 연계가 반드시 필요하므로, 적절한 연계 방안을 강구해야 할 것이다. 또한 인성교육의 주체인 교사들의 여건은 더욱 악화되고 있는 실정이다. 학급당 학생 인원수가 줄어든 것은 참으로 다행한 일이지만, 평균 수업시수나 담당 업무량은 상대적으로 늘어서 인성교육에 관심을 기울일 시간이 줄어들 수밖에 없는 실정이다. 특히 근래 각급 학교에 연차적으로 주5일수업제 도입으로 인성교육 실천의 여건과 여지가 매우 넓어졌다.

다. 무엇이 어려운가?

인성교육을 교육의 기본 덕목으로 삼아서 지속적으로 실시하여 왔음에도 불구하고 인성교육이 학교 현장에서 정착되지 못하는 이유를 요약하면 다음과 같다.

첫째, 인성교육이 학생들에게 인성을 발달시킬 수 있는 교육내용 혹은 교육기회를 제공하지 못했거나, 제공하였더라도 사회적·문화적 변혁기에 적합하지 않은 내용이 많았다는 지적이다. 그리고 지식 중심의 입시 위주 교육은제공하의 균형적 발달을 저해함으로써 교육의 본질인 전인교육을 충실하게 하지 못했고, 급격한 과학의 발달에 의하여 정신적 가치보다는 물질적 가치 위주의 가치변화로 인간을 물질 중심으로 평가하려는 경향이 팽배해졌다. 따라서 교육 자체가 인간을 존중하고 인정하는 목적임에도 불구하고 국퓨의 정치, 경제, 사회, 문화 등의 논리교육각 개인의 출세 도구로 전락은 내용육 자체가 물질과 명 자 얻는 도구로 인식되어 가는 데에 대한 냉철한 성찰이 필요하다.

둘째, 인성교육 방법에서 수요자의 흥미나 요구를 제대로 반영하지 못한 측면이 있었다. 인성교육은 학생들의 자발적인 행동 변화와 선택을 촉진하기 위한 여러 가지 경험이나 조건을 제공하는 것을 의미한다. 따라서 강제 억압으로 인성을 변화시키려는 적용은 올바른 의미의 인성교육이라 할 수 없다. 따라서 학교에서의 인성교육은 인성의 발달과 변화에 관한 체계적이고 과학적인 이론을 중심으로 전개하여 바람직한 학습을 할 수 있도록 체계적인 방법과 절차에 의해서 이루어져야 한다.

라. 학교 인성교육의 내용

(1) 교육하고자 하는 덕목의 범주

(가) 역사적 배경(전통윤리) 관련 덕목: 오륜, 충효, 성경(정성과 공경), 기본예절 등
(나) 개인적, 도덕적 성숙 관련 덕목: 기본 생활습관, 정직, 근면, 성실 등
(다) 사회 변화(산업화) 관련 덕목: 질서, 공공규칙 준수, 타인 존중 등

(2) 인성교육의 4가지 주요 영역과 덕목

〈표 41〉 인성교육의 영역과 덕목

영역	기본 생활습관	자아확립	효도 · 경애	공동체 의식
주요 덕목	규칙적인 생활	정직	기본예절	질서, 공공규칙 준수
	정리 정돈	근면	효도	협동, 봉사
	청결 위생	성실		민주시민 자질
	물자 절약	자주	경애	합리적 의사 결정
				타인 존중, 공익

(3) 도덕(윤리)과 초·중·고 학년별 생활영역 및 내용

〈표 42〉 도덕과 초·중·고 학년별 생활영역 및 내용

과목명		바른 생활(1, 2학년)	도덕(윤리)과(3-10학년)
내용	영역		
생활영역별 내용	개인생활 영역	• 몸가짐을 바르게 하기 • 인사 잘하기 • 건강과 안전에 유의하기 • 자주적인 생활태도 갖기 • 규칙적인 생활을 하기 • 거짓말하지 않기 • 물건 아껴 쓰고 저축하기 • 자신의 말과 행동 반성하기	• 생명존중 • 자주적인 태도 • 성실한 생활 자세 • 절제하는 태도 • 실천의지 등의 규범제시
	가정·이웃생활 영역	• 형제간의 우애와 부모에게 감사하기 • 식사 및 접대예절 알기 • 친척 간의 예절과 이웃 간의 예절 지키기	• 가정에서의 예절 • 향토애 • 관용의 태도 • 경애하는 태도
	학교생활 영역	• 선생님에 대한 예절 • 친구 간의 예절 지키기 • 학교 규칙 준수하기 • 학교 시설 바르게 이용하기 • 학교행사 때 예절 지키기 • 학교에 대한 긍지와 자랑	• 학교에서의 예절
	사회생활 영역	• 공중도덕 지키기 • 질서 지키기 • 협동 책임 • 자연보호 활동	• 공공질서 지키기 • 협동 공익 준수 • 공정과 정의 • 민주적 절차
	국가·민족 생활 영역	• 국가와 국기에 대한 예절 • 나라와 민족을 사랑하는 마음 갖기 • 통일 의지 갖기	• 국가애, 민족애 • 통일 노력 • 국제 우호 • 인류애

마. 학교에서의 인성교육 방법

일반적으로 인성교육은 교과내용의 학습에서보다는 교사의 행동, 수업 분위기, 급우들과의 관계, 단체생활, 학교의 일상생활, 정규수업 이외의 비공식적 시간 등 의도하지 않은 잠재적 교육과정에 의해서 많은 영향을 받는다. 그리고 인성교육은 집단지도와 상담활동을 통해서 쉽게 이루어질 수 있다. 단체생활 속에서의 상호작용을 통해 인성이 형성되는 경우가 일반적이다. 특히 지적인 측면보다는 정의적 측면에서의 직접적 체험을 통해서 쉽게 인성교육이 이루어진다. 이 과정에서 교사와 학생 간의 공감적 관계(Rapport)가 매우 중요하다. 이상과 같은 인성교육의 일반적 특성을 토대로 하여 효율적인 인성교육의 방안을 모색해 보는 것은 매우 의미 있는 일이다.

(1) 각 교과 활동에서의 인성지도

(가) 도덕과 교수 학습활동 – 전체가 인성교육과 관련
    1) 도덕과 갈등 극 만들고 시연하기
    2) 신문과 TV를 통하여 인성덕목 관련 글쓰기
    3) 긍정적 자아감 형성을 위한 학습활동
    4) 체험학습을 통한 도덕적 실천력 강화
    5) 도덕적 판단력을 기르는 모의재판 수업의 진행

(나) 국어과 교수 학습활동
    1) 인물 연구를 통한 올바른 삶의 자세 익히기
    2) 삶을 반성하고 성찰할 수 있는 시간 갖기
    3) 연극 활동을 통해 창의력과 공동체의식 높이기
    4) 창작 활동을 통해 창의력과 공동체 의식 높이기
    5) 언어활동 영역: 도덕적 태도 능력 기능에 직결
    6) 읽기 자료 문학작품: 등장하는 인물의 행동, 감정의 도덕적 판단의 기준 가치관 형성에 도움이 되는 우리말의 자연스럽고 아름다운 용법, 민족 고유의 정서나 정신 체득

(다) 사회과 교수 학습 활동 – 민주시민 교육
    사회적 현상 재도의 이해 문제해결 과정: 공동체 의식, 민족정신, 국토애 등 시민적 가치 자극

(라) 과학과 교수 학습 활동
    1) 사고 탐구력: 도덕적 문제 해결을 위한 사고와 탐구 활동에 공헌
    2) 환경 학습요소: 생명 존중의 덕목
    3) 에너지 학습: 절약 덕목

(마) 예·체능과 교수 학습 활동(2009년 개정 교육과정의 체육과 예술〈군〉)
    1) 체육 건강 안전 페어플레이정신 여가 활동 등 체험적 활동: 인성교육에 접근
    2) 음악: 더불어 부르기(제창) 화합 여가 선용 심미성 추구
    3) 미술: 사물과 인간에 대한 깊은 성찰과 이해와 사랑

(바) 교과 교육에서의 교사가 유념할 점
    1) 학생들에게 진실을 보여 주는 교사
    2) 학생에게 애정을 베푸는 교사
    3) 평소 용의나 복장 단정 등 기본적 예절 수범
    4) 수업 중에 학생들의 행동 반응에 격려, 칭찬 자주 하기
    5) 학생의 특성과 개인차 고려한 방법 구안
    6) 수업 시간의 시작과 끝을 명확화
    7) 과제 등 학생과의 약속 충실한 이행
    8) 상호 과정에서 학생들의 의견존중 반영
    9) 발표의 기회를 균등하게 하여 인격 존중

10) 개방적인 질문 사고를 통한 자주적 태도 육성

11) 협동적인 학습 기회 제공으로 개성신장과 협동적 태도 육성

12) 교사의 실수, 잘못을 솔직히 인정

(2) 특별활동을 통한 인성교육

특별활동은 교과와 상호 보완적 관련 속에서 학생의 심신을 조화롭게 발달시키기 위하여 실시하는 교과 이외의 활동이다. 특별활동 영역별로 활용할 수 있는 인성교육의 방법을 알아보면,

    (가) 자치활동: 학급회, 학생회 조직 및 운영과 계획적인 다양한 활동을 통하여 스스로 참여하고 자신의 맡은 역할수행을 수행하면서 자주성과 민주시민의 자질을 기를 수 있다.

    (나) 적응활동: 기본 생활에 필요한 덕목들을 습관화할 수 있도록 하여 친교와 협동생활을 통하여 자신에 대한 객관적 이해를 도모하고, 클럽선택과 상담을 통해 자신의 성격과 문제를 이해하고, 심성계발을 통해 자신의 정체성을 확립할 수 있다.

    (다) 계발활동: 자신의 흥미, 취미, 적성에 맞는 여가문화 활동을 통해 자신의 심성과 성격을 훌륭하게 키워 나가는 수양을 한다. 특히 자신의 장기와 취미에 적합한 놀이를 통해 성격 교정을 하거나 특정 능력이나 기능을 배양할 수 있다. 그리고 스카우트, 청소년연맹, 적십자, 우주정보소년단, 해양소년단 등 청소년 단체 활동을 통해 협동심과 사회성을 기른다.

    (라) 봉사활동: 일손 돕기를 통해 사랑과 호혜정신을 기르고 양로원 방문을 통한 경로효친의 사상을 배운다. 불우이웃 돕기를 통해 협력하고 타인을 배려하는 너그러운 마음을 기르고 더불어 사는 공동체 의식을 가질 수 있다. 공공질서확립 캠페인을 통해 사회생활과 공중생활에 필요한 질서와 공중도덕을 배양한다.

    (마) 행사활동: 국경일이나 각종 기념식을 통해 의례의 중요성을 인지하고 학예 발표회나 전시회, 경연 및 실기대회, 감상회 등을 통해 창의성을 기르고 작품준비 과정 속에서 협동정신을 기른다. 문화재나 명승지 답사를 통한 우리문화의 얼과 조상에 대한 공경심, 전통문화에 대한 사랑, 등산과 야영, 국토순례와 탐사활동을 통한 정신수련을 기할 수 있다.

(3) 창의적 재량활동 · 창의적 체험 활동을 통한 인성교육

다양한 교육 경험을 통하여 학생들의 소질과 특기를 신장시키며 바람직한 인성 발달을 촉진시킨다.

    (가) 범교과 학습: 민주시민 교육, 인성교육, 진로교육 등

    (나) 자기 주도적 학습: 주제 탐구 활동, 직접 체험 활동(창의적 체험활동 포함) 등

(4) 상담 및 생활지도를 통한 인성교육

　교과 학습지도의 일차적 목표가 지적인 성숙에 있는 반면, 상담과 생활지도는 지적인 영역 외의 인격적인 성숙을 의도한다고 볼 수 있다. 따라서 인성교육을 가장 효과적으로 전개할 수 있는 전문 영역이 이 분야라고 할 수 있다.

　우선 일상생활에 상담의 원리와 태도를 적용하는 것은 매우 중요하다. 특히 교사와 학생과의 대화에서 승인 반응을 보이고 학생의 얘기를 잘 들어 주어 공감적 분위기를 형성해야 한다. 그리고 학생에 대한 존중의 자세가 유지되어야 하고 학교생활과 그 외의 환경에서 보여 주는 일상 속의 태도와 모범적 행동이 매우 중요하다.

　　(가) 영역: 현장 지도 잠재적 교육과정 학급 운영 등

　　(나) 원리: 반복성, 지속성, 일관성, 공정성, 예방성, 과학성

　　(다) 기본 생활의 습관화 활동 강화

　　　　－「이것만은 꼭 지킵시다」 생활 수칙 3운동 전개

　　　　리본 만들어 패용하기, 매일 암송 발표하기, 오후 하교 전 반성하기, 일기 쓰기, 방송, 학교 신문, 학교나 학급 홈페이지 가정 통신문을 통한 지도

　　(라) 모델링과 인성교육: 교사가 강력한 모방의 대상임

　　(마) 임장 지도: 외적 제재 일러 주기 방식보다는 더 인간적 더 학생 중심적

　　(바) 상담과 인성교육: 수용과 공감, 속마음을 읽어 주는 적극적 경험 중시

　　(사) 잠재적 교육과정에서 교사들이 유념해야 할 행위

　　　　1) 학생들의 인사를 친절하게 받아 주기: 기본예절, 타인 존중의 표본

　　　　2) 학급 비품의 정리 정돈 상태 확인: 책임감 덕목증진

　　　　3) 교사 부재 시 반장 등 임원들이 친구를 처벌하는 행위 금지: 비인간화

　　　　4) 학생들과 청소 활동 동행: 청결 덕목 강화 질서 지도

　　　　5) 점심시간 학생과 식사 동행: 식사 예절, 우호적인 인간관계, 정리 정돈 습관

　　　　6) 학생들을 벌로 청소 안 시키기: 외적 제재는 비인간화 초래

　　　　7) 학생들과의 약속 이행 철저: 교사의 솔선수범이 인간적

　　　　8) 학급 조회 시 학생에게 요구한 사항은 결과 확인: 책임감 증진

　　　　9) 학급 훈화 시 인성교육의 가치 창조: 가치의미 인식

　　　　10) 학급에서 물자 절약 현장지도: 근검절약 실천

　　　　11) 모든 학생에게 동등한 인격체로서 대우: 경애심, 타인존중 정신 고양

　　　　12) 잘하는 행동 찾아 칭찬 격려: 좋은 인성 발달 유도

　　　　13) 학생들의 고민을 같이 걱정: 학급 분위기 인간화

　　　　14) 전체 학생 통솔을 위해 특정 개인 희생 삼가: 부정적 인성 발달 지양

　　　　15) 일부 학생의 잘못 때문에 전체 학생 처벌 금지: 공정성 파괴 이외에 학생 잘못 시 모욕적인 언사 안 쓰기 및 처벌하지 않기

(5) 학급 및 학교 운영을 통한 인성교육

(가) 쾌적한 환경 조성: 자연환경의 소중함 생명 존중 의식
(나) 환경의 청결화: 질서 의식 책임감 공중도덕 시사
(다) 밝은색 교실 환경: 온화, 따뜻함, 안정감

(6) 평가방법 및 시상제의 개선을 통한 인성교육

(가) 성적보다는 덕성 경쟁보다는 협동의 가치 강조
(나) 도덕적 행동, 심미적 성장, 교내외 선행 봉사활동 평가에 반영
(다) 다양한 시상제 실시: 정직상, 예절상, 준법상, 봉사상, 효행상 등

바. 학교 현장에서 강조되어야 할 인성교육 실행 방안 10가지

(1) 기본 생활습관 기르기

바르게 인사하기, 고운 말 쓰기, 차례 지키기, 깨끗이 하기, 내일 내가 하기는 철저하게 습관화시킨다.

(2) 전 교과를 통해 인성 교육을 시키기

인성교육은 모든 교과의 영역으로 도덕 교과에만 위임할 것이 아니라 전 교육과정을 통해 전 교사가 관심을 갖고 실시해야 한다.

(3) 교사의 모범 보이기

인성교육은 교과학습지도 못지않게 잠재적 교육과정으로서의 측면이 강하다. 특히 초등학교에 있어서는 교사의 개인적인 특성이 학생들의 태도, 성격, 행동 형성에 지대한 영향을 준다.

(4) 부모 교육시키기

부모도 교사 못지않게 인성교육의 필요성과 내용을 체계적이고 논리적인 면에서 인식할 필요가 있으며 이것은 학교가 사회 교육의 차원에서 전문적으로 수행해야 한다.

(5) 인성교육을 위한 생활 지도 프로그램 활용하기

보다 체계적인 인성교육을 위해 소집단 체제의 인성교육학습 프로그램을 활용할 수 있으며 그 주된 내용은 다음과 같다.
       (가) 긍정적 자아 개념 형성 프로그램
       (나) 대인 관계 프로그램
       (다) 자기주장 훈련 프로그램
       (라) 봉사활동 프로그램
       (마) 위인전 읽기 프로그램
       (바) 성격 교정 프로그램

(6) 노작 활동을 통해 인성교육 활성화하기

자기가 해야 될 일을 인내심과 극기심을 가지고 끝내도록 함으로써 성취감과 자긍심을 높이도록 하는 것이 필요하다. 이는 노동의 중요성과 가치를 인식시켜 주는 것으로 1일 1화분이나 교재원 가꾸기, 환경 보호 봉사활동, 1인 1선 운동, 애향단 활동 등을 들 수 있다.

(7) 극기심 협동 정신 함양하기

수련 활동이나 준거 집단 활동의 활성화로 극기심이나 협동 정신을 기른다.

(8) 자신감과 자긍심 함양하기

학생의 장점이나 특기를 모아서 이를 칭찬하고 장려함으로써 자신감과 자긍심을 길러 준다는 표창으로서 학습 지도상보다 웃음상, 봉사상, 건치상, 청소상 등이 좋은 예가 된다.

(9) 건전한 취미 활동 장려하기

       (가) 음악 미술 감상하고 토론하기
       (나) 시 낭송하기
       (다) 주제 일기 쓰기

(10) 독서 활동 활성화하기

책 읽기는 논리적 사고력과 분석력을 길러 주고 우리가 미처 간파하지 못한 사회 현상들의 관계를 명확히 해 줄 뿐 아니라 인간들에게 근본적으로 중요한 것이 무엇인가를 깨우쳐 준다. 그러므로 양서가 간직한 가치를 즐거움으로 대할 수 있다면 그것이 곧 좋은 인성을 얻는 지름길이라 하겠다.

사. 기타 인성교육 실천에서 유의할 점

(1) 인성교육 프로그램 적용의 문제

인성교육에서는 실천하고 습관적으로 행동하는 것뿐만 아니라, 합리적인 이유를 가지고 스스로 도덕적인 판단을 내리는 일이 매우 중요하다. 그러나 실천 위주의 행동 강화 프로그램을 적용하는 경우 자신의 자율적인 판단보다는 강화자(특히 교사)에 의해서 행동하는 경우가 많은데, 이 경우 학생들을 맹목적으로 순응하고 복종하는 사람으로 유도하지 않도록 유의하여야 한다.

또한 행동으로 표현되는 것보다 불쌍한 사람에 대한 동정심, 훌륭한 사람에 대한 존경심, 더불어 생활하는 사람들에 대한 경애심과 같이 밖으로 드러나지 않는 마음씨를 기르는 일에도 많은 관심을 가져야 할 것이다.

지금까지 개발된 인성교육 프로그램들은 주로 성격심리학과 상담의 학문적 배경을 가지고 이루어져 왔다. 이 경우 인성은 성격으로 이해되며 주로 심리 교육적 방법을 적용해 오고 있다. 그러나 인성이 다차원적 모습을 지니는 것이라면 심리교육 위주의 프로그램 개발방식은 다소 보완될 필요가 있다. 교육부에서 제시하고 있는 인성교육의 중점지도 영역이 타당하다면 각각의 영역에 알맞게 균형 있는 프로그램들이 개발되어야 할 것이다.

최근에는 자기 자신을 되돌아보고 발견하는 문제와 관련 프로그램들이 많이 개발되고 있다. 특히 자아 개념 육성프로그램이나 자기발견과 성장을 도와주는 성찰노트 등이 있고 상담원리와 기법을 활용한 프로그램, 특정정서 통제능력 향상 프로그램, 급우관계 조정능력 프로그램 등이 소개되고 있다. 자기발견과 성장 프로그램에는 인간관계, 고민해결, 자신의 객관적 이해, 가치결정, 신념과 인생목표, 학업성찰, 능력과 직업진로 등의 문제들을 주제로 하여 자신을 이해할 수 있는 포괄적 주제들을 다루고 있다. 그리고 정서문제와 관련하여 정서지능(EQ)개발 프로그램과 심리치료를 위한 마인드맵(mind map)도 학교의 실정에 맞게 활용할 수 있을 것이다.

(2) 교사의 학생 지도관 문제

인성교육에서 교사와 학생의 인간적인 만남은 필수 조건이라고 할 수 있는데, 학생을 인격체로 존중하고 교사가 솔선수범하는 태도가 무엇보다 중요하다. 교사들은 '스스로 옳다고 믿고 생활 속에서 실천하려고 애쓰며 학생들도 최소한 이것만은 배워야 한다고 생각하는 기본적인 가치'에 대해 비교적 높은 수준의 합의를 이루고 있다. 그런데 가치를 적용하는 학생 지도와 훈육 문제에서는 대부분의 교사들이 교사들 간에 의견의 차이가 있으며, 특히 세대가 다른 교사들 간에서 그 차이가 두드러진다. 이러한 현상이 교사들의 일관성 없고 때로는 공정치 못한 지도 방식으로 나타나지 않도록 유의해야 한다. 이를 위해서는 협의를 통한 합의를 이루어야 하며, 교사 연수 과정에 인성교육에 대한 내용이 많이 다루어져야 할 것이다.

3. 현대 가족과 예절교육

예절교육이란 좁은 뜻으로는 '예의범절을 가르쳐서 익히게 하는 것'이지만 넓은 뜻으로는 '한 사람으로의 어엿한 사회인으로 완성시키는 일'이다. 여기서 다룰 예절교육은 후자의 뜻을 포함한 것이다. 따라서 단순히 예의범절을 가르치는 것이 아니라 어린이가 한 사람의 어엿한 사회인이 되기 위하여 필요한 생활습관이나 행동·태도·가치 등의 광범위한 내용을 익히게 하는 것을 문제로 삼는다.

어린이의 예절교육은 부모만이 행하는 것이 아니다. 조부모나 형제자매나 부모를 대리한 일가친척이 행하는 경우도 적지 않다. 가정에서뿐만 아니라 학교에서도 어린이에 대한 예절교육이 이루어지고 있다. 지역사회에서도 마찬가지일 것이다. 그러나 어린이의 예절교육의 기본은 역시 가족에 있다고 볼 수 있다. 어린이가 기본적인 행동양식을 익혀 가기 시작하는 곳이 가정이기 때문이다.

현대가족의 예절 교육상의 특징을 다음과 같이 점에서 생각해 볼 수 있다.
가. 예절교육의 목표(어린이를 어떤 인간으로 육성하려고 하고 있는가)
나. 예절교육의 내용(어린이에게 무엇을 교육시키고 있는가)
다. 예절교육의 담당자(누가 주로 교육시키고 있는가)
라. 예절교육의 방법(어떤 방법으로 교육시키고 있는가)

가. 확산되는 예절교육의 목표

예절교육은 원래 의도적, 목적적인 활동이다. 부모의 자녀에 대한 예절교육은 단순한 접촉이나 대화가 아니라 부모가 생각하는 목표를 향한 의도적인 활동이다.

효행 충절을 중심으로 한 예전의 가족규범은 크게 변화했는데, 변화한 가치규범은 개인을 존중하는 민주주의의 이념이며 그 이념은 국가적인 강요나 일정한 방향에 대한 주입을 거부하는 것이었다. 다양한 가치와 다양한 인생방식이 허용되게 됨과 동시에 예절교육의 목표는 확산되지 않을 수 없게 된다.

현대의 부모들에게 당신의 자녀가 어떤 어린이기를 바라는가 하고 물으면 남에게 의지하지 않고 자기의 생각대로 행동하는 아이라는 대답이 가장 많다. 착하고 순종적인 아이라는 대답은 거의 없다.

예전의 예절교육 목표는 자취를 감추고 새로운 목표가 등장하고 있는 듯하지만, 잘 생각해 보면, 어린이가 자신을 생각한다는 것은 이른바 교육의 객체인 어린이이게 책임을 떠맡기는 것이라고도 할 수 있다.

실제로 현대사회에서는 부모 자신이 확고한 인생목표를 갖기 어렵다. 도시의 핵가족화된 샐러리맨 근로자에게는 사회나 체제로부터 동떨어진 가정의 삶의 기쁨을 느끼는 장소가 된다. 삶의 기쁨이라고 해도 가족 간의 단란함이나 자녀 등이 그 내용이 되는 경유가 많다. 예절교육의 목표가 나타나기 어려워지고 있는 또 하나의 큰 이유는 전후의 경제발전 공업화의 진전 등에 따른 고용자 세대의 대폭적인 증가이다.

제2차, 제3차 산업의 발달은 도시를 중심으로 방대한 고용노동자를 탄생시켜 왔다. 고용노동은 생활 자체가 토지에 의존하는 것이 아니므로 부모에게서 자식으로 직업이 전수되지 않는다.

현대가정에서는 자녀들이 부모의 직업과 자신의 장래를 분리해서 생각하는 것이 보통이다. 부모도 자녀에게 자신과는 다른 미래를 기대한다. 부모가 자신의 현상을 부정하면서 자녀교육을 해야 하는 현대사회는 어떤 부모에게나 감당해 내기 어려운 시대인 것이다.

나. 노동(노작) 교육의 상실 - 예절교육 내용의 문제

고용노동자 가족이 증가하고 부모로부터 자식으로 직업이 전수하지 않게 된 것은 예절교육의 목표뿐만 아니라 그 내용의 상실로도 이어졌다. 생업을 통해 부모가 자식에게 가르쳤던 여러 가지 교육이 사라져 버린 것이다. 가정과 노동의 장소가 같고 논밭이나 상업기술이나 가옥 등이 부모에게 자식으로 계승되는 것이 일반적이었던 시대는 부모가 자녀에게 생업과 더불어 살아가는 길 그 자체를 전해 주었다. 부모가 노동을 통해 채득한 기술이나 지식은 물론 금전관리와 타인과의 교제쳤던 또 직업윤리나 신앙 신념 등 인생의 모든 것을 자녀에게 전달하려고 했다. 자녀들 또한 그것을 배움으로써 자신의 장래가 보장되므로 열심히 이어받으려고 했다.

부모가 의도적으로 가르치려고 하지 않았더라도 농업이나 수공업이 중심이었던 시대에는 어린이는 실제노동에 참가함으로써 도구 다루는 방법이나 일의 엄격성 등을 자연스럽게 배울 수 있었다. 매일의 생활을 통해 땀 흘리며 일하는 부모의 모습을 보거나 함께 일하는 협동의 의의나 연대감을 익히고 정서나 의지, 인생관을 형성해 갈 수 있었다.

고용노동이 주체가 된 현대가족은 노동 장소와 가정이 분리되어 버렸기 때문에 이런 교육을 거의 기대할 수 없게 되었다.

어린이는 부모가 일하는 모습을 볼 수 없게 되고 아버지의 부재에 따른 아버지의 권위실추라는 현상이 나타나게 된다. 정신분석학자들에 따르면 직업이 전문화되고 분업이 발달하여 복잡한 관리체제가 정비된 현대사회의 노동 자체가 단편적이고 비구상적인 일을 증가시키고 있다고 지적하면서 어린이는 아버지와 함께 일하면서 배우는 경험을 하지 못하고 아버지에 관한 엄청난 환상을 갖게 되었다고 주장했다. 또한 아버지가 집으로 가지고 돌아오는 것은 직장에서의 분노와 피로와 세상의 소문밖에 없다고 서술하고 있다. 그런 아버지의 모습에서는 권위를 찾아볼 수 없다. 권위를 잃은 아버지의 자녀에 대한 질책은 반발심을 불러일으킬 뿐이다.

현대의 아버지는 자신이 직장에서 얻은 지식이나 기술을 자녀에게 전달하려고 하지 않는다. 부모와는 다른 좀 더 나은 직업을 기대하기 때문에 부모 자식 간의 단절을 초래하는 것이다.

다. 부모를 도와주지 않는 자녀들

고용노동자 가족의 증가는 자본주의가 고도로 발달한 구미의 선진국에 공통적으로 나타나는 현상이다. 그러나 어린이가 집안일을 거든다는 점에서 우리나라와는 다르다. 우리나라에서는 특히 남자가 가사를 거들지 않는 경향이 있다. 가사는 여자의 일이라는 인식이 강하기 때문이다. 여자는 가정, 남자는 바깥일의 분업체제가 확실한 것도 우리나라인데, 이것은 우리나라의 아버지가 가정생활에서 자녀와 접하는 시간이나 기회가 적다는 점이다. 부모가 자녀에게 권위를 나타내고 자녀에게 의식적으로 예절교육을 시킬 수 있는 것은 부모와 자녀가 일이나 운동이나 여행 등을 함께하면서 여러 가지를 가르쳐 주거나 대화를 나눌 때이다. 이런 시간을 갖는 비율도 우리나라의 경우는 다른 나라에 비해 매우 낮다.

살아가기 위해서는 온 가족이 가혹한 노동을 분담해서 해내야 했던 시대에 비하면 확실히 현재는 축복받은 시대이다. 그러나 그럴수록 가족 전원이 공동으로 즐거움을 나눌 수 있는 기회를 의도적으로 가져야 할 것이다.

라. 어머니 한 사람의 책임 - 예절교육의 담당자의 문제

고용 노동자 가족의 증가는 가족으로부터 아버지의 물리적 정신적 부재를 초래함과 동시에 육아나 예절교육의 책임을 필연적으로 어머니에게만 집중시키는 결과를 낳고 있다.

가정이 이미 생산노동의 장소가 아니고 농업이나 수공업 등의 기업을 하지 않게 된 여인들은 남편의 부재시간의 증가함을 따라 자녀들을 돌보는 시간을 더욱 많이 갖게 되었다. 또한 자녀수가 감소하고 있기 때문에 한 자녀에게 쏟는 시간과 관심이 엄청나게 많아지고 있다. 어린이 측에서 보면 인간의 발달에 있어서 가장 중요한 시기에 막대한 양의 시간을 오로지 어머니 한 사람과 지내게 되는 셈이다. 따라서 예절교육 또한 어머니 한 사람에게서 받는다. 고용자 가족의 경우 생활이 토지와 결부되지 않기 때문에 전근 등으로 지역이동이 잦다. 친정이나 시댁으로부터 떨어져 도회지에서 살고 있는 젊은 주부들은 좁은 집 안과 그 주변이 생활환경의 전부이다. 그런 환경 속에서 육아에 전념하다 보니 자연히 육아노이로제 현상이 나타나기도 한다. 현대사회에서는 예절교육의 담당자가 예전처럼 지역사회나 일가가 아니라 축소된 핵가족의 부모일 뿐이다. 그나마 아버지는 집에 없는 시간이 대부분이기 때문에 모든 책임이 어머니에게 맡겨진다. 예절교육을 담당하는 사람이 현저하게 줄어든 것은 어린이의 자립능력의 저하나 타인과의 교제능력의 저하로 나타나고 있다. 어머니 한 사람으로부터 일방적으로 받는 영향은 어린이의 심신발달을 비정상적인 것으로 만들어 버린다.

예절교육의 담당자를 어머니 한 사람으로 고정시켜 놓고 아무리 어머니 자신의 자각을 촉구해도 결과는 늦 자신을 것이다. 아버지를 비롯해서 교육의 담당자를 늘이 자신으면 안 된다. 어머니 자신이 아이와 함께 좀 더 넓은 사회관계 속에 발을 들여놓는 것도 중요하다.

마. 허술한 예절교육 - 예절교육 방법의 문제

어머니가 육아에 전념하고 자녀를 위해 전력을 다하는 것은 최근의 현상이 아니다. 우리나라의 가족관계에서는 본래 어머니와 자식의 유대가 강하다. 가문의 존속을 위한 가족제도하에서 며느리로서 고독하고 불안정한 입장에 있던 여성이 어머니가 됨으로써 안정을 얻고 자녀를 애정의 대상으로 삼아 결속을 다져 나갔던 것이다. 그것이 오늘날 핵가족화나 아버지의 부재에 따라 더욱 강화된 듯하다.

어머니와 자녀의 의존적 관계나 모자의 일체감은 우리 사회의 문화적 특질인 응석을 허용하는 인간관계의 원형이 되고 있다. 응석심리의 발생은 섬나라 단일 민족이라는 여건하에서 그 역사가 매우 길다.

따라서 모자일체의 관계나 응석이 허용되는 관계가 중시되는 우리나라의 경우 예절교육의 방법도 구미 각국과는 다른 형태로 나타난다. 구미 각국의 예절교육이 약속에 의한 것이라면 우리나라의 그것은 부모의 마음을 헤아림에 있다. 모자일체감을 중시하는 이상 어머니는 자녀를 항상 따뜻하게 안아 주면서 아이와 같은 입장에 선다. 어머니는 아이에게 벌을 주거나 등을 돌리지 않고 품에 안아 주면서 어머니의 마음을 이해해 주겠거니 한다. 이런 방법은 약속과 벌에 의한 서양의 예절교육 방식으로 볼 때, 상당히 애매하고 허술한 것이다. 규칙이나 이유를 설명하지 않고 모자의 일체성에 기초한 이 방법은 오늘까지도 이어져 내려오고 있다. 어릴 적 응석의 문화를 가진 우리나라에서는 남의 마음을 헤아리는 신뢰감에 기초한 예절교육이 사회생활에서도 반드시 필요하다고 할 수 있다. 그러나 모자일체의 육아환경을 위해 유아기에 발휘되었던 응석의 심리가 청년이나 성인이 된 후에까지 남아 있는 경우가 적지 않다. 규칙이나 이유를 배우지 못하고 자란 데서 오는 문제가 많다.

자녀가 성장한 후에도 여전히 어린아이처럼 돌봐 주면서 곁을 떠나지 못하는 어머니가 적지 않다.

아버지가 언제 자녀 앞에 등장해서 모자일체의 관계를 끊어 주는 역할을 하느냐가 매우 중요하다. 현대가족 자체가 예절교육을 하는 데 있어서 구조적으로 약점을 가지고 있다는 것을 충분히 인식할 것, 그리고 그 약점을 보완하는 근본적인 대책을 사회 전체가 생각해 가야 할 것이다.

4. 현대사회와 예절교육의 후퇴 현상

어떤 방침으로 가정교육을 하고 있느냐는 질문을 받았을 때 명확하게 답변할 수 있는 사람은 많지 않다. 학업 성적이나 시험공부에만 마음을 빼앗겨 인격형성에 필요한 다른 모든 교육을 경시하는 부모가 많다. 원래 어린이에 관한 문제는 한 가정의 문제가 아니다. 그것은 곧 어른사회의 반영이며 사회에 대한 문제 제기이다.

현대사회는 하나의 위기에 직면해 있고 교육 역시 커다란 전기를 맞이하고 있다. 이런 문제의식을 기초로 현대 어린이의 예절교육을 고찰해 볼 필요가 있다.

가. 예절교육의 후퇴에 관한 문제

최근의 문제는 등교거부 · 음주 · 흡연 · 폭주 · 약물복용 · 가정 내 폭력 등 이루 헤아릴 수 없을 정도이다. 이런 문제행동의 배경은 매우 복잡하지만 예절교육이 중요한 위치를 차지하고 있는 건 분명하다. 몇 가지 예를 통해 구체적으로 검토해 보자.

(1) 등교거부와 생활습관

등교거부를 하는 경우는 여러 타입이 있지만 생활습관이 자립되어 있지 않거나 생활의 리듬을 조절하지 못하는 예가 상당히 많다. 예컨대 취침과 기상의 시각이 일정치 않거나 낮과 밤의 생활이 뒤바뀐 경우이다.

또한 중·고등학생이 되어서도 옷을 입고 벗을 때 어머니가 도와주거나 책가방을 챙겨 주는 등 어머니에게 의존하는 예가 많다. 이런 것은 신경질적이고 완전욕구가 강한 어른 탓이기도 하지만 대개 학생이 자기중심적이고 유아성을 청산하지 못했기 때문이다.

(2) 학업부진과 생활습관

학업부진은 정서적인 문제나 학습방법에도 그 원인이 있지만 기본적인 생활습관 탓인 경우도 적지 않다.

예컨대 적절한 식사습관이 길러져 있느냐가 중요하다. 간식을 예로 들어 보면, 끊임없이 간식을 먹어야만 하는 학생은 '학습에 집중할 수 없다.'든가 '책을 펴면 잠이 온다.'고 호소하는 경향이 짙다. 그것은 식사 직후에는 대뇌혈관 속의 혈당치가 증가해 졸음이 온다는 생리적인 이유 때문인 것이다.

또한 수면습관도 중요하다. 수면 부족이 두뇌회전이나 심신의 건강에 미치는 영향은 실로 크다. 숙면이나 불면에 대한 지도 역시 교육의 일환으로서 중요하다.

(3) 비행과 생활습관

음주·흡연·가출 등의 비행으로 치닫는 어린이에게도 기본적인 생활습관에 문제가 있는 경우가 많다. 예컨대 학습, 귀가, 취침 등의 시간이 불규칙하거나 복장, 소지품 등을 정돈할 줄 모르는 경향이 있다.

또한 비행아들은 유아기에 따뜻한 애정을 받지 못해 주위에 대해 부정적이고 소외감을 품고 있다. 이것은 예절교육의 전제가 되는 정서적인 풍요의 결여에서 오는 증상이다.

나. 예절교육 후퇴의 배경

예절교육의 후퇴에 의한 청소년 문제의 다발은 그대로 어른 사회의 문제이기도 하며 그에 따라 발생하는 심신 발달의 불균형에서 그 원인을 찾을 수 있을 것이다.

(1) 과열학습 관념에 의한 예절교육의 부재

"자녀에게 예절교육을 시킬 시간이 있다면, 그 시간에 조금이라도 더 공부를 시키겠다."는 것이
요즘 부모들의 일반적인 생각이다.

공부라는 명목으로 어린이들을 몰아세우고 교우관계나 자유로운 독서시간이나 클럽활동 등을 방
해한다. 또한 자립에 필요한 주변정리나 가사분담을 전혀 경험하지 못하게 한다.

TV시청이나 용돈의 적절한 분배 등에서 욕구를 조절하지 못하는 어린이가 많이 나타나는 것도
계획적인 생활태도를 익히지 못한 탓이다.

(2) 가치관의 다양화 내지 혼란에 의한 예절교육관의 혼란

흔히 문제가 되는 것이 어른과 어린이의 관계에 대한 주장이다. 한편에서는, 어린이는 어른 특히 부
모나 교사의 일상적 언동이나 삶의 방식을 하나의 견본으로 삼아서 성장해 가므로 어른의 생활태도 자
체를 바로잡는 것이 교육의 기반이라고 주장한다.

다른 한편에서는 어른에게는 어른의 생활이 있고 사정이 있는 것이므로 어린이는 어른의 생활과
분리되어 공부나 일에 열중하는 것이 중요하다고 주장한다. 또한 예절교육의 기본자세로서 한편에서
는 어릴 때부터 엄격한 단련이 필요하다고 주장하고, 다른 한편에서는 가능한 한 자유롭게 키워서
개성이 풍부한 사람을 만들어야 한다고 주장한다.

그리고 교육에서는 환경이 중요하며 어린이의 성장에 있어서 유익한 영향을 주는 친구나 사회 환
경을 선택하는 것이 중요하다고 생각하는 입장과, 어떤 환경 속에서도 여러 가지 경험을 통해 보다
나은 삶의 방식을 배우는 것이 중요하다고 생각하는 입장이 있다.

이런 사고방식이나 입장의 차이, 또는 자신의 결여나 의견의 부재가 예절교육관을 혼란시켜 후퇴
현상까지 몰고 온 것이 아닌가 한다.

(3) 사회적 관행의 후퇴

핵가족화의 진행이나 전통적 관행, 행사의 쇠퇴와 더불어 예절교육의 후퇴현상이 생겨났다는 사
실도 부인할 수 없을 것이다.

가정에서 조상의 제사를 모시지 않고 친척 간의 교류도 적어지고 있기 때문에 어린이들은 그를
통한 예절교육의 혜택을 거의 받지 못한다.

(4) 쾌락 추구의 풍조

경제생활이 풍요로워지고 시간적으로도 여유가 있는 사람들이 많아짐에 따라 소비문화가 성행하
고 레저활동이나 기호품에 탐닉하는 경향이 나타나고 있다.

이런 풍조가 어린이의 생활에 영향을 주어서 자기 자신을 통제하지 못하고 인내심이나 끈기가 부

족한 어린이를 만들어 내는 것이다.

5. 재고해야 할 예절교육의 중점

사회·경제의 진보, 발전에 따른 가치관의 변화에 의해 예절교육관이 바뀐다 해도 어린이의 건전하고 행복한 성장·발달에 있어서 불변의 것, 불가결한 것이 있다. 따라서 현대사회의 상황에 입각해서 예절교육의 내용을 재음미해 볼 필요가 있다.

가. 생활의 리듬 - 시간에 관한 교육

인생은 유한하다. 그 유한의 시간을 어떻게 최대한으로 활용하느냐가 우리에게 주어진 과제이다. 예컨대 일과를 정해서 계획적으로 생활해 가느냐, 아니면 막연히 보내느냐에 따라 큰 차이가 생겨난다.
따라서 일주일 단위의 일과표를 만들어 기상, 취침, 학습, 놀이나 운동, 가사, TV시청 등의 시간을 자주적으로 연구, 실천해 나가는 자세가 매우 중요하다. 이것은 생애학습의 기초이기도 하다.

나. 인사 - 사회생활의 기초

상대나 시간, 장소에 따라 적절히 인사할 수 있다는 것이 사회생활에 있어서 불가결한 사항이다. 그런데 요즘의 어린이나 젊은이 중에는 마음의 자연스런 표현으로 인사할 수 있는 태도가 갖춰지지 않은 사람이 많다.

다. 주변정리의 자립

교육의 최종목표는 어린이의 자립에 있다. 성인이 되는 20세를 계기로 청소년 단계를 벗어나 자립할 수 있도록 도와주어야 한다.
이런 원조는 발달단계에 따라 적절히 이루어져야 한다. 예컨대 뒷정리에 관한 교육은, '어린이가 할 수 있는 것을 조금 하고 대부분 어머니가 설명하면서 해 준다.→ 어린이와 어머니가 협력해서 정리한다.→ 어린이가 주로 하고 곤란한 경우에만 어머니가 도와준다.→ 완전히 어린이 혼자 정리한다.'는 식이다. 이런 지도는 자립에 관한 여러 가지 면에서 어린이의 실태에 따라 적절히 세분화해서 실시하는 것이 중요하다.
각 발달단계에서의 주변정리의 목표를 알아보면 다음과 같다.

(1) 유아기

우선 식사 · 배변 · 세면 · 입욕 · 탈의 · 장난감 정리 등은 성장에 따라 가능한 한 빨리 혼자 할 수 있게 한다. 또한 기본적인 인사나 응답을 정확히 할 수 있어야 한다.

그 외에 안전하게 놀기, 선약을 생각해서 행동하기, 교통신호 지키기, 친구와 사이좋게 놀기, 순서 지키기 등의 태도도 익힐 필요가 있다.

(2) 아동기

우선 일주일 단위의 일과표를 만들어서 규칙적이고 충실한 생활태도를 기른다. 고학년이 되면 부모의 도움 없이 스스로의 책임하에 생활할 수 있어야 한다. 그리고 필요한 용구와 준비물을 스스로 준비하고 정리 정돈한다.

물건이나 돈을 소중히 여기고 저축하는 습관을 들여서 계획적인 경제생활의 기초를 다지는 것도 중요하다. 용돈은 주급이나 월급으로 준다.

운동이나 놀이에 적극적으로 참여하되 안전수칙을 지켜야 한다. 그리고 팀워크를 익히고 친구들과 상호이해와 협조하에 함께 행동할 수 있어야 한다. 또한 남녀의 심신 특성이나 역할을 서로 이해하고 협력관계를 구축하는 태도가 필요하다.

독서습관은 발달에 따라 흥미나 관심이 다르므로 알맞은 것을 선택해서 읽도록 도와주어야 한다. 그러므로 가정의 규칙을 지킴과 동시에 가사의 일부를 분담에서 책임 있게 수행하는 태도는 미래에 사회인으로서 살아가는 기반이 된다.

(3) 사춘기 · 청년기

예절교육의 완성기이며 자립의 시기이다. 따라서 아동기에 익혔던 것을 한층 심화시킴과 동시에 다음과 같은 점에 유의해야 한다.

신체적인 성숙의 수용은 심신의 안정을 획득하기 위해 가장 기본적인 과제이다. 이성(異性)에 대한 존중과 절도 있는 교제 방법을 익히는 것이 중요하다.

부모로부터 심리적인 독립, 책임감을 갖고 바람직한 언동을 하려고 하는 태도는 자립을 위한 준비이다.

자기의 감정을 조절하고 타인의 입장에 서서 이해하고 도와주며 집단이나 사회에서의 역할을 수행할 자질을 갖추는 것도 빼놓을 수 없는 사항이다.

자기이해 능력, 적절한 진로선택 능력, 직업관의 확립, 경제적 자립에 대한 준비도 이 시기의 중요한 과제이다. 특히 뜻을 세우고 그것을 향해 전력으로 도전해 가는 태도를 기르는 것이 무엇보다도 중요하다.

6. 예절교육을 위한 부모의 태도

부모의 태도나 그것에 의해 만들어지는 친자관계에 따라 같은 말이라도 자녀에게 주는 영향은 달라질 것이다. 예절교육과 인성교육에서 부모는 친절한 동반자가 되어야 한다. 따라서 바람직한 친자관계의 확립은 예절교육의 전제 조건이자 열쇠가 된다.

가. 명랑한 분위기 조성

인간형성의 토양이 되는 가정의 분위기는 예절교육에 큰 영향을 미친다. 부모가 자녀를 자주 꾸짖고 인정해 주지 않으면 서로 마음의 소통이 이루어지기 어렵다. 또한 부모가 늘 바빠서 가족 간의 단란한 시간을 갖지 못하면 자녀의 마음은 냉담해진다.

어린이가 건전하게 자라나기 위해서는 즐겁고 따뜻한 분위기가 필요하다. 항상 웃음이 있는 가정, 무슨 이야기라도 털어놓고 나눌 수 있는 가정, 공통의 목표를 가지고 서로 협력할 수 있는 가정을 만들어야 한다. 이런 가정에서 자란 어린이는 학교나 사회에서도 친구가 많다. 그런데 이렇게 큰 영향력을 갖는 가정의 분위기는 화목(和睦)에서 비롯된다.

그 결정적인 요소는 우선 부모의 원만한 관계이다. 부모가 서로 사랑하고 존중하면서 즐거운 분위기를 만들기 위해 애쓰는 것이다. 이어서 가족끼리 단란한 시간을 갖는 습관을 들이는 것도 중요하다. 그리고 어린이를 하나의 인격체로 대우해 주어야 한다.

나. 자녀의 이야기에 귀 기울인다

듣는다는 행위는 두 가지로 나뉜다. 하나는 듣는 사람의 의사에 관계없이 들려오는 상태이고 (hearing), 또 하나는 성의 있게 귀 기울여 듣는 것(listenning)이다. 부모는 어린이의 이야기에 후자의 태도를 취해야 한다.

열심히 들으려고 하면 자연히 고개도 끄덕거리게 되고 "음", "오, 그래" 하는 소리도 내게 된다. 부모의 이런 태도는 자녀에게 큰 용기를 준다.

또 한 가지 중요한 것은 이야기의 내용도 그렇지만, 그 배후에 있는 이야기하는 사람의 마음을 이해하려고 노력하는 일이다. 예컨대 싸움을 하고 집에 돌아온 어린이의 이야기를 들을 경우, 싸움의 상황이나 원인 등 사실 관계보다 그때나 현재의 어린이의 마음을 이해하려고 해야 한다. 그러면 어린이는 마음을 안정시키고 자기 자신을 뒤돌아보게 된다.

다. 결점을 질책하기보다는 노력이나 장점을 인정해 준다

어린이의 실패나 단점에 눈을 돌려서 책망하거나 꾸짖는 부모가 적지 않다. 단점을 교정해서 보다 나은 사람을 만들려는 것이 부모의 마음이리라. 그러나 잊어서는 안 되는 것은 먼저 자신의 단점이나 부족을 교정, 보완하려는 자세가 없으면 근본적인 해결이 이루질 수 없다는 사실이다.

또한 화내는 것과 꾸짖는 것은 구별되어야만 한다. 화를 낸다는 것은 화내는 사람의 일방적인 감정폭발이며 냉정한 교육적 의도를 잃어버리기 쉽다. 따라서 어린이의 마음도 거칠어져 버린다. 그에 비해 꾸짖는다는 것은 어린이의 단점이나 잘못된 행동을 반성시키고 개선시키려는 의도에 기초하고 있으며 냉정하게 선택된 말이나 행동이 필요하다.

그러나 꾸짖는 것은 역시 소극적인 교육활동이다. 그보다는 어린이의 장점이나 노력·연구의 과정에 눈을 돌려 충분히 격려하고 인정해 주는 것이 중요하다. 그러면 어린이는 자신감과 의욕을 갖게 된다.

그런데 칭찬한다는 것이 결코 쉬운 일은 아니다. 연령이 높아짐에 따라 단순한 칭찬의 말로는 효과를 거두기가 어렵다. 가능한 한 구체적으로 어린이의 행위와 결과를 연결시켜서 칭찬해 주는 노력이 필요하다.

라. 지켜보고 기다리는 자세가 중요하다

일반적으로 자녀를 다그치고 독촉하는 부모가 많다. 그러나 어린이는 독촉을 당하면 긴장해서 제 능력을 다 발휘하지 못하게 된다.

어린이를 다그치고 독촉하는 것은, 현재 있는 그대로의 모습을 보고 "그 일이라면 어느 정도의 시간 내에 얼마만큼 해낼 수 있을 것이다." 하고 전망하지 못하기 때문이다. 어린이의 실태를 무시하고 부모의 기분을 일방적으로 강요하기 때문이다.

어린이에게 쉽게 해낼 수 있는 일과, 시간을 들여서 서서히 해낼 수 있게 되는 일이 있다. 그리고 스스로 해내려고 하는 마음이 그 원동력이 된다. 부모는 우선 따뜻한 시선으로 지켜보려는 자세를 가져야 한다. 가능하면 정확한 전망을 갖고서 기다리는 것이다.

마. 가족이 함께 활동하는 시간을 자주 갖는다

가령, 마당에서 줄넘기나 탁구를 하거나, 그림이나 음악을 함께 즐기거나, 야유회나 산책함께 거나, 집안을 청소하고 가구 배치를 바꾸는 는 함께할 수 있는 일을 연구한다.

행동을 함께하면 일종의 연대의식이 생기고 마음의 교류가 이루어지게 된다. 자녀와 대화할 기회를 가진 후에 자녀의 태도가 친밀하고 솔직해진 경험을 가진 부모가 많을 것이다.

어린이가 성장해 가기 위해서는 세 가지의 놀이가 필요하다고 한다. 첫 번째로는 혼자서 하는 놀이이다. 혼자서 연구하면서 놀 수 있는 것이 기본적인 자질로서 중요하며 친구들과의 놀이에서도 필요한 조건이 된다.

두 번째는 부모와 함께하는 놀이이다. 이것은 친구들과의 놀이로 이행해 하기 위한 중요한 단계가 된다. 또한 부모와 자녀 사이의 애정교류라는 의미도 있다.

세 번째는 집단놀이이다. 이렇게 생각하면 부모와의 놀이의 단계에서 자녀에게 놀이의 순서, 규칙 등을 가르치는 것이 중요한 과제이다. 그러기 위해서는 다음과 같은 태도가 필요하다.

(1) 어린이의 마음을 이해한다.

(2) 어린이의 속도나 리듬을 파악해서 맞춰 준다.

(3) 즐거운 분위기를 만든다.

(4) 어린이와 대등한 입장에서 상대할 뿐 도와주거나 지도하지 않는다.

(5) 규칙을 위반하면 즉시 나무란다.

바. 어린이의 반항에 대한 적절한 대응방법을 연구한다

어린이의 성장 과정 중에는 몇 회의 반항기가 있다. 생후 10개월경 음식을 혼자서 먹으려고 하며 부모가 스푼으로 억지로 먹이면 뱉어 버린다. 2세쯤에는 옷을 입히려고 하면 도망 다니거나 부모의 손에서 옷을 빼앗아 혼자서 입으려고 한다. 3세 전후에는 이른바 제1반항기, 7~8세경에는 중간 반항기, 중학생이 되면 제2반항기, 그리고 그사이 사이에 수많은 반항 현상이 나타난다.

이것은 자립으로 가는 단계이며 성장에 있어서 중요한 과제이다. 따라서 이것에 적절히 대응하는 것은 어린이의 인격형성에 중대한 영향을 미친다.

우선 어린이가 스스로 하는 것을 지켜보고 존중하는 것이 중요하다. 둘째로 어린이의 주장을 일단 들어 본다. 셋째로 정당하다고 생각되는 주장은 넓은 마음으로 받아들이고 부모가 잘못한 점은 솔직히 인정한다. 그러나 터무니없는 요구나 주장은 분명히 나무라야 한다. 특히 부모가 자녀의 눈높이에 맞게 다가가 지도하는 것이 아주 중요하다.

■ 제2절 ■ 가풍(家風) 탐구

1. 예절의 의미

흔히 "인간은 사회적 동물이다."라고 말한다. 이 말은 태어나는 순간부터 '홀로'가 아니라 '함께'라는 것을 가리키는 것이다. 따라서 원만한 인간관계란 혼자서 노력해서 되는 일이 아니며, 그 모든 구성원이 다 같이 공통된 예절을 지킬 때 이루어진다. 예절이란 사람이 사람답게 살아가는 데 꼭 필요한 도리요, 질서이다. 사회 구성원 모두가 예절과 질서를 잘 지킬 때 아름다운 사회가 된다.

2. 예절의 근본정신

예절이란 더불어 잘 살아가기 위한 인간들의 약속이며, 그 밑바탕이 되는 근본정신은 '인간에 대한 존중'이다. 이것은 시대와 장소를 가리지 않고 앞으로도 변치 않을 공통된 대원칙이다.

예절의 근본정신은 또한 우리의 전통 가치인 성, 경, 신(誠, 敬, 信)을 바탕으로 기본예절을 갖추는 데도 있다.

3. 우리의 전통예절

가. 전통예절 정신

(1) 예절을 중히 여기고 잘 지켜 왔다.
(2) 웃어른을 공경하는 정신이 중시되었다.
(3) 예절의 형식을 중시하였다.
(4) 우리나라 전통예절의 근본은 충효이다.

나. 전통예절이 잘 지켜지지 않는 까닭

(1) 일본의 식민지 정책
전통예절의 근본인 충효를 중심으로 한 예절이 우리의 민족정신을 고취할 우려가 있다고 보아 이를 말살하려 하였다.

(2) 6·25전쟁(한국전쟁)

3년간의 전쟁으로 인하여 의·식·주의 기본 문제를 해결해야 하는 급박한 상황이 예절을 중히 여기는 민족 고유의 미풍양속을 잃게 하였다.

(3) 서구문명의 급속한 도입

수용 태세가 제대로 갖추어지지 않은 상태에서의 서구문명의 과속적 도입은 생활양식의 변화, 가치관의 갈등을 초래하고 예절 규범의 혼란을 가져왔다.

(4) 인구의 도시 집중과 핵가족화

인구의 도시 집중은 마을 중심의 정적 유대를 약화시키고, 핵가족화 현상은 할아버지, 할머니로부터 예절을 배우고 익힐 기회를 가질 수 없게 하였다.

(5) 폭발적 지식의 증가와 자유분망한 생활

일부 학력 위주의 학교 교육에서 도덕성 교육을 소홀히 하게 되었고, 교육의 일익을 담당해야 할 가정에서도 지유분망한 생활로 인성교육을 소홀히 하게 되었다.

4. 예절 지도방법

가. 부모의 솔선수범

(1) '효자 집안에서 효자 난다.'
(2) '내가 시키는 대로 해라.'가 아닌 '내가 하는 대로 따라 해라.' 식의 효과적인 지도가 필요하다.

나. 스스로 익히는 예절

(1) 습관의 형성은 반복되는 실천을 통해서만 가능하다.
(2) 바람직한 습관 형성은 구체적인 도덕적 판단 과정을 거쳐야 하며, 예절을 지켜야 하는 필요성을 스스로 자각하여 실천하도록 하는 것이 중요하다.

다. 원칙 있는 예절교육

5. 가풍(家風)의 중요성

가. 과거

절대복종, 받들기, 모시기, 공경하기 등 권위주의적인 교육 방법 중심이었다.

나. 현대

엄격함과 자연스러움을 적절히 조화시킨 현대화된 예절교육이 필요하며, 부모 자신이 확고한 신념을 가지고 있어야 하며, 가정교육의 기준이나 목표가 분명해야 한다.

다. 예절교육의 적기(적당한 시기)

(1) '세 살 버릇 여든 간다.'는 속담을 명심해야 한다.
(2) '아직 어리니까' '때가 되면 예의를 지킬 줄 알겠지'라는 쪽으로 합리화시켜 뒷날로 미룬다면 이미 시기를 놓친 것이다.

6. 가족과 친척 관계

가. 가족이란

내가 이 세상에 태어나는 순간 맺어지는 최초의 인간관계는 부모로부터 시작되며, 곧 가족이 됨을 의미한다. 형제·자매간을 동기간(同氣間)이라고 표현하는 것은 부모로부터 같은 기운을 타고 난 사이라는 뜻이다.

나. 가족의 구성원

(1) '나'는 축복받은 생명체이다.
　(가) '나'는 이 세상에 하나밖에 없는 귀중한 존재이다.
　(나) '나'는 가정, 이웃, 사회, 나라의 구성원 중의 하나이다.
　(다) '나'는 많은 사람들의 도움을 받으며 함께 살아가고 있다.

다. 일가친척

(1) 친척: 친족과 척족을 합쳐 부르는 말
   (가) 친족
      '나'를 중심으로 한 조부, 백부, 삼촌, 나의 자식 등 같은 성씨를 가진 아버지 계통의 사람
   (나) 척족
      '나'의 어머니의 친정인 외가 집안과(외척), 나의 부인의 친정 즉, 처가의 집안을 이르는
      말(인척)

라. 친척의 관계

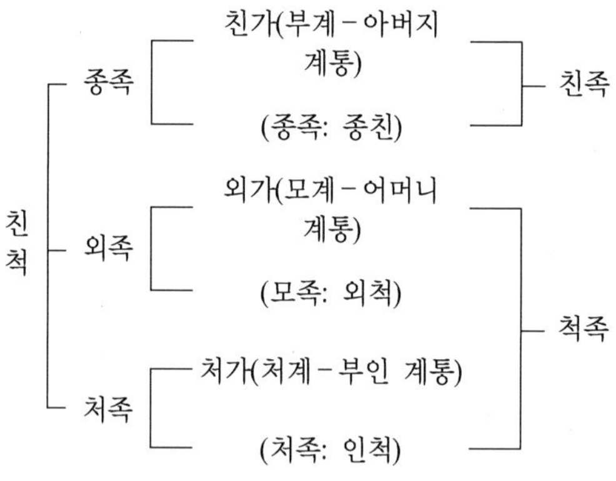

[그림 12] 친척 관계표

마. 가까운 촌수와 호칭

가까운 친척의 호칭은 알아 두는 것이 좋다. 친척의 이름을 쓰고, 호칭과 촌수를 연계하여 이해하
도록 지도하는 것이 바람직하다.

(1) 부부: 호칭이 없다. 부부는 동체(同體)라고 한다.

(2) 가까운 촌수

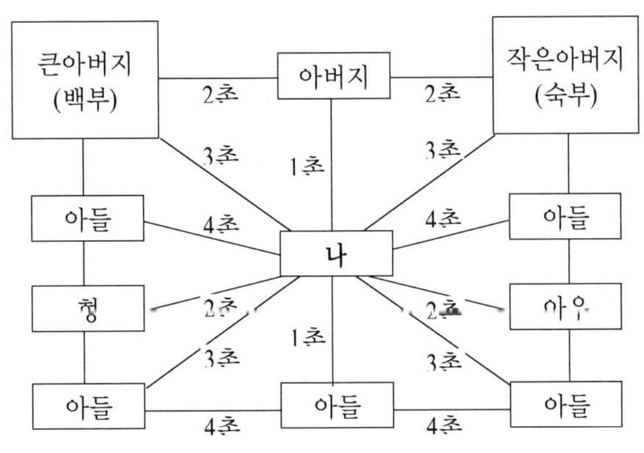

[그림 13] 친척 촌수표

(3) **아버지 계통**

    (가) 아버지의 형님: 백부 – 큰아버지

        그 부인: 백모 – 큰어머니

    (나) 아버지의 동생: 숙부 – 작은아버지

        그 부인: 숙모 – 작은어머니

    (다) 아버지의 누님 혹은 누이동생: 고모

        그 남편: 고모부

    (라) 아버지의 형님이나 동생의 아들딸: 종형제(사촌)

    (마) 아버지의 누님, 누이동생의 아들딸: 고종형제(고종사촌)

(4) **어머니 계통**

    (가) 어머니의 친오빠나 남동생: 외숙(외삼촌)

        그 부인: 외숙모

        아들딸: 외종형제

    (나) 어머니의 언니나 여동생: 이모

        그 남편: 이모부

        아들딸: 이종형제(이종사촌)

(5) **그 외 친척**

    (가) 아버지의 사촌 형제: '나'에게는 5촌(당숙)

    (나) 아버지의 6촌 형제: '나'에게는 7촌(재당숙)

(6) 알아 두어야 할 친척 관계

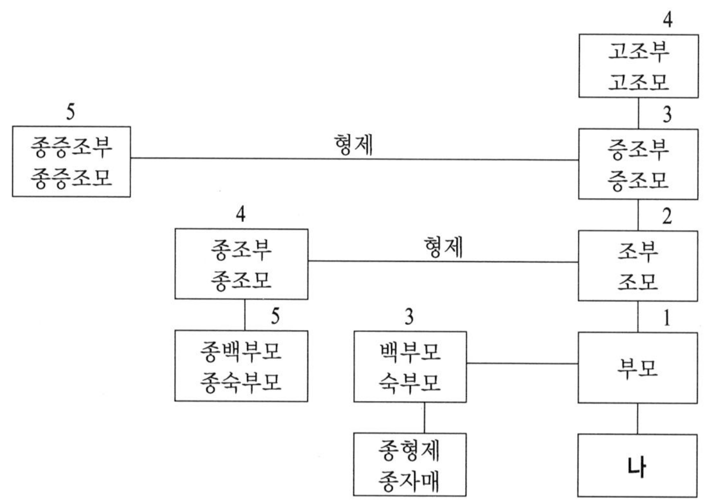

[그림 14] '나'를 중심으로 한 직계 계보표

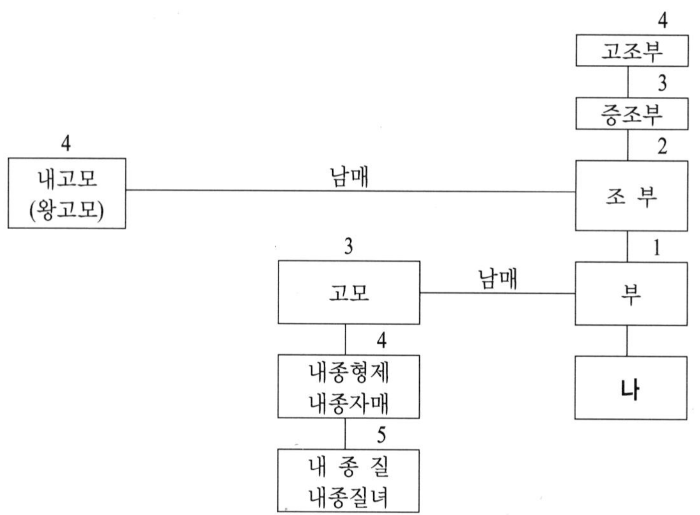

[그림 15] '나'를 중심으로 한 내종 간 계보표

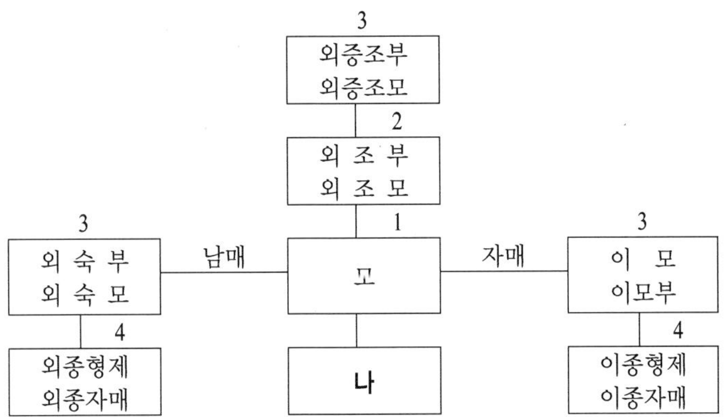

[그림 16] '나'를 중심으로 한 외가 계보표

바. 가문(家門)

(1) 가문: 한 집안의 문벌로서 옛날부터 전해 내려오는 집안의 전통, 풍습, 예법, 학문 등이 합쳐져 그 집안의 가문을 이루고 있다.
(2) 가문을 빛낸 분들: 작게는 가정, 크게는 사회와 나라에 공적을 남겨 이바지한 분들이다(율곡 이이, 퇴계 이황, 최치원, 안향, 세종대왕, 주시경 등).

사. 가훈(家訓)

(1) 가훈: 집안의 옛 조상 중에서 특별히 사회와 국가에 큰일을 하여 많은 존경을 받은 분이 후손들에게 남겨 준 글이나 말.
(2) 가훈(예)

〈세 가지 세울 일(三立)〉
- 의지를 바르게 하고
- 말과 행실을 한결같이 하고,
- 모든 사물의 이치를 분명하게 분별하도록 하라.

〈세 가지 살필 일(三省)〉
- 남을 위하여 도모한 일에 진실을 다하였는지, 않았는지?
- 벗과 사귀는 일에 신의를 지켰는지, 않았는지?
- 부모와 선생이 전수하고 가르쳐 준 일을 내가 잘 익히고 있는지, 않은지?

1. 삼강오륜(三綱五倫)

우리나라는 예부터 동방예의지국(東方禮義之國)이라고 일컬어 왔으며 인륜과 도덕을 중시하여 왔다. 하지만, 21세기 세계화 시대의 사회 변화에 따라 요즈음 도덕과 인륜이 땅에 떨어졌으며, 효를 바탕으로 한 아름다운 미풍양속이 사라져 가고 있다. 우리는 조상들의 얼을 되찾아 바른 사회를 정립해야 할 것이다. 우리 고유의 예절은 삼강오륜에서 우러나왔다고 할 수 있다.

가. 유교 도덕과 삼강오륜(三綱五倫)

(1) 三綱(삼강)
   (가) 君爲臣綱(군위신강: 임금과 신하 사이에 지켜야 할 도리)
   (나) 父爲子綱(부위자강: 어버이와 자식 사이에 지켜야 할 도리)
   (다) 夫爲婦綱(부위부강: 남편과 아내 사이에 지켜야 할 도리)
(2) 五倫(오륜)
   (가) 君臣有義(군신유의: 임금과 신하 사이의 의리)
   (나) 父子有親(부자유친: 어버이와 자식 사이의 친애)
   (다) 夫婦有別(부부유별: 남편과 아내 사이의 분별)
   (라) 長幼有序(장유유서: 어른과 아이 사이의 차례)
   (마) 朋友有信(붕우유신: 친구 사이의 신의와 굳은 믿음)

♣ 우리나라는 예로부터 유교의 정신을 받아 극진히 어른을 받들고 공경하는 일을 게을리하지 않았으니, 이는 실로 아름다운 풍습이라 하겠다.

삼강에서 자식이 어버이를 극진히 받들어야 한다는 도리나, 오륜에서 어른과 아이 사이에 차례가 있어야 한다는 가르침은 사람으로서 마땅히 지켜야 할 예의이다. 낯모르는 어른을 만난다 하더라도 공손한 태도로 대하는 것이 올바른 예절이다.

2. 예절이란

가. 예절교육의 필요성

(1) 개인적 입장
　　(가) 여유 있는 마음가짐을 갖도록 한다.
　　(나) 자녀의 예절 지도에 도움을 준다.
　　(다) 삶의 질을 향상시킨다.
(2) 사회적 입장
　　(가) 좋은 인간관계를 형성하도록 한다.
　　(나) 신뢰 있는 분위기를 조성하는 데 도움을 준다.
　　(다) 사회질서 유지에 도움이 된다.

나. 예절에서 지켜야 할 원칙

(1) 행동은 자연스러워야 한다.
(2) 어려움을 참고 사양하는 마음을 지녀야 한다.
(3) 행동을 할 때 음양을 살려 남성은 약간 크게 여성은 약간 작게 한다.
(4) 거리 개념에 유의해야 한다.
(5) 상황에 맞아야 한다.
(6) 대화 시 결정권은 상대방에게 준다.
(7) 마음을 비워야 한다.
(8) 모든 예는 인사에서 시작하여 인사로 끝난다.

다. 바른 마음가짐(구사: 九思)

(1) 시사명(視思明): 볼 때는 밝게 보기를 생각한다.
(2) 청사총(聽思聰): 들을 때는 똑똑하게 듣기를 생각한다.
(3) 색사온(色思溫): 얼굴빛은 온화하게 하기를 생각한다.
(4) 모사공(貌思恭): 태도는 공손하게 하기를 생각한다.
(5) 언사충(言思忠): 말은 참되기를 생각한다.
(6) 사사경(事思敬): 무슨 일을 할 때는 공경하기를 생각한다.
(7) 의사문(疑思問): 의심스러울 때는 묻기를 생각한다.
(8) 분사난(忿思難): 분할 때는 곤란하게 될 것을 생각한다.

(9) 견득사의(見得思義): 이득이 생기면 의리를 생각한다.

라. 바른 몸가짐(구용: 苟容)

(1) 두용직(頭容直): 머리는 똑바르게 가져야 한다.
(2) 목용단(目容端): 눈은 바르게 가져야 한다.
(3) 기용숙(氣容肅): 숨소리는 맑게 가져야 한다.
(4) 구용지(口容止): 입은 신중하게 가져야 한다.
(5) 성용정(聲容靜): 소리는 조용하게 가져야 한다.
(6) 색용장(色容莊): 얼굴빛은 장엄하게 가져야 한다.
(7) 수용공(手容恭): 손은 공손하게 가져야 한다.
(8) 족용중(足容重): 발은 무겁게 가져야 한다.
(9) 입용덕(立容德): 서 있는 모습은 의젓하게 가져야 한다.

3. 바르게 서기, 걷기, 앉기

다산(茶山) 정약용 선생의 가르침에 "발은 무겁게, 손은 공손하게, 입은 다물고, 말소리는 조용하게, 머리는 반듯하게 가지며, 눈은 단정하게, 그리고 인상은 정숙하게 가지라."는 말씀이 있는데, 이는 바른 몸가짐의 기본이다.

언제나 설 때, 걸을 때, 앉을 때, 또 다른 일을 할 때도 바르고 자연스럽게 자기 몸을 가져야 한다. 단정하고 우아한 몸가짐은 같이 있는 사람으로 하여금 편안하고 안정감을 느끼게 할 뿐만 아니라 인품까지도 알 수 있도록 한다.

가. 바르게 서기

(1) 몸의 중심을 안전하게 잡고 선다.
(2) 얼굴을 바로 들고 앞을 향하여 시선은 눈높이의 5~6㎝ 앞을 보며 부드러운 표정을 갖는다.
(3) 발의 뒤꿈치를 모으고 두 다리를 붙여 선다.
(4) 입은 자연스럽게 다문다.

나. 바르게 걷기

(1) 바르게 걷는 자세

(가) 바로 선 자세로 시선은 자기 키의 2~3배쯤 앞의 땅에 둔다.

(나) 어깨는 수평하게 하고, 몸은 흔들지 않으며, 발은 일직선상에 떼어 발 중심과 양 어깨가 정삼각형이 되고, 발바닥이 보이지 않게 걷는다.

(다) 팔은 자연스럽게 저으며 어른 앞에서는 손을 허리 높이로 마주 잡고 걷는다.

(라) 신은 끌지 않으며 발끝과 뒤꿈치가 함께 닿게 발을 딛는다.

(마) 물건을 들었을 때 옷차림과 조화되게 몸가짐이 단정하게 보이게 한다.

(2) 실내에서 걷는 자세

(가) 팔을 작게 젓고 발걸음도 작게 떼며 소리 나지 않게 걷는다. 긴 치마를 입었을 경우는 발끝을 들지 말고 치마 끝을 밀듯이 차며 걷는다.

(나) 문지방을 밟지 않고 발끝으로 걷는다.

(다) 바쁠 때는 잔걸음으로 빨리 걷는다.

(라) 시선의 거리는 자기 키 정도의 앞바닥에 둔다.

(3) 남의 앞을 지날 때

(가) 다소곳이 "실례합니다."라고 말하며 공손하게 지나간다.

(나) 물건이나 사람의 옷을 다치지 않도록 한다.

다. 바르게 앉기

(1) 온돌에 앉을 때

(가) 통로, 실내장식이 가려지지 않게 편한 자리를 가려 앉는다.

(나) 한쪽 발을 발길이의 반쯤 뒤로 빼어 딛고, 몸이 흔들리지 않게 두 무릎을 꿇어앉으며 두 손은 무릎 위에 놓는다.

(다) 허리와 가슴을 반듯하게 펴고 얼굴은 앞을 본다.

(라) 마음을 편히 가지고 안정성 있게 앉는다.

(마) 일어설 때는 몸을 일으키고 한 무릎씩 세워 일어선 다음 발을 한데 모아 바로 선다.

(바) 편히 앉을 때는 두 발을 옆으로 내놓아 다리의 피로를 덜며 좌우로 옮기기도 한다.

(사) 긴 치마를 입었을 때, 한 무릎을 세우고 두 손을 세운 무릎 위에 놓기도 한다.

(아) 남자는 책상다리로 앉기도 한다.

(2) 의자에 앉을 때 주의할 일

(가) 의자 끝에 불안하게 앉지 않게 주의한다.

(나) 무릎을 벌리고 앉지 않는다.

(다) 다리를 의자 밑으로 넣지 않는다.

(라) 손의 위치가 어깨 뒤, 등 뒤로 가는 일 등은 부자연스럽다.

4. 한복 바르게 입기

우리 문화의 소산인 한복을 바르게 입음으로 해서 여유로움과 예절 바름을 몸으로 체득할 수 있게 된다. 한복에는 고유의 오정색(五正色)이 있는데, 청, 홍, 황, 백, 흑(靑, 紅, 黃, 白, 黑)이다. 청색은 두록색, 즉 파란 콩깍지 색을 말하고, 홍색은 다홍 고추 색을, 황색은 송화가루 색을, 흑색은 깊은 불빛, 즉 쪽빛을 말하며, 백색은 모든 것을 중화한다는 의미를 지닌다. 이 다섯 가지 색은 침착하고 가라앉은 색이면서 자연과 잘 조화되는 색이다.

가. 여자의 한복

(1) 종류(평상복)
  (가) 치마 – 풀치마, 스란치마, 통치마
  (나) 저고리 – 솜저고리, 겹저고리, 박이저고리, 깨끼저고리, 적삼
  (다) 방한복 – 마고자, 배자, 두루마기
  (라) 속옷 – 다리속옷, 넓은 바지(속바지, 고쟁이), 속속곳, 단속곳, 무지기속치마, 대숨치마, 속적삼, 속저고리, 속버선

(2) 색깔
  (가) 13세 이전: 빨강 치마, 노랑 저고리
  (나) 14세 이후 결혼 전까지: 다홍치마, 노랑 저고리
  (다) 결혼: 남색 치마(정장)
  (라) 기타
    1) 상중: 흰색
    2) 기제사: 옥색, 미색 치마저고리
    3) 경사
     가) 소례 – 평례복 위에 당의를 입고 화관을 씀.
     나) 대례 – 활옷을 입고 첩지머리에 족두리를 씀.

(3) 한복 입을 때 주의할 점
  (가) 색상과 형태는 전통적인 것을 선택하되 나이에 어울리는 것을 선택한다.
  (나) 속옷을 바르게 갖추어 입는다.
  (다) 저고리는 너무 짧지 않게 입는다.
  (라) 브래지어를 풀고 가슴 띠로 가슴을 살짝 죈 후 속치마를 입는다.
  (마) 저고리는 너무 짧지 않게 입는다.

(바) 치맛자락은 왼쪽으로 오게 입는다.

나. 남자의 한복

남자는 바지, 저고리에 조끼, 마고자를 입고 외출을 하거나 예를 갖추어야 할 때 두루마기를 입는다. 남자의 두루마기는 정장이므로 실내에서 손님을 맞이할 때나 세배를 드릴 때도 두루마기를 입어야 한다.

(1) 바지 입는 법
(가) 큰사폭이 오른쪽으로 가게 입는다.
(나) 허리띠는 허리의 남는 부분을 중앙선에서 마주 잡아 왼쪽에서 오른쪽으로 접은 다음 그 위에 둘러 앞에서 묶는다.

(2) 대님 매는 법
(가) 안쪽 복사뼈에 바지 마루폭선(가운데 선)을 대고 바지솔기를 마주 잡아 발목을 돌려 바깥 복사뼈에 댄다.
(나) 대님을 한 번이나 두 번 돌려서 안쪽 복사뼈 위에 얌전히 매 준다.
(다) 바지의 남은 여유분을 대님 위로 내려 바지도 편안하고 모양도 좋게 한다.

인간은 사회적 동물이다. 사람은 모여서 서로 관계를 맺으며 살아간다. 그러므로 일정한 생활양식과 격식을 갖추어 자기의 분수를 지키고 상대방을 생각해 주는 마음을 길러야 밝고 부드러운 생활이 오래도록 이루어질 것이다. 인성과 예절이 잘 지켜져야 사회가 밝아진다.

1. 인사를 할 때

가. 허리를 15° ~ 45° 정도 구부려 상냥한 인사말로 정중히 인사한다.

나. 인사말은 받는 상대와 때, 장소에 따라 다르다.

다. 기본 인사말

(1) "안녕하세요?" (안녕?)
(2) "고맙습니다." (고마워.)
(3) "미안합니다." "죄송합니다." (미안해.)
(4) "반갑습니다." (반가워.)

라. 하루 중 여러 번 만났을 때는 목례를 한다.

(예) 복도에서 선생님을 만났을 때(목례)

2. 알맞은 인사말

가. 아침인사

(1) "안녕히 주무셨어요?" (잘 잤니?)

(2) "안녕하세요?" (안녕?)

(3) "안녕히 다녀오세요."

(4) "학교에 다녀오겠습니다." (잘 다녀와.)

나. 저녁인사

(1) "안녕히 다녀오셨어요?" (잘 다녀왔니?)

(2) "다녀왔습니다."

(3) "안녕히 주무세요." (잘 자.)

다. 길에서 만났을 때

(1) "안녕하세요?"

(2) "안녕하십니까?"

(3) "안녕?"

라. 헤어질 때

(1) "안녕히 계세요." (잘 있어.)

(2) "안녕히 가세요." (잘 가.)

(3) "또 뵙겠습니다." (또 만나.)

3. 인사하는 방법

가. 선절

(1) 약례

(가) 15° 정도 숙인다.

(나) 친구나 아랫사람에게 한다.

(2) 보통 예

(가) 30° ~ 40° 정도 숙인다.

(나) 남자는 손을 양옆에 붙인다.

(다) 여자는 손을 앞에 모은다.

(라) 웃어른이나 비슷한 또래에게 한다.

(3) 큰 경례

(가) 숨을 들이쉬는 정도의 시간으로 45° 정도 굽혔다가 서서히 일으킨다.

(나) 국가원수, 장관급, 집안의 웃어른, 존경받는 분께 한다.

나. 앉는 절

(1) 평절(보통 때 하는 절)

(가) 아침, 저녁 웃어른께 문안드릴 때

(나) 새해를 맞아 웃어른께 세배할 때 한다.

(다) 오랫동안 헤어져 있던 형제가 만났을 때 한다.

1) 남자의 경우

가) 바로 선 자세에서 두 손을 펴서 인지의 끝이 약간 닿도록 두 손을 앞쪽으로 올렸다가

나) 무릎을 꿇어앉으면서

다) 두 손을 15㎝ 정도 사이를 두거나 그대로 방바닥에 짚고 절한다. 어깨, 이마를 손등 위 15㎝ 정도 두고, 허리와 머리를 평행하게 굽혀 엎드린다.

라) 고개를 들고 다시 일어난다.

2) 여자의 경우

가) 양팔을 자연스럽게 옆으로 내려 엄지가 앞에 오게 짚고

나) 무릎을 세우고 완전히 앉으며

다) 고개를 숙여 절을 하고

라) 조용히 일어선다.

다. 큰절

결혼식, 회갑연, 칠순 수연, 제사 때 큰절 2배

(1) 남자의 큰절

(가) 먼저 바르게 상대방 앞에 서서 두 손을 앞으로 모으고

(나) 조용히 앉으면서 상체를 앞으로 굽힌 다음, 동시에 두 손을 무릎 앞 10㎝ 정도에 짚고 (이때 두 손 사이는 5㎝ 정도)

(다) 그 중간에 코끝이 들어가는 기분으로 몸을 굽힌다.

(라) 이때 엉덩이를 추켜들어서는 안 된다.

(마) 숨을 들이쉬면서 서서히 몸을 일으키고 다시 한 번 상대방을 주목한다.

(2) 여자의 큰절

(가) 바로 선 자세를 취한다.

(나) 두 손과 팔을 눈높이로 수평하게 들고 고개를 숙여 시선은 아래를 본다.

(다) 한 발은 뒤로 빼어 딛는다.

(라) 무릎을 꿇어앉는다.

(마) 눈높이에 있는 손을 무릎 위에 놓으면서 머리와 가슴을 앞으로 숙여서 절을 한다.

(바) 고개를 들고 일어난다.

4. 악수

가. 오른손을 가볍게 잡고 자연스럽게 흔든다.

나. 허리나 고개를 굽히지 않는다.

다. 장갑은 벗는 것이 좋다.

라. 웃어른이나 여자일 때 상대방이 먼저 손을 내밀면 악수한다.

5. 대화할 때

가. 고운 말을 사용하고 똑똑하게 말한다.

나. 어른에게는 높임말을 쓰고, 때와 장소에 맞게 말한다.

다. 상대방을 바라보며 듣기도 잘한다.

라. 필요한 경우는 중요한 것을 적으면서 듣는다.

6. 전화를 걸고 받을 때

가. 걸 때

(1) 전화번호를 미리 알아 둔다(자주 거는 전화번호는 메모해 보관한다.).
　　예) 친구 집에 전화해 본다.
(2) 자기를 먼저 알리고 상대방을 묻는다.
　　예) “저는 ○○입니다. ○○ 있습니까?”
(3) 고운 말을 사용하며, 용건은 짧고 똑똑하게 말한다.

나. 받을 때

(1) 받는 쪽의 이름을 밝힌다.
　　예) “○○입니다.”
(2) 말하는 내용을 잘 듣고 중요한 것을 적어 둔다.
(3) 공손하고 친절한 말을 사용한다.
(4) 끝인사를 반드시 한다.

1. 가족의 예절

예로부터 우리 선조들은 '효도'를 예절의 근본으로 삼아 왔으며 가정의 예절을 중시하여 왔다. 그래서 효자에게는 나라에서 상을 주었고 효자비를 세워서 다른 사람들이 본받도록 하였다.

그러나 오늘날 가정의 예절은 과거와 많이 달라지고 있다. 부모와 자식 간, 형제, 친척 간의 윤리가 흐트러지고 인명을 경시하는 풍조가 만연하여 각종 범죄가 난무하고 있다. 우리는 이 시점에서 지난 발자취를 돌이켜 보고 잘못된 윤리관을 바로잡아 조상들이 물려준 예의범절을 되찾고 미풍양속을 살리는 데 노력해야 할 것이다.

윤리와 질서가 잘 이루어진 가정은 항상 화목하며 즐겁게 지낸다. 부모는 조부모를 극진히 봉양하고 효도하며 자식들을 사랑으로 키운다. 이를 본받은 자식들은 부모를 공경하고 부모의 가르침에 잘 따르며 형제간에 우애가 깊어져 화목한 가정이 되는 것이다.

부모, 형제와 같이 아주 가까운 사이일수록 예절은 더욱 엄격하게 지켜져야 하는 것이다. 가정마다 예절을 잘 지킨다면 예절의 마을을 이룰 수 있을 것이며 나아가서는 예절의 꽃이 피어 예절의 나라를 되찾을 수 있을 것이다.

다음은 초·중·고교 학생을 중심으로 한 청소년들이 지켜야 할 가정예절들이다.

가. 집을 나갈 때, 또는 돌아왔을 때는 부모님께 말씀드린다.

효는 도덕적 행위의 근본이고 스스로 실천하는 행동이 되어야 한다. 부모님 걱정을 끼치지 않고 즐겁게 해 드리는 것도 효도이다. 그래서 집을 나갈 때나 돌아와서는 부모님께 말씀드리는 것이 도리이다.

(1) 집을 나갈 때: 반드시 어른들게 말씀드린다.

    (가) "어머니, ○○에 다녀오겠습니다." (학교, 학원 등)

    (나) "아버지, ○○와 함께 ○○에 다녀오겠습니다."

    (다) "아버지, ○○일로 ○○곳에 ○○시부터 ○○시까지 ○○와 함께 ○○을 하고 돌아오겠습니다." (육하원칙)

(2) 돌아왔을 때: 반드시 어른들게 말씀드린다.

    (가) "어머니, ○○에 다녀왔습니다."

    (나) "아버지, ○○에서 놀다가 돌아왔습니다."

    (다) "아버지, ○○에 잘 다녀왔습니다."

      - 있었던 일을 상세히 말씀드린다.

나. 주위 사람에게 친절히 대한다.

친절은 예절의 기본이며 친절한 사람은 모든 이로부터 존경을 받는다.
  (1) 언어 사용의 친절
  (가) 상냥한 말씨를 사용한다.
      예) 다른 사람에게 친절을 받았을 때: "고맙습니다.", "미안합니다.", "감사합니다."
  (나) 상스러운 말이나 욕설은 하지 않는다.
  (다) 말은 조용하고 부드러운 말씨를 사용한다.
  (2) 작은 행동에서의 친절
  (가) 물건을 드릴 때는 두 손으로 공손히 드린다.
      예) 연필을 선생님께 드려 본다(받는 분이 사용하기에 편리하게 드린다.).
  (나) 연세가 많거나 몸이 불편하신 분을 계단이나 비탈길에서 만나면 부축해 드린다.

다. 어른을 만났을 때는 바르게 인사한다.

예의의 기본이 인사이다. 인사를 안 했을 때는 버릇없는 사람이고, 잘못했을 때는 교양이 없는 사람이다. 인사는 인성과 예절의 표현이다.
  (1) 인사하는 방법
  (가) 길에서 선생님이나 웃어른을 만나면 "안녕하십니까?" 하고 인사한다.
  (나) 약 30° ~ 40° 정도로 굽히는 것이 보통의 경례이다.
  (다) 웃어른 앞을 지나갈 때나 웃어른이 내 앞을 지나실 때는 가볍게 인사한다.
  (라) 두 번 이상 만날 때는 목례만 한다.
  (마) 웃어른의 말씀을 듣고 돌아갈 때도 인사한다.
      예) • "고맙습니다."
          • "안녕히 계십시오."
          • "이만 가 보겠습니다."

2. 기본 가정예절 실천

가. 우애, 화목의 가정생활

가정의 행복은 서로 간의 사랑과 이해로 만들어진다. 형제간에 서로 돕고 아끼는 마음가짐은 가정의 화목을 이루는 데 큰 역할을 한다.

우애 있는 형제의 모습을 보는 부모님의 마음은 매우 편안하고 기쁠 것이다.

(1) 알아 둘 일

(가) 형제간에 어려운 일이 있을 때는 서로 돕는다.

(나) 서로의 잘못을 덮어 주고 다투지 않도록 한다.

(다) 형(언니)이 먼저 모범을 보여 동생이 따르도록 한다.

    1) 이불 개기

    2) 책상 정리

    3) 방 정리

    4) 고운 말 쓰기

    5) 열심히 공부하기 등

(라) 각자 자기의 일을 책임지며 서로 양보하고 이해한다.

(마) 부모님을 기쁘게 해 드릴 일을 찾아 함께 노력한다.

(2) 길잡이

항상 형제간에 우애 있게 지내기 위하여 노력해야 한다.

    1) 먼저 양보하는 태도로 생활한다.

    2) 잘못을 덮어 주고 잘못을 따지지 않는다.

    3) 각자 책임지고 일을 나누어 맡아 한다.

    4) 부모님 걱정을 안 끼치도록 노력한다.

나. 인사 · 언어예절

"네, 그렇습니다. 미안합니다. 덕분입니다. 제가 하겠습니다. 고맙습니다."와 같은 자기를 낮추는 마음의 행동, 봉사하는 마음, 감사하는 마음이 담긴 인사말은 사람들을 기쁘게 해 준다.

(1) 알아 둘 일

(가) 알맞은 인사말로 상대방에게 친밀감을 준다.

(나) 아침, 저녁으로 웃어른께 문안인사를 드린다.

    1) 아침: "안녕히 주무셨어요?"

    2) 저녁: "안녕히 주무십시오."

    3) 외출: "안녕히 다녀오세요."

(다) 등교, 하교 때 부모님께 인사를 드린다.

(라) 인사는 항상 내가 먼저 한다는 생각을 가진다.

(마) 조금 전 인사를 드린 분을 또 만나면 고개를 가볍게 숙이는 목례를 한다.

(2) 길잡이

항상 예의 바른 인사를 몸에 익히기 위해서 노력해야 한다.

    1) 항상, 내가 먼저 인사를 한다.

2) 상대에 따라 알맞은 인사말을 사용한다.

3) 웃어른께는 등 · 하교 때, 아침, 저녁에 공손히 문안 인사를 드린다.

다. 손님맞이 예절

예로부터 우리나라에서는 찾아오는 손님을 지극한 정성으로 대접하는 아름다운 풍습이 전해 내려오고 있다. 미리 준비하여 손님이 불편하지 않도록 친절하게 맞이하고 정성껏 대접하여 좋은 인상을 갖고 돌아가도록 해야겠다.

(1) 알아 둘 일

(가) 손님맞이의 으뜸 예절은 친절이다.

(나) 다정하고 상냥한 인사말, 반가운 인사로 손님을 모신다.

(다) 응접실 또는 방 안의 안쪽으로 안내하고 방석을 내어 드린다.

(라) 외투는 잘 걸어 두고 물건도 가져가시기 좋게 놓아둔다.

(마) 손님의 신은 가실 때 신기 편하게 돌려놓는다.

(바) 다과나 음식을 접대할 때 손님의 왼쪽 방향에서 예법에 맞게 드린다.

(사) 배웅은 반드시 대문 밖까지 한다.

(아) 손님이 멀리 가신 후 대문을 닫는다.

(2) 길잡이

자기 집을 찾아오신 손님께는 아주 공손하고 친절하게 대한다.

1) 다정한 말씨로 반갑게 인사한다.

2) 묻는 말에 공손하면서 분명한 발음으로 대답한다.

3) 다과나 음식을 정갈하게 대접한다.

4) 이야기 중에 끼어들거나 내 말만 하지 않는다.

5) 집을 떠날 때까지 즐거운 마음으로 불편하지 않도록 대접한다.

라. 이웃과의 생활

먼 친척보다 가까운 이웃이 낫다는 옛말이 있다. 이웃사촌이란 말도 이웃끼리 서로 돕고 기쁨과 슬픔을 나누며 상부상조의 생활을 하다 보니 사촌처럼 가까워졌다는 뜻이다. 또 이웃끼리 한 가족이 될 때 바람직한 공동체가 형성되는 것이다.

(1) 알아 둘 일

(가) 이웃과는 항상 인사를 나누며 지낸다.

(나) 이웃의 기쁨은 같이 나누고 슬픈 일은 내 일처럼 생각하고 도와준다.

(다) 가까운 이웃이라도 말과 행동에서 예의에 어긋나지 않도록 한다.

(라) 이웃에 피해를 주지 않도록 조심하고, 피해를 주었을 경우 즉시 사과하고 보상한다.

(마) 이웃에 알려서 좋지 않은 일은 함부로 이야기하지 않는다.

(2) 길잡이

항상 이웃과 한 가족처럼 지내기 위해서 노력해야 한다.

    1) 만날 때마다 반갑게 인사를 한다.

    2) 이웃에게 괴로움을 끼치는 일은 하지 않도록 한다.

    3) 이웃이 어려움을 당했을 때, 내 일처럼 도와준다.

▌제6절 ▌ 식사예절

1. 밥상머리 교육

예로부터 밥상머리는 평생 교육의 장이었다. 가정이라는 사회 속에서 어른들은 생활규범의 본을 보여 주고 아이들은 이를 본보기로 삼아 생활양식을 몸에 익히며 품성과 인격을 닦는 자리였다.

가. 밥상머리는 교육의 장이다

(1) 밥상머리에서 예절교육이 이루어진다.

"무릇 예의 시초는 음식에서 시작된다."고 하여 우리 조상들은 밥상머리에서부터 자녀들에게 기본 예절을 가르쳤다.

예절은 단순하고 작은 행동에서부터 비롯된다. 식사 전에는 손을 깨끗이 씻고, 다정하게 앉아 음식의 소중함을 알아야 한다. 감사하는 마음으로 어른을 공경하고 가족끼리 화목하게 예를 갖추면서 식사를 해야 한다. 반찬을 뒤적이거나 맛있는 반찬만 골라 먹지 말고, 입안의 음식이 보이지 않게 천천히 잘 씹어 먹는다. 다른 사람에게 불쾌감이나 혐오감을 주지 않도록 행동하고 식사 후에는 이를 닦는다.

(2) 밥상머리에서 건강 교육이 이루어진다.

무분별한 외식과 매식은 어린이의 건전한 성장을 막고, 분별없는 식단은 신체의 균형 발달을 해치는 경우가 많다. 가장 훌륭한 건강식은 자기가 태어난 땅에서 거둔 농산물로 조리된 음식이다. 가공 식품을 적게 이용하고 자연 식품을 충분하게 섭취하며 너무 짜고 맵게 먹지 않도록 해야 한다. 편식과 과식을 피하고 규칙적인 식사와 균형식을 섭취할 때 건강한 식사가 된다.

(3) 밥상머리에서 공동체 교육이 이루어진다.

가족끼리 모여 단란한 식사를 하는 것이나, 학교에서의 급식활동은 자기중심적 이기주의를 극복하여 감사하는 마음과 더불어 살아가는 지혜를 배우게 한다.

한 끼의 식사를 마련하기까지 수많은 농어민과 상인들의 노고가 있었고, 조리하는 어머니의 정성이 있었음을 깨닫게 하며, 부드러운 대화 속에서 웃어른을 공경하고 화목한 생활의 기쁨도 맛보게 한다.

식후의 정리 정돈을 돕도록 하는 것은 봉사하는 즐거움과 보람을 느끼게 하고 질서와 협동도 배우게 하는 것이다.

(4) 밥상머리에서 경제교육이 이루어진다.

어릴 때부터 검소한 생활습관을 몸에 배도록 하되 그것은 식생활에서부터 시작해야 한다. 쌀 한 톨의 소중함을 모르고 자라는 어린이에게 지금 지구촌의 한 구석에서 굶주림으로 죽어 가는 많은 어린이가 있음을 깨우쳐 주어야 한다.

값비싼 외식과 무절제한 식생활, 체면치레나 자기과시의 상차림에서 벗어나 계획적이고 검소한 식생활을 생활화할 때 근검절약도 몸에 익히게 된다. 어린이들에게 군것질을 하지 않고, 덜어서 먹고 음식물을 남기지 않도록 지도함으로써 낭비 없는 식생활을 가르칠 수 있는 자리이다.

(5) 밥상머리에서 환경교육이 이루어진다.

하루에 버려지는 음식 쓰레기가 약 2만 3,000톤 정도로 우리나라는 세계 어느 나라보다 음식물을 많이 낭비한다. 음식의 낭비는 강물을 썩게 하는 환경오염의 원인이 되고, 식생활과 관련된 일회용품, 부엌에서 쓰는 합성세제 등도 환경을 오염시킨다는 점을 깨닫게 하여야 한다.

그래서 음식물의 낭비를 줄이고, 야외 식사 후 함부로 버리지 않으며, 일회용 식사 용기를 안 쓰고, 비닐 포장지를 버리지 않을 수 있도록 환경교육은 식탁에서부터 시작하는 것이 좋다.

우리의 전통 식사 예절은 어른과 함께 식사할 때 어른이 먼저 식사를 드시도록 했고, 어른과 겸상할 때는 어른이 좋아하는 음식을 피하도록 하여 경로 효친하는 마음을 길렀다.

어른은 어른답게 아랫사람에게 삶의 지혜와 예절을 몸에 배도록 가르쳤다. 제수를 준비하며 조상을 숭상하고 '나'라는 존재의 근원을 찾아 자손과 그 뿌리를 연결 짓도록 하였다. 오늘날은 가족끼리 오순도순 둘러 앉아 예절을 배우며 더불어 살아가는 지혜를 북돋워 주는 교육의 장으로서 밥상머리 교육이 더욱 절실하게 요구된다.

나. 우리 고유 식생활 문화의 장점을 살린 식생활 개선에 힘쓰자

우리 고유의 음식은 다양한 재료, 알맞은 조리법, 간장, 된장, 김치 등과 같은 지혜로운 음식의 개발로 높은 식생활의 수준을 엿볼 수 있다.

그러나 오늘날 급속하게 변화되는 산업 사회 속에서 우리 고유의 음식과 전통 식생활 예절은 점차 사라지고 있다. 대량 생산되는 일회용, 가공식품의 이용과 각종 외식 문화가 범람하여 매식과 외식이 늘어나고 있다. 건강식품에 대한 무분별한 선호와 돈으로 환산하면 연간 8조 원이나 되는 음식물 쓰레기가 큰 문제점이 되었다.

위와 같은 문제점을 줄이기 위해 우리 고유의 식생활 문화가 가진 훌륭한 장점을 살려 오늘의 생활에 맞도록 다음과 같이 식생활 개선에 힘써야 한다.
  (1) 식사 시간을 조정하여 가족과 함께 식사하도록 한다.
  (2) 우리 고유 음식을 현대 생활에 맞도록 발전시켜 입맛을 돋게 한다.
  (3) 상차림을 계획성 있게 하여 음식을 남기지 말고 합리적으로 배식을 한다.
  (4) 개인 접시를 사용하여 덜어 먹도록 한다.
  (5) 상다리가 휘도록 차리는 것이 자랑이 아님을 알고 즐거운 대화와 성찬이 되도록 한다.
  (6) 가족 누구나 부엌일을 돕고 밝고 즐거운 가정을 꾸민다.
  변화하는 흐름 속에서도 우리의 식생활 문화는 전통에 뿌리를 박고 세대 간에 전승되어 왔다. 오늘을 살아가는 우리 세대는 우리 고유의 식생활 문화를 즐기고 새로운 생활규범과 가치로 다지어 다시 꽃피울 수 있도록 해야 하겠다. 그래야 민족의 줄기찬 발전을 기약할 수 있다.

2. 바람직한 식사예절

식사에도 기본예절이 있다. 한 방에서 식사할 때도 어른과 아이가 앉는 자리가 다르고, 앉는 자세, 수저를 쥐는 방법, 음식을 씹고, 마시는 방법, 식사 시간에 오가는 대화 모두가 예절에 잘 맞아야 교양 있는 사람이다.

가. 식사 전의 예절

즐거운 식사 시간이 되기 위해서 식사 전에 지켜야 할 예절이 있다.
  (1) 여러 사람이 함께 식사할 때에는 용모를 단정히 한다.
  (2) 식사 전에는 반드시 손을 씻는다.
  (3) 웃어른이나 손님과 같이 식사할 때는 그분들을 안쪽 또는 아랫목에 모신다.
  (4) 어른이 먼저 수저를 들 때까지 기다린다.
  (5) 여럿이 먹을 때는 찌개 그릇에 조그만 국자를 곁들여 놓아 덜어 먹는 것이 위생적이다.
  (6) 자세를 바르게 하여 앉는다. 한 손을 방바닥에 짚는다든지, 몸을 벽에 기댄다든지 하는 것은
      보기에 좋지 않다.
  (7) 학교에서의 식사는 정해진 시간, 정해진 장소에서만 하도록 한다.
  (8) 식당에서 음식을 주문할 때는 어른이 주문하신 다음에 주문하고, 다른 사람보다 비싼 것은 주
      문하지 않는다.
  (9) 식사를 준비해 주신 분께 감사하는 마음을 갖는다.
  (10) 가정에서는 밥상 차리는 것을 도와드린다.

나. 식사 중의 예절

식사예절을 바르게 지키면 모두가 즐겁고 맛있는 식사를 할 수 있다.

(1) 밥과 국은 숟가락으로, 반찬은 젓가락으로 먹는다.

(2) 식사의 빠르기는 다른 사람과 비슷하게 한다.

(3) 입속에 음식물이 있을 때는 이야기하지 않는다.

(4) 식사 중에는 불결한 이야기, 불쾌한 이야기를 삼가고 즐겁고 아름다운 이야기를 나눈다. 너무 큰 소리로 떠들지 않도록 한다.

(5) 책이나 텔레비전을 보면서 식사하는 것은 좋지 않다.

(6) 밥그릇, 국그릇을 들고 먹지 않는다.

(7) 국은 떠먹을 것이며 밥을 말아서 먹는 것은 좋지 않다.

(8) 젓가락과 숟가락을 함께 쥐어서는 안 된다.

(9) 음식을 씹을 때는 입을 다물고 소리가 나지 않게 한다. 특히 국물을 마실 때, “후루룩” 소리가 나지 않도록 하며, 그릇 부딪치는 소리를 내지 않도록 조심한다.

(10) 반찬을 뒤적거리거나 흘리지 말고, 집었다, 놓았다 하며 고르는 일은 삼간다.

(11) 음식에서 돌이나 기타 먹지 못할 것이 나왔을 때는 옆 사람이 눈치채지 못하도록 살며시 휴지 등에 싸서 상 밑에 두었다가 나중에 버린다.

(12) 식사 중에는 자리를 뜨지 않는 것이 예의이다.

(13) 식사 중에 국을 쏟는다거나 실수를 하였을 때는 당황하지 말고 뒤처리를 한다. 옆 사람이 그런 실수를 했을 때는 웃지 말고 휴지를 집어다 준다든가 하면서 도와준다.

(14) 맛있는 음식을 혼자만 먹어서는 안 되며, 다른 사람에게도 권한다.

(15) 다른 사람에게 음식을 억지로 권하지 않는다.

(16) 식사 중 기침, 하품, 트림 등을 하지 않도록 조심하고 부득이할 때는 손수건으로 가리고 얼굴을 돌려 해야 한다.

(17) 수저의 기름기가 국물에 뜨지 않도록 조심해야 한다.

(18) 덜어 먹는 접시가 마련되어 있으면 처음부터 알맞은 양을 덜어 먹는 것이 좋다.

(19) 음식은 남기지 않고 골고루 먹는다.

(20) 음식은 적당한 양을 입에 넣고 잘 씹어 삼켜서 소화가 잘되도록 한다.

다. 식사 후의 예절

(1) 다른 사람보다 먼저 식사가 끝났으면 일어나지 말고 다른 사람의 식사가 끝날 때까지 조용히 기다린다.

(2) 수저를 숭늉 그릇이나 빈 접기에 얹어 놓았다가 어른이 식사를 끝냈을 때 상 위에 내려놓는다. 수저는 오른쪽에 가지런히 놓으며 냅킨을 사용했을 때는 대강 접어 상 위에 놓는다.

(3) 이쑤시개 사용은 삼가는 것이 좋으나 꼭 필요한 경우에는 손수건이나 한쪽 손으로 입을 가리
    고 사용하도록 한다.
(4) 식사를 마친 뒤에는 자기 주변을 정리하고 창문을 열어 환기를 시킨다.
(5) 대접을 받았을 때는 "잘 먹었습니다.", "맛있게 먹었습니다."라고 인사를 하는 것이 좋다.
(6) 식사 후에는 반드시 이를 닦는다.
(7) 식사 후에는 식탁 정리나 설거지를 도와드린다.

3. 서양식 식사예절

서양식 식사는 절차와 예절이 한식과 다르다.
(1) 의자는 왼편으로 들어가며 의자를 당겨 식탁과 몸이 10㎝ 정도 되게 가까이 바른 자세로 앉는다.
(2) 냅킨은 무릎 위에 펴며 식사가 끝난 후에는 적당히 접어 식탁 위에 놓는다.
(3) 스프를 먹을 때는 스푼을 앞쪽에서 뒤쪽으로 움직인다.
(4) 나이프와 포크는 좌우 바깥쪽에 놓인 것부터 사용한다.
(5) 나이프는 오른손, 포크는 왼손에 쥐고 사용한다. 필요시에는 포크를 오른손으로 옮겨 사용할
    수 있다.
(6) 대화 시에는 나이프와 포크를 팔(八) 자 모양으로 접시 위에 걸쳐 놓으며 식사 후에는 가지런
    히 접시 위에 놓는다.
(7) 빵은 스프가 끝난 후부터 후식 전까지 먹는데, 손으로 떼어 나이프로 버터나 쨈을 발라 가면
    서 먹는다.
(8) 차는 스푼으로 저어 찻잔에 놓고 소리 나지 않게 마신다.
(9) 식탁 위에 팔꿈치를 올려놓지 않으며 식사 중에 나이프나 포크를 바닥에 떨어뜨렸을 때는 새
    것을 가져오게 한다.
(10) 요리는 손님의 왼편 뒤에서 드리고 물과 술은 오른편 뒤에서 드린다.
(11) 뷔페식 음식에서는 너무 많이 담아 식후에 음식을 남기는 일이 없도록 한다.

■ 제7절 ■ 다도(茶道)

차(茶)를 마시는 형식에 따라 크게 두 가지로 나눌 수 있다. 첫째는 의식과 관련된 의식의 차이요, 둘째는 일상생활과 직결된 생활의 차이라고 표현한다.

일반적으로 의식 차는 격식이나 절차를 중요시하지만 생활 차는 번거로운 형식이 생략된다.

1. 다도(茶道)의 필요성과 기본 마음가짐

가. 다도의 필요성

(1) 다도란 법도에 맞도록 잘 우려낸 차를 마시면서 몸과 마음을 건전하게 하고, 멋 속에 삶의 도리를 다한다는 뜻이다.
(2) 다(茶)는 우리 조상들이 예로부터 마음의 식량으로 정신을 살찌워 온 것으로 전통차 또는 고유차라고 부른다.
(3) 현실을 덮고 있는 물질문명이 가져온 욕망이나 이기심에서 벗어나 자아를 재발견하고 자기존재를 확인하여 진리를 깨닫게 하려는 것이다.
(4) 오랜 역사 속에 이어 온 우리의 다도문화를 계승 발전시켜 실용적으로 활용할 수 있도록 하는 것이다.

나. 다도의 기본자세

(1) 공경하는 마음 자세를 갖도록 한다.
(2) 맑고 깨끗한 마음이 되도록 한다.
(3) 우아하고 깨끗하며 아늑한 분위기가 되도록 한다.

2. 다(茶) 도구와 용구

(1) 다관: 찻물을 우려내는 도자기 주전자를 말한다.
(2) 물 식힘 사발(숙우): 끓는 물을 담아서 수온을 알맞게 낮추는 사발(도자기로 만든 것이 좋다.)
(3) 찻잔: 도자기나 사기로 된 잔으로 흰색 계통이 좋다.

(4) 차탁: 찻잔을 얹어 놓는 접시 형태의 받침이다.

(5) 차 숟가락(차시): 차를 뜨는 숟가락, 주로 죽제, 목제 등이 좋다.

(6) 물 버림 사발(재방): 다기를 헹군 물을 버리는 그릇이다.

(7) 찻상: 차 그릇을 올려놓는 상

(8) 차 통: 차를 보관하는 통(도자기, 대나무, 양철로 되었다.)

(9) 그 밖에 차 끓이는 솥, 차수건 등이 있다(보온병에 끓는 물을 담아서 쓰기도 한다.).

3. 다법(茶法) 익히기

(1) 손님이 앉기 전에 주인은 방석을 권한다.

(2) 찻상 앞에 두 무릎을 꿇고 앉는다.

(3) 찻상 앞에서 주인은 손님과 가벼운 목례를 한다(두 손은 무릎 위에 가볍게 얹는다.).

(4) 주인은 90℃ 정도의 물을 찻잔마다 부어 가볍게 돌려 씻은 다음 물 버림 사발에 버린다.

(5) 주인은 다기의 물을 물 식힘 사발에 70℃ 정도로 적당히 식힌다.

(6) 적당량의 차를 차 숟가락으로 다관에 넣는다.

(7) 차가 우러나면 오른쪽으로부터 다기에 넣는다.

(8) 차 맛을 고르게 하기 위해 따르고자 하는 양의 1/2씩을 따르다가 마지막 잔에서 다시 역순으로 1/2씩 따라서 채운다.

(9) 주인이 권하면 가벼운 목례를 한 뒤 손님이 찻잔을 먼저 든 후 주인도 차를 든다.

(10) 오른손으로 찻잔을 쥐고, 왼손으로 찻잔을 떠받친다.

(11) 먼저 차의 색깔을 보고 다음 향(냄새)을 맡은 후 조금씩 나누어 마신다.

(12) 차를 마시고 난 뒤에는 정중한 예를 한다.

(13) 두 손을 펴 바닥에 대고 허리를 알맞게 굽힌다.

4. 차(茶) 준비 과정

(1) 다 도구와 뜨거운 물을 준비한다.

(2) 귀때그릇(숙우)에 물을 담근다.

(3) 차 주전자의 뚜껑을 열어 뚜껑받침 위에 올려놓는다.

(4) 예열을 주기 위해 귀때그릇의 물을 차 주전자에 붓는다.

(5) 차 주전자의 물을 찻잔에 붓는다.

(6) 귀때그릇에 다시 물을 받아서 식힌다.

(7) 차 주전자에 차를 넣는다.

(8) 적당히 식은 귀때그릇의 물을 차 주전자에 붓고 우린다.

(9) 예열을 위해 찻잔에 부었던 물을 개수그릇에 붓는다.

(10) 차가 잘 우러났다고 생각되면 찻잔에 따른다.

(11) 찻잔을 받침 위에 얹어서 낸다.

예절교육에 대한 예절을 지켜 나라의 상징인 태극기와 애국가의 존엄성을 높이는 일은 바로 국가와 민족에 대한 자존심을 지키는 국민의 마땅한 도리이다. 국가와 사회가 바로 설 때 개인의 안녕과 생명, 재산 등도 보전된다.

1. 국기(國旗)에 대한 예절

국기는 나라의 상징이며 전통과 이상이 담겨 있으므로 대외적으로 나라를 대표하는 표상이 된다. 따라서 국내에서는 온 국민이 항시 국기를 사랑하는 마음을 가져야 한다.

국기를 애호하는 것이야말로 국기에 대한 존엄성을 높이는 일이다. 국기 사랑은 곧 나라 사랑이라는 마음으로 이어지기에 국기에 대한 각종 예절을 일상생활 속에서 자연스럽게 지키도록 해야 한다.

국기사랑 운동은 스스로의 실천은 물론이고, 가정, 직장, 사회 전반으로 확산되어 가야 한다.

국기는 민족과 함께 영원한 운명공동체이므로 오늘 우리 모두는 선인들의 애국정신이 서린 태극기를 더욱 아끼고 사랑하는 마음을 키워 가야 할 것이다.

가. 국기에 대한 맹세

나는 자랑스러운 태극기 앞에 조국과 민족의 무궁한 영광을 위하여 몸과 마음을 바쳐 충성을 다할 것을 굳게 다짐한다.

(1) 경축일, 평일은 그림과 같이 깃봉과 깃 면의 사이를 떼지 아니함.
(2) 조기를 표하는 현충일, 국장, 국민장의 날에는 깃봉과, 깃 면의 사이를 깃 면의 너비만큼 내려야 함.
(3) 단독주택 옥외 게양 시: 대문 왼쪽에 게양
(4) 공동주택 게양 시: 앞쪽 베란다의 왼쪽에 게양

나. 국기에 대한 예절

(1) 국기를 게양할 때와 내릴 때에는 바른 자세로 서서 경례 또는 주목을 한다.
(2) 국기에 대한 경례를 할 때는 바르게 서서 오른손을 왼쪽 가슴에 대고 '국기에 대한 맹세'를 마음속으로 다짐한다.

2. 국가(國歌)에 대한 예절: 애국가 예절

애국가는 국가와 국민의 대표적인 상징이므로 가사 속에 있는 뜻을 마음속에 새기며 불러야 하고 곡조나 가사를 함부로 고쳐서 불러서는 안 된다.

가. 우리의 국가인 애국가는 4절까지 정확하게 불러야 한다.

나. 국민의례 시는 4절까지 부르는 것이 원칙이나 편의상 1절만 부르기도 한다.

다. 경건한 마음으로 일어서서 끝날 때까지 움직이지 않고 불러야 한다.

라. 애국가가 연주되면 들려오는 쪽을 향하여 바르게 서서 그 뜻을 새기며 듣거나 마음속으로 따라 불러야 한다.

마. 애국가는 국기를 게양·하강할 때, 국가적 의식행사 때, 단체의 주요 행사, 어린이 회의를 할 때 부른다.

3. 국화(國花)에 대한 예절: 무궁화 예절

무궁화는 1935년 동아일보의 '조선의 국화 무궁화 내력'이라는 제하에 선각자 윤치호, 남궁억 등이 애국가의 후렴에 <무궁화 삼천리 화려강산>이라는 구절을 사용함으로써 무궁화는 조선의 국화가 되었다.

무궁화에 담긴 정신으로는 이른 새벽에 개화하여 날로 새롭게 피어 항상 새로움을 주므로 근면성과 진취성을 뜻하고 꽃이 질 때에 꽃잎 하나하나가 떨어지지 않고 송이 하나가 말리어져 떨어지므로 협동과 단결을 표상하고, 꽃잎이 다섯으로 우래 전래의 오행, 오복, 오합일, 오곡 등과 상통하는데 다섯이란 숫자는 평화와 행복을 사랑함을 뜻한다.

무궁화는 예부터 우리나라 곳곳에 많이 자생하여 온 꽃이며 우리의 민족적 표상으로 오랜 기간 나라꽃으로 인식되어 왔다. 정부수립 이후에는 입법, 사법, 행정 3부의 휘장으로 사용하고 국기봉도 무궁화 꽃봉오리로 제정하여 무궁화는 우리나라의 꽃으로 자리를 굳히게 되었다.

향간에는 무궁화를 잘못 인식하고 있는 사람이 많은데 이것은 일제강점기에 일본인들이 민족정신

말살책으로 무궁화에는 진딧물이 많고, 꽃가루는 부스럼의 원인이 되며, 자주 바라보면 눈병이 난다는 등 거짓을 유포시켰기 때문이다.

　나라꽃은 겉보기만 아름다워서는 의미가 없다. 일본인들이 자랑하는 벚꽃은 제주도에서 건너간 것이지만 그들이 나라꽃으로 정하여 끊임없이 개량하고 정성들여 가꾸었다. 우리 나라꽃 무궁화가 아침과 저녁으로 피고 지고 뒤를 이어 무성하게 피는 것은 끈질기고 화합하는 우리의 민족성이며, 맑고 밝은 꽃잎 우리의붉은 심이 있어 해와 아침을 숭상하는 선인들하는 이 서려 있다.

　따라서 무궁화를 사랑하는 마음은 곧 나라와 겨레를 사랑하는 마음이니 무궁화가 잘 자라는 곳을 가려 전국 방방곡곡에 많이 심고 아름다운 꽃이 피도록 정성 들여 가꾸어 옛날의 무궁화동산을 우리 국민 모두의 힘으로 다시 만들어야 할 것이다.

가. 무궁화 가꾸는 요령

(1) 무궁화의 종류
　　(가) 세계적으로 200여 종이 있고, 우리나라에는 100여 종이 있는 것으로 알려져 있다.
　　(나) 꽃의 빛깔로 구분하면 흰색, 분홍색, 붉은색 3종이 있다.
　　(다) 7월 초부터 피기 시작하여 10월 말까지 계속하여 피고 진다.

(2) 무궁화 가꾸기
　　(가) 무궁화는 삽목번식이 잘되며, 삽목 방법에는 싹이 트기 전인 3월 중순경에 하는 휴면지 삽목과 새로 나온 가지가 굵어진 여름에 하는 녹지 삽목이 있다.
　　(나) 수형의 유지 · 보존과 조형 · 생육상태 조절을 위하여 늦가을이나 이른 봄에 정지와 전정을 하여야 한다.
　　(다) 무궁화의 병충해 발생이 가장 많은 6월과 10월에 약물방제를 실시해야 한다.

4. 국어(國語)에 대한 예절

　한글은 우리민족 문화를 지키고 발전시켜 준 도구이다. 우리의 국어인 한글은 세계의 많은 글 중에서 가장 으뜸가는 글이다. 바르게 쓰는 습관을 갖도록 하자.
　가. 외래어를 남용하지 말고 우리말의 좋은 점을 찾아 쓰자.
　나. 상스러운 말, 어법에 맞지 않는 말은 하지 않는다.
　다. 바르고 고운 말을 쓰는 습관을 가지며 한글을 소중하게 여길 줄 알아야 한다.

5. 애국선열에 대한 예절

애국선열이란 나라와 겨레를 위해 목숨을 바치신 분들이다. 이 얼마나 고귀하고 위대한 희생인가? 우리가 지금 독립국가의 자유인으로 행복하게 살 수 있는 것은 이분들의 덕분임을 알고 늘 감사하는 마음을 가져야 한다.

    가. 현충일은 국기를 조기로 게양하고 엄숙하고 경건하게 지낸다.

    나. 보훈 대상자에게 감사 편지도 하고 찾아가서 위로도 한다.

    다. 국립묘지, 4 · 19묘지, 충혼탑, 적전지, 애국지사 묘역, 독립운동 관련 사적지 등을 참배하고 그 업적을 기리며 나라의 소중함을 알고 생활한다.

6. 기본예절 생활 실천

가. 국기와 국가에 대한 예절

국기는 그 나라를 상징하는 표식이다. 따라서 국기에 대한 예의와 보관을 바르게 하는 것이 바로 애국하는 길이다. 국가는 그 나라를 상징하는 노래이다. 우리의 국가는 애국가이다. 애국가를 정성된 마음으로 바르게 부를 때 비로소 대한민국의 국민으로 애국하는 길이다.

  (1) 알아 둘 일

    (가) 국기를 게양하거나 강하(내림)할 때는 국기에 대한 경례와 맹세를 한다.

    (나) 모자를 썼을 경우는 거수 경례, 그렇지 않을 경우 오른손을 펴서 왼쪽 가슴에 대고 경의를 표해야 한다.

    (다) 국기를 게양할 때는 위로부터 매고 강하할 때는 아래에서부터 푼다.

    (라) 강하한 국기는 양쪽에서 잡고 세로로 두 번, 가로로 두 번 접는다.

    (마) 찢어졌거나 낡은 국기는 청결한 장소에서 태운다.

    (바) 애국가가 연주되면 그 자리에 바로 서서 끝까지 듣는다(손의 물건을 놓아야 한다.).

    (사) 국경일에는 꼭 국기를 게양하고, 현충일은 조기(弔旗)를 꼭 단다.

  (2) 길잡이

  • 나는 진정한 대한민국 국민의 한 사람으로서

    (가) 국경일, 기념일에는 태극기를 반드시 게양한다.

    (나) 언제나 태극기 보관을 깨끗이 한다.

    (다) 게양된 태극기에 경건한 마음으로 경례를 하고 국기에 대한 맹세를 꼭 외운다.

    (라) 애국가를 4절까지 바르게 부를 수 있다.

(마) 언제나 바른 자세로 애국가를 부른다.

나. 국화에 대한 예절

아무리 힘들고 어려운 일이 있어도 끝까지 참는 은근과 끈기의 정신은 우리 배달겨레의 민족정신이다. 이러한 우리의 민족성을 그대로 나타내는 것이 나라꽃이다. 무궁화를 정성 들여서 잘 가꾸어 무궁화동산을 이룩하여야 한다.

(1) 알아 둘 일

(가) 무궁화는 세계 어느 나라에서나 사랑을 받는 꽃이다.

 1) 히비스키스(무궁화의 서양 이름) '가장 아름다운 신을 닮은 꽃'이란 뜻

 2) 샤론의 장미(무궁화의 애칭) '성스러운 땅에서만 피는 꽃'이란 뜻

(나) 무궁화는 석 달 열흘 동안(약 100일) 수십, 수백 송이씩 꽃을 피운다.

(다) 무궁화는 우리의 민족성과 비슷한 점이 많다.

 1) 새벽이슬 머금고 홀로 피는 부지런함

 2) 맑고 깨끗한 새벽빛을 사랑하는 자세

 3) 꽃잎의 꼭지까지 오므라져 모습을 감추는 자세

 4) 꾸준히 피어나는 은근과 끈기

 5) 은은하고 수수한 꽃 색깔

(2) 길잡이

• 나는 우리나라 꽃 무궁화를 아끼고 잘 가꾸기 위해서

(가) 우리 주위에 무궁화를 많이 심어 가꾼다.

(나) 무궁화의 피고 지는 모습, 특징 등을 잘 살피면서 나라꽃을 정성 들여 키운다.

(다) 무궁화를 가꾸면서 은근과 끈기를 익히고, 항상 교양 있는 선비정신을 담아 둔다.

■ 제9절 ■ 기본질서

1. 기본질서

질서는 많은 사람들의 합의를 바탕으로 이루어진 것이다. 따라서 자기의 생각과 차이가 있어도 준법정신을 발휘하는 것이 올바른 태도이다. 질서는 습관화되어 생활의 일부분이 되어야 부담감을 느끼지 않는다. 남이 보지 않는 곳에서도 질서를 지킬 수 있도록 몸에 배어야 한다.

가. 교통질서

(1) 길을 걸을 때는 왼쪽으로 걸어야 한다.
(2) 차도를 건널 때에는 횡단보도나 육교, 지하도를 이용한다.
(3) 큰 소리나 장난을 치며 걷는 것은 좋지 않다.
(4) 승하차 시 줄을 서서 차례로 타고 내린다.
(5) 신호등을 꼭 지키며 서두르지 않는다.
(6) 차 안에서 웃어른이나 노약자에게 자리를 양보한다.

나. 차례 지키기

(1) 여러 사람이 이용하는 곳(장소, 시설)에서는 줄을 선다.
(2) 차례를 기다릴 때는 노약자에게 양보하는 마음도 갖는다.
(3) 교실이나 여러 사람이 모인 곳에서는 조용히 한다.

다. 승강 질서(엘리베이터, 자동차, 전철 등)

(1) 내리는 사람이 내리고 난 다음 질서 있게 탄다.
(2) 노인이나 아기 업은 여자를 먼저 타게 하고 자리도 양보한다.
(3) 엘리베이터 탈 때에도 필요 없는 버튼은 손대지 않는다.
(4) 엘리베이터, 자동차, 전철 속에서 큰 소리로 이야기하지 않는다.

라. 실내에서의 생활

교실은 조용하게 공부를 하는 곳이다. 교실과 복도에서는 작은 소리로 이야기하고 떠들지 않는다.
목청 크다고 잘난 것이 아니고 조그마하고 작은 소리가 교양 있는 것이다.
  (1) 조용한 실내(교실, 방)
    (가) 실내에서의 대화는 소곤소곤 작은 소리로 한다.
    (나) 실내에서의 걸음은 사뿐사뿐 걷는다.
    (다) 장난으로 다른 사람의 일에 방해되는 일이 없도록 한다.
    (라) 문을 여닫을 때는 조심하여 소리 나지 않게 한다.
  (2) 복도, 계단, 출입구 질서
    (가) 복도에서는 왼쪽으로 사뿐사뿐 걷는다.
    (나) 계단에서는 차래대로 오르내린다.
    (다) 출입구에서 신을 신고 벗을 때는 서두르지 않는다.
    (라) 부착된 물건에는 함부로 손을 대지 않고, 눈으로만 감상한다.

마. 차례를 기다릴 때 줄 서기

질서의 기초는 덮어놓고 "빨리빨리" 서두르는 것이 아니고 바르게 차례를 기다리는 것이다.
  (1) 줄 서기
    (가) 2명 이상 차례를 기다릴 때는 언제나 줄을 선다.
    (나) 버스나 전철을 이용할 때는 내리는 사람이 먼저 내린 후 탄다.
    (다) 앞 사람을 밀지 않고 천천히 차례대로 내리거나 탄다.
    (라) 화장실, 수돗가 등의 복잡한 곳에서는 한 줄로 서서 기다린다.
    (마) 계단을 오를 때와 내릴 때도 왼쪽으로 줄을 서서 차례차례 오르내린다.
  (2) 기다리는 마음
    (가) 신호등이 있는 곳에서는 신호를 기다렸다가 녹색 신호등을 보고는 뛰지 않고 건넌다.
    (나) 차가 정지한 후 내리고 탄다.

바. 교통신호를 살피고 횡단보도로 건너기

교통규칙은 생명을 지키는 규칙이므로 모두가 실천하여 편안하고 안락한 사회를 만들어야 한다.
  (1) 길을 건널 때
    (가) 서서, 보고, 건넌다.
    (나) 횡단보도나 육교, 지하도를 이용하여 건넌다.

(다) 큰 소리로 떠들며 웃고 나란히 걷는 것은 좋지 않다.

(라) 인도로 가다가 갑자기 차도로 뛰어들지 않는다.

(마) 뛰면서 길을 건너지 않는다.

(2) 교통신호 지키기

(가) 녹색 신호가 켜졌을 때에만 건넌다.

(나) 녹색 신호가 바뀌려 하면 다음 신호를 기다린다.

(다) 길을 건너간다는 것을 운전자에게 알린다(수신호 사용).

사. 복잡한 곳에서의 양보

옛말에 "평생을 두고 길을 양보하여도 백 걸음을 넘지 못한다." 하는 말이 있다. 남에게 양보하는 것이 그리 큰 손실은 아니다. 오히려 사회를 맑고 밝게 하는 원동력이다.

(1) 태도

(가) 여러 사람이 공동으로 사용하는 물건은 다른 사람의 사용에 불편을 주어서는 안 된다.

(나) 차 안에서는 노인이나 몸이 불편한 사람에게 자리를 양보할 줄 알아야 한다.

(다) 공중전화, 공중변소 등에서는 차례를 지키며 급한 사람에게 양보할 줄도 안다.

(라) 쉽고 편한 일은 남에게 돌리고, 어렵고 힘든 일은 내가 먼저 한다.

(2) 마음가짐

(가) 남이 양보했을 때는 사양하는 말과 함께 "고맙습니다."라고 말한다.

(나) 다른 사람들도 '나'와 같은 소중한 존재임을 기억하자.

2. 청결 생활

하나뿐인 생명을 위하여 건강한 생활을 하여야 하고, 건강하여야 행복하게 된다. 건강하기 위해서는 주위, 내 몸부터 깨끗하여야 한다. 청결은 누가 시켜야 하는 것이 아니고 나의 건강을 지키기 위한 일이다.

가. 몸의 청결

(1) 목욕은 일주일에 한 번 이상 한다.

(2) 외출에서 돌아오면 반드시 손발을 씻는다.

(3) 음식을 먹기 전에는 손을 씻는다.

(4) 식사 후 3분 이내에 이를 닦는다.

(5) 속옷은 자주 빨아 냄새가 나지 않도록 한다.

나. 주위 청결

(1) 내가 남긴 쓰레기는 반드시 쓰레기통에 넣는다.
(2) 길거리에서는 껌이나 휴지를 버리지 않는다.
(3) 버려진 휴지는 내가 먼저 줍는다.
(4) 운동장이나 소풍 갈 때 사용한 물건의 쓰레기는 쓰레기통에 넣고, 쓰레기통이 없을 때에는 집에까지 운반한다.
(5) 내가 앉아 놀던 자리는 항상 깨끗이 정돈한다.

다. 식생활

(1) 음식은 골고루 먹는다.
(2) 불량식품은 절대로 먹지 않는다.
(3) 맛있다고 너무 많이 먹지 않는다.
(4) 설탕, 소금, 조미료 등은 적게 먹는다.

라. 몸과 옷 청결

청결이란 맑음과 깨끗함이다. 잘생긴 얼굴보다 깨끗한 얼굴이 아름다우며, 비싼 옷보다 깨끗한 옷이 보기에 좋다.
(1) 몸(손, 발) 씻기
　　(가) 목욕은 주 1회 이상 한다.
　　(나) 머리는 단정히 빗고 너무 길지 않게 손질한다.
　　(다) 손톱, 발톱은 주 1회 깎는다.
　　(라) 아침, 저녁으로 이, 손, 발을 닦는다.
　　(마) 외출 후에 반드시 손발을 씻는다.
　　(바) 식사 전에는 손을 꼭 씻는다.
　　(사) 식사 후에는 이를 꼭 닦는다.
(2) 옷 입기
　　(가) 옷은 깨끗이 빨아 입고, 해진 옷은 기워 입는다.
　　(나) 단추와 지퍼는 꼭 채운다.
　　(다) 활동에 간편한 옷을 입는다.

(라) 손을 주머니에 넣고 다니지 않는다.

(마) 잠옷을 입고 문 밖 출입을 하지 않는다.

(바) 체격, 분수, 개성에 맞는 단정한 옷차림을 한다.

마. 사용한 물건 제자리에 정리

정리 정돈을 잘하면 시간과 물자가 절약되어 모든 일을 의욕적으로 하게 되고 능률도 오르게 된다.

(1) 정리 정돈

(가) 자기가 쓰는 방과 책상은 자기가 청소한다.

(나) 청소는 창문을 활짝 열고→ 먼지 떨기→ 비로 쓸기→ 걸레질→ 뒷정리의 차례로 한다.

(다) 정해진 장소에 정해진 물건을 놓는다.

(라) 흩어진 것은 제자리를 찾아 말끔히 정리한다.

(마) 놀던 자리는 깨끗이 정돈한다.

(2) 물건사용

(가) 정리되어 있는 물건을 쓰면 제자리에 둔다.

(나) 물건은 아껴 쓰고 소중히 다룬다.

(다) 자기 물건에 이름을 써서 사용한다.

바. 휴지는 휴지통에 버리기

"아침마당을 쓸면 황금이 나온다."는 말과 같이 내 주위를 깨끗이 하면 복이 찾아온다고 한다.

우리가 쓰고 버리는 쓰레기는 나에게 돌아와 건강을 해친다. 슬그머니 버리는 마음은 자기 양심을 버리는 것과 같다.

(1) 휴지 버리지 않기

(가) 쓰레기는 쓰레기통에 버린다.

(나) 재생할 수 있는 것과 썩어 없어지는 쓰레기는 구별하여 버린다.

(다) 껌이나 침, 가래는 반드시 휴지에 싸서 버린다.

(2) 버려진 쓰레기 줍기

(가) 휴지 줍는 고운 손, 안 버리는 예쁜 손

(나) 아침마다 집 안팎 청소는 내가 한다.

사. 불량식품을 사 먹지 않기

건강은 우리들이 먹는 음식에서부터 시작된다. 잘못 먹은 음식이 병을 가져오고 건강을 해치게 된다.

(1) 가게에서 파는 음식물 고르기

(가) 제조 연월일을 확인하고 상하지 않은 것을 고른다(유통기간 확인).

(나) 포장 상태를 자세히 살피고 뜯어지지 않은 것을 고른다.

(다) 유해색소가 없는 식품을 고른다.

(라) 색이 너무 붉거나 진한 것은 고르지 않는다.

(마) 깡통 종류는 녹이 슬거나 통의 아래위가 불룩한 것은 고르지 않는다.

(2) 좋은 음식

(가) 음식은 골고루 먹는다.

(나) 세 가지 흰 것(설탕, 소금, 조미료)은 적게 먹는다.

(다) 가게 음식보다 어머님이 해 준 음식을 먹는다.

(라) 길거리에서 먹으며 다니는 것은 좋지 않다.

(마) 군것질을 하지 않는다.

3. 기본질서 생활 실천

가. 교통질서

여러 가지 교통기관은 우리의 생활에 많은 편리함을 주고 있다. 그러나 교통질서가 지켜지지 않을 때는 엄청난 피해를 준다. 우리의 귀중한 생명을 보호하기 위해서도 교통질서는 꼭 지켜야 한다. '나 하나쯤이야' 하는 생각으로 질서를 안 지킬 때 소중한 우리의 생명은 위험해진다.

(1) 알아 둘 일

(가) 차도에 함부로 다니지 않는다.

(나) 인도에서는 왼쪽으로, 횡단보도에서는 오른쪽으로 다닌다.

(다) 녹색 신호등이 바뀌려 할 때 횡단보도에 들어서지 않는다.

(라) 녹색 불빛이 켜져도 좌우를 살핀 후 건너야 한다.

(마) 반드시 줄을 서서 버스를 탄다.

(바) 차 안에서는 안전띠를 꼭 맨다.

(사) 차 안에서는 장난하거나 큰 소리로 떠들지 않는다.

(아) 차창 밖으로 몸을 내미는 일은 하지 않는다.

(2) 길잡이

• 나는 교통질서를 지켜 안전한 생활을 하기 위하여

(가) 차도로 건너다니거나 차도에서 놀지 않는다.

(나) 횡단보도에서도 좌우를 살피며 걷는다.

(다) 횡단보도에서는 오른쪽으로 걷는다.

(라) 녹색불이 들어와도 좌우를 살핀 후 횡단보도에 들어선다.

(마) 차를 타거나 내릴 때 질서를 지킨다.

(바) 안전띠를 꼭 맨다.

나. 차례 지키기

두 사람만 모여도 줄을 서서 차례를 지키는 나라들이 많이 있다. 차근차근 질서 있게 차례를 지킬 때, 모든 일은 훨씬 쉬워지고 서로 돕는 사회가 된다. 아직 줄 서서 차례를 지키는 일에 익숙하지 못한 우리들은 모든 공공장소에서 이를 지켜 밝고 명랑한 생활을 해야 되겠다.

(1) 알아 둘 일

(가) 줄을 서서 차례를 지켜야 할 경우

① 놀이기구를 탈 때	⑥ 공중화장실을 사용할 때
② 차를 타고 내릴 때	⑦ 공연장, 경기장에 입장할 때
③ 수도를 사용할 때	⑧ 승강기를 탈 때
④ 계단을 오르내릴 때	⑨ 공중전화를 사용할 때
⑤ 차표, 입장권을 살 때	⑩ 물건을 살 때

(2) 길잡이

• 우리는 차례를 지켜 질서 있는 생활을 해 나가기 위하여 다음과 같은 점을 생활에서 실천하여야 한다.

(가) 줄을 서야 할 곳에선 반드시 줄을 선다.

(나) 다른 사람은 기다리는데 나만 먼저 빨리하려고 새치기를 하지 않는다.

(다) 바쁘거나 급한 사람에게는 차례를 양보할 줄도 알아야 한다.

다. 공공(시설) 장소에서의 예절

나보다 공동의 이익을 먼저 생각하는 마음은 사회생활을 바르게 하는 자세이고, 민주시민의 기본 자세이며, 문화인의 참모습이다. 공공시설은 우리 모두의 공동 소유이므로 모든 사람들이 바른 예절을 지켜 사용해야 한다.

(1) 알아 둘 일

(가) 공중전화를 사용할 때는 차례를 지켜 용건만 간단히 말하고 기물이 파손되지 않도록 조심스럽게 다룬다.

(나) 도서관에서는 소란스런 행동을 하지 않고 책은 제자리에 꽂는다.

(다) 공연장에서는 정해진 자리에 앉고 잡담을 하지 않으며 출연자에게 박수를 보낸다.

(라) 공중목욕탕에서는 욕조에서 몸을 씻지 않으며 옆 사람에게 물이 튀지 않도록 조심하고 물을 아껴 쓴다.

(2) 길잡이

- 나는 공공(시설) 장소에서의 예절을 잘 지키기 위하여

  (가) 공공 시설물을 소중히 여기고 아껴 쓴다.

  (나) 공연장에서는 남에게 방해가 되지 않도록 관람태도를 지킨다.

  (다) 공공시설, 장소에서는 언제나 차례를 지킨다.

  (라) 공공장소 주위를 깨끗이 한다.

라. 집단 질서

여럿이 모인 집단에서 가장 중요한 것은, 모두가 한마음 한뜻이 되는 일이다. 그러기 위해서는 서로 존중하고 협력해야 한다. 내가 할 일을 스스로 찾아 하며, 나 때문에 전체에 피해가 가지 않도록 성실히 단체생활에 참가해야 된다.

(1) 알아 둘 일

  (가) 단체생활에서는 꼭 버려야 할 생각들이 있다.

     1) '나 하나쯤이야' 하는 개인주의

     2) '나만 편하면 되지 뭐' 하는 이기주의

     3) '하려면 하라지' 하는 방관주의

     4) '쳇, 잘난 척하네' 하는 질투심

  (나) 단체생활에서는 협동과 이해가 중요하다.

  (다) 나 때문에 여럿이 피해를 입지 않도록 노력해야 한다.

  (라) 내가 받을 이익보다는 내가 전체를 위해 무엇을 해야 하는가를 생각해야 한다.

(2) 길잡이

- 우리는 자기가 속한 단체(학급, 학교, 스카우트 등)를 위하여 다음과 같은 질서를 준수하여야 한다.

  (가) '내가 할 일이 무엇인가?'를 먼저 생각한다.

  (나) 남의 어려움을 나의 일처럼 생각하고 돕는다.

  (다) 나 혼자보다는 전체를 생각하고 행동한다.

  (라) 나 때문에 다른 사람이 괴로움을 겪지 않도록 한다.

마. 공동 질서(공공 질서, 공중 도덕)

"두 사람 사이에도 서로 지켜야 할 일이 있듯이 공동생활에서는 양보와 이해로 반드시 지켜야 할 규칙들이 많다. 질서가 지켜지지 않을 때 엄청난 혼란과 재앙이 오는 것을 가끔 본다. 그래서 질서

는 편하고 아름다운 것이라고 말들을 한다."

　(1) 알아 둘 일

　　(가) 질서는 상대편에 대한 양보와 이해로 시작된다.

　　(나) 줄 서기, 차례 지키기는 질서의 기본 행동이다.

　　(다) 학교생활에서 질서훈련을 잘 익혀야 사회생활에서도 질서를 잘 지키는 민주시민이 된다.

　　(라) 복도 다니기, 조회 서기, 운동회, 학예회 등 모든 학교생활에서는 질서가 기본이 된다.

　(2) 길잡이

　• 우리는 질서 있는 학교생활을 하기 위하여 다음과 같은 공동 질서를 준수하여야 한다.

　　(가) 실내에서는 절대로 뛰지 않는다.

　　(나) 수도, 화장실 등을 사용할 때는 차례를 지킨다.

　　(다) 조회 시간에는 끝까지 바른 자세로 참석한다.

　　(라) 항상 나 혼자보다 다른 사람, 여러 사람을 생각한다.

바. 청결 생활

"세계는 지금 엄청난 환경 공해로 몸살을 앓고 있다. 하나뿐인 지구를 보호하기 위해 그린라운드 라는 것까지 만들어 공해를 줄이려고 애쓰고 있다. 내 주위부터 깨끗이 하여 살기 좋은 삶의 터전을 만드는 데 노력해야 하겠다."

　(1) 알아 둘 일

　　(가) 쓰레기는 치우는 일보다 버리지 않는 일이 더 중요하다.

　　(나) 쓰레기를 종류별로 나누어 분리수거하는 일은 꼭 지켜야 한다.

　　(다) 내 주위를 항상 깨끗이 하는 습관이 들어야 한다.

　　(라) 어디서든지 지저분한 것을 발견하면 피하지 말고 내가 먼저 치우도록 한다.

　(2) 길잡이

　• 나는 내 주위를 항상 청결하게 하기 위하여

　　(가) 지저분한 곳은 바로 청소한다.

　　(나) 쓰레기를 버리지 않고, 반드시 분리수거를 한다.

1. 혼례

가. 혼인의 의미와 육례

일정한 나이에 이른 남녀가 서로 짝을 이뤄 부부가 되는 것을 혼인이라 한다. 원래 혼(婚)은 남자가 장가를 든다는 뜻이며 인(姻)은 여자가 시집을 간다는 말이므로 혼인은 이 두 가지를 합해 놓은 말이다.

혼인이란 동등한 인격을 지닌 남자와 여자의 결합으로서 평등정신이 바탕에 깔려 있어야 하며, 가정을 화목하고 평안하게 이끌어 갈 공동의 노력과 책임이 뒤따른다.

혼인이 지니는 깊은 뜻을 이해하고 올바른 예절에 바탕을 두어 의식을 경건하게 치를 때 비로소 물질적인 사치나 남에게 보이기 위한 허례허식을 몰아낼 수 있고, 건강하고 건전한 부부 생활을 이루어 나갈 수 있다.

옛날에는 반드시 여섯 가지 예의를 갖추어서 혼례를 행하였다.

(1) 혼담: 총각과 처녀의 어른이 청혼하고 허혼하는 과정이다.
(2) 납채: 신랑의 생년월일시를 적은 사주를 신부 댁으로 보내 혼인을 정하는 것이다.
(3) 납기: 신부 집에서 혼인 날짜를 정해 신랑 집에 보내는 것이다.
(4) 납폐: 신랑 집에서 신부 집에 예물을 보내는 것인데 '함'을 보낸다고도 한다. 붉은색과 푸른색의 비단과 사돈에게 보내는 편지(혼서지)를 넣는다.
(5) 대례: 신랑과 신부가 만나 절하고 서약하는 의식이다.
(6) 우귀례: 신부가 신랑의 집으로 가는 절차이다.

나. 전통 혼인례

전통 혼인례에서 신랑은 옛날에 벼슬한 사람이 입는 사모와 관대를 갖추고, 신부는 연지 곤지 찍고, 원삼에 족두리를 갖춘다. 전통 혼인 예식에도 절차가 있다.

다. 신식 혼인 예식

신식 혼례에는 약혼과 혼인, 두 가지 의식이 있다.

(1) 약혼은 남녀 두 사람이 양가의 부모와 가까운 친지 앞에서 장차 혼인할 것을 약속하는 것으로 별다른 절차가 있는 것은 아니다.

(2) 신랑, 신부 될 사람이 호적 등본, 가족관계 증명서, 건강진단서 첨부하여 약혼서를 교환하고 약혼식은 따로 하지 않기도 한다. 또 신랑, 신부 될 두 사람이 반지, 시계 등의 예물을 약혼의 증표로 교환하기도 한다.

(3) 혼인을 알리는 청첩장은 신랑, 신부가 될 사람과 양가 부모님의 뜻에 따라 꼭 필요한 분, 가까운 분에게만 보내야 한다.

(4) 예식 장소는 너무 외진 곳이나 복잡한 곳보다 교통이 편리하면서 조용한 곳을 택하는 것이 좋다.

(5) 예식장보다는 마을 회관, 학교, 교회, 공원, 정원이 있는 집에서 하는 것도 좋다.

(6) 특별한 종교의식에 따른 예식도 있다.

(7) 혼인 예식에는 참석해서 축하하는 것이 바른 방법이다. 인사만 하고 식당으로 가는 등 예식에 참여하지 않는 것은 잘못이다.

(8) 예식이 끝나면 신랑 신부는 대개 신혼여행을 떠나는데, 반드시 가야 하는 것은 아니므로 너무 부담이 되지 않도록 한다.

〈표 43〉 일반적인 결혼식 예식 순서

♠ 일반적인 예식 순서 ♠

① 개식 선언
② 주례 등단
③ 신랑 입장
④ 신부 입장
⑤ 신랑 신부 맞절: 신랑은 주례 왼쪽 앞에, 신부는 주례의 오른쪽 앞에 선다.
⑥ 신랑 신부 혼인 서약
⑦ 성혼 선언(선언문 낭독)
⑧ 주례사
⑨ 신랑, 신부 부모에게 인사
⑩ 신랑 신부 하객에게 인사
⑪ 신랑 신부 퇴장
⑫ 폐식 선언
⑬ (폐백: 예식이 끝나면 신부가 시부모와 시댁 일가 어른께 인사드림)

2. 상례

상례는 사람이 죽었을 때 장사를 지내는 예절이다. 인간이면 누구든지 예외 없이 맞이하는 것이 죽음이다. 상·장례는 사람이 죽음을 맞이하여 그 주검을 잘 수습하는 절차로서 가족, 친척 또는 평소에 가까이 지내던 사람들이 슬픔을 다해 죽은 이를 기리는 의식이다.

상례는 임종에서 탈상까지의 절차를 말한다. 그런데 마지막이라고 해서 너무 슬퍼한 나머지 허례 허식으로 많은 낭비를 초래하면 의례의 본질마저 상실하기 쉽다. 더욱이 우리나라는 오랜 유교의 전통 속에서 계승되어 오는 동안 형식과 절차가 가문마다 조금씩 달라진 것 같다.

상례란 무엇보다 고인을 정중히 모시면서 분수와 현실에 맞게 행하는 것이라고 보며, 이런 맥락 속에서 가정의례 준칙을 바탕으로 한 기본적인 흐름을 알 수 있도록 하는 데 진정한 목적이 있는 것이다.

전통사회에서는 부모가 돌아가시면 묘소에 움막을 짓고 3년 동안 묘소를 보살피며 살아가는 것이 자식으로서 지켜야 할 도리라고 보았다. 그러나 오늘날에 와서 이를 그대로 지킨다는 것은 불가능한 일이 되었다.

원래 부모님께서 돌아가신 후 3년간 묘소를 보살피며 사는 것은 나를 키워 주신 부모님 은혜에 보답하기 위한 것이다. 따라서 이 같은 전통에 담겨 있는 깊은 뜻을 알고 부모님의 깊은 뜻을 되새기며 부모님의 묘소를 찾아가 돌보아 드리는 것이 오늘날의 적합한 표현이다.

가. 상례

종교의식과 그 가문에 따라 상례의 절차가 다름을 유의해야 하지만 대개 다음의 순서로 진행된다.
(1) 상을 당하기 전에 준비해 둘 일
    (가) 친척, 친지의 이름과 주소 및 전화번호 등을 작성해 둔다.
    (나) 가까운 병원과 장례 지낼 장의사의 위치와 전화번호를 명기한다.
    (다) 채권채무 관계 정리 및 장의를 위한 비용을 마련해 둔다.
(2) 임종과 장례준비
    (가) 가족은 모여서 마지막 운명을 지키고(임종), 시신을 모신다.
    (나) 입관－운명 후 24시간이 지나면 시신을 닦아 낸 다음 수의로 갈아입히고 관의 공간이 없도록 모신다.
    (다) 부고(訃告)－친척이나 친지에게 알린다.
    (라) 영좌를 마련한다.
    (마) 상고(검은색, 흰색 옷), 남자는 상장(가슴에), 여자는 머리에 꽃을 리본을 준비한다.
(3) 조문(弔問) 및 조객(弔客) 맞이
(4) 발인－사망일로부터 3일 되는 날(특별한 경우 제외)
(5) 관 나르기－운구의 절차
    앞에서부터 1. 사진, 2. 영정, 3. 영구, 4. 상제, 5. 조객의 순
(6) 장사－매장 또는 화장
    장지는 선영이나 공동묘지 납골당 등
    <위령제>
    ① 분향

② 잔 올리기

③ 축문 읽기

④ 재배

(7) 삼우제 – 장례 후 3일 만에 산소에 찾아가서 절 또는 묵념

(8) 상기 – 부모, 조부모, 배우자의 상기는 사망일로부터 100일로 하고 기타는 장일까지로 한다.

나. 조문 및 조객맞이 예절

상가에 조문하는 시간은 구애받지 않지만, 밤중에 가서 가족을 위로하고 밤샘해 주는 것은 더욱 좋다.

(1) 영좌 마련

　(가) 부고를 받고 온 친척과 친지, 친구들은 영좌 앞에 꿇어앉아 향을 세 번 사르고 한참 엎드려 명복을 빈다.

　(나) 일어서서 재배한다(기도, 묵념).

　(다) 뒤로 물러서 오른쪽 상재들을 향하여 선다.

　(라) 상제에게 절을 하고 상제들에게 조의를 표한다.

♠ 인사말: 얼마나 마음이 아프십니까?

무어라 위로의 말씀을 드려야 할지 모르겠습니다.

♠ 상주 답례 말: 예, 오직 슬플 따름입니다.

저희들의 불효가 막심합니다.

다. 상가의 부조

예부터 우리나라 사람들은 상부상조의 뜻이 깊은 민족이다. 특히 상가에 가서 위로도 하고 일도 돕고 또 호상소에 준비된 조객록에 주소 성명을 적고 준비해 간 부의금을 전하고 고인이 된 분들의 회고의 말도 하면서 여러모로 돕는 것은 큰 미덕이다.

라. 문상할 때의 예절

(1) 옷차림은 화려하거나 요란한 옷을 피하고 단정하게 입어야 한다(주로 검정색 계통의 옷).

(2) 먼저 호상소에 가서 자신의 신분을 알리고 분향소로 안내를 받는다.

(3) 영정 앞으로 나가 향을 피우고 오른손이 위로 가도록(여자의 경우 왼손이 위로 가게) 포개어 접은 뒤 잠시 서서 돌아가신 분을 추모하며 슬픔을 나타낸다.

(4) 영정을 향하여 2번 절하고 상제 쪽을 향하여 1번 절한다.

(5) 준비된 부조금품 등을 호상소로 가서 낸다.

(6) 대접하는 다과가 있으면 잠시 들고 일어선다.

(7) 부모님과 같이 갔을 때는 부모님의 지시에 따른다.

3. 제 례

가. 제례의 역사

제례의 역사는 매우 오래된 것으로서 우리가 문자를 이용하기 이전으로 거슬러 올라간다. 이조시대에는 신분 차이에 따라서 제사 지내는 범위에도 차이가 있었다.

1894년 갑오경장 이후에는 누구나 고조부까지 제사를 지낼 수 있었고, 오늘날에 와서는 1969년 제정된 가정의례 준칙에 의해 조부모까지만 지낼 것을 권장하고 있다.

오늘날 일반 가정에서 지내는 제사의 종류는 크게 기일제와 차례의 두 가지로 나누어진다.

(1) 기일제

조상이 돌아가신 날에 지내는 제사로서 이때에는 당일 돌아가셨던 조상과 그 배우자를 함께 제사 지낸다.

(2) 차례

설날, 한식, 한가위 등의 명절에 지내는 제사로서 자기 집에서 기일제를 받들고 있는 모든 조상들을 대상으로 한다. 대체로 설날의 경우는 가정에서 차례를 지내며, 한식과 한가위 때에는 각 조상의 묘지를 찾아가 성묘와 함께 지내게 된다.

나. 제수진설의 순서와 위치

제사 음식을 '제수(제물)'라 하고 제수를 제상에 벌여 놓는 것을 '진설'이라고 한다. 또 제수를 담는 그릇을 '제기'라 하며 음식에 따라 담는 그릇도 다르다. 제사에 쓰는 밥을 '메'라고 하는데, 메는 반드시 흰쌀밥이어야 하고 놋그릇에 담는다. 또 고깃국으로 탕을 만들어 올리게 되는데, 이때 탕에는 고춧가루를 넣지 않는다.

♠ 제상을 차릴 때의 바른 위치(제사 모시는 자녀 기준)

(1) 과일, 떡, 전 등은 나무로 만든 제기에 담고, 술은 술잔 받침대와 함께 차린다.

(2) 제상은 북쪽에 차리며 그 뒤에 병풍을 치고 제상 앞에는 향을 피운다.

(3) 제상 오른쪽에 술병과 술잔을 놓는다.

(4) 제상의 맨 앞에는 주로 과일을 놓는데 붉은색 음식은 동쪽에 흰색 음식은 서쪽에 차린다. 그

래서 홍동백서(紅東白西)라 한다. 제사를 지내는 사람이 제상을 바라볼 때 오른쪽이 동쪽이며 왼쪽이 서쪽이 된다.

(5) 과일 뒤쪽에는 채소와 찌개, 그리고 생선, 고기 등으로 만든 음식을 놓는데 생선은 동쪽, 육물을 서쪽에 차린다. 그래서 이를 어동육서(魚東肉西)라 한다. 그리고 동두서미(東頭西尾)라 하여 생선을 차릴 때는 머리가 동쪽, 꼬리는 서쪽으로 향하게 올린다.

(6) 좌포우혜(左脯右醯)라 해서 포는 왼쪽에, 식혜는 오른쪽에 차린다.

(7) 제상의 맨 뒤쪽에는 밥과 국, 술, 떡 종류를 놓는데 밥과 국은 가운데에 차리고, 그 앞에 술을 놓으며, 밥과 국 옆에 떡 종류를 차리는 것이 보통이다.

<제상(祭床) 차림표>

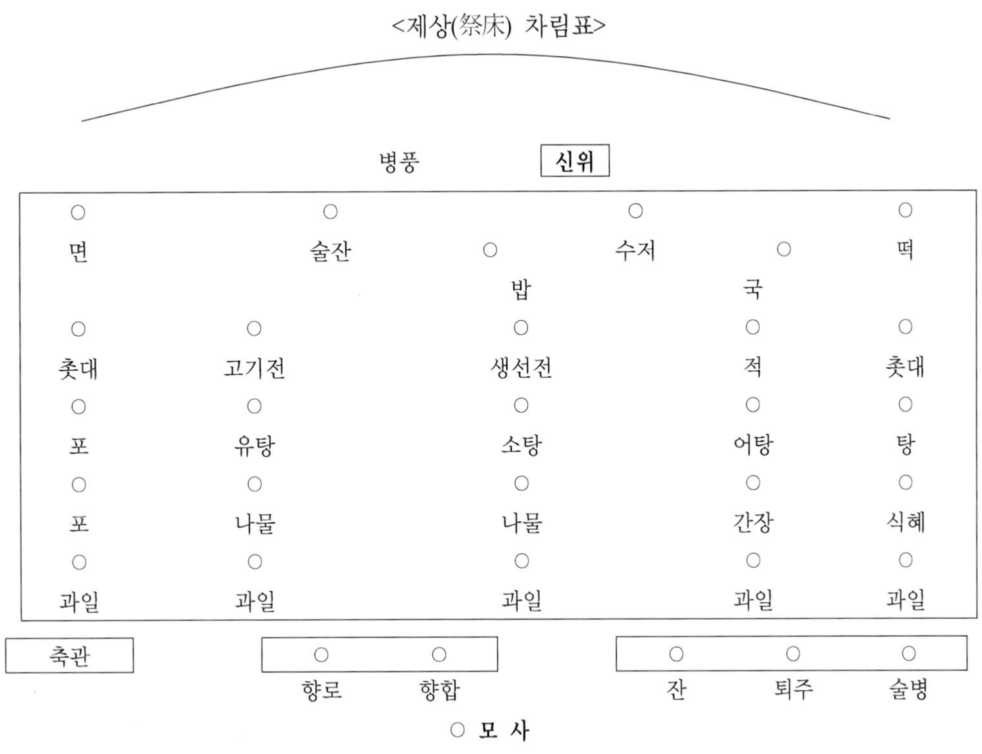

[그림 17] **제상(祭床) 차림표**

다. 지방 만드는 법

고인의 사진으로 대신하거나 현대식의 지방을 써 붙인다. 지방은 너비 6㎝, 길이 22㎝ 정도의 한 자나 백지 위에 먹으로 쓴다.

(1) 전통식 지방 쓰는 법

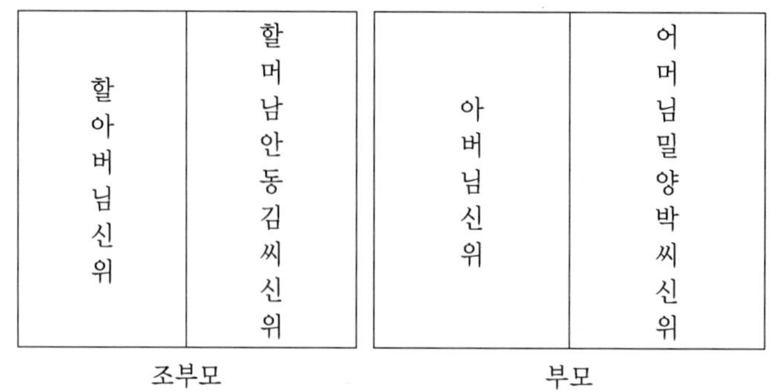

조부모   부모

[그림 18] 전통 지방 쓰는 법

(2) 현대식 지방 쓰는 법

조부모   부모

[그림 19] 전통 지방 쓰는 법

라. 축문 쓰는 법

기제사를 지낼 때는 축문을 써서 읽는다. 설날과 추석 차례에는 축문을 사용하지 않는다.

(1) 전통식 축문 쓰는 법(우리말로 옮긴 것)

(　)년 (　)월 (　)일 효자 (　) (　)은[는] 삼가 고하나이다.
아버님과 어머님, 어느덧 시간이 흘러 아버님 돌아가신 날이 다시
돌아오니, 하늘과 같이 크고 넓으신 은혜를 잊지 못하와 삼가 맑은
술괘 여러 가지 음식을 드리오니 흠향하여 주시옵소서.

(2) 현대식 축문 쓰는 법

　　　　　　년　　　월　　　일
아버님(또는 어머님, 할아버님, 할머님) 신위 전에 삼가 고합니다.
아버님(또는 할아버님)께서 별세하시던 날이 다시 당하오니 사모
의 정을 금할 수 없습니다.
이에 간소한 제수를 드리오니 강림하시어 흠향하소서.

마. 제사 지내는 순서

(1) 두 번 절한 다음 다시 손을 앞으로 모으고 반쯤 숙여 절한다.

(2) 제일 웃어른이 먼저 향을 피우고 다시 절을 두 번 하고 제상 앞에 꿇어앉는다.

(3) 잔에 술을 받아 제상 앞에 마련한 모래를 담은 그릇에 조금씩 세 번 붓고 모두 두 번 절한다. 이러한 절차를 강신이라고 한다. 즉 영혼이 내려온다는 뜻으로 그 영혼에게 '어서 오십시오.' 라고 아뢰는 절차이다.

(4) 제일 웃어른이 다시 상 앞에 꿇어앉아 술잔을 받아서 두 손으로 받쳐 들고 제상에 올려놓는다. 그리고 모두 두 번 절을 한다.

(5) 엎드려 절을 하는 동안 '축문'을 읽게 된다. 축문이 끝나면 축문을 다시 접어서 상 앞에 놓고 일어나서 두 번 절을 한다.

(6) 할아버지의 순서가 끝나면 아버지가 다시 술잔을 받아 제상에 올려놓고 두 번 절을 한 다음 밥그릇 뚜껑을 열어 숟가락을 가운데 꽂고 술잔에 술을 갈아 붓고는 물러선다.

(7) 다시 모두 두 번 절하고 방문을 닫고 잠시 기다린다. 혼령이 오셔서 음식을 잡수시는 중이라는 뜻으로 방문을 닫고 기다리는 것이다.

(8) 5분쯤 지난 후 국을 내리고 그 자리에 숭늉을 놓는다. 그리고 밥을 숟가락으로 세 번 떠서 물에 말아 놓는다. 그리고 모두 두 번 절을 한다.

(9) 절을 끝내고 숭늉과 밥그릇을 내려놓은 후에 다시 절을 한다.

(10) 제사가 모두 끝나면 제관은 모두 방으로 들어간다. 그리고 제일 웃어른이 지방과 축문을 촛

불로 태운다. 이때 제관이란 제사에 참여하는 사람을 말한다.

(11) 제상에 차렸던 음식을 거두고 술을 한 잔씩 마신다. 이것을 음복이라 한다. 음복이란 조상이 내려 주신 복된 음식이란 뜻으로, 제사를 끝내면 제관들은 물론이고 이웃 사람들에게도 나누어 주며 먹는 것이 우리의 관습이다.

바. 한가위(추석) 차례

음력으로 8월 15일은 추석(한가위)이다. 서기 32년 신라의 유리임금이 왕녀들을 보내 아낙들을 모아 편을 가르고 삼베길쌈 내기를 해서 진 쪽이 음식을 마련해 이긴 쪽을 대접하면서 즐겁게 논 것이 첫 번째 한가위이다. 무척 오래된 우리나라의 고유 명절이다.

한가위 명절에는 햅쌀로 빚은 송편과 햇과일을 조상께 제사 지내고 온 집안 친척이 모여 즐겁게 보내는 날이다. 그리고 조상 산소에 차례를 지내고 벌초도 한다.

1. 선생님을 대하는 마음가짐

(1) 선생님을 공경한다고 해서 두려워한다거나 거리를 두고 대하지 말고 항상 친밀하게 대하도록 한다.
(2) 혹시 선생님의 꾸지람이 있을 때에는 원망하거나 피하지 말고 고마운 마음으로 받아들이고 다시는 실수를 하지 않도록 행동을 고쳐 나간다.
(3) 선생님의 가르침에 의문이 있으면 주저하지 말고 공손하게 질문하여 깨닫도록 한다.
(4) 선생님에게서는 지식뿐만 아니라 생활의 지혜를 본받고 배우려는 마음가짐을 가진다.
(5) 혹시 나의 능력이 선생님께서 가르치시는 것을 다 따라가지 못할 때라도 포기하지 않고 최선을 다한다.
(6) 알려고 스스로 노력하여 선생님이 한 가지를 가르쳐 주시면 열 가지를 미루어 이해하려는 태도를 갖는다.
(7) 남들 앞에서도 나의 행동을 바르게 할 것을 늘 생각해서 나의 행동으로 말미암아 선생님을 욕되게 하는 일이 없도록 한다.
(8) 선생님의 곁을 떠난 후에라도 종종 편지를 띄우거나 방문을 하여 문안을 여쭙도록 노력한다.
(9) 항상 선생님을 존경하는 마음으로 생활하고, 평소 선생님의 가르침대로 실천하려고 노력한다.

2. 선생님을 대할 때의 예절

가. 선생님께 인사할 때

교내에서나 등·하굣길에 선생님을 만나면 바른 자세로 공손히 인사한다.
(1) 교내에서 선생님 앞을 지나갈 때 또는 선생님께서 지나가실 때는 가볍게 인사한다. 두 번 이상 마주쳤을 때는 목례를 한다.
(2) 걷다가 선생님과 마주치거나 문을 열고 드나들 때 마주치면 고개를 가볍게 숙이고 선생님께서 먼저 가시도록 양보한다.
(3) 등·하교 시 선생님을 만나면 15° 정도 허리를 굽혀 '안녕 하세요.' '안녕히 계세요.' 등의 인사말과 함께 보통의 경례를 한다.
(4) 심부름을 다녀온 후에는 꼭 인사를 하고 다녀온 일에 대하여 말씀을 드린다.

(5) 선생님께 물건을 드릴 때에는 공손히 인사를 하고 두 손으로 물건을 드린다.

나. 교무실(연구실)에 드나들 때

교무실에 용건이 있어 들어갈 때는 두려워하지 말고 침착한 마음으로 다음과 같이 한다.
(1) 교무실에 들어가기 전에는 반드시 먼저 자신의 용의와 복장 등이 단정한가를 살펴본다.
(2) 교무실에 들어갈 때와 나올 때에는 문 앞에 서서 가볍게 인사를 한다.
(3) 선생님 앞에 서면 허리를 굽혀 인사하고 '선생님, 부르셨습니까?' '여쭐 말씀이 있어서 왔습니다.' 등의 인사말을 한다.
(4) 선생님과 대화하는 동안에는 단정한 자세로 똑바로 서서 선생님을 보면서 이야기한다.
(5) 선생님께서 의자에 앉으라고 권하면 '감사합니다.'라고 가볍게 인사하며 바른 자세로 앉는다.
(6) 선생님과 대화할 때에는 용건은 간단명료하게, 대답은 공손하게 한다.
(7) 선생님과 대화하는 동안에는 책상을 두 손으로 잡거나 흐트러진 자세를 취해서는 안 되며 책상 위의 서류 등을 곁눈질해서 보는 일이 있어서는 안 된다.
(8) 용무를 마치고 돌아갈 때에는 '고맙습니다.' '잘 알았습니다.' 또는 '안녕히 계십시오.' 등 장소와 대화 내용에 알맞은 인사를 한다.

3. 급우 간의 예절

가. 급우 간에 지켜야 할 예절

급우 간에도 예의를 지켜 서로의 인격을 존중해 주어야 한다.
(1) 급우 간에 서로 시샘을 하지 말고 상대방의 부족함을 메워 주려는 자세를 가져야 한다.
(2) 좋은 일은 서로 경려해 주고 칭찬하며, 나쁜 일은 깨우치고 고칠 수 있도록 한다.
(3) 급우 간에 협조할 일은 적극적으로 협조하고 급우 간의 개인적인 일이라도 내 일처럼 걱정해 주고 도와준다.
(4) 공연히 시비를 걸거나 욕을 해서도 안 되고, 서로가 한 약속은 꼭 지켜야 한다.
(5) 친구를 가리지 않고 누구와도 친하게 지내고 서로 웃는 얼굴로 인사한다.
(6) 친구와 의견이 다를 때도 다투지 않고 잘 상의해서 처리한다.
(7) 친구와 의견 다툼이 있었을 땐 내가 먼저 화해를 신청한다.
(8) 친구를 뒤에서 흉보지 않는다.
(9) 친구에게 허락을 받고 물건을 빌려 쓴다.

4. 학교생활의 예절

가. 수업시간의 올바른 태도

(1) 기본자세

  (가) 허리와 가슴을 펴고 의자에 깊숙이 앉아서 두 무릎을 붙인 자세가 바른 자세이다. 이때 걸상에 책가방을 놓고 앉아서는 안 된다.

  (나) 옆 사람과 잡담을 하거나 다른 책을 읽거나 또는 그 시간의 공부와 관계없는 낙서, 만화를 그려서는 안 된다.

(2) 글씨 쓰는 자세

  (가) 허리를 펴고 고개만 약간 굽혀 책과 눈의 거리를 30㎝ 정도 떨어지게 한 다음 글씨를 쓴다.

  (나) 새 공책에는 쪽수를 쓰고 공책을 찢지 말고 차근차근 써야 한다.

(3) 질문할 때

  선생님의 말씀이 끝나고 질문 시간이 주어졌을 때, 지명을 받고 나서 명확하게 질문을 해야 한다.

(4) 학용품의 위치

  (가) 교과서는 왼쪽, 공책은 오른쪽에 놓는 것이 좋다.

  (나) 학용품은 필요한 것만 꺼내 놓고 나머지는 책상 속에 정돈해 둔 채로 사용한다.

(5) 대답할 때

  (가) 선생님 지명을 받았을 때에는 지체 없이 일어서서 발표를 하고, 잘 모를 경우에는 '잘 모르겠습니다.'라고 분명하게 말한다.

  (나) 다른 친구가 발표할 때 중간에 나서서 말하거나 비웃는 말을 해서는 안 된다.

(6) 낭독할 때

  낭독 지명을 받으면 "예" 하고 대답한 다음 바른 자세로 서서 팔을 펴서 책을 양손으로 잡고 읽는다.

(7) 문제 해결 학습을 할 때

  (가) 스스로 문제를 해결하도록 하는 과제가 주어졌을 때, 질문을 하거나 옆 사람에게 자주 묻는 일은 방해가 된다. 또 포기하고 앉아 있는 것도 좋지 않은 일이다.

  (나) 자기가 알고 있는 범위에서 생각을 정리해서 발표하고 나서, 선생님의 지도나 친구들의 도움을 받는 것이 바람직하다.

나. 쉬는 시간 및 등·하교 시의 예절

(1) 쉬는 시간의 예절
    (가) 실내(교실, 복도)에서는 소곤소곤 이야기한다.
    (나) 복도에서 먼저 가려고 뛰면 위험하다. 질서를 지켜 왼쪽으로 사뿐사뿐 걷는다.
    (다) 복도에서 선생님을 만나면 가볍게 인사한다.
    (라) 쓸데없이 돌아다니지 말고 다음 수업준비를 해 둔다.
(2) 등·하교 시의 예절
    (가) 이웃에 있는 친구와 함께 등·하교한다.
    (나) 등·하굣길에 선생님이나 웃어른을 만나면 공손히 인사하고 아는 친구를 만났을 때에도 반갑게 인사를 한다.
    (다) 2km 이내의 통학거리는 걸어서 등·하교하는 것이 좋다.
    (라) 정해진 등교시간에 도착하도록 하고 교문에 들어서기 전에는 복장이 단정한지 다시 한 번 살펴본다.
    (마) 교실에 도착하면 즉시 책과 학용품을 책상 속에 잘 정리해 놓은 다음 조용히 아침 자습을 한다.
    (바) 하교 시에는 만홧가게나 오락실 등에 접근하지 말고 곧장 집으로 간다.

다. 학교에서 식사할 때의 예절

(1) 학교에서 식사는 정해진 시간에만 하도록 한다.
(2) 자기 자리에 앉아 반듯한 자세로 먹는다.
(3) 입속에 음식물을 담은 채로 이야기하지 않는다.
(4) 식사를 할 때에는 소리를 내지 않도록 하며, 음식물을 흘리지 않는다.
(5) 돌아다니며 먹거나 큰 소리로 떠들며 먹지 않는다.
(6) 음식은 남기지 않고 먹으며, 식사가 먼저 끝났다고 돌아다니거나 소란스럽게 행동하지 않는다.
(7) 식사 도중에 기침, 하품, 트림을 하지 않도록 조심하고 코를 푸는 등의 실례가 없어야 한다.
(8) 식사를 마친 뒤에는 자기 주변을 정리하고 창문을 열어 환기시킨다.
(9) “잘 먹겠습니다.”라는 말을 잊지 말고 감사한 마음으로 먹는다.
(10) 식사 전은 물론 식사 후에도 필요하면 손을 씻는다.
(11) 식사 후에는 조용히 독서를 하거나 운동장으로 나가 가벼운 놀이를 한다.

라. 학교 내 공공시설물 이용 예절

(1) 책·걸상에 칼로 홈을 내거나 낙서를 하지 않는다.
(2) 책상에 걸터앉거나 흔드는 등 파손시킬 수 있는 행동은 하지 않는다.
(3) 운동기구나, 놀이기구 및 청소용구 등은 손상되지 않도록 조심스럽게 다루고 사용 뒤에는 바르게 정돈한다.
(4) 수돗가에 걸레조각이나 쓰레기 등을 버리지 않는다.
(5) 급수대가 아닌 수도꼭지에 입을 대고 물을 마시지 않는다.
(6) 걸레를 빨 때는 양동이에 물을 받아 사용한다.
(7) 수돗물을 사용한 뒤에는 반드시 수도꼭지를 잠그고 뒷정리를 한다.
(8) 화장실에서는 조용히 하고 물을 알맞게 받아 사용한다.
(9) 용변 후엔 꼭 수세 손잡이를 돌려 물을 흘려보낸 뒤, 잠그고 손을 씻는다.
(10) 화단이나 잔디밭에 들어가 꽃과 나무 등을 훼손시켜서는 안 된다.

■ 제12절 ■ 사회예절

1. 이웃 간에 지켜야 할 예절

사람은 사회적 동물로서 사회를 떠나서 살 수 없다. 그런 사회에서 우리와 가장 가까이 이마를 맞대고 생활하는 사람들이 바로 이웃이다. 이웃 간에는 더불어 살아간다는 의식을 갖는 것이 중요하다. 숲을 이루고 있는 많은 나무들이나 물속의 물고기들처럼 우리는 공동의 환경 속에서 서로서로 영향을 주고받으며 살아가고 있다.

이웃과 더불어 살아간다는 생각을 가질 때 비로소 우리는 더 좋은 환경을 만들어 나갈 수 있는 것이다. 좋은 환경을 만든다는 것은 각자의 노력 정도에 달려 있다.

우리 선조들은 "멀리 있는 친척보다 가까이 있는 이웃사촌이 낫다."라는 말로써 이웃의 중요성을 나타냈다. 농사를 짓고 살았기 때문에 한꺼번에 많은 일손이 필요한 일이 자주 있었기에 이웃의 중요성을 잘 느끼며 살았을 것이다. 그래서 서로서로 의가 상하지 않게 조심하고 행동을 삼갔다. 이와 같이 이웃을 소중히 여기며 살았던 조상들의 모습을 향약에서 잘 살필 수 있다.

향약의 기본 덕목은 '좋은 일은 서로 권한다.'는 뜻의 덕업상권(德業相勸), '어려운 일은 서로 돕는다.'는 뜻의 환난상휼(患難相恤), '잘못한 일이 있으면 서로 바로잡아 준다.'는 뜻의 과실상규(過失相規), '예절 바른 생활과 올바른 풍속으로써 서로 사귄다.'는 뜻의 예속상교(禮俗相交)이다. 이 규약을 살펴보면 우리 선조들이 좋은 이웃을 만들기 위해 얼마나 노력하고 조심하였는지 알 수 있다.

우리 선조들의 슬기로운 전통을 이어받아 사회생활을 올바르게 하기 위해 지켜야 할 예절에 대하여 살펴보는 것은 매우 의미 있는 일이다.

(1) 이웃 간에는 서로 알고 지내며, 가까운 이웃은 이름과 가족관계 등도 알아 둔다.

(2) 새로운 동네로 이사를 가거나, 이웃이 이사 오면 인사를 하고 지낸다.

(3) 이웃 간에는 기쁜 일, 슬픈 일이 있을 때 서로 돕는다.

(4) 그 밖에 아이를 봐주기, 집 봐주기, 열쇠 맡아 주기 등 서로 돕는다.

(5) 자신이 살고 있는 집 주변은 항상 깨끗이 청소하고 아름답게 꾸민다.

(6) 우리 집의 일로 이웃에 불편을 끼칠 일이 있으면 반드시 일을 시작하기 전에 양해를 구한다.

(7) 이웃이 혹시 잘못하는 일이 있으면 찾아가 대화로써 해결하려는 마음가짐을 갖는다.

(8) 이웃 간에는 항상 말씨와 얼굴빛을 공손하게 하여 대한다.

(9) 텔레비전, 전축, 피아노 등으로 크게 소리를 내어 이웃에게 불편을 주지 않도록 한다.

(10) 여름에는 이웃 간에 서로 들여다보이기 쉬우므로 문 앞에 발을 친다든지 하여 들여다보이지 않도록 주의하며 남의 집을 엿보는 일이 없도록 한다.

(11) 노출이 심한 옷이나, 집 안에서만 입을 수 있는 옷을 입은 모습이 이웃의 눈에 띄지 않도록 한다.

(12) 자기 집 앞에 자동차나 기타 여러 가지 물건을 내어놓아 길을 혼자 차지하거나 남에게 불편을 끼치지 않도록 한다.

(13) 잔치나 명절 등에는 서로 음식을 나누어 먹어 정을 두텁게 한다.

(14) 냄새가 심한 물건이나 음식 찌꺼기, 위험한 물건 등은 반드시 지정된 장소에 재빨리 치워, 혹시라도 이웃에게 불쾌감이나 피해가 없도록 한다.

(15) 이웃의 일에 지나치게 참견을 하거나 쓸데없는 소문을 만들어 퍼뜨리지 않는다. 사실일지라도 이웃에게 흉이 되는 일은 떠들고 다니지 않는다.

2. 전화할 때의 예절

전화는 멀리 있는 사람에게 간단하고 빠른 방법으로 소식을 전하고 서로 이야기를 나눌 수 있도록 해 주는 편리하고 고마운 기계이다. 그러므로 더 빨리 더 편하게 이를 이용하기 위해서 우리 모두 다음과 같은 예절을 지키는 것이 좋다.

(1) 전화번호를 확인하고 전화번호를 정확하게 누른다.

(2) 전할 말을 미리 생각하여 짧고 간단한 통화가 되게 한다.

(3) 상대가 전화를 받으면 내가 누구인지 밝히고 정확하게 연결되었는지를 확인한다.

　♠ 보기: "안녕하세요, ○○의 친구 ○○입니다. ○○이네 집 맞습니까?"

(4) 전화가 잘못 걸렸으면 공손하게 용서를 구한다.

　♠ 보기: "죄송합니다. 전화를 잘못 걸었습니다."

(5) 상대가 이쪽을 알아차리면 용건을 말한다.

(6) 상대방이 나의 맞은편에 있다는 마음가짐으로 부드럽고 고운 말을 쓴다.

(7) 보통 크기의 목소리와 바른 자세로 말한다.

(8) 다른 사람이 받았을 때에는 바꿔 주기를 청한다.

　♠ 보기: "미안합니다. ○○이를 바꿔 주시면 고맙겠습니다."

　"미안합니다. ○○이에게 전해 주시면 고맙겠습니다."

(9) 용건이 끝난 후에는 인사를 하고 전화를 끊도록 한다. 어른이 전화를 받았을 경우에는 어른이 먼저 끊은 후에 끊도록 한다.

(10) 다른 사람의 전화를 몰래 엿듣는 것은 도둑질하는 것과 똑같은 일이다.

(11) 이른 아침, 밤늦은 시간, 식사 시간 등을 피하여 전화를 건다.

(12) 전화벨이 3번 이상 울리기 전에 받는다. 늦게 받으면 용서를 구한다.

(13) 전화를 받으면 먼저 자기소개를 한다.

　♠ 보기: "네, 미연이네 집입니다.", "네, 123국에 4567번입니다."

(14) 상대편이 자기소개를 하면, "안녕하세요?"라고 인사를 한다.

(15) 다른 사람을 찾을 때

　　♠ 보기: “네, 바꾸어 드리겠습니다. 잠깐만 기다려 주세요.”

　　“지금 안 계신데 무어라고 전해 드릴까요?”

(16) 전화를 받을 사람이 화장실, 목욕탕 등에 계실 때

　　♠ 보기: “지금은 전화를 받을 수 없습니다. 잠시 후에 다시 걸어 주세요. 또는 전화번호를
　　알려 주시면 말씀드리겠습니다.”

(17) 전화기는 조용하게 다루며 들고 놓는 소리가 크게 나지 않도록 한다.

(18) 잘못 걸려 온 전화라도 친절하게 받도록 한다.

　　♠ 보기: “잘못 거셨습니다. 여기는 123국에 4567번입니다.”

(19) 공중전화는 차례로 줄을 서서 사용하며, 통화 중이면 뒷사람에게 양보한다.

3. 문병할 때의 예절(위문 예절)

　병원은 아픈 사람을 치료하는 곳이다. 의사나 간호사, 환자를 간호하는 사람들에게 방해가 되지 않도록 주의한다. 그리고 병문안은 환자에게 희망과 용기를 주고 보호자에게는 위로를 하러 가는 것이므로 다음과 같은 예절을 지켜야 한다.

(1) 문병할 때 인사말: 희망을 주는 말, 빠른 회복을 비는 말 등으로 인사한다.

　　♠ 보기: “할아버지, 저 미연이에요. 빨리 건강하셔서 저희 집에 놀러 오세요.”

(2) 문병은 병원에서 정하는 시간에 맞추어 가도록 한다.

(3) 병원에 가서는 병원 규칙을 잘 지키며 의사나 간호사의 지시에 따른다.

(4) 어린이들은 병이 나아질 때 문병을 가는 것이 좋다.

(5) 어린이들의 병원 출입을 금하고 있는 병원은 그곳의 규칙에 따르도록 한다.

(6) 문병시간은 환자의 상태가 좋지 않을수록 짧게 한다.

(7) 문병을 할 때에는 환자의 보호자에게도 용기를 줄 수 있는 말을 한다.

(8) 병실에서의 이야기는 다른 환자에게 불편을 주지 않도록 최대한 조용히 한다.

(9) 문병을 할 때의 선물은 신선한 과일, 음료 등이 좋다. 꽃은 환자에게 알레르기를 일으킬 수 있으므로 삼가는 것이 좋다.

(10) 병원이나 병실 내에서는 사뿐사뿐 걸어 먼지나 소리가 나지 않도록 주의한다.

4. 공중도덕

가. 길거리에서

　길거리는 많은 사람이 다니는 곳이므로 다른 사람들이 오가는 데에 방해가 되거나 더럽히는 행동을 하지 않도록 주의한다.

(1) 길을 걸을 때는 왼편으로 걷는다.

(2) 친구들과 함께 길을 걸을 때 가로로 나란히 걷게 되면 다른 사람의 통행에 방해가 된다.

(3) 길을 건널 때에는 횡단보도, 육교, 지하도로 건너야 하며 특히 교통신호를 잘 지켜야 한다.

(4) 침을 뱉거나 휴지, 껌 등을 길거리에 버리지 않는다.

(5) 길거리에서 공놀이나 장난을 하지 않는다.

(6) 길을 걸을 때 동행하는 사람이 있으면 자연스럽게 걸음을 맞추어 걷도록 한다.

(7) 껌, 아이스크림, 과자 등 음식물을 먹으면서 걷지 않도록 주의한다.

(8) 길을 걷다가 윗사람을 만나면 서너 걸음 앞에 멈추어 서서 허리를 굽혀 인사한다.

나. 화장실, 목욕탕에서

　화장실은 여러 사람이 함께 사용하는 곳이므로 차례를 지키고 깨끗하게 사용한다. 목욕탕은 몸을 씻고 피로를 푸는 곳이므로 특히 다른 사람에게 피해를 주지 않도록 조심한다.

♠ 화장실에서

(1) 조용히 줄을 서서 차례를 기다린다.

(2) 차례가 되면 문을 두드려 확인하고 문을 연다.

(3) 문을 똑바로 잠가서 닫은 후에, 바른 자세로 용변을 본다.

(4) 수세식은 반드시 물을 내리고 휴지는 휴지통에 버린다. 변기에 오물을 집어넣지 않는다.

(5) 옷을 단정히 입었는지 다시 한 번 살핀다.

(6) 문을 열고 나와서 다시 바르게 닫는다.

다. 도서실(관)에서

(1) 차례대로 줄을 서서 조용히 들어간다.

(2) 읽고 싶은 책을 찾아 소리를 내지 않고 읽는다.

(3) 옆 사람과 이야기를 삼간다.

(4) 걸을 때에는 발소리가 나지 않도록 주의한다.

(5) 의자를 당기는 소리, 책장을 넘기는 소리 등이 나지 않도록 조심한다.

(6) 껌이나 다른 음식물을 먹거나 마시지 않는다.

(7) 책을 자주 바꾸거나 자리에서 자주 일어나지 않는다.

(8) 한 번 읽기 시작한 책은 끝까지 읽는 습관을 가진다.

(9) 책에 줄을 긋기, 낙서하기, 접기, 찢기 등을 하지 않는다.

(10) 책장을 넘길 때 꾸기거나 침을 바르지 않는다.

(11) 다 읽은 책은 제자리에 꽂는다. 빌린 책은 제 날짜에 반납한다.

라. 병원에서

(1) 아프더라도 옷차림은 단정히 하며 행동을 바르게 한다.

(2) 병원의 규칙과 의사나 간호사의 말을 따른다.

(3) 아프다고 소리를 지르거나 부모님께 어리광을 부리는 일, 조르는 일, 떼를 쓰는 일 등을 하지 않는다.

(4) 다른 환자에게 방해가 되지 않도록 텔레비전 등을 작게 튼다.

마. 버스나 지하철 등에서

버스, 지하철 등 여러 사람이 함께 이용하는 교통수단은 우리 모두가 질서를 지켜 깨끗하게 사용해야만 모두가 즐겁다.

(1) 줄을 서서 차례대로 타고 내린다.

(2) 차 안에서는 노약자, 임산부, 아기를 안은 분께 자리를 양보한다.

(3) 큰 소리로 떠들거나 노래를 부르고 장난을 치는 일 등은 하지 않는다.

(4) 소리 내어 껌을 씹거나 씹던 껌 · 침 등을 바닥에 뱉지 않는다.

(5) 과자봉지, 빈 캔, 껌 등은 비닐봉투에 모아 내 자리부터 깨끗이 한다.

(6) 차창 밖으로 휴지 등을 버리지 않는다.

(7) 차창 밖으로 손이나 머리 등을 내밀지 않는다.

(8) 윗사람, 여자가 먼저 타고, 내릴 때는 손아랫사람이나 남자가 먼저 내린다.

(9) 가방이나 물건, 젖은 우산 등이 남에게 닿지 않도록 주의한다.

(10) 앉은 경우에는 서 있는 사람의 가방이나 물건을 받아 준다.

(11) 창 쪽이 어른 자리이므로 양보하도록 한다.

(12) 복잡한 차일수록 "내립니다." 또는 "미안합니다."라고 인사를 하며 출구로 나간다.

(13) 미리미리 내릴 준비를 하여 다른 사람에게 폐가 되지 않도록 한다.

5. 다 함께하는 예절

어른을 모시고 승용차를 탈 때에도 예절이 있다. 남의 집을 방문하거나 손님을 접대할 때, 그리고 윗사람에게 자기 또는 다른 사람을 소개할 때는 어떻게 하는 것이 올바른 예절인지 살펴보고 이를 준수하는 것이 중요하다.

가. 승용차에서

(1) 웃어른과 함께 승용차를 탈 때에는 다음 그림의 좌석 번호 순으로 웃어른을 모신다.

〈표 44〉 승용차에 앉는 좌석 위치

①	②		①	③	②
③	운전자석		④		운전자석

※ ①번이 가장 웃어른이 앉아야 할 자리이다.
(2) 웃어른이 타고 내릴 때에는 문을 열어 드리며, 특히 나이가 많은 분이면 손과 팔을 두 손으로 잡아 도와드린다.
(3) 자가용 손수 운전하는 차에 동승할 때는 운전자의 옆 좌석에 앉는 것이 예의이다.

나. 방문할 때의 예절

(1) 단정한 옷차림으로 방문한다.
(2) 식사시간이나 너무 늦은 시간을 피한다.
(3) 방문 전에 미리 시간 약속을 하는 것이 좋다.
(4) 물건을 만지거나 방을 엿보지 않도록 한다.
(5) 응접실의 소파는 주인과 손님이 앉을 자리가 구분이 되어 있으니 주의해서 앉는다.
(6) 소파에 눕거나 탁자에 발을 올려놓지 않는다.
(7) 집안 식구끼리 응접실에 앉을 때에는 웃어른을 가운데 주인자리로 모시고 어린이는 끝자리에 앉는다.
(8) 돌아갈 때는 즐거운 시간이었다는 인사를 한다.

다. 접대할 때의 예절

(1) 반갑게 맞이하며 집 안으로 안내한다.
(2) 오신 손님을 집안 어른께 말씀드려 알린다.
　　♠ 보기: "어머니, ○○동에서 사시는 어머니 친구분이 오셨어요."

(3) 손님의 외투나 겉옷, 모자 등은 받아서 걸어 둔다.

(4) 돗자리나 방석을 내와서 앉도록 권한다.

(5) 집안의 어른이나 나이가 많으신 분이면 절을 하는 것이 좋다.

(6) 손님이나 집안의 어른을 안쪽으로 모시고 집주인이나 어린이는 바깥쪽에 앉는다.

(7) 잠시 이야기를 나누고 자리를 나오는 것이 좋다.

(8) 좋은 이야기를 나누되 자기 자랑이나 남의 흉 같은 것은 피한다.

(9) 손님의 신은 돌려놓아 신기에 편리하게 해 놓는다.

(10) 친구가 놀다가 돌아갈 때에는 부모님께 알리고 인사를 하도록 한다.

(11) 가시는 손님은 대문 밖, 아파트 1층 현관까지, 멀리 가시는 손님은 차 타는 곳까지 배웅한다.

라. 웃어른께 자기를 소개할 때

(1) 처음 뵙는 어른께 자기를 소개할 때는 가장 쉽게 잘 알릴 수 있도록 한다.
  ♠ 보기: "안녕하세요. 저는 ○○이와 같은 반 친구인 ○○입니다."
(2) 자기를 너무 낮추거나 지나치게 자랑을 하면 보기에 흉하고 예의에 어긋난다.

(3) 자기소개는 경우에 따라 다르나 대부분 자기 이름과 학교, 학년, 반 정도를 밝히면 된다.

마. 웃어른께 남을 소개할 때

(1) 아랫사람을 웃어른께 먼저 소개한 후에, 웃어른을 아랫사람에게 소개한다.

(2) 소개하는 말은 서로를 가장 잘 이해할 수 있도록 간결하고 짧게 하되 지나치게 과장하지 않는다.

(3) 될 수 있으면 그 사람의 좋은 점은 소개해 주는 것이 좋다.

바. 환경보전(자연보호)

자연이 병이 들면 인간도 병들게 된다. 자연이 죽으면 자연의 일부로서 자연 속에 살고 있는 우리도 죽게 된다. 그러므로 우리는 자연을 아끼고 사랑하고 가꾸어야 한다.

(1) 야외에서

  (가) 자연(생물, 무생물 등)은 그대로 둔다. 꽃, 나무, 열매 등을 꺾으면 안 된다.

  (나) 나무나 바위 등에 이름을 새기거나 낙서를 하지 않는다.

  (다) 야외에 나갔을 때 나의 쓰레기는 내가 가지고 온다. 빈 병이나 캔, 비닐봉지 등을 버리거나, 음식 찌꺼기를 물에 씻지 않는다.

  (라) 야영을 할 때는 지정된 곳에서 하며 밤늦게까지 떠들지 않는다.

  (마) 취사는 정해진 곳에서만 한다.

(2) 가정에서

(가) 쓰레기의 양을 줄인다.

(나) 쓰레기 분리수거에 적극 협조한다(보기: 종이, 병, 캔, 플라스틱 등).

(다) 샴푸 대신 비누, 비닐봉지 대신 장바구니를 사용한다.

(라) 일회용품의 사용을 가급적 줄인다.

♠ 보기: 종이컵, 소독저, 은박지 도시락 등

(마) 될 수 있으면 재생용품을 사용한다.

♠ 보기: 재생공책, 재생화장지 등

(바) 용기를 다시 사용한다.

♠ 보기: 화장품, 세제 등

제13절 사이버(Cyber) 정보 윤리

1. 정보화 사회의 특징

오늘날 인류사회는 각종 정보기술과 통신기술의 눈부신 발달로 인하여 이른바 정보화 사회라는 변화의 시대를 살아가고 있다. 정보화 사회는 유용한 정보를 신속, 정확하게 의사 결정을 내리는 수단으로 이용하는 사회로 기업의 분산화, 유통 구조의 통합화, 자동화와 같은 특징을 지닌다. 따라서 정보화 사회는 정보가 최대의 재화로서의 가치를 지닌다. 즉 뉴 미디어 기술 발전으로 정보나 지식이 고부가가치 상품으로 등장하고 있으며 물적 생산물인 상품의 가치나 원료, 재질 같은 물질적 요소보다 아이디어나 특허권, 디자인과 같은 정보적 요소에 의하여 결정될 것이다.

가. 정보화 사회의 기능

"www(world wide web)"로 대변되는 인터넷 멀티미디어 서비스는 주로 문자를 기반으로 전송하던 인터넷 서비스들과 달리 사진과 그래픽, 음성과 동영상을 하이퍼텍스트라는 편리한 방법으로 전송하고 검색할 수 있게 해 준다. 그러나 세계 어느 곳에서도 유래를 찾아볼 수 없을 정도로 급속히 발전한 인터넷 문화 그 이면에는 다음과 같은 역기능들이 존재한다.
1) 외국어나 외래어의 난무와 표준어 규정을 무시한 언어 사용
2) 개인의 정보가 유출됨으로써 사생활 침해의 문제
3) 사이버상의 언어폭력과 직접 또는 간접적인 성폭력 문제
4) 인터넷 상품 판매를 통한 통신사기 및 전자우편을 이용한 폭력·음란물의 유통
5) 온라인 게임, 도박, 자살 등의 사이버 중독증

나. 정보화 사회의 학습

정보화 사회는 사이버 학습을 통하여 시청각 쪽으로 풍부한 자료들을 쉽게 얻을 수 있으며, 다양한 정보들을 검색하고 정리해 학생지도에 활용할 수 있게 되었다. 나아가 고안해 낸 학습 자료를 탑재해 수많은 학습 자료들을 실시간 공유할 수도 있게 되었으며, 인터넷이 있는 곳이라면 어느 곳에서나 자기한테 맞는 시간과 수준을 선택해 질 높은 학습 서비스를 받을 수 있어 개별학습이 가능하다는 장점을 지니고 있다.

반면에 사이버 학습은 자료들을 제공하기 위해 컴퓨터를 조작하고 실행시키기까지 준비하는 데 걸리는 시간 때문에 수업의 흐름이 끊어질 수 있다는 것과 사이버 수업 자료들이 수업과정 전체를 진행하도록 만들어져 있다는 것이 문제점으로 지적될 수 있다. 교사가 마우스만 클릭해도 수업이 진

행되기 때문에 '클릭맨'이라는 비난과 걱정이 섞인 말도 나오고 있다.

　학생들은 하루 종일 화면에서 시간마다 제공되는 사이버 자료들을 판단하고 분석하기보다는 단지 눈으로 보고 귀로 듣는 수준에 그치고 있다. 현재 제공되는 사이버 학습 자료들이 양은 많지만 자료의 진실성과 수준에 있어서 검증되지 않은 내용으로 채워져 있는 경우가 많고, 클릭만 하면 바로 정답을 볼 수 있어 학생들의 다양한 사고의 기회를 빼앗는 것 등도 사이버 학습의 단점으로 지적될 수 있다.

다. 정보화 사회의 인성교육

　현대인들은 네트워크 세상에 많은 시간을 할애하고 삶의 많은 부분을 사이버화된 상황에서 생활하며 사이버 공간은 더 이상 가상적인 현실이 아니다. 오히려 학생들의 생활과 미래에 직접적인 영향을 끼치는 또 하나의 현실이 되었다. 이러한 맥락에서 '네트워크상의 인성교육'이 필요하다.

라. 정보화 사회의 인성교육 방안

1) 학교교육을 통해 고립될 수 있는 학생들을 네트워크상에서의 협동을 통해 협동학습의 기회를 마련해 주어야 한다.
2) 교실 속에서 경험해 볼 수 없는 도덕적 상황들을 멀티미디어 자료를 이용한 도덕적 가상 체험을 제공해 학생들에게 정의적 자극과 도덕적 결단의 마음을 일으키는 자극을 주어야 한다.
3) 실시간으로 제공되는 인터넷의 수많은 사건들을 학생들이 분석하도록 하여 세상을 도덕적 관점으로 보도록 훈련해야 한다.
4) 학급 게시판이나 대화방 등을 통해 학생들의 고민과 갈등을 해결하도록 도와주어야 한다.
5) 사이버 공간에서의 토론 활동을 통해 교실 속에서 부족한 대화와 토론활동을 더 심도 있고 논리적으로 수행할 수 있도록 해야 한다.

2. 사이버 정보 윤리 교육의 필요성과 목표

가. 정보통신 윤리 교육의 필요성

　정보통신 기술은 우리의 삶을 편리하고 유익하게 만들어 주고 있다. 그러나 그러한 기술의 그릇된 사용으로 인한 부작용들도 많이 나타나고 있다. 이러한 정보화의 역기능에 대한 대응의 노력으로 역기능 방지를 위한 법안을 입법하거나 혹은 프로그램 개발을 통한 기술적인 대응들이 있었다.

　그러나 이런 대응만으로는 더 이상의 한계에 부딪치면서 학생들에게 정보사회에 가장 기본이 되는 가치관을 교육함으로써 보다 근본적으로 정보화의 역기능 피해를 줄이기 위해 정보통신 윤리 교육이 대두되었다. 즉 정보사회를 살아가는 사회 구성원으로 갖추어야 할 건전한 가치관과 행동 양식을 심어 줌으로써 정보화의 순기능을 올바르게 활용할 수 있는 능력을 길러 주고 또한 정보화의 역기능에 따른 피해를 줄이기 위한 교육적 방안의 하나로서 정보통신 윤리 교육이 필요하게 되었다.

나. 정보통신 윤리 교육의 목표

정보사회에서는 사생활 및 인권침해, 각종 컴퓨터 범죄, 불건전 정보의 유통 등과 같은 여러 가지 비인간적이고 비윤리적인 문제들이 많이 발생할 수 있다. 이러한 문제들에 능동적으로 대처해 나가기 위한 정보통신 윤리 교육의 목표는 다음과 같다.
  가. 인간 존중의 자세를 지닐 수 있는 교육이어야 한다.
  나. 사회 구성원 각자가 정보사회에 대한 책임감이 있음을 인지하도록 하여야 한다.
  다. 자율적인 행동 통제가 이루어져야 한다.
  라. 공동체 의식을 지니도록 하여야 한다.

3. 네티켓(인터넷 예절)

네티켓이란 네트워크(network)와 에티켓(etiquette)의 합성어로 네트워크상에서의 에티켓, 즉 인터넷을 활용하며 지켜야 할 기본적인 예의를 말한다. 따라서 다음과 같은 예절이 반드시 따라야 한다.

가. 네티켓의 기본 원칙

(1) 자신과 상대방을 존중하는 마음
(2) 나의 행동에 책임을 지는 마음
(3) 옳은 정보를 제공하는 정의로운 마음
(4) 남에게 피해를 주지 않는 고운 마음예절 교육의 필요성

나. 네티켓상의 주의할 점

(1) 남에게 불쾌감을 주는 용어를 사용하지 마라.
(2) 남의 계정(ID)을 도용하거나 허위 계정(ID)을 만들지 마라(개인정보보호 규정에 의거 처벌됨).
(3) 불법복제품을 사용하지 말고 유통시키지도 마라.
(4) 다른 사람의 컴퓨터를 허락 없이 사용하지 마라.

(5) 일상생활에 지장을 받을 정도로 컴퓨터에 중독되지 마라.

(6) 자신의 생각을 다른 사람에게 강요하지 마라.

(7) 허위 사실을 퍼뜨리는 사람이 되지 마라.

(8) 바이러스 검사를 생활화하라.

(9) 사이버 생활에 필요한 기본 상식을 익혀라.

(10) 친절에 대해서 고마움을 표시하라.

4. 영역별 네티켓

사이버 공간은 다음과 같은 특징이 있다. 익명성, 파급의 효과, 맞춤형 방식의 정보, 표현의 자유 보장, 시공을 초월한 의견교환, 정보 유통의 개방성, 가상과 현실의 혼란 등이다. 그러므로 다음과 같은 학습이 전제되어야 한다.

가. 대화방 이용 시의 네티켓

(1) 대화방에 들어가고 나올 때는 반드시 인사를 한다.

(2) 자신을 먼저 소개하고 대화에 참여한다.

(3) 다른 사람의 이야기를 잘 듣고 내 의견만 내세우지 않는다.

(4) 대화방의 주제와 상관없는 말을 하지 않는다.

(5) 욕이나 거짓말, 다른 사람을 비방하는 말을 하지 않는다.

(6) 대화방에 들어온 사람 모두를 존중한다.

(7) 서로 예절을 지켜서 친근감 있게 대화한다.

(8) 다른 사람의 아이디를 함부로 사용하지 않는다.

(9) 모든 사람에게 '님' 자를 붙인다.

(10) 초보자를 친절하게 대한다.

나. 게시판과 자료실에서의 네티켓

(1) 게시판에 거짓 정보나 욕을 올리지 않는다.

(2) 자신의 생각을 논리적으로 쓴다.

(3) 다른 사람의 생각을 비난하지 않는다.

(4) 문법에 맞는 표현과 올바른 맞춤법을 지킨다.

(5) 게시판의 성격에 맞는 글을 올린다.

(6) 내용과 상관없는 제목을 붙이지 않는다.

(7) 좋은 정보와 자료를 올려서 다른 사람들이 이용할 수 있도록 한다.

다. 전자우편(E-mail) 네티켓

(1) 매일 메일을 체크하고 중요하지 않은 메일은 즉시 지운다.

(2) 자신의 아이디(ID)나 비밀번호(PW)를 타인에게 절대 공개해서는 안 된다.

(3) 메시지는 가능한 한 짧게 요점만 작성한다.

(4) 메일을 보내기 전 주소가 올바른지 확인한다.

(5) 흥분한 상태에서는 메일을 보내지 않는다.

(6) 제목은 메시지 내용을 함축하여 간략하게 써야 한다.

(7) 타인에게 피해를 주는 언어(비방이나 욕설)에 각별히 유의해야 한다.

(8) 행운의 편지, 메일폭탄 등에 절대 말려들지 않는다.

(9) 첨부 파일을 보내기 전에 바이러스가 있는지 확인한다.

(10) 상대방이 연락할 수 있는 연락처를 쓴다.

라. 공공장소에서의 컴퓨터 사용 방법

(1) 음식물 부스러기를 흘리지 않는다.

(2) 오랫동안 자리를 독점하지 않는다.

(3) 작업을 끝낸 후에는 주변을 잘 정리한다.

(4) 개인정보를 잘 보호한다.

(5) 컴퓨터의 환경설정을 함부로 바꾸지 않는다.

(6) 다른 사람에게 피해를 주지 않도록 조용하게 일을 한다.

(7) 개인적인 자료는 사용 후에 반드시 지운다.

(8) 게임 등 프로그램을 함부로 설치하지 않는다.

마. 온라인 게임을 할 때의 네티켓

(1) 너무 집착하거나 열중해서 학교 공부에 지장을 주어서는 안 된다.

(2) 일방적으로 퇴장하는 것은 무례한 일이며 나가야 할 때는 인사말로 양해를 구한다.

(3) 온라인 게임은 온라인에서 끝나야 하며 게임의 점수를 돈을 주고 사거나, 오락으로 돈을 벌 생각을 해서는 안 된다.

(4) 상대방이 초보자라고 무시하거나 잘난 척을 해서는 안 되며 상대방과 입장을 바꾸어 생각하는

자세를 갖도록 한다(역지사지).

(5) 공정한 경기를 해야 하며 반칙으로 점수를 올리려 해서는 안 된다.

(6) 다른 사람의 아이디(ID)를 도용하여 남의 행세를 하는 일은 범죄이다.

(7) 경기에 졌다고 해서 욕을 하거나 폭언을 해서는 안 된다.

1. 예절

가. 서서 경례할 때

(1) 인사를 하기 전에 상대방을 바라본다.
(2) 선 채로 허리를 알맞게 굽히며 인사를 한다.
(3) 인사를 하고 나서 상대방을 다시 한 번 본다.
(4) 응접실 같은 방에서는 허리를 더욱 굽힌다.
(5) 허리를 굽힌 채 고개를 들거나 고개만 숙이지 않도록 한다.

나. 목례할 때

(1) 쉬는 시간에 출입문에서 선생님과 마주치거나 출입구에서 어른을 만나면 옆으로 비켜서서 목례를 한다.
(2) 하루에도 여러 번 만나는 사람에게는 가볍게 목례를 한다.
(3) 교무실이나 사무실에 있는 분에게는 안쪽에 들어가서 목례를 한다.
(4) 엘리베이터 안이나 아주 조용한 곳에서는 낯선 사람끼리도 서로 목례를 나누는 것이 좋다.

다. 사람을 소개할 때

(1) 어른에게는 "저 김○○입니다. 어른 또는 선생님께 ○○에 대하여 여쭈어 보려고 찾아뵙게 되었습니다."와 같이 자기소개를 먼저 하고 용건을 말한다.
(2) 어린이들끼리라도 여럿이 모인 공식적인 모임에서는 경어를 사용하며 소개한다.
(3) 남을 소개할 때는 "저희 반 ○○○입니다. 우리 반 회장인데, 붓글씨를 잘 씁니다. 저하고는 아주 친합니다."
(4) 아랫사람을 어른에게 먼저 소개한 뒤에 아랫사람에게 소개한다.

라. 하루 중 인사말

(1) 아침
  "할아버지, 안녕히 주무셨습니까?"
  "○○야, 잘 잤니?"
(2) 낮
  "안녕하십니까?"
  "○○아, 그럼 잘 있어."
(3) 저녁
  "아버지, 안녕히 주무십시오."
  "○○야, 잘 자."

마. 수업이 시작될 때와 끝날 때

(1) 수업이 시작될 때
  회장이 "경례" 하는 구령을 하면 일제히
  "안녕하십니까?"
  하고 앉은 채로 허리를 굽혀 경례를 한다.
(2) 수업이 끝날 때
  회장이 "경례" 하는 구령을 하면
  "감사합니다."
  하고 경례를 한다.
(3) 경례를 하기 전에 책이나 공책, 필기도구를 집어넣는 것은 예절에 어긋난다.

바. 국기에 대한 예절

(1) 용의를 단정히 하고 나온다.
(2) 운동장으로 나갈 때는 질서를 지켜 차례대로 조용히 나간다.
(3) 정해진 자리에 가서 스스로 줄을 선다.
(4) 줄을 설 때는 말을 하지 않는다.
(5) 국기에 대한 경례는 경건한 마음으로 바르게 한다.
(6) 애국가는 바른 자세로 엄숙하게 부른다.
(7) 옆 사람과 이야기를 하지 않는다.
(8) 실내화는 정해진 장소에서 바꿔 신는다.
(9) 교실에 들어올 때는 질서를 지켜 차례대로 들어온다.

사. 심부름할 때

(1) 심부름을 시키려고 부르시면
"예."
하고 대답하며 부르시는 분 앞으로 간다.
(2) 심부름 내용을 잘 알고 행동하며 그 결과를 반드시 알린다.
(3) 전할 물건이 있으면 소중하게 잘 간직했다가 예절에 맞게 전한다.
(4) 용건은 명료하게 대답은 공손하게 한다.
(5) 대가(代價)를 원하지 말고 즐거운 마음으로 행한다.
(6) 심부름 도중에 다른 일을 하지 않는다.

아. 웃어른께 말할 때

(1) 웃어른께는 반드시 높임말을 사용하도록 한다.
　(가) 말하였다.→ 말씀하셨습니다.
　(나) 먹을→ 잡수실
　(다) 줄→ 드릴
　(라) 집→ 댁
　(마) 아파서→ 편찮으셔서
　(바) 묻는다면→ 여쭙는다면
　(사) 누나→ 누님
　(아) 나이→ 연세, 춘추
　(자) 밥→ 진지
(2) 어머니께도 반드시 높임말을 쓰도록 한다.

자. 바른말 쓰기

(1) 사투리를 쓰지 말고 표준말을 사용하도록 한다.
(2) 예사말을 된소리로 발음하지 않는다.
(3) 은어는 특별한 집단에서 흔히 쓰는 말로서 나쁜 인상을 주므로 쓰지 않도록 한다.
(4) 상대방을 얕잡아 '뚱뚱보' '키다리' 등의 별명은 부르지 않는다.

차. 전화받을 때

(1) 벨이 3번쯤 울리기 전에 받는다.
(2) 전화를 받을 때는 "여기는 ○○네 집입니다."라고 말한다.
(3) 잘못 걸린 전화일 때는 "잘못 걸렸습니다. 여기는 123국의 4567번입니다."라고 친절히 말한다.
(4) 통화 중에 전회기 끊어졌을 때는 전화를 건 쪽에서 다시 걸도록 수화기를 내려놓고 기다린다.
(5) 벨이 3번 이상 울린 후에 받았을 때는 "늦어서 죄송합니다." 등의 사과의 말을 한다.

카. 손님을 맞이할 때

(1) 밖에서 손님이 찾으시면 즉시 "예." 하고 대답부터 하고 현관문을 열어 손님을 맞이한다.
(2) "어서 오십시오." 하고 친절하게 맞이한다.
(3) 인사는 미소 지으며 상냥하게 기쁜 얼굴로 한다.
(4) 손님이 안으로 들어가시면 신발을 가지런히 정리한다.

타. 표정 밝게 하기

(1) 얼굴 표정
   (가) 부드럽고 온화한 표정으로 다른 사람을 대한다.
   (나) 밝은 얼굴로 남을 대하며 남의 말을 들을 때에는 관심 있는 표정으로 대한다.
(2) 눈가짐
   어른 앞에서는 다소곳한 표정으로 눈높이보다 조금 아래쪽을 보며, 눈동자를 많이 움직이거나 곁눈질은 좋지 않다.
(3) 입 모양
   평소에는 자연스럽게 입을 다물고 있다. 하품을 부득이 해야 할 경우, 고개를 돌리고 손으로 입을 가린다.
(4) 머리 손질
   매일 아침 거울을 보고 단정하게 빗질한다.

파. 용의 단정히 하기

(1) 세수할 때
   아침에 일어난 뒤 잠자리에 들기 전에 꼭 깨끗이 해야 한다.
(2) 이 닦기 할 때

아침, 점심, 저녁 식사 후 3분 이내에 3분간씩 3번 닦는다.

(3) 목욕할 때

(가) 탕 안에서 장난치거나 때를 밀지 않는다.

(나) 물을 끼얹을 때는 앉아서 한다.

(4) 몸 가꿀 때

(가) 손톱과 발톱은 짧게 깎으며 머리는 단정하게 한다.

(나) 피부는 깨끗이 한다.

(5) 옷 입을 때

(가) 속옷은 자주 갈아입는다.

(나) 옷이 찢어졌거나 단이 터졌을 때에는 꿰매어 입는다.

하. 식사할 때

(1) 식사 전

(가) 손을 깨끗이 씻는다.

(나) 감사하는 마음을 가지고 바른 자세로 앉는다.

(2) 식사 중

(가) 밥이나 국은 숟가락으로, 반찬은 젓가락으로 먹으며 한꺼번에 잡지는 않는다.

(나) 입안의 음식이 남에게 보이지 않도록 하고 음식을 입에 넣은 채 이야기하지 않는다.

(다) 식사 중에 남의 잘못을 꾸짖거나 탓하지 않는다.

(라) 음식은 골고루 먹는다.

(3) 식사 후

(가) “맛있게 먹었습니다.”라고 인사를 드린다.

(나) 어른이나 손님을 모시고 식사할 경우 어른보다 먼저 수저나 음식을 들지 않으며 식가의
속도를 같게 한다.

2. 질서

가. 공공시설물을 이용할 때

(1) 출입문을 조심스럽게 열고 들어간다.

(2) 처음 가서 잘 모를 때는 안내 부서에 찾아가 인사를 하고 도움을 구한다.

(3) 신발 소리가 나지 않게 사뿐사뿐 걷는다.

(4) 전시장을 갔을 때는 관람하는 코스가 있으므로 그에 따라 차례로 관람한다.

(5) 무의식중에 남의 발을 밟거나 부딪쳤을 때는 즉시 사과한다.

(6) 유원지, 관광지에 갔을 때는 꽃이나 나무를 함부로 꺾지 않는다.

(7) 사진을 찍기 위해 출입금지 구역에 들어가지 않는다.

(8) 용변은 지정된 장소에서만 본다.

(9) 다른 사람에게 방해를 주지 않는다.

나. 화장실을 이용할 때

(1) 문을 열기 전에 노크를 한다.

(2) 줄을 서서 차례를 지킨다.

(3) 바른 자세로 용변을 본다.

(4) 바닥에 침을 뱉지 않는다.

(5) 벽에 낙서를 하지 않는다.

(6) 용변 후에는 반드시 손을 씻는다.

다. 공중전화를 걸 때

(1) 차례대로 줄을 서서 기다린다.

(2) 전화를 걸 때는 용건만 간단히 말한다.

(3) 다이얼을 돌리고 통화 중이란 신호가 나면 계속해서 돌리지 말고 뒷사람에게 양보한다.

(4) 전화기를 소중히 다룬다.

(5) 불량 동전은 사용하지 않는다.

라. 놀이터에서

(1) 놀이 시설은 먼저 온 순서대로 이용한다.

(2) 게임이나 놀이를 할 때는 정해진 규칙을 잘 지킨다.

(3) 다른 사람이 하는 놀이나 게임을 방해하지 않는다.

(4) 흙을 만지거나 던지는 행동은 하지 않는다.

(5) 시소, 그네 등은 가급적 하급생에게 양보한다.

(6) 철봉 위에 걸어 다니거나 골대 위에 올라가는 행동 등 위험한 행동은 하지 않는다.

(7) 놀이를 하고 교실로 돌아올 때는 옷의 먼지를 깨끗이 털고 손을 씻는다.

마. 교실에서

(1) 말소리는 조용조용히 하며 필요 이상으로 큰 소리를 내지 않는다.
(2) 창가에서 바깥을 향해 소리를 지르거나 물건을 버리지 않는다.
(3) 자세를 바르게 하며 선생님 말씀에 열중한다.
(4) 자연스러운 걸음걸이로 천천히 걷는다.
(5) 뛰거나 돌아다니지 않는다.
(6) 밖으로 나갈 때는 의자를 밀어 넣고 차례대로 천천히 나간다.

바. 자습 시간

(1) 무슨 공부를 할까를 생각하고 나서 예습이나 복습을 한다.
(2) 복습: 지금까지 배운 것 중에서 부족한 것을 공부한다.
(3) 예습: 배울 것을 미리 공부한다.
(4) 자습이 제시되어 있으면 자기 힘으로 해결한다.
(5) 조용히 책을 읽는다.
(6) 스스로 공부하는 태도를 갖는다.
(7) 남에게 방해가 되지 않게 조용히 한다.

사. 공부 시간

(1) 시작 신호가 나기 전에 학습 준비물을 갖추어 놓고 교과서의 학습할 곳도 펴 놓는다.
(2) 시작 신호가 나면 자세를 바르게 하고 이번 시간에 공부할 내용을 확인한다.
(3) 선생님의 말씀과 친구들 발표를 귀담아들으며 자기의 생각을 똑똑하게 발표한다.
(4) 공부에 관계없는 일을 하거나 남에게 방해되는 행동을 하지 않는다.
(5) 열심히 공부하며 모르는 것이 없도록 의문 나는 것은 꼭 질문한다.

아. 쉬는 시간(휴식 시간)

(1) 다음 시간 준비를 하고 용변을 본다.
(2) 운동장에서 씩씩하게 뛰어논다.
(3) 휴식을 취하고, 교실에서는 조용히 하며 작은 소리로 이야기한다.
(4) 상스러운 말이나 욕설을 하지 않는다.
(5) 종이 울리면 조용히 걸어서 들어간다.

(6) 하루 두 번 이상 만나는 선생님이나 어른께는 목례를 한다.

자. 점심시간

(1) 식사 전에 손을 씻는다.
(2) 감사하는 마음을 갖는다.
　　"감사히 먹겠습니다."라고 인사를 한다.
(3) 찌꺼기를 함부로 버리지 말고 버려진 것은 주워 쓰레기통에 넣는다.
(4) 뒷정리를 한다.
(5) 높은 곳이나 위험한 곳에서 놀지 않는다.
(6) 될 수 있으면 실내 놀이는 하지 않는다.
(7) 불량식품을 사 먹지 않는다.

차. 바른 걸음걸이

(1) 걸음걸이
　　(가) 자세를 바르게 하고 걷는다.
　　(나) 팔을 앞뒤로 자연스럽게 흔들며 걷는다.
　　(다) 머리와 몸을 좌우로 기우뚱거리거나 상하로 흔들며 걷지 않는다.
　　(라) 신발을 끌거나 꺾어 신고 걷지 않는다.
　　(마) 사방을 두리번거리거나 고개를 숙이지 않는다.
　　(바) 늠름하고 씩씩하게 걷는다.
(2) 계단 오르내릴 때
　　(가) 자세를 바르게 하며 걷는다.
　　(나) 올라갈 때는 남자, 내려갈 때는 여자가 앞에 서서 걷는다.

카. 실내통행

(1) 왼쪽으로 조용히 다닌다.
(2) 계단은 질서 있게 차례로 오르내린다.
(3) 문을 여닫을 때는 소리 나지 않게 한다.
(4) 환경물에 손대지 않으며 소곤소곤 이야기한다.
(5) 큰 소리를 내지 않으며 소곤소곤 이야기한다.
(6) 화장실, 수돗가, 놀이터를 이용할 때에는 차례를 지킨다.

(7) 선생님이나 웃어른의 말씀을 듣고 돌아갈 때에는 "고맙습니다.", "안녕히 계세요.", "가 보겠습
니다."로 인사한다.

타. 안전하게 통행하기

(1) 길을 건널 때
  (가) 횡단보도를 건널 때
    1) 녹색 신호가 켜지기 전에 차도로 내려서지 않도록 한다.
    2) 녹색 신호가 켜지면 좌우를 살펴 차가 멈춘 것을 확인한 후 빠르게 건넌다.
    3) 신호등이 없는 곳에서는 차가 다니지 않을 때까지 기다렸다가 건넌다.
  (나) 횡단보도가 없는 길을 건널 때
    1) 횡단보도가 있는 곳까지 가서 건넌다.
    2) 차가 다니지 않을 때까지 기다렸다가 빠른 걸음으로 건넌다.
(2) 육교나 지하도를 건널 때
  (가) 옆으로 나란히 걸어가며 길을 막지 않는다.
  (나) 오르내릴 때는 한 계단씩 왼쪽으로 걷는다.
  (다) 육교 위에서 아래를 내려다보거나 오물을 버리지 않는다.
  (라) 지하도를 건널 때 상점을 기웃거리거나 물건을 만지지 않는다.

파. 당번 활동을 할 때

(1) 다른 학생보다 조금 일찍 등교하며 조금 늦게 하교한다.
(2) 등교 즉시 문을 열고 간단한 아침 청소를 한다.
(3) 창문을 열고 환기시킨다.
(4) 화분을 손질한다.
(5) 점심시간에 학생들이 마실 물을 미리 준비해 놓는다.
(6) 책걸상 줄을 바르게 정리 정돈을 한다.
(7) 교실 바닥이나 복도를 깨끗이 하도록 한다.
(8) 청소 후 휴지통을 깨끗이 비우고 창문을 닫는다.

3. 청결

가. 가정에서 청소할 때

(1) 자기 방은 자기 손으로 청소한다.
(2) 창문을 활짝 열고 방 안의 먼지를 떨어낸다.
(3) 바닥을 쓸어내고 물걸레를 꼭 짜서 닦는다.
(4) 청소가 끝난 후 잠시 문을 열어 두었다가 닫는다.
(5) 아침, 저녁으로 청소하며 더러워질 때에는 즉시 청소한다.
(6) 버려진 휴지나 비닐봉지 등은 보는 대로 주워서 쓰레기통에 버린다.

나. 화장실 청소할 때

(1) 바닥에 물을 뿌리고 물 밀대로 바닥을 잘 닦는다.
(2) 마른 밀대로 물기를 잘 닦아 낸다.
(3) 문과 창틀은 물걸레로 닦는다.
(4) 세면대는 비누를 묻힌 걸레로 잘 닦아 내고 깨끗한 물로 씻어 내린다.
(5) 청소 용구를 잘 정리하고 손을 깨끗이 씻는다.

다. 교실에서 청소할 때

(1) 창문을 활짝 연다.
(2) 책상과 걸상을 조용히 뒤로 옮긴다.
(3) 벽이나 높은 곳의 먼지를 잘 턴다.
(4) 먼지가 나지 않게 바닥을 잘 쓸고 걸레나 밀대로 바닥을 잘 닦는다.
(5) 책상과 걸상을 앞으로 옮기고 쓸고 닦는다.
(6) 책걸상 정리 정돈을 한다.
(7) 책상, 교탁, 창틀, 칠판 밑을 물걸레로 닦는다.

라. 복도청소를 할 때

(1) 창문을 활짝 연다.
(2) 벽이나 높은 곳의 먼지를 잘 턴다.

(3) 바닥을 빗자루로 잘 쓸어 쓰레기를 모은다.

(4) 밀대로 바닥을 잘 닦는다.

(5) 밀대를 빨 때는 물 양동이에 반쯤 물을 받아 3~4회 헹구어 낸다.

(6) 헹군 물은 하수도에 버리고 흙, 모래 등 찌꺼기는 밖에 버린다.

(7) 용구를 제자리에 정돈하고 창문을 닫는다.

제 **4** 장

◀◀ 학습 · 생활 부적응 학생 지도 ▶▶

[Key Point]

　제3장에서는 일선 학교 교사로서 실제 교실에서 학생들을 지도하면서 부딪치는 여러 가지 상황과 해결책에 대해서 탐구한다. '정상적인 학생'의 모습에서 벗어난 소위 학교생활과 학습 및 생활 등에서 부적응을 겪는 학생들을 올바르게 지도할 수 있는 방법에 대해 '사례와 처방'형태로 학습한다. 실제 학교 현장에서 교사로서 경험한 사례와 치유, 처방 방법에 대하여 자신의 사례, 입장과 견주어 '벤치마킹식'학습을 도모한다. 특히, 학교 현장에서의 다양한 부적응 학생들의 사례를 파악하고, 미래에 자신도 그와 같은 사례와 현실에 직면했을 경우, 바람직하게 지도 및 해결할 수 있는 방안에 대해서 문제해결식 탐구를 모색한다.

1. 학교를 싫어하고 결석이 잦은 학생아동

학교에 가기 싫어하는 학생, 즉 등교 거부증이 있는 학생은 두 타입으로 나뉜다. 그 하나는 지능이 뒤떨어지는 데 원인이 있는 학생이다. 그리고 또 다른 하나는 극단적으로 소극적인 학생으로서 어떤 원인에 의해 학교를 싫어하게 된 경우이다. 각 형태·유형에 대처하는 방법을 알아보는 것이 중요하다.

(1) 지능에 뒤떨어지는 학생을 모두가 도와준다

지능이 낮은 아이는 학습 면에서 주위의 친구들을 따라갈 수 없다. 그리고 놀이 면에서도 함께 어울리지 못하는 경우가 많다. 그래서 점점 학교를 싫어하게 되는 것은 아닐까?

내가 맡았던 학급에도 그런 아이가 있었다. 내가 담임한 것은 4학년부터였는데, 듣자 하니 3학년 때부터 결석하는 일이 잦았다고 한다. 외로움을 타는 듯한 얼굴의 여자아이로 체구도 작아 친구들의 놀림을 받곤 했다.

4학년 때는 그래도 어떻게든 학교에 오기는 했는데, 5학년이 되자 거의 모습을 볼 수 없게 되어 버렸다. 이웃에 사는 아이에게 물어보니, 집에서 꼬마들을 상대로 놀고 있다는 것이다.

나는 어떤 방도가 필요하다고 생각하고, 우선 학급의 아이들과 의논해 보았다. 빙 돌려서 이야기하면 오히려 혼란만 초래할 것 같아 아주 솔직하게 이야기를 했다. 그 아이의 성적이 많이 처지는 편이고 놀이에도 끼지 못한다는 것, 그러나 그 아이도 모두와 마찬가지로 학급의 일원이며 따라서 서로 협력해서 도와주어야 한다는 것에 대해 이야기했다. 아이들은 조용히 귀 기울이고 있었다.

이런 설명을 하는 것 외에도 그 아이를 학습에 참여시키기 위해 집단학습을 적극적으로 도입해 보았다. 그 아이의 학습을 도울 수 있는 아이를 두세 명 같은 집단에 배치했는데, 가능하면 같은 동네에 사는 아이를 선정해서 등교로부터 하교까지 도울 수 있게 했다. 놀이를 할 때도 그 아이를 끼워 주고 귀가 후에도 가능한 한 함께 놀아 주라고 당부해 두었다.

이런 계획을 짠 후에 그 아이의 집을 방문해 보았는데, 내가 도착하자 곧 숨어 버리는 것이었다. 부모는 맞벌이를 하기 때문에 집에 없었다. 옆집에 사는 사람의 손에 이끌려 겨우 얼굴을 내민 그 아이에게 나는, "모두들 너를 기다리고 있단다." 하고 말해 주었다. 그리고 "내일 K가 데리러 올 테니까 잠시라도 좋으니 학교에 오너라." 하는 말을 남기고 돌아왔다.

다음 날 K와 함께 교실에 들어선 그 아이를 보고 모두들 박수를 쳐 주었다. 그 아이는 부끄러운 듯이 뺨을 붉혔으나 그래도 기뻐하는 기색이 엿보였다. 그 아이는 이런 친구들의 협조로 겨우 학교에 나오게 되었다.

(2) 소극적인 아동을 위해 즐거운 학급 분위기를 조성한다

학교를 싫어하는 아이는 학교나 학급의 이른바 이방인일 경우가 많다. 따라서 학교나 학급의 행사에 참가시켜 적극적으로 활동하게 하는 것이 좋다.

그러기 위해서는 그런 아이들을 잘 관찰해서 특성을 이해해 두어야 한다. 그리고 그런 이해를 바탕으로 그 아이에게 적합한 일을 찾아 주거나 발표할 기회를 만들어 주는 것이다.

이런 방법은 학교를 싫어하는 아동에게만 한정된 것이 아니다. 아동 개개인을 살리는 즐거운 학급을 만들기 위해서 모든 아동에게 적용해야 하는 것이다. 즐거운 학급이나 학교는 아동 개개인을 살리는 일로부터 시작된다.

【잠깐 1】한마디 말을 건네주면

"우리 아이가 학교에 가지 않으려고 하는데요."

"왜 그럴까요? 최근의 일입니까? 원인을 알고 계신가요?"

"저 그것은 ……"

학부모의 이야기는 다음과 같았다.

그 아이가 며칠 전 「집에서 기르고 있는 생물」이라는 제목으로 그림을 그렸다는 것이다. 고양이, 개, 금붕어, 닭, 새 등 각자 집에서 기르고 있는 생물이면 무엇이든 그리는 시간이었다. 그런데 그 아이는 다리가 세 개뿐인 개의 그림을 그렸다.

이것을 본 친구들이 놀려 대기 시작하자 그 아이는 결국 울음을 터뜨리고 말았던 것이다. 단 한마디, 교사가,

"왜 그렇게 그렸지? 상처라도 입었나 봐."

하고 물어봐 주기를 그 아이는 바랐을 것이다. 실제로 그 아이 집의 개는 교통사고로 다리 하나를 잃은 상태였다고 한다. 이유를 묻는 한마디 말은 매우 중요한 구실을 한다.

2. 공부하기 싫어하고 곧 두통이나 복통을 호소하는 학생

두통이나 복통을 호소한다는 것은 그만큼 공부에 저항감을 갖고 있다는 뜻이다. 따라서 이 저항감을 없애는 것이 가장 중요하다. 그렇다면 어떤 방법으로 이 저항감을 없애야 할까? 좀 더 구체적으로 알아보자.

(1) 학습에 놀이장면을 도입한다

모든 학습을 놀이로 할 수는 없겠지만, 학습의 일부에 놀이를 도입할 수는 있다. 더욱이 저학년의 경우는 '놀이'가 학습에 있어서 불가결한 요소이다. 음악이나 미술, 체육 등의 과목에는 놀이에 가까

운 즐거운 작업이나 활동이 많이 도입되고 있다. 국어나 산수에서도 '말 잇기 놀이', '숫자놀이' 등과 같이 여러 가지 놀이를 생각할 수 있다.

고학년의 경우는 어떨까? 고학년에서도 놀이라고는 할 수 없어도 작업화를 도입함으로써 학습에 흥미를 갖게 하는 방법을 생각할 수 있다. 학습이 항상 토의로 시종일관하면 분위기가 딱딱해지기 쉽다.

예컨대, 국어수업에는 '심정(心情)곡선법'이라든가 '구조도법'과 같은 여러 가지 작업화가 있다. 이런 작업화의 활용을 꾀하는 것이 어떨까? 이런 방법은 공부하기 싫어하는 아동이 아니더라도 평소의 수업에서 자주 받아들였으면 한다.

중요한 것은, '공부라는 것이 이렇게 재미있는 것이로구나.' 하는 학습에 대한 흥미·관심을 길러 주는 일이다. 일단 갖게 된 저항감은 쉽사리 제거할 수 없을지도 모른다. 그러나 마찬가지로 일단 흥미를 갖게 되면 쉽게 잊히지 않는 것이다.

(2) 학습의 성과에 자신을 갖게 한다

학습에 흥미를 갖게 함과 동시에 학습의 성과에 자신을 갖게 하는 것도 중요하다. 그러기 위해 학습의 성과－작업결과나 발표 등의 장점을 찾아내어 칭찬해 주도록 한다.

"아주 열심히 했구나."

"상당히 주의 깊게 잘 해냈어."

"정확한 발표였다."

이렇게 학습의 성과에 명확한 평가를 내려 주는 것이다. 그렇게 함으로써 그 아동에게 학습에 대한 자신감을 갖게 해 주는 것이다. 물론 아무렇게나 칭찬하는 말만 나열하면 오히려 역효과를 내게 된다.

그러나 어떤 결과에도 어딘가 한 군데는 칭찬할 만한 점이 있기 마련이다. 그것을 발견하는 것이 중요하다. "아이들은 꾸짖어서는 신장되지 않는다. 칭찬함으로써 자신감을 갖게 해야 한다."고 선배 교사들은 말한다. 어딘가에 숨어 있는 아동의 가능성을 발견하는 것이 중요하다는 뜻이다.

(3) 주위에 있는 친구들의 배려심을 중요시한다

그 아동 자신이 아무리 열심히 노력해도 주위 친구들의 따뜻한 배려심이 없으면 아무것도 되지 않는다. 교사가 안달복달 걱정하기보다는 주위의 친구들에게 그 아동을 맡겨 보는 것이 의외의 효과를 거두는 경우도 많다.

그 아이가 속해 있는 집단의 아이들을 불러 이유를 말해 준다. 그리고 "그러니까 모두 힘을 합쳐서 도와주기로 하자."고 부탁한다.

아이들 중에는 반드시 남의 일을 잘 돌봐 주는 아이가 있기 마련이다. 또한 그렇게 함으로써 선생님의 신뢰를 얻을 수 있다는 생각에서 더욱 적극적으로 행동하게 된다. 집단요법은 매우 중요한 치료법의 하나인 것이다.

사실 학생들에게 '저항감을 없애는 것'이 중요하지만, 언제까지나 어리광을 부리게 해서는 안 된다. 역시 학습은 괴롭고 힘든 것이다. 그런 어려움을 극복해 가는 기쁨을 이해시키는 것도 중요하다.

3. 학습 중에 멍한 모습을 보이는 학생

학습 중에 멍하니 있다는 것은 그 학습에 흥미를 갖지 못한다는 의미로 해석될 수 있다. 즉 학습에 대한 의욕이 없는 것이다. 이런 현상은 교사 측에 문제가 있기 때문에 나타나기도 한다. 설명방법이 어렵다거나 수업의 진행방식이 지루하다거나 유머 감각도 없이 화만 낸다거나 하는 원인에 의한 것이다.

그러나 다른 아이들은 열심히 학습하는데도 그 아이 혼자서만 멍하니 있다는 건 확실히 문제이다. 이런 경우에는 어떻게 해야 할까?

(1) 흥미를 느낄 만한 것을 찾아 준다

어떤 아이라도 뭔가 한 가지 정도는 흥미를 느끼는 것이 있을 것이다. 그림 그리기를 좋아한다든가 모형제작이라면 하루 종일이라도 열중한다든가 …… 어쨌든 그 아이가 어떤 것에 흥미를 갖고 있는지 발견하는 것이 중요하다.

만일 그 아이가 만화를 좋아한다면 토론이나 설명 속에 만화에 관한 이야기를 집어넣는 것이다. 그림 그리기를 좋아한다면 학습 중에 '그림 그리기'를 도입한다. 3학년 2학기 국어과 '읽기' 교재의 '나무야 누워서 자라'의 지도를 예로 들어 보자.

깊은 산속의 큰 나무들이 사람들처럼 누워서 잠을 자는 그림을 볼 수 있다. '나무들이 서 있으니 얼마나 다리가 아플까?' 하는 마음으로 밤에는 사람처럼 누워서 자는 어린이의 마음을 그린 것이다. 이와 같이 사물의 마음을 읽어서 표현함이 동심인 것이다.

아이들은 말없이 교사의 이야기를 듣는다든가 하나의 문제에 대한 토의만으로 끝나는 학습을 싫어한다. 아이들이 좋아하는 화제를 다루도록 해 주는 일과 가능한 한 작업화를 생각하는 일은 어느 아동에게나 또 어떤 경우에나 필요하다고 본다.

(2) 발언할 기회를 늘여 준다

누구나 자기의 발언이 받아들여지고 인정받게 되면 기뻐한다. 학습 중에 멍하니 있다는 것은 학습에 의욕을 느끼지 못함과 동시에 늘 인정받을 수 없다는 소외감 때문이 아닐까?

어떤 아동이나 그 발언을 받아들여 주는 것이 중요하지만, 특히 이런 아동은 발언을 받아들여 줄

뿐만 아니라 그 기회를 늘려 주어야 한다.

그렇게 함으로써 하나의 학습이라는 장면에 그 아이 자신이 밀접히 관련되고 있다는 사실을 이해시키는 것이다. 학습이라는 것은 하나의 과제에 대해 학습의 모든 구성원이 자기 자신의 문제로 생각하고 토의해 갈 때 비로소 성립한다.

(3) 문제에 진지하게 도전하게 한다

요즈음엔 무슨 일에나 방관자적으로 바라볼 뿐 진지하게 도전해 보는 아이가 없다고 한다. 그러나 그런 태도를 취하게 하는 원인은 교사 측에도 있는 것이 아닐까. 즉 무슨 일이든 아동을 시키지 않고 스스로 해 버리는 것이다. 좀 더 아동에게 맡긴다거나 끝까지 해결하게 하는 것이 좋지 않을까.

"자, A가 이 부분을 설명해 볼까요?"

하는 식으로 아동이 교사 대신 설명하게 하는 것이다. 즉시 대답하지 못할 것 같으면, "조금 후에 해 보자."고 하여 어느 정도 생각한 후에 발언하게 한다.

이렇게 해서 진지하게 도전해 가는 자세를 기를 수 있다.

학급 안에 적극적인 학습 분위기를 조성하려면 아동 개개인이 진지한 학습태도를 익혀야 하는 것이다.

4. 다른 학생들과 같이 학습할 수 없는 학생

학급의 아동 중에는 모두와 함께 보조를 맞추어 학습할 수 없는 아동이 있다. 예컨대 산수교과서 몇 페이지에 나온 문제를 풀어 보라고 해도 그저 멍청히 앉아 있거나 공책에 낙서만 하고 있다.

국어학습에서도 교과서의 각 단락의 요점을 쓰라고 했는데 돌아다녀 보면 아무것도 쓰지 않은 채 가만히 있는 아이가 있다.

이런 아동 중에는 학습을 전혀 따라갈 수 없는 아동도 있지만, 성격적으로 변덕이 심한 아동이 눈에 띈다.

따라서 교사는 다음과 같은 점에 주의해서 지도해야 한다.

(1) 학생 개개인을 이해하기 위해 노력한다

교사는 항상 아동의 학습상태에 신경을 써서 올바르게 파악하고 있어야 한다.

우선 모두와 같은 수준의 학습을 할 수 없는 아동을 체크한다. 공책 제출이나 지명에 의한 발표 등을 통해 상황을 파악한다.

이어서 그 아이가 다른 아이들과 같은 학습을 할 수 없는 원인을 찾아내야 한다.

이때, 크게 나누어 다음의 세 가지 입장으로부터 찾아내도록 한다.

첫째로 지능이 낮아서 불가능한 것인지 편차치나 학력상태도 파악한다.

둘째로 성격적인 면에서 찾아본다. 즉 학습능력은 보통인데 다른 아동과 같은 학습을 할 수 없는 것은 성격 면에 원인이 있을 가능성이 높은 것이다.

성격 면에 원인이 있는 아동은 다음과 같은 특징을 나타낸다.

○ 그때그때의 기분에 좌우되어 행동한다.

○ 시작이 늦고 꾸물거린다.

○ 자기가 좋아하는 일은 하지만, 그렇지 않은 일은 개별적으로 주의를 받을 때까지 하지 않는다.

○ 제멋대로 행동하며 독선적이다.

○ 말로 대답하는 건 잘하지만, 공책에 깨끗이 정리하기는 싫어한다.

○ 쉽게 싫증을 낸다.

셋째로 신체적인 문제가 있는지 알아보아야 한다. 즉 병약하고 결석이 잦은 아이, 몸의 어딘가에 병이 있는 아이, 컨디션이 좋지 않은 아이 등이다.

교사는 이상과 같은 세 가지 측면에서 아동을 이해하고 원인을 파악하기 위해 힘써야 할 것이다.

(2) 각 아동에게 맞는 구체적인 지도를 한다

각 아동을 이해하고 문제점을 파악하고 나면 각자에게 맞는 구체적인 지도를 하는 것이 효과적이다.

① 개별지도를 한다

지능이 뒤떨어지는 아동에게는 그 수준에 맞게 학습내용을 고쳐 주거나 개별지도를 하는 것이 중요하다.

② 집단 속에서 신장을 꾀한다

혼자서 하라면 못 하는 아이가 집단 속에서 친구들의 격려와 도움을 받아 같은 수준의 학습을 할 수 있게 되기도 한다.

어쨌든 교사는 꾸짖고 재촉하는 것이 아니라, 그 아이 나름대로 열심히 노력하는 모습을 발견하고 칭찬해 주어서 의욕을 갖게 하는 것이 무엇보다도 중요하다.

5. 몇 번을 가르쳐도 이해하지 못하는 학생

교사 생활을 하다 보면, 아무리 가르쳐도 이해하지 못하는 아동을 만나기 마련이다. 이런 경우 아동을 일방적으로 나무라지 말고 다음과 같은 입장이나 대처방법을 이용하도록 한다.

○ 원인은 어디에 있을까?

○ 교사(자신)의 지도에 문제가 있는 건 아닐까?

○ 아동의 지능·능력상의 문제는 없을까?

○ 이제까지의 기초적 지식이나 학력을 제대로 갖추고 있나?

○ 아동의 신체적, 혹은 정신적인 면에서의 문제는 없나?

○ 가정환경, 교우관계 등에 문제는 없을까?

(1) 가르쳐도 이해하지 못하는 이유를 조사한다

교사는 아동에 대한 애정, 그리고 교사로서의 사명감을 가져야 한다.

그렇게 되면 '왜 여러 번 가르쳐도 이해하지 못하는 것일까?' 하는 의문을 느끼고 그 원인을 찾으려고 하게 된다.

아동을 질책하기보다는 자신의 지도방법, 지도기술을 반성하려는 태도가 필요하다. 대부분의 이유나 원인은 여기에 있다는 사실을 깨닫게 될 것이다.

그리고 아동의 지능, 심신상의 문제 등도 이때 조사해 보도록 한다.

(2) 교사의 지도 기술을 반성하고 창의 연구하여 지도에 임한다

아무리 가르쳐도 아동이 이해하지 못한다고 호소한다면 교사는 우선 자신의 지도법에 문제가 있다고 보아야 한다.

십인십색(十人十色)이라는 말이 있듯이, 아동의 능력은 각각 차이가 있다. 그런데도 교사의 지도는 마냥 일제지도로 흐르고 있는 것이다.

이런 일제지도 속에서 '저 아이는 아무리 가르쳐도 구제불능이야.' 하고 속단해 버리는 건 아닐까.

① 개별지도로 능력에 따라 지도한다

몇 번씩 가르쳐도 이해하지 못하는 아이에게는 특히 그 아이의 능력에 따른 개별지도를 하는 것이 중요하다. 그 아이의 이해력, 사고력에 기초한 지도법을 연구해야 할 것이다.

② 지금까지의 지도와는 다른 방법으로 지도한다(발상을 바꾼다.)

아무리 가르쳐도 소용없다고 투덜대기보다는, 같은 방법으로 여러 번 가르쳐도 효과가 없다면 발상을 바꿔 이제까지와는 다른 방법으로 가르쳐 본다.

특히 교사의 설명 중심인 설교형을 그만두고 작업을 통해서 하는 학습법을 연구한다.

가능하다면 친근한 구상물 혹은 실물을 이용한다.

판서나 필기, 교사의 이야기보다는 아동의 오체(五體)를 움직이는 학습지도가 바람직하다.

③ 습득지식이나 기초적 학력을 파악해서 지도한다

몇 번이나 가르쳐도 이해하지 못하는 아동의 지도에서 교사가 잊고 있는 중요한 점이 있다. 그것은 현재 지도하는 학습의 기초를 이루고 있는 지식이나 학력을 아동이 갖춘 상태인지를 파악하고 있느냐 하는 것이다.

예컨대 산수학습에서 구구단을 모르는 상태라는 것을 알지 못한 채 "이 곱셈을 몇 번이나 설명해도 모른다는 거야.” 하고 화를 내는 경우가 의외로 많다. 시험문제의 한자나 글자를 읽지 못하기 때문에 시험을 볼 때마다 틀리는 아이도 있다.

교사는 이러한 아동의 실패나 원인을 파악하기 위해 노력하고 항상 자신의 지도기술을 반성하며 창의 연구해야 할 것이다.

6. 안 되면 울어 버리는 학생

학습이나 작업, 또 놀이장면에서도 하다가 안 되면 울어 버리는 아이가 있다.

이런 아이는 저학년에 특히 많은데 교사로서도 다루기가 퍽 어려운 존재이다.

여기에서 그에 따른 지도와 대처방법에 대해 생각해 보자.

(1) 아동의 심리상태나 원인을 파악한다

울음을 터뜨리는 아이에게 이유를 물어보면, 다음과 같은 타입이 있다는 걸 알게 된다.

① 못 한다고 혼날까 봐 두려워서 우는 아이

이 타입의 아이는 집에서 공부할 때 “이런 것도 못 해!”라든가 “왜 못 하는 거야.” 하고 부모나 언니, 오빠에게 자주 혼이 나는 경우이다.

이런 아이는 학교에서도 집에서와 마찬가지로 꾸중을 듣게 될까 봐 불안과 두려움을 느끼고 있다.

② 친구들의 웃음거리가 되는 것이 싫어서 우는 아이

마음이 약한 아이나, 반대로 남에게 지기 싫어하는 아이가 이렇게 되기 쉽다. 해내지 못하면 친구들의 비웃음을 사는 것이 부끄럽다든가 분해서 우는 것이다.

약한 마음 때문에 우는 것인지, 아니면 남에게 지기 싫은 마음 때문에 우는 것인지 교사는 올바르게 파악해서 지도해야 한다.

③ 울면 용서받을 수 있다는 생각에서 우는 아이

아무래도 못 해낼 것 같을 때 울면 봐줄 것이라는 생각에서 우는 아이가 있다. 이런 타입의 아이는 흔히 가정에서 과보호를 받고 자랐을 가능성이 높다.

이 외에도 여러 타입이 있겠지만, 어떠한 경우든 아동의 심리상태나 원인을 파악하는 것이 중요하다. 아동의 심리상태, 우는 원인을 알면 그에 따른 대처법이 떠오르기 때문이다.

(2) 구체적인 대처와 지도의 방법을 생각한다

① 못 하면 혼날까 봐 우는 아이의 지도

이런 아이에게는 교사가 불안감을 없애 줄 수 있도록 부드럽게 대해 주고, 주위의 친구들과 부모와 의논해서 도와준다. 특히 부모와의 공동 작업이 바람직하다.

② 부끄럽거나 분해서 우는 아이의 지도

부끄러움 때문에 우는 아이에게는 모르는 것, 할 수 없는 일은 교사나 부모에게도 있다는 사실을 인식시키고, 울음을 터뜨리는 것이야말로 부끄러운 것이라는 사실을 깨닫게 한다.

분해서 우는 아이에게는 우는 모습은 보기 흉하며 조그만 일로 우는 건 부끄러운 일이라고 말해 준다. 또한 울 만큼 분하다면 우는 대신 다시 한 번 도전해 보는 것이 중요하다는 사실을 이해시킨다.

③ 울면 봐준다고 생각해서 우는 아이의 지도

울면 봐준다는 생각은 어리석다는 사실을 인식시키는 것이 중요하다. 즉 운다고 해서 하지 못한 일이 완수되는 건 아니며 적당히 넘어갈 수도 없다는 것을 분명히 알게 한다.

그리고 부모님과 충분히 의논해서 앞으로는 절대로 운다고 해서 용서해 주는 일이 없도록 협조를 구한다.

가장 근본적인 것은, 아무리 울어도 자신의 과제가 해결되지는 않는다는 사실을 이해시키는 것이다. 울기보다는 자신의 마음을 말로 표현하자고 약속하게 한다.

또한 울보는 아직 어리다는 증거이며 친구에게나 교사에게나 또 부모에게 결코 좋게 보이지 않는다는 것을 평소에 이야기해 준다.

7. 외운 내용을 곧 잊어버리는 학생

외운 것을 곧 잊어버리는 아동은 어느 학급에나 있기 마련이다. 이것은 아동에게도 원인이 있을지 모르지만 교사 측에도 반성해야 할 점이 있다.

예컨대 무조건 기억시키려고 하는 오류를 범하고 있지는 않은가? 앵무새처럼 따라 하게 하는 학습으로는 지식을 습득시킬 수가 없다.

학습한 것을 제대로 익히고 정착시키기 위한 지도방법을 몇 가지 생각해 보자.

(1) 생활과 결부시켜 지도한다

기억에 의지한 학습에서는 어른들조차 쉽게 잊어버리는 면이 있다.

쉽게 잊지 않도록 학습시키려면 다음과 같이 생활과 결부시켜 지도할 필요가 있다.

① 산수학습의 경우

예컨대 단위에 대해 지도할 때는 다음과 같이 하는 것이 효과적이다.

부피의 단위, 1리터는 10데시리터라는 사실을 그냥 기억시키면 잊어버리기가 쉽다. 간장병이나 주스병, 우유병 등과 결부시켜 실제로 재어 보게 하면 쉽게 잊지 않고 지식으로서 정착시킬 수 있다.

길이의 단위도 마찬가지이며, 분수 등은 판서나 필기에 의한 지도보다 사과나 빵, 혹은 종이를 자르는 등의 조작을 통해 이해시킨다.

② 국어학습의 경우

예컨대 저학년의 글자 지도에서 주입식 지도보다는 딱지놀이나 말 잇기 놀이 등을 이용하는 것이 효과적이다. 딱지놀이를 할 때는 기왕이면 딱지를 직접 만들게 한다.

이와 같이 기억의 주입보다 생활화나 놀이를 적절히 도입하는 것이다. 이 방법은 국어나 산수뿐만 아니라 다른 것에도 적용된다.

사회과목의 지면을 암기시키는 경우에는 여행 체험이 가장 바람직하다. 그러나 계속 여행만 시킬 수는 없는 노릇이므로 「지도여행」이라는 제목으로 자기가 여행하고 싶은 곳을 지도상으로 여행하게 하는 계획을 세운다.

기차의 시각표와 지도를 기초로 해서 소집단끼리 여행하고픈 지역에 대한 계획을 세우게 하는 것이다 이렇게 하면 기억 내용을 곧 잊어버리는 아이도 오래오래 기억할 수가 있다.

(2) 사물의 성립 과정이나 이유와 관련시켜 지도한다

문자지도, 특히 한자를 암기시키려면 기계적인 읽기나 쓰기 연습만으로는 좋은 성과를 기대하기 어렵다.

한자는 성립 과정을 아울러 지도함으로써 아동의 마음이나 뇌리에 강한 인상을 주어 암기시키면 효과적이다. 이것은 한자뿐만 아니라 숫자지도 등에도 적용된다.

산수의 구구단을 지도할 때도 마찬가지이다. 예컨대 2×8＝16이 된다는 것을 구슬 등의 구체물을 통해 납득시키는 것이다. 구구단 전체에 그렇게 할 필요는 없고, 또 그럴 시간도 없지만 각 단마다 분명히 관련시켜 지도하는 건 매우 중요하다. 그렇게 되는 이유와 더불어 구구단을 암송할 수 있을 때까지 익히게 하는 것이다.

기타, 기억한 것을 쉽게 잊어버리는 아이에게는 카드나 메모지에 써서 반복 암기시키거나 그림이나 자기만의 기호를 만들어 이용하게 하는 방법을 제안한다.

요컨대 그 아동을 잘 관찰해서 각자에게 맞는 지도방법을 끈기 있게 적용해 보는 것이다.

【잠깐 2】학습부진아의 지도

<table>
<tr><td>ㅇ 신체의 허약과 결함</td><td rowspan="4">학업부진아라는 것은 본래의 자질은 열등하지 않은데도 성적이 시원치 않은 아동을 일반적으로 일컫는 말이다.</td></tr>
<tr><td>ㅇ 가정의 악조건</td></tr>
<tr><td>ㅇ 정서적인 불안정</td></tr>
<tr><td>ㅇ 지도법의 부적절</td></tr>
</table>

학업부진아란 능력은 있되 그 능력을 제대로 발휘하지 못하고 있는 아동을 가리키는 것이다.

학업부진의 원인을 알기 위해서는 케이스 스터디를 하는 것이 좋다. 그 방법은 다음과 같다.

ㅇ 누적적 기록에 의해 학년의 학업상태에 어떤 변화가 있는지 조사해 본다.

ㅇ 아동의 요구와 그 충족상황 등을 조사해 본다.

ㅇ 어세츠(정신적 자산), 라이어빌리티스(정신적 부채) 등을 분석해 본다.

아동이 가지고 있는 여러 가지 능력을 파악해서 구체적인 방법으로 친절하게 개별 지도해 보는 것이다. 가지고 있는 능력을 발휘할 수 있게 하는 것이므로 하나하나 시간을 들여 지도하는 것이 중요하다.

8. 학습 속도가 늦고 정리 정돈을 하지 못하는 학생

일하는 속도가 늦는 이유를 조사해 보면 다음과 같은 것이 주류를 이룬다.
○ 의욕이 없다.
○ 집중력이 없다.
○ 지나치게 조심스럽다.
○ 방법이 서투르다.
○ 일의 전망을 세우지 못하고 순서를 모른다.
○ 능력 밖의 일이다.

학교에서는 한정된 시간 내에, 면밀한 계획 아래 교육이 이루어지고 있다. 따라서 아동의 작업이 늦어질 경우 시간에 구애받지 않고 마음껏 해 보게 하는 것이 아동에게 도움이 될 수도 있다.

그러나 집단 활동에서는 제한된 시간 내에 하지 않으면 안 되는 경우가 있다. 시간 내에 완수하는 능력은 아동의 학교생활뿐만 아니라 사회생활에서도 특히 중시되는 능력이므로 교사의 특별한 배려가 요구된다.

(1) 일의 스케줄을 짜게 한다

스케줄을 짜게 해서 작업에 대한 전망이나 순서를 확실히 하는 것이 중요하다.

<표 45> 졸업문집 제작 계획표

－졸업기념 문집 제작계획－		
월　일	학급의 계획	자신의 계획
11월 10일～12일	졸업기념 문집의 제목을 생각한다.	
11월 13일～18일	어떤 내용으로 할 것인지 주요 항목을 정한다.	
	교사에게 보여 주고 결정한다.	
11월 19일	초안을 작성한다.	
11월 20일～24일	초안을 읽고 퇴고한다.	
	교사에게 보인다.	
11월 28일	정서(청서, 淸書)한다.	
12월 1일～8일	소집단마다 원고지에 쓴다.	
12월 9일～14일	완성된 소집단부터 인쇄한다.	
12월 16일	제본한다.	

위의 표는 학급에서 졸업기념 문집을 만들 경우의 작업계획이다. 이와 같이 일의 계획을 갱지 따위에 인쇄하거나 뒤의 칠판이나 모조지에 써서 전원에게 철저히 주지시키는 것이다.

이 표에는 학급계획에 이어 자신의 계획을 기입하는 난을 만들어 두었다. 계획을 잘 세운 후에 자신의 계획이 예정대로 진행되었는지 점검하도록 시킨다. 하나씩 붉은 펜으로 지워 가게 해도 좋을 것이다. 그리고 교사가 때때로 점검하고 진행 상황에 대해 조언하거나 격려해 준다.

(2) 하는 방식에 대해 연구하게 한다

작업이 늦는 아동의 대부분은 능력이 부족하다기보다는 작업방식이 좋지 않기 때문인 경우가 많다.

한자의 연습방식 등을 보아도 그것을 잘 알 수 있다. 속도가 늦는 아이는 연습방법이 바람직하지 못하다. 어느 한자나 모두 똑같이 연습하기 때문에 시간이 너무 많이 걸리거나 끝까지 연습하지 못하게 된다.

정성껏 연습해야 할 것, 가볍게 다루어도 되는 것 등 연습의 경중을 정하지 못하는 것이다. 따라서 다음과 같이 지도한다.

- 쓸 수 있는 자(字)와 쓸 수 없는 자(字)를 구별한다.
- 쓸 수 있는 자(字)는 1~2회의 연습으로 끝낸다.
- 쓸 수 없는 자(字)는 철저히 연습한다.

는 작업방식을 가르쳐 주면 보다 효과적인 연습을 할 수 있다.

9. 학습에 즉시 시작하지 못하는 학생

어떤 아동이나 공부를 좋아한다. 미지의 것에 대한 강한 지적 요구는 누구나 가지고 있기 때문이다. 그런데도 우물쭈물하면서 곧 학습에 착수하지 못하는 것은 아동만의 책임이 아니다. 교사들에게도 반성해야 할 점이 있는 것이다.

(1) 학습에 필요한 용구류를 정확히 준비시킨다

즉시 학습을 시작할 수 없는 아동의 대부분은 교과서, 공책, 지우개, 책받침, 사전, 자 등등 학습에 필요한 용구류를 준비하지 않는 경우가 많다. 학습이 시작될 때가 되어서야 준비물을 찾거나 연필을 깎는 식이다.

학습이 시작되기 전에 반드시 준비해 두도록 지도하는 것이 중요하다.

(2) 마음의 준비를 촉구한다

노는 시간의 놀이나 읽기 시작한 만화 따위가 마음에 남아 의식을 집중해서 학습에 착수할 수 없는 아동에게는 "자, 이제 시작하자."고 하는 마음의 준비를 시키고 의욕을 불러일으킨다.

① "오늘 국어시간에는 마침내 영호와 헤어지는 장면을 공부하겠어요. 두 사람의 마음을 생각하면서 읽어 보았으면 합니다. ○○와 △△는 어제의 약속대로 마지막 정리할 때 읽기로 하겠어요."

② 자, 사회시간입니다. A는 좀 더 열심히 해 주세요.

③ 오늘 배울 것은 가장 어려운 부분입니다. 이 부분을 배우고 나면 뒷부분은 훨씬 쉬워집니다. 모두들 긴장하고 들어 주세요.

④ 그러면 자세를 바르게 하고, 각자 마음속으로 열심히 하자고 세 번씩 외쳐 봅시다. 그리고 짝꿍과 약속하는 뜻으로 악수합시다. 좋아요. 그러면 시작할까요.

이런 식으로 수업 전에 직접 그 아이를 지명해서 격려하거나 친구와 악수를 해서 서로 격려해 준 다음 수업을 시작하는 것이다. 또한 학급의 전원에게 슬로t시작외치게 하거나 소집단끼리 서로 격려해 주게 하는 것도 효과적이다.

(3) 아동의 희망에 따라 학습한다

원래 아이들은 학교 수업을 대단히 좋아한다. 그것은 학교에서의 학습이,

① 좋아하는 친구들과 함께 학습할 수 있고, 서로 가르치고 배우는 즐거움이 있다.

② 선생님이 있어 새로운 내용을 가르쳐 주며 어려운 것도 할 수 있게 도와주신다.

③ 이번에는 이것을 조사하자, 다음엔 그것에 대해 알아보자 하는 식으로 학급이나 개인에 따라 차차 새로운 과제, 목표를 설정해서 노력하는 기쁨이 있다.

는 장점 때문이다. 이런 것은 어떤 아동이나 마음으로부터 원하는 학습의 즐거움이라고 생각된다. 교사들은 이러한 아동의 희망을 충분히 받아들이는 학습장면을 항상 준비해야 한다.

개개인에 맞는 과제를 주거나 학습방법을 조언하거나 친구와의 협력학습법을 가르쳐서 학습에 대한 충실함, 성공감을 듬뿍 보게 한다.

또한 학습 중의 지명방법이나 칭찬하는 방법, 꾸짖는 방법 등도 아동의 의욕을 이끌어 내는 데 필요한 기술이다.

10. 학습의 준비와 뒤처리가 좋지 못한 학생

수업이 시작된 후에 교과서가 없어졌다, 공책이 안 보인다고 하면서 책상 서랍을 뒤적이는 아이, 지우개를 놓고 왔다면서 항상 친구에게 빌리는 아이, 이런 식으로는 학습의 능률도 오르지 않는다.

학습의 준비와 뒤처리는 저학년 때부터 정확히 익히게 해 둘 필요가 있다.

(1) 다음 시간을 준비한 후에 쉬게 한다

수업이 끝나면 기다렸다는 듯이 밖으로 뛰쳐나가거나 재빨리 친구들과 놀이를 시작하는 것이 아이들이다. 따라서 수업이 끝나면 다음 시간에 사용할 교과서, 공책, 연필 들을 반드시 책상 위에 준비하고 나서 쉬도록 하자는 약속을 정한다. 처음에는 "다음 시간은 국어시간이에요. 즉시 수업을 시작할 수 있도록 준비해 놓고 나서 놀도록 해요." 하고 전원에게 이야기하는 것이 좋다. 그리고 "준비가 끝난 사람부터 놀 수 있어요." 하고 덧붙인다. 물론 나중에 한 사람 한 사람의 책상을 점검해 둔다. 이런 식으로 며칠 지나면 대부분의 아동은 습관적으로 준비를 하게 된다. 그래도 할 수 없는 아이에게는, "B야, 국어교과서와 공책을 준비해 둔 후에 놀도록 해라." 하고 지명해서 주의를 준다.

내일의 준비와 예정

요일	월일	내일의 준비와 예정	가정학습	반성
월	5/2			
화	5/3			
토	5/7			
가정에서		교사로부터		

(2) 학습준비 예정표를 만든다

일주일분을 기입할 수 있는 위와 같은 학습 준비표를 많이 인쇄해 두고 이용한다. 월일 난은 '/' 표시로 인쇄해서 아이들이 기입하게 한다. '내일의 준비와 예정' 난을 크게 잡는다. 여기에는 수업 중에 내일의 준비물을 메모하게 한다. 또한 종례할 때 또 다른 연락사항을 마저 기입하게 한다. '가정학습' 난에는 그날의 각자 가정학습 계획을 기입시킨다. 실행했을 때는 붉은 펜으로 ⊙표를 한다. 숙제가 있을 때는 이 난에 메모시키고 마찬가지로 실행 여부를 표시하게 한다. '반성' 난에는 계획에 대한 반성을 쓰는데 일주일마다 평가의 포인트를 지시하는 것도 좋은 방법이다. 예컨대 이번 주는 '시간을 지켰는가?'를 ○, △, ×로, 혹은 '학습의 준비와 뒤처리'를 잘했는가에 대해 '잘했다, 보통, 못했다.'는 식으로 나타내게 한다. 또한 이 표는 갱지에 인쇄하고 도화지로 표지를 만들어 칠해서 사용하면 편리하다. 표지의 장식은 각자 연구하게 한다. 이런 방법을 이용하면 아동이 의도적·계획적으로 학습에 임하게 되므로 학습의 준비나 뒤처리가 철저해진다.

(3) 준비나 뒤처리도 중요한 학습이라는 사실을 가르친다

준비나 뒤처리는 학습과 직접 관계가 없는 것이라고 생각하는 경향이 있으나 사실은 그렇지가 않다. 그것 또한 학습내용의 일부이다. 자연실험을 소집단끼리 준비하거나 뒷정리할 때, 체육비품의 준비와 정리, 사회과목의 공동학습, 가정과목의 실습 등은 각자가 역할을 분담해서 서로 협력하면서 진행시켜야 한다. 또한 수업을 진행시킬 때 시간의 배분이나, 집단 학습법 등도 연구했으면 한다.

1. 침착하게 학습하지 못하는 학생

M은 외아들이다. 양친은 교사로서 맞벌이를 한다. 학교가 파하면 가까이에 사는 외가에 가서 부모가 돌아오기를 기다린다. 성적은 늘 상위권이지만, 침착성이 부족하다. 장난스럽게 눈동자를 굴리며 항상 주위를 두리번거리고 있다. M의 양친은 젊은 편인데, 교사이므로 아들이 학교에서 지내는 모습을 대개는 알고 있다. 그러나 외가의 조부모는 손자의 머리가 좋다고 자랑이 대단하다. 이웃에도 성적이 좋다고 항상 선전하다. 4학년인 M은 자기 자신의 생각이나 조부모의 태도에 영향을 받아 자신의 성적에 자만심을 느끼는 듯하다. 내가 M이 속한 학급을 맡은 첫날의 일이다. M 스스로 자기의 별명은 '안절부절'이라고 소개하는 것이었다. 침착하지 못한 태도를 빗대어 전(前) 담임이 붙여준 것 같았다. 또한 전(前) 담임은 M이 침착하지 못하므로 부모와 상의해서 자리를 맨 앞으로 옮겼다고 한다. 태도가 고쳐질 때까지라고 약속했지만, 2학기 내내 그 자리를 벗어나지 못했다. 어떤 의미에서는 다른 아이들에게 피해를 주지 않게 하려고 격리시켰던 것 같다. 침착하지 못한 아동의 전형적인 케이스인 M과 같은 아이는 어떻게 지도해야 할까?

(1) 노력 카드를 만든다

우선 나는 M의 자리를 원래의 자리로 돌려보냈다. 그리고 그 아이 스스로 자신의 태도를 고치려고 마음먹게 만들 방법을 생각했다. 그래서 자신의 단점을 고치려면 어떻게 해야 할 것인지 생각해 오게 했다. M은 우선 자신의 고쳐야 할 단점을 적어 왔다.

① 손톱을 물어뜯지 않는다.
② 수업 중에 무릎을 떨지 않는다.
③ 삼각자나 연필을 물어뜯지 않는다.
④ 연필이나 지우개를 수업 중에 바닥에 떨어뜨리지 않는다.

노력 카드 손톱 물어뜯기				
1	2	3	4	5
6	7	8	9	10

나는 이 목표를 4장의 카드에 적었다. 그리고 "좋아. 이 목표를 매일 지키면 합격 도장을 찍어 주겠다. 열 번 지키면 새로운 목표를 세워도 좋아." 하고 약속을 정했다.

(2) 긴 안목으로 지도한다

이렇게 해서 M은 카드에 자기의 목표를 적고 매일 실천했다. 그러나 간단한 목표라고 생각했지만 의외로 지키기가 어려웠다. 10개의 합격 도장을 받는 데 평균 1개월 이상이나 걸렸다. 연필이나 지우개를 바닥에 떨어뜨리지 않는다는 목표는 일주일이 지나도록 한 번도 지켜지지 않았다. M은 마침내 이 목표를 포기하겠다고 말했다.

그래도 어쨌든 일 학기가 끝날 때쯤에는 모두 14장의 카드가 모아지게 되었다. 이 카드들을 잘 보관해 두었다가, 가끔 손톱을 물어뜯으면 이전의 카드를 꺼내어 ×표를 한다.

M은, "이제 다시는 안 그럴게요. ×표는 말아 주세요." 하고 빌다시피 한다. 나는 마지못해 봐주는 척한다. 오랜 시간이 걸릴지도 모르지만, M 자신은 나름대로의 목표를 가지고 실현시키려고 하는 것이 사실이다. 이런 아이의 태도를 교정시키려면 긴 안목으로 지도할 필요가 있는 것이다.

2. 학습활동에 기복이 심한 학생

학기가 끝날 때쯤 되어 교사수첩의 성적을 보면 시험이나 교과에 따라 차이가 심한 아동이 눈에 띈다. 그러나 일반적으로 공부하기 싫어하는 아동이라고 해도 모든 영역, 모든 교과를 싫어하는 경우는 극히 드물다. 여기에서는 아동의 흥미나 관심의 차가 심한 작문을 예로 들어 본다.

(1) 좋아하는 글을 쓰게 한다

W(女)는 이제까지 작문을 무척 싫어했다. 다만 시만은 좋아하는 편이었다. 그 이유는 문장이 짧기 때문이라는 것이다. 나는 W에 대한 지도법에서 시를 이용하기로 했다. 종류별로 고루 지도하는 것이 참된 지도겠지만, 우선은 모든 과제를 시로 써 와도 좋다고 허락했던 것이다.

'소풍에 관한 시', '자연실험의 시' 등, 어떤 과제라도 모두 시로 써 오게 했다. 그러나 매수는 다른 사람들과 마찬가지로 3매~5매로 정했다. 반드시 하나의 시로 제한하는 것이 아니라, 3~4가지로 써 와도 좋다고 여유를 두었다.

W는 생활문을 지도할 때도 자기의 방식대로 시를 썼다. 사회과목에서 조사내용을 보고할 때도 마찬가지이다. 겨울방학의 가정학습도 전부 시로 써 왔는데, 무려 80매나 되었다. 이런 사실은 학급의 다른 아이들을 놀라게 만들었다.

80매의 시 중에서 약 70매 정도는 그저 단어를 나열한 데 지나지 않았지만, 다른 아이들의 경우는 10매 정도밖에 작문을 해 오지 않았으므로 아무튼 양적으로는 우월했던 것이다.

W는 6학년이 된 후에 처음으로 남들의 인정을 받았기 때문에 크게 기뻐했다.

(2) 다른 학습으로 전이(轉移)시킨다

나는 이때 W에게 다음 작품은 문종에 구애받지 말고 길게 써 오라고 지시했다. 상승세를 타고 있는 이때야말로 지도의 찬스라고 생각했기 때문이다. 어쨌든 W는 길게 쓰는 것을 목표로 해서 작문을 하게 되었다. 5매, 7매로 한 작품의 매수를 늘려 갔다. 그러나 때로는 2매 정도로 그치는 경우도 있다.

나는 조급해하지 않고 천천히 계획을 진행시키기로 하고 있었으므로 계속 W를 격려했다. W는 이제 더 이상 작문을 싫어하지 않게 되었으니까 언젠가는 다른 아동과 똑같이 쓸 수 있는 단계에 도달할 것이다.

나는 W의 경우를 통해 학습에 기복이 생기는 원인을 세 가지로 집약해 보았다.

① 학습할 단원이나 교재를 어떤 방법으로 공부해야 하는지 모를 때

② 연습하거나 조사하거나 쓰는 일이 충분치 않았을 때

③ 고치거나, 스스로 다시 읽어 보거나 정답을 조사하거나 확인하는 일이 드물 때

이런 결함이 드러난다면 아동의 흥미나 관심이 있는 것부터 지도하되 무리하지 않는 것이 무엇보다도 중요하다. 작문뿐만 아니라 다른 교과에도 이 방법을 전이시킬 수 있다고 생각한다.

3. 작업속도는 빠르지만 엉성한 학생

사회과의 지도장을 검사하다 보면, T(女)는 예정된 항목까지 전부 하기는 했으나 그 솜씨가 난잡한 데 놀라게 됐다. 산맥의 끝이 바다에까지 삐져나와 있고 강은 평야의 중간에서 끊어져 있는 식이다. 선도 굵어졌다 가늘어졌다 하는 것이 도무지 여자아이의 솜씨라고 볼 수 없을 정도이다. 어느 부분을 보아도 정성을 들인 흔적이 없다.

T의 어머니와 면담해 보니, 일요일에 아버지의 구두를 닦기로 약속했는데 구두약을 너무 많이 칠할 뿐만 아니라 구두 속에까지 약이 묻어 있기 일쑤라는 것이다. T가 구두를 닦은 날이면 아버지의 양말은 온통 검은 얼룩이 진다.

(1) 조잡한 솜씨는 실패를 부른다는 사실을 자각시킨다

어느 날의 일이다. 급식으로 나누어지던 반찬이 모자라는 것이다. 아이들이 좋아하는 감자요리였으므로 당번인 T는 집중공격을 받게 되었다. 아이들의 접시를 보니, 다섯 가지인 것도 있고 여섯 가지인 것도 있는 등 엉망이었다. 세심한 주의를 기울이지 않는 T다운 솜씨였다.

T는 이 일로 충격을 받은 탓인지, 다음번 당번을 못 하겠다고 말했다. 그리고 우유의 배급을 맡겠다고 했다. 그것이라면 문제없다는 것이다. 그러나 막상 하는 것을 보니, 한 손에 두 개의 우유병을

들고 있어 책상 위에 놓을 때면 쓰러지기 일쑤였다. 당황해서 그것을 일으키다 보면 이번에는 왼손에 들고 있던 우유병을 놓쳐 버린다. 귀가 전의 토의시간에 T의 실패가 화제에 올랐다.

"T는 무슨 일을 하든지 말썽만 일으켜."

"4개나 들고 나르기 때문에 실패한 거야."

다른 아이들이 모두 T를 비난했기 때문에 T의 눈에는 눈물이 가득 고였다. 내가 중재에 나서서,

"T도 반성하고 있을 거예요. 앞으로는 선생님도 함께 도와 단점을 고쳐 보기로 해요."

하고 제안했다.

어떻게 하면 좋은지, 어떤 방법이 효과적일지, 사실은 나 자신도 구체안은 없는 상태였다.

(2) 과제를 주고 노력하게 한다

다음 날, 첫 시간인 산수수업 때였다. 단원의 정리단계였으므로, "계산연습 문제를 다 한 사람은 가지고 나오세요. 점수를 매겨 주겠어요." 하고 지시했다. 경쟁심을 자극했기 때문에 모두들 필사적으로 계산에 열중했다. T는 곧 미소 띤 얼굴로 공책을 들고 나왔다. 공책을 보니 여자아이답지 않게 난잡하고 선도 구불구불 엉망이었다. 나는 '이때다.' 하고 생각했다.

"T야, 산수에서는 선이 무엇보다도 중요하단다. 반드시 자를 사용해서 똑바로 그어야 해."

T는 조금 싫은 표정을 지었다.

"대답을 잘해도 공책이 엉망이면 정확히 정리되어 머릿속에 들어 있다고 할 수 없어. 공책은 쓰면서 학습한 것을 올바르게 정리하는 역할도 하는 거야. 그리고 공책이 이렇게 지저분하면 나중에 다시 찾아보기도 어렵지 않겠니?"

나는 공책을 잘 정리하는 것을 과제로 삼아 T의 성격을 조금이라도 변화시켜 보기로 했다. 6월경이 되자 습관이 되어 정확한 선을 그릴 수 있을 만큼 발전했다. 7월 초에 학기 초의 공책과 비교해 보게 했더니, T 자신도 깜짝 놀랄 만큼 공책을 깨끗이 정리할 수 있게 되었다.

4. 덜렁대느라고 실패가 많은 학생

K는 성격이 싹싹해서 누구나 좋아하는 남자아이다.

국어의 한자테스트 시간이었다. K는 이름도 쓰지 않은 채 문제를 풀기 시작했다.

"K야, 이름을 쓰지 않으면 0점이 된다."

곧 고개를 끄덕이며 수긍했으나, 시험지를 제출할 때 보니 여전히 이름을 쓰지 않은 상태였다. 시험내용 역시 계산식의 답과 답란의 답이 다르거나 하는 실수가 무수히 많았다.

(1) 실패하지 않는 방법을 생각하게 한다

나는 K에게 강력하게 주의를 주었다. K는 풀이 죽은 듯했으나, 원래 명랑한 성격의 소유자이므로 다음 시간대에는 내 곁으로 다가와서,

"선생님, 제가 선생님이 드실 차를 가져다 드리기로 할까요?"

하고 묻는 것이었다. 꾸짖고 난 후라 나는 기분 좋게 허락해 주었다. 그러나 점심시간의 복도는 운동장을 방불케 한다. 조심하지 않으면 차는 교실에 도착하기 전에 절반은 엎질러지고 만다.

열흘쯤 지난 어느 날의 일이다. K는 깨진 찻잔을 들고 왔다. 일 학년생과 복도에서 부딪혔다는 것이다. 바지에도 차를 엎지른 흔적이 있다. 나는 차를 꼭 마실 필요는 없다고 생각하던 참이라 이 일을 계기로 차 운반을 중지시켰다. 그러나 K는 자청했던 일이기 때문인지 좀처럼 그만두려고 하지 않았다. 한 달 사이에 두 개의 찻잔을 더 깨뜨리면서도.

K만의 책임은 아닐지도 모르지만, K 자신의 부주의함이 가장 큰 원인인 것 같았다. 나는 이번 기회에 K의 이런 성질을 고쳐 주어야 한다고 생각했다.

K에게 어떻게 하면 찻잔을 깨뜨리지 않고, 또 차를 흘리지 않고 가져올 수 있는지에 대해 차분히 생각해 보게 했다. 집에서도 그런 일이 많았기 때문에 자신의 부주의함은 잘 알고 있는 듯했다. 그러나 K는 그저 침착하게 행동해야 한다고만 알고 있을 뿐 구체적인 방법은 떠오르지 않는 것 같았다. 천천히 걷는다든가 조용히 움직여야 한다고 말할 뿐이었다.

"K야, 지금까지 천천히 걸으려고 해도 잘되지 않았지?"

"네, 그래요. 그래도 이번엔 잘될 거예요."

"그럴까? 여태까지 세 번이나 찻잔을 깨뜨린 걸 보면 그건 쉬운 일이 아니야. 그보다는 약간 실패해도 엎지르지 않고 나를 수 있는 방법을 생각해 보자."

K는 그다음 날, 작은 주전자에 차를 담아 왔다. 수위실에서 빌렸다는 것이다.

(2) 포기하지 말고 노력하게 한다

덜렁대는 성격은 누구에게나 있다. 대부분의 사람들은 그 때문에 실수하지 않도록 사전에 예방하고 있을 뿐이다. K에게는 그 예방조치가 없었던 것이다. 심부름을 시키면 상대방에게 어떻게 전하면 좋을지 생각하면서 듣는다든가, 차를 나를 때는 주전자와 같은 용기에 담아야 흘리지 않게 된다는 사실을 거의 생각하지 않는 아이인 것이다.

나는 물건을 자주 잃어버리는 아이나 시험지에 이름을 쓰지 않는 아이를 보면 K의 경우가 연상된다. 본인의 부주의한 성격을 충분히 인식시키고 그것을 보완하는 방법에 대해 깊이 생각하게 하는 것이 중요하다. 또한 누구에게나 그런 일면이 있다는 사실을 알게 하는 것도 중요하다. 다행히 K는 자신의 성격을 고치려는 의지가 있었지만, 때로는 어쩔 수 없다고 포기해 버리는 아이도 볼 수 있다.

그런 아이를 지도할 때는 우선 자신이 평범한 보통 아이라는 인식을 심어 줄 필요가 있다. 그것은 일종의 열등감이므로 그것부터 극복해야 한다.

【잠깐 3】아동에게 있어서 학교에서 문제가 되는 것

아이들에게 학교생활 중의 고민에 대해 물으면 여러 가지 대답이 나온다. 학급으로 범위를 좁혀 가장 문제가 되는 것을 들게 하자. 다음과 같은 결과가 나왔다.

• 욕을 먹는 일	• 물건을 집어 주거나 하지 않는 일
• 놀림을 당하는 일	• 순서를 지키지 않는 일
• 친구들이 놀아 주지 않는 일	• 시험 볼 때 뒤에서 훔쳐보는 일
• 동료로 받아 주지 않는 일	• 때리거나 못살게 구는 일
• 작업의 방해를 받는 일	• 속임을 당하는 일
• 난폭한 행동을 당하는 일	• 손을 들면 야유를 듣는 일

가장 많은 비중을 차지하는 것은 역시 친구관계라는 걸 알 수 있다. 특히 놀이에 관련된 것이 아이들에게는 가장 큰 문제가 되는 것 같다. 놀이에 끼워 주지 않아 홀로 떨어져 있는 아이는 참으로 가엾다. 이 문제를 해결할 수 있는 방법을 연구해야 할 것이다.

5. 지나치게 꼼꼼한 학생

지나치게 꼼꼼한 학생이란 어떤 아동을 말하는 것일까? 몇 가지 예를 들어 보자.
  ○ 항상 책상 위에 신경을 쓰며 필요 이상으로 정리하는 아이
  ○ 복장이 흐트러지지 않도록 늘 주의하는 아이
  ○ 자신의 주변에서 일어나는 일에 대해 항상 신경 쓰는 아이
지나치게 꼼꼼한 아동이란, 다시 말하면 '신경질적인 아동'이라고 할 수 있지 않을까?

(1) 지나치게 꼼꼼한 이유를 조사한다

흔히 말하듯이 인간의 성격은 타고난 소질도 있겠지만 자라난 환경에 의해 영향을 받게 된다.

내가 맡고 있는 학급에도 지나치게 꼼꼼한 아이가 있다. 이 아이는 자신이 꼼꼼한 만큼 친구들의 행동에까지 신경을 쓴다.

예컨대 자기의 교과서가 책상 위에서 조금이라도 흐트러져 있으면 옆자리의 아이에게 책임을 묻는 것이다. 그 대신 그 아이의 공책은 완벽하다고 할 만큼 깨끗이 정리되어 있다. 이와 같이 꼼꼼하고 학력도 높지만 교실에서는 항상 외톨이이다. 친구가 없는 것이다.

너무나 신경질적이기 때문에 모든 아이들이 싫어한다. 아무리 꼼꼼한 것이 좋다고 해도 도가 지나친 것이다. 그 아이의 성격이 왜 그렇게 되었는지 여러 가지로 조사해 보자. 양친 특히 어머니가 지나칠 만큼 남의 시선을 의식하면서 자녀들을 교육시켜 왔다는 사실을 알게 되었다. 원인은 바로 환경에 있었던 것이다.

(2) 환경에 접근해 본다

인간의 성격은 환경에 좌우되고 있다. 이 아이의 경우도 우선 환경에 접근해 보아야 한다. 그러고
나서 자유롭고 구김살 없는 아이로 기르는 것이 중요하다.

그러면 자유롭고 구김살 없는 아이란 어떤 아이를 가리키는 것일까. 그것은 일반적으로 개성적이
고 정서가 안정되어 있으며 항상 최선을 다해 행동할 수 있는 아이를 가리킨다.

이어서 환경에 접근하는 방법을 생각해 보자.

우선 교사는 가정과의 연락을 긴밀히 하는 것이 중요하다. 그리고 부모로 하여금 기술적으로 아
이를 나무라게 하는 것이다. 이것이 결정적인 작용을 하게 된다.

"그런 행동은 하지 마라.", "그러면 남들의 웃음거리가 된다.", "선생님께 혼나게 되니 그만두어
라." 이런 식으로 아이의 행동을 타인의 입장에서 생각해 보면 확실히 타인들의 시선이 신경 쓰이겠
지만, 아동의 성장 과정으로 보면 바람직하지 못한 교육 방식이다. 아이들에게는 개성이 있는 법이다.
그것을 무시하는 환경은 좋지 않다.

또한 교사 자신이 신경질적이어서는 안 된다. 필요 이상으로 다른 학급을 의식하면서 아이들을
대하면 아이들 역시 남의 의향을 생각하면서 행동하게 된다.

아동의 성장은 가정, 학교, 지역사회 등의 환경 속에서 육성되어 간다. 지나치게 꼼꼼한 아동은
어디에 원인이 있는지 확인하고 지도방법을 생각해야 한다.

6. 점수에만 신경 쓰는 학생

아동이 점수에 지나치게 구애받는 원인은 어디에 있을까? 그 원인은 여러 가지원인은겠지만 대표
적인 몇 가지만 들어 보자.
  ○ 시험결과로 학급의 서열이 결정되는 경우
  ○ 가정에서 시험 점수만을 중시하는 경우
  ○ 본인이나 주위 사람들이 지식의 습득에만 힘을 쏟는 경우
  ○ 본인의 성격에 의한 경우

(1) 요인이 생기는 이유를 조사한다

시험결과로 학급의 서열이 결정되는 경우를 예로 들어 보자.

예전에 N초등학교에 수업참관을 하러 갔을 때의 일이다. 담임교사는 다른 학교에서 많은 참관자
가 온다는 것을 의식했는지 교실의 구석구석에까지 게시물을 전시해 두었다.

그중의 하나가 아이들의 성적일람표였다(이때는 한자시험 결과가 점수로 표시되어 있었다.).

그것은 언제나 만점을 받는 아이, 그리고 0점에 가까운 아이 등을 한눈에 알 수 있게 되어 있었다. 아마 담임교사는 성적을 올리기 위한 자극제로써 이용하려고 했던 것 같다.

그러나 좀 더 깊이 생각해 보자. 아동에게 자극을 주는 방법으로서 이런 방법이 과연 적절할까? 그 학급의 아이들은 공개적인 성적일람표에 익숙해져서 학급운영상 별다른 마이너스 면은 없을지도 모른다. 그러나 일반적으로는 그다지 좋지 못한 방법이다.

학급의 모든 아이들에게 비밀이 없는 밝은 학급이라는 것은 교사라면 누구나 바라는 이상일 것이다. 친구의 시험결과가 공표되어도 서로 인정해 줄 수 있는 인간관계는 참으로 근사하다. 하지만 이 시험결과가 학급 내에 서열을 만드는 경우도 있다. 친구들의 성적을 의식하고 자신의 점수 또한 의식하게 되는 것이다.

(2) 테스트의 실시 방법을 연구한다

어느 아동이나 만점을 받고 싶어 한다. 그리고 교사는 어느 아이에게나 만점을 주고 싶을 것이다. 모든 아이의 점수가 만점이라면 문제는 없을 것이다.

그러면 어떻게 해야 할까? 흔히 책에는 "아이의 행동을 칭찬해 주어야 한다.", "교사가 도와주어야 한다."고 쓰여 있다. 물론 그런 것도 중요하겠지만 구체적인 방법을 알 필요가 있다.

모든 아동이 좋은 점수를 받으면 점수에 신경 쓰는 아동이 없어진다는 것을 전제로 해서 생각해 보기로 하자.

교사가 모든 아동이 만점을 받게 하고 싶다고 생각했을 때에는 같은 테스트를 2회 실시해 보는 방법이 어떨까? 예컨대 처음에는 시험날짜를 미리 알려 주지 말고 단원의 종료 시에 실시한다. 그것은 교사의 지도방법, 아동의 학습 정착도를 알아보기 위해서이다. 이 테스트를 통해 교사나 아동은 학습이 불충분한 부분을 깨닫게 될 것이다.

그런 부분을 다시 한 번 돌아보고 다진 다음 두 번째 테스트를 실시한다. 나의 경험에 의하면, 특별히 능력이 낮은 아동을 제외하고는 대부분의 아이들이 만점에 가까운 성적을 내게 된다.

이렇게 함으로써 학급의 아동 개개인이 차츰 점수에 구애받지 않게 된다.

7. 실패를 지나치게 의식하는 학생

시험을 잘못 보면 왜 신경을 쓰는 것일까? 그 이유를 생각해 보면 다음과 같다.
○ 틀린 답이 많으면 부모님께 꾸중을 듣는다.
○ 친구는 정답을 맞히고 자기만 못 맞히면 열등감을 느낀다.
○ 우월감을 느끼고 싶어 한다.
○ 자신감이 지나치다.
이런 이유들 때문에 실패를 지나치게 의식하는 학생의 지도방법에 대해 생각해 보자.

(1) 시험점수를 매기지 않음으로써 자신감을 갖게 한다

테스트 결과로 그 아동의 인간성까지도 평가되는 환경에 놓여 있을 때, 그 아동은 지나치게 실패를 의식하게 된다.

내가 맡은 학급에 A라는 여자아이이 있다. A의 어머니는 교육열이 대단해서 참관일이나 학교행사에 빠짐없이 참석하고, 교사들에게 A의 성적에 대해 의논하기 위해 학교에 자주 찾아온다.

이런 어머니를 두었는데도, 어찌된 셈인지 A의 성적은 별로 좋지 못하다. 시험 보는 동안 유심히 보면 '틀려서는 안 되는데……' 하는 마음이 얼굴에까지 여실히 드러나 있다. 시험지를 채점해서 돌려주면 틀린 문제가 몇 개인지에 대해서만 관심을 갖는다.

나는 A의 이런 면을 고쳐 주어야겠다고 여러 번 생각했으나 뚜렷한 방안이 떠오르지 않는 상태였다. 그러던 어느 날 '자신감을 갖게 함으로써 이 문제를 해결할 수 있지 않을까.' 하는 생각이 떠올랐다.

일반적으로 지능이 우수하고 외향적인 남자아이는 상을 주기보다는 꾸짖는 편이 낫다. 또한 지능이 낮은 아이, 내향적인 아이, 여자아이 등은 상을 주는 편이 자신감을 갖게 하는 데 효과적이다. 지능 정도가 확실치 않을 때는 칭찬하는 편이 낫다. 실험으로도 확인된 이런 사실들을 응용해서 A에게 자신감을 심어 줌으로써 실패를 지나치게 의식하지 않도록 하기로 했다.

우선 일정기간 동안 아이들의 시험점수를 매기지 않기로 했다. 시험점수를 매기지 않으면 '테스트의 평가내용을 자신 이외에는 정확히 알 수 없다.'는 이점이 있다. 이런 시도를 통해 A는 실패를 의식하지 않게 되었다.

(2) 자기평가로 자신감을 갖게 한다

당연한 일이지만, 학급의 아이들과 어떤 문제가 틀렸는지 알아볼 수 있도록 조처하기는 했다. A와의 약속은 다음과 같았다.

- ○ A와의 약속(산수)
- • 답이 틀렸으면 노란색 꽃을 그린다.
- • 사고방식이 틀렸으면 파란색 꽃을 그린다.
- • 답과 사고방식이 모두 틀렸으면 빨간색 꽃을 그린다.

이런 방법으로 시험 결과를 교사와 A만 알 수 있게 함으로써 자신감을 갖게 했다. 점수의 평가를 스스로 받아들일 수 있는 성격을 육성해 갔던 것이다. 물론 가정과의 연락도 충분히 해서 협력을 구했다.

이 방법이 A의 경우는 유효했다. 점점 자신감을 갖게 되었고 그에 따라 실패를 의식하는 면도 엷어져 갔다. 실패는 실패로서 그대로 받아들일 수 있을 때까지는 이런 방법이 바람직한 것 같다.

8. 실패를 뒤돌아보기 싫어하는 학생

이런 아동은 어느 학습에나 있기 마련이다. 그 이유는 어디에 있을까? 몇 가지를 들어 보자.
- 점수가 나쁘기 때문에 틀린 것을 다시 보기 싫어하는 경우
- 피드백해서 학습하는 습관이 들어 있지 않은 경우
- 성격이 급한 경우
- 실패를 실패로서 인정하지 않는 성격인 경우
- 나는 모른다고 처음부터 믿어 버리는 경우

이 외에도 많은 경우가 있을 것이다. 이런 아이들은 어떻게 지도해야 할까?

(1) 검토하는 습관을 들이게 한다

실패를 뒤돌아보게 하려면 우선 다시는 실패하지 않겠다는 의욕을 갖게 해야 한다.

아동에게 의욕을 갖게 하기는 매우 어려운 법인데, 다음과 같은 실험결과가 나와 있다.

"의욕을 갖게 하려면 가능한 한 외적(이 경우 담임과 아동이라고 생각해도 좋다.)인 보수를 주어야 한다.늪한 것이 공식이다. 다시 말해서 자발적으로 실패를 검토하는 환경을 만들어 주고 결과가 좋으면 반드시 칭찬해 주는 것이다.

내가 맡은 학급에 N이라는 남자아이가 있다. 지능은 중간 이상이지만 침착하지 못한 것이 특징이다. 그 때문에 실패를 검토해 보는 일이 전혀 없다. 그래서 나는 N과 교환공책을 사용하기로 했다. 교환공책으로 검토시키기 위한 환경을 만들고자 했던 것이다. 즉 정보의 제공이다.

나는 N의 시험지에 틀린 것이 있으면 그 문제를 베껴 주기로 했다. 그리고 문제 옆에 N이 검토할 때 도움을 줄 수 있는 힌트를 적어 두었다. 그래도 처음에는 귀찮은 탓인지 검토하지 않는 상태로 내게 돌아오곤 했다. 그러나 N이 공책을 보았다는 사실은 알 수 있었으므로 일단 그 사실에 대해 칭찬해 주었다.

"어제 집에 돌아가서 이 공책을 펴고 문제를 검토하려고 시도는 해 보았구나. 선생님은 그 마음을 소중히 여기고 싶구나."라고 써 두는 일이 계속되자 마침내 N도 직접 검토를 하게 되었다. 이와 같이 아무리 작은 일이라도 칭찬해 주는 것은 매우 중요하다.

(2) 검토하지 않는 이유를 찾아 방법을 찾는다

'점수가 나쁘기 때문에' 검토하지 않는 아이가 있다. 이것은 '이해할 수 없다.' '어렵다.'와 통한다. 이런 경우에는 검토하지 않는 이유를 스스로 확인하게 하는 것도 좋다.

예컨대 국어의 한자를 기억하지 못하고 있는데도 그대로 방치하는 것은 그 교과뿐만 아니라 다른 교과마저 싫어하게 만들 염려가 있다. 따라서 다음과 같은 방법을 이용하는 것이 좋다.

왜 한자를 쓸 수 없는지 그 이유를 스스로 찾아내게 하는 것이다. 그 이유는 여러 가지가 있을 것이다. '연습할 시간이 없었다.' '곧 잊어버린다.' 등등. 원인을 분명히 인식한 후에는 암기할 시간이 없었다는 아이에게는 시간을 충분히 주고, 곧 잊어버린다는 아이에게는 반복해서 연습시킨 다음, 잘 기억하게 되면 아낌없이 칭찬해 준다.

실패를 뒤돌아보기 싫어하는 아동에게는 검토할 때 반드시 칭찬해 주는 것이 중요하다.

9. 시험결과 성적에 기복이 심한 학생

내가 담임하고 있는 학급에 N이라는 남자아이가 있다. 6학년이다. 나는 어느 과목이나 단원이 끝나면 시험을 보는데, N은 좋은 점수를 받았는가 싶으면 다음번에는 절반 정도의 점수밖에 받지 못하곤 한다.

사회과목의 시험을 보았을 때였다. '사람들의 희망과 정치' '나라의 정치와 헌법'의 이해력을 알아보기 위해 실시한 시험의 결과인데, 前者는 80점, 後者는 44점이었다. 시험의 목표는 前者의 경우는 자료를 이해하는 능력, 前者의 경우는 헌법의 정신이나 내용을 이해하는 능력을 본다는 것이었다. N의 반성문을 보니 자료를 보는 건 재미있었으나 헌법에 관한 부분은 모르는 사이에 끝나 버렸다고 쓰여 있었다.

또한 산수시험이 있었다. 비(比)와 비(比)의 값을 학습하는 부분이었는데 그때 N의 눈동자는 빛을 발하고 있었다. 하나하나를 잘 이해한다는 표정이었다. 시험을 쳐 보자 92점이었다. 그러나 소수가 섞인 분수의 곱셈과 나눗셈을 학습할 때는 거의 이해하지 못하는 기색이었고 시험결과는 45점밖에 안 되었다.

이와 같이 어느 교과나 기복이 심한 점수를 따는 것이 N이다.

(1) 점수에 기복이 생기는 원인을 조사한다

그래서 어디에 그 원인이 있는지 조사해 보기로 했다. 원인 중의 하나는 N 자신의 성격에서 오는 듯했다. 즉 N은 건망증이 아주 심하다. 예를 들면 나는 받아쓰기 시험을 칠 때 며칠 전에 미리 알려 주곤 하는데, N은 그 날짜를 잊어버리고 준비를 해 오지 않는다.

또 하나의 원인은 이해할 수 있을 때까지 도전하는 끈기가 부족하다는 것이다. 스스로 흥미를 느끼는 것은 눈을 빛내면서 하지만 장벽에 부딪히면 쉽게 포기해 버린다.

(2) 원인을 지적하고 계획적으로 학습시킨다

N은 학습을 따라갈 수 있을 때는 표정이 밝고 학습의 정착도도 높았다. 그러나 학습이 벽에 부딪

히면 의욕을 잃고 단독 행동을 해 버린다. 이때 나는 N이 어디까지 이해하고 어디까지 이해하지 못했는가를 정확히 지적해 주고 학습해야만 하는 부분을 가르쳐 주었다. 또 반드시 학습해야 한다는 사실을 강조하고 가정에도 연락해서 협조를 구했다.

가능하다면 방과 후 특별히 지도하는 것도 좋다고 생각한다.

이상과 같이 N에게 학습할 부분을 지적해 주고 학습계획을 세우고 실행하게 한 다음, 때때로 어느 정도 진행되었는지 점검했다. 이런 실천을 계속하자 점차 학습의 기복이 사라지기 시작했다.

또한 한자나 계산의 반복 연습은 매일 정해진 시간에 20분이든 30분이든 좋으니 반드시 실시하게 한다. 한자의 경우, 배운 부분의 한자를 음과 훈으로 써 놓고 한자를 써 넣은 다음 ○, ×로 채점해서 틀린 한자는 다시 해 보는 연습을 매일 반복하면 효과적이다.

시험 결과의 기복을 없애는 일은 하루아침에 되지 않는다. 오랜 시간의 한결같은 노력이 있어야만 효과를 나타낸다.

10. 커닝(Cheating)을 잘하는 학생

내가 맡은 학급에 O이라는 남자아이가 있었다. 4학년이다. 체육시간, 몸이 뚱뚱한 탓인지 철봉, 뜀틀, 달리기에서 좋은 성적을 얻지 못한다. 잘 안 되면 초조해하기 때문에 점점 할 수 없게 된다. 이런 일은 여러 과목에 나타나는 특징이었다. O는 또한 산수 시험을 볼 때 옆 사람의 답안지를 훔쳐 보고 베껴 쓰는 아동이기도 했다.

(1) 커닝의 원인을 조사한다

나는 이 아이의 어디에 자립할 수 있는 면이 없는지 가정방문을 통해 알아보았다. 가정방문 시에 이야기를 들어 보니, 여러 가지 점에서 형과 비교되는데 형보다 못하기 때문에 어머니는 늘 "형이 너만 할 때는 못 하는 일이 없었다."라는 식으로 꾸짖는 것 같았다. O는 형의 절반도 따라가지 못하는 형편이었다.

태어난 후 얼마 지나지 않아 고열이 계속되었는데 그때의 후유증으로 약간 지능이 모자라는 듯한 시기도 있었다고 했다. 단 한 가지 형보다 나은 점이 있다면 마음씨가 착하다는 것이다. 또한 학습 면에서 다른 아이들에게 지지 않는 과목으로 자연이 있었다. 특히 기상조사를 좋아해서 여름 방학 내내 기상관측에 열중하기도 했다.

이런 사실들을 종합해 볼 때 O가 커닝을 하는 이유는 O의 초조함에 있다고 생각되었다. "형은 너보다 훨씬 잘했다."는 어머니의 목소리가 머릿속에서 떠나지 않는 듯했다.

커닝을 하는 O를 어떻게 지도해야 할까? 이 문제를 푸는 열쇠는 O 자신에게 있다기보다는 O의 주변에 있다고 생각되었다.

(2) 잘하는 과목을 통해 자신감을 갖게 한다

나는 우선 O의 어머니에게 O의 형과 비교하는 언동을 절대로 삼가 달라고 다짐했다. 또한 시험지를 받아 들고 오면 맞힌 문제에 관심을 갖고 칭찬해 주도록 부탁했다. 그리고 틀린 문제를 함께 풀어 보면서 이해시키는 것이 좋다고 했다.

또한 나는 나대로 학교에서 O의 행동을 주의 깊게 살펴보면서 시험 중에 커닝을 했을 때는 그 문제를 메모해 두었다가 시험이 끝난 후에 커닝한 부분을 지적하고, 설령 풀지 못한다고 해도 다른 사람의 답안지를 훔쳐봐서는 안 된다고 타일렀다.

한편 자연과목의 기상관측이 시작되었을 때 O의 학습 자세에 활기가 생기는 것을 눈여겨보았다. 그래서 나는 가능한 한 O에게 발표할 기회를 주어서 다른 아이들이 O의 능력을 인정해 줄 수 있는 분위기로 수업을 전개시켰다.

학급의 모든 아이들이 O에 대한 좋은 인식을 갖게 될 때까지 기회 있을 때마다 O에게 발표기회를 준다. 잘해 내면 자신감을 갖게 된다. 그것이 계기가 되어 커닝하는 횟수도 줄어들게 되었다. O가 가장 싫어하는 산수는 시험을 칠 때마다 쉬는 시간 등을 이용해서 풀지 못한 문제를 보완해 주곤 했다. 한 문제라도 열심히 풀어서 맞혔을 때는 정말로 기뻐하는 모습이었다.

그리고 내가 해냈다는 자신감이 다음 문제도 풀어 보겠다는 의욕으로 연결되는 것 같았다. 그러나 이런 지도는 장기간 계속해야만 결실을 얻을 수 있는 어려운 작업이다.

O의 경우는 오랫동안 변화를 나타내는 면과 잘 고쳐지지 않는 면에 대해 가정과 연락을 취하면서 정보를 교환하기도 했다.

4학년이 끝나 갈 무렵, O는 전혀 커닝을 하지 않게 되었다. 산수를 잘하게 된 건 아니었다. 스스로 해 보려는 자세를 갖추게 되었을 뿐이다. 교육은 애정과 끈기가 없으면 좋은 성과를 얻을 수 없다. 문제가 있는 아동일수록 애정을 쏟아야 할 것이다.

■ 제3절 ■ 사례 3: 능력은 있으나 노력하지 않는 학생

1. 능력은 있으나 노력하지 않는 학생

내가 맡은 학급에 K라는 남자아이가 있었다. 6학년이었는데 무척 말이 많은 편이다. 수업 중에 조금만 방심하면 옆자리의 아이와 재잘거리기 시작한다. 주의를 주면 잠시 조용해지지만 곧 다시 재잘거린다.

자세히 살펴보니 먼저 이야기를 꺼내는 것은 대개 K였다. 이야기 내용도 어제 있었던 일, 수업 중에 나온 화제, 친구들에 관한 것 등 날짜나 시간에 따라 달라지는 듯했다. 그중에서도 가장 자주 화제에 오르는 것은 수업 중에 나온 이야기를 요모조모로 해석하면서 즐기는 것이었다.

이렇게 고도의 놀이를 즐길 만큼 능력은 있는데도 여러 사람들과 함께하는 학습, 특히 산수의 계산문제 등은 전혀 하려고 하지 않았다.

(1) 하려고 하지 않는 원인을 조사한다

능력이 있는 K가 왜 꼭 해야만 하는 학습에 의욕을 보이지 않는지 그 원인을 조사해 보기로 했다.

K는 한마디로 말해서 귀찮은 걸 싫어하는 아동의 전형이었다. 스스로 느끼는 것은 무슨 일이 있어도 끝까지 해내지만, 귀찮은 일이나 마음에 들지 않는 일은 눈길 한 번 주지 않는 것이다. 아마 집에서 이런 성격을 그대로 묵인해 주었던 것이 원인인 듯했다.

작년에 학급 단위로 가마를 하나씩 만들게 되었을 때의 일이다. K가 이 학습에 큰 관심을 나타내었던 것이다. 설계도를 응모했을 때 자발적으로 의견을 발표했고, 작품이 당선되지는 않았지만 상당히 면밀한 설계도를 완성하기도 했다. 그리고 드디어 가마를 만드는 단계에 들어갔다.

그러나 어찌된 셈인지 K는 제작 의욕이 전혀 없어져서 망치로 못 하나도 박으려고 하지 않았다.

(2) 매일매일 학습을 점검하게 한다

그래서 나는 K의 가까이에서 항상 K의 행동을 지켜보기로 했다. 또 오늘의 학습이 어제보다 향상되었는지 관찰하자고 생각했다.

방과 후 회의가 있어 시간이 없을 때를 제외하고는 되도록이면 K를 교실에 남게 해서 그날 학습한 정리노트를 점검했다. 그리고 아주 엉터리로 필기했을 때는 다시 쓰게 했다. 나중에는 K쪽에서, "선생님 공책검사 안 해요?" 하고 물을 정도가 되었다.

(3) 질책과 격려를 병행한다

지금 해야 할 일은 K의 학습에 대한 의욕을 조금이라도 오래 연장시키도록 질책과 격려를 교대로 가하는 것이다.

음악교사가 잠시 휴직하는 바람에 음악수업이 중단되고 있을 때의 일이다.

"내일은 반드시 선생님에게 리코더의 음색을 검사 받으세요." 하고 하루 전날 예고한 다음, 두 사람씩 한 조가 되어 리코더를 불게 했다. 순서가 진행되어 K의 차례가 되었는데, K는 "전 못해요." 하고 막무가내로 버티는 것이었다. 그래서 방과 후에 남게 해서 따로 연습을 시켰다. 그랬더니 머지않아 음계를 구별할 수 있게 되었다. 그때까지는 음악시간마다 그저 아무렇게나 불고 있었을 뿐 잘해 보겠다는 마음이 없었던 것이다.

능력은 있으나 노력하지 않는 아이는 작은 일이 원인이 되어 의욕을 잃어버리는 경우가 많다. 그 원인을 찾아내어 알려 주고 학습에 관심을 갖도록 이끌어 주어야 할 것이다.

2. 급우의 학습을 방해하는 학생

5학년 학급에 T라는 남자아이가 있었다. 자연시간에 실험을 하면 자기가 소속된 조에서 빠져나와 다른 조의 실험을 보러 간다. 그뿐만 아니라 다른 조의 실험 방법을 트집 잡아 방해하기 일쑤이다. "알코올에 불이 붙지 않았잖아.", "과연 될까?" 하고 비아냥거리는 것이다. 그 조의 아이들이 "저쪽으로 가." 하고 쫓아내면 이번에는 또 다른 조에 가서 똑같은 짓을 되풀이한다. 그러다가 심한 싸움을 일으키는 경우도 있다.

(1) 방해하는 원인을 조사한다

T가 왜 그런 행동을 하는지 조사하는 것이 급선무였다.

전에 T의 담임을 맡았던 교사에게 물어보니 저학년 때부터 수업 중에 빈들거리는 경향이 있었다고 했다. 집에 연락해 보니, 집에서도 흔히 자기가 할 수 없는 일이 있으면 공연히 방해하곤 한다는 것이다. 그 확실한 원인은 아무래도 알 수 없었다.

다만, T의 체격이 다른 아이들에 비해서 비만형이므로 거기에서 오는 열등감이 작용할지도 모른다고 짐작했을 뿐이다. 학교 성적도 나쁜 편이고 국어의 읽기 능력이 특히 부족한 것도 하나의 원인인 것 같다.

(2) 조금씩이라도 자신감을 심어 준다

나는 T의 성격을 고쳐 주기 위해 다음과 같이 해 보았다.

수학시간이면 반드시 칠판 있는 곳으로 나와 좌석 순서대로 문제를 푸는 시간을 설정한다.

어느 날 T의 차례가 되었다. "T야, 네 차례다." 하고 말해 주었더니, "선생님 전 못해요."

하면서 앞으로 나오려고 하지 않았다. "너는 이 문제를 풀 수가 있어. 그러니 앞으로 나오너라." 하고 말했더니 마지못해 앞으로 나왔으나, 가만히 서 있기만 했다.

그래서 T가 문제를 풀 때까지 다른 아이들에게는 다음 단원을 예습하라고 말해 두고 나는 약 10분간 T와 승부했다. T는 학습을 방해하려는 의도를 갖고 있었다. 부루퉁한 얼굴로 분필을 들고 보이지도 않을 만큼 흐리게 쓰기 시작했다.

그러나 나는 이때 결코 화를 내지 않고, 상냥한 태도로 문제를 풀 수 있게 도와주었다. 그래서 T가 문제를 풀 수 있다는 자신감을 갖고 스스로 해낸 기쁨을 느끼게 했던 것이다.

또한 자연학습에서도 가능하면 실습실에서의 학습을 시도하여 자연학습의 형태에 하루빨리 익숙해지게 했다. 학습을 방해하는 큰 원인은 본인이 할 수 없다는 사실을 과대하게 겉으로 드러내려는 데 있으므로 매일매일 조금씩 할 수 있다는 자신감과 끈기를 갖게 하는 수밖에 없었다.

그런데 아이 혼자서는 자신감을 갖게 될 수가 없다. 담임교사의 교육애에 기초한 대책과 끈기가 필요하다. 또 다른 아이들의 협력과 교사의 인내심도 불가결하다. T는 어떤 수업시간이든 힘에 겨워하는 타입이다. 그 증거로, "선생님 2분만 있으면 종이 울려요."라든가 "선생님 집에 돌아가는 시간은 몇 시예요?" 하고 발언을 하게 된다.

이때, 교사가 "조용히 해. 잘 알고 있으니까." 하고 대답해서는 아이가 만족하지 않는다. "잘 알았다. 앞으로 2분 후에는 다음 단원의 목표를 정하기로 하자." 하고, T가 말한 내용을 부정하지 말고 일단 받아들인 다음, 활용해 주면 아이는 대단히 만족한 표정을 짓게 된다. 그러나 아이가 말하는 것을 전부 받아들이라는 뜻은 아니다. 그 말을 이용해서 모든 사람을 위해 유익한 일을 해야 한다.

학생들은 여러 사람 앞에서 인정을 받으면 이후에도 스스로 할 수 있는 것은 어떻게든 해내려는 자세를 갖게 된다.

【잠깐 4】학습을 방해하는 아동을 다루는 방법
- 집단에 소속되지 않고 외따로 있다. 항상 소극적이고 활기가 없다.
- 제멋대로이고 자기가 중심이 되지 않으면 응하지 않는다. 불평불만이 많다. 성질이 급하고 고집스럽다. 남의 말을 듣지 않는다.

앞부분에 속하는 아동은 남의 학습을 방해하는 경우가 적으므로 그대로 지나치게 되지만, 특히 주의해야 할 아동이라고 생각된다.

뒷부분에 속하는 아이들은 학습의 진행에 방해가 되며 교사를 괴롭힌다. 이런 아이는 가정에서 응석받이로 자랐을 가능성이 높다. 따라서 다분히 자기중심적으로 마음에 들지 않는 일이 있으면,
- o 토라진다.
- o 화를 낸다.

o 불평한다.

는 반응을 나타낸다. 이런 아동에게는 본인의 능력에 맞는 역할을 주어서 작업을 시킴과 동시에 감정의 배출구를 발견하게 하는 것이 중요하다. 또한 집단 내의 개인이라는 자기 이해도 필요하다.

내가 처음 교단에 섰을 때 담임을 맡게 된 2학년 학급에 남의 말꼬리를 잡고 헐뜯는 아이가 있어서 애를 먹은 경험이 있다. Y라는 그 아이는 학업 성적이 높은 편이었으나 수업 중에 계속 떠들어 대곤 했다.

지방출신인 나는 아직 사투리가 남아 있어 말의 악센트가 약간 어색했는데, Y의 공격 목표가 바로 그것이 되었다. 무심코 이야기를 하다 보면 어느새 Y가 내 말투를 흉내 내면서 놀리고 있었다. 토씨가 틀리거나 애매한 표현을 쓰거나 할 때도 여지없이 말꼬리를 잡는 것이었다.

"84 빼기 32는 몇일까요?"

"선생님이 그렇게 쉬운 것도 몰라요?"

"몰라서 묻는 것이 아니라 여러분이 모두 알고 있는지 알아보기 위해 묻는 거예요."

"거짓말, 그럼 몇인지 말해 봐요."

이 정도가 되면 교사에 대한 반항이라고 볼 수밖에 없다. 당시의 내게는 이런 아이의 존재가 무척 부담스러웠다.

다음 해, 5학년 담임을 맡게 된 나는 안도의 한숨을 내쉬었다. 그러나 그다음 다음 해에 다시 5학년에 진급한 Y를 맡게 되었다. 그의 나쁜 버릇은 여전했다.

학습이 시작되자, 곧 Y의 말버릇도 되살아나기 시작했다.

"벌룽사를 세운 사람은?"

"목수입니다."

이런 식으로 말장난을 하는 것이다. "수업 중에 옆이나 뒤를 보고 이야기하면 안 돼요." 하면 천정을 향해 콧노래를 부른다. 다른 아이들이 발언하면 꼬투리를 잡아 조롱하는 건 다반사이다.

그래서 나도 선배교사의 조언과 참고 서적을 기초 삼아 대응책을 생각했다.

(1) 발언의 규칙을 정한다

우선 수업 중의 태도, 특히 발언의 규칙을 엄격하게 설정했다. 수업의 진행을 방해하는 엉터리 발언은 용서하지 않는다고 교사의 자세를 나타냈던 것이다. 물론 Y의 장난발언을 무시하고 때로는 벌을 주기도 했다.

이어서 교사의 질문이나 아동의 응답·발언의 내용을 받아 그것에 기초해서 발언하도록 요구했다. 아이들뿐만 아니라 나 자신도 즉흥적인 발언을 삼가고 단어를 골라서 정확히 이야기하도록 신경 썼다. 이것은 상당히 어려운 일이었지만 좋은 공부가 되었다고 생각한다.

학급회에서도 수업 중의 태도나 발언방법을 의제로 삼아 토의하게 했다. 다른 아이들도 Y의 태도에는 비판적이었으므로 활발한 의견 교류가 있어 효과적이었다.

이런 지도 결과, Y의 좋지 못한 버릇은 거의 없어지고 수업의 흐름에 따라 바람직한 발언을 하게 되었다.

(2) 가정의 협력을 구한다

말꼬리를 잡고 헐뜯는 버릇이 생기는 이유는 여러 가지를 들 수 있는데, 그중의 하나가 가정환경이다. Y의 경우는 아버지의 영향이 강했던 것 같다. 일상생활에서도 흔히 아들의 그런 말버릇을 부추기곤 했던 것이다. 학급에서의 지도가 효과를 나타내지 않을 경우, 부모와 잘 상의해서 협조를 구할 필요가 있다.

남의 말꼬리를 잡고 놀리는 아이들 중에는 지능이 높은 아이가 많다. 따라서 질서를 어지럽히는 언동을 금지할 뿐만 아니라, 다른 면에서 그 아이의 능력을 인정해 주고 활동의 장을 마련해서 능력을 올바르게 신장시키도록 지도해야 한다.

가정이나 학교에서의 욕구불만, 지나치게 자유로운 가정 분위기에 따른 제멋대로인 성격도 커다란 요인이다. 저·중·고학년의 구별 없이 집단생활의 규칙을 확실히 이해시키고 반드집단지키게 해야 할 것이다.

3. 질문에 앞질러서 대답하는 학생

수업 중에 다른 아이가 지명당하면 대신 큰 소리로 대답해 버리는 아이가 있다. 이런 아이는 저학년에 특히 많은데, 학습의 진행에 방해가 되며 다른 아이들의 발언 의욕을 꺾어 버리는 등 문제가 많은 존재이다.

이런 유형의 아동은 대개 두뇌 회전이 빠르지만 침착하지 못하고 독선적인 경향이 있다. 자기중심적이라 집단생활에 적응하지 못하므로 가정과의 협력, 생할 지도를 통해 성격, 태도를 고쳐 주지 않는 한 근본적인 해결이 불가능하다. 일상의 학습에서도 제멋대로 발언하지 못하도록 통제하는 방법의 연구가 필요하다.

(1) 발언의 규칙, 태도를 명확히 지도한다

수업에서의 논의 방법을 확실히 익히게 하는 것이다. 즉시 대답해도 좋은 때의 질문 방법과 거수해서 지명을 기다리는 질문 방법을 명확히 구별할 필요가 있다.

"다 같이 대답해 보자."라고 말했을 때에 한해서 자유롭게 발언하고 그 이외에는 절대로 아무렇게나 대답하지 못하게 통제하는 것이다. 자유로운 토의는 전원이 토의의 규칙을 지키는 것이 전제조건이다.

(2) 질문이나 응답의 방법을 연구한다

앞질러 대답하는 것은 지명을 기다리고 있는데 시켜 주지 않기 때문이다. 따라서 발언의 순서를 정하거나, 먼저 지명해서 기립시킨 다음 질문하는 방법 등을 도입한다. 이것은 앞질러 대답하는 것을 방지할 뿐만 아니라 지명당한 아동의 주의를 집중시키는 데도 효과적이다.

또한 일문일답식의 학습에서 곧 대답을 알 수 있는 질문을 하면 재빨리 대답해 버리기가 쉽다. 즉시 대답할 수 없는 약간 고도한 질문을 먼저 한다. 그리고 나서 점차 힌트를 주어 사고력을 활용하게 하는 질문을 연구해야 할 것이다.

소리를 내지 않고 대답하게 하는 방법도 있다. 소리를 내지 않으면 앞질러 대답하는 일도 생길 수 없다. 질문한 것에 대해 말없이 대답하게 하는 방법에는 다음과 같은 것이 있다. 이것은 각 아동으로 하여금 자발적으로 학습에 임하게 하는 효과도 있다.

① 대답을 쓰게 한다

누군가 구두(口頭)로 대답하고 있을 때 다른 아이들은 듣고만 있을 뿐 스스로 행동하지 않는다. 따라서 일제히 답을 쓰게 하는 것이다. 이렇게 하면 앞질러서 제멋대로 대답할 수가 없어진다. 더구나 전체의 이해도를 알 수도 있다.

쓰는 것은 시간이 걸리지만, 책상 사이를 순시하면서 각자의 대답 방식을 알 수 있고 또 기록되기도 한다. 질문은 잘 생각해서 준비해 둘 필요가 있다.

② 핸드사인·카드·상자의 이용

핸드사인이란 말없이 손으로 신호하는 것이다. 예컨대 가위바위보의 방법으로, 알면 가위, 모르면 바위, 기타 질문 따위는 보로 표시하는 것이다. 또한 대답을 몇 가지 준비해서 손가락의 수로 대답하게 할 수도 있다. 손 대신에 카드나 상자의 면으로 대답시키는 것도 좋은 방법이다. 이런 방법을 사용하면 전원이 어떤 의지 표시를 함으로써 앞질러서 대답하거나, 아무 말 없이 가만히 있는 아이가 없어지게 된다.

앞질러서 대답하기 좋아하는 아이는 수업에 방해가 되기는 하지만, 의욕적으로 학습에 참가하여 인정받고 싶어 하는 적극적인 태도의 소유자인 것은 분명하다. 그런 아이의 의욕을 꺾어 버리지 말고 여러 가지 면에서 인정해 주어서 가지고 있는 능력을 발달시켜 가도록 지도했으면 한다.

4. 지나치게 생각하느라고 대답을 정리하지 못하는 학생

"개미집에서 조금 떨어진 곳에 한 움큼의 설탕을 놓았습니다. 잠시 후에 한 마리의 개미가 그 설탕을 발견했습니다. 그 개미는 먹이를 찾기 위해 밖으로 나와 있던 일개미입니다. 개미는 다시 집으로 돌아갔습니다. 그러자 개미집 안에서 수많은 일개미가 나오기 시작했습니다. 그리고 줄을 지어 설탕이 있는 곳으로 갔습니다. 이상하게도 그 행렬은 처음의 일개미가 집으로 돌아갈 때 지나갔던 길에서 벗어나지 않고 있었습니다."

3학년인 T(男)는 이런 설명적 문장을 아주 좋아하지만, 요점을 정리하는 것이 큰 골칫거리이다. 이 문장에서도 '이상한 일'이 무엇이냐고 묻자 너무 깊이 생각하느라고 쉽게 대답하지 못하는 것이었다. T로서는 설탕이 있는 곳으로 찾아가는 것도, 개미가 집으로 돌아가는 것도, 많은 일개미가 나오는 것도 모두 '이상한 일'인 것이다.

산수에서도 자주 착각을 했다. 이런 답안지를 낸 적이 있다.

"한 권에 70원인 공책을 세 권 사고 300원을 냈다. 거스름돈은 얼마일까?"

(70×3 = 210 　　　 300 − 210 = 90 　　　 90÷3 = 30 　　　 답 30원)

모처럼 정답을 냈으면서도 생각이 지나쳐서 한 권당 거스름돈까지 계산해 버린 것이다.

(1) 생각을 정리하지 못하는 원인을 조사한다

대답을 정리하지 못하거나 틀린 답을 내는 원인으로 다음과 같은 것을 들 수 있다.

① 사고의 목표가 명확하지 않으므로 생각에 두서가 없다.

② 예상을 세울 수가 없다. 따라서 틀린 방향으로 사고를 진행시킨다.

③ 사고를 자꾸 앞으로 진행시키려고 하므로 대답이 정리되지 않는다.

④ 필요한 내용을 정선하는 능력이 부족하고 조건을 지나치게 도입해서 답을 알 수 없게 된다.

⑤ 간단한 문제를 너무 깊이 생각해서 복잡한 것으로 받아들여 버린다.

T와 같은 아이는 능력이 높고 진지하게 사고하는 힘이 있으므로 다음과 같이 지도해야 한다.

(2) 무엇을 어떻게 대답해야 할지 생각하게 된다

① 우선 무엇을 추구하고 있는지 분명히 하게 한다. T는 생각을 하는 동안에 어떤 결론을 이끌어 내야 하는지 모르게 되는 경우가 많기 때문이다. 질문의 마지막 부분을 강조하거나, 문제문의 "……, ○○은 ○○입니까?"라는 부분에 밑줄을 긋게 한다. 항상 결론을 예상하면서 사고하도록 하는 것이다.

② 이어서 직관적으로 대답을 발견하도록 지도한다. 경험하거나 깊이 생각하기 전에 우선 사물의 본질을 파악하는 능력을 기르게 하는 것이다. 앞에 든 예문의 경우는 이상한 것이 무엇인지 문장을 한 번 읽은 후에 즉시 대답하게 한다. 특히 선택지가 있는 문제 등은 문제문을 읽고 나서 곧 맞는다고 생각되는 답에 ○표를 한 다음 검토하게 한다. 이 방법은 지금까지 천천히 생각한 다음 대답하는 데 익숙해 있던 T로서는 받아들이기가 조금 어려웠으나 몇 번 반복하는 동안 점차 요령을 터득하게 되었다.

③ 또한 생각의 재료를 정선할 필요가 있다는 사실을 인식시킨다. 이것저것 쓸데없이 생각하는 것이 아니라 요령 있게 내용을 정리하는 능력을 기르는 것이다. 자기를 중심으로 생각하지 않는 객관적인 사고가 필요해진다. '개미의 행렬'을 예로 든다면, '이상한 것'을 작가 측에 서서 문장의 표현에 따라 요점을 파악하면서 읽게 하는 것이다.

지나치게 깊이 생각하는 것은 구체적인 사실에서 벗어나 추상적으로 사고할 때 일어나는 일이다.

문장의 표현이나, 실험·관찰의 결과, 실제 활동 등 가능한 한 구체적인 사항을 통해 객관적으로 사고하게 하는 훈련이 매우 중요하다.

5. 자신의 의견만 고집하는 학생

고학년이 되면, 자기의 의견을 계속 주장하면서 한 걸음도 양보하지 않는 아이를 볼 수 있다. 자신의 의견에 무리가 있다는 것을 알면서도 물러서지 않는 아이는 다루기가 참는 다곤란하다. 학습에서는 맞고 틀리는 것이 명확히 구분되므로 그래도 문제가 없지만, 학급회의에서 자기의 잘못된 의견을 끝까지 고집하거나, 놀이를 할 때 자기 생각대로 밀고 나가려고 하면 친구들로부터 소외당하게 된다.

이런 아이는 다른 사람의 의견이나 충고를 받아들이다는 사즌 않으므로 지도하기가 퍽 까다롭다.

(1) 가정이나 학교에서의 생활로부터 원인을 찾는다

우선 그 아이의 가정환경이나 생활기록을 조사하다. 자유방임적으로 자란 아이, 과보호를 받은 아이 등이다. 또한 지나치게 엄격한 부모 밑에서 자란 경우도 있다. 이와 같이 만일 아동의 성격에 미치는 원인이 가정에 있다고 생각되는 경우는 부모와 잘 상의해서 밝은 환경 속에서 좋은 성격으로 교정시킬 필요가 있다. 그리고 학교에서도 그 아이가 집단생활에 잘 적응하고 있는지 관찰·조사해 보는 것이 좋다. 흔히 이용되는 것에 교우관계를 조사하는 소시오메트릭트 테스트가 있다. 그 아동의 친구들로부터 배척당하는 경향이 있는 등 문제가 있을 경우에는 집단생활에 적응할 수 있도록 지도하는 것이 중요하다.

(2) 토론의 규칙을 이해시킨다

자기의 의견을 고집하는 행위 자체를 고치려면 다음과 같은 지도가 필요하다.

① 적절한 기회를 봐서 협조의 필요성에 대해 토론한다

학급회의 등을 전후해서 그 아이하고만 이야기를 해 본다. 자신의 의견만 주장하지 말고 상대방의 의견도 잘 듣고 타협할 수 있는 점을 추구할 필요가 있다는 것, 서로 양보하고 이해함으로써 토론이 원활해져서 결국 제안이 실행에 옮겨질 수 있다는 것을 이해시킨다. 또 한 사례를 들어 왜 그 의견을 고집해야만 했는지 이야기해 보게 하는 것도 효과적이다.

② 학급회의 등 토의의 규칙을 이해시킨다

민주적인 회의는 자신의 의견을 발표함과 동시에 타인의 의견을 충분히 듣고 그래도 의견이 대립할 때는 다수결에 따르게 된다는 사실을 잘 이해시킨다. 그리고 같은 발언을 계속 반복하면 그 발언을 중단시키고 의사(議事)를 진행시키도록 한다.

③ 의장이나 사회자의 입장을 경험시킨다

자기의 의견만 고집하는 아이에게 입장을 바꿔서 학급회의의 의장이나 사회자를 시키는 것도 효과적인 방법이다. 그 역할을 통해 자신의 의견을 말하지 않고 여러 사람의 의견을 정리하는 경험을 하게 된다. 따라서 서로의 협력이 있어야만 회의가 진행될 수 있다는 사실을 깨닫게 한다. 회의를 무사히 마치고 나면 여러 사람 앞에서 칭찬해 주도록 한다.

④ 토론의 흐름을 객관적으로 뒤돌아보게 한다

토론상황을 녹음해 두었다가 들려주면서 토론방법의 개선책을 찾게 하는 것도 하나의 방법이다. 특히 의견을 고집하는 장면을 반성의 재료로 삼는다. 기록도 역시 마찬가지이다.

⑤ 의견의 근거나 구체적인 예를 발표하게 한다

자신의 의견을 고집하는 것은 추상적, 주관적으로 사물을 생각하는 탓이다. 자신의 생각으로 머리가 꽉 차서 타인의 의견을 받아들일 수가 없는 것이다. 이런 경향이 있을 때는 그 근거나 구체적인 예를 들게 하고, 자기의 의견과 타인의 의견에 대해 그 요점을 정리, 검토시킨다.

이와 같이 구체적인 토론 속에서 이해시키는 것이 매우 중요하다.

6. 집단학습을 할 수 없는 학생

5학년의 A(男)는 발표는 별로 하지 않지만 이해력이 있는 아이였다. 혼자서 꾸준히 공부했으며 쉬는 시간에도 아이들과 어울려 놀지 않고 책을 읽거나 혹은 마음이 맞는 친구와 이야기를 나눌 뿐인, 이른바 수재형의 아이였다. 1학기에 사회과목에서 소집단 단위로 자유연구를 시켰을 때, 처음에는 다른 아이들과 함께 연구하는 듯했으나 결국은 집단에서 탈피하여 혼자서 하기 시작했다. 그 집단의 아이들에게 물어보니, 자기가 생각하는 대로 되지 않으면 전혀 하려고 하지 않는다는 것이다.

(1) 집단편성의 방법을 연구한다

2학기에도 소집단 학습을 시키기로 했다. 소집단을 편성할 때 소시오메트릭트 테스트를 실시했다.

"지금부터 학기가 끝날 때까지 소집단을 만들어 서로 도와서 학습하기로 합시다. 같은 소집단에 속하기 바라는 친구의 이름을 써 주세요. 함께 공부하고 싶지 않은 친구가 있다면 그 친구의 이름도 적으세요."

이렇게 지시한 다음, 각각의 이유도 쓰게 했다. 결과를 소시오메트릭트로 정리한바, 역시 A에게는 문제가 있는 것 같았다. 사이좋은 교우관계를 조사했을 때는 배척도 선택도 당하지 않았으나 집단학습을 전제로 해서 조사하자 다음의 그림과 같이 피배척의 수가 많았던 것이다. A 자신도 선택에는 사이가 좋은 ⑨번을 들고 있을 뿐 나머지는 백지로서 소집단 학습에 무관심하다는 것을 알 수 있었다.

이 A와 보스적 기질이 있는 아이, 정서가 불안정한 아이 등에 주의하면서 소집단을 편성했다. A

는 배척당하고 있는 아이와 같은 집단에 속하지 않게 하고 선택받고 있는 ⑨번·③번과 같은 집단에 집어넣었다.

③번인 B는 A의 능력을 인정해 주는 아이로서 성적도 좋은 편이므로 서로에게 도움을 줄 수 있을 것이라고 생각했다. 리더에는 B가 뽑혔다.

(2) 소집단의 이점을 이해시킨다

A에게 있어서는 안정된 소집단임에도 불구하고 늘 집단 내에서 고립되어 있었다. 산수시간의 일이다. B가 틀린 아이에게 하는 방법을 가르쳐 주고 있었다. A는 물론 잘 알고 있었으므로 척척 풀어 나갔는데, B의 설명을 들더니, "나는 다른 방법으로 풀었는데……" 하고 중얼거렸다.

이때 "그러면 너의 방식으로 설명해 주렴. 어떤 방법이 더 나은지 알아보자." 하고 내가 제안하자, A는 곧 설명하기 시작했다. 친구에게 설명함으로써 자신의 이해를 깊게 하고 또 B가 사용한 방법의 이점도 깨닫게 된 듯했다. 이 일을 계기로 A는 마음을 터놓게 되었고 집단의 다른 아이들도 A를 인정하고 의지하게 되었다.

소집단 학습의 이점은 서로 도우며 책임을 분담해 가는 과정에서 이해를 심화시키는 것이며, 자신의 의견에 친구들의 의견이 합해져서 공동사고로서 하나의 생각, 하나의 의견으로 정리되거나 작업이 완성되는 것이다.

그러기 위해서는 우선 소집단 내에서 좋은 인간관계를 유지해야만 한다. 한 명이라도 불안정한 아이가 있다면 전체의 소집단 편성을 검토하거나 그 소집단을 중심적으로 지도해 준다.

또한 아동 개개인이 소집단 학습의 이점을 이해하는 것이 중요하다. 그 이점을 깨닫지 못하면 이전의 A와 같이 혼자서 하는 편이 능률적이라고 생각하게 된다. 소집단 학습의 성과를 칭찬해 줌으로써 이점을 깨닫게 하는 것도 좋다.

7. 혼자서 학습하지 못하는 학생

"선생님, 여기서부터 쓰면 돼요?" 하고 일일이 물어 오거나 "이 문제에는 암술, 수술이 라고 대답하는 거죠?" 하고 시험 칠 때마다 물어 대는 M이라는 남자아이 때문에 제3학년을 처음 맡은 나는 크게 당황하지 않을 수 없었다.

아무리 사사로운 일이라도 모두 교사인 나의 확인을 받으려고 하는 것이다.

자연실험을 할 때도 다른 아이들이 하는 모습을 두리번거리거나 내 얼굴을 빤히 쳐다보고 있다.

전 담임에게 묻자, 이해력은 있으나 의뢰심이 강해서 무슨 일이든 혼자서는 하지 않으려고 하는 아이로서 그래도 지금은 많이 나아진 편이라고 했다. 일 학년 때는 글자를 쓸 수 있으면서도 교사가 옆에 붙어 있지 않으면 절대로 쓰려고 하지 않았다는 것이다.

M의 경우는 극단적인 편이지만 자주성이 없는 아이, 숙제는 해 오지만 개인학습 시간이 되면 아

무엇도 하지 않고 가만히 있는 아이, 교사나 부모가 시키지 않으면 공부하지 않는 아이 등 혼자서 학습하지 못하는 아이들은 어느 학급에나 한두 명씩 있기 마련이다.

(1) 가정과의 협력을 생각한다

이런 아이들 중에는 과보호 속에서 자란 아이가 퍼 많다.

M의 경우도 가정방문을 통해 안 일이지만, 공부방에 학습백과사전, 자연도감 등이 빠짐없이 갖춰져 있는 등 지나치게 풍족한 학습 환경인데다가 항상 모친이 함께 공부해 주고 있었다. 아이가 갖고 싶다고 말하기도 전에 부모가 학습에 필요하다고 느끼는 것은 모두 사다 주는데도 아이가 전혀 사용하지 않는다고 내게 호소하는 것이었다. 모친이 재촉하지 않는 한 TV만 보고 있으며, 공부할 때도 옆에 붙어 있어야만 집중한다고 했다.

그래서 우선 가정에 협력을 요청하기로 했다. 아이 혼자서 할 수 있는 일은 절대로 도와주지 말 것, 부모가 사전을 펼치고 가르치기보다는 스스로 찾아보게 할 것, 그리고 학습의 성과보다는 혼자서 해냈다는 사실을 칭찬해 줄 것 등보게밤탁했다. M에게는 TV의 시청, 학습계획을 세우게 한 다음, 예습·복습의 방법을 설명해 주었다.

(2) 집단 내의 협조학습으로 자신감을 얻게 한다

학교에서는 질문을 해 왔을 때 오히려 "너는 어떻게 하면 좋다고 생각하지?" 하고 되물어서 반드시 자신의 생각을 이야기하게 한 다음, 그대로 해 보라고 지시했다.

과보호 속에서 자란 아이에게는 무의식중에 부모의 생각이 침투되어 있어서 아이다운 면이 부족하고 성과나 결과에만 신경 쓰며 실패를 지나치게 두려워하는 특징이 있다.

따라서 실패는 누구에게나 있는 일이며, 시행착오를 거듭하면서 혼자의 힘으로 해 보고 실패하면 그 경험은 다음 학습에 활용하는 것이 중요하다는 사실을 이해시킬 필요가 있다.

또한 교사나 부모에게 의지하기보다는 친구들에게 묻게 하고 소집단 내의 협력학습을 진행시켰다. 협력학습에서는 다음과 같은 규칙을 정했다.

① 알고 있는 건 가르쳐 주지 않는다. 무조건 가르쳐 주는 것이 친절은 아니다.

② 친구에게 묻기 전에 스스로 충분히 생각해 본다.

이 협력학습을 통해 M도 친구들에게 가르쳐 주는 기쁨을 경험함과 동시에 자신감을 얻게 되었다.

학습내용을 미리 알려 주어서 문제의식을 갖고 수업에 임하게 하거나, 단원의 초기에 조사해 두어야 할 것을 프린트해서 나눠 주는 방법도 효과적이다.

어쨌든 정말 혼자서 학습할 수 없는 아동인지 교사는 정확히 파악해서 적절하게 조언해 주거나 그대로 두고 지켜보거나 하는 것이 중요하다.

8. 솜씨가 없어 작업이 진척되지 않는 학생

무슨 일을 시켜도 잘 해내는 아이와, 반대로 항상 중도에 포기해 버려 완수의 기쁨을 느끼지 못하는 아이가 있다.

솜씨가 없어 작업이 진척되지 않는 아이는 후자에 속한다고 할 수 있다. 이런 아이에게는 다음과 같은 배려가 필요하다.

(1) 각자에게 맞는 과제를 준다

40명 아동 전원이 같은 과제로 하나의 목표를 향해 노력한다는 건 상당히 멋진 일이다. 대부분의 학습이나 작업은 이런 방식으로 효과를 올리고 있다. 그러나 아이들에게는 각자의 개성이 있고 능력도 천차만별이다. 따라서 모든 아동에게 같은 과제, 같은 결과를 요구하는 것은 언뜻 보기에 민주적인 것 같아도 사실은 아동의 입장을 무시한 처사이다.

그래서 개개인에게 맞는 과제를 줄 필요가 있는 것이다. 예컨대 미술시간에 도화지에 그림을 그릴 경우에도,

- ○ 큰 도화지
- ○ 중간 크기의 도화지
- ○ 작은 도화지

를 갖추어 놓고 아이들이 자기에게 맞는 크기를 고르게 한다. 저학년의 경우, 종이접기를 할 때에도 종이의 크기를 바꾸거나 작품의 수를 정하는 등 각자의 개성을 살리도록 한다.

(2) 되도록 많은 체험을 쌓게 한다

배우기보다는 익숙해지라는 말이 있다. 솜씨가 없는 아이는 특별한 신체적 장해가 없는 한, 체험이 부족한 경향이 있다. 그런 아이들에게는 되도록 많은 체험을 시켜야 한다.

가위 사용법이 서투른 1학년 아이에게 매일 신문의 광고지를 잘라 교실의 벽면을 장식하게 함으로써 단기간 내에 큰 효과를 올린 교사도 있다.

이와 같이 솜씨가 없는 아이도 연습 여하에 따라 얼마든지 달라질 수 있다.

- ○ 그리게 한다.
- ○ 쓰게 한다.
- ○ 만들게 한다.
- ○ 운동하게 한다.
- ○ 만져 보게 한다.

등등 손을 사용하는 일을 많이 체험시킨다. 그리고 간단한 일이라도 끝까지 하게 해서 완수의 기

쁨, 창작의 즐거움을 충분히 맛보게 하는 것이다.

그러기 위해 교사는,

① 작은 진보라도 인정하고 칭찬해 준다

교사나 친구들로부터 칭찬을 받는 것은 더없이 기쁜 일이다. 교사의 요구 수준이 너무 높다는 건 생각해 볼 문제이다.

그 아이의 마음을 읽고, 약간의 진보라도 재빨리 발견해서 칭찬해 주면 아이는 자신감을 얻게 된다.

② 결과만으로 평가하지 않는다

중요한 사항이다. 아이들의 태도나 의욕에 초점을 맞추어 평가하는 것이 중요하다. 얼마나 열심히 했는지 그 과정을 봐야 하는 것이다.

9. 평소 행동과 동작이 느린 학생

어느 학급에나 동작이 유난히 느린 아이가 있기 마련이다. 내가 맡은 학급에도 Y라는 남자아이가 있었는데 하나의 계산 문제를 푸는 데 보통 5분이면 되는 것을 혼자서 10분 내지 15분이나 끌곤 했다. 실력이 부족해서 시간이 많이 걸리는 것이 아니었으므로 답은 언제나 맞았다. 체육복을 입을 때도 유난히 시간을 끌고 다른 아이들이 모두 정렬해 있는 곳으로 느지막해서 나타나는 것이었다.

집에서도 별로 다를 바가 없는 것 같았다. 아침에 일어나 세수하고 밥을 먹기까지 수도 없이 주의를 받는다는 것이다.

이렇게 동작이 느린 아동은 집중력의 부족이 하나의 원인이라고 생각된다. 빨리 해야만 한다는 절심함을 갖도록 반복 지도하고 집중적으로 작업하는 훈련을 할 필요가 있다.

(1) 모래시계를 활용한다

자기의 시계를 만들게 한다. 유산균음료의 용기를 그림과 같이 맞대 놓고 도화지에 컴퍼스로 구멍을 뚫어 붙인 다음 모래를 넣어 시계를 만드는 것이다. 이 시계는 자신의 행동하는 속도의 기준이 되며 또 자기 손으로 만들었기 때문에 애착을 느끼게 된다.

예컨대 체육복으로 갈아입을 때는 이 모래시계를 두 번 사용할 동안 완수한다든가, 모래시계를 한 번 사용하는 동안 학습 준비를 하는 등 여러 가지로 사용할 수 있다. 1분, 2분 정확히 알 수 있는 시계가 아니므로, 모래가 한 번 이동하는 데 몇 분 몇 초가 걸리는지 정확히 알아 두는 것이 좋다. 속도가 점점 빨라지면 용기 속의 모래를 조금 덜어 낸다.

(2) 연상게임으로 집중력을 기른다

예컨대 '꽃'이라고 하면 연상되는 것을 정해진 시간 내에 가능한 한 많이 쓰게 한다. 경쟁을 시키면 아이들은 집중력을 발휘하게 된다. 일주일에 한 번씩 2~3분가량 할애해서 챔피언을 뽑는 것도 재미있다. 간단한 것 같지만 이미지를 확대시키기 위해서는 집중적으로 생각해야 하므로 상당히 효과적이다.

(3) 보거나 듣고 받아쓰는 연습을 시킨다

국어교과서의 일부 문장을 베끼게 하거나 천천히 이야기하는 것을 듣고 쓰게 한다. 처음에는 지도자가 가장 느린 아이도 쓸 수 있을 만큼 천천히 칠판에 쓰면서 "선생님보다 늦어지지 않도록 열심히 쓰세요." 하고 주의를 촉구한다. 그리고 쓰는 속도가 점점 빨라지면 그에 따라 시간을 정해서 양을 늘려 간다. 산수문제도 칠판에 쓰지 않고 읽어 주어서 받아쓰게 한다.

(4) 시간을 의식시킨다

계산연습을 할 때 쉬는 시간에 했던 놀이를 생각하거나, 연필을 깎으면서 어제의 일을 생각하느라고 속도가 늦어지는 아이는 집중력이 약하고 주의가 산만하다. 이런 아이에게는 지금까지 이야기해 온 것을 반복 연습시키거나 그때그때 끈기 있게 주의를 주어서 시간이라는 것을 의식시키는 것이 중요하다.

이것은 학교뿐만 아니라 가정으로부터의 협력도 필요하다. 정해진 시간 내에 식사를 끝내고 옷을 갈아입도록 한다든가 항상 시계를 보면서 행동하는 습관을 들이는 건 가정에서 할 일이다.

1. 말을 잘하지 않는 학생

수업시간에 발표하는 일이 없고 지명해도 부끄러운 듯이 머뭇거리기만 한다. 노는 시간에도 남들이 즐겁게 노는 모습을 멀찌감치 떨어져 바라보고 있다.

이런 아이가 의외로 적지 않다. 어떻게 하면 이런 아이로 하여금 생각하는 바를 서슴없이 발언하게 하고 집단 속에 참여하게 할 수 있을까?

(1) 토론할 수 있는 분위기를 만든다

예컨대 학급에 난폭한 아이가 있어서 모든 아이들 위에 군림하기 때문에 자유롭게 이야기할 수 없는 분위기를 형성하고 있는 경우가 있다. 또는 교사가 아이들의 토론을 중요시하지 않고 강의식으로 설명해 버리는 경우도 있다. 이런 억압된 분위기는 절대로 바람직하지 못하다.

교사 자신의 행동에 신경을 씀과 동시에 학급이 항상 즐겁게 토론할 수 있는 분위기를 만들어야 한다. 난폭한 아이를 교사가 다스려서 누구나 언제든지 두려움 없이 생각하는 바를 이야기할 수 있게 하는 것이 첫걸음이다.

난폭한 아이도 아이들을 폭력이 아닌 대화로 리드해 갈 때는 아낌없이 칭찬해 준다. 그리고 여러 사람의 의견을 종합, 결론을 이끌어 내는 방향으로 발전시킨다. 이런 분위기가 조성되지 않기 때문에 말수가 적은 아이는 점점 말을 하지 않게 되는 것이다.

(2) 대화할 수 있는 기회를 만든다

과묵한 아이는 성격이 내성적이다. 또 사교성이 부족하기 때문에 환경에 적응하는 속도가 느리고 대화할 때 자신감을 갖지 못하는 경우가 많다.

따라서 이런 아동을 지도하기 위해서는 그 아동으로 하여금 되도록 많은 사람과 접촉할 수 있게 하는 것이 중요하다. 또한 마음을 열고 자유롭게 이야기할 수 있는 친구를 사귀게 할 필요가 있다.

우선 학습이나 놀이에 집단 활동을 도입한다. 그리고 그 아이가 속한 집단에는 명랑하고 사교적인 아이를 의도적으로 집어넣는다. 학습을 할 때는 명랑한 아이의 리드로 각자 하나의 문제에 대해 생각한 다음 모두 앞에서 의견을 발표하도록 한다.

어느 누구의 의견이라도 처음부터 부정하지 말고 장점을 발견하게 한다. 이렇게 해서 집단별로 정리된 의견을 이번에는 학급단위로 발표하는 것이다. 내성적인 아이에게도 집단을 대표해서 발표하는 기회를 준다.

이런 토의나 발표에서는 성급하게 뭔가를 이루려고 해서는 안 된다. 시간을 두고 조금씩 효과가 나타나기를 기다려야 한다.

(3) 토론에 대한 자신감을 심어 준다

분위기나 토론할 기회에 신경을 써도 이야기하는 방법을 모르겠다는 경우가 있다. 무엇을 어떻게 이야기해야 할지, 발표의 방법이라든가 내용을 모르는 것이다.

우선 "네"와 "아니요."라는 대답법부터 가르친다. 그러고 나서 토론의 기본형을 이해시킨다. "저는 ……라고 생각합니다. 왜냐하면 ……이기 때문입니다."라든가 "저는 ○○의 의견과는 다르게 생각합니다. 왜냐하면 그것은 ……하기 때문입니다."라는 식으로, 자기의 생각과 그 이유를 정확히 나타낼 수 있도록 발언 방법을 정해 두고 발표시킨다. 이런 방법은 저학년의 경우에 특히 효과적이다.

과묵한 아이의 입을 열게 하기는 매우 어렵다. 학급 전체에 밝은 분위기를 만들도록 힘쓸 뿐만 아니라 다른 아이들에게 그 아이에 대한 태도를 조심하도록 주의를 준다. 모처럼 입을 열어 한 이야기가 부주의한 아이의 조롱에 의해 역효과를 낼 염려가 있기 때문이다. 남의 약점을 트집 잡는 건 비겁하다고 미리 설득해 두는 것이다.

【잠깐 5】 아동의 말수가 적은 원인 조사

다만 말수가 적은 편인지, 아니면 전혀 말을 하지 않는지, 또한 학교에서만 말이 없는지, 집에서도 그런지 정확히 알 필요가 있다. 또한 친구들에게는 얘기를 잘하면서도 교사 앞에서는 입을 꾹 다물어 버리는 아이도 있다.

좀 더 자세히 구분하면, 학교 문을 들어서는 순간 말이 없어지는 아이와 교실에 들어서면서부터 입을 다물어 버리는 아이가 있다.

이렇게 구분해 보는 것이 좋다고 생각한다.

○ 언제

○ 어디서

○ 어떤 때

자세히 조사하여 말을 하지 않는 원인을 찾는 것이다.

원인을 알면 자연히 방법이 떠오르게 된다. 그 아이에게 알맞은 지도를 하기 위해서도 원인을 정확히 파악해야 한다.

2. 자신이 없고 목소리가 작은 학생

목소리가 작다는 것은 그만큼 소극적이고 내성적이라는 뜻이다. 소극적인 성격이나 태도는 쉽게 고쳐지는 것이 아니다. 그러나 긴 안목으로 보면 차츰 교정되어도 좋을 것이다.

우선은 어떤 방법을 사용해야 할까?

(1) 학습이나 놀이를 통해 기쁨을 준다

내성적인 아이는 여러 친구들과 어울려 운동장을 뛰어다니는 일이 없다. 학습 중에 큰 소리로 발언하는 일도 없다. 항상 얌전하다. 모든 아이들이 떠들고 있을 때도 눈에 띄게 소란하지는 않다.

그러나 그 아이 자신이 정말로 기쁘거나 즐거울 때는 기쁨의 탄성을 지르지 않을까? 그런 기쁨이나 즐거움의 순간을 소중히 여겨야 한다. 또 그런 기회를 만들어 주도록 노력해야 한다

놀이에서도 학습에서도 그 아이를 중심으로 해서 계획을 짠다. 즉 그 아이가 기쁨을 느낄 수 있도록 계획한다. 또한 그 아이를 리드해 갈 수 있는 명랑한 아이를 내세워서 놀이나 학습에 참여시킨다. 항상 끼어들지 않으려고 발뺌하는 그 아이를 어떻게든 참여하게 하는 것이다.

(2) 많은 사람 속에서 활동의 경험을 쌓게 한다

주위의 아이들과 이야기하거나 놀 수 있게 되었다면 소집단에서도, 학급에서도 뭔가 일을 맡겨서 책임감을 갖고 활동하는 경험을 많이 쌓게 한다.

예컨대 소집단에서 토론한 내용을 발표시키거나 학급의 임원으로서 의견을 말하게 하는 등 많은 사람 앞에서 발언할 기회를 만들어 준다. 그리고 모든 사람들이 잘 알아들을 수 있도록 발언했을 때는 바로 칭찬해 준다. 아이들이 박수를 쳐 주게 하는 것도 좋다. 어쨌든 발언의 기쁨을 맛보게 하는 것이 중요하다.

발표할 때 목소리가 작아서 잘 안 들릴 경우 아이들의 놀림을 받게 되면 이제까지의 노력이 수포로 돌아갈지도 모른다. 이상적으로 발언하게 될 때까지는 주위 사람들에게 협조해 줄 것을 부탁해야 한다. 인간에게는 여러 가지 성격이나 태도가 있기 마련이다. 그 사람에게 맞는 방법으로 대해 주는 것이 중요하다는 사실을 아이들에게 인식시킨다.

(3) 성공의 기쁨, 성취감을 느끼게 한다

어떤 아이나 자신의 행동에 스스로 만족을 느꼈을 때 그것이 여러 사람들의 인정을 받게 되면 '해냈다!'고 하는 성취감으로 기쁨이 한층 커진다. 내성적인 아이의 경우도 마찬가지이다. 다만 다른 아이들에 비해 기쁨을 겉으로 나타내는 정도가 약할 뿐이다.

그러나 마음이 맞는 친구들 사이에서, 부담 없이 이야기할 수 있는 분위기에서 생긴 기쁨과 즐거움은 차츰 겉으로 드러나기 마련이다. 표현하고 싶어 견딜 수가 없는 것이다.

인간은 누구나 자기가 생각하는 바를 남에게 전하고 싶어 한다. 마냥 가슴속에 넣어 둘 수는 없는 법이다. 중요한 것은 내성적인 아동의 그런 마음을 어떻게 이끌어 내느냐 하는 것이다.

3. 말끝이 분명하지 않고 흐리는 학생

(1) 그 아동의 성격을 이해한다

"저요!" 하고 기운차게 손을 들고 일어나 발언하지만 도중에 흐지부지되어 버리는 아이, 처음에는 큰 소리로 발언하기 시작하지만 목소리가 점점 작아지고 말끝을 흐리는 아이, 처음부터 자신 없는 어조로 말하는 아이, 이런 아이들은 어느 학급에나 있다.

교사는 이런 아이들에게 "좀 더 크게 얘기하세요."라든가 "끝까지 똑똑히 발음해야 돼요." 하고 주의를 주게 된다.

또한 다른 아이들도 "잘 안 들려요." "나중에는 뭐라고 했는지 모르겠어요." 하고 말한 사람을 책망한다. 나 역시 예전에 이런 식으로 했다가 실패한 경험이 있다.

내성적인 성격의 A라는 여자아이가 발표했을 때, "선생님, 안 들려요." "끝부분은 하나도 모르겠어요." 하는 아이들의 반응에 따라,

"그래. 끝부분이 잘 안 들렸어. 이번에는 끝까지 분명히 발음해 보겠니?"

하고 주의를 주었다. 그런데 A는 이 일이 있은 후부터는 지명을 해도 발언하지 않게 되었다.

이와 같이 어미를 흐려 버리는 아이는 내성적이고 자기의 발언에 자신감이 없으며 마음이 약한 경향이 있다. 이런 아이에게 주의를 줄 때는 세심한 배려가 필요하다. 때로는 발표의욕을 잃어버리기도 하기 때문이다.

(2) 구체적인 방법을 연구한다

나는 위와 같은 실패를 한 후, A를 이전의 상태로 회복시키는 데 1개월 이상이 걸렸다. 그리고 이때부터는 말끝을 흐리는 아이를 다음과 같이 지도하게 되었다.

① 상대방의 이야기를 잘 듣게 한다

키가 큰 사람과 작은 사람이 있듯이 목소리의 크기도 사람마다 다르다. 들리지 않는다고 불평하기보다는 그 사람의 목소리가 작으니까 조용히 귀를 기울여 주는 너그러운 마음씨를 기르도록 학급의 모든 아동에게 호소한다.

② 교사가 말끝을 분명히 맺어 모범을 보인다

자신이 이야기하는 투는 대부분 자세히 알기가 어렵다. 때로는 테이프로 녹음해서 자기의 말버릇을 알고 고치도록 힘써야 한다. 아이들이 알아듣기 쉽게 설명하려고 애쓴 나머지, 한마디 한마디를 똑똑 끊어 버리는 버릇이 많은 교사들에게 나타나는 것 같다. 이것은 어미가 분명치 않은 말투와 마찬가지로 듣기가 괴롭다.

③ 목소리의 볼륨 표를 제시한다

"들리지 않아요."라고 하기보다는 "4번에 해당되는 목소리로 하세요." 하는 편이 이야기한 사람의 마음에 상처를 덜 주게 된다. 위의 표를 참고한다.

④ 듣는 사람을 보면서 이야기하게 한다

발표할 때는 듣는 사람을 향해서 하고, 듣는 사람은 말하는 사람을 바라보면서 때로는 고개를 끄덕이며 듣는다. 열심히 듣고 있는 태도는 이야기하는 사람에게 자신감을 심어 주게 된다.

⑤ 분명히 말하지 못하는 아이를 야단치기보다는, 정확히 말한 아이를 아무렇지도 않은 듯이 칭찬해 준다
⑥ 4명 정도의 소집단 내에서 이야기할 기회를 많이 만들어서 경험을 쌓게 한다

이런 지도를 끈기 있게 계속함으로써 A도 말끝을 흐리지 않게 되었다.

중요한 것은 학급 내의 밝은 인간관계이다. 친구의 실패를 비웃거나 조롱하지 않고, 잘할 수 있도록 격려하는 분위기가 필요하다.

4. 발언내용이 애매한 학생

B라는 남자아이는 매우 명랑하고 활발하다. 놀이에서는 항상 중심적인 역할을 차지하며 쉬는 시간에도 친구들을 리드해 간다. 학업성적은 중간이다. 학습시간에도 적극적으로 손을 들고 발언하지만 의견은 즉흥적인 착상이 대부분이다. 고 발언대해 추궁해 보면 자신의 애매한 생각을 제대로 해명하지 못한다.

B처럼 무엇에 대해 왜 이야기하는지 잘 모르고 있는 아이가 적지 않다. 내용은 어떻든 간에 무조건 손을 들고 많이 발언하는 것이 최고라고 생각하는 것이다.

(1) 애매한 발표의 원인을 찾는다

아동의 이런 인식은 그 원인이 교사나 부모에게 있는 경우도 있다.

교사가 발언을 강제하거나 발언 횟수에만 관심을 두면 내용이 없는 발언을 하는 아이가 생기게 된다.

또한 부모가 좀 더 자주 손을 들고 발언하라고 재촉하기도 한다. 그러면 아이는 부모의 기대에 호응하기 위해 '오늘은 손을 들어야지.' '오늘은 꼭 발표를 해야지.' 하고 결심하게 된다. 부모는 발표 횟수만 듣고 아이가 열심히 공부한다고 만족해한다.

B는 여태까지 '발언은 입 끝의 기교가 아니라 내용이 중요하다는 것'을 모르고 지내온 것 같았다. 발언하는 것도 좋지만 내용이 알찬 발언을 해야 한다는 사실을 깨닫게 할 필요가 있다.

(2) 학습 중에 생각하는 습관을 들이게 한다

내용이 있는 발언을 하기 위해서 학습 중에 다음과 같이 지도한다.

① 주의 깊게 듣는 태도를 기르게 한다

발언지도는 우선 듣는 일로부터 시작된다. 교사의 발언이나 친구들의 발언에 귀 기울여 고개를 끄덕이는 반응을 보이면서 주의 깊게 듣는 태도가 중요하다.

② 학습에 작업화를 도입한다

교과서를 읽으면서 감명 깊은 곳에 밑줄을 긋는다. 감정이 잘 표현된 곳에 밑줄을 긋는다. 이해한 부분에 밑줄을 긋는다. 교사의 질문에 대해 자신의 의견을 노트에 적는다. 친구들의 생각이나 설명에 대한 감상을 메모한다.

이런 작업화를 도입하면 생각하는 자세를 갖게 된다. 습관이 될 때까지 인내심을 갖고 계속하면 어느 아동이나 자신의 생각을 갖게 되면 내용이 확실한 발언을 할 수 있게 된다.

③ 소집단 내에서 발언시킨다

소집단 내에서의 발언은 소극적인 아이에게 연습을 쌓게 하는 데 유효하다. 때로는 소집단의 의견을 정리하게도 한다. 내용이 충실한 발언을 했을 때에는 칭찬해 주고 내용이 가장 중요하다는 사실을 강조한다.

④ 친구의 보조로 발언내용을 충실화한다

발언내용이 애매할 경우에는 친구들이 보완해 줄 수 있게 한다. "이러이러한 의견이라고 생각합니다." "덧붙여 말하겠습니다." 하고 발언한 아이의 생각을 존중하면서 보충하게 한다. 그리고 보충 내용을 덧붙여서 다시 한 번 내용을 정리하게 한다.

발언은 일상생활 속에서 매일같이 이루어지고 있다. 학습할 때뿐만 아니라 평소에도 잘 듣고 내용을 정리해서 이야기하는 습관을 들이는 것이 중요하다. 아이들의 불명확한 발언에 교사가 추측해서 대답해 주는 일이 거듭되면 그런 말투를 고칠 수가 없게 된다.

5. 말이 빨라서 알아듣기 어려운 학생

말이 빠른 T의 또 다른 특징은 쓸데없는 말이 많이 섞인다는 것이다. "저어" "있잖아요" 등등 불필요한 단어를 반복해서 사용하고 정작 중요한 말을 빨리 해 버리기 때문에 무슨 이야기인지 알 수가 없다. 청소가 끝난 후에 하루를 반성하는 시간이 되면 으레 T에 대한 말이 나온다.

"T가 말하는 건 하나도 못 알아듣겠어."

"순전히 '저어, 있잖아'뿐이니……"

아이들은 대개 이런 식으로 T를 비난한다. 그러나 그런 비난쯤으로 위축될 아이는 아니다. 더 빠르고 큰 소리로, 비난하는 아이들을 공격하는 것이다. 빠른 말투를 교정하는 방법은 나 자신도 잘 모른다. 그러나 그래도 내버려 둘 수는 없다.

(1) 환경을 조성한다

첫째로는, 반대로 입이 무거운 아이와 이야기할 기회를 늘려 주는 것이다. 의식적으로 좌석을 배치하고 수업 중에도 그 두 사람이 의논해야만 할 장면을 많이 설정한다. 또한 소집단을 구성할 때도 침착하고 조용하게 이야기하는 반장과 같이 짝을 지워 주는 등 주위환경의 조성에 힘쓴다. 어머니에게도 연락해서 천천히, 알아듣기 쉽게 이야기하는 훈련을 시키게 한다.

(2) 소집단 내에서 교정시킨다

둘째로는, 여러 사람이 이해할 수 있도록 이야기해야 할 기회를 만드는 것이다. 예컨대 소집단 내에서 정리된 내용을 T에게 보고하게 한다든가, 순서대로 사회자를 맡게 해서 T에게도 기회를 주도록 한다. 자기의 빠른 말투가 남들이 내용을 이해하는 데 방해가 된다는 사실을 깨닫게 하는 것이다. 주위의 아이들에게도 협조를 구해서, 알아듣지 못한 부분이 있으면 옆 사람에게 묻지 말고 반드시 T에게 묻도록 부탁했다. 억척스런 면이 있는 T는 처음에는 저항감을 느끼는 듯했다. 때로는 왜 못 알아듣느냐고 오히려 대들기도 했다. 그러나 사회자나 보고자의 입장에서 그런 행위는 부적절하다고 깨달았는지, 다시 한 번 천천히 설명하게 되었다. 느린 속도로 이야기하는 것이 참으로 어렵다는 표정을 읽을 수 있었다.

(3) 녹음기를 이용한다

자기가 이야기한 내용을 그대로 다시 들려주기도 했다. 녹음기를 이용했던 것인데, 특히 볼륨을 작게 해서 들려주자 자기의 목소리가 쓸데없는 부분에서만 정확히 들린다는 사실을 깨닫는 것 같았다. 약간의 쇼크를 받은 듯했으나 이것은 매우 효과적인 방법임에 틀림없다. 또한 전교의 아이들 앞에서 이야기할 기회를 주자, 반복해서 녹음 - 연습하는 것이었다. 그리고 그 일을 무사히 끝마치고 나자 어느 정도 자신감을 갖게 되었다. 빠른 말투를 고치려면, 이와 같이 자신의 결점을 스스로 깨닫게 하는 것이 중요하다.

6. 무턱대고 큰 소리로 말하는 학생

K(男)는 개구쟁이의 전형이라고 할 수 있는 아동이다. 목소리도 매우 커서 어디에서 저런 소리가 나올까 궁금해질 정도이다. 수업 중에도 머리에 떠오르는 것은 모조리 말로 표현해 버리는데, 다른 사람이 미처 생각하지 못한 부분도 적지 않다. 두뇌 회전은 대단히 빠른 것이다.

(1) 목소리의 대소를 인식시킨다

그래서 나는 '목소리의 척도(자)'를 만들기로 했다. 그것은 4단계로 나뉜다.

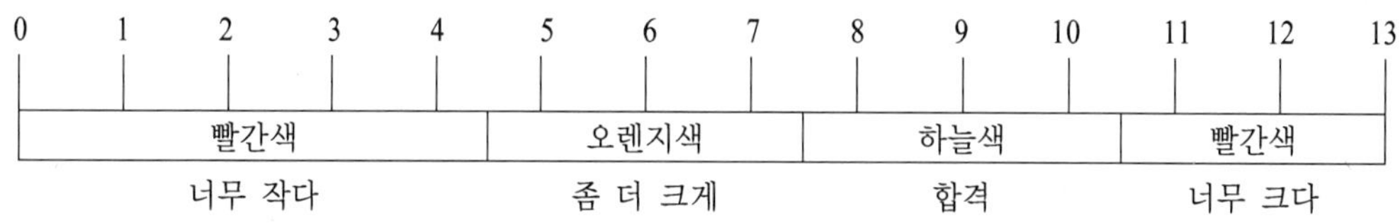

[그림 20] 목소리 척도표

이것은 음량만을 재는 척도이다. 학급의 모든 아이들에게 들릴 정도의 적당한 목소리가 8점에서 10점 사이에 위치한다. 처음에는 국어 수업의 낭독 지도에서 사용해 보았다. 순서대로 교재를 읽히고 알아들은 정도에 따라 아이들에게 점수를 말하게 했다.
　"어땠습니까? 잘 알아들을 수 있었나요?"
　읽은 아이의 근처에 앉은 아이와 멀리 떨어진 좌석에 앉은 아이에게 감상을 발표시켰다. 그러자 가까이에 앉은 아이는 잘 들렸다고 했으나, 먼 곳에 앉은 아이는 잘 들리지 않는 부분이 있었다고 했다. 적당한 음량이라는 것은 학급의 모든 아이들이 알아들을 수 있을 정도의 크기일 필요가 있는 것이다. 가까이 있는 사람은 잘 들려도 멀리 있는 사람이 알아듣기 위해 청각을 곤두세워야만 한다면, 그다지 좋은 음량이 아니다.
　"그러면 6점인 셈이군요. 좀 더 목소리를 크게 내야 되겠지요." 하고 최종적인 판정은 교사가 내린다. 처음에는 아이들의 평가에 일관성이 없었다. 그것은 '알아들을 수 있었나, 없었나?'에 따른 판정이었기 때문이다. K의 목소리는 누구에게나 잘 들리는 것이다. 그러나 지나치게 커서 시끄러운 경우에도 듣는 사람의 신경을 거스르게 된다. 이런 사실을 이해시키기가 매우 어려웠으나, 몇 번 반복하는 동안에 올바른 평가를 내릴 수 있게 되었다. 낭독은 읽는 내용의 표현이나 속도 등과 함께 음량을 특히 의식한 학습이다. 따라서 이 '목소리의 자'를 사용하기도 쉬웠다. 학급회의 시간에도 이 자를 사용해 보았다. 그러나 토론 도중에 음량 평가를 하면 사고가 중단되거나 음량에만 신경 쓰게 되므로 바람직하지 못하다. 그래서 토론 중에 교사가 '목소리의 자'를 지휘봉으로 가리키기도 했다. K의 목소리는 항상 너무 크다는 결과가 나왔다. 이런 일이 반복되는 동안에 아이들은 점점 적당한 음량을 깨닫게 되었다.

(2) 녹음테이프로 음의 크기를 인식시킨다

이어서 녹음테이프를 사용해 보았다. 학급회의를 할 때 좌석 중간에 마이크를 갖다 놓고 토론 내용을 녹음했던 것이다. 나중에 테이프를 들어 보고 모두 함께 점수를 매겼다. 이야기한 사람도 자기의 목소리를 객관적으로 들을 수 있었으므로, 이해도가 훨씬 좋아졌다. K는 자기의 목소리가 다른 사람에 비해 크다는 사실을 깨닫게 되었다. 그래서 집에서도 테이프에 목소리를 녹음해서 연습하는 등 자신의 목소리를 조절할 수 있도록 노력했다. 이와 같이 객관적인 '척도'를 활용하는 방법은 계속적인 연구가 요망된다.

7. 쓸데없는 말이 많은 학생

K라는 여자아이는 쓸데없는 말이 많다기보다는 쓸데없는 말만 하는 아이라고 할 수 있었다. 한 구절의 말을 하기 위해 두 배나 되는 접속사, 감탄사 따위를 사용하는 것이다. 내가 두 번째로 2학년 담임을 맡았을 때 만난 아이였다. 체육복을 갈아입는 것도 미술 시간에 그림도구를 준비하는 것도 항상 가장 늦었다.

(1) 자기 나름의 방법을 연구한다

1학년 때의 담임교사는 아동을 세심하게 돌봐 주는 타입인 것 같았다. 쓸데없는 이야기만 하는 K와 같은 아이에게도 일일이 친절하게 응대해 주었다. 그러나 성격이 급한 편인 나는 그럴 수가 없었다. 쓸데없는 이야기를 빼고 빨리 말을 하도록 무의식중에 재촉하곤 했다. 그럴 때마다 K는 더욱 종잡기 힘든 이야기만 했다.

원래 K에게는 그런 말투의 문제가 있었을 뿐 학습 면에서는 별다른 문제가 없었다. 시간만 충분히 주면 덧셈과 뺄셈도 잘 해냈다. 대화하기를 좋아하고 사교성이 좋았으며 매정한 대우를 받거나 주의를 받아도 쉬는 시간이 되면 내가 있는 곳으로 다가와서 작은 손으로 마치 친구라도 되는 듯이 내 어깨를 톡톡 치며 말을 거는 것이었다. 그러나 이야기 내용은 내가 이해하지 못하는 것들뿐이었다. 나는 前 담임과 마찬가지로 K의 이야기를 친절하게 들어 주는 것이 좋다는 것은 알고 있었지만, 내 나름의 방법을 생각해 보기로 했다. 이런 경우에 다른 사람의 실천도 중요하지만 자기 나름대로 연구해 보는 것은 무엇보다도 중요한 일이라고 생각된다.

(2) 필담을 이용한다

어느 날 내가 감기에 걸려서 목이 심하게 아팠을 때였다. 나는 되도록 말을 하지 않기 위해 아이들에게 작업을 시키고 있었다. 그때도 K는 내게 다가와서 이것저것 말을 걸었다. 나는 즉흥적으로 종이에 이렇게 썼다.

"선생님은 목이 아파서 말을 할 수가 없단다."

K는 고개를 끄덕이며 다시 긴 이야기를 늘어놓았다. 나는 "귀도 잘 들리지 않으니깐 K도 종이에 써 주지 않겠니?"라고 다시 썼다. K는 재미있다는 듯이 종이를 가져다가 쓰기 시작했다. 그러나 말하던 버릇대로 쓸데없는 단어가 더 많았으므로, 나는 질문을 써 주고 그에 대한 대답을 쓰게 했다.

“그때 그렇게 말한 사람은 누구였지?” “왜 그렇게 말한 걸까?” 등등.

역시 처음에는 눈에 띄는 효과가 없었다. 그러나 이후에는 가끔씩 “연필로 이야기하자.”고 시도해 보았다. 이런 일이 계속되면서 이야기를 써서 표현하는 일에 점점 익숙해져 갔다. 이어서 종이에 쓴 내용을 다시 말로 해 보게 했다. 이러는 동안에 K는 이야기할 내용을 머릿속에서 정리한 후에 말하는 습관이 들어 쓸데없는 말이 많이 줄어들게 되었다.

8. 유행어를 자주 사용하고 싶어 하는 학생

아이들이 TV 등의 영향을 받아 자주 사용하는 유행어 중에는 특별히 거부 반응을 일으키는 것도 있지만 그렇지 않은 것도 있다. 어쨌든 아이들이 유행어를 자주 사용하는 만큼 교사도 유행어에 대해 충분히 알아 둘 필요가 있다.

(1) 토론을 통해 양보를 깨닫게 한다

남에게 거부 반응을 일으키고, 아이들의 정서를 위해서도 좋지 않은 유행어가 교실에 나돌 때는 학급회의 등을 이용해서 토론을 시키는 것이 바람직하다. 한때 말끝마다 “~걸랑요.” 하고 붙이는 것이 유행했었다. 처음에는 자기들끼리 사용하던 것이 버릇이 되어 수업시간에도 나오게 되었다. 한 아이에게 주의를 주면 잠시 후에 또 다른 아이가 그 말을 사용해서 폭소가 터지곤 했다.

(2) 역요법으로 치료한다

그래서 하루는 이 “~걸랑요.”를 사용해서 이야기하는 대회를 열기로 했다. 유난히 그 말을 자주 사용하는 아이를 6명 뽑아 그중 한 명을 사회자로 내세워 토의하되 말끝마다 “~걸랑요.”를 붙이지 않으면 안 되는 것이다.

나머지 아이들은 이들의 토의 모습을 지켜본다. 그리고 녹음기도 준비해 두었다. 6명의 아이는 막상 말끝마다 그 말을 붙이려니 퍽 힘든 것 같았으나 보고 있던 아이들은 아주 재미있어 했다. 어쩌다 빠뜨리고 지나가면 다 같이 목소리를 합쳐 지적해 주었다.

나중에 녹음기를 틀어 주었더니 아이들은 웃음을 터뜨리면서도 그 말이 귀에 거슬린다는 사실을 깨닫는 것 같았다.

“이제 그 말은 그만 사용하기로 했어요.” 하고 고개를 설레설레 흔드는 아이도 있었다. 물론 이 일을 계기로 그 말의 사용이 완전히 중지된 것은 아니었다. 그러나 아이들 자신의 깨달음으로 서서히 사라지게 되었다. 역요법이 효과를 본 것이다.

9. 사투리(방언)를 고치지 못하는 학생

지방에서 전학 온 아이가 있었다. 사투리가 거의 그대로 남아 있어서 그 아이가 책을 읽으면 아이들은 여기저기서 킥킥 웃음소리를 냈다. 자연이 친구도 적고 항상 혼자서 공부하고 노는 상태였다.

이런 상태가 계속되면 그 아이는 학교를 싫어하는 증세를 나타내게 될지도 모른다.

(1) 방언학습으로 열등감을 없앤다

그래서 우선 그 아이의 열등감을 없애기 위해 방언학습에 들어갔다.

표준어에도 일종의 사투리가 있다는 것을 설명하고, 이어서 각 지방의 사투리를 수집하는 작업에 들어갔다. 인사말 하나에도 수많은 사투리가 있다는 사실을 깨닫고 아이들은 놀라워했다.

사투리가 많이 모아졌을 때 교실 뒤의 게시판을 전부 사용해서 전국 지도를 그렸다. 그리고 조사한 방언을 기입하거나 써 온 자료를 붙이게 했다. 아이들은 이런 종류의 작업에 큰 흥미를 느끼는 법이다. 도서실에 가서 방언에 관한 책을 탐독하는 아이도 적지 않았다.

이런 작업을 하는 동안에 지방에서 전학 온 그 아이의 표정이 조금씩 밝아지기 시작했다. 자기가 자란 고장의 이야기를 아이들에게 가끔씩 들려주기도 했다.

(2) 만화의 낭독으로 특색을 살린다

국어 교과서의 민화 부분을 배울 차례가 되자, 그 아이는 자기 실력을 발휘하게 되었다. 거기에 수없이 나오는 사투리를 제대로 읽어 내는 아이가 그밖에는 없었던 것이다. 다른 아이들이 열심히 흉내 내어도 그 지방 출신인 그 아이를 따라가기는 어려웠다.

이 학습이 끝난 후에 나는 비슷한 민화를 그 아이에게 다시 낭독시켰다. 아이들은 모두 숨을 죽이고 조용히 귀를 기울였다. 그리고 낭독이 끝나자 박수가 터져 나왔다. 이후 그 아이는 학급에서 아이들의 인기를 한 몸에 받게 되었고, 그 아이의 말투를 놀리는 아이도 없어졌다.

【잠깐 6】 열등감의 극복

○ 열등감	○ 인내심의 부족	○ 자주성	○ 남에 대한 불신감	○ 예절의 결여	○ 가정의 불안정

서울에 산다는 사실만으로 다른 지방에 사는 사람들보다 우월하다고 생각하지는 않는가. 다른 지방과 마찬가지로 서울도 하나의 '지방'일 뿐이다. 이 사실을 아이들에게 인식시키는 것이 중요하다.

이 6가지 항목은 문제아들이 갖는 공통적인 특징이다.

특히 열등감, 즉 나는 남보다 못하다고 하는 감정을 극복하기 위한 두 가지 원리를 알아보자.

하나는, 열등감의 근원이 되는 것을 화제로 삼지 않도록 주의하는 일이다.

또 하나의 원리는, 차라리 적극적으로 다루어서 과대망상이 되지 않게 하거나 내성을 길러 콤플렉스를 없애게 하는 것이다.

전자(前者)는 주위 사람들의 배려가 필요하고 後者는 당사자의 마음가짐이 필요하다.

어떤 아동이나 자신감에 넘쳐 있다고는 할 수 없다. 열등감이라는 것은 크든 작든 누구에게나 있기 마련이다. 생각해 볼 만한 일이다.

10. 외국에서 자라서 우리말이 서툰 학생(다문화 교육 대상 학생)

내가 맡은 학급에 외국에서 살다 온 아이가 있었다. 거기에서 어떤 교육을 받았는지 잠시도 가만히 있질 못하고 토의 활동에도 참가하려고 하지 않았다. 자유 연구와 같은 학습에는 열심이었으나 공동학습을 도무지 싫어했다. 약속을 정하고 규칙적으로 지내는 생활에 익숙지 못한 듯했다.

학습회의 등 토의 활동이 시작되면 일어서서 돌아다니거나 장난을 치고는 했다. 우리말로 표현하는 것도 능숙하지 못한 상태였다.

(1) 좋아하는 학습을 통해 태도를 익힌다

그래서 우선 그 아이가 좋아하는 TV프로를 말없이 지켜보는 태도부터 가르치기로 했다. 그 아이 옆에 앉아서 교사 자신이 조용히 화면을 응시하는 태도를 보여 주었던 것이다. 처음에는 잘 안 되는 듯했으나 횟수가 거듭될수록 가만히 앉아 있는 시간이 길어졌다.

(2) 이야기하는 형식을 정해서 연습시킨다.

○ 이야기할 사항 • ○○○의 일을 이야기하겠습니다.	◎ 중간 • • •
◎ 처음 • 저는 어제 ○○와 ○○에 갔습니다. ○○을 했습니다.	◎ 끝 • 이것으로 제 이야기는 끝입니다.

이어서 말하는 방법을 가르쳤다. 이야기의 형식을 정해 놓고 그대로 이야기하게 했다. '일요일에 경험한 일'을 이야기하게 한다면, 미리 이야기할 사항과 '처음 · 중간 · 끝'의 내용을 써 보게 하는 것이다.

처음에는 소리 내어 읽는 것이 매우 어색해서 웃음소리를 내는 아이도 있었는데, 그런 아이는 따로 불러 주의를 주었다. '해바라기를 관찰하고 느낀 점'을 이야기하게 할 때는, "잎의 수는 ○장, 색깔은 ○색이고 높이는 ○㎝입니다. 내가 느낀 점은 ○○입니다."라는 형식을 제시했다.

미술에서 오려 내기를 한다면, "재료는 ○과 ○입니다. 만드는 순서는 ① ……, ② ……, ③ …… 만들 때의 주의사항은 ○와 ○입니다."라는 식으로 이야기하게 했다.

그 아이만을 위해서 귀중한 시간을 사용하고 있다는 생각이 들지 않았던 건 아니지만, 다른 아이들도 이야기하는 형식을 생각해 내서 그 아이에게 가르치곤 했으므로 좋은 공부가 되었다고 본다.

(3) 대화연습을 시킨다

이야기하는 방법을 어느 정도 알게 되자 이번에는 대화연습에 들어갔다. 장난감 전화를 이용해서 쉬는 시간마다 전화놀이를 한 것이다. 그 아이가 자란 남미에서의 생활이나 학교생활, 놀이에 관한 것을 화제로 삼았다. "너는 그렇게 말했지만 선생님은 ○○라고 생각한다."고 하는 반문의 방법 등도 가르쳤다.

이 외에도 그 아이에게 도움이 될 만한 것을 몇 가지 시도해 보았다. 성공한 것도 있고 실패한 것도 있지만, 이런 지도를 통해 그 아이와 교사, 친구들과의 교류가 깊어지게 된 것은 틀림없다.

6개월쯤 지나자, 그 아이가 자진해서 남미의 그림엽서나 특산품을 가지고 와서 모두에게 보여 주면서 설명하게 되었다. 또 학급회의 때 손을 들고 의견을 말하는 횟수가 많아졌다.

외국에서 자란 아이에게 말을 가르치려면 우선 그 아이를 도우려고 하는 학급 분위기를 만드는 것이 중요하다. 그런 분위기가 조성되어야만 효과를 거둘 수 있기 때문이다.

1. 눈이 나쁜 학생 · 근시(近視)인 학생

먼저 교사로서 알고 있어야 할 지식을 두세 가지 기술하고자 한다. 시력에 관한 것인데, 인간은 갓 태어났을 때 시력이 0.01밖에 되지 않는다고 한다. 그러던 것이 한 살이 되면 0.2, 두 살이면 0.5, 세 살이면 약 반수가 1.0, 다섯 살이면 거의 90퍼센트가 1.0이 된다. 즉 시력은 조금씩 길러지는 것이다.

그리고 아기는 일반적으로 원시이므로 아주 가까이에 있는 물건을 계속 바라보지 않는 한 가성근시가 되지는 않는다고 한다. 아무튼 다른 원인도 물론 있겠지만, 아이의 근시는 어릴 적부터의 주의가 필요하다.

가끔 사시인 아이도 볼 수 있는데, 잘 보이는 한쪽 눈만이 활동을 하여 다른 쪽 눈은 기능이 저하된 상태를 말한다. 조기발견 · 치료가 매우 중요하다.

또한 시력이 0.3 이하라면 일반학교에서 학습하기엔 적합하지 않다고 볼 수 있다.

초등학교에 입학하기까지의 시기가 눈의 발육상으로도 치료상으로도 매우 중요한 시기인 셈이다. 입학한 후에야 비로소 눈에 이상이 있다는 사실을 알게 되는 건 바람직하지 못하다.

그런데 이와 같이 눈이 나쁜 아동 · 근시인 아동에겐 어떻게 대처해야 할까?

(1) 하루빨리 전문의 검진을 받는다

어느 학교에서나 입학 전에 건강진단을 실시하고 있다. 이때 우리 아이가 눈이 나쁘다는 사실을 처음으로 알았다고 말하는 부모를 흔히 보게 된다. 혹은 입학한 후에 매년 실시하는 정기건강진단에서 만성결막염이나 가성근시 등의 통지를 해 주면 깜짝 놀라서 정말이냐고 물어 오는 부모도 있다.

이런 때 교사는 안이한 위안의 말은 해 주지 않는 편이 낫다. ① 이 시기는 특히 눈의 발육상 중요한 시기라는 것, ② 조기발견, 조기치료가 무엇보다도 중요하다는 것 등을 강조하고 전문의의 진찰을 받게 하도록 권유해야 한다. 특히 근시가 되어 버린 아이는 안경을 반드시 써야 한다고 설명한다.

안경을 쓴다는 것은 특히 고학년 아동의 경우, 저항감을 갖기 쉽다. 주위의 아이들에게 놀리지 않도록 미리 주의시켜 두는 교사의 배려가 필요한 것이다.

(2) 주위 사람들의 따뜻한 마음씨를 중시한다

내가 맡은 학급에 5학년이 되어 갑자기 가성근시가 되어 안경을 쓰게 된 아이가 있었다. 내성적인 여자아이로서 말수도 무척 적었다. 나는 안경을 쓰지 않으면 눈이 점점 나빠진다고 설명했고, 그 아이 역시 제대로 알아들은 듯 부모님께 말씀드렸다고 한다. 그리고 어느 날 새로 맞춘 안경을 학교에 가지고 왔다. 그러나 부끄러웠는지, 좀처럼 쓰려고 하지 않았다. 산수시간에 언뜻 보니 그 아이는 안경을 쓴 채 열심히 계산 문제를 풀고 있었다. 작은 숫자가 잘 보이지 않았나 보다. 나는 일부러 모른 체했다. 그리고 노는 시간에 아무렇지도 않은 듯이, "A야, 안경이 아주 잘 어울리는구나." 하고 말해 주었다. A는 얼굴을 확 붉혔으나 기쁜 기색이 역력했다. 이런 작은 배려심이 얼마나 중요한지 통감하는 순간이었다.

2. 청력이 난청인 학생

수족이 부자유하다든가 외견상 어떤 장애를 가진 경우는 쉽게 발견되므로 빠른 시일 내에 적절한 조치를 받을 수가 있다. 그러나 정서장애나 난청 등은 비교적 발견이 늦어진다.

특수학교에서 전학해 온 A라는 여자아이도 발견이 늦은 편이었다. 그러나 정도가 심하지 않아 퍽 다행이었다. 어휘력이 부족하고 이야기하는 투가 일방적이었으며 몇 가지 단어의 발음이 분명치 않았다.

내가 할 수 있는 일이라곤 그 아이를 내 눈 가까이에 두는 것뿐이었다. 교실에서의 좌석도 맨 앞이었고 운동장에 정렬할 때도 항상 맨 앞에 세웠다. 그 외의 방법은 떠오르지 않았으나 그래도 수수방관만 하고 있을 수는 없었다.

(1) 좋아하는 학습으로 능력을 신장시킨다

우선 교과서를 읽혀 보았다. 떠듬떠듬하기는 했으나 어쨌든 읽을 수는 있다. 그러나 문장을 이해하는 능력이나 발표력은 상당히 뒤떨어지는 편이었다. 계산력도 마찬가지이다. 난청이라는 이유도 있고, 교사의 설명이나 친구들과의 토론에 참가할 수 없었기 때문이다. 인간은 말을 통해서 생각하고 사고를 단련시키는 것이다.

그런데 어느 날 하나의 방법을 발견하게 되었다. A는 작문을 비교적 좋아하는 편이었다. "아빠 엄마와 유원지 갔다. 빙빙 돌고 나서 도시락을 먹었다. 아이스크림도 먹었다. 맛있었다. 또 가고 싶었다."

대개 이 정도의 수준이었지만, 이것으로 지도의 단서를 삼을 수가 있었다. 일기식으로 쓰게 함으로써 A가 생각하고 있는 것, 바라는 것이 무엇인지 알 수 있기 때문이다. 또한 A에게 숨겨져 있는 능력을 이끌어 낼 수도 있다고 생각했다.

A야, 할 수 있겠니?　　②　13÷3

①　5×6　　　　　　　　　　10÷2

　　4×7

나는 A가 써 오면 반드시 대답을 써 주었다. "오늘은 ○○가 내 머리를 때렸습니다."라고 썼으면, "나쁜 아이로구나. 내일 내가 타일러 줄게."라고 써 주었다. 필담의 일종인 셈이었다. 때로는 위와 같은 숙제도 내 주었다. A의 능력을 조금이라도 신장시키고 싶었던 것이다.

이런 과정 속에서 A 주위의 여러 가지 일에 대해 조금씩 이해해 갈 수 있게 되었다. 친구들 중에서 A의 일을 잘 도와주는 아이는 누구고, A를 잘 이해해 주는 아이는 누구인지, 또 말썽이 생기지 않게 하려면 어떻게 해야 하는지 등등.

가정환경도 알 수 있었다. A의 오빠는 누이동생에게 호의적이었으나, 아버지는 무관심한 것 같았다. 어머니는 A에 대한 걱정 때문에 마음이 편한 날이 없다고 했다.

(2) 주위 사람들과의 커뮤니케이션을 이용한다

나는 A의 어머니와 이야기해 보기로 했다. 지능이 낮다기보다는 언어능력이 뒤떨어진다는 것, 따라서 커뮤니케이션의 기회를 늘려 주는 것이 중요하다는 사실을 설명하고 식사 시간의 사사로운 대화도 중요시해야 한다고 강조했다.

또한 이것은 학교에서도 마찬가지라고 여겨져서 학급의 모든 아이들에게 협력을 요청했다. A에게 관심을 갖고 항상 도와주도록 부탁했다. 어떤 아이는 자기에게 맡겨 달라고 말하면서 나를 안심시키기도 했다. A와 같은 아이에게는 이러한 주위 사람들과의 따뜻한 교류가 무엇보다도 필요하다.

3. 왼손으로 글씨를 쓰는 학생

10년쯤 전의 일이라고 생각된다. TV에서 왼손 오른손잡이에 대한 토론이 방영되었는데, 어느 서예가가 나와 "나는 왼손잡이였는데, 어렸을 때 오른손으로 써야 한다고 강요당했다. 만일 왼손을 그대로 사용하게 했다면 훨씬 글씨를 잘 쓸 수 있었을 것이다."라고 말하며, 40년 동안이나 사용하지 않은 왼손으로 붓을 잡고 오른손으로 쓴 것과 별 차이가 없을 만큼 훌륭한 글씨를 써 보이는 것이었다.

(1) 오른손을 사용하도록 무리하게 강요하지 않는다

인간의 문화가 오른손용으로 만들어졌다는 사실은 부정할 수 없다. 그 전형적인 예가 문자이다. 따라서 오른손잡이로 키워야 함은 물론이다. 그러나 왼손잡이로 자라 글씨도 왼손으로 쓰는 아이에게 갑자기 오른손을 사용하도록 강요하면, 경우에 따라서는 마음의 안정을 잃고 사물을 똑바로 볼 수 없게 될 수도 있다. 말더듬이가 되어 버린 예도 있다고 한다. 앞의 서예가처럼 나중에 원망을 하게 될지도 모른다. 무리한 강요는 바람직하지 못하다.

(2) 본인의 상황에 맞게 지도한다

나는 새 학기가 시작되는 4, 5월이면 항상 왼손잡이, 오른손잡이의 현황을 파악하곤 한다. 조사라고 해 봤자 말로 묻는 것이지만,

　○ 왼손잡이인 아이

　○ 왼손잡이지만 글씨는 오른손으로 쓰는 아이

　○ 대개 오른손으로 쓰지만 가끔씩 왼손으로 써 버리는 아이 정도로 분류해 둔다.

이것을 기초로 해당되는 아동의 행동을 관찰해서 사실을 확인하고 가정방문 시에 부모의 생각을 묻는다. 前 담임과 상의하기도 한다.

아이에게는, "오른손으로 쓰는 편이 낫다." "오른손으로 쓰기 편리하게 되어 있다."는 정도로 가볍게 말해 둔다.

"오른손으로는 아무리 노력해도 안 돼요." 하는 아이에게는 "너는 왼손으로 써도 좋다."고 말해 준다. 그리고 "오른손으로 쓰려고 해도 어느 샌가 왼손으로 써 버려요. 어떻게 하면 좋죠?" 하는 아이에게는 다음과 같이 지도하고 도와준다.

　① 아주 느린 속도라도 좋으니 오른손으로 쓰게 한다.

　　다 쓰고 나면 칭찬해 준다.

　② 개인목표로 '오른손으로 쓸 수 있게 되기'를 주고 본인의 노력을 촉구한다. 목표를 카드에 써서 필통에 넣어 두고 언제라도 꺼내 볼 수 있게 한다.

　③ 가정에 연락해서 부모의 협력을 구한다.

발달심리학 분야에, 30초 동안 책상 위를 몇 번 두드릴 수 있나, 또 글자를 몇 개나 쓸 수 있나 조사한 자료가 있다. 이 조사 결과를 보아도 손끝의 운동기능이 그다지 발달되지 않은 학년, 좌우의 손에 정교한 정도의 차이가 별로 없는 학년인 1학년 정도의 단계에서 교정해 두지 않으면 나중에는 고치기가 무척 어렵다는 것을 알 수 있다.

어느 쪽이든, 본인의 상태에 알맞게 지도하는 것이 중요하다.

　○ 지나치게 무리하지 말고, 오른손으로 쓰도록 교정시킬 수 있다면 교정시킨다.

이것을 기본으로 해서 본인에게 지나친 부담이 가지 않도록 세심한 주의를 기울인다.

4. 연필 사용법이 어색한 학생

(1) 올바른 방법을 가르친다

연필 사용법이 어색한 것은 우선 쥐는 방식에 문제가 있기 때문이다. 그런데 연필을 쥐는 방법은 아이들마다 제각각이다. 책에 나와 있는 대로 쥐는 아이는 퍽 드문 것이 현실이다. 그리고 모가 난

글씨나 오른쪽이나 왼쪽으로 지나치게 기우는 글씨를 쓰는 아이 중에는 연필을 쥐는 방법이 극단적으로 이상한 아이가 많다. 이런 아이에게는 반드시 연필을 쥐는 올바른 방법을 가르칠 필요가 있다.

(2) 연필 사용법을 지도한다

연필 사용법을 지도할 때는 다음과 같은 점이 중요하다.

① 연필을 쥐는 올바른 방법을 알게 한다

일제지도로 가르친 다음, 개별 지도한다. 올바른 방법을 그림으로 그려 붙여 두는 것이 좋으며, 고학년이 되더라도 지도할 필요가 있다.

② 적절한 경도의 연필을 사용하게 한다

저학년은 2B나 B, 중학년은 HB, 고학년은 H 정도가 좋다. 아이들은 손끝이 약해 나쁜 버릇이 들기 쉬우므로 유의해야 한다.

③ 칸이 적당한 공책을 사용하게 한다

글씨의 크기가 적당하지 않으면 쓸데없는 힘이 가해져서 연필 쥐는 방식이 무너지기 쉽다. 발달 단계에 따라 적당한 공책을 추천한다.

이 외에도 항상 작은 연필을 사용한다든가 끝이 뭉툭한 채로 쓴다든가, 책받침도 없이 쓰는 경우가 있다. 매일 잘 깎는 연필을 조금 넉넉하게 준비해서 항상 바람직한 상태의 연필을 사용하면 기분이 좋다는 사실을 깨닫게 한다. 그리고 올바른 자세로 앉아 연필을 제대로 쥐고 적당한 크기와 속도로 썼을 때 좋은 글씨가 나온다는 사실을 인식시킨다.

【잠깐 7】 남녀 차

학급의 분위기는 각 학급마다 상당히 다르다.

예컨대 어느 학급이나 여자아이들이 남자에 비해 얌전한 것은 사실이지만, 극단적으로 여자아이 쪽이 얌전해서 학습지도에 어려움을 느끼게 하는 경우가 있다. 이런 경우의 원인은 다음과 같다.

여자의 수가 남자의 수보다 적은 경우
여자 쪽의 학력이 낮아 열등감을 갖고 있는 경우
여자 중에 적당한 리더가 없는 경우
남자에게 압도당하고 있는 경우
담임교사와 친하지 않은 경우

대강 이런 것들인데 수적인 문제만은 해결하기가 어려울 것이다. 그러나 리더의 문제는 양성함으로써 해결할 수가 있다. 학습계원이나 당번활동 등을 통해 육성해 갈 수도 있고, 학습, 스포츠 면에서 다뤄 갈 수도 있다고 생각된다.

담임교사와 친하지 않은 것이 원인일 때는 아이들 속에 잠입해 들어가거나 놀이를 함께 하는 것이 좋다. 즉 교사와 아동 사이의 벽을 제거하고 거리감을 없애는 것이 중요하다.

5. 교과서를 난폭하게 다루는 학생

졸업생들이 우리 집에 찾아왔을 때, 이런 이야기를 들은 적이 있다.

"선생님께 야단맞는 일 중에서 교과서에 낙서를 하거나 연필로 구멍 냈을 때 혼나는 것이 가장 싫었다. 나 역시 교과서를 소중히 다루고 싶다고 생각하기는 했다. 그런데 좀 더 소중히 다루라는 이야기를 늘어도 좀처럼 마음먹은 대로 되지는 않았다. 어떻게 하면 교과서를 깨끗이 사용할 수 있는지 가르쳐 주었으면 했다."

이 이야기는 나의 폐부를 찌르는 것이었다. 확실히 그대로였다. 그 아이는 비교적 학습의욕이 있고 이해력도 우수한 편이었으나 교과서를 깨끗이 사용할 줄 몰랐다. 책의 빈 공간에 낙서를 할 뿐만 아니라 연필이나 컴퍼스의 끝으로 구멍을 뚫기도 했다. 장난을 하고 있는 현장을 목격하고는, "또 교과서를 난폭하게 다루고 있구나. 그러면 교과서가 울지 않겠니? 좀 더 조심스럽게 다루어야지." 하고 나무랐던 것이었다. 그러나 이런 방법으로는 아무런 효과도 기대하기 어렵다.

깊이 반성하고 나서 나는 그때 맡고 있던 5학년 아동에게는 다음과 같은 방법을 사용하기로 했다.

(1) 표나 그래프를 이용한다

우선 학습에 필요한 적어 넣기 이외의 낙서나 상처가 하루에 몇 군데나 되는지 조사해서 각 개인의 표에 기입시켰다. 그리고 전날보다 한 군데 줄어든 사람은, 한두 군데 줄어든 사람은, 두 개 …… 라는 식으로 줄어든 수만큼 그래프에 색을 칠하게 했다. 다만 한 군데도 없는 아이는 다른 색을 칠하기로 했다. 이 방법을 6개월쯤 사용하자 교과서에 낙서가 한 군데도 없는 사람이 거의 대부분이었다.

이어서 교과서를 둘둘 말거나 던지는 등 다른 목적으로 사용했는지 조사하는 표도 만들었다. 이것은 자기평가로서 소중히 다루었다고 생각하면 ○, 그렇지 못했다면 ×로 표시하는 표이다. 이때도 그래프를 이용했다. 소중히 다루었다고 생각하면 ○ 하나에 색칠을 하게 하여 마지막으로 이런 표들의 도달목표를 정하고 낙서나 상처가 전혀 없어지면 공책 한 권을 주기로 했다. 또 그래프의 우수자에게는 학기말에 상장을 주겠다고 했다.

그 결과 교과서를 거칠게 다루는 아이들은 찾아볼 수 없게 되었다.

(2) 소중히 다뤄야 하는 이유를 이해시킨다

물론 이 방법이 최선이라고는 생각하지 않는다. 그러나 아이들에게 그저 교과서를 소중히 여기라고 수십 번 말해 봤자 교사의 의도대로 되기는 어렵다. 왜 교과서를 난폭하게 다뤄서는 안 되는지, 무엇을 위해 교과서를 조심스럽게 사용해야 하는지 이해시켜야만 하는 것이다.

나는 이후 아이들에게 '물건의 소중함'에 대해 이야기했다. 왜 이런 경쟁을 시키는가에 대해서도 설명했다. 아이들은 조용히 귀 기울였으며, 앞으로는 이런 경쟁을 시키지 않아도 교과서를 깨끗이 사용하겠다고 약속했다.

따라서 설령 최선의 방법이 아닐지라도 아이들에게 무엇을 위해서 하는가 하는 목적을 갖게 하는 방법이라면 해결의 길은 열리기 마련이다. 아이들에게 있어서 설교를 듣는다고 하는 수동적 입장보다는 저기까지 도달하자, 하는 목표를 가지고 활동할 수 있다는 보장이 훨씬 중요하지 않을까?

6. 공책에 만화를 그리는 학생

내가 지금까지 가르쳐 온 아이들 중에도 '공책에 만화를 그리는 아이'는 상당수 있었다. 크게 구분하자면 다음의 두 부류라고 생각된다.
① 만화를 좋아하며 감각도 있고 만화가를 지망하는 아이
② 시간을 보내기 위해 그냥 그리는 아이
공책을 거둘 때마다 저절로 웃음이 나와 마음이 누그러지는 때도 있지만, '이 아이는 정말로 공책 사용법을 모르고 있을까?' 하고 고민하게 되는 공책도 많이 있다. 그러나 어느 경우이든 공책에 만화를 그리고 있는 것만은 틀림없다.

그래서 어떻게 해서든 아이들로 하여금 낙서식의 만화 그리기를 그만두게 만들 방법을 생각했고 그 결과 시도해 본 방법이 다음의 두 가지이다.

(1) 낙서 코너를 만든다

이 코너를 설치할 때 아이들과 약속을 했다. '어떤 낙서를 해도 좋지만, 교과서나 공책, 책상 등에는 낙서하지 말 것'
이 '낙서코너'란 모조지를 반으로 잘라 벽에 붙여 놓은 것에 불과하다. 그래도 아이들에게는 신선한 존재였는지 이틀쯤 지나자 빈 공간이 전혀래도을 만큼 빼곡히 낙서되어 있었다. 비교적 성공한 방법이었으나 장기간 계속되자, 공책에 만화를 그리는 아이가 다시 나타나기 시작했다.

(2) 자유노트, 만화노트를 활용한다

'낙서코너'의 경우와 마찬가지로 약속을 한 다음, "자유노트에 만화를 그려 와도 좋다."고 했다. 이것도 처음에는 잘 지켜졌으나 한 달쯤 지나자 다시 공책에 만화를 그리게 되었다. '낙서코너' 때보다 오래가지 않은 것이다. 즉 만화를 그리고 싶을 때 그릴 수 없다, 집에 돌아가야만 그릴 수 있다는 법칙이 장해가 되었던 것이다.

그래서 학교에서도 그릴 수 있게 하기로 했다. 이것은 매우 효과적인 방법이었다. ①타입의 아이나, ②타입의 아이나 노는 시간이 되면 앞을 다투어 자유노트에 만화를 그리고 품평회를 열기도 했

다. 그러나 얼마 지나지 않아 ②타입의 아이는 다시 공책에 만화를 그리는 것이었다.

이때부터 ②타입의 아이를 위해 '만화노트'라는 것을 만들어 보았다. 만화를 그리고 싶어졌을 때 반드시 이 '만화노트'에 그리게 하고 일주일에 한 번씩 점검하는 것이다.

이렇게 해서 수업 중에 만화를 그리는 아이의 실태를 조사할 수 있다면 그에 대한 대책도 확실해질 것이다. 물론 이 방법으로 공책에 만화를 그리는 아이가 없어질 수도 있다. 또한 고쳐지지 않는 아이와 이야기할 때 좋은 자료가 되며 교사 측의 반성 자료가 될 수도 있을 것이다.

TV나 잡지에서 만화가 범람하고 있는 현재, 아동의 흥미를 무시하고 만화 그리기를 금지시켜 봤자 그 효과를 기대하기 어렵다. 그보다는 아이들이 만화를 그리는 장소와 때를 분별할 수 있게 하는 단계적인 지도가 더 중요하다고 생각된다.

7. 학습용구를 가지고 노는 학생

일 학년 담임을 맡은 지 한 달쯤 지나자 분실물이 눈에 띄기 시작했다. 그중에는 특히 지우개 조각이 많이 섞여 있었다. 지금까지 맡아 온 학급에서도 때때로 그런 일이 있었지만 그 건수는 비교적 적었다.

그래서 아무래도 이 일이 마음에 걸려 아이들의 행동을 관찰해 보았다. 그러나 이제까지 별로 눈에 띄지 않았던 A라는 여자아이가 지우개 장난을 하고 있다는 사실을 알게 되었다.

"A야, 선생님이 무슨 이야기를 하고 있는지 알겠니?" 하고 주의를 주자 깜짝 놀라며 지우개 장난을 중단했다. 잠시 동안은 가만히 앉아 있는 듯했으나, 곧 이전의 장난으로 돌아가는 것이었다. 따라서 작업을 지시해도 알아듣지 못하고 옆 사람이 하는 모양을 흉내를 내거나 내가 곁으로 다가가 똑같은 설명을 반복하는 일이 많았다.

내 나름대로 그 원인을 생각해 보고 나서, 다음과 같이, 당연하다면 당연하다고 할 수 있는 결론을 내렸다.

① 장난의 내용 쪽이 A의 흥미를 끈다(학습내용에 매력이 없다.).
② 듣는 습관이 되어 있지 않다.

(1) 이야기를 들으려고 하는 태도를 육성한다

아침시간을 이용해서 '선생님에게 하고 싶은 말'을 하는 시간을 정하고 한 사람씩 순서대로 이야기하게 했다. 다른 사람의 이야기를 조용히 들을 것, 이야기가 끝나면 박수를 쳐 줄 것이라는 규칙을 만들어 지키게 했다. 동시에 다음과 같은 방법도 강구했다.

(2) 장난의 무의미함을 이해시킨다

수업이 끝나면 곧 A의 곁으로 가서, "A야, 이 지우개에 연필로 구멍을 뚫는 놀이를 선생님과 함께해 보자."고 하면서, 준비해 온 새 지우개를 꺼냈다. A는 처음에는 의심의 눈초리로 나를 보았으나, 내가 아무렇지도 않은 듯이 지우개에 연필을 갖다 대자, 점점 밝은 얼굴로 함께해 나갔다. 주위에 모여든 아이들도 마찬가지로 지우개에 구멍을 내기 시작했다. 몇 분 후에 그 새 지우개에는 보기에도 무참할 만큼 구멍이 나 버렸다. 옆에서 보고 있던 아이가, "선생님, 이 지우개는 이제 쓸 수 없게 됐잖아요. 너무 가엾어요." 하고 말했다. 나는 그제야 깨달았다는 듯이, "아, 그렇구나, 이를 어쩌면 좋지?" 하고 곤란하다는 표정을 지었다. A와 다른 아이들도 불안한 얼굴로 지우개를 바라보고 있었다.

이런 일이 있은 후부터 A는 지우개 장난을 하지 않게 되었다. 그리고 아침의 이야기 시간도 효과를 나타내기 시작해서 이야기하는 아이 쪽을 열심히 바라보게 되었다. 나는 수업 내용을 가능한 한 다양하고 변화롭게 구성해서 A의 관심을 끌도록 노력했다.

이처럼 A와 같은 아이를 지도할 때는 우선 듣는 습관을 들일 수 있는 계기를 마련하고, 그와 동시에 장난의 무의미함을 깨닫게 하는 것이 중요하다.

저학년 아동은 오랫동안 조용히 듣기가 어렵다고 한다. 그러나 그것은 일방적인 설명을 할 때의 일이다. 듣기 지도를 계속하면서 변화스러운 학습내용을 짜면 매우 끈기 있게 학습에 열중할 수 있다. 장난만 하고 있는 아이가 있다면, 그 아이의 흥밋거리를 자연스럽게 제거해 주고, 학습 쪽에 흥미를 돌리게 한다. 그리고 변화를 나타내기 시작하면 성의껏 칭찬해 주어서 칭찬받은 기쁨이 학습에의 원동력이 되게 한다.

8. 글씨를 아무렇게나 쓰는 학생

T(男)는 학급 회의시간이면 늘 좋은 의견을 발표하는 아이였다. 학과 중에서는 사회를 잘하고, 질문을 받으면 곧 구체적인 사회상이 떠오를 만큼 상상력도 풍부했다. 그러나 T의 노트를 보면, 칸도 줄도 무시하고 마구 써 댄 글씨가 눈을 어지럽히곤 했다.

이런 T는 머리에 떠오르는 것이나 판서되어 있는 것 등 쓰려고 의도한 것이 글자로 옮겨지는 동작에 요하는 시간을 맞출 수 없는 것이다. 쓰기 위해 필요한 시간에 맞추려 하면 쓰려는 의도가 무너지는지도 모른다. 쓰는 속도와 자신이 의도하는 것의 균형이 맞지 않는다. 따라서 글씨가 엉망이 되어 버린다.

T와 같이 글씨가 읽을 수 없을 만큼 엉망인 아이는 어떻게 지도해야 할까?

(1) 글씨 쓰는 속도를 지도한다

글씨를 쓴다는 것은 대단히 성가신 일임에 틀림없다. 이 성가신 일에 익숙해질 필요가 있는 것이다. 글씨를 쓴다는 데는 누구나 시간적 제약이 있는데 그 제약을 이겨 내야 하며 귀찮은 일도 해내는 인내심을 길러야 한다.

나는 국어나 사회, 자연의 정리단계 등 필기를 시키는 학습장면에서는 언제나 글씨를 쓴다는 귀찮음을 극복할 수 있도록 해 준다. 그것은 일정한 속도를 가지고 쓰게 한다는 것이 원칙이다.

"선생님과 같은 속도로 쓸 수 있을까요? 선생님이 다 썼을 때 여러분도 쓰기를 끝낼 수 있도록 해요."

라고 말한 뒤, 판서 사항을 소리 내어 읽으면서 아동의 표준적 속도에 맞춰 판서하는 것이다. 대개 두 번 읽어 준다. 쓰기가 끝나면 곧 자세를 바르게 하기로 약속했으므로 누가 동시에 쓰기를 마쳤는지 쉽게 알 수 있다.

이와 같이 지도함으로써 앞을 다투어 필기하는 것이 아니라 전원이 일정한 속도를 유지하면서 쓰는 습관을 익히게 된다.

(2) 커뮤니케이션의 수단임을 깨닫게 한다

글자의 기능에는 전달, 기록, 사고가 있는데, 이 중에서 학급생활의 경우 특히 전달의 기능을 경험시키고 습득시킬 필요가 있다.

예컨대, 다음과 같은 장면이 있다.

- 편지형식: 학급 우체통을 통해 교사나 친구에게 편지 보내기
- 학급회에 대한 제안: 의제카드에의 기입
- 교환일기: 소집단일기, 분단일기 등
- 연필대담: 한 장의 종이에 한 아이가 자기의 생각을 쓴다. 그것을 읽고 옆 사람이 답장을 써 준다. 이와 같이 문장을 통해 두 아이가 서로 자기의 생각이나 느낀 바를 써 나간다.

이 외에도 여러 가지 방법이 있을 것이다. 어쨌든 글씨를 쓴다는 것은 첫째로 상대방에게 의사를 전달하는 수단임을 이해시켜야 한다. 그러기 위해서는 상대방이 읽을 수 있는 글씨를 써야 한다는 것을 저절로 알게 된다. 예쁘게 쓰지는 못하더라도 상대방이 알아볼 수 있게 써야 한다는 의식을 심어 주는 것이 무엇보다도 중요하다.

글씨를 잘 쓰도록 지도하기 위해서는 쓰는 방법을 가르쳐야 한다. 글씨를 난폭하게 쓰는 아이의 지도에는 쓰는 방법과 병행해서 학급경영 전반을 재고한 적절한 지도가 필요하다.

9. 한자(漢字)를 쓰지 못하는 학생

(1) 한자테스트를 이용한다

정기적으로 실시하는 한자시험에서 다음과 같은 기준에 따라 상으로 시일(seal)을 준다. 시일을 받으면 아이들은 아래그림(왼쪽)과 같은 카드에 붙여 간다. 시일 10장이 모두 붙여지면 색깔이 다른 카드를 받을 수 있다. 아이들은 열심히, 또 즐겁게 한자연습을 해 오게 된다. 한자시험을 빨리 보자고 재촉하는 아이도 있다. 항상 한두 개의 한자밖에 쓰지 못하던 Y도 곧 60점, 80점을 받게 하면 좋다.

(2) 한자시험지는 아동수의 두 배 이상 인쇄한다

첫 번째 테스트는 옆 사람끼리 채점하게 한다. 칠판에 정답을 써 주고 그에 따라 동그라미를 매기게 하는 것이다. 틀린 것을 발견하려면 아무래도 판서된 한자를 정확히 보려고 노력해야 한다. 두 번째도 같은 테스트로서 하루나 이틀 후에 실시한다. 아이들은 이번에는 틀린 한자만을 연습하는 것이므로 뚜렷한 목적을 가지고 할 수가 있다. 첫 번째 시험에서 점수가 좋지 않은 아이들만 남게 해서, "내일 이 시험을 다시 볼 테니까 분명히 외어 두자."고 하며 연습시키는 것도 좋다.

(3) 한자를 즐겁게 암기시킨다

원래 한자 지도는 한자가 갖고 있는 본질적인 것을 이해시킴으로써 재미있고도 쉽게 한자를 외우게 하는 데 그 목표가 있다. 한자 지도의 포인트는 다음과 같다.
① 표의문자로서 한자 하나하나가 갖는 의미를 이해시킨다.
② 한자의 기원을 이해시킨다.
③ 한자의 부수에 대해 명칭과 의미·사용법을 이해시킨다.
④ 필순이나 획수를 이해시킨다.
⑤ 그 한자의 사용법, 숙어, 비슷한 한자, 동음이의어 등을 알게 한다.
한자를 외우기 위해서는 뭐니 뭐니 해도 반복연습이 최고이다. 다만 같은 반복연습을 한다 해도 요령을 아는 경우와 모르는 경우의 차이는 굉장하다. 평소의 수업을 통해 기억의 요령을 이해시키는 것이 중요하다.
【잠깐 8】 남녀 대립의 해결법
때로 남자아이와 여자아이가 서로 반발하거나 경원하면서 사이가 나빠지는 시기가 있다. 대개 3학년쯤 되면 여자이이들을 의식한 남자아이들의 짓궂은 장난을 치게 된다. 그러나 시간이 지나면 이런 경향은 없어지는 것이 보통이다.

이런 경향이 수업에 지장을 주게 될 정도라면 교사도 심각하게 받아들일 수밖에 없다. 그런데 남녀의 사이가 나빠지는 원인 중에 담임교사의 불공평한 대우도 들어 있다.

남자교사가 여자아이들의 어깨에 손을 얹고 즐겁게 이야기하는 모습을 보면 남자아이들은 교사가 여자아이들을 편애한다고 믿어 버린다. 그리고 그에 반발해서 짓궂은 장난을 치게 된다. 또한 저희들끼리 학급을 운영해 가려고 하므로 여자아이들은 학급 일에 관심을 갖지 않는다는 것으로써 소극적인 반항을 표시한다.

그리고 학습을 여자아이들이 이끌어 가는 학급에서는 남자아이들이 화풀이로 폭력을 휘두르는 경우가 있다. 이와 같은 여러 가지 원인 중에서 어느 것에 해당되는지 정확히 파악하는 것이 중요하다. 대책은 거기에서 나오기 때문이다.

10. 글짓기를 못하는 학생

글짓기라는 것도 본래 귀찮은 것이기 때문에 싫어하는 아동이 많고 아동 스스로 글짓기 실력이 없다고 느끼는 경우가 많다.

물론 글짓기가 서툴다고 말하는 아동이 전부 실제로도 못하는 건 아니다. 무엇을 어떻게 표현해야 하는지, 이 부분에 곤혹을 느끼는 경우가 많은 데 비해 충분히 인정받는 경우는 적기 때문에 '난 못해.'라고 믿어 버리는 것이다.

(1) 쓸 내용을 메모하게 한다

A(女)는 3학년이 막 되었을 무렵에는 한 줄 내지 두 줄, 뭐가 뭔지 모를 문장을 써 놓을 뿐이었다. 그래도 다른 아이들과 마찬가지로 크게 동그라미를 그려 주었다. 얼마 후에는 글자 수가 많아져서 약 200자쯤 되었다. 역시 글이라고는 할 수 없었으나 무슨 뜻인지는 대강 이해할 수 있었다. 기회를 봐서 모든 사람들 앞에서 칭찬해 주었다.

2학기가 되자, 처음 한 줄만은 올바른 문형을 갖추게 되었다. "나는 어제 ○○와 ○○를 했다."라는 문장인데 이후는 역시 단어의 나열에 지나지 않았다.

내가 맡은 학급에서는 매일 아침 반드시 두 명씩 어제 있었던 일을 발표하고 있다. 그러나 A만은 처음 얼마 동안 발표를 하지 않았다. A는 남들 앞에서 거의 말을 하지 않는다. 나는 "그러면, 내일 하기로 하자."고 그 자리를 벗어나게 해 주었으나, 다른 아이들은, "A야, 너 오늘도 안 할 거야?" 하고 재촉했다.

두 번째로 차례가 돌아왔을 때, A가 입을 열었기 때문에 깜짝 놀라서 쳐다보자, 손에 작은 종이 조각을 들고 그것을 보면서 이야기하고 있었다. 나는 나도 모르게 큰 소리로 칭찬해 주었다.

이것은 나중에 A의 어머니를 통해 들은 이야기인데, 어느 날 A가 이야기할 내용을 종이에 써도 되느냐고 물었다고 한다. 선생님한테 야단맞지는 않을까 걱정이 되었던 것이다. 그래서 A의 어머니는 괜찮을 것이라고 대답했다고 한다.

그날 A는 크게 기뻐하면서 이 사실을 집에 보고했다. 그 이후로는 순서가 돌아올 때마다 종이에 써 가지고 온 내용을 보면서 이야기하게 되었고, 예전처럼 이야기하는 걸 싫어하지 않는 눈치였다.

이렇게 매번 글을 써 보는 동안에 최초의 일행은 정확하게 쓸 수 있게 된 것이다. 그리고 2학기가 끝날 무렵에는 갑자기 향상되어 의미가 통하는 문장이 끝까지 이어지게 되었다.

(2) 테두리에서 벗어난 행동을 표현하게 한다

한편 E(女)는 항상 예쁜 글씨로 문법에 맞는 글을 쓰는 대신, 아무리 읽어도 재미가 없었다. E의 생활은 주어진 테두리에서 한 걸음도 벗어나지 않는 듯했다. 대체로 명랑하고 솔직해서 어느 교사나 좋은 아이라고 평가해 주고 있었다.

이런 타입의 아이는 그 테두리를 벗어나게 도와주어야 한다는 것이 내 생각으로, E도 나의 작전에 따라 하고 싶은 이야기를 뭐든지 하게 되었고 차츰 행동적으로 바뀌어 갔다. 그리고 이때부터 A의 글짓기 내용에 재미가 곁들여지게 되었던 것이다.

요컨대 집에나 학교에나 각자의 생활이 있고 그것을 솔직히 표현할 수 있는 자유로운 분위기가 학급 안에 조성되면 기쁨, 슬픔, 노여움 따위에 다양하게 반응하면서 그것을 글로 표현할 수 있는 아동이 육성되는 것이다.

■ 제6절 ■ 사례 6: 기초적인 간단한 문장을 읽지 못하는 학생

1. 기초적인 간단한 문장을 읽지 못하는 학생

K(男)는 3학년이 되어도 쉬운 문장조차 잘 읽지 못했다.

처음에는 때때로 방과 후에 남아 읽기 연습을 시켰으나 특별한 효과가 없었다. 연습한 문장은 어느 정도 읽을 수 있는 듯했지만, 다른 문장은 전혀 못 읽었다. 무엇보다도 혼자 남아 읽어야 한다는 것이 K에게는 큰 불만인 것 같았다.

나로서는 특별한 관심을 갖고 지도하는 것이었으며 조금이라도 잘하면 즉시 칭찬해 주었고, 그럴 때면 K도 좋아했으므로 아, 이제는 의욕을 가지게 되겠구나 하고 기대했으나, 그것은 나만의 추측에 지나지 않았다.

(1) 낭독의 급수를 매긴다

낭독에 대해서는 교사가 하나의 감각을 갖고 있어야 한다고 나는 생각한다. 사이를 두는 방법, 인터네이션 등 교사 자신이 멋지게 읽어 낼 수 있어야 하는 것이다. 아이들 중에는 교사가 인정만 해 주면 곧 교사가 바라는 감각을 찾아내는 아이가 반드시 있기 마련이다. 그리고 아이들끼리 서로 영향을 주어 전체적인 읽기 수준이 높아질 수 있다.

나는 각 아동의 낭독에 급수를 매기고 있다. 처음에는 1급에서 10급까지로 나누었으나, 10등급으로는 읽을 때마다 조금씩 향상되어도 표시가 나지 않는다. 그래서 예컨대, 5 · 8급, 5 · 9급, ……이라는 식으로 백 단계로 나누어 약간의 진보만 느껴져도 급을 올려 줘 보았다. 역시 읽을 때마다 급이 올라간다는 것은 보람 있는 일이어서 읽기에 대한 아이들의 관심은 날로 높아졌다.

이렇게 하면 각 아동의 목표가 확실해져서 상급자나 하급자나 각자 나름대로 노력하게 된다. K도 0.1급씩 올라갈 때마다 기뻐하면서 열심히 읽으려는 태도를 보였다.

(2) 집단 속에서 자신감을 갖게 한다

이어서 소집단마다 하나의 제재를 놓고 읽혀 보았다. 즉 소집단끼리 의논해서 단락 등을 나누거나 역할을 정해서 읽는 것이다. 그리고 소집단끼리 대항시켜 '우수상', '노력상' 등을 준다. 소집단 전원이 서로 협력해서 잘 못 읽는 아이를 가르치는 모습도 눈에 띈다.

이런 과정 속에서 읽기가 서투른 아동의 실력이 점점 좋아지게 되었다.

그러나 K가 책을 읽을 수 있게 된 것은 학예회에서 낭독극을 한 후이다. 이제까지 학예회는 학년단위로 해 왔으나 그해부터 학급단위가 되어, 한 학급이 하나의 목표를 향해 노력하게 되었다.

전원이 참가할 수 있는 낭독극은 내용이 쉽고 하나하나의 단어를 음미하게 된다는 장점이 있다. 처음에는 학급 전체가 금세 일정한 수준에 도달하여 K 혼자만 처지게 되었다. 그러나 어느 날 읽기가 능숙한 아이의 대사가 아무래도 마음에 들지 않아 여러 명에게 시켜 보았는데, 놀랍게도 K가 가장 자연스러웠다. 그날 이후 K는 자신감을 얻게 되었다. 조그만 사건이 계기가 되어 자신감을 갖고 나면 나머지는 수월한 것이다.

2. 독서를 하기 싫어하는 학생

(1) 소집단에서 책 소개를 한다

일 학년인 C는 밖에서 노는 걸 무엇보다도 좋아하는 여자아이였다. 쉬는 시간이면 제일 먼저 교실을 뛰쳐나가 여기저기 활발하게 돌아다니는 타입으로 독서 따위는 아주 싫어했다. 그러나 글자를 읽지 못하는 것이 아니었으므로 특별히 걱정하지는 않았다.

2학기가 되어 학급에서 소집단마다 책 소개를 하게 되었다. 책을 읽고 그림연극으로 만들어 내용을 알기 쉽게 소개하는 것이다. 처음에는 어렵다면서 싫어할 줄 알았으나 아이들은 의외로 아주 좋아했다.

C는 리더 격이었으므로 더욱 열심이어서 이 책 저 책 찾아보면서 책 고르기에 여념이 없었다. 책을 고르고 나자 장면마다 분담해서 그림을 그리도록 지시했다. 발표회 날, C가 속한 그룹은 대호평을 받았다.

이 일이 있고 난 후 책 읽는 모습이 자주 눈에 띄게 된 C에게,

"요즘 들어 책을 아주 좋아하게 되었나 보구나. 참으로 잘된 일이야."

하고 칭찬해 주었다. C는 만족한 표정을 지으며 독서에 더욱 열중했다.

(2) 책을 좋아하게 되도록 연구한다

한 권의 책을 읽을 때마다 카드를 주거나 스탬프로 그래프에 표시하게 함으로써 아이들을 격려할 수 있다. 다만 교실 뒤에 오랫동안 게시하거나 부모에게 보여 줄 일은 아니다.

계속할 가치가 있는 일은 최고의 책을 읽어 주는 것이다. 우선 독서하기 싫어하는 아이에게, 책을 읽어 보자는 의욕을 갖게 해야 한다. 듣는 것은 즐겁지만 스스로 읽기는 귀찮다고 생각하는 아이가 상당히 많은 것이 현실이다. 그런 아이들에게도 독서에 대한 의욕을 가질 수 있도록 끈질기게 시도해 본다. 나는 장편과 단편을 교대로 읽어 주곤 하는데 충분한 이해력이 없는 아이들도 재미있다는 듯이 듣는다. 때로 도중에 읽기를 그만두면 어머니를 졸라 그 책을 사는 아이도 있다.

3학년에서 학급문고를 만든 적이 있는데, 읽는 아이는 항상 정해져 있었다. 어느 날, 나는 폐품으

로 내려고 가져왔던 내 아들의 잡지를 교실에 들여놓아 보았다. 아무도 거들떠보지 않을 줄 알았으나 의외로 인기가 좋았다.

"여러분 모두 책을 좋아하는군요."

하고 말해 주자,

"그런데, 잡지잖아요, 만화도 있고요."

라고 대답하는 것이었다.

【잠깐 9】 독서에 문제가 있는 아동

- 독서편향아
- 독서지체아
- 독서부진아
- 독서과다아
- 독서조숙아
- 독서분열아

- 사진이나 그림만 본다.
- 책을 사 모을 뿐 읽지 않는다.
- 더러워질까 봐 읽지 않는다.
- 부록만 읽는다.
- 누워야만 읽을 수 있다.
- 음악, 잡음이 있어야만 읽는다.

만화는 물론, 도감이나 잡지 등은 아무리 읽어도 주위 사람들이 독서로 인정해 주지 않으므로 자기는 독서를 전혀 하지 않는 셈이라고 생각하는 아이가 있다.

나는 잡지든 도감이든 읽는 건 무척 좋은 일이라고 생각한다. 따라서 자신감을 갖고 좋아하는 책을 읽을 수 있도록 학급 분위기를 조성한다.

그러나 좋은 동화나 역사물 등에도 관심을 갖게 하기 위해 인형극, 그림연극 등을 도입하기도 한다. 아이들은 극화해서 상연하는 일에 유별난 흥미를 나타낸다. 상연에 앞서 책을 몇 번이고 읽어 내용을 완전히 외어 버리기도 한다. 그리고 그 결과, 책에 대한 애착을 가질 수 있다.

어쨌든 독서하기 싫어하는 아이에게는 우선 어떤 의미에서든 책을 좋아하게 만드는 것이 중요하다.

독서에 문제가 있는 아동의 경향을 간추려 보았다. 이 중에서 독서지체아, 부진아, 분열아는 지도하기가 매우 어렵다고 한다.

어쨌든 내버려 두면 책을 전혀 읽지 않게 되므로, 책을 읽는 데 장해가 되는 요인을 제거해 주어야만 한다.

가장 중요한 것은 책이 가지고 있는 힘을 깨닫게 하는 내적인 지도이다. 알기 쉽게 말하자면, 재미, 즐거움 등을 느끼고 책을 찾게 하는 것이다.

3. 손가락을 사용해서 계산하는 학생

(1) 아동의 능력을 파악한다

4학년인 T(女)는 아직도 손가락을 사용하지 않으면 계산을 하지 못한다. 밝고 솔직한 성격의 소유자로서 성적은 낮지만, 집안일 따위를 잘하는 아이다.

그래서 의식적으로 말을 걸어 친숙해진 다음, 손가락에 관한 문제를 다루어 보았다.

"아직도 손가락으로 세어야 하니?"

좋지 못한 표현이었다고 생각했으나, T는 오히려 생긋 웃으며 "네." 하고 대답했다. 그래서 재빨리 일 학년 초에 배운 덧셈, 뺄셈 문제를 가리키면서, "손가락을 사용하지 않고 어느 정도나 할 수 있는지 해 보자." 하고 말하자, 금세 눈물이 글썽해져서 고개를 젓는 것이었다. 시간이 많이 걸려도 괜찮다고 했으나 소용없었다. 아마 집에서도 부모로부터 주의를 받았던 괴로운 기억이 있나 보다고 생각하고, 나의 서툰 시도는 단념해 버렸다.

무슨 일에나 개인차가 있기 마련이지만, 이 문제도 입학 전에 이미 손가락을 사용하지 않고 계산하게 된 아이가 있는가 하면 T와 같이 학년이 높아져도 수를 자기의 신체로 느낄 수 있는 개념으로서만 알고 있는 아이도 적지 않다. 後者의 경우, 갑자기 손가락 사용을 금지해 버리는 건 무리가 아닐 수 없다.

(2) 조금씩 계산방법을 고쳐 간다

N이라는 여자아이도 때때로 손가락을 사용한다. N은 두 자리 수의 덧셈, 뺄셈을 할 때만 사용하는데, T에 비해 속도가 빠르고 합리적이다.

그래서 우선 T에게 손가락을 사용해서 가르쳐 보기로 했다.

5+2의 문제에서 T에게 N의 방식을 설명하고 여러 번 해 보게 하자, 차츰 2의 방식을 사용하게 되었다. 7-2의 문제도 나머지가 5가 되는 같은 패턴의 문제를 반복해 가자 일일이 손가락을 사용하지 않고 5라고 대답했으므로 크게 칭찬해 주었다.

그러고 나서 매일 쉬는 시간을 이용해서 손가락과 카드, 손가락과 타일 등을 병행하여 특별훈련을 시켰다. 오랜 시간은 아니지만 대답하는 속도가 점점 빠르고 정확해져서 매일같이 칭찬해 주어야 했다.

10 이하의 덧셈, 뺄셈은 일주일 만에 상당한 진보를 보였다. 그래도 손가락을 사용할 때는 나와 반대방향을 향하곤 했다.

대부분의 아이들은 2학년 정도가 되면 손가락을 사용하지 않고 계산할 수 있게 되지만, 그렇지 못한 아이도 있으니 세심하게 배려해야 한다.

4. 자료를 이해하지 못하는 학생

사회과목의 경우는 교과서 이외에 다른 자료를 활용하는 일이 많다. 교과서에만 의존한 강의식 수업은 아이들을 쉽게 싫증나게 하며 자주적인 학습태도를 육성할 수 없다.

따라서 '이 부분을 모두 함께 조사해 보자'는 식으로 자료와 접하게 해야 한다.

그러나 교과서를 통한 학습은 어떻게 따라오지만, 이런 학습이 되면 무엇을 어떻게 해야 할지 모른 채 멍하니 있는 아이가 적지 않다. "이런 책을 찾아보자."고 하면 일단 찾아는 오지만, 그 참고서로 어떻게 조사해야 할지 모르고 그저 바라보고만 있다.

이런 아이는 '조사한다'는 학습에 익숙하지 않을지도 모른다. 또한 수동적인 학습에 길들여져 있어 적극적으로 열중하는 자세가 없는지도 모른다.

(1) 자료를 보는 방법에 대해 가르친다

아동에 따라서는 '자료를 조사하는' 학습을 시작하자마자 의욕을 잃어버리기도 한다. 이런 경우에는 '자료를 보는 방법'에 대해 생각하는 수업을 도입하는 것도 재미있을 것이다.

트라펜업이나 OHP 등은 이런 수업을 위해 매우 효과적이다. 아이들 주변에 있는 참고서 중에서 자료가 될 만한 것을 TP로 해서 베껴 준다. 그리고 그 자료의 어느 부분을 어떻게 사용할 수 있을지에 대해 아이들과 함께 생각한다. 세세한 자료를 크게 투영해서 '보는' 즐거움과 결부시켜 자료를 이해하게 하는 것이다. 학습 후에 "이것은 ……라는 사전에 실려 있었어요. 이번에는 여러분도 찾아보세요." 하고 시사해 준다.

(2) 적은 자료를 활용한다

조사하는 학습을 시키면 모두들 도서실로 몰려가서 이것저것 찾아보지만, 결국 "선생님 어떤 책을 조사해야 돼요?" 하고 물어 온다.

이런 때는 목표도 없이 찾게 하지 말고, "이런 책을 찾아보세요." 하고 힌트를 주는 편이 좋다.

학교에 따라서는 아이들 모두에게 '자료집'을 사게 하기도 하는데, 이 '자료집' 한 권만으로도 상당한 양을 조사할 수 있다. 통계적인 것은 한 권의 자료집만으로는 확실히 알 수 없으나, 우선은 하나의 자료를 정확히 볼 줄 아는 것이 중요하다. 거기에서 느낀 의문 등에 대해서는 또 다른 것에서 조사하는 단계적 지도가 필요하다.

(3) 작업 중에 자료 보는 법을 학습한다

자료를 찾는 데 시간이 걸리는 아이나 자료를 활용할 줄 모르는 아이는 학습 초부터 싫은 표정을 짓고 있다. 따라서 자료를 보고 알게 된 것을 연결시켜 주도록 한다.

예컨대, ‘4대 공업지대 조사’라면 학급을 네 개의 그룹으로 나누고 각 그룹마다 조사한 것을 표나 그림으로 정리하게 한다. 자료를 볼 줄 모르는 아이는 똑똑한 리더가 있는 그룹에 소속시킨다. 그리고 그룹끼리 협력해서 작업하는 동안 어떤 자료를 어떻게 정리하면 좋은지 체득시켜 간다. 자료를 이해한다는 것을, 각자의 개별적인 행위로부터 모두 함께 작업하는 가운데 학습시키는 것이다.

5. 실험을 싫어하는 학생

T는 일상생활 속에서는 극히 평범하고 정상적인 여자아이다. 국어나 사회를 잘해서 수업시간에 조사해 온 것을 자주 발표하기도 한다. 그러나 자연을 무척이나 싫어해서, 자연이 있는 날은 안색마저 창백해질 정도이다. 전혀 위험하지도 않고 손을 더럽힐 염려도 없는 실험재료인데도 절대로 만지려고 하지 않는다.

광합성반응을 알아보는 실험을 할 때였다. 알루미늄박으로 씌운 감자의 잎을 만지기 싫어해서 그 조의 조장으로부터 주의를 듣고 있기에, 나는 무심코, “T야, 썩은 것이 아니라 시든 상태이니깐 신경 쓰지 말고 만져도 된단다.” 하고 타일렀다. 그랬더니 원래 울보도 아닌 아이가 훌쩍거리며 울기 시작했다.

“그래도 왠지 더러운 것 같아요.”

이렇게 말하는 데는 도무지 대책이 서질 않는다. 이렇게 극단적인 경우는 드물다고 해도 대부분의 여자아이들은 적극적으로 실험을 하려고 하지 않는 것 같다. 물론 남자아이들 중에도 그런 아이가 있긴 하지만…….

(1) 흥미 있는 실험을 준비한다

그래서 광합성실험, 숨구멍관찰을 끝낸 다음 교과서에는 없지만, ‘잎맥을 집어내는 실험’을 해 보기로 했다. 이전에도 다른 학급에서 해 본 적이 있는데 실험이 끝난 후에 잎맥에 색을 칠해 예쁜 ‘서표(書標)’를 만들면서 아이들이 즐거워하던 기억이 떠올랐기 때문이다.

또한 이 실험은 특별한 약품을 사용하지 않고 절차도 간단하므로 일단 끝낼 수만 있다면 자연에 대한, 아니 실험에 대한 이상한 인식을 없앨 수 있다고 생각되었다.

각 아동이 자기의 것을 만들기 때문에 싫어도 손을 대지 않을 수가 없는 실험이기도 했다. T가 하는 모습을 관찰하자, T는 잠시 망설이다가 옆 사람의 권유에 따라 실험을 하기 시작했다. 그래도 처음에는 가성고다용액을 무서운 물건이라도 되는 것처럼 응시하고 있었다.

마침내 잎이 부드러워져서 아이들은 각자 자기의 일에 착수하게 되었다.

“T야, 아주 부드러워졌어.”

하는 소리에 다가가 보니, T가 부드러워진 잎을 칫솔로 정성껏 두드리면서 그 녹색부분을 집어내고 있었다. 두드린 다음 물로 씻고 다시 두드리는 것인데 T의 작업도 순조롭게 진행되는 것 같았다.

잠시 후에, "선생님, T는 이미 끝냈어요." 하는 조장의 목소리가 들려왔다. 다가가 보니 아주 깔끔하게 집어낸 잎맥이 놓여 있었다. 약간 신경질적인 성격이기 때문에 오히려 잘해 낸 것이다.

(2) 안전하고 순조로운 실험방법을 연구한다

실험이라고 하면, 항상 어수선한 준비나 뒤처리 시간이 떠오르게 된다. 실험에 흥미를 느끼지 못하는 원인은 이런 점에도 있지 않을까? 준비나 뒤처리를 빨리할 수 있도록 학급이 아닌 학년단위로 실험을 계획하는 것이 좋다고 본다. 안전하고 순조로운 실험방법을 연구하면 T와 같은 아이는 저절로 없어질 것이다.

6. 실험기구를 잘 다루지 못하는 학생

S(女)는 자연을 싫어하기보다는 오히려 의욕을 보이는 편이지만, 기구를 다루려고 하지 않는 점이 유별나다. 꼼꼼한 성격을 가졌기 때문에 자기가 맡은 일을 정확히 해내는 아이였다. 그래서 그 원인을 조사하기 위해 S의 모습을 관찰하기로 했다.

S는 어떤 실험을 하더라도 직접 손을 대지 않는 기록 역할 따위만 맡는 것 같았다. 나는 이런 상태가 계속되면 자연과목 자체를 싫어하게 될 것 같아 대책을 세워 보았다. S뿐만 아니라 성격적으로 얌전하고 무슨 일에나 소극적인 아이가 몇 명 있었으므로 소집단을 구성해서 진행시키기로 했다.

(1) 학습위원을 시켜 본다

우선 자연과목의 학습위원에게 양해를 얻어 임시로 S에게 학습위원을 시켜 보았다. 학습위원이 되면 사전에 학습준비를 해 두어야만 한다. 실제로 기구를 다루지 않을 수가 없는 것이다. 그래도 S는 좀처럼 기구에 손을 대지 않으려고 했다. 다른 아이에게 부탁해서 운반하게 하는 모습은 흡사 무서워서 벌벌 떠는 느낌을 주었다. 나는 바로 S의 공포심에 원인이 있다는 사실을 깨닫게 되었다. 이런 아이는 무서움을 탈 뿐만 아니라 손재주가 없는 경우가 많다. S는 성격이 꼼꼼한 만큼 '잘해 내야만 할 텐데……' 하고 초조해하는 경향이 있다. 처음에는 그렇게도 싫어하던 S도 익숙해지자 기구를 다루는 솜씨가 아주 좋아졌다. 뒤처리는 다른 아이들보다 훨씬 깔끔했다. 다만 시간이 많이 걸리는 것이 흠이었다.

(2) 기구를 손상시켰을 때, 나무라지 않는다

비커, 메스실린더, 플라스틱 등 깨뜨리기 쉬운 기구가 적지 않다. 장난을 치다가 깨뜨렸을 때는 물론 주의를 줘야겠지만 열심히 하는 도중에 어쩔 수 없이 깨뜨릴 경우도 있다. 안전에 신경 쓴 나머지, "깨뜨리지 않도록 주의해서 다뤄야 해요." 하고 다짐을 주는 교사가 있으나, 이 '깨뜨리지 않도록'이라는 말 때문에 아이들은 한층 긴장하게 된다. 따라서 실수할 가능성도 높아진다.

(3) 적극적으로 몰두하게 한다

상당히 익숙해졌으므로 S를 임시적으로 물러나게 했으나 좀 더 적극적으로 학습하게 하기 위해, 자연시간에만 '반장'을 시켜 보았다. 그리고 반장에게 실험이나 관찰을 준비시키거나 모든 사람의 의견을 정리해서 보고하는 역할을 맡겼던 것이다.

곰팡이를 현미경으로 관찰하는 시간이 되자, 이제까지 한 번도 다뤄 보지 않은 현미경을 솜씨 좋게 운반하거나 조절하는 모습도 보여 주게 되었다. S와 같은 아이에게는 실험에 몰두할 수 있는 기회를 만들어 줌으로써, 학습에 흥미를 갖게 하는 것이 중요하다.

7. 생물을 돌보거나 관찰하지 못하는 학생

3학년을 담임하고 나서 2학기가 된 어느 날의 일이다.

"선생님, 금붕어가 죽었어요." 하면서 몇 명의 아이들이 울상을 지은 채 나를 찾아왔다. 교실에 가 보니 10마리 중에서 3마리가 수면에 둥둥 떠 있는 것이 아닌가. 아이들에게 어찌된 일이냐고 묻자, 지난주의 당번이었던 S(男)가 먹이를 너무 많이 주고 물을 갈아 주지 않았기 때문이라는 것이다.

나는 일주일 전에도 S가 꽃의 물을 갈아 주지 않아 시들어 버리게 한 일이 있었음을 상기했다. 1학기 내내 반에서 기르는 생물들이 건강하게 잘 자라고 있었으므로, 나는 솜씨가 서툰 아이도 있다는 사실을 전혀 염두에 두지 않았던 것이다. S가 꽃의 물을 갈아 주는 일을 잊었을 때도 그저 "앞으로 잊지 마라." 하고 가볍게 주의를 주었을 뿐, 본인과 길게 이야기해 보지 않았다.

"왜 금붕어의 물을 갈아 주지 않았니?" 하고 묻자, 잠시 머뭇거리더니, "잊어버렸어요." 하고 대답했다. 그리고 먹이를 많이 준 이유는 금붕어가 잘 먹기에 배가 고픈 줄 알고 계속 주었다는 것이다.

(1) 잘하게 되면 칭찬한다

다음 날부터 나는 당번인 아이와는 반드시 이야기를 주고받음과 동시에 꽃이나 금붕어를 돌보는 당번표를 만들었다. 그리고 일주일쯤 지나면 내게 제출하게 했다.

S가 꽃 당번이 되었을 때, 나는 매일 성의껏 지켜봤다. 그러나 한 번도 거르지 않았다. 다른 아이들이 당번을 맡았을 때도 자주 칭찬해 주었으나, S의 경우는 지나치다 싶을 만큼 힘껏 칭찬해 주었다. 다른 아이들도 S가 많이 달라졌다고 의식하는 듯했다.

(2) 함께 생각해 준다

드디어 금붕어를 돌볼 차례가 S에게 돌아왔다. 나는 S가 먹이를 줄 때 함께 붙어 있어 보았다. 의외로 먹이의 양이 많았다.

"S야, 아직도 좀 많구나. 이 정도가 좋겠다." 하고 한 번에 주는 양을 가르쳐 주었다.

이렇게 해서 S는 금붕어도 잘 돌볼 수 있게 되었다.

생물을 돌보거나 관찰하는 일이 서툰 아이는 교사가 성의를 갖고 돌봐 주고 아이의 입장에 서서 항상 생각해 줄 필요가 있다. 그리고 구체적인 방법을 가르쳐 주면서 자기가 맡은 일에 대한 책임을 완수하게 하는 것이다.

8. 악기를 싫어하는 학생

악기를 싫어하는 아동이 의외로 많은 것 같다. 내가 맡은 6학년 학급의 K라는 남자아이는 다리가 부자유스럽기 때문에 4학년 때까지 등교하는 날이 적었고 따라서 성적이 부진했으며 친구도 거의 없었다. 5학년이 되면서부터 친구가 생기기 시작했고 그에 따라 학교에 다닐 의욕도 조금씩 생겨난 것 같았다.

K가 가장 싫어하는 과목은 음악으로서 특히 피리를 싫어했다.

어느 날의 일이다.

"선생님, 오늘 K가 음악선생님한테 혼났어요." 하고 반 아이들이 알려 주는 것이었다. 이유를 묻자, K가 여러 번이나 피리를 가져오지 않았다고 한다.

(1) 모두 함께 응원한다

그래서 나는 K에게 피리를 가르쳐야겠다고 생각했다. 기초가 되어 있지 않은 K에게는 무조건 시간을 두고 연습시키는 수밖에 없다. 매일 방과 후에 도레미파솔라시도부터 연습시키는 것이다. 피리를 잡는 방법, 손가락의 위치는 제대로 알고 있었다. 그러나 그다음은 아무리 연습을 반복해도 진척이 없다.

그런데 어느 날 반장인 E가, "선생님, 저희들이 K를 돕겠어요." 하고 제안해 왔다. 순간 그건 무리가 아닐까 생각했으나 K가 요즘 들어 조금씩 명랑해지기 시작한 것이 친구들 덕택이라고 생각되었으므로 일단 맡겨 보기로 했다. 그리고 얼마 후에 회의를 마친 내가 교실로 돌아와 보니 방과 후인데도 여러 명이 모여 피리합주를 하고 있었다. 조화된 소리라고는 할 수 없었으나 모두 열심히 하고 있다는 느낌이 들었다. K 이외에 5명의 아이들이 둥글게 모여 서 있는 모습은 내 가슴에 뭉클하게 와 닿았다. 앞으로 잘되어 갈 것이라는 확신이 섰던 것도 이때이다. K는 차츰 실력이 붙어 갔을 뿐만 아니라, 연습할 때는 싫은 표정도 찾아볼 수 없게 되었다.

(2) 그 아동의 페이스를 존중한다

고학년이 될수록 곡목도 어려워져서 악기를 본래 싫어하는 아이는 점점 더 악기를 멀리하게 된다. 다른 사람보다 실력이 뒤떨어지는 아이에게는 그 아이의 페이스를 존중해 주는 것이 중요하다고 생각된다. 어려운 곡목을 연습시키기보다는 음계가 쉬운 곡목을 하나 마스터시켜 성취감을 느끼게 함으로써 다음 단계로 유도로써 다음 단 K의 경우써 현재로는 아직 뒤처지지만 머지않아 다른 아이들과 같은 수준에 도달하게 될 것이라고 믿는다. 친구들이 애정을 가지고 그를 도와주고 있기 때문이다. 어쩌면 교사보다 친구들 쪽이 훨씬 효과적인 지도를 할 수 있을지도 모른다.

9. 음감 · 리듬감이 부족한 학생

어른들 중에도 "나는 음치라서……" 하며 노래 부를 기회를 극구 사양하는 사람이 있다. 또한 실제로 부르는 것을 보아도 무슨 노래인지 알 수 없을 만큼 이상해서 좌중을 웃기는 경우도 적지 않다. 그러나 음의 강약이라든가 고조, 리듬감 등에 대해 전혀 반응이 없는 사람은 극히 소수에 불과하다. 따라서 보통 음감이나 리듬감이 부족한 것은 어릴 적에 음악적 환경이 전혀 주어지지 않았다든가 가정이나 학교에서 심한 주의를 받아 열등감을 갖게 되었다는 후천적 요인이 강하게 작용한다.
따라서 이런 아이들을 지도할 때는 그 아이 자신의 정신적인 껍질을 벗게 하는 것이 중요하다.

(1) 놀이를 통해 음감 · 리듬감을 기른다

아이들의 놀이 중에는 리듬감이 있는 노래를 부르면서 하는 것이 많다. 쉬는 시간에 아이들과 함께 교정으로 나가 그런 놀이를 함께해 보는 것이다.
음악에서의 리듬감은 신체적인 반응이기도 하다. 즉 리듬감은 신체적 반응에 호소함으로써 지도할 수가 있다. 따라서 공 던지기나 줄넘기 등도 넓은 의미에서는 매우 효과적인 음악학습이라고 할 수 있다.
이렇게 생각하면 노래나 음악을 동반하지 않고도 몸을 움직이는 놀이는 음악의 기초를 배양하는 셈이다. 이런 놀이를 통해 음감 · 리듬감이 부족한 아이를 효과적으로 지도하는 것이다.

(2) 학습을 통해 음감 · 리듬감을 기른다

놀이뿐만 아니라 학습 속에도 노래나 음악을 도입할 수 있다.

'학급의 노래'를 부르면서 하루를 시작하는 학급이 있다. 그것도 아이들이 직접 만든 노래로 말이다. 만일 그것이 무리라면 이미 노래의 가사만 바꾸는 것도 괜찮다. 중요한 것은 교실 안에 언제나 즐거운 노래가 흐르고 있다는 사실이다. 급식시간에는 '급식의 노래', 청소할 때는 '청소의 노래'라는 식으로 보다 적극적으로 도입하는 것도 좋다. 노래를 즐겨 부르는, 음악 속에 묻혀 사는 듯한 분위기에 음감 · 리듬감이 없는 아동이란 있을 수 없다.

(3) 개인을 존중하는 음악수업을 한다

음감 · 리듬감이 없다는 것은 그 아이의 성장과정의 어딘가에 음악에 대한 저항감이 싹트게 되었다는 의미이다. 따라서 음악수업은 우선 무조건적으로 즐거워야 할 필요가 있다. 각 아동에게 어떤 저항감이 있으면 음감 · 리듬감은 길러지지 않는다.

만일 그래도 그런 아이가 남아 있다면 그 아이의 어디에 어떤 저항감이 있는지 그 원인을 캐 본다. 그리고 그 아이가 저항감을 갖지 않고 즐겁게 음악수업에 몰입할 수 있게 해 준다. 호통을 치거나 창피를 주어서는 안 된다. 또한 수업 속에 음감이나 리듬감을 기르는 기초연습을 반드시 설정해 둔다. 음악수업은 각 아동이 즐겁게 노래하고 연주하면서 유쾌하게 보낼 수 있어야 한다고 생각한다. 모두 환하게 웃는 얼굴로 배우는 분위기, 그 속에서 음감 · 리듬감은 길러지는 것이다.

10. 그림 솜씨가 없는 학생

항상 하나의 형에 끼워 맞춘 듯한 그림만 그리는 아이가 있다. 집이 있고 나무가 있고 화단에는 튤립이 피어 있는 그림을 미술시간마다 정해 놓고 그리는 것이다. 색깔도 나무는 녹색, 꽃은 빨강색이라는 식으로 늘 고정적이다. 지식적 · 개념적일 뿐 어린이다운 생생한 감정이 들어 있지 않은 그림이다.

이런 그림밖에 그릴 줄 모르는 아이들을 좀 더 자유롭고 약동감 넘치는 그림으로 인도하는 방법이 없을까?

(1) 대상을 제대로 보게 한다

이런 아이는 교실에서 그려도, 교정에서 그려도 항상 똑같은 그림만 그린다. 디자인이든 사생이든 모두 비슷하다. 즉 그리려고 하는 것은 애초부터 정해져 있는 셈이다. 대상을 제대로 보지 못하는 것이다. 집의 모양은 이렇고, 꽃은 꽃은 꽃은겼다는 선입견만으로 그림을 그린다. 따라서 이런 아이에게는 우선 그림을 그리기 전에 대상을 정확히 보게 하거나 혹은 꽃미지를 떠올리게 하는 것이 중요하다. 지붕의 모양, 벽의 색깔, 창이나 문의 형태가 어떤가, 나뭇가지는 잎의 색깔이 한 가지 색으로 보이는가, 흙의 색깔은 어떤가, 동화의 줄거리를 그림으로 그린다면 주인공이 어떤 모읙리게쓰고 옷을 입었는가, 구두의 색깔은 무엇인가, 뚱뚱한 편인가 마른 편인가, 주변의 인물 중에서 누구와 제일 비슷한가 등등. 그리려고 하는 대상을 자세히 볼 수 있는 관점을 제시해 주어야 한다. 그 아이가 평소에 그리고 있는 그림과 대상을 비교해 보게 하는 것도 좋다. 단순한 선과 모양, 색만으로도 그릴 수 없다는 사실을 이해시키는 것이다.

(2) 여러 가지 재료로 그리게 한다

항상 같은 용구, 같은 방법으로 그리게 할 것이 아니라, 재질에 변화를 주어 본다. 크레용으로 대충 데생을 해서 붓으로 색을 칠하는 방법이 있다. 이 반대로 가능한 것이다. 매직도 사용할 수 있다. 색종이를 찢어 붙이는 방법도 있다. 또한 붓 대신 솔이나 나무젓가락, 혹은 손가락 끝으로 물감을 칠하게 하는 등 갖가지 방법을 생각할 수 있다. 즉 여러 가지 방법을 연구해 봄으로써 한정된 개념적 사고나 방법을 타파하게 하는 것이다. 그림이라는 것은 자기가 그리고 싶은 것을 생생하게 표현하는 수단임을 깨닫게 한다.

(3) 생활 속에 감동을 도입한다

개념적으로 그림을 그리는 아이는 일상생활 속에서 감동을 경험하지 못하는 것이 아닐까? 온순하고 소극적이며 곧이곧대로인 아동, 아이다운 생생한 경험을 쌓지 못하는 아동은 감동할 수가 없다. 따라서 일상생활에 생생한 감동이나 경이를 도입할 필요가 있다. 그러기 위해서는 교사의 세심한 노력이 필요하며 늘 규칙적이고 재미없는 수업에서 과감히 탈피해야 한다. 강의식이 아니라, 항상 실물을 통해 발견하게 하고 서로의 의견을 주고받게 한다. 아이의 흥미를 끌 만한 자료나 교재를 준비한다. 아이들 자신의 과제를 갖고 자주적으로 해결하게 한다. 이런 방법적 연구가 필요하다. 풍부한 이미지를 가진 감동적인 소설을 읽어 주어서 감성을 육성하는 것도 중요하다. 훌륭한 그림은 생생한 감동을 통해 태어난다.

■ 제7절 ■ 사례 7: 색깔(색상)을 잘 사용하지 못하는 학생

1. 색깔(색상)의 사용을 잘 사용하지 못하는 학생

같은 녹색을 사용해도 어쩐지 지저분한 느낌이 들게 하는 아이가 있는가 하면, 아름다운 색으로 살려 내는 아이도 있다. 색의 배합이 잘못되었다든가, 팔레트가 깨끗하지 못했기 때문인 경우도 있을 것이다. 그러나 성격이 난폭하다든가 불우한 가정환경에서 자라는 아이는 대부분 아름답고 깨끗한 색깔을 만들어 내지 못하는 것 같다.

따라서 그런 아이를 지도할 때는 성격적인 면에서의 교정이나 부모의 이해와 협력이 전제조건이다. 여기에서는 담임교사로서 우선적으로 취해야 할 조처에 대해 알아보자.

(1) 아름다운 것과 접촉할 기회를 만든다

학교에서 TV방송프로를 소재로 사용할 때 아름다운 칼라를 내는 것을 고른다든가, 조잡하지 않은 색깔로 그려진 그림책을 보여 준다든가 하는 사소한 배려가 사실은 매우 중요한 구실을 한다.

이렇게 '아름다운 것과 접촉하게 하면 자연스럽게 효과를 얻을 수 있다.' 또한 교실환경을 아름답게 가꾸는 것도 중요하다. 예쁜 꽃으로 장식하면 끝나는 것이 아니다. 요는 아름답게 정돈한다는 마음가짐을 갖게 하는 것이다. 책상 속이나 사물함, 책장, 벽면, 학용품, 복장 등등 주변의 모든 것을 정돈할 수 있어야 한다.

따라서 이것은 비단 학교에서만의 문제가 아니라 가정의 협력이 필수적이다.

생활 속에서 아름다운 것과 아름답지 못한 것에 대한 인식이 싹트는 것이다.

(2) 친절하게 조언하거나 칭찬해 준다

그림에서는 지저분한 색과 대비로 아름다운 색을 살리는 방법도 있는 만큼, 지저분한 색을 절대로 사용해서는 안 된다는 건 아니다. 그러나 난폭하거나 제멋대로인 사용법 때문에 색깔이 지저분해질 경우는 확실히 문제가 있다.

사물을 진지하게 관찰하고 감정을 담아 그린다면 색이 지저분해지지 않을 것이다. 따라서 그런 그림을 그리는 태도라는 것이 문제가 된다. 그러나 이런 것은 미묘하고 복잡한 문제이므로, 우선은 아이들이 그림을 그리는 현장에서 "이 색은 이렇게 칠하면 깨끗하고 예쁘게 나타나지 않겠니?" 하고 구체적으로 조언해 주도록 한다.

"이렇게 지저분하게 칠해서는 안 돼." 하고 야단치지는 말자. 그렇지 않아도 그림 그리기라면 지겨워하는 아이인 것이다. 조금이라도 잘 칠한 부분이 있다면 그 부분을 집중적으로 칭찬해 준다. 아이들이란 칭찬을 받으면 더욱 분발하기 마련이다. 나머지 부분도 칭찬받은 부분처럼 칠하려고 노력하게 될 것이다.

이런 식으로 끈기 있게 조언하고 칭찬해 주는 동안에 아이들은 조금씩 색에 대한 감각을 익히게 된다. 음악이나 미술 같은 예능과목은 모두 마찬가지겠지만 노래 부르기나 그림 그리기나 그 행위 자체를 즐기는 것이 무엇보다도 중요하다. 아무런 감동도 없이 '빨리 끝내야지.' 하는 마음만으로는 아름다운 작품이 탄생될 리가 없다. 따라서 교사는 즐거운 수업이 이루어지도록 노력할 필요가 있다.

2. 철봉을 사용한 운동이 서툰 학생

4학년인 S(男)는 2학년 때부터 살이 찌기 시작해서 지금은 반에서 가장 체중이 많이 나가는 비만아가 되었다. 다른 운동은 그런대로 할 수 있겠지만, 철봉 종목만은 앞으로 돌기조차 제대로 하지 못했다. 본인도 철봉은 완전히 포기한 상태였으나, 그래도 내심으로는 다른 아이들처럼 해 보고 싶었는지, "어떻게 해야 철봉을 잘할 수 있을까? 나도 하면 되지 않겠냐?" 하고 친구들에게 묻곤 했다. 그래서 앞으로 돌기 정도는 어떻게든 할 수 있게 도와주기 위해 다음과 같은 대책을 강구했다.

(1) 지도 · 기록 카드를 만든다

우선 철봉과 친숙해지게 하고 복 근력이나 팔 힘 등 기초체력을 기르게 하며, 철봉의 단계에 따른 지도의 세 가지 사항을 중심으로 아래와 같은 카드를 만들어 스스로 기입하게 하기로 했다. 그리고 매일 등하교 시에 철봉을 매달리는 연습만이라도 하게 했다. 또한 가족들에게도 협조를 바란다는 편지를 띄웠다.

(2) 매일 조금씩 연습시킨다

다음 날 아침부터 S는 철봉연습을 시작했다. 등교하면 곧 철봉대가 있는 곳으로 가서 철봉에 뛰어오른다. 세 개 중에서 가장 낮은 것에 매달려 버텨 본다. 첫날은 3초밖에 매달릴 수 없었다. 그러나 매일 계속해 가면 오랫동안 매달릴 수 있을 것이라고 격려해 주었다.

나도 철봉을 할 수 있다!(기록카드)　　　　　　　　　　　　매일 빠짐없이 연습하자.

항목 \ 날짜		3/25	/	/	/	/	/
등교	팔 굽혀 매달리기	3초					
	턱걸이	저(低) ○ 중(中) × 고(高) ×					
하교	팔 굽혀 매달리기	3초					
	턱걸이	저(低) ○ 중(中) × 고(高) ×					
비스듬히 매달리기		2회					
복근운동		0회					
팔굽혀펴기		2회					
깨달은 점		오늘은 처음이라서 그런지 잘되지 않았다.					

　이어서 턱걸이 연습이다. 가장 낮은 철봉에서부터 시작하여 점점 높이를 높여 간다. 이것도 가슴 높이의 철봉이 되면 제대로 하지 못한다. 이것을 하게 되면 앞으로 돌기는 아주 쉬워진다고 말하고 그날의 아침연습을 끝냈다.

　하교 시에도 똑같은 것을 반복 연습시키고 그 결과를 기록카드에 기입하게 했다. 또한 집에서는 가족들의 도움을 받아 윗몸일으키기, 팔굽혀펴기 등의 복근운동을 하도록 지시했다.

　이렇게 연습시킨 지 열흘이 지났을 때 높은 철봉에서 턱걸이를 할 수 있게 되었으며, 바로 그날, 앞으로 돌기도 시도해 보았는데 썩 잘하지는 못했지만 그런대로 할 수는 있었다.

　이렇게 되자 S 자신도 철봉에 재미를 느끼게 되었다. 앞으로 돌기만으로 만족하지 않고 거꾸로 매달리기에 도전했는데 친구들의 도움을 받아 연습을 시작한 지 두 달 만에 목표를 달성할 수 있었다.

　S는 현재도 철봉연습에 여념이 없다.

3. 체력이 딸려 운동을 하려고 하지 않는 학생

　"나는 운동회가 있는 가을이 되면 기분이 나빠진다. 왜냐하면 달리기도 꼴찌이고 무엇을 하든 잘 안 되기 때문이다. 운동회에 나가지 않을 수 있는 방법은 없을까?"

　학급일기에 이렇게 써 놓은 A는 4학년생으로 별로 눈에 띄지 않는 조용한 여자아이이다. 국어나 산수는 중간 정도의 성적을 받고 있으나, 체육시간이 되면 연락 노트의 "감기에 걸렸으니 체육시간에 쉬게 해 주십시오." 하는 어머니의 전언을 보이면서 빠지기 일쑤인 허약한 아이다.

　제4학년이 되어 담임을 맡은 나는 가정방문을 했을 때, 학교에서 돌아오면 집 안에 틀어박혀 절대로 밖에 나가 놀려고 하지 않는다며 A를 걱정하는 어머니의 이야기를 들었다. 학교에서도 여러 아이들이 뛰어노는 곳에 모습을 나타낸 적이 거의 없었다. 가끔 운동장에 나오면 먼발치에서 아이들의 노는 모양을 물끄러미 바라볼 뿐이다.

　어머니의 이야기로는 어렸을 때 복막염을 앓아 두 달쯤 입원했었는데, 그 이후로 운동을 전혀 하지 않게 되었다고 한다. 학교의 급식도 우유는 거의 다 남겼고 빵은 반쯤밖에 먹지 않았다. 먹는 양이 적은 만큼 체구도 작아 제4학년이지만 제2학년 정도로밖에 보이지 않았다.

(1) 학급의 모든 아이들과 의논한다

　학급일기에는 A가 이렇게 쓴 것도 있었다.

　"내가 청팀과 백팀 중 어느 쪽에 끼어도 아이들은 나 때문에 질 것이라고 말한다. 나는 정말 운동회를 하고 싶지 않다."

　나는 학급의 모든 아이들에게 이 일기를 보여 주고 A는 어릴 적부터 병치레가 많아 몸이 약하다는 이야기를 해 주었다.

　그러자 아이들은 A의 어릴 적의 이야기는 모르고 있었으므로 약간 놀라는 듯했다. 그냥 하기 싫어서 게으름을 피우는 것이라고만 여겼던 것이다.

　이어서 A가 운동을 잘할 수 있게 하려면 어떻게 해야 할까라는 주제로 토의를 하게 했다. 그러자 줄넘기를 하면 체력이 길러진다든가, 아침마다 아버지와 조깅을 하는 것이 좋다는 등의 의견이 나왔다.

　그리고 방과 후에 각 분단마다 줄넘기의 기록을 정해 놓고 연습하고 매일 조금씩 기록을 높여 가자고 했다. 예컨대 분단의 목표가 100회라면 A가 10회 했을 때는 나머지 사람들이 90회를 한다는 식으로, 여러 사람이 함께 하나의 목표에 도달하는 방법이다. 이렇게 하면 A뿐만 아니라 모든 아이들의 체력이 신장될 수 있다.

줄넘기 기록표(기록카드)　　　　　　　두 다리로 넘기　　　　　　　(○분단)

구 준	9/15	/	/	/	/	/
분단의 목표	100회					
A(女)	7					
S(女)	30					
Y(女)	10					
T(女)	20					
M(女)	20					
S(女)	13					

(2) 매일 조금씩 연습한다

A는 자기가 조금밖에 하지 못하면 뒷사람에게 미안하다고 생각했는지, 매일 집에서도 학교에서도 연습하기 시작했다. 처음에는 10회를 넘지 못했던 A는 조금씩 기록이 좋아졌다. 이제까지 A와 어울리지 않던 아이들도 A에게 요령을 가르쳐 주거나 격려해 주게 되었다.

또 줄넘기뿐만 아니라 다른 놀이에도 참여하게 된 A는 아파서 체육시간에 빠지는 일이 점점 적어져 갔다. 급식을 조금도 남김없이 먹어 치우게 된 12월의 어느 날, 학급의 모든 아이들은 A에게 큰 박수를 쳐 주었다.

【잠깐 10】 싫어하는 과목을 좋아하게 만드는 법

체육시간만 되면 불만스런 표정을 짓는 아이가 있었다. 다른 과목을 공부할 때는 시원시원하게 대답도 잘하는 아이인데, 어찌된 일인지 체육시간만은 영 싫어했다. 자세히 관찰해 보니, 달리기를 특히 싫어하는 듯했다. 약간 뚱뚱한 체격이어서 뛰는 것이 괴롭기도 했지만, 무엇보다도 꼴찌로 들어와 아이들의 웃음거리가 된다는 것이 견딜 수 없는 눈치였다. 그래서 기록이 뒤지는 아이들끼리 그룹을 만들어 달리기를 시켜 보기로 했다. 그러면 항상 꼴찌였던 아이도 한 번쯤은 일등이 될 수 있는 것이다. 일등이라는 것은 누구에게나 매력적인 것으로서, 이것이 계기가 되어 자신감을 얻게 될 수도 있다. 한편, S라는 여자아이는 미술시간에 그림을 그리려고 하지 않았다. 그리고 싶은 것을 마음대로 그리라고 해도 마지못해 그리는 흉내만 내었다. 이런 아이가 어느 날, 그림 한 장을 완성했다. 잘 그린 그림은 아니었으나 크게 칭찬해 주면서 교실 뒤에 게시해 두었다. 이 칭찬과 게시가 전환점이 되어 S는 미술시간을 좋아하게 되었다. 이와 같이 조그만 일을 효과적으로 활용하는 것이 중요하다고 생각된다.

4. 물을 무서워해서 수영장에 들어가지 못하는 학생

"선생님, 그동안 안녕하셨습니까? 오랜만에 소식을 드립니다. 저는 건강히 잘 지내고 있습니다. 지금, 8월 10일부터 열리는 전국고교수영대회에 앞서 합숙훈련을 받고 있습니다. 이 편지도 합숙소에서 쓰는 중입니다. 고교생으로서는 마지막 대회입니다. 어떻게 해서든 꼭 입상하고 싶습니다. 선생님, 기억하고 계신지요? 저는 초등학교 제3학년 여름까지는 수영장에 들어가지도 못했습니다. 몸이 약해서 들어가라고 하면 울어 버리던 기억이 납니다. 그래도 그때 선생님께서 지도해 주셔서 3학년 수영학습의 마지막 날, 발로 물장구를 치며 10미터쯤 헤엄쳐서 8급 기록증을 받게 되었을 때는 너무나 기뻤습니다. 그 기록증은 지금도 소중히 보관하고 있답니다. (후략)"

(1) 조금씩 물과 친해지게 한다

7월이 끝나 가는 어느 날, 9년 전에 가르쳤던 제자로부터 이런 편지를 받았다. 편지에 쓰여 있는 대로 그 아이는 3학년 여름까지는 물을 아주 무서워해서 수영장에 들어가려고도 하지 않았다. 몸이 허약해서 2학년 때까지는 의사로부터 수영을 하지 말라는 주의를 받았으나, 체력이 조금씩 붙기 시작한 3학년 여름 처음으로 수영장에 들어가도 좋다는 허락을 받았다. 처음에는 그런 사실을 모르고 다른 아이들과 마찬가지로 수영장에 들어가라고 지시했는데, 갑자기 울음을 터뜨리는 바람에 깜짝 놀랐다. 나중에 어머니로부터 그런 사정을 듣고, 우선 물과 친해지게 하기 위해 얼굴을 물에 담그고 뜨는 연습만이라도 시키기로 했다. 그래서 1학년과 같은 그룹에 넣어 연습시켰고, 집에서기 샌안할 때마다 얼굴을 물속에 담그는 연습을 하라고 말했다. 어쨌든 물이 무섭다고 하는 공포감부터 없애 주어야 했다. 그래서 샤워 밑에서 노는 게 를 시켰다. 그러나 샤워해서 일 초기 지나지 않아 뛰쳐나가곤 했다. 그래서 샤워 밑을 뛰어가게 하거나 허리를 구부리고 등에 물을 맞으며 천천히 걸어가게 했다. 쉴컸벨 반복하는 동안에 그 놀이를 좋아하게 되었고 샤워 속에 서 있는 걸 무서워하지 않게 되었다. 그래도 역시 수영장에 들어가려고 하지 않았다. 그래서 런 욕조에 물을 받아 놓고 목욕 놀이를 함께해 주었다. 이 놀이를 반복하는 동안에 어느덧 수영장에 들어갈 수 있게 되었다. 우선 물이 얕은 곳에 들어가 걷는 연습부터 시작했다. 가장자리에서 10미터쯤 떨어진 곳에서 손을 잡고 걸어온 다음, 2미터, 3미터로 늘려 갔고 나중에는 혼자서 걸어 보게 했다. 걷는 일이 수월해지자 1학년 아동들과 함께 기차놀이를 하게 되었다.

(2) 단계적으로 지도한다

수영장에 들어가는 일을 무서워하지 않게 되면, 이어서 공 던지기, 악어걸음 등의 놀이를 통해 더욱 물과 친해지게 한다. 이렇게 되면 물에 뜨는 건 이미 시간문제이다. 아이들 중에는 과거에 물에 대한 무서운 경험을 한 적이 있어 물을 극단적으로 싫어하는 아이도 있다. 그런 경우에는 절대로 무리하지 말고 단계적으로 물에 대한 공포심을 제거해 주어야 한다. 또한 처음으로 물에 들어가는 아이는 얕은 물에서부터 시작할 필요가 있다.

제 5 장

◀◀ 학생회(자치회: 어린이회) 조직·운영 ▶▶

[Key Point]

　제5장에서는 일선 학교 교사로서 지도에 당황하고 애로를 겪는 영역 중의 하나인 학생회(자치회: 어린이회) 지도에 대해서 학습한다. 2007년 개정 교육과정에서는 특별활동 영역 중의 '자치활동', 2009년 개정 교육과정(미래형 교육과정)에서는 '창의적 체험활동'에 편제된 학생회(자치회: 어린이회) 지도에 대해서 운영, 조직 및 다양한 실제 사례를 탐구한다. 아울러 회의 지도에 필요한 교구, 자료 및 양식을 창의적으로 구안하여 교육과정과 연계할 수 있는 방안에 대해서도 탐구한다.

1. 학급 학생회

가. 운영목표

건전한 집단 활동에 자발적으로 참여하게 하여 심신의 조화로운 발달이 이루어지게 하고 협동, 봉사 및 자율적인 생활이 습관화되게 한다.

나. 운영방침

(1) 민주적 회의의 기본원칙을 이해하게 한다.
(2) 효과적인 표현력을 기른다.
(3) 판단력, 결단력을 기른다.
(4) 협동적인 태도와 추진력을 기른다.
(5) 남의 의견을 존중하는 태도를 기른다.

다. 회의 일시: 매주 토요일 3교시

라. 회의 장소: 각 학급 교실

마. 활동 대상: 초 3~6학년(중 · 고 전 학년)

바. 부서 조직

〈표 46〉 학생회 부서 조직표

생활부	미화부	학습부	봉사부	체육부
• 실내 생활지도 • 바른 생활지도 • 급식지도 • 우유분배 • 군것질지도 • 효 실천 선행아 선정	• 화분관리 • 신문편집 • 시사행사 게시 • 교실환경 정리 • 청소용구 관리 • 청소상태 확인	• 독서지도 • 수업자료 준비 • 수업기교재 준비 • 도서정리 및 관리 • 관찰조사 활동 • 학습물 정리 • 각 코너 관리	• 불우이웃 돕기 • 칠판 정리 • 신발장 정리 • 거울청소 • 우유갑 정리 • 잃어버린 물건 주인 찾아주기	• 저축관리 • 재활용품 보관 • 쓰레기 분류 • 체육시간 준비물 • 의체용의 지도 • 오락 지도

사. 학생회 임원조직 및 임무

회장: 1명(회의 주관 및 학급 선도)

부회장: 1명(회의진행, 표결확인, 회의록 기록)

총무: 1명(회의준비, 회의내용 칠판에 기록)

각부 부장: 1명(부별 소집단 토의 운영, 채택된 내용 실천)

아. 학생회 회의 순서

• 개회사

• 국민의례(국기에 대한 경례, 애국가)

• 의장인사

• 금주의 생활 반성

• 내주의 생활 계획

• 기타토의 및 건의 사항

• 생활목표 실천 우수사례 및 선행아 선정

• 선생님 지도 말씀

• 회의록 낭독

• 교가 제창

• 폐회사

2. 전교 학생회

가. 운영목표

(1) 학교생활에 관심을 가지고 공동의 일을 자율적으로 계획하고 실천하게 하다.
(2) 학교생활에 필요한 일들을 찾아 협동하여 일관성 있게 추진한다.

나. 운영방침

(1) 전교 학생회 회의는 학급 학생회 활동과 선도활동이 일관성 있게 이루어질 수 있도록 협조 체제를 이루어 지도한다.
(2) 학생들의 주체적 참여로 지율적인 활동이 되도록 지도한다.
(3) 필요한 행사나 사안이 있을 시 임시회의를 소집하여 순발력 있는 활동이 되게 한다.

다. 조직 및 운영

(1) 조직
  (가) 회장: 회의를 주관하고 필요시 회원 소집
  (나) 부회장: 회장 유고 시 임무대행, 회순진행, 표결확인
  (다) 총무: 회의공고, 회의준비
  (라) 서기: 회의기록
(2) 운영
  (가) 운영 일시: 매월 첫째 주나 마지막 주 목요일 7교시
  (나) 운영 장소: 2-2반 교실
  (다) 참석대상: 제4~6학년 회장 1명, 부회장 1명, 총무 1명(각 반 3명씩) 총 27명(중·고교는 전 학년 임원 참석)

〈표 47〉 전교(학급) 학생회 회의록

전교(학급) 학생회 회의록

○○초등(중·고등)학교 (　)학년 (　)반

년　월　일　요일		총무		회장		담임	
생활 목표							
실천 사항					반성		
각부 활동 계획 및 반성							
부서명	활동 계획			반　성			
생활부							
미화부							
학습부							
봉사부							
체육부							
기타 협의사항		선행 학생		건 의 사 항			
선생님 말씀							

○○초(중 · 고)등학교

1. 선출 인원: 전교 학생회장 1명, 부회장 1명, 총무(서기 겸임) 1명
2. 선거일시 및 장소: 20○○. 3. 9.(토) 3교시. 본교 대강당
3. 기호 추첨: 20○○. 3. 5.(화) 오후 3시. 2-2교실(기호는 1번, 2번, 3번, 4번으로 한다.)
4. 자율적으로 러닝메이트를 구성하여 입후보한다.
5. 후보자 소견 발표: 20○○. 3. 9.(토), 2교시

   가. 기호 순서에 의하여 회장후보의 소견 발표와 찬조소견 발표(2인)를 듣는다.

   나. 발표 시간은 1인당 3분 내외로 한다.

   다. 소견 발표의 원고는 실천 가능한 내용으로 담당 교사의 사전 검토를 받는다.

6. 투표 및 개표

   가. 투표는 학년주임 책임하에 학년, 학급별로 인솔하여 지정된 장소에서 실시한다.

   나. 투표가 끝나는 즉시 입후보자 참관하에 공개 개표한다.

   　(개표 위원: 담당교사가 임명)

   다. 투표 참가 학년은 제4, 5, 6학년(중 · 고교는 전교생)으로 한다.

   라. 담당 교사는 개표 결과에 대한 재가를 득한 후 방송을 통하여 당선자를 공식 발표한다.

   마. 득표를 위한 부당한 행위를 하지 않도록 담당 교사는 사전에 특별 지도를 한다.

7. 기타 사항

   가. 후보자는 담당교사의 검열을 받아 교내의 지정된 장소에 후보자의 벽보를 부착할 수 있다.

   나. 투표 결과 동점일 경우 재투표를 실시한다.

   다. 전교회장단 후보자는 러닝메이트와 함께 제4, 5, 6학년(중 · 고교는 전교 각 하견)의 각 교실
   을 1회에 한하여 순회하며 지지를 호소할 수 있다.

8. 사전준비 사항

   가. 투표용지: 담당 교사가 마련하여 투표 직전에 학년별 도착 순서에 의하여 배부한다.

   나. 투표소 설치: 식당에 간이 기표소를 설치하여 실시한다.

〈표 48〉 전교 학생회 회장단 투표용지

전교 학생회 회장단 투표용지(번호: /　　)

기호	회장 후보	부회장 후보	총무 후보	기표란
1				
2				

○○초등(중 · 고등)학교 학생회장단 선거관리위원회

▌제3절▐ 학년 수준별 회의 활동 과정안

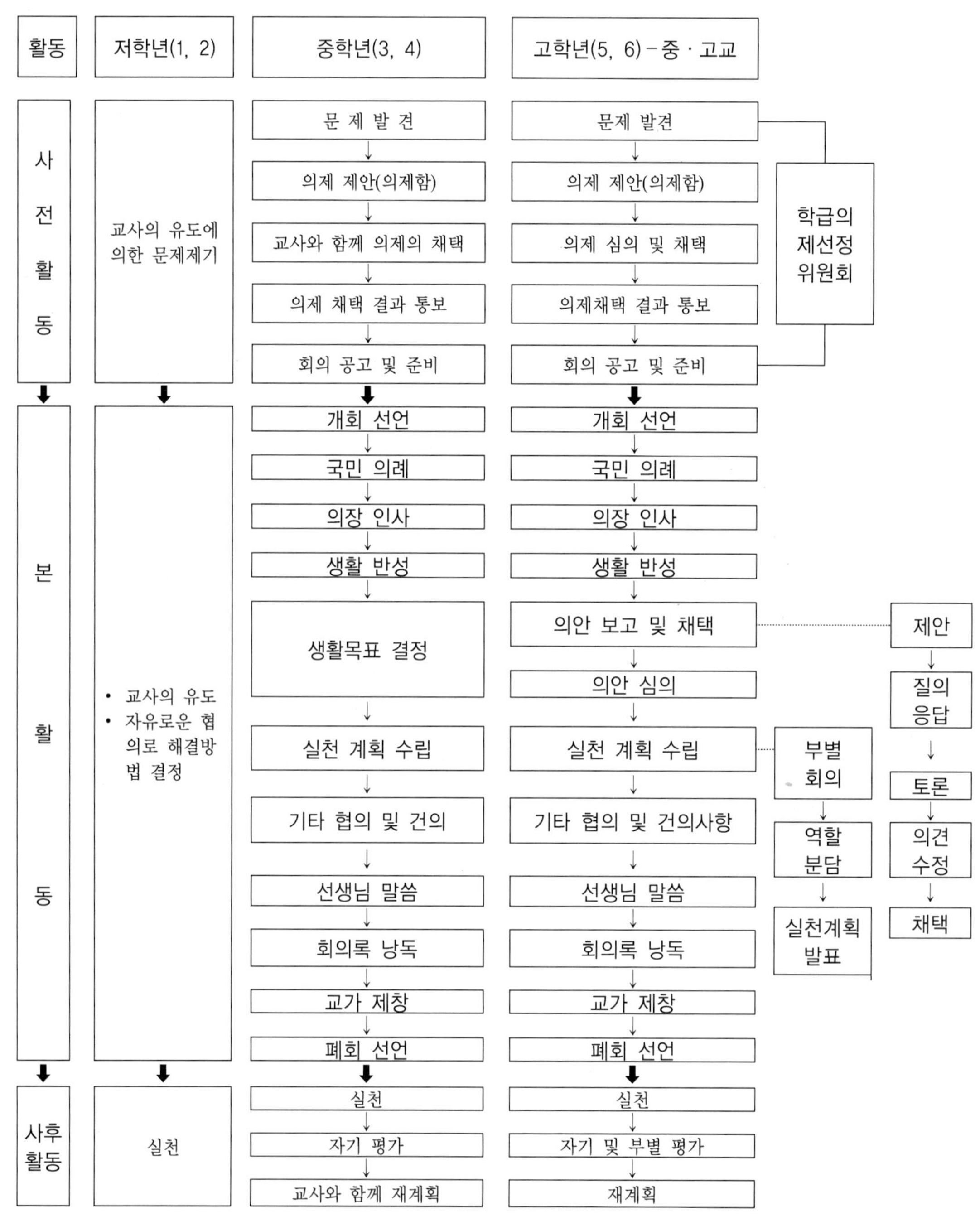

[그림 21] 학년 수준별 회의 활동 과정안

◆과정별 활동 내용◆

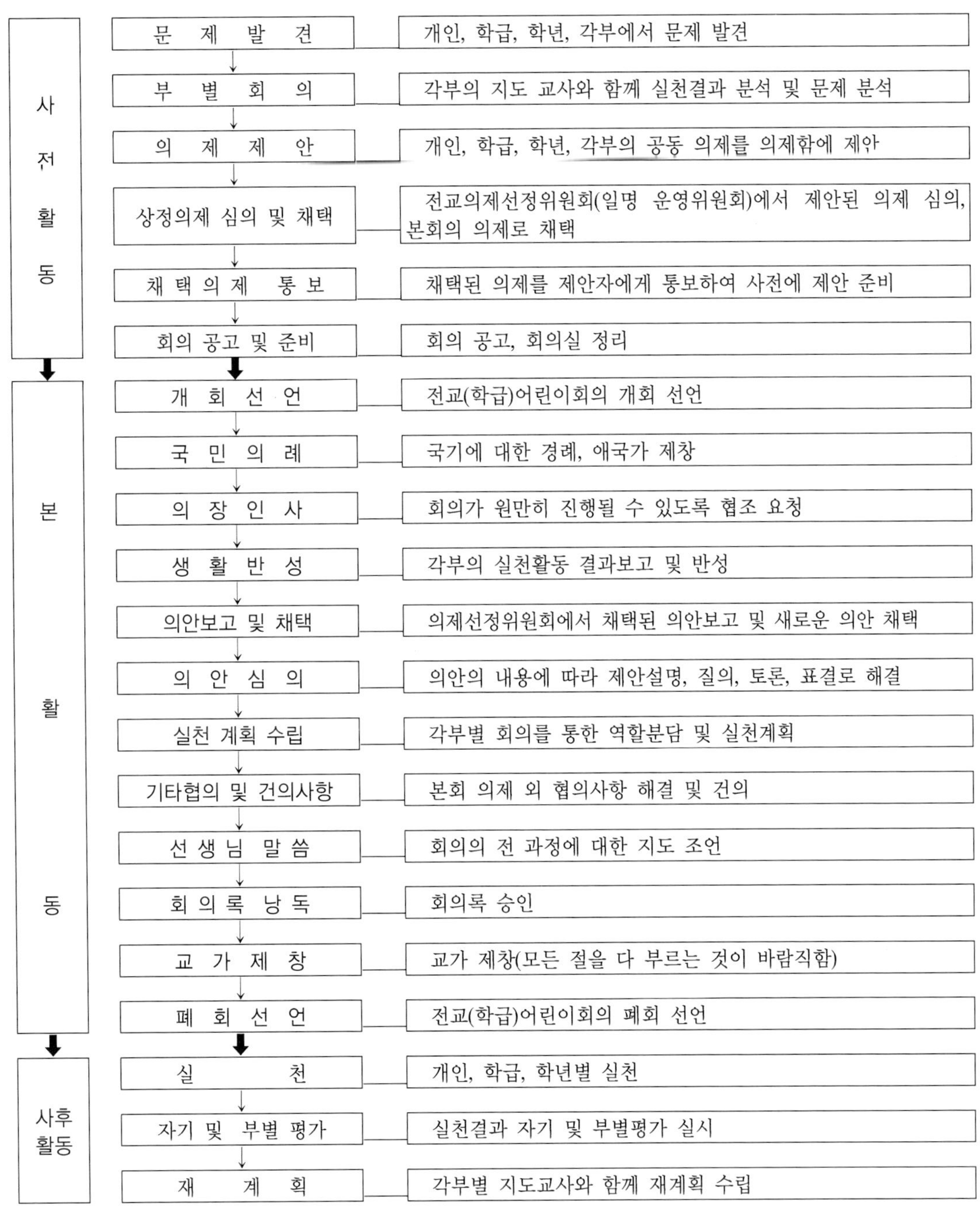

[그림 22] 과정별 활동 내용안

1. 전교(학급) 학생회 회의 시나리오

〈표 49〉 전교(학급) 학생회 회의 시나리오

회순	담당자	회 의 내 용
개회선언	부의장 의장	• 곧이어 전교(학급)학생회 회의를 시작하겠으니 자리에 바르게 앉아 주시기 바랍니다. (서기로부터 ★의사 정족수 보고를 받고 난 후 의장은 일어서서) • 재적인원 43명 중 42명 출석으로 성원되었으므로 지금부터 제3회 전교(학급)어린이회의를 개회하겠습니다(의사봉을 땅! 땅! 땅! 세 번 두드린다.). ★★ 의사 정족수: 회의를 개최하는 데 필요한 인원 수 ■ 회의를 시작해서 끝날 때까지 일정한 수 이상의 회원이 참석해야 회의는 성립된다. 학교에서는 재적인원의 과반수가 출석하는 것을 의사 정족수로 하는 것이 바람직하다(국회: 1/3 이상).
국민의례	부의장 부의장	• 국기에 대한 경례가 있겠습니다. 모두 일어나서 국기를 향해 주시기 바랍니다. (잠시 후) 【국기에 대하여 경례!】 (주악이 끝난 후) 【바로!】 ■ 주악이 없는 경우: 【국기에 대하여 경례! 나는 <u>자랑스러운 태극기 앞에</u> − − − 이하 맹세문을 다 같이 낭독한다. <u>굳게 다짐합니다.</u> 바로!】 • 애국가 제창이 있겠습니다. 오늘은 <u>3절</u>입니다(주악에 맞춰 부른다.). − − − − (다 부른 뒤) 모두 자리에 앉아 주시기 바랍니다.
의장인사 생활반성	부의장 의장 부의장 의장	• 의장 인사가 있겠습니다. • 회원 여러분 안녕하셨습니까? 언제나 학교(학급)를(을) 사랑하고 학교(학급)의 발전을 위해 노력하는 회원 여러분의 건강한 모습을 뵙고 나니 반갑습니다. 이번 회의에서도 좋은 의견을 많이 내주어 전교(학급)어린이회의가 잘 진행될 수 있도록 협조해 주시기 바랍니다. • 생활 반성 시간입니다. • 이번 달(이번 주)에 우리가 지킨 생활목표를 반성하도록 하겠습니다. 서기는 일어나서 회의록을 낭독해 주시기 바랍니다. (회의록 서기가 낭독 − − −각부 활동까지만)(회의록 낭독 후) • 이번 달(이번 주) 우리가 지킨 내용은 [애국생활]이었습니다. 어떻게 지켰는지 반성해 주십시오. ★ 애국가 제창 시 오늘은 3절입니다는 【1주−1절, 2주−2절, 3주−3절, 4주−4절】을 뜻하는 것으로 애국가 4절을 저절로 외우는 기회가 됨.
	김성진 의장	• 의장! • 김성진 대의원(회원) 말씀해 주십시오.

회순	담당자	회 의 내 용
	이주향 의 장 이주향	• 저는 6학년 김성진입니다(학급회의에서는 생략). 이번 달(이번 주) 생활목표는 잘 지켜졌다고 생각합니다. [애국생활]에서 국기를 다른 때보다 많이 갖추었고, 현충일에 국기를 단 어린이도 많았으며 수상한 사람을 신고하는 방법과 신고 전화번호도 175명 중 170명의 어린이가 알고 있다고 제3주 선도 반장이 발표한 적이 있기 때문입니다. • 의장! • 이주향 대의원(회원) 반성해 주십시오. • 예, 저는 6학년 이주향입니다. 6월 [애국생활] 중 2주에 [공공물건 아껴 쓰기]를 지켰는데 공공물건을 아껴 쓰는 습관이 아직도 부족한 것 같아 잘 지켜지지 않았다고 생각합니다.
	김윤정 의 장 김윤정 의 장 회 원 의 장 의 장 회 원 의 장	• 의장! • 김윤정 대의원(회원) 말씀해 주십시오. • 6학년 김윤정입니다. 저는 김성진이 발표한 6월 생활목표가 잘 실천되었다는 동의에 재청합니다. 저희 반의 경우만 보더라도 6·25에 대하여 선생님으로부터 설명을 자세히 들어 아는 것이 많기 때문입니다. • 또 다른 의견이 많이 있을 줄 알지만 시간관계상 거수로 ★표결하고 자 하는데 <u>★이의가 없습니까?</u> ■ 또 다른 의견 없습니까? • 없습니다. • 이의가 없으면 먼저 6월 생활목표가 잘 실천되지 않았다는 의견에 찬성하는 사람은 손을 들어 주십시오(부의장이 집계하여 '모두 □명입니다.' 하면 손을 내린다.). • 다음은 6월 생활목표가 잘 실천되었다는 의견에 찬성하는 사람은 손을 들어 주십시오(부의장이 집계). (의장은 메모지에 기록: 6명, 34명, 기권 2명) • 표결 결과를 발표하겠습니다. 현재 출석인원 43명 중 잘 실천되었다가 34명, 잘 실천되지 않았다가 6명, ★ 기권 2명입니다. 따라서 6월 생활목표는 잘 실천되었다고 가결되었습니다. (의사봉을 세 번 두드리기) ☆ 잘 실천되지 않았다고 가결되었을 때: 따라서 6월 생활목표는 잘 실천되지 않았다고 가결되었습니다. 앞으로는 잘 실천할 수 있도록 모두가 노력해 주기 바랍니다(의사봉 세 번 두드리기).
○ ○ 여 러 의 여 러 의 여 러 의	회 원 회원장 회원장 회원장	☆☆ (반대하는 사람이 하나도 없을 때◀ ▶만장일치의 가결) • − − −잘 실천되었다고 생각합니다. • 재청합니다. • ○○의 동의는 여러 회원의 재청으로 성립되었습니다. 또 다른 의견 없습니까? • 없습니다. • 잘 실천되었다는 의견에 반대하는 사람이 하나도 없는 것 같은데 잘 실천되었다고 통과시켜도 되겠습니까?(괜찮겠습니까?) • 좋습니다(또는 이의 없습니다.). • 그럼 6월(이번 주) 생활 목표가 잘 실천되었다는 의견은 만장일치로가결되었습니다(의사봉을 세 번 두드린다.).

회순	담당자	회 의 내 용
각 부 반 성	부의장 의장 생활부	★★ 표결: 회의에서 결정하고자 하는 문제에 대하여 마지막으로 찬성하는 사람과 반대하는 사람의 수에 따라 그 내용을 결정하는 절차 ★★ 이의: 다른 의견을 뜻함. ★★ 기권: 어느 쪽에도 의사 표시를 하지 않은 사람. • 각부 반성시간입니다. • 각부에서는 어떻게 실천되었는지 반성해 주십시오. 먼저 생활부 반성해 주십시오. • 예, 생활부장 이진섭입니다. 저희 생활부에서는 6월(이번 주)에 [국기를 바르게 달자]로 정하여 실천하였는데 전체 생활반성에서 발표한 것처럼 국기를 많이 갖추었고, 국기 바르게 달기도 잘 지켜졌다고 토의되었습니다.
의안 보고 및 채택	의장 학습부 의장 의장 부의장 의 장 의장	☆ 토의는 매월 끝 주 수요일(매주 금요일)에 부별로 모여서 사전 토의하여 발표하도록 하고, 각부 부장만 발표하지 말고 각부 부원이 돌아가며 발표하는 것이 바람직할 것으로 생각됨. • 생활부에서는 이번 달(이번 주) 지킬 일을 [국기를 바르게 달자]로 정했었는데 잘 지켜졌다고 합니다. • 다음 학습부 반성해 주십시오. • 저희 학습부에서는 [6·25에 대하여 바르게 알자]로 정하여 실천하였는데 신문이나 방송을 통하여 알아보기도 하고, 선생님으로부터 6·25에 대한 설명을 자세히 들어 아는 것이 많아 잘 실천되었다고 토의되었습니다. • 학습부에서도 잘 실천되었다고 합니다. • 다음 봉사부 반성해 …… (이하 봉사부, 미화부, 체육부도 같은 방법으로 진행함.) • (반성이 다 끝나면) 각부 생활반성은 대부분 잘 실천되었다는 의견이었습니다. 잘된 부는 더욱 잘 실천해 주시고, 부족한 부에서는 잘 지킬 수 있도록 노력해 주시기 바랍니다. • 다음으로 넘어가도록 하겠습니다(☆당연한 일: 이의가 나올 수 없기 때문에). • ★ 의안보고 및 채택 순서입니다. • 여러분들이 제출해 주신 안건을 저희 운영위원회에서 분류·심의한 결과 모두 4건으로 분류할 수 있었습니다. 그중에서 여러분들이 많이 내주신 안건은 제1호 의안 【공공시설을 애용하자】, 제2호 의안 【고운 말, 바른말을 쓰자】의건으로 두 가지 안건입니다. • 특별한 의견이 있으시면 말씀해 주십시오(잠시 후 아무 의견이 없으므로). 그럼 특별한 의견이 없는 것 같으므로 오늘 회의 의안은 ☆유인물과 같습니다(☆ 유인물로 준비하지 못했을 때는 칠판에 기록·게시하고, 〈칠판과 같습니다.〉 하고 말하면 됨. …… 대개의 경우 후자를 많이 사용함.). ★★★ 의안 보고 및 채택: 회의에서 처리할 안건을 확정 짓는 절차 ■ 회의 전에 모인 임원회(위원회)에서 정한 의사일정을 이 순서에 보고하며, 특별히 다루고 싶은 안건이 있을 때 협의 의제로 채택하는 과정을 말함. ■ 의사일정을 토론 없이 표결에 붙여 변경할 수 있다.

회순	담당자	회　의　내　용
의 안 심 의	의장	• 이제는 ★의안 심의 순서입니다. 　그럼 제1호 의안 【공공시설을 애용하자】의 건과 제2호 의안 【고운 말 바른말을 쓰자】의 건을 전교(학급)어린이회의에 올립니다(의사봉을 세 번 두드린다.). ★★★ 의안 심의: 채택된 의안을 올려서 심의하는 순서 　■ 의안 심의 과정은 (제안지 제안 설명) →(의안에 대한 질의응답)→(찬빈도론 수정 의견)→(표결)→(표결 결과 발표)와 같다. 　■ 이 과정이는 동의의 처리 과정이 매우 중요한데 계속 소개되는 시나리오를 참 처기 바람. 　♣ 중·고학년에서는 【의안 심의】 용어를 사용해도 무리가 없으나 저학년에서는 가능한 한 쓰기 쉬운 말로 바꾸어 사용하는 것이 바람직하다. 　※※ 어떤 의안에 대하여 찬반을 가리는 경우는 의안을 하나하나 올려서 심의하고, 몇 가지 의안 중에서 하나를 결정할 경우는 의안 모두를 동시에 올려 심의한다.
의 안 심 리	의장 최동희 의장 오민영 의장 (이은석 정호영)	• 제1호 의안을 제안한 최동희 대의원(회원)으로부터 ★제안설명을 듣겠습니다. 최동희 대의원(회원) 제안 설명을 해 주십시오. • 예, 저는 제1호 의안 【공공시설을 애용하자】를 제안한 6학년 최동희입니다. 9월은 운동회가 있어 공공시설을 많이 사용하는 때입니다. 이런 때일수록 우리가 공공시설을 애용하지 않으면 안 된다고 생각되어 이를 제안하게 되었습니다. • 제1호 의안에 대한 제안 설명을 잘 들어 보았습니다. 다음에는 제2호 의안을 제안한 오민영 대의원(회원)의 제안 설명을 들어 보겠습니다. • 저는 제2호 의안 【고운 말, 바른말을 쓰자】를 제안한 5학년 오민영입니다. 9월은 운동회 등 행사가 많이 있게 됩니다. 행사가 많다 보면 마음이 해이해져 욕설이나 거친 말이 나올 때가 많이 있습니다. 따라서 고운 말, 바른말을 쓰는 어린이가 되었으면 하고 이를 제안하게 된 것입니다. • 제2호 의안에 대한 제안 설명도 들어 보았습니다. 그럼 ★질문할 사항이 있으면 말씀해 주십시오. ☞ 　(이때 두 사람이 손을 들면서 "의장!" 하고 발언을 신청한다.) • 의장! ★★ 제안 설명: 회의에서 동의한 제안자가 동의를 제출하게 된 이유를 설명하는 것을 말하며 자기가 낸 안건의 가치에 대해 자기의 의견을 발표하는 활동을 말함. 　■ 제안자는 다른 회원이 자기의 의견을 쉽게 이해하고 자기의 주장에 찬성할 수 있도록 제안을 하게 된 이유와 근거 및 구체적인 내용을 자세히 이야기할 수 있어야 하며 필요하다면 조사 자료를 제시하며 말할 수 있다. ★★ 질문: 회의에 올린 안건에 대해 제안자의 내용 설명이 끝나면 회의 참석자들은 그 문제에 대해서 이해가 안 가는 부분이 있을 경우는 그 내용을 설명한 사람(제안자)에게 질문을 하겠다는 뜻을 밝히고 의장의 허락을 받아 질문할 수 있다. 　♣ 특히 주의할 점은 질문 시간에는 ☆1)처럼 찬성하거나 반대하는 의사를 발표하지 않는 것이 원칙이다.

회순	담당자	회　　의　　내　　용
	의 장 이은석 의 장 정호영 의 장 최동희 의 장 이은석 의 장 오민영 의 장 정호영	• 거수한 순서에 따라 질의를 받도록 하겠습니다. 이은석 대의원(회원)이 먼저 손을 든 것 같습니다. 이은석 대의원(회원) 말씀해 주시기 바랍니다. • 3학년 이은석입니다. 공공시설을 아껴 쓰자고 했는데 공공시설물이란 어떤 것들을 이야기하는지요? • 다음으로 손을 든 정호영 대의원(회원) 질문해 주십시오. • 4학년 정호영입니다. 저도 의문 나는 점이 있어 질문하겠습니다. 제2호 의안 설명에서 행사가 많으면 욕설이나 거친 말이 많아진다고 했는데 꼭 그런 것은 아니라고 생각하는데요. …… ☆1) • 그러면 두 사람의 질문에 대한 답변을 듣도록 하겠습니다. 답변도 차례로 제1호 의안 제안자인 최동희 대의원(회원)부터 답변해 주시기 바랍니다. • 이은석 대의원(회원)이 질문한 내용에 대해서 답변해 드리겠습니다. 공공시설물이란 꼭 체육기구만을 뜻하는 것은 아닙니다. 우리 모두가 같이 사용하는 물건은 다 포함됩니다. • 이은석 대의원(회원)께서는 답변이 되겠습니까? • 예, 됐습니다. • 다음 제2호 의안의 질문에 대한 답변을 듣겠습니다. • 정호영 대의원(회원)이 질문한 내용에 대해서 답변해 드리겠습니다. 행사가 많다고 해서 꼭 욕설이나 거친 말이 많이 나오는 것은 아닙니다만 요즘 욕설이나 거친 말이 유난히 많아졌기 때문에 제안을 한 것입니다. • 정호영 대의원(회원)께서는 답변이 됐습니까? • 예, 됐습니다.
	의장 강재규 의장 강재규 여러 회원 의장	☆☆ 질문이 하나도 없을 때(○쪽 ☞☞표에 이어서) 여러 회원: 없습니다. ↓ • 또 다른 질문 없습니까? (잠시 후) 없으면 ★토론에 들어가겠습니다. 토론하실 분 말씀하십시오. ★★ 토론: 어떤 의제에 대하여 찬성하겠다거나 반대해야겠다고 혼자만 생각하고 있는 것은 토론이 아니다. 회의장 내에서 의견을 조리 있게 발표해서 많은 사람을 자신이 생각하는 방향으로 끌어들이는 발언을 말한다. ■ 잘못하면 다른 사람의 기분을 상하게 하는 말을 하기 쉽다. 의견이 다르다고 해서 비난하거나 모욕하는 말은 되도록 삼가야 함. • 의장! • 강재규 대의원(회원) 말씀하십시오. • 예, 저는 6학년 강재규입니다. 저는 제1호 의안 【공공시설을 애용하자】를 9월(다음 주) 학교(학급) 생활목표로 정할 것을 ★동의합니다. 【고운 말, 바른말을 쓰자】도 좋지만 아무래도 9월(다음 주)은 운동기구 등 여러 가지 공공시설을 많이 사용하기 때문입니다. • 제1호 의안에 찬성하는 의견을 내주었습니다. 이 동의에 재청이 있습니까? • ★재청합니다. • 9월(다음 주) 학교(학급) 생활목표를 제1호 의안인 【공공시설을 애용하자】로 정하자는 강재규 대의원(회원)의 동의는 여러 회원의 재청으로 성립되었습니다. 또 다른 의견 없습니까?

회순	담당자	회 의 내 용
		★★ 동의: 어떤 의견을 일정한 형식을 갖추어 회의 안건으로 제출하는 것(자기가 가지고 있는 의견을 회의에 제출하는 것) ■ 회의에서 제출된 동의는 동의자와 한 사람 이상의 찬성(재청)을 얻어야 성립한다. ■ 재의, 제안, 발의와 함께 쓰임. ■ 읽을 때는 동의(動議)는 길게 읽고, 동의(同意)는 짧게 읽는다. …… 여기서 사용되는 동의는 動議이다.
		★★ 재청: 다른 회원의 제안에 찬성한다는 뜻 ■ 동의에 재청이 없으면 안건으로 성립될 수 없다. ■ 어떤 제안에 1인 이상의 재청이 있으면 동의가 성립된다. ■ 재청이 아무도 없는 경우 의장은 "재청 없습니까?"라고 확인한 후 처리한다.
	김언민 의장 김언민 강충식 의장 이가연 의장 이가연 김춘태 의장 김춘태	• 의장! • 김언민 대의원(회원) 말씀해 주십시오. • 6학년 김언민입니다. 저는 9월(다음 주) 생활목표를 제2호 의안인 【고운 말, 바른말을 쓰자】로 정할 것을 동의합니다. 우리는 항상 고운 말, 바른말을 써야 하기 때문입니다. …… ☆2) • 재청합니다. • 김언민 대의원이 9월 생활목표를 제2호 의안으로 정하자는 동의는 강충식 회원의 재청으로 성립되었습니다. ◆◆◆※ • 의장! • 이가연 회원 말씀해 주십시오. • 4학년 이가연입니다. 저도 9월은 공공시설을 많이 사용해야 된다고 생각되기 때문에 제1호 의안을 9월 생활목표로 정하자는 의견에 찬성합니다. • 의장! • 김춘태 대의원 말씀해 주십시오. • 6학년 김춘태입니다. 저는 그렇게 생각하지 않습니다. 서로 친하게 지내기 위해서나 명랑하게 생활하기 위해서는 제2호 의안인 【고운 말, 바른말을 쓰자】가 좋다고 생각됩니다. -(갑자기 조용해지며 아무 말이 없다.)-
	의 장 여러 회원 의 장 여러 회원	• 토론할 분 더 없습니까? • 없습니다. • 의견이 더 없으면 거수로 표결하고자 하는데 이의 없습니까? • 없습니다. ────── ☆☆ 동의가 성립하지 않는 경우 ────── ⊙ 10쪽 ☆2)에 이어 아무런 말이 없을 때 의　　장: 김언민 대의원의 동의에 재청이 있습니까? 여러 회원: ………(아무 말이 없다.) 의　　장: 김언민 대의원의 동의는 재청이 없으므로 성립되지 않아 의견으로 받아들일 수 없습니다.

회순	담당자	회　의　내　용
	의　장 부의장 의　장 의　장 박근호 의　장 박근호 조영호 의　장 신수지 의　장 신수지 여러 회원	• 그럼 제2호 의안 【고운 말, 바른말을 쓰자】를 9월(이번 주) 생활목표로 정하자는 의견에 찬성하는 분은 손을 들어 주십시오. • (집계하여) 모두 □명입니다. (손을 내린다.) • 제1호 의안에 찬성하는 사람은 손을 들어 주십시오(부의장이 집계). • (간단히 기록한 뒤 - 기록방법 및 양식은 Ⅲ장 참고) 　표결 결과를 발표하겠습니다. 출석인원 43명 중 제1호 의안에 찬성하는 분 25명, 제2호 의안에 찬성하는 분 15명, 기권 2명입니다. 따라서 ★과반수가 제1호 의안에 찬성했으므로 9월(다음 주) 학교(학급) 생활목표는 제1호 의안인 【공공시설을 애용하자】로 결정되었습니다. 잘 지켜 주시기 바랍니다. (의사봉을 세 번 두드린다.) ┌─── ★★ 토론 중에 수정동의를 제출했을 때 ★★ ───┐ 10쪽 ◆◆◆※에 이어 수정 동의를 제출했을 때 • 의장! • 박근호 대의원(회원) 말씀해 주십시오. • 6학년 박근호입니다. 9월은 다른 공공시설보다 운동기구를 가장 많이 다루는 시기이므로 제1호 의안 【공공시설을 애용하자】를 구체적으로 【운동 기구를 잘 다루자】로 수정하여 처리할 것을 동의합니다. • 재청합니다. • 박근호 대의원은 제1호 의안을 【운동 기구를 잘 다루자】로 하자고 수정안을 내주었습니다. 이 수정동의는 조영호 회원의 재청으로 성립되었습니다. └──┘ • 의장! • 신수지 대의원 말씀해 주십시오. • 5학년 신수지입니다. 저는 박근호 회원의 의견과 다릅니다. 물론 9월은 운동기구를 가장 많이 다루는 때인 것은 사실입니다. 그러나 박근호 회원의 의견대로 제1호 의안을 【운동 기구를 잘 다루자】로 할 경우 이것을 어떻게 4주로 나누어 지켜야 할지 걱정이 됩니다. • 재청합니다.
	의　장 여러 회원 의　장 부의장 의　장 부의장 의　장 의　장 백라열	• 그럼 먼저 제1호 의안과 수정안을 가지고 표결한 다음 제1호 의안과 제2호 의안에 대한 표결을 하겠습니다. 이의 없습니까? • 없습니다. • 이의가 없으면 먼저 제1호 의안을 수정안인 【운동 기구를 잘 다루자】로 하자는 의견에 찬성하는 분은 손을 들어 주십시오. • (집계한 후) 모두 10명입니다. (손을 내린다.) • 다음 제1호 의안을 원안대로 【공공시설을 애용하자】로 하자는 의견에 찬성하는 사람은 손을 들어 주십시오. • (집계한 후) 모두 30명입니다. (손을 내린다). • 1차 표결결과를 발표하겠습니다. 원안에 찬성하는 분 30명, 수정안에 찬성하는 분 10명, 기권 2명으로 제1호 의안은 원안과 같습니다. (의사봉을 세 번 두드린다.) • 그러면 제1호 의안과 제2호 의안에 대한 토론을 계속해 주십시오. • 의장! (이하는 생략함.)

회순	담당자	회　　의　　내　　용

<table>
<tr><td rowspan="2">실
천
계
획
협
의</td><td></td><td>
★★★ 수정동의(개의): 원안(동의안)에는 원칙적으로 찬성하나 글자나 줄거리를 더 넣거나 빼자는 등 그 내용 일부를 고치려고 의견을 제안하는 것
■ 원안의 내용을 좀 더 구체화한다든지 명료화하여 원안에서 요구하는 것이 언제, 어디서, 무엇을, 어떻게 한다는 등의 자세한 내용이 될 수 있도록 원안 중 일부를 수정할 것으로 토론 중에 수정동의를 제출할 수 있다.
</td></tr>
</table>

★★★ 수정동의(개의): 원안(동의안)에는 원칙적으로 찬성하나 글자나 줄거리를 더 넣거나 빼자는 등 그 내용 일부를 고치려고 의견을 제안하는 것
■ 원안의 내용을 좀 더 구체화한다든지 명료화하여 원안에서 요구하는 것이 언제, 어디서, 무엇을, 어떻게 한다는 등의 자세한 내용이 될 수 있도록 원안 중 일부를 수정할 것으로 토론 중에 수정동의를 제출할 수 있다.

★★ 과반수: 1/2 이상이 아닌 1/2을 초과한 수
■ 성원의 반이 넘는 수를 의미한다.
■ 성원이 50명 이상이었을 때 26명 이상의 수가 과반수에 해당한다.

※※ 의결 정족수: 회의에 상정된(올려진) 의안(안건)을 결정하는 데 필요한 최소의 인원수 – 특별한 규정이 있거나 회칙에 정해진 규정이 있으면 그에 따르는 것이 원칙이나 대개는 출석인원 과반수로 한다.
※※ 표결을 할 때 대개의 경우 과반수의 찬성을 얻도록 되어 있으나 과반수의 찬성을 얻지 못하는 때가 간혹 있다.
예) 토론을 계속하다가 표결에 들어갔는데 출석인원 43명 중 찬성 21명, 반대 19명, 기권 2명이면 찬성으로 가결되지 못함.
　　이때는 토론을 다시 시켜 한쪽으로 생각을 이끈 다음 표결하는 방법이 원칙적이나 의장의 권한으로 찬성 쪽에 의사 표시를 하면 찬성으로 가결됨(대개 의장의 역할은 표결을 할 수 있게 하는 진행자이므로 찬반에 가담할 수는 없음. 그러나 정족수에는 들어감.).

담당자: 부의장 / 의장 오연미 / 의장 오연미 / 이재욱 의장 / 김연주 의장 / 김연주 의장 여러 회원

- 실천계획 협의 시간입니다.
- 【공공시설을 애용하자】에 대한 9월 각 주 생활목표를 정하고자 합니다(【공공시설을 애용하자】에 대한 실천사항을 정하고자 합니다.). 의견 있으면 발표해 주십시오.
- 의장!
- 발표해 주십시오.
- 4학년 오연미입니다. 【공공시설을 애용하자】면 공공시설을 사용하고 난 후 공공물건을 제자리에 놓아야 된다고 생각되어 [공공물건 제자리 찾기]를 가지고 실천할 것을 제안합니다.
- 재청합니다.
- 오연미 대의원(회원)이 발표한 [공공물건 제자리 찾기]를 가지고 실천하자는 동의는 이재욱 회원의 재청으로 성립되었습니다.
- 의장!
- 김연주 대의원(회원) 발표해 주십시오.
- 3학년 김연주입니다. 저는 공공물건 중에 운동 기구를 가장 많이 사용해야 된다고 생각되어 [운동 기구를 잘 사용하자]를 가지고 실천할 것을 발의합니다.
- 김연주 대의원(회원)의 동의에 재청합니까?
- 재청합니다.

담당자: 의장 김성미 의장

- 김연주 대의원(회원)의 동의도 여러 회원들의 재청으로 성립되었습니다. 또 없습니까?
- 의장!
- 김성미 회원 말씀해 주십시오.

회순	담당자	회　　의　　내　　용
	김성미 정호영 의　장 김미성 의　장 김미성 여러 회원 의　장 여러 회원 의　장 김주연 의　장 김주연 배수진 의　장 배수진 여러 회원 의　장 구본영 의　장 구본영 여러 회원 의　장 여러 회원 의　장	• 예, 저는 5학년 김성미입니다. 저는 운동을 하고 나면 목도 마르고 세수하는 등 물을 많이 사용하기 때문에 [수돗물을 아껴 쓰자]를 가지고 실천할 것을 동의합니다. • 재청합니다. • [수돗물을 아껴 쓰자]는 동의는 정호영 회원의 재청으로 성립되었습니다. 또 없습니까? • 의장! • 김미성 대의원(회원) 말씀하십시오. • 5학년 김미성입니다. 저는 공공물건을 애용하자면 무엇보다 마음가짐이 중요하다고 봅니다. 그래서 [뒷정리를 잘하자]를 가지고 실천하였으면 합니다. • 재청합니다. • [뒷정리를 잘하자]는 김미성 회원의 동의로, 여러 회원의 재청으로 성립되었습니다. 또 없습니까? • 없습니다. ☆3) • 다른 의견이 없으면 각 주에 지킬 일을 어떻게 정했으면 좋을지 말씀해 주십시오. • 의장! • 김주연 회원 말씀해 주십시오. • 3학년 김주연입니다. 저는 [운동 기구를 잘 사용하자]를 3주에 지켰으면 좋겠습니다. • 의장! • 배수진 회원 말씀해 주십시오. • 5학년 배수진입니다. 저는 3주에 [운동 기구를 잘 사용하자]를 지키는 것보다는 운동회 연습기간인 1주에 지키도록 하고 [뒷정리를 잘하자]는 운동회가 끝나는 주인 3주로 정하여 지킬 것을 동의합니다. • 재청합니다. • 또 다른 의견 없습니까? • 의장! • 구본영 회원 말씀해 주십시오. • 4학년 구본영입니다. 저는 남아 있는 [수돗물을 아껴 쓰자]는 2주에 [공공물건 제자리 찾기]는 4주로 정하여 지켰으면 좋겠습니다. • 재청합니다. • 배수진 회원과 구본영 회원의 의견에 이의 없습니까? • 없습니다. • 이의가 없으면 9월은 【공공시설을 애용하자】라는 큰 생활목표 아래 1주에는 [운동기구를 잘 사용하자], 2주에는 [수돗물을 아껴 쓰자], 3주에는 [뒷정리를 잘하자], 4주에는 [공공물건 제자리 찾아 주기]를 가지고 실천하기로 가결 통과되었습니다. 잘 지켜 주시기 바랍니다. (의사봉을 세 번 두드린다.)

회순	담당자	회 의 내 용
	의 장 김주연 의 장 김주연 정수영 의 장 배수진 의 장	☆☆☆ 학급 학생회 회의 때는 • 다른 의견이 없으면 이 네 가지 모두를 실천 사항으로 하여 지킬 것인지 아니면 몇 가지를 골라 실천할 것인지 의견이 있으면 말씀해 주십시오. • 의상! • 김주연 회원 말씀해 주십시오. • 예, 저는 4가지 모두를 1주일 내에 지킨다는 것은 무리가 될 것 같습니다. 따라서 이 중 2가지만을 골라 지킬 것을 동의합니다. • 재청합니다. • 4가지 실천 사항 중 2가지만을 골라 지키자는 김주연 회원의 동의는 정수영 회원의 재청으로 성립되었습니다. 또 다른 의견 없습니까? • 의장! • 배수진 회원 말씀하십시오.
	배수진 윤정훈 의 장 구본영 의 장 구본영 여러 회원 의 장 여러 회원 의 장 부의장 의 장 부의장 의 장 김윤정 의 장 김윤정 여러 회원 의 장	• 예, 저는 회원들이 발표해 준 의견들은 모두 꼭 지켜야 할 일이므로 4가지 모두 실천 사항으로 정할 것을 동의합니다. • 재청합니다. • 4가지 모두 지키자는 배수진 회원의 동의도 윤정훈 회원의 재청으로 성립되었습니다. • 의장! • 구본영 회원 말씀해 주십시오. • 저는 배수진 회원의 의견에 반대합니다. 그중 잘 실천할 것만 골라 지키는 것이 실천 사항이지 여러 가지 지키자고 해 놓고 지키지 않으면 무슨 소용이 있습니까? • 재청합니다. • 또 다른 의견 없습니까?(아무런 말이 없다.) 그럼 표결을 하고자 하는 데 이의 없습니까? • 없습니다. • 그러면 표결로 들어가겠습니다. 먼저 4가지 모두 지키자는 의견에 찬성하는 사람은 손을 들어 주십시오. • (집계하여) 모두 14명입니다. (손을 내린다.) • 다음 2가지만을 골라 지키자는 의견에 찬성하는 분은 손을 들어 주십시오. • (집계) 모두 24명입니다. (손을 내린다.) • 표결 결과를 발표하겠습니다. 2가지만을 골라 실천하자가 24명, 4가지 모두 지키자가 12명, 기권 6명으로 이번 주 실천 사항은 2가지만을 골라 실천하자로 가결 통과되었습니다. (의사봉을 세 번 두드린다.) • ★ 긴급동의 있습니다. • 김윤정 회원 발표하십시오. • 회의를 진행하는 동안 계속해서 손을 들지 않는 사람이 있는 것 같은데 가부를 물어 회의에 참석할 의사가 없으면 퇴장시킬 것을 동의합니다. • 재청합니다. • 김윤정 대의원의 긴급동의는 여러 회원들의 재청으로 성립되었습니다. 김윤정 대의원은 어떤 회원인지 말씀해 …… (이하 생략)

회순	담당자	회　의　내　용
	의 장 이주향 의 장 이주향 여러 회원 의 장	• <u>회의를 계속 진행하겠습니다.</u> 그러면 어떤 실천 사항을 가지고 실천할 것인지 말씀해 주십시오. • 의장! • 이주향 대의원 말씀해 주십시오. • 예, 저는 4가지 모두를 표결하여 찬성하는 사람 수가 많은 2가지를 가지고 실천하였으면 합니다. • 재청합니다. • 그럼 [뒷정리를 잘하자]는 의견에 찬성하는 사람은 손을 들어 주십시오. (표결 결과대로 2가지를 실천 사항으로 정함.) ★★ 긴급동의: 아주 긴요하고도 급한 의안을 내세워 예정하였던 다른 의안을 제쳐 놓고라도 먼저 처리하도록 내는 동의 ■ 이 긴급동의는 동의하기 위해 같이 손을 들었어도 우선적으로 받아들여야 함. ※※ 종다수결: 종다수(從多數)는 비교다수라고도 하며 출석하고 있는 회원 수에 관계없이 가(O)와 부(X)를 비교하여 많은 쪽으로 결정하는 방법을 말함. ◇ 표결 방법: 만장일치의 가결, 반대토론(반대자)이 있을 경우의 표결(거수표결, 기립표결, 점호표결), 투표표결(선출을 위한 표, 결정을 위한 투표) ◇ 만장일치의 가결 이외의 표결에서 사용 ◇ 다수결 원칙(과반수, 종다수결)의 한 가지 ■ 임시의장 선거 때나 선거에서의 결선 투표 때 주로 사용한다. ■ ≪극단적인 예≫ 43명의 반 구성원을 가진 학급에서 결선 투표 결과 찬성 2표, 반대 1표일 때도 2표만으로 가결된다는 것이다.
각 부 계 획	부의장 의 장 의 장 생활부 의 장 의 장 체육부 의 장 의 장	• 각부의 계획을 정하는 순서입니다. • 각부에서는 다음 달(다음 주) 지킬 일을 □시 □분까지(약 5~8분간) 토의해 주시기 바랍니다. • (토의가 거의 끝났으면) 토의가 다 된 부에서는 자리를 정돈해 주십시오. 먼저 생활부 말씀해 주십시오. • 예, 저희 생활부에서는 다음 달(다음 주) 지킬 일을 ……로 정하여 실천하기로 하였습니다. • 생활부에서는 다음 달(다음 주) 지킬 일을 ……로 정하여 실천하기로 하였다고 합니다. (－학습부, 봉사부, 미화부－) • 다음 체육부 말씀해 주십시오. • 저희 체육부에서는 다음 달(다음 주) 지킬 일을 【운동 기구를 잘 정리하자】로 정하여 실천하기로 하였습니다. 운동 기구를 쓰고 나서 정리가 잘 안 되기 때문이며 매일 저희 체육부 부원들이 점검하여 운동 기구가 항상 잘 정돈되도록 하겠습니다. • 체육부에서는 【운동 기구를 잘 정리하자】를 실천하겠다고 합니다. • 각부에서 진지한 협의를 거쳐 발표해 주셔서 감사합니다. 결정된 내용은 잘 실천할 수 있도록 다 같이 노력해 주기 바랍니다.

회순	담당자	회　　　의　　　내　　　용
기타 협의 및 건의 사항	부의장 의　장 정수영 의　장 정수영 의　장 의　장 의　장	• 기타협의 및 건의 사항 순서입니다. • 먼저 교통안전에 대한 협의를 갖도록 하겠습니다. 저희들이 항상 교통안전에 대한 여러 가지 사항들을 정하여 지켜 왔지만 계속 잘 지켜지지 않는 것도 있습니다. 좋은 의견을 말씀해 주십시오. • 의장! • 정수영 회원 말씀하십시오. • 3학년 정수영입니다. 요즘 교문 앞에서 집에 가기 전에 횡난모노를 왔다 갔다 하며 노는 어린이들이 있습니다. 간혹 선생님한테도 이야기를 듣곤 합니다. 너무나 위험하기 때문에 저는 다음 달(다음 주) 교통안전에 대해서는 【횡단보도 부근에서 왔다 갔다 하지 않기】를 정하여 실천할 것을 동의합니다. • <u>다음은 생활목표와 교통안전</u> 이외에 협의할 일이 있으면 말씀해 주십시오. (☆특별한 사항이 아닐 때는 재청이 없어도 동의를 성립시킴.) • 다음은 학교나 선생님께 건의할 사항이 있으면 말씀해 주십시오. • 다음은 이번 달의 건의 사항에 대한 결과처리 보고가 있겠습니다.
선행 어린이 선정 선생님 말씀 회의록 낭독 교가 제창 폐회 선언	부의장 의　장 부의장 의　장 선생님 부의장 의　장 의　장 부의장 부의장 의　장 여러 회원 의　장	• 선행어린이 선정 순서입니다. • 한 달간(1주일간) 생활 중에서 착한 일을 한 어린이가 있으면 추천해 주십시오 (전교어린이회에서는 학급어린이회에서 선정된 각 반 선행어린이를 추천하여 선정하고, 학급어린이회에서는 회원들의 추천을 받아 선정한다.). • 선생님 말씀을 듣는 순서입니다. • 선생님 말씀이 있겠습니다. • ……(회의 진행에 대한 소감이나 지도해야 할 내용을 이야기 함.) • 회의록 낭독 순서입니다. • 서기는 회의록을 낭독해 주시기 바랍니다. (회의록 낭독 후) • 회의록 기록내용 중 잘못 기록된 내용이 있으면 말씀해 주십시오. (수정하자는 동의는 재청이 있어야 성립됨.) ※회의록 승인 • 교가제창이 있겠습니다. 교가는 음악에 맞춰 부르도록 하겠습니다. …… (주악이 없는 경우는) 교가 시작 • 끝으로 폐회 선언이 있겠습니다. • 오늘은 의사일정이 끝났으므로 회의를 마치고자 하는데 다른 말씀하실 분 안 계십니까? • 없습니다. • 그러면 이상으로 제3회 전교(학급)어린이회를 모두 마치겠습니다. 수고하셨습니다. 감사합니다. (의사봉을 세 번 두드린다.)

1. 회의 사전 · 사후 활동

가. 학생회 회의 일정

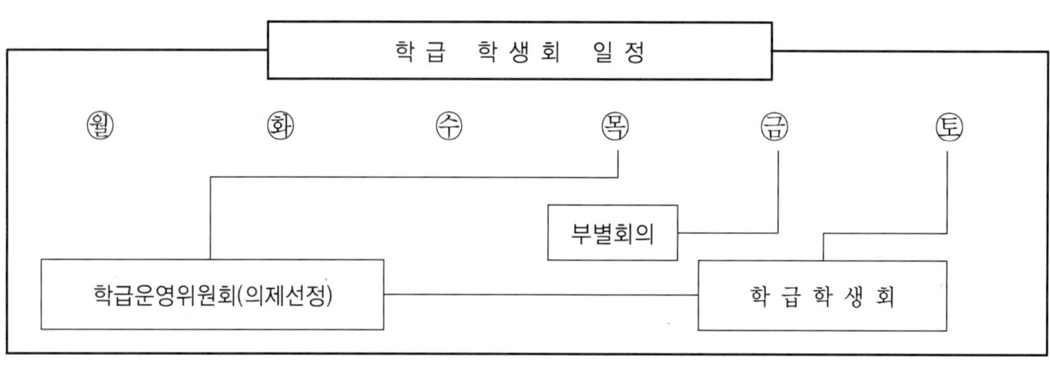

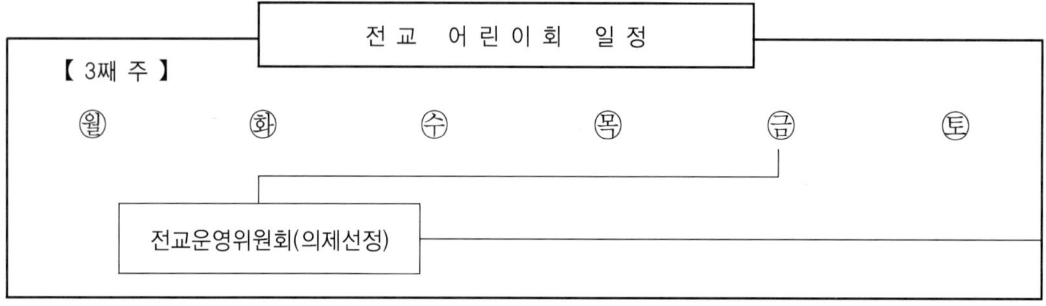

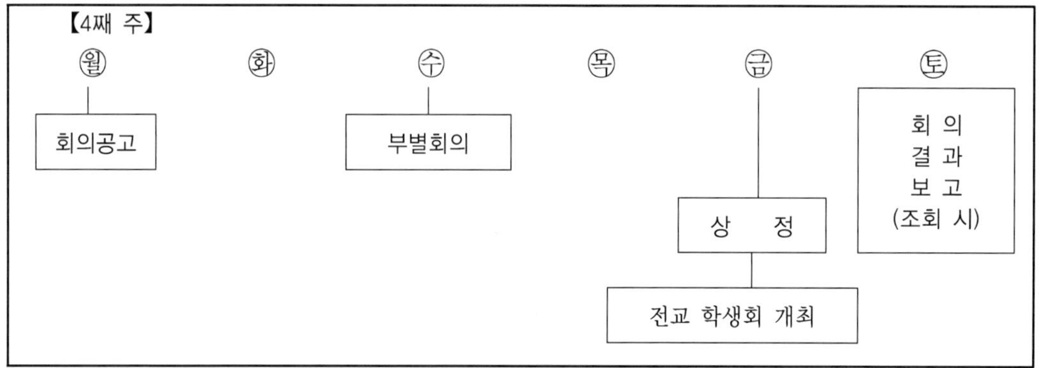

[그림 23] 학생회 회의 일정표

나. 의제 선정 절차

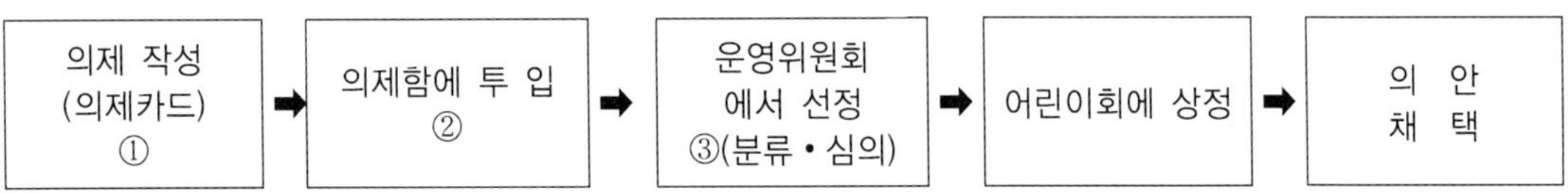

[그림 24] 의제 선정 절차

다. 의제 카드(①)

제 안 자	제 ( )학년 ( )반 (외 명)	개 인 의 견 ( ) 집 단 의 견 ( )
의 제		
제 안 이 유		
실천방법		
위와 같이 제안합니다. 년 월 일 (전교·학급) 운영위원회 앞		운영위원회 심의결과

[그림 25] 의제 카드

라. 의제 처리 결과 통지서(③-2)

	제 학 년 반 앞
	이번에 좋은 의제를 내어 주셔서 감사합니다. 내어 주신 의제는 운영위원회에서 다음과 같이 결정하였습니다.
○	채택되었습니다. 제 회 전교 학생회 회의 활동시간(토요일 학급협의 활동 시간)에 제안 이유를 충분히 설명할 수 있도록 준비하여 주십시오.
	( )부에 부탁하였으니 ( )부에서 해결할 것입니다.
	선생님께 부탁드렸습니다.
	다음 운영위원회에서 다시 의논하기로 하였습니다.
	전교 운영위원(학년 반 운영위원) 일동

[그림 26] 의제 처리 결과 통지서

마. 의제함(②)

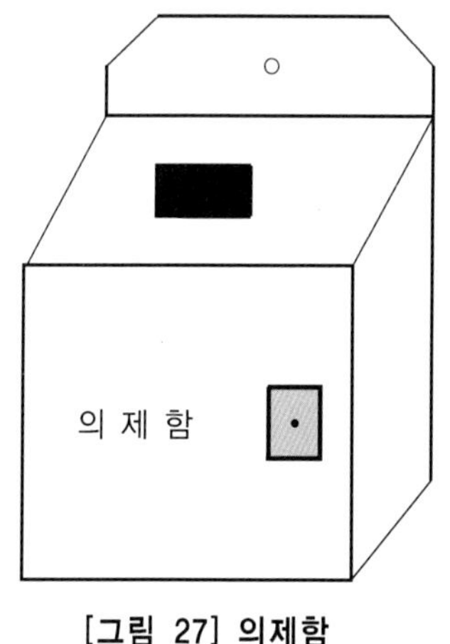

[그림 27] 의제함

바. 운영위원회 회의록(③-1)

〈표 50〉 운영위원회 회의록

<table>
<tr><td colspan="7">제   회   전교(학급)   운영위원회 회의록</td></tr>
<tr><td>일   시</td><td colspan="4"></td><td>기 록 자</td><td></td></tr>
<tr><td>학교생활
목   표</td><td colspan="4"></td><td>참 석 자</td><td>명</td></tr>
<tr><td rowspan="8"></td><td colspan="2">제 안 자</td><td colspan="3">접 수 된   의 제</td><td rowspan="2">처 리 결 과</td></tr>
<tr><td>학급</td><td>성   명</td><td colspan="2">의   제   명</td><td>인원
수</td></tr>
<tr><td>의   제</td><td></td><td></td><td colspan="2"></td><td></td><td></td></tr>
<tr><td></td><td></td><td colspan="2"></td><td></td><td></td></tr>
<tr><td></td><td></td><td colspan="2"></td><td></td><td></td></tr>
<tr><td>처   리</td><td></td><td></td><td colspan="2"></td><td></td><td></td></tr>
<tr><td></td><td></td><td colspan="2"></td><td></td><td></td></tr>
<tr><td></td><td></td><td colspan="2"></td><td></td><td></td></tr>
<tr><td>협의할

내   용</td><td colspan="6"></td></tr>
</table>

사. 회의 공고

〈표 51〉 회의 공고

전교(학급) 학생회 회의 개최 공고			
제 회 전교(학급) 학생회 회의(정기회의, 임시회의)를 다음과 같이 개최하고자 이에 공고하오니 많이 참석하여 주시기 바랍니다.			
일 시		년 월 일 요일 교시	
안 건	( )월 생활목표 결 정	제1호안	
		제2호안	
		제3호안	
	기타협의		
장 소			
참석대상	전교 학생회 회의 각 학년 대의원 전원(○학년 이상 각 반 회장, 부회장, 총무 3명)		

아. 각 부별 활동 기록부

〈표 52〉 부별 활동 기록부

(   )부

( )월 ( )주 (월 일~ 월 일)					기록자	
주 간 활 동	월	화	수	목	금	토
실 천 반 성						
의 제						제 안 자
협 의 내 용						
결 의 사 항						
기 타						

2. 회의 준비

가. 회의장 설치

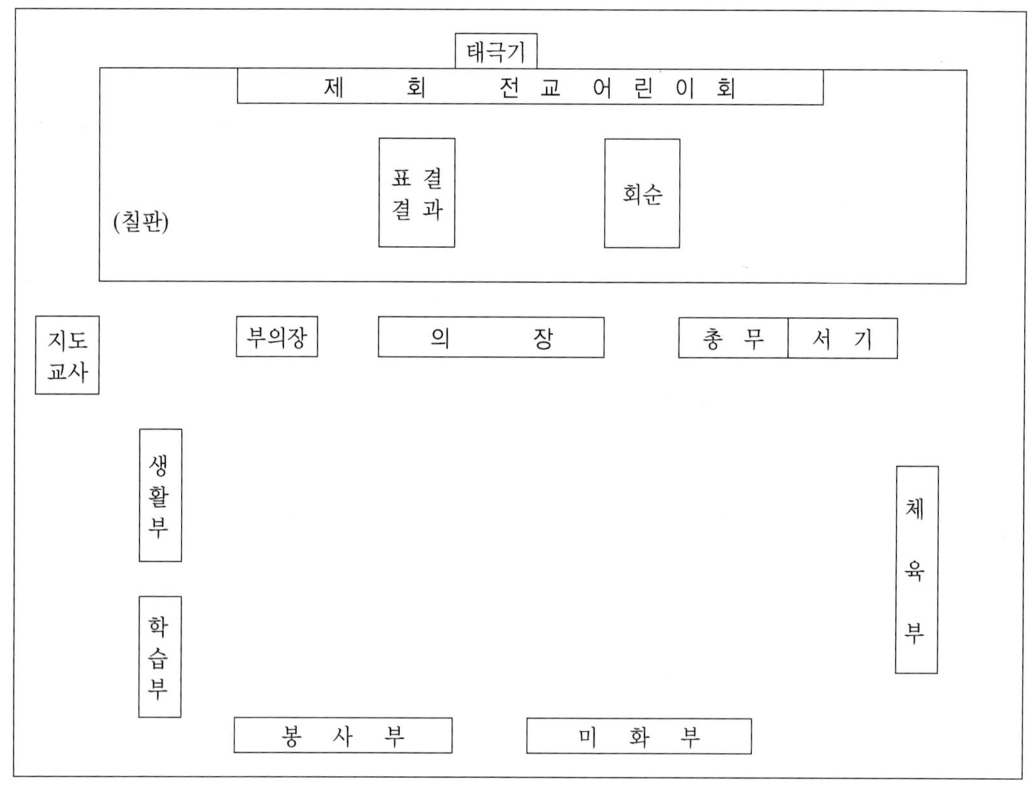

[그림 28] 회의장 배치도

나. 회의장 기본 시설 자료

1) 표찰(의장, 부의장, 총무, 서기, 생활부, 학습부, 2) 의사봉-1, 3) 회순판-1 봉사부, 미화부, 체육부, 선생님-9) 4) 녹음자료-1, 5) 회의 기록판

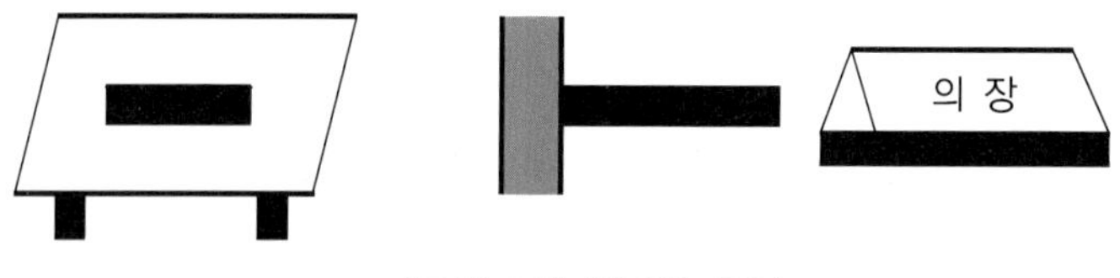

[그림 29] 회의장 도구

각 부 활 동	부 별	실 천 내 용	반 성	활 동 계 획
	생 활 부			
	학 습 부			
	봉 사 부			
	미 화 부			
	체 육 부			

생활반성	

의 안 심 의	제 호	구 분	내 용	찬 성	반 대	기 권
	제 1 호 안	원 안				
		수정안				
	제 2 호 안	원 안				
		수정안				
	제 3 호 안	원 안				
		수정안				

생활목표	

실 천 사 항		제 주		제 주
		제 주		제 주
		제 주		

다. 전교(학급) 학생회 회의록

<표 53> 학생회 회의록

		담 임	계	교 무	교 감	교 장

일시	년 월 일 요일 교시(제 회)	의장명	
장소	재적인원 명 출석인원 명 기권 명		
생활 목표	( )월목표	반 성	
	제 1 주		
	제 2 주		
	제 3 주		
	제 4 주		
	제 5 주		

<table>
<tr><td rowspan="6">각
부
활
동</td><td>부</td><td colspan="4">실 천 내 용 반 성</td><td colspan="2">활 동 계 획</td></tr>
<tr><td>생 활 부</td><td colspan="4"></td><td colspan="2"></td></tr>
<tr><td>학 습 부</td><td colspan="4"></td><td colspan="2"></td></tr>
<tr><td>봉 사 부</td><td colspan="4"></td><td colspan="2"></td></tr>
<tr><td>미 화 부</td><td colspan="4"></td><td colspan="2"></td></tr>
<tr><td>체 육 부</td><td colspan="4"></td><td colspan="2"></td></tr>
<tr><td rowspan="2">선
행
어
린
이</td><td>성 명</td><td>성별</td><td>학년</td><td colspan="4">수 범 사 례</td></tr>
<tr><td></td><td></td><td></td><td colspan="4"></td></tr>
<tr><td>기 타 협 의</td><td colspan="7"></td></tr>
<tr><td>건 의 사 항</td><td colspan="7"></td></tr>
<tr><td>선생님 말씀</td><td colspan="7"></td></tr>
</table>

라. 전교 어린이회 건의 사항 처리부

<표 54> 건의 사항 처리부

	계	협조	교감	교장

건의 사항	
건의 날짜	년 월 일 요일
협의 날짜	년 월 일 요일 - 년 월 일 요일
처리 계획	
처리 결과	

1. 의사봉의 사용 시기 및 방법

〈표 55〉 의사봉 사용 시기 및 방법

사 용 시 기	사 용 방 법
◆ 회의를 시작할 때(개의 – 開議) ◆ 의안을 다루고자(심의 – 審議) 올릴 때 ◆ 어떤 의안이 가결 또는 부결되었을 때 ◆ 회의가 모두 끝났을 때(산회 – 散會) ◆ 회의를 하던 중 조금 쉬었다 하기 위해 회의를 잠시 중지(정회 – 停會 또는 휴회 – 休會)할 때 ◆ 회의를 중지했다가 다시 시작할 때(속개 – 續開)	■ 의사봉이란 회의순서가 한 단계 한 단계 시작되거나 끝날 때마다 회의 참석자들에게 이를 분명히 알리기 위해 사용하는 도구로서 의장이 두드리게 된다. ■ 먼저 지금 회의를 시작하겠다든지, 회의를 모두 마치겠다든지 말하고 나서 의사봉을 땅! 땅! 땅! 세 번(3타) 두드리게 된다.

2. 학생회 회의 참관 기록

〈표 56〉 회의 참관 기록

참 관 일 시	년 월 일 교시	참관자	제 학년 반 이름		
참 관 학 년	제 학년 반		회의		
의장의 회의 진행요령					
위원들의 발언능력					
전체 회원들의 회의참여 태도					
재치 있게 진행된 장면					
전체적인 느낌					

3. 학생회 임원의 역할 분담

〈표 57〉 임원의 역할 분담

임 원	역 할 분 담
의장 (1명)	○ 전교(학급) 학생회 회장이 겸임 ○ 학급 대표 역할 ○ 전교(학급) 운영위원회 주관
부의장 (1명)	○ 전교(학급) 학생회 부회장이 겸임 ○ 의장 유고 시 대행 ○ 전교(학급) 학생회 회의 시 사회 및 의결 확인, 의제함 관리
총무 (1명)	○ 회의록 기록－정리 및 낭독 ○ 각종 기록 맡음 ○ 회의에 필요한 여러 가지 일을 맡음
서기 (1명)	○ 판서(칠판 서기)
생활부	○ 교내·외 질서 생활 선도, 저금관리 협조, 군것질 지도, 효 실천 선행아 선정
학습부	○ 학력신장을 위한 노력(자습 제시 등), 학습 생산품 정리, 게시물 손질, 학습자료 정비 및 운반, 과제물 수집 분배, 독서 지도
봉사부	○ 불우이웃 돕기, 칠판 정리, 신발장 정리, 거울 청소, 우유갑 정리, 잃어버린 물건 주인 찾아 주기
미화부	○ 학급 미화 솔선수범, 유리창 개폐 및 관리, 화분·어항·우산 관리, 환경 게시, 청소 용구 관리
체육부	○ 체육활동 및 행사, 체육기구 운반 및 관리, 급수 및 우유 배급, 급수대 관리, 운동장 및 화장실 관리, 오락 지도
운영위 원회	○ 구성: 의장, 부의장, 총무, 서기, 5개 부서 대표, 지도교사 ○ 운영: 매월 셋째 주 금요일(매주 목요일) ○ 역할: 의결사항 실천 결과 분석, 의제 선정, 채택 의제 공고, 제안자에게 설명 준비 및 통보

4. 주 생활목표 선정 과정

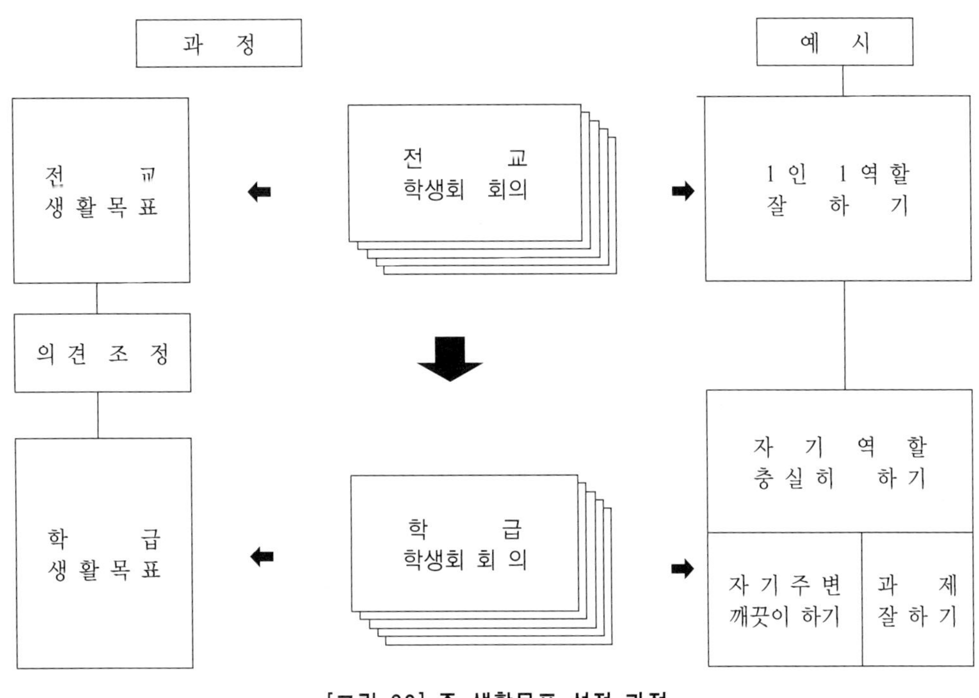

[그림 30] 주 생활목표 선정 과정

5. 회의의 일반적인 원칙

가. 발언 자유의 원칙

♣ 발언자유라고 할 수 없는 경우

1) 회의를 방해하기 위해서 고함을 치는 행위

2) 남을 비난하고 욕을 하는 행위

3) 자기의 뜻에 맞지 않는다고 회의 내용과는 관계없는 말을 하는 행위

4) 질문할 시간인데도 토론하려고 하는 행위

5) 의장이 발언하는 내용에 대해 주의를 시켰는데도 그 발언을 계속하는 행위

6) 혼자서만 여러 번의 발언을 하는 행위

7) 남이 발언하고 있는데 그 말을 가로막는 행위

나. 회의 공개의 원칙: 공개적으로 진행하는 것이 원칙임.

다. 정족수의 원칙: 의사 정족수, 의결 정족수.

라. 1의제의 원칙: 한 건 한 건을 따로따로 회의에 올려서(상정) 처리해야 한다.

마. 회기 불계속의 원칙: 회기 중에 처리되지 못한 안건이 끝남과 동시에 폐기되는 것 - 일단 폐기된 안건을 다음 회기에서 처리하고자 하면 다시 제안해야 됨.

바. 일사부재의 원칙: 한 번 부결된 내용(안건)은 그 회기 중에 다시 같은 내용으로 제안할 수 없음.

사. 토론의 자유를 보장하는 원칙 - 다수에 속하는 사람이 전체의 이익을 위하여 토론을 제한하기로 결정했을 때는 제한을 받게 됨.

아. 과반수 또는 다수결의 원칙: 출석 과반수, 종다수결, 재적의 과반수

자. 한 번에 한 사람씩 발언하는 원칙

차. 의장은 공정해야 한다는 원칙

카. 평등보장의 원칙

타. 소수인의 권리를 존중하는 원칙

파. 폭력부정의 원칙

참 고 문 헌

1. 공주 의당초등학교(1993) VTR 자료(시 지정).
2. 공주 귀산초등학교(1994). 충청남도공주교육청 지정 시범운영보고서.
3. 한국청년회의소(1993). 어린이회의 진행교본 [회의는 어떻게 하나?].
4. 청주 석교초등학교(1990). 교육부 지정 시범운영보고서.
5. 교육부(1992). 장학자료 55호.
6. 이희승(2000). 국어 대사전. 서울: 동아출판사.
7. 박은종(2009). 전교(학급) 어린이회 시나리오(본인 제작).
8. 교육과학기술부(2010). 특별활동 교사용 지도서(4~6학년). 서울: 대한교과서주식회사.

제 6 장

◀◀ 학교행사 운영 · 지도 ▶▶

제1절 학교행사 교육의 개관
제2절 연간 주요 학교행사 지도 계획
제3절 제1학기 주요 학교행사 지도
제4절 제2학기 주요 학교행사 지도
제5절 월별 학교행사 지도 참고 자료

[Key Point]

제6장에서는 학교 교육과정 차원에서 지도하는 연중 각종 행사에 대해서 고찰한다. 따라서 국가적인 행사인 각종 국경일, 기념일을 비롯하여 각급 학교의 단위학교에서 운영·실행하는 학교행사에 대해서 목표, 내용, 방법, 과정, 평가 등 일련의 단계를 파악한다. 그러한 가운데서 학생들이 학교의 주인이자 미래 사회의 주역으로서 자긍심과 정체성을 갖고 각종 학교행사에 참여하도록 유도한다. 교원들은 각종 학교행사의 주무자, 추진자로서 학교 교육과정과 연계하여 탐구하고, 나아가 학교행사 추진의 전문성을 신장하게 된다.

1. 학교행사 교육의 의의

학교행사는 학교 당국의 주관하에 계획되고 진행되는 교육 활동이다. 이는 특별활동의 한 영역 활동으로 학생들의 전인적 성장 발달을 돕기 위하여 제공되는 다양한 학습 경험의 총체이다. 학교행사는 교과와 상호 보완적 관계를 가지고 학급·학년·전교생이 참여할 수 있고, 실천적인 활동을 통하여 학생들이 자기의 생각이나 행동을 표현함으로써 자아실현의 기회를 갖게 하는 활동이다. 따라서 학교행사 교육은 교과 활동의 연속으로 단조로워지기 쉬운 학교생활의 흐름 속에서 변화를 가져오게 하는 집단적인 활동을 조장시키는 매우 중요한 교육 활동이다.

2. 학교행사 교육의 특징

학교 교육과정 운영의 일환으로 이루어지는 학교행사 교육은 행사 참여와 활동을 통하여 교육적 효과를 거두는 데 초점을 맞춘다. 따라서 학교행사 교육은 다음과 같은 특징을 갖는다.

가. 교육적 내용과 관련하여 연중 수시로 이루어질 수 있다.

나. 가급적 학생 스스로 계획을 세우도록 하며 준비·시행·반성 등에 있어서도 주체적으로 참여할 수 있도록 지도한다.

다. 개인·학급·학년·전교 단위로 크고 작은 활동이 유기적으로 이루어지게 하며 치밀한 계획이 수립되도록 한다.

라. 교과 활동과 상호 보완적 역할을 하며 학습한 내용을 집약 발표 또는 통합한다.

마. 특기 신장과 개성 신장에 노력하며 협력하는 과정에서 연대감을 기르고 집단의 실천적인 활동이 자율적으로 이루어지도록 한다.

바. 공동 협의를 통하여 문제를 해결하며, 행사활동에 적극적으로 참여하는 활동 경험을 바탕으로 원만한 인간관계를 이루어 가며 공동체 의식을 갖게 된다.

사. 학생의 개성과 소질에 알맞은 활동을 토하여 건전한 취미를 갖게 되고 창의성과 사회성을 기르게 된다.

3. 행사활동의 종류

학교행사는 아주 다양한데, 일반적으로 다음과 같이 종류별로 구분할 수 있다.

가. 의식행사
  - 국경일과 기념일 의식
  - 조회, 입학식, 졸업식, 시업식, 종업식

나. 학예 행사
  - 학예회, 글짓기 대회, 그리기 대회, 전시회, 동화 구연 대회, 동요 부르기 대회
  - 과학 · 공작 경진대회, 실기 대회

다. 보건 체육 행사
  - 운동회, 각종 경기 대회, 야영 등
  - 신체검사, 건강 진단, 실기 대회

라. 현장 학습 행사
  - 소풍 · 야외 학습, 수학여행, 수련회 등
  - 견학 · 고적답사

마. 안전 · 방재 활동
  - 대피 방호 훈련, 소방 훈련, 재해 구호 훈련
  - 교통안전 훈련

바. 봉사 · 지원 활동
  - 자매결연 활동, 위문 활동
  - 자연 보호, 질서, 청소 미화, 문화재 보호 활동

사. 학교 특정 행사
  - 개교기념일
  - 정년 퇴임식
  - 학교장 이 · 취임식

4. 학교행사 지도상의 유의점

가. 연간 실시할 행사를 선정하여 이를 월별로 조정하고 행사의 과다 실시로 인한 정규 교육 활동에 침해가 되지 않도록 한다.

나. 행사 추진에 있어 전 직원과 학생이 분담하고 전체적인 규모에 있어 자기가 맡은 역할의 기능과 내용을 명확히 파악하게 함으로써 참여 의식과 책임감 · 창의성을 발휘하도록 한다.

다. 학교 전체의 교육 과정 계획과 관련하여 교과 활동이나 생활 지도와 상호 보완적 관계를 가

지고 교육목표가 달성될 수 있도록 한다.

라. 획일적이고 타성에 젖은 관례 행사가 되지 않도록 창의성을 발휘하며, 학생들의 활동이 주체가 되어 교육적 효과를 거둘 수 있게 한다.

마. 행사를 마무리할 때 반드시 학생이 참여하는 평가와 반성 활동을 갖는다.

■ 제2절 ┃ 연간 주요 학교행사 지도 계획

〈표 58〉 학교행사 지도 계획

행사명	시기	지 도 내 용	관 련 행 사	학생활동
삼일절	3·1	• 삼일절의 의의 • 삼일정신의 계승 발전 • 선열들의 자주 독립 운동 • 국기게양법, 삼일절 노래	• 기념식(방송) • 자료조사 • 국기게양	전체 중·고학년 전체
시업식	3·2	• 전 학년의 반성 • 새 학년도 생활 설계 • 청소 미화·보건 위생 계획	• 의식 • 담임 • 교실 소개 • 1인 1역 활동조직	전체
입학식	학교별	• 신입생 맞이 • 학교생활 안내	• 의식	전체
식목일	4·5	• 식목일의 의의 • 식수·수목 관리의 방법 • 한식과 성묘	• 기념식 • 식구 활동 • 성묘	전체 중·고학년 가정
과학의 날	4·21	• 과학의 날 의의 • 과학 기술과 국가 발전 • 미래 과학의 세계 • 과학 관련 활동	• 기념식 • 글짓기, 그리기 • 경진대회(발명품, 모형항공기, 라디오 조립) • 전시회(작품)	전체 중·고학년 전체
법의 날	4·25	• 지켜야 할 학교규칙 • 지켜야 할 학급규칙 • 준법정신 알기 • 사람들 사이의 약속	• 법 관련 그리기 글짓기	전체 중·고 학년 전체
충무공 탄신일	4·28	• 충무공의 생애 • 호국 정신과 민족의 발전 • 위인들의 호국 활동	• 기념식 • 독후감 쓰기 • 그리기 • 전시회(작품)	전체 고학년 저학년 전체
윤봉길 의사 의거일	4·29	• 윤봉길 의사의 약력과 업적 • 봉사 정신과 희생정신 • 위인들의 광복, 독립운동 • 우리들의 각오	• 활동 소개 • 자료 조사, 발표 • 글짓기	저학년 (학급) 고학년 (학급)
소풍·수학 여행	학교별	• 사전 계획 세우기 • 소풍 및 수학여행 지도 • 사후 지도	• 사전 계획 • 조사, 관찰 활동 • 글짓기, 그리기	학급
어린이날	5·5	• 어린이날의 유래와 의의 • 어린이날 관련 행사(운동회, 학예회) • 장한 어린이 표창	• 기념식 • 소 운동회 • 불우 어린이 위로, 고아원 방문	전체 〃 학급 대표 〃
어버이날	5·8	• 어버이날의 유래와 의의 • 어버이의 은혜와 사랑 • 참된 효도와 실천 • 어버이 위로 행사	• 기념식 • 감사 편지 쓰기 • 그리기, 글짓기 전시 • 학예 발표	전체 〃 저학년 고학년

행사명	시기	지 도 내 용	관 련 행 사	학생활동
스승의 날	5 · 15	• 스승의 날의 유래와 의의 • 스승의 은혜와 사랑	• 기념식 • 감사 편지 쓰기	전체 〃 (학년)
현충일	6 · 6	• 현충일의 의의 • 우리 민족의 호국 활동 • 조기 다는 법, 현충일 노래	• 기념식(방송) • 자료 조사 • 조기 달기	전체 학급 가정
6 · 25 전쟁일	6 · 25	• 6 · 25의 내려 • 분단 현실과 통일 의지 • 통일 조국의 미래상	• 기념식 • 그리기 글짓기 • 웅변대회	전체 저 · 고 학년 고학년 대표
제헌절	7 · 17	• 법과 나라의 발전 • 준법정신	• 기념식(방송) • 국기 달기 • 법의 정신 알기	전체 〃 고학년 (학급)
여름방학식	학교별	• 방학 생활 계획 세우기 • 건강 · 안전 생활의 실천 • 취미 생활과 활동	• 방학식(1학기 종업식) • 방학 생활 안내	전체 (학급)
야영수련회	학교별	• 사전 계획 세우기 • 협동 · 봉사활동 • 문화재 답사 및 자연보호	• 계획 수립 • 수련 활동 및 반성	고학년 대표 〃
광복절	8 · 15	• 조국 광복의 의의 • 민족의 시련과 극복활동 • 나라 발전과 우리의 노력	• 기념식(방송) • 조사 활동 • 스크랩북 만들기	전체 (학급)
개학식	학교별	• 방학 생활의 반성 • 2학기 생활 계획 • 과제물 정리 발표	• 개학식(2학기 시업식) • 과제물 전시회	전체 (학급, 학교)
추석	음력 8 · 15	• 추석의 유래와 의의 • 추석의 풍속과 민속놀이 • 조상들과 웃어른에 대한 공경	• 민속놀이 • 고유음식 • 예절 익히기	학급 〃 가정

가을운동회	학교별	• 운동 정신과 운동 기능
		• 집단 질서와 규율
		• 지역 사회 자원을 교육의 장
		  으로 활용
			• 사전 계획, 연습
			• 집단 질서와 규율을
			  지키기
			• 사제 간 협동
				고학년 대표
				학년, 전체
				〃

국군의 날	10 · 1	• 국군과 국토방위 역할 • 국군의 활동 모습 • 자주 국방과 통일 조국	• 기념식(방송) • 그리기, 글짓기 • 화보 모으기	전체 저 · 고학년 학급
개천절	10 · 3	• 우리 민족의 뿌리 알기 • 건국이념의 이해	• 기념식(방송) • 단군 이야기 조사 활동	전체 학년, 학급
자연보호 헌장선포일	10 · 5	• 자연 보호의 의의 • 자연 환경과 우리 생활 • 자연 보호의 실천	• 자연보호 헌장 알기 • 자연보호 활동	고학년 전체

행사명	시기	지 도 내 용	관 련 행 사	학생활동
한글날	10 · 9	• 한글날의 유래와 의의 • 한글과 우리 생활 • 언어와 민족 문화	• 기념식 • 그리기, 글짓기 • 전시회	전체 저 · 고학년 학급 대표
독서주간	학교별	• 독서의 중요성 • 독서 방법과 생활화 • 독후감 쓰기	• 독서계획 • 독후감 쓰기	학급 〃
체육의 날	10 · 15	• 국민의 건강을 위해 할 일 • 자신이 좋아하는 체육활동 하기 • 체육의 날의 의의 알기	• 체육활동 하기	학급 담임 전교생
문화의 날	10 · 20	• 문화의 날 의의 • 민족 문화의 발전 • 학예 발표회(전시회, 연극, 음악 등)	• 문화의 날 의의 알기 • 민족 문화 • 학예회	학급 고학년 (학급) 전체
학예발표회	학교별	• 의식 참여 • 훈화 • 전시회 평가와 반성 • 전시회 출품	• 무용, 음악, 연극 • 미술작품 전시	전교생 교무 담임
경찰의 날	10 · 21	• 경찰서를 방문하여 현장 체험 학습하기 • 자신이 미래에 경찰을 하면 어떤지 상상하여 글을 쓰기 • 경찰의 날의 의의 알기	• 편지 쓰기 • 현장 학습	전교생 담임
안중근 의사 의거일	10 · 26	• 안중근 의사의 생애와 업적 • 선열들의 애국정신	• 안중근 의사 생애와 업적 조사 발표	고학년 (학급)
학생의 날	11 · 3	• 학생의 날 유래와 의의 • 민족정신의 이어짐	• 학생의 날 유래 알기	고학년 (학급)
국민교육 헌장선포일	12 · 5	• 국민교육헌장의 의의 • 내용 알기	• 국민교육헌장의 뜻과 내용	고학년 (학급)
세계 인권 선언일	12 · 10	• 의식 참여 • 훈화 • 모범학생 표창(이념 구현) • 인권의 정신과 이념의 알기	• 글짓기	전교생 학급 담임 교무
겨울 방학식	학교별	• 성적 처리 및 성적 일람표 작성 • 통지표 작성 • 휴가 중 학교 운영계획 작성 • 방학 생활 안내 작성 • 학급 비품 보관 • 각자 생활에 대해 반성	• 독창, 중창, 합창, • 독주, 중주, 합주, • 무용, 동극, 동시 • 1학기 동안 만든 작품 중심	전교생 학급 담임 교무

행사명	시기	지 도 내 용	관 련 행 사	학생활동
졸업식	학교별	• 사전지도 • 졸업식 진행 지도	• 졸업식준비 • 졸업식 • 의식곡 송사 준비	고학년 학년 재학생 대표
개교 기념일	학교별	• 기념식수, 테이프 자르기 • 작품전시 관람 • 학예발표 참관 • 다과회 • 학교장, 동문회장 인사	• 학교 연혁 • 교화 그리기 • 교목 그리기 • 교기 알기	교감 학교장 하급 담임
정년 퇴임식	학교별	• 송사 지도 • 의식곡 지도 • 퇴임사 준비 • 안내장 발송	• 퇴임식 준비 • 퇴임식 • 의식곡 준비(확인) • 송사 준비	교무 학교장 교무 학급 담임

1. 삼일절(3월 1일)

가. 지도 목표

○ 삼일운동이 일어난 배경과 전개 과정 조사 활동
○ 삼일운동의 역사적 의의를 이해한다.
○ 우리 민족의 수난과 선열들의 광복 노력을 안다.

나. 지도 내용

○ 삼일운동의 배경과 전개 과정 조사 활동
○ 우리 민족이 겪은 어려움과 선열들의 광복 활동 조사
○ 삼일절 노래와 바른 국기게양법에 대해 알기

다. 행사 추진

행 사 내 용	활 동 내 용	대상·담당자
◎ 삼일절기념식	• 기념식 참여(방송)	전교생
	• 훈화	학교장
◎ 관련 지도	• 배경과 전개 과정 조사	고학년
	• 선열들의 광복 활동 알기	담임
	• 국기 바르게 달기	전 학년
	• 삼일절 노래 지도	고학년
	• 독립 선언서 내용 풀어 듣기	전 학년
	• 태극기 바르게 그리기	〃
	• 글짓기 및 포스터 그리기	〃

라. 기념 식순

○ 개식사
○ 국민의례(국기에 대한 경례, 애국가제창, 호국영령에 대한 묵념)
○ 독립 선언서 낭독

○ 기념사(경축사)
○ 삼일절 노래 제창
○ 교가 제창
○ 폐식사

마. 참고 사항

○ 삼일절의 유래
• 우리 민족은 건국 이래 반만년의 역사를 보전하여 왔으나 1910년 일본의 침략으로 36년 동안 국권을 잃음.
• 의분에 참지 못한 국민들이 각처에서 의병을 일으켰고 해외에서도 독립을 위한 운동이 활발히 전개되었음.
• 제1차 세계대전이 끝나기 전의 「파리 강화 회의」에서 윌슨 대통령의 민족자결주의 원칙 발표 → 피압박 민족의 생존 방향을 제시해 줌.
• 1919년 1월 22일 고종의 서거로 민심 자극→ 3·1운동의 구체화
• 3·1운동은 한국이 1910년 일제에 합병당한 후 그들의 무서운 식민정책19헌 병 경찰의 무단통치 밑에서 고통, 신음하다가 제1차 세계대전이 끝나고 1919 년 1월 프랑스의 파리에서 강화회의가 열려 세계 개조의 큰 기운이 떠돌게 되자 민족 대표 33인의 영도 아래 3월 1일을 기하여 독립선언서를 세계만방에 반포하à91국의 남녀노소가 일제의 관헌의 총칼 앞에 맨주먹으로 총궐기하여 자주 독립을 부르짖은 기미독립운동이다.
○ 삼일독립선언서
• 1918년 초반부터 미국 윌슨 대통령의 민족자결주의가 세계적으로 커다란 반향을 일으키고 있던 중 제1차 세계대전이 종료되고 1919년 1월 18일에 파리 강화회의가 열리자, 당시 식민지 · 반식민지 상태에 있던 여러 나라에서는 독립할 수 있다는 기대가 크게 일어났다. 우리나라에서도 상하이(上海)에 있던 독립운동가들에 의해 2월 1일 김규식이 파리 강화회의에 급히 파견되었고, 2월 8일에는 일본유학생들이 독립을 선언했다. 더구나 1월 21일 고종이 죽자 일제에 의한 독살설이 유포되면서 그동안 폭압적인 일제의 무단정치에 대한 민중의 분노가 더욱 높아졌다. 이러한 상황 속에서 국내의 천도교 · 기독교 · 불교의 지도자들은 독립운동을 모색하게 되었다.
• 배포와 의의: 삼일독립선언서는 천도교 측 15명, 기독교 측 16명, 불교 측 2명 등 33인이 민족대표로 서명한 후에 천도교에서 경영하는 보성사(普成社)에서 2만 1,000매가 인쇄되어 2월 28일부터 전국 각지로 전달 · 배포되었다. 1,762자로 된 독립선언서는 태화관에 모인 민족대표 33인이 선언문의 낭독 없이 한용운의 간단한 취지설명 후 축배를 들고 일본 경찰에 자수함으로써 민족대표에 의해 민중 앞에서 낭독되지는 못했다. 그러나 삼일독립선언서의 전국적인 배포와 전달은 운동의 조직과 준비를 함께 이루어지게 함으로써 각지의 3 · 1운동의 전개에 있어 커다란 역할을 했다.

삼일절 노래

2. 시업식(학교별)

가. 지도 목표

○ 전 학년을 반성하고 새 학년의 생활을 설계한다.
○ 새 학년, 새 학급의 노력 중점을 알고 실천하려는 의욕을 갖는다.
○ 아동에게 진급하였다는 기쁨을 갖게 하고 새로운 기분으로 제반 활동에 적극적으로 참여하겠
   다는 의욕을 높인다.

나. 지도 내용

○ 전 학년의 생활 반성
○ 새 학년을 맞은 나의 희망과 결심 발표
○ 새 학년, 새 학급의 노력 중점 실천 방안 찾기
○ 1인 1역 활동 조직 및 청소 담당 구역, 일과표 알기
○ 새 담임 · 친구 소개와 우리들의 약속 정하여 실천하기

다. 행사 추진

행 사 내 용	활 동 내 용	대상 · 담당자
◎ 시 업 식	• 의식 참여	전교생
	• 훈화, 담임 및 교실 배정	학교장
◎ 새 학년도 학교생활의 준비	• 새 학년도 노력 중점 알기	〃
	• 전 학년의 생활 반성	학교장
	• 나의 희망과 결심 발표	학급
	• 1인 1역 활동, 청소 담당	담임
	• 일과표 알기	〃

라. 시업식 식순

○ 개식사
○ 국민의례
○ 전출 · 전입 교사 소개
○ 학급 담임 발표
○ 학교장 훈화
○ 교가 제창
○ 폐식사

마. 참고 사항

○ 준비와 일정
• 사전 준비 내용: 학급 편성(재편성 – 2월 말), 교실 환경 정비(2월 말)
• 사전 활동 내용: 시업식 참가 방법(2월 말), 대표 아동의 인사 준비와 연습
○ 역할분담

구 분	부 서	역 할 내 용	담 당 자
사 전 역 할	교무부	• 전체 총괄과 연락 조정 (시업식 참가방법)	교무 부장 담임
당 일 역 할	교무부	• 식의 사회와 진행.	교무 부장
	과학부	• 식장 점검 및 음악 방송시설 점검	6학년 담임
	교무부	• 아동 인솔 지도	각 담 임

○ 시업식 시나리오

식 순	내 용	비 고
1. 개 식 사	• 지금부터 2004학년도 시업식을 시작하겠습니다.	
2. 국민의례	• 다음은 국민의례를 갖겠습니다. 정면 국기를 향하여　　　[경례!] (주악이 끝나면)　　　[바로!]	○ 새 학년을 맞이하는 기쁨으로 참여함.
3. 애국가 제창	• 이어서 애국가 제창이 있겠습니다. 애국가는 1절만 불러 주십시오.	○ Tape 준비
4. 담임소개	• 다음은 담임 소개가 있겠습니다. 교장선생님께서 직접 소개하겠습니다. (교장선생님 단상에 서면) [전체 경례!] (담임 소개할 때 소개받은 선생님은 자기 학년 앞에서 아동들에게 인사) (교장선생님은 단상에 그대로 서 계심)	
5. 학교장 훈화	• 다음은 교장선생님의 훈화가 있겠습니다. (교장선생님 훈화가 끝나면) [전체 경례!]	
7. 교가제창	• 다음은 교가 제창이 있겠습니다. (지휘자가 단상에 오르면 반주에 맞추어 교가 제창)	○ Tape 준비
8. 폐 식 사	• 이상으로 2004학년도 시업식을 마치겠습니다.	

3. 입학식(학교별)

가. 지도 목표

○ 신입생을 기쁘게 맞이하고 새로운 학교생활에 기대와 각오를 갖게 한다.
○ 일체감과 소속감을 가지고 학교생활을 도우려는 마음을 갖는다.
○ 학부모에게는 학교 교육 방침을 이해시키고 협조하는 자세를 갖게 한다.

나. 지도 내용

○ 학교생활 안내
○ 학급 편성 및 담임 안내
○ 화장실 · 수도 · 위험 지역 안내
○ 교실 위치 · 출입 장소 안내

다. 행사 추진

행 사 내 용	활 동 내 용	대상 · 담당자
◎ 입학식	• 의식 참여	전교생
◎ 입학 준비	• 가 출석부 작성	교무부장
	• 학급별 명단 제시	
	• 학급 표지판 준비	
◎ 학교생활 안내	• 담임 안내	학교장
	• 화장실 · 수도 · 위험 지역 안내	교감
	• 교실 위치 · 출입 장소 안내	학급 담임
◎ 관련 지도	• 신입생들의 등하교, 학교생활에서 안내 활동	

라. 입학식 식순

○ 개식사
○ 국민의례
○ 학교장 훈화
○ 재학생 환영사
○ 신입생 · 재학생 인사
○ 학급 담임 발표 · 직원 소개
○ 교가 제창
○ 폐식사

마. 참고 사항

○ 활동내용
• 사전 활동 내용 – 신입생 가입학식(2월 15일)
• 사전 준비 내용 – 신입생 아동, 반 편성(2월 25일)
– 아동 명부 작성(2월 25일)

－입학식 실시 계획 검토(2월 하순)

－교실 환경 및 식장 정비(2월 28일)

－아동 명찰 준비(2월 25일)

－환영선물 준비 및 사탕목걸이 만들기

○ 역할분담

구분	역할부서	역 할 내 용	완료일	어린이 참여	담 당 교 사
사전 역할 분담	교무부	• 시설 계획 작성 • 진행	2. 25		교무부장
		• 교실 환경 조성 (1학년 교실 꾸미기) • 명찰 및 출석부 작성	2. 25	미화부	1학년 담임
		• 식장 준비 및 꾸미기 • 신발장 이름 달기	3. 4		1학년 담임
		• 환영회 계획 및 준비	2. 28	학습부	교무부장
		• 교과서 등 배부물 준비	3. 3		5학년 담임
당일 역할 분담	교무부	• 전체 총괄 • 사회 • 연락조정 • 진행	3. 3	• 전교 어린이 임원	교무부장
		• 신입생 안내, 이름표 달기	3. 3	학습부	1학년 담임
	과학부		3. 3	과학부	6학년 담임
		• 점검 및 방송시설 점검			전교임원 (과학부)
	과학부	• 기념 촬영 준비 및 녹화	3. 3	과학부	과 학 담 당
	교무부	• 환영회 지도	3. 3	과학부	6학년 담임

4. 식목일(4월 5일)

가. 지도 목표

○ 식목의 중요성을 알고 애림 사상과 자연 보호 정신을 갖는다.

○ 바른 식수 방법을 알고 실제로 식수 경험을 갖도록 한다.

○ 인간 생활에서 나무와 숲의 중요성을 인식시킨다.

나. 지도 내용

○ 식목일의 의의와 중요성
○ 자연 보호와 우리 생활
○ 바른 식수 방법
○ 학교 주위, 학교림

다. 행사 추진

행 사 내 용	활 동 내 용	대상·담당자
◎ 식목일기념식	• 의식 참여	전교생
	• 훈화	학교장
◎ 관련 지도	• 식목일의 의의와 중요성	교무부장
	• 자연 보호와 우리 생활	
	• 바른 식수 방법과 수목 관리	학급담임
◎ 학교생활 안내	• 한식과 성묘	
	• 글짓기·표어·포스터, 생활화 그리기	〃
◎ 식수 활동	• 학교 주위, 학교림, 가정에서 활동	윤리부장
	• 자연 보호 활동	

라. 식목일 기념 식순

○ 개식사
○ 국민의례
○ 학교장 훈화
○ 자연 보호와 애림의 중요성
○ 바른 식순 방법(환경부장)
○ 식목일에 관련 노래 제창
○ 폐식사
○ 식수 활동
○ 자연 보호 활동

5. 과학의 날(4월 21일)

가. 지도 목표

○ 국가의 발전에 과학이 중요한 역할을 하는 점을 알게 한다.
○ 자세히 관찰하고 여러 가지로 생각하려는 태도를 갖는다.

○ 여러 가지 과학 관련 행사에 흥미를 가지고 적극 참여하게 한다.

나. 지도 내용

○ 과학의 날 의의
○ 과학 기술의 발전과 국가 발전
○ 미래 과학의 세계
○ 과학 관련 행사에 참여

다. 행사 추진

행 사 내 용	활 동 내 용	대상 · 담당자
◎ 과학의 날 　기념식	• 의식 참여 • 훈화 • 과학 어린이 표창 • 미래 과학의 세계	전교생 학교장 교무부장 교무부장
◎ 관련 지도	• 과학적인 생활태도 목 관리 • 과학도서 읽기, 독후감 발표	학급 담임
◎ 과학 관련 행사	• 미래 과학 상상화 그리기, 글짓기 • 모형 항공기 경진 • 과학 상자 조립 경지 • 라디오 조립 경진 • 미래 과학 전시회(민족 과학) • 과학관 견학	과학부장 과학반 과학부장

라. 과학의 날 기념 식순

○ 개식사
○ 국민의례
○ 학교장 훈화
○ 모범 과학 어린이 표창
○ 과학의 날 노래 제창
○ 폐식사
○ 전시회 관람(학년별)

마. 참고 사항

○ 과학의 달 행사 안내
- 중앙과학관 인류의 진화, 한민족 기원 특별전 3월 16일~5월 30일
- 2004 봄 사이언스데이 4월 21일~4월 25일
- 과학영화 상영, 무휴 개관 4월 1일~4월 30일
- 과학관 무료 개방 4월 18일~4월 25일
- 천체과학교실(봄철 별자리 설명) 4월 11일~4월 25일
- 과학의 달 기념 현수막 및 입간판 설치 4월 1일~4월 30일
- 한국과학기술원 스페이스 로봇 챌린지 4월 17일~4월 18일
- 천문연구원 2004년 별의 축제(과학교육연구원 및 사설천문대) 4월 중
- 대덕연구단지 관리본부 어린이 과학연극(아인슈타인의 이상한 나라) 4월 27일
- 과학기술단체 총연합회 제37회 과학의 날 기념식행사 주관 4월 21일
- 인터넷 행사(과학독후감대회, 우리가족과학생활이야기 공모전) 4월 1일~4월 30일
- 전국 청소년 과학경진대회 시도예선 4월 중
- 가족과학축제(올림픽 공원) 4월 17일~4월 18일
- 엑스포 과학공원 칠드런 엑스포 4월 10일~5월 31일
- 칭기즈칸 전통 문화제 4월 3일~8월 22일
- 한국우주정보 소년단 모형로켓 경진대회 4월 4일
- 각 시도 교육과학연구원 행사(천체관측, 영화, 학습장, 관찰, 탐구 등) 4월 중
- 과학의 날 축하 전문 보내기 4월 19일
- 대전광역시 교육청 별의 축제(학생, 교사, 학부모, 시민 3,000명) 4월 11일
- 미래과학 독후감 쓰기 대회 4월 10일~4월 11일
- 대덕 밸리 현장학습 견학 4월 1일~4월 30일
- 충청남도 2004 충남 첨단과학축전 4월 17일~4월 18일
- 과학자에 편지 쓰기 운동 3월 26일~4월 21일
- 충남교육청 SF 축제 4월 23일~4월 28일

6. 법의 날(4월 25일)

가. 지도 목표

○ 법(규칙)이 국가의 발전에 미치는 영향을 알게 한다.

○ 법의 날의 유래와 의의를 알고 어린이로서 가져야 할 태도를 실천하도록 한다.
○ 법을 지키는 바른 태도를 기른다.

나. 지도 내용

○ 우리가 일상생활에서 지킬 수 있는 법(규칙)
○ 법의 필요성
○ 법을 지킬 때 좋은 점
○ 법을 지키지 않았을 때 우리 생활에 미치는 영향

다. 행사 추진

행 사 내 용	활 동 내 용	대상ㆍ담당자
◎ 법의 날 　기념식	• 의식 참여 • 훈화 • 지켜야 할 학교규칙 • 지켜야 할 학급규칙	전교생 학교장 교무부장
◎ 관련 지도	• 준법정신 알기 • 사람들 사이의 약속 • 법의 보호 • 개인의 안녕	학급 담임
◎ 법 관련 행사	• 법 관련 그리기, 글짓기	

라. 법의 날 기념 식순

○ 개식사
○ 국민의례
○ 학교장 훈화
○ 학교 규칙을 잘 지킨 어린이 표창
○ 폐식사
○ 법(규칙) 관련 행사(학년별 - 자체 계획)

7. 충무공 탄신일(4월 28일)

가. 지도 목표

○ 충무공의 생애와 업적을 알고 애국 애족 정신을 본받게 한다.
○ 충무공의 청렴한 생활태도와 자주 자립의 정신을 이어받는 각오를 갖게 한다.
○ 선열들의 줄기차게 이어 온 국난 극복의 의지와 지혜를 알고 본받게 한다.

나. 지도 내용

○ 충무공의 생애와 업적을 알아보기
○ 충무공과 우리 수군의 활동 알기
○ 충무공의 자주·자립정신과 거북선을 만들어 낸 창조와 개혁 정신

다. 행사 추진

행 사 내 용	활 동 내 용	대상·담당자
◎ 관련 지도	• 충무공의 생애와 업적 알기 • 당시의 전황과 충무공의 활약 • 거북선과 우리 민족의 창조와 개척 정신 • 위인전 읽기와 발표 • 충무공 동상에 헌화 • 학교장 훈화 • 독후감 쓰기, 글짓기	학급담임 전교생 교무부장
◎ 기념식	• 그리기, 거북선 만들기, 전승 지도 만들기 • 작품 전시회	학교장
◎ 관련 행사	• 관련 영화 감상 • 현충사·유적지 견학(소풍, 수학여행)	학년부장

라. 기념 식순

○ 개식사   ○ 약력 소개(교감)
○ 국민의례   ○ 학교장 훈화
○ 충무공과 호국 선열에 대한 묵념 ○ 충무공 노래 제창
○ 헌화(학생대표)   ○ 폐식사

충무공의 노래

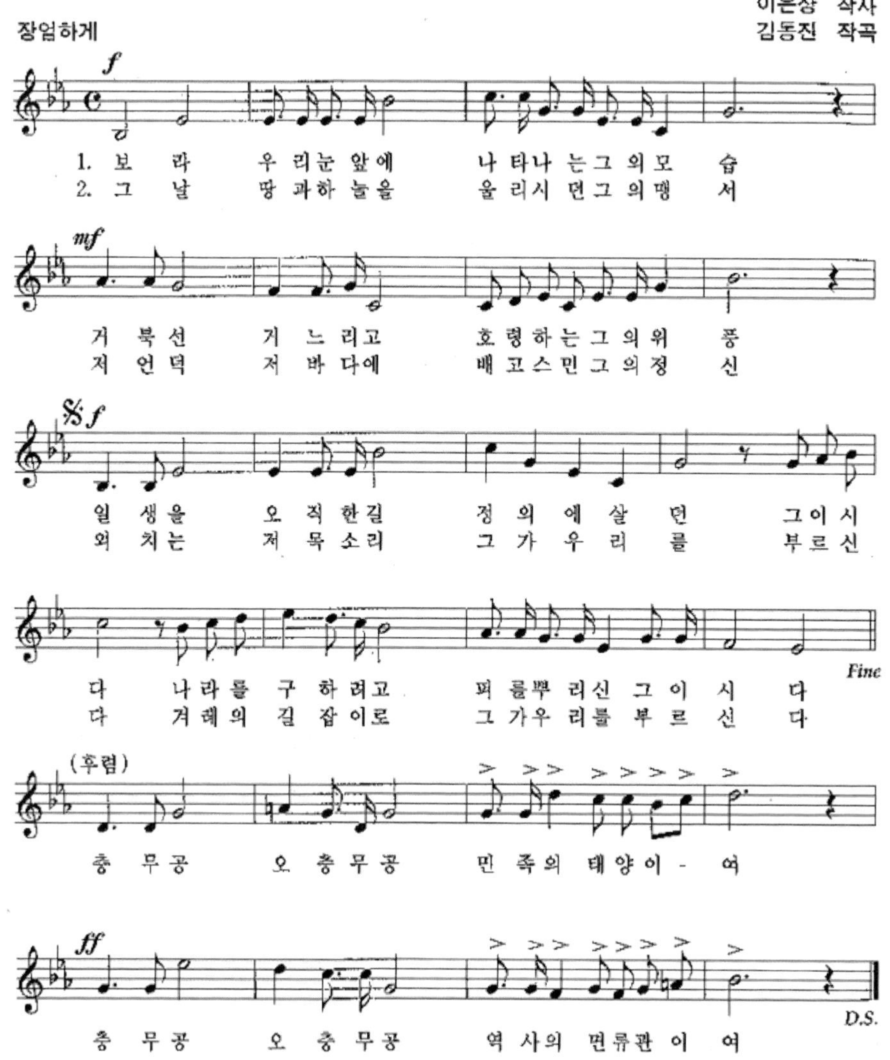

8. 윤봉길 의사 의거일(4월 29일)

가. 지도 목표

○ 윤봉길 의사의 생애와 업적을 알고 조국 광복을 위한 희생정신을 본받게 한다.

○ 조국 광복을 위해 몸 바치신 선열들의 순국 활동에 감사하는 마음을 갖는다.

나. 지도 내용

○ 윤봉길 의사의 생애와 활동
○ 당시 우리 조상들이 겪었던 어려움과 상해 임시 정부의 활동
○ 윤봉길 의사의 의거가 끼친 영향

다. 행사 추진

행 사 내 용	활 동 내 용	대상 · 담당자
◎ 관련 지도	• 윤봉길 의사에 대한 위인전 읽기 • 조사한 내용 발표 • 당시의 형편, 상해 임시 정부의 활동에 대해 듣기 • 윤봉길 의사의 의거가 국내외에 미친 영향에 대해 듣기 • 감상문 쓰기, 나의 각오 등을 발표하기, 그리기 • 순국열사들의 활동 알아보기	고학년 담임

라. 기념 식순

○ 개식사
○ 국민의례
○ 윤봉길과 호국 선열에 대한 묵념
○ 헌화(학생대표)
○ 약력 소개(교감)
○ 우리의 다짐 발표(어린이 회장)
○ 학교장 훈화
○ 폐식사
○ 전시회 관람 및 영화 감상

마. 참고 사항

○ 윤봉길 의사의 일생
<출생과 배움>

1908~1932. 독립운동가 · 의사(義士).

본관은 파평(坡平). 본명은 우의(禹儀). 호는 매헌(梅軒). 충청남도 예산 출신. 아버지는 황(璜)이며, 어머니는 경주 김씨(慶州金氏)로 원상(元祥)이다. 1918년 덕산보통학교(德山普通學校)에 입학하였으나 다음 해에 3 · 1운동이 일어나자 이에 자극받아 식민지 노예교육을 배격하면서 학교를 자퇴하였다. 이어 최병대(崔秉大) 문하에서 동생 성의(聖儀)와 한학을 공부하였으며, 1921년 성주록(成周錄)의 오치서숙(烏峙書塾)에서 사서삼경 등 중국 고전을 익혔다.

<농촌발전을 위해>

1926년 서숙생활을 마치고 농민계몽, 농촌부흥운동, 독서회운동 등으로 농촌부흥에 전력하였다. 다음 해 이를 더욱 이론적으로 뒷받침하기 위하여 ≪농민독본(農民讀本)≫을 저술하고, 야학회를 조직하여 향리의 불우한 청소년을 가르쳤다. 1929년 부흥원(復興院)을 설립하여 농촌부흥운동을 본격화하였으며, 월진회(月進會)를 조직, 회장에 추대되었다. 한편, 수암 체육회(修巖體育會)를 설치, 운영하면서 건실한 신체 위에 독립정신을 고취하였다.

<만주로>

1930년 "장부(丈夫)가 집을 나가 살아서 돌아오지 않겠다."라는 신념이 가득한 편지를 남긴 채 3월 6일 만주로 망명하였다. 도중 선천(宣川)에서 미행하던 일본경찰에 발각되어 45일간 옥고를 치렀다. 그 뒤 만주로 탈출, 그곳에서 김태식(金泰植) · 한일진(韓一眞) 등의 동지와 함께 독립운동을 준비하였다.

<폭탄을 던지다.>

1931년 8월 활동무대를 대한민국임시정부가 있는 상해로 옮겨야 보다 큰일을 수행할 수 있을 것이라 믿고 그곳으로 갔다. 윤봉길은 1932년 봄 야채상으로 가장하여 일본군의 정보를 탐지한 뒤, 4월 26일 한인애국단에 입단하여 김구의 주관하에 이동녕(李東寧), 이시영(李始榮), 조소앙(趙素昻) 등의 협의와 동의 아래 4월 29일 상해 홍구공원에서 열린 이른바 천장절(天長節) 겸 전승축하기념식에 폭탄을 투척하여 상해 파견군사령관 시라카와, 상해의 일본거류민단장 가와바다(河端貞次) 등은 즉사하고, 제3함대사령관 노무라(野村吉三郎) 중장, 제9사단장 우에다(植田謙吉) 중장, 주중공사 시게미쓰(重光葵) 등이 중상을 입었다.

정부는 1962년 이 의사에게 건국훈장 대한민국장을 추서하였다.

9. 현장 체험 학습 · 수학여행(학교별)

가. 지도 목표

○ 자연 현장 활동으로 직접적인 체험을 하며 자연 환경을 보호하는 마음을 갖는다.
○ 집단 활동을 통하여 공중도덕, 양보, 준법정신을 기른다.
○ 협동 학습 활동을 통하여 다른 사람을 존중하며 도움을 주고받는 협동적인 인간관계를 이루며

바람직한 사회성을 기른다.

나. 지도 내용

○ 자연 현장 관찰 활동
○ 집단 활동에서 지킬 일들
○ 협동 학습 분단 조직 및 활동 방법
○ 사전 계획의 공동 협의(장소, 이동 방법, 경비, 준비물 등)

다. 행사 추진

○ 학교 계획에 따라(날짜) 학년별로 공동 협의를 한다.
○ 가능한 범위 내에서 목적지를 사전 답사하고, 현장 관찰 활동의 적합성, 수용 인원, 교통 여건
  등을 알아본다.
○ 목적지가 예정되면 일정, 준비할 것, 주의 사항 및 학부모의 협조 사항 등을 기록하여 가정통
  신문을 보낸다.
○ 학부모의 협조 사항 등을 고려하여 활동 계획을 세운다.
○ 출발 당일에 인원 파악, 소지품, 준비물 점검, 구급약 등을 확인한다.
○ 교사는 아동의 현황 파악에 세심한 주의를 한다.
○ 현지에서 활동 범위와 위험 요소 등을 알려 주고 관찰, 채집 및 수집 활동, 그리기, 글짓기 등
  을 지도한다.

라. 참고 사항

○ 차량 이동 시 교통안전 - 차량에 어린이 보호 차량 부착
○ 식중독 예방 - 비상약 준비
○ 선생님 휴대폰 번호 알기 - 학급별 지도
○ 질서 및 안전 교육 철저
○ 현장학습 반성 - 사후지도
○ 결과 보고서 쓰기
○ 그림 및 글짓기 실시

<표 59> 현장 학습 계획서

현장학습 계획서

○○초등(중·고등)학교
1. 일시: 년   월   일   요일
   출발: 시   본교 운동장
   해산: 시
2. 장소: (km, 소요 시간   )
3. 장소 선정 이유(현장 학습 목적, 역사적, 자연nk 환경 면 등)
4. 참가 인원: 남   여   계   명
5. 불참 인원 및 조치 사항: 명(   )
6. 현장 인솔 방법:
7. 인솔 책임: 학년 주임 지휘로 각 반 담임이 인솔
8. 준비물: 구급약, 메가폰, 상품, 사진기, 비닐봉지 – 교사
          현장 학습 활동 용구, 점심, 메모지 – 아동 개인별
9. 현장 학습내용(활동별 자세한 시정)
   • 자연과 조형물의 조화로움, 동물 체험, 자연휴양림 체험을 피부로 느끼며 우리 꽃 군락지를 통해 자연을 체험하며 집단생활을 함으로써 질서와 협동심을 기르는 데 있다.
   • 학년별로 자연관찰 및 탐구를 한다.
   • 체험학습 보고서를 작성하여 학급별로 누가 철한다.
   • 일정: 당일 시정
     08:20 학교 출발→10:00 전주 덕진 공원 도착→10:00~12:00 공원 내 식물 관람 및 동물원 이동→12:00~13:00 점심→13:00~15:00 동물 관람 및 놀이 기구→15:10 동물원 출발→16:30 학교 도착
10. 준비물
   • 도시락, 물, 휴지, 소화제
   • 필기도구
   • 간편 복장
   • 카메라 등
위와 같이 소풍(현장 학습)을 실시하고자 계획서를 제출합니다.
                  년   월   일

결재	학 교 장	교 감	교무부장

10. 어린이 날(5월 5일)

가. 지도 목표

○ 어린이날의 유래와 의의를 알고 어린이로서 가져야 할 태도를 실천하도록 한다.
○ 여러 가지 활동에 주인 의식을 가지고 참여하게 한다.

나. 지도 내용

○ 어린이날의 유래와 의의
○ 어린이의 바른 생활태도와 실천
○ 여러 가지 학예 행사 참여

다. 행사 추진

행 사 내 용	활 동 내 용	대상 · 담당자
◎ 관련 지도	• 의식 참여	교무부장
◎ 장한 어린이 표창	• 장한 어린이 발굴 소개	학교장
	• 불우어린이 위로 잔치	학급
◎ 불우어린이 돕기	• 고아원 방문	(전교어린이회) 전교생
	• 글짓기, 표어	교무부장
	• 그리기, 만들기	학급 담임
◎ 소 운동회	• 1∼6학년	학급 담임
	• 달리기, 줄다리기, 학년별 단체 경기	전교생
	• 사제 간 협동 경기	체육부장
◎ 어린이백일장	• 음악, 미술, 문예 등	
◎ 취미발표회(장기)	• 수집품 전시(우표, 화폐, 화보 등)	학년 부장 (학급별)

라. 어린이날 기념 식순

○ 개식사
○ 국민의례
○ 어린이 헌장 낭독
○ 장한 어린이 표창(사례 소개 - 교감)
○ 학교장 기념사
○ 어린이날 노래 제창
○ 폐식사

마. 참고 사항

○ 어린이날의 유래
우리나라 어린이들은 소파 방정환 선생님이 펼치신 따뜻한 사랑 속에 활짝 피어나 새 나라의 주인공이 된 것이다.

1957년 어린이 헌장을 제정하고 5월 5일부터 국무회의 의결을 거쳐 어린이날로 제정 공포하게 되었다. 그 뒤 1975년 5월 5일부터 국무회의 의결에 의해 공휴일로 제정되어 어린이를 위한 날이 되었다.

○ 소파 방정환

• 세상 모든 어린이들의 아버지

방정환 선생님은 동화 작가로서뿐 아니라 어린이날을 만들어 내고, 색동회를 조직하여 어린이 인권 향상을 위해 평생을 몸 바친 어린이 문화 운동가, 사회 활동가로도 많이 알려져 있다. 방정환 선생님은 <어린이>지를 만들어 세계 어린이 문학을 번역·소개하고, 이원수, 윤석중 같은 소년 작가를 길러 내기도 했으며, 이태준이라는 천재 작가를 취직시켜 작품 활동을 돕기도 했다. 또 투고된 원고가 없을 때는 스스로 여러 개의 가명을 쓰며 여러 이야기를 직접 쓰기도 했다. 근대적 의미의 '어린이 문학'이라는 게 거의 없던 시절, 우리 어린이 문학의 씨앗을 뿌린 매우 귀한 분이라 할 수 있다.

• 1899년 서울 야주개(지금의 당주동) 출생.
• 선린상업학교를 다니다 가난 때문에 학교를 그만둠.
• 잠시 조선총독부 토지 조사국에서 서류 베끼는 일을 함.
• 손병희의 딸과 결혼함.
• 총독부 일을 그만두고 보성전문학교를 다니다 일본으로 유학을 떠남.
• 일본 아동 문학가인 암곡 파를 만나 큰 영향을 받게 됨.
• 1923년 우리나라 최초의 어린이 잡지 <어린이> 창간.
• 1924년 최초의 아동문화운동단체인 색동회 조직.
• 1931년 33살의 젊은 나이에 병으로 사망.
• 1978년 금관문화훈장 추서.
• 1980년 건국훈장 추서.

어린이날 노래

11. 어버이날(5월 8일)

가. 지도 목표

○ 어버이가 자녀들을 위해 수고하는 일들을 알고 감사하는 마음을 갖는다.

○ 어버이의 은혜에 보답하는 조상들의 효행담을 찾아보고 그 정신을 본받게 한다.

○ 일상생활에서 어버이의 은혜에 보답하는 실천 활동 방법을 찾아 노력하게 한다.

나. 지도 내용

○ 어버이들이 자녀를 위해 하시는 일의 어려운 점들을 알아보기

○ 우리 조상들의 효행 이야기를 알아보기

○ 어버이를 기쁘게 하는 일의 종류와 실천 방법

다. 행사 추진

행 사 내 용	활 동 내 용	대상·담당자
◎ 어버이날 기념식	• 의식참여 • 장한 어버이 표창	전교생 학교장
◎ 관련 지도	• 어버이날의 유래 • 어버이의 은혜 알기 • 조상들의 효행담 찾아 발표(듣기) • 참된 효도와 실천 의지 갖기	학급 담임
◎ 어버이 위로 잔치	• '부모님의 일' 주제로 글짓기, 그리기 • 어버이께 감사 편지 쓰기 • 학예발표(무용, 노래, 연극, 낭독 등) • 전시회(그림, 글씨, 글짓기, 수집 등) • 어버이께 꽃 달아 드리기 • 무의탁 노인(양로원) 위문하기	교무부장 학급어린이회

라. 기념 식순

○ 개식사
○ 국민의례
○ 충무공과 호국 선열에 대한 묵념
○ 헌화(학생대표)
○ 약력 소개(교감)
○ 우리의 다짐 발표(어린이 회장)
○ 학교장 훈화
○ 충무공의 노래 제창
○ 폐식사
○ 전시회 관람 및 영화 감상

마. 참고 사항

○ 어버이날의 유래

보건복지가족부에서 주관하여 조상과 어버이에 대한 은혜를 헤아리고 어른과 노인에 대한 존경과 보호에 관련된 각종 기념행사 1973년 3월 30일에 대통령령으로 <각종 기념일 등에 관한 규정>을 공포 시행하여 이날을 정부주관 기념일로 정하였다.

사순절의 최초의 날로부터 네 번째의 일요일에 어버이의 영혼에 감사를 바치기 위하여 교회를 찾는 영국, 그리스의 풍습과 1910년경 미국의 한 여성이 어머니를 추모하기 위하여 교회에서 흰 카네

이션 꽃을 교인들에게 나누어 준 일에서 연유한 것이라 한다. 1914년 미국의 윌슨 대통령이 5월의
제2일요일을 어머니의 날로 정한 것이 그 시초이다.

어머님 은혜

〈표 60〉 효 체험학습 프로그램(예시)

주 제	내 용	비 고
부모님의 일을 체험하기	−부모님이 하시는 일 관찰하기 −부모님의 일을 직접 체험하기 −부모님의 직장 방문 견학하기 −부모님이 하시는 일을 그림으로 표현하기(1, 2, 3학년) −부모님의 일을 체험하고 체험 사례 쓰기(4, 5, 6학년) −효행일기 쓰기(전체) −부모님께 편지 쓰기 및 꽃 만들기	

부모님께 드리는 나의 효도 선물	1. 감사 편지 및 꽃 달아 드리기
	2. 부모님 어깨 두드려 드리기
	3. 효도 선물 만들어 드리기
	   (효도상품권 발행, 기타 선물)
	4. 친척 어른 방문하기
	5. 가족사랑, 친구 간 우정 이야기
	   비디오 보고 감상문 쓰기	

12. 스승의 날(5월 15일)

가. 지도 목표

○ 행사를 통하여 스승 존경의 미풍양속을 계승하며 교육 발전을 도모한다.
○ 가르치는 일의 중요성을 이해하고 스승의 은혜에 보답하는 마음을 갖는다.
○ 올바른 스승의 상을 되살리며 존경받는 스승이 되도록 노력한다.

나. 지도 내용

○ 가르치고 배우는 일의 중요성 알기
○ 학생들의 자율적이고 주도적인 행사가 되도록 지도(어린이회 활동)
○ 스승의 은혜에 감사하기 위해 내가 할 수 있는 일 지도
○ 나의 은사님의 성함을 적어 보기
○ 선생님이 하시는 일에는 어떤 것이 있는지 알아보기
○ '스승의 은혜'를 주제로 감사의 글을 써 보기

다. 행사 추진

행 사 내 용	활 동 내 용	대상 · 담당자
◎ 스승의 날 기념식 ◎ 관련 지도 ◎ 명예 교사제 운영	• 의식 참여 • 가르치고 배우는 일의 중요성 알기 • 빛을 남긴 옛 스승들의 이야기 듣기 • 선생님 주제로 그리기, 글짓기 • 선생님께 감사 편지 쓰기 • 지역 사회 자원 인사 1일 명예 교사 위촉	전교생 학급 담임 교무부장

라. 스승의 날 기념 식순

○ 개식사
○ 국민의례
○ 선생님께 꽃 달아 드리기
○ 스승의 은혜 노래 제창
○ 사도 헌장 낭독
○ 학교장 기념사
○ 폐식사

마. 참고 사항

○ 스승의 날 행사 계획 예시
• 목적
스승의 날을 맞이하여 어린이들에게 선생님의 노고를 위로하고 스승 존경 분위기를 조성하고자
한다.
• 방침
　가. 전 아동과 전 직원을 대상으로 한다.
　나. 학부모와 학생이 교육에 대한 신뢰를 갖게 하는 행사도 병행 추진한다.
• 세부 계획
　가. 일시:　　년　월　일～　　년　월　일
　나. 대상: 전 학년(유치원 포함)
　다. 행사 내용

행 사 명	일시	대상	준비물	담당자	시상
1일 교사 선정	5. 12	전 학년	수업안	교무	편지와 글짓기 우수작 1편씩 제출
옛 스승께 편지 쓰기, '스승의 은혜' 노래 익히기	5. 13	전교생	편지지 편지봉투	담임, 음악담당	
선생님께 꽃 달아 드리기	5. 15	전 직원	꽃	교무	
스승의 은혜에 대한 글짓기	5. 14	3학년 이상	원고지 5매 이상	담임 문예	
스승님께 이메일 보내기	5. 15	전 학년	.	담임	
1일 교사 수업	5. 15	전 학급	위촉장	교무	

라. 스승의 날 시정

1교시(09:00~09:40): 강당에서 전체 행사 및 학급별 행사
- (09:00~09:20): 다목적 교실
- (09:20~09:40): 학급별 행사
  2교시(09:50~10:30): 1일 교사(학부모) 수업
- 1일 교사는 09:30까지 학교 도착 – 교장실에서 위촉장 수령
  3교시(10:40~11:20): 간담회 및 학교정리와 사진 촬영

마. 떠나신 선생님 주소나 메일 주소 알려 주기

13. 현충일(6월 6일)

가. 지도 목표

○ 순국선열들의 거룩한 정신을 본받고 감사하는 마음을 갖게 한다.
○ 6·25사변에 대하여 알고 민족 통일의 의지를 굳게 한다.
○ 자주 자립의 정신을 실천하는 태도를 갖게 한다.

나. 지도 내용

○ 순국선열들의 활동 내용 알기
○ 6·25사변에 대하여 경험담 듣기

○ 조기 게양법과 현충일을 맞는 마음가짐

다. 행사 추진

행 사 내 용	활 동 내 용	대상 · 담당자
◎ 현충일 기념식 ◎ 관련 지도	• 의식 참여(방송) • 순국선열들의 호국 활동 알기 • 6 · 25에 있었던 일 듣기 • 자주 자립의 정신 실천 • 표어 · 포스터 그리기 • 통일 글짓기 • 현충탑 · 국립묘지 참배 • 조기 달기와 현충일 노래 지도	전교생 학급 담임 자원 인사 학급 담임

라. 현충일 기념 식순

○ 개식사
○ 국민의례
○ 현충탑 헌화
○ 학교장 기념사
○ 현충일 노래 제창
○ 폐식사

마. 참고 사항

○ 현충원 설립동기
• 조국의 광복과 더불어 군이 창설되어 국토방위의 임무를 수행하여 오던 중 북한 인민군의 국지적 도발과 여수/순천사건 및 각 지구의 공비토벌 작전으로 전사한 장병들을 서울 장충사에 안치하였다.
• 전사자의 수가 점차 증가함에 따라 육군에서 묘지 설치 문제가 논의되어 1949년 말 육군 본부 인사참모부에서 서울근교에 묘지 후보지를 물색하던 중 6 · 25전쟁으로 묘지 설치 문제에서중단되었고 각 지구 전선에서 전사한 전몰장병의 영현은 부산의 금정사와 범어사에 순국 전몰장병 영현 안치소를 설치, 봉안하여 육군병참단 묘지등록 중대에서 관리하였다.
• 계속되는 격전으로 전사자의 수가 점차 증가하여 육군에서는 다시 육군묘지 설치 문제가 논의되고 육군 본부 인사 참모부 주관하에 묘지 후보지 답사반을 구성하여 제1차로 대구지방, 제2차로 경주지구 일대를 답사한 결과 경주시 형산강 지류인 경북 대안 일대를 육군묘지 후보지

로 선정하고 추진하던 중, 군 고위층에서 현지를 답사하여 검토한 결과 지역적으로 편재되어 있고, 침수의 우려가 많을 것을 고려하여 타 지역으로 후보지를 재선정하는 것이 좋겠다는 결론이 내려져 일단 중지하게 되었다.

- 1952. 5. 6. 국방부 국장급 회의에서 육군묘지 설치 문제에 대하여 논의한 결과, 육군묘지를 설치하게 되면 타군에서도 각기 군 묘지를 만들어 관리상 많은 예산과 인원이 소요되고, 영현 관리의 통일성을 기할 수 없는 등 여러 가지 폐단이 생길 것을 우려하여 육군묘지 설치 문제는 일단 보류하도록 지시하고, 3군 종합묘지 설치를 추진하되, 묘지의 명칭은 국군묘지로 칭할 것을 결의하였다.

- 1952. 5. 26. 국방부 주관으로 국군묘지 후보지 선정을 위하여 3군 합동 답사반을 편성하고, 동년 11. 3. 군 묘지 설치위원회를 구성한 후 '52. 11월부터 53. 9월까지' 11개월 동안 7차에 걸쳐 10개 지역을 답사하였다. 답사 결과 동작동 현 위치를 국군묘지 후보지로 선정하여 '53. 9. 29. 이승만 대통령의 재가를 받아 국군묘지 부지로 확정'하고 '54. 3. 1. 정지공사를 착공한 이래 3년에 걸쳐 묘역 238.017㎡을 조성'하고, 그 후 연차적으로 68년 말까지 광장 99.174㎡, 임야 912.400㎡ 및 공원행정지역 178.513㎡을 조성하였다. 1955. 7. 15. 군 묘지 업무를 관장할 국군묘지관리소가 발족되고, 이어서 1956. 4. 13. 대통령령으로 군 묘지령이 제정되어 군 묘지 운영 및 관리를 위한 제도적 기틀이 마련되어 전사 또는 순직한 군인, 군무원이 안장되고 덧붙여 순국선열 및 국가유공자는 국무회의 의결을 거쳐 안장이 이루어지게 되었다.

14. 6 · 25전쟁일(한국전쟁일: 6월 25일)

가. 지도 목적

○ 6 · 25의 경위를 바르게 알고 통일 안보의 의지를 굳게 한다.
○ 북한 동포들의 생활상을 알고 국토와 민족 통일의 의지를 굳게 한다.
○ 호국 선열들에 대하여 감사하는 마음을 갖는다.

나. 지도 내용

○ 6 · 25에 관한 영상 자료 관람하기
○ 북한 동포들의 생활상 알기

다. 행사 추진

행 사 내 용	활 동 내 용	대상·담당자
◎ 6·25 기념식	• 의식 참여 • 통일 안보 훈화	학교장 학급 담임
◎ 관련 지도	• 6·25 영상 자료 관람 • 북한 동포들이 생활상	고학년
◎ 통일 안보 행사	• 통일 조국의 미래상 듣기 • 통일 글짓기, 그리기 • 통일 웅변대회 • 우리나라 역사 지도 그리기 • 자원 인사 강연회 • 국군 장병 위문편지 쓰기	저학년 고학년 교무부장 담임

라. 6·25 행사 식순

○ 개식사　　　　　　　　　○ 6·25 노래 제창
○ 국민의례　　　　　　　　○ 폐식사
○ 학교장 기념사

마. 참고 사항

○ 6·25의 교훈
이 땅에 다시는 전쟁이 일어나서는 안 되며, 이를 위해 온 국민이 한마음 한뜻으로 국토방위에 힘써야 한다.

15. 제헌절(7월 17일)

가. 지도 목표

○ 법을 지키는 일이 우리 생활을 지키는 기본이 됨을 이해하게 한다.
○ 모든 국민은 법 앞에 평등함을 알고 서로 법을 지키는 태도를 갖게 한다.

나. 지도 내용

○ 제헌절의 유래와 의의
○ 헌법과 국민 생활
○ 길가에서 남의 눈을 피해 교통질서를 어긴 적은 없는지 생각해 보기
○ 학교생활에서 지켜야 할 규칙 생각해 보기
○ 준법정신에 어긋난 행동 없는지 생각해 보기

다. 행사 추진

행 사 내 용	활 동 내 용	대상 · 담당자
◎ 제헌절 기념식	• 의식 참여(방송) • 훈화 및 모범 학생 표창 • 제헌절의 유래와 의의 • 헌법과 국민 생활	교무부장 학교장 학급 담임
◎ 관련 지도	• 준법에 관한 글짓기, 표어, 포스터 그리기	3~6학년

라. 제헌절 기념 식순

○ 개식사
○ 국민의례
○ 모범 학생 표창
○ 학교장 훈화
○ 제헌절 노래 제창
○ 폐식사

마. 참고 사항

○ 제헌절의 유래
• 7월 17일은 나라 다스리는 데 기본이 되는 법률인 헌법을 만들어 널리 공포한 날이다. 1945년 8월 15일, 우리나라가 일본으로부터 해방된 지 3년 뒤인 1948년 총선거를 실시하여 국회의원을 뽑고, 여기 뽑힌 국회의원들이 모여 헌법을 만들어 자주독립의 떳떳한 민주국가임을 세계 만방에 공포한 것을 기념하는 날이 제헌절인 것이다.
• 사람의 사회는 관습과 도덕, 그리고 법률로써 규율이 지켜 나가고 있다. 좋은 습관은 좋은 집안과 이웃을 만들며, 아름다운 도덕은 우리 사회를 정이 넘치는 평화로운 터전으로 만들어 준다.

- 모든 사람이 좋은 습관과 아름다운 도덕을 다 같이 지켜 나가지 못하고, 사회가 점점 복잡해 짐에 따라 법률이라는 것이 생겨난 것이다. 따라서 법률은 여러 사람이 서로 지켜 나갈 일들을 정해 놓은 규칙이라고 하겠다.
- 법은 어떤 몇몇 사람의 의견으로 만든 것이 아니고 모든 사람들의 뜻을 모아 만든 것이기 때문에 다 같이 지켜 나갈 의무가 있는 것이다.
- 준법정신은 법률을 지켜 나가는 정신이다. 그 나라 국민들의 문화수준을 나타내는 척도라고 하겠다. 문화가 발달된 나라일수록 법률을 잘 지킨다. 미개한 나라의 국민들은 법률을 예사로이 생각하고 잘 지켜 나가지 않는다.
- 우리나라는 예부터 문화민족으로 자랑해 왔다. 그러나 법률을 지키는 데에는 소홀한 점이 있어 남들의 비웃음을 산 일들도 더러 있었다. 요즈음도 탈세를 하고 교통질서를 잘 지키지 않는 일들이 바로 그것이다.
- 법률을 잘 지키는 것은 남을 위해서만 하는 일이 아니다. 자기 스스로를 보호하고 자기 이익을 가져오게 하는 일이다. 자라나는 학생들은 도덕과 법률을 잘 지켜 나가는 습관을 어릴 때부터 몸에 익혀야 하겠다. 이러한 준법정신이 바로 나라의 발전을 꾀하는 지름길이며 자신을 보호하는 일이 되기 때문이다.

○ 우리나라 헌법에 나타난 기본 정신
- 첫째, 대한민국은 민주공화국임을 밝혔다.
- 둘째, 3권분립 제도이다.
- 셋째, 국민의 지지를 받는 사람은 누구나 지도자가 될 수 있다는 정신이다.
- 넷째, 국민의 자유와 평등의 보장이다.

16. 방학식(학교별)

가. 지도 목표

○ 1학기 학교생활을 반성하고 새로운 각오로 계획을 세운다.
○ 방학 생활 계획을 스스로 작성하여 실천하게 한다.

나. 지도 내용

○ 1학기 생활 반성 활동 및 방학 중 안전사고 예방 지도
○ 예능 발표 및 작품 전시
○ 방학 생활 사전 지도

다. 행사 추진

행 사 내 용	활 동 내 용	대상 · 담당자
◎ 학기 말 사무 추진	• 성적 처리 및 성적일람표 작성 결재 • 통지표 작성 • 휴가 중 학교 운영계획 작성 • 방학 생활 안내 작성 • 학급 비품 보관	교무부장 학급 담임 (학년, 전교)
◎ 생활 반성	• 각자 생활에 대해 반성하기(나의 생활계획 실천 여부, 가정생활, 학습활동, 취미활동, 1인 1역 분담활동, 학급 부서 활동 등)	
◎ 예능 발표	• 1학기 학습내용을 중심으로 기능 발표(독창, 중창, 합창, 독주, 중주, 합주, 무용, 동극, 동시 발표 등)	
◎ 작품 전시회	• 1학기 동안 만든 작품 중심(글짓기, 그리기, 만들기, 일기장, 경필 쓰기, 관찰록, 편지글, 수집품, 독서 감상록, 조사 기록부 등)	학년 부장 교무 부장
◎ 방학 생활 사전 지도	• 방학생활 협의하기(생활계획서) • 안전생활, 보건 위생, 예절 생활, 취미 활동	
◎ 방학식(종업식)	• 방학과제 활동(그리기, 만들기, 일기, 독후감, 수집, 관찰 · 조사 활동 등) • 의식 참여 • 훈화 • 생활 안내	학급 담임 학교장 교감

라. 방학식 식순

○ 개식사
○ 국민의례
○ 우수(모범) 학생 시상
○ 학교장 훈화
○ 방학 생활 계획 및 유의 사항
○ 교가 제창
○ 폐식사

마. 참고 사항

○ 규칙적인 계획 세우기
• 집안일을 돕고 내 일은 내 힘으로 하도록 하자.
• 용돈이나 물자를 절약하도록 하자.

- 자기 주변을 깨끗이 하고, 정리, 정돈하는 습관을 기르도록 하자.
- 물놀이나 다른 놀이를 할 때에는 사고가 나지 않도록 주의하자.
- 식중독에 걸리지 않도록 주의하고, 항상 몸을 깨끗이 하자.
- 여행이나 견학, 방문 등의 여러 가지 계획을 세워서 다양한 경험을 하도록 하자.
- 여행을 할 때에는 그 지방의 풍습이나 특징을 관심 있게 관찰하도록 하자.
- 새로운 것을 보거나 의문이 생기면 자세히 관찰하고, 과학적으로 해결하는 태도를 기르도록 하자.
- ○ 학년별 과제 예시

학년	제 재	비 고
1학년	- 배 만들기(폐품 이용) 1점 - 손가방 만들기 1점	
2학년	- 탑 만들기 1점(종이상자, 색종이 이용) - 왕관 만들기 1점	
3학년	- 족두리나 모자 중 1점 - 현대복이나 한복 중 1점	
4학년	- 지점토와 고무 찰흙으로 동물 1점 - 놀이 기구 1개 만들기	
5학년	- 알리는 것 만들기(선전탑, 포스터 등) 1점 - 가족 신문 만들기	
6학년	- 여행 보고서 작성하기 - 서예 연습하기(임서한 자료 제출)	

17. 야영 수련회(학교별)

가. 지도 목표

○ 가정을 떠나 자연 속에서 야영 수련 활동을 통하여 건전한 심성과 정서를 함양한다.
○ 극기 훈련으로 강인한 체력을 단련한다.
○ 여가 선용의 방법을 익혀 자연을 사랑한다.
○ 집단생활에서 얻어지는 협동 및 공동체 의식을 기른다.
○ 애국적이고 진취적인 어린이상을 확립한다.

나. 지도 내용

○ 합숙 생활을 통하여 협동적인 생활을 경험하게 한다.
○ 4학년 이상 재학생 전원이 참가하도록 권장한다.
○ 여가 선용 방법을 익히게 한다.

다. 행사 추진

○ 사전 답사 · 경비 산출(장소 선정)
• 20○○. 7. 14~7. 15
○ 가정 통신문 발송 · 참가 인원 확정(결재)
• 20○○. 7. 18~7. 20
○ 수련장 사용 계약(프로그램 일정 확정)
• 20○○. 7. 23~7. 24
○ 수련 일정, 준비물, 유의 사항 등을 고지(참가 학생 소집)
• 20○○. 7. 26

라. 세부 계획(예시)

○ 수련활동 계획
• 목적(활동 내용)
가. 극기 정신과 협동심 기르기
나. 야외 학습 활동 강화
다. 자연과 함께 호연지기를 기르기
라. 부모님과 이웃의 고마움 알기

○ 일시
• 20○○. 7. 28~7. 29(1박 2일간)
• 참가 학생 수 및 학생 수용능력에 따라 학년별 일정을 다르게 할 수 있다.

○ 장소
• ○○ 야영장(학교) 또는 ○○ 수련장

○ 출발일시 및 장소
• 20○○. ○. ○. (요일) 8시, 학교 운동장

○ 인솔자
• 학년부장과 각 담임

○ 준비물(가정 통신문에 알림)
• 아동: 점심, 세면도구, 운동복, 여벌 옷, 운동화, 물통, 필기도구, 양초, 종이컵, 메모지, 복용 중
  인 약
• 학교: 참가자 명단, 구급약, 교기, 교가 테이프 등
○ 유의 사항
• 안전사고, 질서 지키기, 자연 보호

○ 활동 내용
• ○○ 유적지 답사, 도보 극기 훈련, 2박 수련 활동, 단체 경기, 레크리에이션 등

○ 교통 편
• 전세 버스(관광버스) 이용
○ 참가비 내역(별도 안내)
• 20○○. ○. ○까지 학교 행정실에 납부

○ 당일 프로그램 예시

일별 시간	첫째 날	둘째 날
06:30〜08:00	학교집결(인원점검) 학교출발	기상/체조/세면/산책
08:00〜09:00		아침식사
09:00〜10:00	유스호스텔 도착	과정활동 2: 신기산 산악훈련 챌린저 어드벤처
10:00〜11:00	입소식/숙소 배정/OT	
11:00〜12:00	우리는 하나 (Team Power)	
12:00〜13:00		점심식사
13:00〜14:00	과정 활동 1 양궁, 신 석전놀이, 인간 실뜨기 레크리에이션, 포크댄스	퇴소식/출발
14:00〜15:00		<우천시 프로그램> 1. 심성계발 훈련　　　4. 레크리에이션
15:00〜16:00		2. 공동체놀이　　　　5. 포크댄스
16:00〜17:00		3. 분임토의　　　　　6. 백제 VTR시청

시간 \ 일별	첫째 날	둘째 날
17:00~18:00	휴식 및 장기 자랑	7. 실내 명랑운동회 8. 키프라 9. 사물놀이 10. 민속놀이 11. 인간 실뜨기 12. 응급처치법
18:00~19:00	저녁식사	
19:00~20:00	장기자랑, 캠프파이어, 촛불의식	
20:00~21:00		
21:00~22:00		
22:00~23:00	취침 준비 및 취침	
23:00~24:00	지도자 평가회의	

마. 참고 사항

○ 수련활동 안내문 예시

안내 말씀

성하의 계절 7월을 맞아 학부모님의 가정에 건강과 행복이 가득하시길 기원합니다.

드릴 말씀은 올해 본교 4~6학년 학생들의 수련활동은 학교를 떠나 외부에 있는 수련시설에서 실시하고자 합니다. 우리 어린이들이 가정, 학교를 떠나 수련활동을 함으로써 대자연의 위대함 속에 호연지기를 배우고 아울러 단체 생활을 통한 공동체 의식을 기르며, 가족과 부모의 소중함을 느끼고, 이웃에 대한 따뜻한 사랑의 마음을 가질 수 있는 소중한 기회라고 여겨지는 이 행사에 학부모님들의 적극적인 협조가 있으시기를 바랍니다.

1. 일시: 20○○년 7월 28일(수)~20○○년 7월 29일(목)

2. 대상: 본교 4·5·6학년

3. 장소: ○○시 ○○면 ○○리 ○○유스호스텔,
   전화번호: ○○○-○○○○

4. 참가비: 24,000원(숙박비 9,900원, 식대 3,700×3＝11,100원, 시설이용료 및 교육비 3,000원)

5. 참가비 납부: 20○○년 ○월 ○일까지 학교 행정실에 납부

6. 수련 활동 내용: 과정활동(인간 실뜨기, 레크리에이션, 포크댄스, 산악훈련, 어드벤처 챌린저 등)
   캠프파이어 등

7. 수련활동 준비물
1) 개인 준비물: 점심도시락, 체육복, 여벌 옷, 수건, 세면도구, 필기도구, 양초, 종이컵, 메모지, 복
   용 중인 약
2) 휴대금지 물품: 귀중품, 고액의 현금, 워크맨, 오락기 등

20○○. ○. ○

○○ 초등(중·고등)학교장   ○○○

18. 광복절(8월 15일)

가. 지도 목표

○ 일제에 의한 민족의 수난에 대해 자세히 알고 자주 자립의 의지를 굳게 한다.
○ 조국 광복을 위해 순국하신 선열들의 활동에 감사하는 마음을 갖는다.
○ 광복의 의의를 알고 나라를 사랑하는 마음과 민족 통일의 의지를 갖는다.

나. 지도 내용

○ 일제에 의해 민족이 겪었던 수난의 내용
○ 광복을 위해 순국하신 선열들의 활동 알기

다. 행사 추진

행 사 내 용	활 동 내 용	대상 · 담당자
◎ 광복절 기념식 ◎ 관련 지도	• 의식 참여(방송) • 일제강점기의 수난사 • 순국선열들의 활동 조사 • 광복절 관련 방송 시청 • 가정에서 국기 게양 • 순국선열들에 관한 내용 (글짓기, 그리기, 표어) • 우리나라 역사 관련 독서 활동 • 관련 사적 및 기념관 방문	교무부장 학급 담임 전교생 개인 활동

라. 광복절 기념 식순

○ 개식사
○ 국민의례
○ 순국선열들에 대한 묵념
○ 학교장 기념사
○ 광복절 노래 제창
○ 관련 행사(교내 · 교외)
○ 폐식사

마. 참고 사항

○ 광복절의 의의

8월 15일은 광복절이다. 3 · 1절, 제헌절, 개천절과 함께 4대 국경일의 하나로 온 국민이 이날을 경축한다. 광복절의 뜻은 두 가지로 생각할 수 있다.

첫째로, 우리나라가 1910년 나라를 빼앗긴 후 36년간 일본의 압박 밑에서 사람대접도 못 받고 고생하며 살다가 1945년 8월 15일에 해방된 날이요, 둘째로 그로부터 3년간 미군정을 거쳐 1948년 8월 15일에 우리민족의 힘으로 민주국가를 처음으로 세운 날이기도 한 것이다.

○ 대한민국 출범

• 1945년 8월 14일 정오, 일본 천황의 '무조건 항복' 선언으로 제2차 세계대전이 종식되었고, 다음 날인 8월 15일 한국이 독립을 맞이했다. 그러나 '자주 독립'을 성취하지 못함으로써 독립과 동시에 북위 38도를 경계선으로 남과 북에서 각각 미국과 소련 군정이 실시되었다.

• 1946년 12월 이승만이 미국을 방문, 남한 단독 정부 수립을 추진한 결과 그해 9월에 한반도 문제가 유엔에 정식으로 상정된다.

- 국내에서도 이승만 중심의 '대한독립촉성국민회'는 한민당과 연대하여, 남한 단독 정부 수립을 추진하는 가운데 11월 유엔 감시하에 총선거 실시라는 안이 가결되었다.
- 김구와 김규식은 남한 단독 정부 수립에 반대하며, 통일 정부 수립을 촉구했다.
- 그러나 1948년 5월 10일 유엔의 감시하에 남한에서 총선거가 실시되었으며, 788만 전체 유권자 가운데 90.8%가 참여한 5월 10일 제헌국회의원 선거에서 무소속 86석, 한국 민주당 38석, 대동 청년당 12석 등의 의원이 선출되었다. 5월 31일 제헌의회 개원, 7월 17일 헌법 공포에 이어, 7월 20일 국회에서 실시한 정/부통령 선거에서 이승만이 초대 대통령에 선출되었고, 1948년 8월 15일에 대한민국 정부가 정식으로 수립되었다.

○ 광복절 행사
- 1949년 10월 1일 제정된 <국경일에 관한 법률>에 의거하여 국경일이 되었다. 전국적으로 경축 행사를 거행하는데, 중앙 경축식은 서울에서 지방 경축행사는 각 시·도 단위별로 거행한다. 이날의 의의를 고양하고자 전국의 모든 가정은 국기를 게양하여 경축하며, 정부는 이날 저녁에 각계각층의 인사와 외교사절을 초청하여 경축연회를 베푼다. 광복회원을 위한 우대 조치의 하나로 광복회원 및 동반가족에 대하여 8월 14일부터 8월 16일까지 3일 동안 전국의 철도·시내버스 및 수도권 전철의 무임승차와 고궁 및 공원에 무료로 입장할 수 있도록 하고 있다.

▊ 제4절 ▊ 제2학기 주요 학교행사 지도

1. 개학식(학교별)

가. 지도 목표

○ 방학생활계획의 실천과 과제물 비교를 통한 결과를 반성한다.
○ 2학기를 맞아 새로운 각오와 계획으로 출발하도록 한다.
○ 학교생활에서 바른 생활태도로 생활하도록 지도한다.

나. 지도 내용

○ 방학 중 과제물 전시 및 반성회
○ 2학기 생활 계획 및 바른 생활태도의 실천

다. 행사 추진

행사 내용	활동 내용	대상 · 담당자
◎ 개학식	• 의식 참여 • 훈화	학교장 교무부장
◎ 과제물 전시	• 과제물 평가와 반성 • 과제물 전시회 출품	학급 담임
◎ 2학기 생활 계획	• 방학 생활 계획의 실천 반성 • 2학기 생활을 맞는 각오 발표 • 바른 생활태도의 실천 협의 • 1인 1역 분담 활동 조정	
◎ 방학 중 사무처리	• 미화 활동 구역 조정 • 공문서 처리 • 학급 비품 정리	전 직원 (교무부, 행정실) 학급 담임

라. 개학식 식순

○ 개식사
○ 국민의례
○ 전출 · 전입 교사 인사

○ 학교장 훈화
○ 방학 중 미담 소개(선행 · 효행 미담 · 애향단 활동 · 대회 수상자 · 취미 및 특기 신장 활동)
○ 교가 제창
○ 폐식사

마. 참고 사항

○ 방학 과제물 우수아 추천(예시)

영역 학년	체험학습 부문	일기장 부문	보고서 부문	독서 감상문 부문	
1학년					
2학년					
3학년					
4학년					
5학년					
6학년					

2. 추석(음력 8월 15일)

가. 지도 목표

○ 추석의 유래를 알고 미풍양속을 이어받아 가는 태도를 갖는다.
○ 성묘의 의의를 알고 조상에 대한 감사의 마음을 갖는다.

나. 지도 내용

○ 추석의 유래와 성묘의 의의
○ 전래 미풍양속의 내용과 조상에 대한 공경심 갖기
○ 고유 음식과 예법 · 민속놀이 알기

다. 행사 추진

행사 내용	활동 내용	대상·담당자
◎ 관련 지도 ◎ 관련 행사	• 추석의 유래와 풍속 알기 • 성묘의 의의와 예법 알기 • 민속놀이 알기 • 명절과 고유 음식 알기 • 추석에 있었던 일을 주제로 (글짓기, 그리기, 경험 발표 기행문 쓰기, 자연물을 이용한 만들기·꾸미기)	학급 담임

라. 추석 계기 지도

○ 개식사
○ 국민의례
○ 학교장 훈화
○ 폐식사

마. 참고 사항

○ 추석의 뜻

추석－추석이라는 말은 《예기(禮記)》의 '조춘일(朝春日), 추석월(秋夕月)'에서 나온 것이다. 또한 중추절(仲秋節)이라 하는 것도 가을을 초추·중추·종추 3달로 나누어 음력 8월이 중간에 들었으므로 붙은 이름이다.

○ 추석의 유래

가윗날－우리의 고유명절로 추석은 '가윗날'이라 부르는데 이는 신라 때로 거슬러 올라간다. 김부식이 쓴 《삼국사기(三國史記)》 유리이사금 조에 의하면, 왕이 신라를 6부로 나누었는데 왕녀 2인이 각부의 여자들을 통솔하여 무리를 만들고 7월 16일부터 매일 일찍 모여서 길쌈, 적마(積麻)를 늦도록 하였다. 8월 15일에 이르러서는 그 성과의 많고 적음을 살펴 진 쪽에서 술과 음식을 내놓아 승자를 축하하고 가무를 하며 각종 놀이를 하였는데 이것을 가배(嘉俳)라 하였다. 이때 부른 노래가 슬프고 아름다워 회소곡(會蘇曲)이라 하였는데, 이 것을를 가배라 부른 것은 여러 의미가 있다. 가배의 어원은 '가운데'라는 뜻을 지닌 것으로 본다. 즉 음력 8월 15일은 대표적인 우리의 만월 명절이므로 이것을 뜻한 것으로 볼 수 있으며 다음은 진 편에서 이긴 편에게 잔치를 베풀게 되므로 '갚는다'는 뜻에서 나왔을 것으로도 유추된다. 아직 모계 사회에서의 다수의 여인들 모임은 떠났던 남자들이 여자를 되찾는 계기도 되었을 것이므로 놀이는 단순한 것이 아닐 수도 있었다고 해석해 볼 수도 있다.

고려시대에 나온 노래인 ≪동동≫에도 이날을 가배라 적었음을 보아 이 명칭은 지속되었던 것으로 파악된다. 가윗날이 신라 이래 국속으로 지속되었음은 중국에서 나온 ≪수서(隋書)≫ 동이전 신라 조에 임금이 이날 음악을 베풀고 신하들로 하여금 활을 쏘게 하여 상으로 말과 천을 내렸다고 하였으며, ≪교당서(舊唐書)≫ 동이전에도 신라국에서는 8월 15일을 중히 여겨 음악을 베풀고 잔치를 열었으며 신하들이 활쏘기 대회를 하였다고 쓰여 있다.

  ○ 추석의 옷과 음식

<옷>
- 동백기름을 머리에 바르고 갑사로 색동 소매의 노랑 저고리와 다홍치마를 입고 비단 당혜를 신는다.
- 갑사댕기로 딴 머리에 저고리와 풍채 치마를 입고 두루마기를 한 후 비단 발마기를 한다.

<음식>
- 송편 – 밤 · 대추 · 팥고물을 속에 넣어 반달 모양으로 빚어 만든다.
- 밤단자 – 밤을 삶아 찧어서 둥글게 뭉쳐 만든다.
- 대추단자 – 대추를 삶아 짓찧어서 만든다.
- 닭국에 토란을 넣어 끓인 국

3. 가을 운동회(학교별)

가. 지도 목표

  ○ 갈고 닦은 기초 체력을 발표한다.
  ○ 학부모와 지역주민이 학생들과 함께 활동하며 화합의 장을 마련한다.

나. 지도 내용

  ○ 질서와 규칙을 지키며 경기에 임한다.
  ○ 승부에 집착하지 않고 경기에 임한다.
  ○ 개인 경기 및 단체 경기 등을 실시한다.

다. 운동회 준비 및 당일 업무

행사 내용	활동 내용	대상·담당자
◎ 관련 지도	• 상비약·구급약품 점검	보건교사
	• 운동장 라인 긋기	체육부장
◎ 관련 행사	• 경기장 코너 표지 설치	
	• 본부석, 내빈석, 학부모석 천막 설치	회장 정리계
	• 경기 진행 녹음테이프 점검, 방송시설, 사진 촬영	
	• 청백기 신호기, 응원기, 신호총, 결승선 띠 점검	방송, 과학부장
	• 교문, 본부석, 입·퇴장문, 입간판, 만국기, 득점판 설치	
	• 상품 진열	준비, 심판
◎ 관련 지도	• 내빈 접대	아동계
	• 어머니회 지원, 부상자 치료, 호송	
◎ 관련 행사	• 약품 및 급수 기구 점검	회장 정리계
	• 달리기 및 트랙, 중앙선	장식계
	• 입·퇴장 지시선	상품계
	• 무용 보조선	안내계
	• 경기장 확보 및 안전 활동 공간 확보	6학년 부장
	• 천막 확보 설치	보조
	• 보조 음악, 배경 음악, 행진곡 등	
	• 해당 활동분야 해당 물품의 점검 및 보관	6학년 부장
	• (또는 당일 아침)	보조
	• 어린이회, 스카우트 활동	전 직원
		전 직원 보조

라. 방송 진행

○ 진행계와 방송계는 호흡을 잘 맞추어 안내 방송이나 진행 안내 방송 시에 배경음악의 볼륨을 줄이거나 일시 중단토록 하며 부드럽게 이어지도록 유의한다.
○ 관중의 호응을 얻을 수 있도록 종목별 해설을 진행한다.
○ 종목 해설과 경기 진행 방법 및 진행 상황, 협조 사항 등을 때에 알맞게 경기의 흐름이 끊기지 않도록 유의한다.

마. 참고 사항

○ 운동회의 정리
• 맡은 부서에서 마무리까지 책임을 다한다.
• 사용한 물품은 일정 장소에 운반하여 보관토록 하며, 분실 및 파손의 유무를 확인한다(운동회 사용 물품 표를 사전에 작성하고, 정리 시 이와 대조하도록 한다.).
• 모든 시설·장치물은 신속하고 안전하게 철거하여 지정 장소에 운반한다.

- 쓰레기와 오물은 완전히 수거하여 정상적인 학습 환경으로 회복시킨다(사전에 학부모 집합 예정 장소에 대형 쓰레기 함을 설치해 둔다.).
○ 운동회의 반성

(교사 활동 면)
- 준비물은 잘 갖추었나?(전체 계획의 적절성)
- 맡은 역할을 살 해냈나?(프로그램 편성의 적절성)
- 응원하는 태도는 좋았는가?(각 부서 활동의 충실성, 협동성)
- 재미있었던 종목은 무엇인가?(연습의 충실성)
- 즐거웠던 일은 무엇인가?(당일 운영 관리의 적절성)

(아동 활동 면)
- 그리기와 글짓기(그리기 – 저학년, 글쓰기 – 고학년)
- 경기 운영은 잘되었나?
- 운동회 때 있었던 일을 골라서
- 연습을 열심히 했나?
- 정해진 규칙을 잘 지켰나?

4. 국군의 날(10월 1일)

가. 지도 목표

○ 국토방위의 중요성과 우리 국군의 활동을 알고 감사하는 마음을 갖는다.
○ 우리 국군의 발전에 이바지하려는 태도를 갖는다.

나. 지도 내용

○ 국토방위의 중요성
○ 우리 국군의 활동 알기
○ 국군의 발전을 위한 일

다. 행사 추진

행사 내용	활동 내용	대상·담당자
◎ 관련 지도	• 국군이 하는 일 알기 • 국토방위의 중요성 • 국군화보 모으기 • 국군 위문편지 쓰기(고), 그리기(저)	학급 담임
◎ 국군의 날 행사	• 국기 달기 지도 • 의식 참여(방송) • 국군의 날 행사 방송 시청 지도	전교생

라. 국군의 날 기념 식순

○ 개식사
○ 국민의례
○ 학교장 기념사
○ 국군의 날 노래 제창
○ 폐식사

마. 참고 사항

○ 국군의 날은 현재 10월 1일이지만, 종전에는 육군기념일 10월 2일, 해군기념일 10월 11일, 공군기념일 10월 1일 등 각 군별로 달랐다가 1956년 통합되었다.

5. 개천절(10월 3일)

가. 지도목표

○ 개천절의 유래와 단군 설화에 대해 알게 한다.
○ 유구한 우리민족의 역사와 민족문화를 알고 긍지를 갖게 한다.

나. 지도 내용

○ 개천절의 유래와 단군 설화
○ 유구한 우리 민족의 역사와 민족 문화의 우수성, 독창성

다. 행사 추진

행사 내용	활동 내용	대상 · 담당자
◎ 관련 지도	• 개천절의 유래와 단군 설화 • 민족의 역사와 민족 문화 • 개천절 노래 • 조상에 감사하는 마음 갖기 • 전래 동화, 민요 알기	학급 담임
◎ 개천절 기념식	• 의식 참여(방송), 국기 게양 • 개천절 관련 방송 시청 • 감상문 쓰기, 그리기 활동	전교생

라. 개천절 기념 식순

○ 개식사
○ 국민의례
○ 학교장 기념사
○ 개천절 노래 제창
○ 폐식사

마. 참고 사항

○ 개천절 노래

개천절 노래

6. 자연보호헌장 선포일(10월 5일)

가. 지도 목표

○ 자연 보호의 중요성을 알고 보호하려는 태도를 갖게 한다.
○ 환경오염의 실태를 알아보고 헌장의 의의를 체험하게 한다.

나. 지도 내용

○ 자연 환경과 우리 인간 생활
○ 자연 환경 오염 실태 알아보기
○ 자연 보호 헌장의 의의

다. 행사 추진

행사 내용	활동 내용	대상 · 담당자

◎ 관련 지도	• 자연 환경과 우리 인간 생활의 관계
	  (VCR자료, 조사활동)
	• 환경오염 실태 알아보기
	• 자연 보호 헌장 뜻 알기
	• 자연 보호 주제로
	  (글짓기, 그리기, 표어)
	• 훈화(방송)
	• 자연 보호 활동
	• 자연 보호 실천 방법
	  (학교에서, 가정에서, 사회에서)
		학급 담임
		
		학교장
		
		학급 담임

라. 기념 식순

○ 개식사
○ 국민의례
○ 학교장 기념사
○ 자연 보호 헌장 낭독
○ 폐식사

마. 참고 사항

○ 자연보호헌장(自然保護憲章)

자연보호를 위한 범국민적 결의를 성문화한 것. 1978년 10월 5일에 정부가 선포하였다. 실천사항에는

① 자연을 사랑하고 환경을 보전하는 일은 국가나 공공단체를 비롯한 모든 국민의 의무이다.

② 아름다운 자연경관과 문화적·학술적 가치가 있는 자연자원은 인류를 위하여 보호되어야 한다.

③ 자연보호는 가정·학교·사회의 각 분야에서 교육을 통하여 체질화될 수 있도록 하여야 한다.

④ 개발은 자연과 조화를 이루도록 신중히 추진되어야 하며, 자연의 보전이 우선되어야 한다.

⑤ 온갖 오물과 폐기물, 약물의 지나친 사용으로 인한 자연의 오염과 파괴는 방지되어야 한다.

⑥ 오염되고 파괴된 자연은 즉시 복원하여야 한다.

⑦ 국민 각자가 생활주변부터 깨끗이 하고 전 국토를 푸르고 아름답게 가꾸어 나가야 한다.

이상과 같이 7개 항의 다짐사항이 있다.

7. 한글날(10월 9일)

가. 지도 목표

○ 한글날의 유래와 의의를 안다.
○ 한글의 우수성과 독창성을 알고 계승 발전시키려는 태도를 갖는다.

나. 지도 내용

○ 한글날의 유래와 의의
○ 한글의 우수성과 독창성
○ 우리글을 지켜 온 조상들의 노력
○ 훈민정음 풀어 듣기

다. 행사 추진

행사 내용	활동 내용	대상·담당자
◎ 한글날 기념식	• 의식참(세종대왕동상 헌화)	교무부장
	• 한글날의 유래와 훈민정음 내용	학생대표
◎ 관련 지도	• 세종대왕의 생애와 업적 알기	학급 담임
	• 한글의 우수성과 독창성	(고학년)
	• 우리글을 지켜 온 조상들의 노력	
	• 국어 사랑의 실천 방법 토의	
	• 한글날 노래	고학년
◎ 관련 활동	• (글짓기, 그리기, 표어, 포스터)	
	• 한글 서예 대회	교무부장

라. 한글날 기념 식순

○ 개식사

○ 국민의례

○ 한글을 지켜 온 선열에 대한 묵념

○ 훈민정음 서문 낭독

○ 세종대왕 동상에 헌화(교내에 있는 경우)

○ 학교장 기념사

○ 한글날 노래 제창

○ 폐식사

○ 작품 전시 관람

마. 참고 사항

○ 한글날

한글날은 훈민정음의 반포를 기념하는 날이다. 우리 글자 한글을 기리기 위하여 법으로 정한 날이다. 한글날을 제정한 때는, 일제에 국권을 빼앗기고 있던 1926년이다. 조선어 연구회(지금의 한글 학회)가 1926년 음력 9월 29일(양력 11월 4일) 처음으로 '가갸날'이라 이름 하여서 기념하기 시작했다. 한글날을 10월 9일로 정한 것은 한글이 반포된 날에서 비롯된 것이다.

한글은 조선 세종 28년 '음력 9월 상한'에 '훈민정음'이라는 이름으로 세상에 공표되었다. 기록에 따라 9월 상순의 끝 날인 음력 9월 10일을 양력으로 환산하여, '서기 1446년 10월 9일'을 기리게 되었다.

○ 한글날로 이름을 바꿈

1928년에는 '가갸날'의 이름을 '한글날'로 고치고, 계속 음력 9월 29일에 기념식을 올렸다.

○ 한글날을 양력으로 고쳐 잡음

1931년에 이르러 우리의 문화생활이 모두 양력으로 표준화되면서 이에 맞춰, 수학 전문가에게 양력(율리우스력) 환산을 의뢰한바 10월 29일로 되었다. 그해부터 이날을 한글날로 정하고 기념식을 가졌다.

○ 그레고리오력으로 고쳐 정함

1934년에 이르러 음-양력 환산 방법에 의문이 생김에 따라, 관련 전문가와 전문 기관에 위촉하여 의견을 모은바 '세종 28년 음력 9월 29일'은 '서기 1446년 10월 28일'로 일치되었다. 그리하여, 우리나라에서 쓰는 양력(서력 1582년에 개정된 그레고리오력)으로 환산한 이날로 '한글날'을 고쳐서 기념하게 되었다.

○ 훈민정음 원본의 발견

1940년 7월에 ≪훈민정음≫ 원본이 경상북도 안동에서 발견되었는데, 그 끝에 "정통 11년 9월 상한(正統十一年九月上澣: 정통십일년상한)"이란 글이 있어서, 한글 반포의 날이 대강 밝혀졌다. 그러나 이때는 이미 제2차 세계대전이 터져서, 모든 것이 통제되고, 집회를 엄금하는 때라, 한글날 기념도 하지 못하였다.

○ 10월 9일로 확정된 한글날

1945년 8월 15일 광복이 되자, 한글 학회는 새 살림을 차리고, 한글을 반포한 날인 '정통 11년 9월 상한'을, 상순의 끝 날(상한)인 9월 10일로 잡고, 양력으로 환산한 결과, '서기 1446년 10월 9일'이 되므로, 이날을 한글날로 확정하였다.

○ 공휴일로 된 한글날

1946년 한글 반포 500돌을 맞이하여, 정부에서는 뜻깊은 한글날을 공휴일로 정하였다. 이를 기념하여 내외 귀빈과 각계 유지 2만여 명이 덕수궁에 모여, 기념식을 가졌다.

○ 기념식이 정부 주관으로

이제까지 한글 학회와 세종대왕 기념 사업회가 주관해 오던 기념식을 1981년, 535돌 한글날부터는 서울시가 주관하였고, 그다음 해(1982)부터는 문화공보부(지금은 문화체육관광부) 주관으로 하여 오늘에 이르고 있다.

○ 공휴일에서 제외된 한글날

1990년 총무처(지금은 행정자치부)에서 법정 공휴일 축소 문제와 관련하여, 한글날도 공휴일에서 제외한다는 방침을 정하고, 1990년 8월 24일 국무회의에서 한글날을(국군의 날과 함께) 공휴일에서 제외시키는 '관공서 공휴일에 관한 규정' 개정안을 의결, 통과시켰다. 이후부터 '한글날'은 단순한 기념일로 축소되어 오늘에 이르고 있다.

○ 국경일로 제정, 그 위상을 높여야 할 한글날

그동안 끌어내려졌던 한글날을 추어올려 국경일로 제정하여 온 나라의 잔칫날, 온 누리의 잔칫날로 삼아야 한다는 의견에 따라 한글 학회를 비롯하여 관련 단체들에서는 국민의 의견을 폭넓게 수렴하기 위해 1999년 7월 9일에 세종문화회관 대회의실에서 공청회를 여는 등 지금까지 갖가지 운동을 벌이고 있다.

한글날 노래

최현배 작사
박태현 작곡
Moderato

1. 강 산 도 빼어났다 배달의나라 긴 역사
2. 볼 수록 아름다운 스물넉자는 그 속에
3. 한 겨레 한맘으로 한데뭉치어 힘 차게

오랜전-통 지녀온겨 레 거 룩한 세종대왕
모든이-치 갖추어있 고 누 구나 쉬배우며
일어나-는 건설의일 군 바 른길 환한길로

한글펴시- 니 새 세상 밝혀-주는 해가-돌았
쓰기편하- 니 세 계의 글자-중에 으뜸-이도
달려나가- 자 회 망이 앞에-있 다 한글-나라

네 한 글은 우리-자랑 문화의터 전
다 한 글은 우리-자랑 민주의근 본
에 한 글은 우리-자랑 생활의무 기

이 글 로 이-나라의힘 을 -기르 자

8. 독서 주간(10월 중)

가. 지도 목표

○ 독서하는 습관과 독서에 대한 바른 태도를 몸에 익힌다.
○ 독서를 통하여 폭넓은 사고와 다양한 경험 지식을 얻게 한다.

나. 지도 내용

○ 필독 도서를 선정하여 윤독하기
○ 독후감을 쓰고 발표하기
○ 학급문고, 학교 도서실의 이용 지도
○ 틈틈이 책 읽는 시간 갖기(생활화) 지도

다. 행사 추진

행사 내용	활동 내용	대상 · 담당자
◎ 관련 지도 ◎ 관련 행사	• 독서 주간 안내 • 필독 도서 선정 윤독 • 틈틈이 책 읽는 시간 갖기 지도 • 독후감 쓰고 발표, 독서카드 기록 　(학급 문고, 독서카드 기록) • 학급 문고, 도서실의 이용 지도 • 주제를 정하여 독서하기(조사) 　－조사 내용 정리하여 발표 　－주제에 관한 그림 그리기	학교장 학년 담임 학 급 도서계 고학년 저학년

라. 독서주간 반성 조회

○ 개회사
○ 국민의례
○ 학교장 훈화
○ 다독자 표창
○ 독서 감상문 및 독후감상화 시상
○ 폐회사

마. 참고 사항

○ 학년별로 필독도서를 선정한다.

○ 도서관을 자유롭게 이용하도록 한다.

○ 축제의 분위기 속에서 전교생이 꾸준한 활동을 하여 차분하게 습관화된 독서 활동이 되도록 지도한다.

○ 아울러 문화의 달에 있을 여러 가지 학예 행사를 유기적으로 연결 지어 종합적이고 실질적인 행사가 되도록 유의한다.

○ 틈틈이 책 읽기 지도는 등교 시에 당번 활동과 아침 자습 활동을 한 다음 20분 내지 30분 정도의 시간과 방과 후 시간을 이용하여 지도하면 효과적이다.

○ 최근 수학, 미술, 글쓰기, 음악 등 각 교육 분야에 새 바람이 불고 있다. 몇 년 전부터 불어온 '자연주의 교육', '현장체험 교육', '오감 교육' 등의 바람이 거세지면서 사교육계에도 변화를 일으키고 있는 것이다. 정해진 과제만 해결해서 오히려 아이의 창의력을 죽이거나, 테크닉 위주로 가르쳐서 아이의 흥미를 떨어뜨리는 등의 틀에 박힌 낡은 교육법은 맥을 못 추는 대신, 본질적으로 새롭게 다가서는 참신한 교육법이 가치를 인정받고 있다. 현재 아이에게 적용하는 학습법이 별 효과를 보지 못한다면, 새로운 교육법을 눈여겨보는 것이 좋다. 엄마들이 가장 중요하게 생각하는 수학, 미술 등 네 개 분야의 새롭고 효과적인 교육법에 대해 차근차근 진단해 보았다. 유아 및 초등학교 저학년 단계에서의 글쓰기는 글을 길게 정돈된 문체로 잘 쓰는 것이 중요하지 않다. 이전까지는 일기나 독서록을 잘 쓰는 아이로 만들기 위해서 짜인 형식에 맞게끔, 마치 시험을 보듯이 글을 쓰는 학습법이 주류였다. 그러나 요즘은 아이들에게 '글쓰기가 재밌고 쉽다'는 인식을 심어 주는 데 더 주력하고 있다. 글쓰기의 테크닉이 아니라 글을 쓰기 전 필요한 것들, 즉 충분히 생각하기, 생각을 자유롭게 표현하기, 다양한 방법으로 글쓰기 등을 가르치는 것을 우선시한다.

9. 체육의 날(10월 15일)

가. 지도 목표

○ 국민 체력 향상을 위해 우리가 할 수 있는 일을 한다.

○ 체육의 날의 유래에 대하여 조사 학습한다.

나. 지도 내용

○ 체육의 날의 의의
○ 각 개인의 건강관리 체크

다. 행사 추진

행사 내용	활동 내용	대상 · 담당자
◎ 관련 지도	• 국민의 건강을 위해 우리가 할 일 찾기 • 자신이 좋아하는 체육활동	학급 담임
◎ 체육의 날 행사	• 체육의 날 의의 알기	전교생

라. 행사 식순

○ 개식사
○ 국민의례
○ 학교장 훈화
○ 건강어린이 시상
○ 교가 제창
○ 폐식사

마. 참고 사항

○ 체육의 날

국민체육진흥법 제7조 및 동 법 시행령 제3조의 규정에 의해 1963년부터 매년 10월 15일을 체육의 날로 정하여 국민 체육정신을 고취하고 여러 가지 체육을 보급하여 체육활동이 생활화할 수 있는 계기가 될 수 있도록 하는 데 그 의의가 있다.

○ 체육 발전상

우리나라의 체육 발전상을 역사적으로 살펴보면 삼국시대부터 군사적 측면을 강조하는 훈련을 하였다고 한다. 고구려 때에는 중요한 곳에 '국당'이란 것을 설치하고 무술을 연마하였으며, 신라에서는 '근랑'이란 사무소를 설치하여 수천 명의 화랑도가 모여 무예를 훈련하였다. 고종 32년(1894) 갑오경장 이후 신교육령에 의해 학교 교육이 실시되면서부터 외국 선교사의 소개로 현대의 각종 운동 경기가 우리나라에 전래되었으며, 1920년에는 조선체육회가 발족되어 국민체육운동의 발달에 공헌하였다.

○ 명상의 시간 운영 자료
어린이 여러분!

오늘은 체육의 날입니다. 1963년부터 매년 10월 15일을 체육의 날로 정하여 체육활동이 생활화되도록 힘쓰고 있습니다.

여러분은 '건강한 신체에 건전한 정신이 깃든다.'라는 말을 들어 본 적이 있을 것입니다. 신체가 건강해야만 인격을 연마하고 원만한 생활을 영위할 수 있다는 뜻입니다. 이처럼 체육은 국민의 건강과 체력의 증진뿐만 아니라 국민 개개인의 인격 형성을 위해서도 매우 소중하므로 체육의 날을 계기로 체육을 더욱더 진흥시키고 있는 것입니다.

어린이 여러분!

우리나라는 국력의 신장과 더불어 지난 서울 올림픽 때에는 금 12개, 은 10개, 동 11개를 획득하여 종합 4위라는 놀라운 성과를 거두었습니다. 국가적으로 체육 발전에 힘써 온 결과도 되겠지만 온 국민들의 체육을 중시하고 이에 대한 관심과 밑받침이 컸던 결과로 보입니다. 우리 국민 모두가 너나없이 하나가 되어 체육에 관심을 갖고 체육활동의 생활화에 힘쓴다면 문화국민으로서의 긍지와 모습을 온 세계에 보여 줄 수 있을 것입니다.

체육이란 신체활동을 통한 인간의 교육이라고 말할 수 있습니다. 인간의 욕망은 항상 이상을 추구하여 이것을 우리들 생활 속에서 노력하고 있으며 보다 나은 이상으로 계속하여 전진하고 있는 것입니다.

그런데, 이 욕망을 달성함에는 그 욕망을 자신이 잘 이해하고 그것을 실행에 옮길 수 있는 실천력이 있어야 할 것입니다. 예부터 지자행이라 하였고 또, 자행은 일체라 하였습니다. 이 말의 뜻은 아는 자는 반드시 그 아는 바를 행동으로 나타내어야 진실한 행동을 할 수가 있다는 말일 것입니다. 교육이란 배워 알겠다는 인간의 욕망을 충족시켜 줄 뿐만 아니라 인류의 행복과 사회의 복지를 증진시킬 수 있는 인간을 육성함에 목적이 있겠습니다.

10. 문화의 날(10월 20일)

가. 지도 목표

○ 문화의 날 의의를 알고 문화 발전에 관심을 갖는다.
○ 문예 행사에 흥미를 가지고 참여하게 한다.

나. 지도 내용

○ 문화의 날 의의
○ 여러 가지 문예 행사 참여 지도
○ 바른 생활태도의 실천

다. 행사 추진

행사 내용	활동 내용	대상 · 담당자
◎ 관련 행사	• 백일장 • 시화전 • 우리 문화재 답사 　박물관 견학 • 한글 서예 발표 • 교내 웅변대회 • 학예 발표회 　− 각종 대회 입상자 발표 및 전시	담 임 문예부 연구 부장 과학 부장 윤리 부장 고학년 교무 부장

라. 행사 식순

○ 개식사
○ 국민의례
○ 학교장 훈화
○ 교가 제창
○ 폐식사

마. 참고 사항

○ 문화의 날은 문화 창달을 위하여 문화관광부에서 주관하는 기념일로, 10월 20일이다. 방송, 잡지, 영화 등 매스미디어의 사회적 가치를 새롭게 하고, 문화예술 진흥에 관련된 각종 기념행사를 갖는다.

11. 학예 발표회(학교별)

가. 지도 목표

○ 예술적인 활동을 통하여 심미적 정서의 순화와 명랑한 심성을 갖도록 한다.
○ 학습내용을 기초로 학예회의 내용을 선정하고 발표하는 기회를 통하여 창의성을 기르고 소질을 계발시킨다.
○ 스스로 계획하고 참여하는 가운데 근로의 기쁨과 성실한 태도를 기른다.

나. 지도 내용

○ 전시 및 발표회
○ 학년성에 맞는 발표내용

다. 행사 추진

행사 내용	활동 내용	대상 · 담당자
◎ 학예 발표회 　작품 전시회	• 의식 참여 • 훈화 • 전시회 평가와 반성 • 전시회 출품	교무부장 학교장 전 학급

라. 학예 발표회 식순

○ 개식사
○ 국민의례
○ 학교장 훈화
○ 학교운영위원회 위원장(학부형회장, 자모회장) 인사
○ 행사 안내
○ 기념 공연(연극, 노래, 연주 등)
○ 폐식사

마. 참고 사항

○ 학예 발표회(안)

　예술적인 활동을 통하여 심미적 정서의 순화와 명랑한 심성을 갖도록 한다. 학습내용을 기초로 학예회의 내용을 선정하고 발표하는 기회를 통하여 창의성을 기르고 소질을 계발시킨다. 스스로 계획하고 참여하는 가운데 근로의 기쁨과 성실한 태도를 기른다.

○ 활동 방침
- 다양한 활동을 통하여 폭넓은 경험을 갖게 한다.
- 학생들이 자주적으로 활동하는 기회를 최대한 제공한다.
- 많은 학생들이 발표에 참여할 수 있도록 한다.

○ 준비활동
- 부서 배정, 역할 분담
- 일정표 만들기
- 프로그램 내용 선정 협의
- 교과별 학습내용에서
  - 국어(시 낭독, 동극)
  - 체육(무용, 민속 무용)
  - 국악(창, 가야금, 장고, 무용)
  - 음악(성악 - 독창, 중창, 합창)
  (기악 - 피아노, 바이올린, 첼로, 리코더 등)
  - 전시회(그리기, 서예, 만들기, 시화, 글짓기, 조소 등)
- 어린이회에서 지도교사와 협의하여 정한다.
  - 학예발표
  - 전시회
- 종목별 주제나 곡목을 선정
- 인원구성 발표 형식을 정하여 연습
- 지도교사 어머니회 자원인사는 기술적인 지도
- 준비물의 구입 청구
- 안내장 준비
- 프로그램 인쇄
- 전시 부문별로 대상 작품을 선정 또는 제작 활동
- 전시회장의 구성 및 작품 진열 방법을 협의
- 학예회 준비 연습 상황을 점검
  - 발표 내용의 질

- 연습의 정도
    - 조명, 음악 준비 상황
    - 식장의 활용 계획
    - 소요 시간, 의상, 음향 효과
- 종목별 인원 확정
- 안내장 발송
- 학예 발표 식장 및 무대 장치
    - 연습 상황 최종 점검
- 전시회장 꾸미기
    - 전시 작품 최종 선정
- 진행 순서에 따라 당일 진행
- 전시회
    - 안내와 설명
- 발표회장과 전시회장의 정리, 정돈하기
- 출연자
    - 간단한 반성회
- 학급별로 출연자와 관람자의 입장에서 반성회 갖기

○ 부서 활동

(부서별 학생 2명, 지도교사, 어머니회 대표로 구성한다.)
- 전체 회의(어린이회, 교사회, 어머니회 대표 등)
- 준비계(프로그램 선정, 인쇄, 발표 및 전시회장의 구성 계획, 준비 상황 점검)
- 연습계(종목별 연습 독려, 인원 파악, 출석 독려, 명단 작성)
- 음악계(악기 및 준비물품 관리, 음향 효과 등)
- 연극계(소도구 준비 및 관리, 조명, 무대 배경 교체 등)
- 진행계(총연습 및 당일 발표회 출연자 입·퇴장 정리, 다음 출연자 대기 등)
- 안내계(내빈 안내 및 접대, 좌석 지정)

○ 프로그램(양식)

순	종 목	학년	성별	인원	성명	소요시간(분)	지도 교사	비고
1	첫 인사	1	여		김나래	3		
2	고향의 봄(합창)	4-6	남, 여	30	이수진 외 29	10		
3	낸스 낸스 댄스(댄스 스포츠)	1-3	남, 여	20	김창수 외 19	5		
4	부모님께(편지 낭송)	6	여		이현아	5		
……								

12. 경찰의 날(10월 21일)

가. 지도 목표

○ 경찰의 날 의의 알기
○ 경찰들이 국민을 위해 하는 일 바로 알기

나. 지도 내용

○ 경찰들이 하는 일
○ 경찰의 날에 대하여 조사 학습하기

다. 행사 추진

행사 내용	활동 내용	대상·담당자
◎ 관련 지도 ◎ 경찰의 날 행사	• 경찰서를 방문하여 현장체험 학습하기 • 자신이 미래에 경찰을 하면 어떨지 상상하여 글을 쓰기 • 경찰의 날 의의 알기	학급 담임 전교생

라. 행사 식순

○ 개식사

○ 국민의례
○ 학교장 훈화
○ 교가 제창
○ 폐식사

마. 참고 사항

○ 의의
해방 후 미군정 경찰로 창설된 이래 건국, 구국, 호국의 경찰로서 역경과 시련을 극복한 경찰사를 되새기며 선진조국 창조의 역군으로서 새로운 결의를 다지는 날.

○ 유래 및 연혁
• 1948년 미군정청 경무국 창설일(45. 10. 21)인 10월 21일을 '국립경찰 창설일'로 설정 기념
• 1957. 11. 7. 10월 21일을 '경찰의 날'로 지정(내무부훈령)
• 1971. 9. 1. '경찰의 날' 지정(내무부훈령)
• 1973. 3. 30. 「각종 기념일 등에 관한 규정」에 규정

○ 경찰(警察)
사회의 안녕과 질서를 유지하기 위하여 국가의 통치 권력으로 국민에게 명령하거나 강제하는 행정상의 작용, 또는 그러한 일을 맡은 조직. 경찰은 국민의 생명·신체·재산을 보호하며, 범죄의 수사나 피의자의 체포 및 공안 유지 등을 책무로 한다. 법치국가에서 경찰권을 행사할 때에는 반드시 법적인 근거가 있어야 한다. 경찰에 관한 사무를 보는 관청을 경찰서라 하고, 경찰의 일을 맡아보는 공무원을 경찰관이라고 한다.

○ 경찰서(警察署)
특별시, 광역시의 각 구(區) 및 시, 군에서 그 관할 구역 안의 경찰 사무를 맡아보는 관청. 곧 국민 생활에 관계가 밀접한 경찰 사무를 1차적으로 집행하는 기관이다. 경찰서는 서장 밑에 경무, 보안, 경비, 수사, 정보, 대공 등의 각 과를 두고, 본서 밑에 지서 또는 파출소를 설치하고 있다.

13. 안중근 의사 의거일(10월 26일)

가. 지도 목표

○ 안중근 의사의 생애와 업적을 알고 희생정신에 감사하는 마음을 깆는다.
○ 조국 광복을 위해 순국하신 분들의 활동을 통하여 애국정신을 본받게 한다.

나. 지도 내용

○ 안중근 의사의 생애와 업적
○ 순국열사들의 활동과 애국 애족 정신

다. 행사 추진

행사 내용	활동 내용	대상 · 담당자
◎ 관련 지도 ◎ 관련 활동	• 학교장 훈화(방송) • 안중근 의사의 생애와 업적 • 순국열사들의 활동과 애국정신 • 나라 사랑의 실천 방법 • 나라 사랑을 주제로 (글짓기, 그리기, 표어, 포스터 등) • 위인전 읽기 • 감상문, 나의 각오를 글로 쓰기	학교장 학급 담임

라. 행사 식순

○ 개식사
○ 국민의례
○ 학교장 훈화
○ 교가 제창
○ 폐식사

마. 참고 사항

○ 안중근

조선 말기 교육가 · 의사(義士). 황해남도 해주(海州) 출생. 어려서부터 한학(漢學)을 수학하고 승마 · 궁술 · 사격술을 익혀 문무(文武)를 겸했다. 1895년 천주교에 입교하여 토마스(多默)라는 세례명을 받았고, 1904년 러 · 일전쟁이 일어나자 산둥(山東)을 거쳐 상하이(上海)로 갔다. 1906년 석탄 상점을 정리한 뒤 삼흥학교(三興學校)를 세웠고, 이어 돈의학교(敦義學校)를 세웠다. 1907년 국채보상기성회 관서지부장이 되어 항일운동을 펴다가 한일신협약이 체결되자 북간도를 거쳐 블라디보스토크로 망명하여 의병운동에 참가하였다. 1908년 대한의군참모중장 겸 특파독립대장 및 아령지구(俄領地區) 군사령관 직책을 맡아 엄인섭(嚴仁燮)과 함께 의병군을 이끌고 경흥(慶興)까지 쳐들어갔으나 일본군에 패배하여 탈출한 뒤 노브키에프스크로 가서 국민회 · 일심회(一心會) 등을 조직하였고, 블라디보스토크에서는 동의회(同義會)를 조직하여 애국사상 고취와 군사훈련을 담당하였다. 1909년 3월 노브키에프스크에서 김기룡(金起龍) · 엄인섭 · 황병길(黃丙吉) 등 12명이 모여 단지회(斷指會)를 조직, 안중근 · 엄인섭은 이토 히로부미(伊藤博文)를, 김태훈(金泰勳)은 이완용(李完用)을 암살, 제거하기로 단지의 피로써 맹세하였다. 같은 해 10월 이토 히로부미가 러시아 재무장관 V. N. 코코프체프와 회담하기 위하여 만주(滿洲) 하얼빈(哈爾濱)에 온다는 소식을 듣고 살해를 결의하였다. 우덕순(禹德淳) · 조도선(曹道先) · 유동하(劉東夏)와 저격 실행책을 세우고 하얼빈 역에 잠입, 코코프체프와 열차회담을 마치고 러시아 장교단을 사열하던 이토 히로부미에게 3발을 명중시켰다. 러시아 검찰관 예비심문에서 거사 동기를 "이토 히로부미가 한국의 독립주권을 침탈한 원흉이며 동양 평화의 교란자이므로 개인자격이 아닌 대한의군사령관으로서 처형하였다."고 밝혔다. 관동도독부(關東都督府) 지방법원에서 여섯 차례 재판을 받은 뒤 10년 3월 뤼순(旅順)감옥에서 순국하였다. 많은 유필(遺筆)을 남겼으며 재감 중 《동양평화론》을 집필하였다. 62년 건국훈장 대한민국장이 수여되었다.

○ 안중근의 최후 진술

나는 검찰관의 논고를 듣고 나서 검찰관이 나를 오해하고 있다고 생각한다. 예컨대 하얼빈에서 검찰관이 올해로 다섯 살 난 나의 아이에게 내 사진을 보여 주며 '이 사람이 네 아버지냐?'고 물었더니 그렇다고 대답했다고 말했는데, 그 아이는 내가 고국을 떠날 때 두 살이었는데 그 후 만난 적도 없는 나의 얼굴을 알고 있을 까닭이 없다. 이 일로만 미루어 봐도 검찰관의 심문이 얼마나 엉성한지, 또 얼마나 사실과 다른지를 알 수 있다고 생각한다. 나의 이번 거사는 개인적으로 한 것이 아니고 한일 관계와 관련해서 결행한 것이다. 그런데 사건 심리에 있어서 재판장을 비롯하여 변호인과 통역까지 일본인만으로 구성하고 있다. 나는 한국에서 변호인이 와 있으니 이 사람에게 변호를 허가하는 것이 지당하다고 생각한다. 또 변론 등도 그 요지만을 통역해서 들려주기 때문에 나는 불공평하다고 생각한다. 을사조약과 일본의 폭압은 잘못된 것으로 분명히 지탄받아야 마땅하다.

14. 학생의 날(11월 3일)

가. 지도 목표

○ 광주학생 운동의 유래와 의의를 알고 자주 자립의 민족정신을 본받는다.
○ 선열들의 애국정신을 본받아 학생으로서 사명을 다하는 각오를 갖게 한다.

나. 지도 내용

○ 광주학생 운동의 유래와 의의
○ 나라와 민족의 미래를 이어갈 학생의 사명과 국가 발전

다. 행사 추진

행사 내용	활동 내용	대상 · 담당자
◎ 관련 지도	• 광주학생 운동의 유래와 의의 • 학생의 사명과 국가 발전 • 훈화(방송)	학급 담임 학교장

라. 행사 식순

○ 개식사
○ 국민의례
○ 순국선열에 대한 묵념
○ 헌화(기념탑이 있는 학교, 인근에 있는 경우)
○ 학교장 기념사
○ 폐식사

마. 참고 사항

○ 광주학생 운동의 발단과 학생의 날
1929년 11월 3일, 전남 광주와 나주 간의 통학 열차에서 일본인 남학생들이 우리 여학생을 희롱

하는 것에 분개하여 우리 학생들이 일본인 학생들과 집단싸움을 한 것에서 비롯되어 호남 일대의
독립 운동과 항일운동은 전국으로 번져 갔다.

15. 국민교육헌장 선포일(12월 5일)

가. 지도 목표

○ 국민교육헌장 선포의 의의와 근본정신을 이해시킨다.
○ 국가 발전을 위한 교육의 중요성을 알고 노력하게 한다.

나. 지도 내용

○ 국민교육헌장 선포의 의의와 근본정신
○ 국가 발전을 위한 교육의 중요성
○ 국민교육헌장의 이념 구현 방법

다. 행사 추진

행사 내용	활동 내용	대상·담당자
◎ 국민교육헌장 선포 기념식 ◎ 관련 지도	• 의식 참여 • 훈화 • 모범학생 표창(이념구현) • 국민교육헌장 선포의 의의 • 근본정신과 이념의 구현	교무부장 학교장 교무부장 학급 담임

라. 기념 식순

○ 개식사
○ 국민의례
○ 국민교육헌장 낭독
○ 모범학생 표창
○ 학교장 기념사
○ 폐식사

마. 참고자료

○ 국민교육헌장

국민도덕의 기본방향을 밝히고 국민 각자가 나아갈 교육의 지표를 제시한 헌장. 1968년 12월 5일 정부가 선포하였다. 내용은 민족중흥을 역사적 사명으로 내걸고 초·중·종장으로 구성하였다. 초장에서는 우리 국민이 한민족(韓民族)의 일원으로 태어난 것에 대한 높은 긍지와 그에 따른 투철한 사명의식을 밝히고, 중장에서는 국민교육이 나아가야 할 구체적인 방향으로 개인윤리·사회윤리·국민윤리를 제시하며, 종장에서는 반공 민주주의 정신으로 새로운 역사를 창조할 것을 다짐하고 있다. 이 같이 민족의 주체성 확립, 전통과 진보의 조화를 통한 새로운 문화창조, 개인과 국가의 일체감을 통한 민주복지국가의 개화를 중심으로 한 이 헌장은 모든 국민이 알아야 할 기본정신과 실천목표가 되어 널리 보급되었다.

○ 국민교육헌장 전문

우리는 민족중흥의 역사적 사명을 띠고 이 땅에 태어났다. 조상의 빛난 얼을 오늘에 되살려, 안으로 자주 독립의 자세를 확립하고, 밖으로 인류 공영에 이바지할 때다. 이에, 우리의 나아갈 바를 밝혀 교육의 지표로 삼는다.

성실한 마음과 튼튼한 몸으로, 학문과 기술을 배우고 익히며, 타고난 저마다의 소질을 계발하고, 우리의 처지를 약진의 발판으로 삼아, 창조의 힘과 개척의 정신을 기른다. 공익과 질서를 앞세우며 능률과 실질을 숭상하고, 경애와 신의에 뿌리박은 상부상조의 전통을 이어받아, 명랑하고 따뜻한 협동 정신을 북돋운다. 우리의 창의와 협력을 바탕으로 나라가 발전하며, 나라의 융성이 나의 발전의 근본임을 깨달아, 자유와 권리에 따르는 책임과 의무를 다하며, 스스로 국가 건설에 참여하고 봉사하는 국민정신을 드높인다.

반공 민주 정신에 투철한 애국 애족이 우리의 삶의 길이며, 자유세계의 이상을 실현하는 기반이다. 길이 후손에 물려줄 영광된 통일 조국의 앞날을 내다보며, 신념과 긍지를 지닌 근면한 국민으로서, 민족의 슬기를 모아 줄기찬 노력으로, 새 역사를 창조하자.

16. 세계인권선언일(12월 10일)

가. 지도 목표

○ 사람은 누구나 존중받아야 함을 안다.
○ 세계인권선언일의 의의를 알 수 있다.

나. 지도 내용

○ 인권의 의미 알기
○ 세계인권선언일의 의의 알기

다. 행사 추진

행사 내용	활동 내용	대상·담당자
◎ 세계인권선언일 계기 지도 ◎ 관련 지도	• 의식 참여 • 훈화 • 모범학생 표창(이념구현) • 인권의 정신과 이념 알기	교무부장 학교장 교무부장 학급 담임

라. 행사 식순

○ 개식사
○ 국민의례
○ 학교장 훈화
○ 교가 제창
○ 폐식사

마. 참고 사항

○ 세계인권선언일

사람이 가지고 있는 기본 권리로서 세상의 모든 사람은 누구나 태어나면서 똑같은 기본 권리를 가지게 되는 것이다.

제1조에서 제20조까지 시민적 자유권의 권리, 제21조에서 정치적 권리, 제22조～제27조까지는 경제적, 사회적, 문화적 권리 등을 각각 규정하고 있다.

사회보장에 대한 권리(제22조), 노동권과 공정한 보수를 받을 권리 및 노동자의 단결권(제23조) 등에 관해서도 상세한 규정이 마련되어 있다.

세계 인권 선언을 채택한 날을 기념해 1950년 제5차 유엔총회에서 12월 10일을 '세계인권선언일'로 선포했으며 유엔 회원국들은 정부 주관으로 이날을 기념하고 있다.

17. 겨울 방학식(학교별)

가. 지도 목표

○ 긴 방학 동안 부진한 학습과제를 이행하도록 한다.
○ 하기 중에 하지 못했던 다양한 경험을 하도록 한다.

나. 지도 내용

○ 적당한 방학 과제 제시
○ 겨울철 건강관리
○ 생활지도

다. 행사 추진

행사 내용	활동 내용	대상·담당자
◎ 학기 말 사무 추진	• 성적처리 및 성적일람표 작성 결재 • 통지표 작성 • 휴가 중 학교 운영계획 작성 • 방학 생활 안내 작성 • 학급 비품 보관	교무 부장 학년
◎ 생활 반성 ◎ 예능 발표	• 각자 생활에 대해 반성하기 • 1학기 학습내용 중심 기능 발표 (독창, 중창, 합창, 독주, 중주, 합주, 무용, 동극, 동시 발표 등)	학급 담임
◎ 작품 전시회	• 1학기 동안 만든 작품을 중심 (글짓기, 그리기, 만들기, 일기장, 경필 쓰기, 관찰록, 편지글, 수집품, 독서 감상록, 조사 기록부 등)	학년, 전교 학년부장 교무부장 학급 담임
◎ 방학 생활 사전 지도	• 방학생활 협의하기(생활계획서) • 방학과제 활동(그리기, 만들기, 일기, 독후감, 수집, 관찰·조사 활동 등)	
◎ 방학식(종업식)	• 의식 참여 • 훈화 • 생활 안내	학교장 교감

라. 행사 식순

○ 개식사
○ 국민의례
○ 학교장 훈화
○ 교가 제창
○ 폐식사

마. 참고 사항

○ 겨울방학의 어린이 건강

아이들에게 평소 과중한 학습활동에서 벗어나 휴식을 취할 수 있는 시기다. 아이들이 겨울방학을 건강하게 보내도록 하기 위해선

첫째, 아침 식사를 거르지 않게 해야 한다.

둘째, 방학 중에는 비타민과 무기질을 포함한 열량이 풍부한 음식을 먹여야 한다.

셋째, 규칙적으로 수면을 취하게 해야 한다.

넷째, 겨울방학 중 아이들에게 규칙적인 운동을 시킨다.

○ 생활계획표 짜는 요령

- 공부량 중심으로 계획을 세워라.＝수학이나 영어 등은 '언제까지'의 시간 단위로 공부하는 것보다 '얼마만큼'의 학습 분량 단위로 공부하는 것이 효과적이다. '오늘은 몇 쪽부터 몇 쪽까지'라는 목표를 세우면 시간 낭비를 막을 수 있다.
- 오전 10사 오후 3시에 집중적으로 학습하라.＝더위가 심하지 않은 오전 시간을 활용해 공부하는 것이 좋다. 오전 한 시간은 오후 몇 시간 공부에 해당할 만큼 집중력이 높은 시간대이다. 하루 중 학습 효과가 가장 높을 때는 오전 10시와 오후 3시이다. 점심 식사 이후 30분~1시간 정도 낮잠을 자면 정신적 피로가 풀린다.
- 일일주간 계획을 함께 세워라.＝수면, 식사, 학원, 야외활동 등 미리 정해지거나 매일 해야 할 일을 일주일 단위로 시간표에 채운다. 주간 동안 자신이 계획한 학습목표를 가계부 쓰듯이 기록해 보자.
- 주간 계획표 항목에 있는 내용을 요일마다 우선순위별로 배정한다. 일일 계획표는 한꺼번에 만드는 것이 아니라 전날 밤에 내일 할 일을 정리하는 식으로 짜야 실천 가능한 계획이 된다. 잠자리에 들기 전 반드시 목표량을 점검하고 주간계획에 차질이 없는지 평가한 뒤 다음 날 계획을 세워 보자.

18. 졸업식(학교별)

가. 지 도 목 표

○ 졸업의 의미를 이해하고 엄숙한 태도로 졸업식에 참여하게 한다.
○ 학교생활을 반성하고 앞으로 더욱 정진하려는 각오를 갖게 한다.

나. 지 도 내 용

○ 엄숙한 태도로 졸업식에 참여
○ 학교생활의 반성과 정진의 각오

다. 졸업식 준비 업무

행사 내용	활동 내용	대상 · 담당자
◎ 졸업식 총지휘	• 졸업생 성적 사정 • 수상 서열 명부 작성 　－성적, 공로 · 특기 • 졸업장, 상장 구입신청	교감 6학년 담임 교무부장
◎ 학사보고	• 학사보고 작성 • 졸업대장 기록 • 졸업장 기록 학기 말 사무 추진	6학년 담임 6학년 담임
◎ 송사, 답사	• 송사 및 답사 작성 　－대표 학생 선발 및 연습 지도 • 축하 노래 지도 • 수상 대상자 확정 • 소요 상품 구입도 • 수상 대장 기록 및 상장 기록 • 식장 장식용 물품 청구 • 졸업장 · 상장 직인 및 계인 날인 • 의식곡 지도	 5 · 6학년 담임 6학년 담임 행정실 6학년 담임
◎ 의식곡 지도	• 안내장 작성 · 발송 • 졸업장 · 상장 묶기 • 상품 포장 및 표시 • 식장 장식 • 교사용 명찰 준비 • 방송 시설 • 예행연습 • 내빈 및 졸업생용 의자 준비	음악계 교무부장 행정실 6학년 담임 교무부장 방송계 교무부장 6학년 부장

라. 행사 식순

○ 개식사
○ 국민의례
○ 국민교육헌장 낭독
○ 학사보고
○ 졸업장 수여
○ 상장 및 상품 수여
○ 학교장 회고사
○ 내빈 축사
○ 송사 및 답사
○ 재학생 축가
○ 졸업식 노래 제창
○ 교가 제창
○ 폐식사

마. 참고 사항

○ 졸업식 당일

순	부서	업무내용	담당자
1	총괄	졸업식 진행 업무 총무	교감
2	진행	졸업식 사회 진행	교무부장
3	학사보고	학사보고	교무부장
4	졸업장·상장 수여	학교장의 졸업장, 상장 수여 보조	교감
	의식곡 지휘	의식가 지휘 및 반주	교무 부장
5	방송	방송 시설 및 배경 음악	음악 담당
6	안내·접대	내빈 및 학부모 안내, 주차장 정리, 실내화 준비(실	방송계
7		내일 때)	안내계
8	식장 점검	식장 준비, 졸업장, 상장, 상품 진열	서무계
9	교내 경비	수위실 근무, 교내 순시	교무부장
10	기념 촬영	의식 진행 장면 사진 촬영	경비, 스카우트 대원
11	식당 정리	졸업식 식장 정리	

19. 개교기념일(학교별)

가. 지도 목표

○ 학교의 역사에 대하여 자세히 알고 학교 발전을 위해 기여하는 테도를 깆게 한나.
○ 행사를 통하여 선배들의 애교 정신을 본받고 선후배 간의 유대를 깊게 한다.

나. 지도 내용

○ 학교의 역사와 선배들의 애교 활동에 대해 알기
○ 지역 사회 및 선배들과 기념행사 활동

다. 행사 추진

행사 내용	활동 내용	대상 · 담당자
◎ 행사계획 입안 ◎ 행사 준비 위원회 개최 ◎ 업무 배정	• 기념식수, 테이프 자르기 • 작품전시 관람 • 학예발표 참관 • 다과회 • 학교장, 동문회장 인사 • 방명록 쓰기 • 행사장 정리	교무부장 교무부장 학급 담임 학교장

라. 개교 기념식 식순

○ 개식사
○ 국민의례
○ 국민교육헌장 낭독
○ 학교장 경과보고
○ 교기 수여
○ 동문회장 기념사
○ 교가 제창
○ 폐식사

마. 참고 사항

○ 가능하면 다수의 지역 사회 인사들과 동문들이 참여하도록 한다.
○ 지역 사회의 축제가 될 수 있도록 계획한다.
○ 지역 문화 센터로서 학교 기능이 발휘되도록 운영한다.
○ 행사 계획 및 진행 과정에 동문·지역 사회의 요구를 반영시켜 일체감 형성을 기한다.

바. 개교기념일 훈화(예시)

우리 학교는 지금부터 (   )년 전인 (   )년( )월 ( )일 개교하였습니다.

개교 당시는 교사나 운동장도 오늘날과 같은 훌륭한 시설이 되지 못하였지만, 그 어려움 속에서도 모두 열심히 공부하였습니다. 우리의 선배는 "배우자." 하고 외쳤습니다. 시간이 있거나 없거나 오직 공부하기에만 힘썼습니다.

그래서 모두 자랑스러운 대한의 훌륭한 사람으로 성장하고 있습니다. 이것이 바로 우리 학교의 전통인 것입니다.

나는 자랑스러운 이 전통을 길이 빛낼 것을 다짐하면서, 여러분과 더불어 우리의 각오를 새롭게 하는 바입니다. 오늘 우리의 각오를 새롭게 하며, 더욱더 우리 학교의 발전을 바라면서 학생들에게 꼭 이야기해 두어야 할 일이 또한 있습니다.

그것은 바로 여러 교직원들의 노고입니다.

우리 교직원들이야말로 어느 학교, 어느 나라 선생님들보다도 뛰어난 훌륭한 분임을 자랑하고 싶습니다. 선생님은 모두 어려움을 참아 가며 여러분과 학교를 위해 애썼으며 학교와 운명을 같이 해 왔습니다.

오늘의 영예는 오로지 학생들과 더불어 학교의 성장을 보살펴 오신 선생님들의 희망과 땀과 정성으로 이루어졌다는 것을 잊어서는 안 되겠습니다.

만일 이와 같은 선생님이 아니 계셨다면 오늘의 우리 학교는 있을 수 없다는 것입니다. 그러므로 학생 여러분들은 이 좋은 시설과 훌륭한 선생님들의 뜻을 받들어서 더욱 공부에 힘쓰며 몸과 마음을 닦아서 모교의 전통을 빛내 주시기를 빌며 아울러 이 나라의 훌륭한 일꾼이 되어 주기 바라는 바입니다.

오늘의 뜻깊은 개교기념일을 맞이해서 진심으로 우리 학교를 축하하며, 여러분들이 한층 더 학업에 노력해 학교를 빛내 줄 것을 간절히 바라는 바입니다. 아울러 더욱 건강하고 착한 마음으로 생활하여 모교의 명예를 드높이고, 국가와 사회에서 요구하는 훌륭한 인재로 자라나기를 바랍니다.

20. 정년 퇴임식(학교별)

가. 지도 목표

○ 선생님의 노고를 알고 감사하는 마음을 갖는다.
○ 엄숙한 마음으로 의식에 참여하도록 한다.

나. 지도 내용

○ 평생 동안 선생님께서 해 오신 일을 알고 감사한다.
○ 선생님의 그동안 업적과 공로를 기리고 본받으려는 태도를 갖게 한다.

다. 행사 추진

행사 내용	활동 내용	대상 · 담당자
◎ 약력 소개문	• 약력 작성	교무부장, 행정실
◎ 꽃다발 준비	• 꽃 선정, 화분, 가슴 꽂이 꽃 준비	교무, 서무
◎ 감사패	• 문구 작성, 주문	연구부장
◎ 기념품	• 접수, 포장, 전달	학년 부장
◎ 송사 지도	• 송사 작성	
◎ 의식곡 지도	• 애국가, 스승의 노래, 교가, 축가 등	음악부
◎ 퇴임사 준비	• 퇴임사 작성	퇴임자(본인)
◎ 안내장 발송	• 안내장 작성 및 인쇄, 발송	교무 · 서무
◎ 게시물 설치	• 식장 및 좌석 배치	환경계
◎ 안내 및 설치	• 방명록 준비	환경계(교무)
◎ 방송	• 방송 시설 점검, 배경 음악	안내계(행정실)
◎ 촬영	• 의식 진행 사진 촬영	방송계
◎ 다과회 준비	• 차 · 과일 준비	접대계

라. 퇴임식 식순

○ 개식사
○ 국민의례
○ 국민교육헌장 낭독
○ 약력 소개
○ 꽃다발 증정(학생, 직원, 학부모, 내빈)

○ 공로패, 기념품 증정
○ 학교장 인사
○ 교육감(교육<구청장>) 치사
○ 송별사(아동, 교사, 학부모, 내빈)
○ 퇴임사(퇴임자)
○ 스승의 노래 제창
○ 송사(아동, 교사, 학부모)
○ 가족 대표 인사말
○ 폐식사
○ 2부 순서(다과회)

마. 참고 사항

○ 퇴임식 행사: 송별회 식순(만찬 행사)(참석 대상자 수: 직원 ○○)

① 개식사(교무): 지금으로부터 ○○학년도 하반기 정년·명예 퇴임식을 거행하겠습니다.
② 국민의례(교무): 국기배례가 있겠습니다. 국기에 대하여 경례! 바로! 애국가 제창! 애국가는 1절
  을 부르겠습니다.
③ 퇴임교사 가족 소개(교무): 퇴임하시는 선생님들의 가족을 소개해 드리겠습니다.
④ 약력, 공적 보고(연구): 떠나시는 선생님의 약력 및 공적을 보고해 드리겠습니다.
⑤ 기념품 및 꽃다발 증정(친목회장 또는 가족, 친지)(있을 경우)
⑥ 학교장 송별사(교장선생님의 송별사가 있겠습니다.)
⑦ 축사(학운위원장 또는 외부인사, 참석할 경우) (원할 경우)
⑧ 직원 대표 송별사(○○○)
(우리 전 직원을 대표해서 ○○○ 선생님께서 송별사를 하시겠습니다.)
⑨ 퇴임하시는 교장, 교감의 송별사
⑩ 송사(○○○) (준비된 경우)
⑪ 축하 팡파르 및 케이크 점화(학교장, 퇴임자) (식당 등 축하 장소 관계자와 사전 조율)
⑫ 만찬 및 3부 축하 퍼레이드(행사는 체육부장님께서 진행하시겠습니다.)
⑬ 제3부 진행(체육 부장)

1. 3월의 행사 참고 자료

주요 행사 및 시사에 관한 게시 참고 자료	♣ 3·1절: ① 3·1의 역사와 의의, ② 국기 게양 및 묵념 ③ 3·1절 운동과 민족 대표 ♣ 시업식: ① 담임 소개 및 교실 배정, ② 일과표 적어 주기, ③ 교실 정리 ♣ 입학식: ① 신입생, 학부형 안내, ② 입학식 참가 및 일 학년 동생 돕기 ♣ 환경정리: ① 새 소식 및 행사판, ② 학습 안내판 구성, ③ 교실 비품 ♣ 임원선출: ① 학급 정·부반장 선출, ② 규칙적인 생활지도, ③ 역할 분담
학습 및 생활에 관한 환경 게시 참고 자료	♣ 삼일절의 유래 ① 우리 민족은 나라를 세운 후로 반만년의 역사를 지켜 왔으나 1910년 일본의 침략으로 36년 동안 나라의 권리를 잃고 말았다. ② 의분을 참지 못한 국민들은 삼천리 방방곡곡에서 의병을 일으켰고 해외에서도 독립을 위한 운동이 활발히 전개되었다. ③ 제1차 세계대전이 끝나기 전의 『파리강화회의』에서 윌슨 대통령의 민족자결주의 원칙을 발표하여 압박받는 민족이 살아갈 방향을 제시해 주었다. ④ 1919년 1월 22일 고종 임금이 돌아가시자 국민들의 마음에 자극을 받았다. ⑤ 1919년 3월 1일 민족대표 33인의 이름으로 독립선언서가 작성되어 서울 파고다 공원에서 낭독되고 이어서 태극기를 흔들며 '대한 독립 만세'를 외치는 운동이 전국으로 퍼져 나갔다. ⑥ 이 운동으로 우리 국민이 일본에게 당한 피해는 불에 탄 학교 2개 살해된 인원수 70,509(부상 15,961명)·교회 폐쇄 47개소
퀴즈, 예화 메모 등에 관한 환경 게시 참고 자료	♣ 피도 뼈도 살도 없고 손가락 다섯 개만 있는 것은 무엇인가? (장갑) ♣ 팔, 다리 없이 모자 쓰고 꼬리에 털이 난 것은? (도토리) ♣ 칼은 칼인데 전혀 날이 들지가 않는 칼은? (머리칼) ♣ 제비는 기고 개는 나는 것은? (족제비, 솔개) ♣ 차지 못하고 부르기만 하는 주머니는? (아주머니) ♣ 고운 사람 미운 데 없고 미운 사람 고운 데 없다. <한국 속담> ♣ 조용히 걸으면 안전하게 갈 수 있고, 안전하게 걸으면 멀리까지 갈 수 있다.<이탈리아 격언> ♣ 귀한 자식 매 한 대 더 때리고, 미운 자식 떡 한 개 더 준다. <한국 속담>
실내 환경 구성을 위한 아이디어	♣ 요구르트 어항 만들기: 요구르트 빈 곽을 모아 두었다가 접착제로 붙여 어항을 만들어 비닐을 넣어 붕어를 키우면 훌륭한 간이 어항이 된다. 밑에 베니어판을 대어서 만들면 실용적이고 색을 칠하면 보기도 좋다. ♣ 볼펜 깍지 모아 발 만들기: 다 쓰고 난 볼펜 깍지를 모아 실에 매달면 훌륭한 발이 된다. 볼펜 깍지를 적당한 크기로 잘라서 만들어도 좋고, 여기에 다른 재료를 섞어서 만들면 더 한결 멋있는 발을 만들 수 있다.

2. 4월의 행사 참고 자료

주요 행사 및 시사에 관한 게시 참고 자료	♣ 식목일 행사: ① 식목의 필요성, ② 식목의 방법, ③ 식목일 글짓기, 표어 ♣ 보건의 날: ① 4월 7일 세계 보건의 날, ② 적당한 운동과 휴식, ③ 질병의 예방과 조기 발견, 치료 ♣ 과학의 날: ① 4월 21일, ② 과학적인 생활, ③ 과학 실험 실기 대회 ♣ 체신의 날: ① 4월 22일, ② 체신 행정 및 집배원의 고마움, ③ 편지 쓰기 ♣ 충무공 탄신: ① 4월 28일, ② 애국 애족의 정신, ③ 충무공 전기 읽기
학습 및 생활에 관한 환경 게시 참고 자료	♣ 실험 기구 다루는 방법 ① 시험관 가열하기: 시험관을 비스듬히 눕혀서 아래쪽을 원을 그리듯이 돌리면서 가열한다. 불꽃의 1/3 위치에서 가열하면 빨리 가열시킬 수 있다. ② 시약 넣기: 시험관을 약간 기울여 관 벽을 따라 액이 흘러 내려가게 한다. 위험한 시약을 따를 때에는 시험관을 꽂이에 꽂아 두고 시약병을 기울여 따른다. ③ 메스실린더 눈금 읽기: 수평으로 된 실험대에 올려놓고서 눈높이와 액체의 눈금이 수평 상태에서 액체의 낮은 면으로 눈금을 읽는다. ④ 냄새를 맡는 방법: 손으로 바람을 앞으로 당겨서 냄새를 맡는다. 직접 코를 대고 맡으면 위험한 경우가 있다. ⑤ 액체의 색깔 관찰: 액의 색깔을 정확히 관찰하려면 뒤쪽에 흰 종이를 대고 본다. ⑥ 액체 섞기: 팔이나 손목을 될 수 있는 대로 움직이지 말고, 손가락만 움직이면서 시험관의 아래쪽을 원형으로 돌리면서 섞는다. ⑦ 알코올램프에 불붙이기: 램프 뚜껑을 열어 굴러가지 않게 엎어 놓는다. 성냥불은 옆에서 스치듯이 심지에 불을 붙인다.
퀴즈, 예화 메모 등에 관한 환경 게시 참고 자료	♣ 거짓말 탐지기 1840년 미국의 '브론다'라는 보안관이 한 범인을 심문할 때, 대야에 물을 떠다 두고서 손가락을 대야에 담그게 했다. 이때 물 표면에 잔물결이 생기면 거짓말을 하는 것이라 판정했다. 즉 가슴이 두근거리면 손끝이 떨림을 알아보는 것이 오늘날 '거짓말 탐지기'의 원조가 되었다. 즉 거짓말을 하면 정신이 긴장되어 손바닥에 땀이 나게 되고 땀이 나면 그만큼 전기가 잘 흐르게 된다는 이치를 응용한 것이 오늘날의 과학 수사의 첨단을 자처하는 거짓말 탐지기인 것이다.
실내 환경 구성을 위한 아이디어	♣ 천연 기념물: 문화재 관리국에서 각종 자료 및 슬라이드를 대여해 준다. ① 정의: 법으로 보호하고 있는 생물 ② 보호하는 까닭: 생물은 종류와 수가 대단히 많지만 그중에는 귀해서 잘 보호해 주지 않으면 없어져 버릴 염려가 있는 것도 있기 때문이다. ③ 종류: 크낙새, 두루미, 고니, 진돗개, 미선나무 등이 있다.

3. 5월의 행사 참고 자료

주요 행사 및 시사에 관한 게시 참고 자료	♣ 법의 날: ① 5월 1일, ② 법의 필요성, ③ 학교 규칙 지키기, ④ 공중도덕 ♣ 어린이날: ① 5월 5일, ② 어린이날의 유래, ③ 방정환 선생님의 업적 ♣ 어버이날: ① 5월 8일, ② 어버이께 감사하기, ③ 꽃 달아 드리기, ④ 편지 쓰기 ♣ 스승의 날: ① 5월 15일, ② 스승께 꽃 달아 드리기, ③ 편지 쓰기 ♣ 세종 탄신일: ① 5월 15일, ② 세종대왕의 업적 알기, ③ 한글의 우수성을 알고 국어 순화, 한글 바르게 쓰기, ④ 한글의 우수성 글짓기
학습 및 생활에 관한 환경 게시 참고 자료	♣ 어린이날의 유래 ① 1945년 8월 15일 우리나라가 압박에서 벗어나 해방이 되었고 곧이어 독립이 된 것이다. 우리나라 어린이들은 소파 선생님이 펼치신 따뜻한 사랑 속에서 활짝 피어나 새 나라의 주인공이 된 것이다. 그해 5월의 첫 일요일(5일)을 어린이날로 부활하고 매년 어린이날 행사를 실시하고 있다. ② 1957년 어린이 헌장을 제정하고 5월 5일은 국무회의 의결을 거쳐 어린이날로 제정·공포하게 되었다. 그 뒤 1957년 5월 5일부터 국무회의 의결에 의해 휴일로 제정되어 명실상부 어린이를 위한 날이 되었다. ♣ 세종대왕 ① 1418~1510년 33년간 왕위에 있었던 조선 제4대 왕, 조선의 가장 어질고 현명한 왕으로 우리 민족의 영원한 자랑인 한글을 창제하고 정치, 문화, 사회 각 방면에 걸쳐서 위대한 업적을 남긴 왕이다. 특히 정인지, 성삼문, 신숙주, 박팽년, 이개, 최항, 이선 등의 학자들로 하여금 1443년 한글을 만들고 1446년 세종 28년에 한글을 공포하였다. ② 세종대왕은 측우기, 혼천의 등 창의적인 발명품을 만들었다.
퀴즈, 예화 메모 등에 관한 환경 게시 참고 자료	♣ 한 사람이 쌀, 닭, 여우를 가지고 가다 강을 만났다. 그런데 그 강에 있는 다리가 너무 약해서 한꺼번에 건널 수가 없어 무엇이든지 한 가지씩만 가지고 가야 하는데 여우를 먼저 가지고 가면 닭이 쌀을 먹겠고 쌀을 먼저 가지고 가면 여우가 닭을 잡아먹는다. 어떻게 하면 좋겠는가? (먼저 닭을 가지고 건너가고, 다음에 쌀을 가지고 건너갔다가 닭을 도로 가지고 와서 여우를 가지고 건너가고 그다음에 닭을 가지고 건너간다.)
실내 환경 구성을 위한 아이디어	♣ 행사판 구성을 위한 행사 지도: 행사판은 흔히 그림, 사진과 유래나 의의를 설명하는 글을 게시하고 그치는 수가 많다. 여기에 과제를 첨가하는 것이 바람직하다. ♣ 도서 모으기: 도서장에 종류별로 모으기 ○월 ○일(세종대왕 탄신일) • 전기 • 할 일 <공부할 문제> • 문제 • 조사방법 • 제출일

4. 6월의 행사 참고 자료

주요 행사 및 시사에 관한 게시 참고 자료	♣ 현충일: ① 6월 6일, ② 순국 용사에게 감사하는 마음 갖기, ③ 조기 달기, ④ 군경 유가족 돕기, ⑤ 국립묘지 참배 및 충혼탑 청소 ♣ 6·25: ① 6월 25일, ② 위문편지 쓰기, ③ 군경 유가족 돕기, ④ 글짓기, ⑤ 6·25에 대한 사진 전시회, 포스터 전시회, 웅변대회, 강연 ♣ 여름철 보건 위생 지도: ① 수상 안전, ② 교통안전, ③ 식품 안전 ♣ 6·10만세 운동: ① 6·10 만세 사건의 경위와 우리들의 각오
학습 및 생활에 관한 환경 게시 참고 자료	♣ 현충일의 의의 ① 조국광복과 6·25 사변 중 국토방위의 전선에 참전하여 순국한 장병들의 영령에 대하여 추모하고 명복을 비는 날로 1956년부터 6월 6일을 현충일로 정하여 매년 이날을 기념하게 되었다. ② 삼천리 방방곡곡에서 의병을 일으켰고 해외에서도 조기 게양, 묵념 ③ 순국 용사들에게 감사하는 마음씨와 나라를 지키겠다는 굳은 결의 ④ 국립묘지 참배 및 충혼탑 청소 ♣ 청소의 순서 익히기와 실습 ① 청소복을 입는다(삼각수건과 앞치마 등). ② 창문과 출입문을 연다. ③ 책상과 걸상을 뒤로 나른다. ④ 총채로 털고 비로 쓴다. ⑤ 걸레질을 하고 책상과 걸상을 앞으로 나른다. 그리고 뒤를 쓴다. ⑥ 뒤를 닦고 책상과 걸상을 뒤로 나른다. ⑦ 복도를 쓸고 닦는다. ⑧ 책상 위, 교탁 위, 도서장 위, 창틀 등을 물걸레로 닦는다. ⑨ 양동이에 맑은 물을 떠오고 쓰레기를 버린다. ♣ 악기의 종류 ① 현악기: 줄을 활로 문지르거나 손가락으로 퉁겨서 소리를 낸다(바이올린, 비올라, 첼로, 거문고, 가야금, 양금). ② 관악기: 입으로 불어서 소리를 낸다(플루트, 대금, 트럼펫, 호른).
퀴즈, 예화 메모 등에 관한 환경 게시 참고 자료	♣ 올빼미는 왜 밤에 눈이 보이는가? 올빼미의 몸 전체가 밤의 생활에 특별히 잘 적응하도록 되어 있으며 올빼미의 울음소리에 주변 동물이 겁에 질리게 되고 몸을 움직이거나 소리를 내거나 하면 예민하고 날카로운 귀가 금방 알아차린다. 올빼미의 눈알은 탄력이 있어서 어떤 거리에서도 즉시 초점을 맞출 수 있으며 또 눈동자를 크게 뜰 수 있기 때문에, 밤의 아주 희미한 빛을 최도 으로 받을 수가 있다. 다른 새와 달라서 두 눈이 앞에 달려 있어 두 눈으로 동시에 같은 것을 볼 수 있다는 것도 어두운 곳에서 물체를 알아보기 쉬우나 반면에 보는 방향을 바꿀 때에는 머리 전체를 움직여 그쪽으로 돌려야 한다.
실내 환경 구성을 위한 아이디어	♣ 덜컹거리는 책상: 책상이 덜컹거리는 것은 책상 발 중에 어느 하나가 짧거나 아니면 교실바닥의 요철 때문이다. 책상 발에 맞는 고무뚜껑을 준비해서 헌 스타킹을 잘라 뚜껑에 채워 넣고 짧은 발에 끼운다. ♣ 바퀴벌레를 없애려면: 전염병을 전파하는 바퀴벌레의 구제는 붕산이 가장 효과적이다. 붕산과 설탕의 중량 비를 4:6으로 혼합해서 먹이를 만든다.

5. 7월의 환경 참고 자료

주요 행사 및 시사에 관한 게시 참고 자료	♣ 학기 말 학력 평가: ① 지필 고사 실시, ② 실기평가 실시, ③ 채점처리 ♣ 7·4공동성명 발표: ① 1972년 7월 4일, ② 남북 사이의 교류 실시, ③남북 적십자 회담의 적극 협조, ④ 직통 전화 가설 ♣ 학기 말 성적 처리: ① 평가 결과 처리 및 일정, ② 각종 장부 정리 ♣ 여름 방학 준비: ① 생활 계획 세우기, ② 위생, 안전교육, ③ 방학 과제물 ♣ 제헌절: ① 국기 달기, ② 헌법의 중요성 이해, ③ 정해진 규칙 잘 지키기
학습 및 생활에 관한 환경 게시 참고 자료	♣ 체육 시설의 올바른 사용법 ① 구름다리 매달려 옮겨 가기: 두 손으로 매달려 한 손으로 앞 간을 잡은 후 손을 바꾸어 옮겨 간다. (시선): 앞이나 옮겨 갈 목표를 본다. ② 늘임봉 오르기: (손)-잘 듣는 쪽 손을 위로 하여 잡고 다른 한쪽 손을 밑으로 잡는다. (발)-봉에 밀착하도록 한다. ③ 늑목 빨리 오르내리기: 손과 발을 되도록 빨리하여 제일 높은 곳을 넘어 뒤로 내린다. 자기에 알맞게 2~3간 밟는다. ④ 정글짐 사이로 빠져나가기: 정글짐의 2, 3층을 누워서 빠져나간다. ⑤ 외나무다리 걷기: 평균대 위에서 손은 자연스럽게 수평으로 시선은 앞을 본다. ♣ 수상 안전 및 교통안전 ① 수영: • 잘 모르는 바다, 하천에서 수영하지 않기, • 금지 구역에서 수영 안 하기, • 급류에서 수영 안 하기, • 가까운 곳에서 멀리 나가지 않기, • 혼자서 수영하지 않기, • 공복과 만복 시에 수영 안 하기 ② 교통안전: • 좌측통행·신호등을 보고 건너기, • 도로에서 놀지 않기, • 지나가는 차량에 돌이나 물체를 던지지 않기
퀴즈, 예화 메모 등에 관한 환경 게시 참고 자료	♣ 우리나라 야구의 역사 우리나라에 야구가 들어온 것은 1905년 미국의 선교사 질레트가 당시 서울의 황성 기독교 청년들에게 지도한 것이 최초의 야구로서, 1906년 2월 황성 기독교 청년회 회원과 독일어 학교 팀 사이에 훈련원 마동산에서 최초의 시합이 거행됐고, 1907년 8월에는 질레트의 지도 아래 하령회에 참석한 미국인 선교사 팀과도 친선 게임을 했다고 한다. 당시의 그라운드는 지금의 서울 운동장 서쪽에 있던 훈련원에서 육군 연병장으로 쓰던 모래사장에다 석회로 라인을 쳐 다이아몬드를 만들고 죽장을 포수 뒤에 세워서 백네트로 대용하는 등 많은 고난 속에서 현재에 이르렀다.
실내 환경 구성을 위한 아이디어	♣ 실내용 식물의 먼지를 털려면: 교실 안에 있는 화분은 때때로 욕실에 가져가 샤워로 먼지를 털어 주도록 한다. 물줄기가 너무 세면 식물이 상하기 쉬우므로 너무 세지 않도록 하며 식물의 잎에 수분 공급이 되어 아주 좋다. ♣ 잡지 스크랩을 만들려면: 다달이 오는 잡지를 모아 두면 필요한 기사를 찾을 때는 매우 어렵다. 읽을 때 표시해 두고 어린이에게 자르게 한다.

6. 9월의 행사 참고 자료

주요 행사 및 시사에 관한 게시 참고 자료	♣ 가을 운동회: ① 운동회 안내판 구성, ② 운동회 자료 구입, ③ 준비 ♣ 철도의 날: ① 9월 18일, ② 철도의 교통 수단으로서의 이용, ③ 우리나라의 철도 발전사, ④ 철도 산업의 역할 ♣ 추석의 명절: ① 추석의 유래와 의의, ② 추석날 할 일과 가질 태도 ♣ 서울 수복: ① 1950년 9월 28일, ② 유엔과 한국의 유대 관계 ♣ 인천 상륙 작전: ① 1950년 9월 15일, ② 북괴의 남침에 대한 비참상
학습 및 생활에 관한 환경 게시 참고 자료	♣ 조각의 형성 요소 ① 면: 모든 물체는 면으로 이루어졌음을 알 수 있는데 확실히 파악하면 구조도 파악할 수 있다. ② 양감: 시각으로 본 대상은 물리적인 양이 아니라 감각적인 중량·중후감·힘의 느낌을 말하며, 전체적인 입체감·실재감이라고 표현할 수 있다. ③ 구성: 조소는 건축과 같이 선과 형이 짜여야 구조가 있고 조소는 영원성과 존재성이 있다. ④ 운동과 동세: 불어로는 모브망이라 하며, 운동·활기·기복 등 대상의 동태를 말한다. ⑤ 모델링: 면이 정해지면 부드러움을 주는 살과 같은 것이 모델링이다. ♣ 인천 상륙 작전 ① 의의: 6·25사변이 일어난 뒤 유엔군이 9월 15일 저녁 6시 비 내리는 인천 해안에 상륙을 한 날이다. 그때 맥아더 유엔군 사령관이 유엔에 제출한 보고에 의하면 작전은 인천을 포위하려고 진행되었다고 한다. 400여 척의 상륙출한함정이 네 번에 걸쳐서 파상적으로 상륙읗 인두보를 굳게 만들었다. ② 한국 함정 15척, 미국 함정 226척을 비롯해서 도합 7개국 함정 261척이 미 해군 도일 사령관 지휘와 맥아더 사령관 관전 밑에서 인천 상륙 작전이 전개되었다.
퀴즈, 예화 메모 등에 관한 환경 게시 참고 자료	♣ 박쥐와 레이더 전파 탐지기를 말한다. 박쥐에서 힌트를 얻어 만들어 냈다고 한다. 사각형의 캄캄한 방에 수십 개의 쇠기둥을 많이 세워 놓고 박쥐를 날려 보았더니 쇠기둥에 부딪치지 않고 잘 날아다녔다. 그래서 눈을 가리고 실험을 했으나 역시 부딪치지 않고 다음엔 코를 막고 날려 보았으나 역시 잘 날아다녔다. 그래서 박쥐의 귀를 막고 날려 보았더니 쇠기둥에 자꾸 부딪쳤다. 여기에서 박쥐는 자신의 몸에서 초음파를 내보내 물체에 부딪쳐 되돌아오는 란서 귀로 듣고서 날아다닌다는 사실을 알게 되어 오늘날의 레이더를 개발하게 된 것이라 한다.
실내 환경 구성을 위한 아이디어	♣ 껌이 옷에 묻었을 때: 옷에 껌이 묻었을 때는 얼음으로 쉽게 뗄 수 있다. 껌이 묻은 옷의 안쪽에 얼음을 가져다 대면 껌이 딱딱해져서 잘 떨어진다. 그래도 안 떨어질 때는 묻은 부분을 시너에 담가 비빈다.

7. 10월의 행사 참고 자료

주요 행사 및 시사에 관한 세시 참고 자료	♣ 국군의 날: ① 10월 1일, ② 국군의 날 의의, ③ 국군에 감사하는 마음 ♣ 개천절: ① 10월 3일, ② 개천절의 행사, ③ 우리나라의 건축 신화 ♣ 한글날: ① 10월 9일, ② 한글날의 유래, ③ 한글의 우수성과 보호 ♣ 체육의 날: ① 10월 15일, ② 국민 체력 향상, ③ 올림픽 이상 구현 ♣ 문화의 날: ① 10월 20일, ② 문화 예술 진흥 행사 ♣ 경찰의 날: ① 10월 26일, ② 경찰 공무원의 사명감 고취, ③ 감사하기 ♣ 국제연합일: ① 10월 24일, ② 국제연합과 한국전쟁, ③ 유엔군과 역할
학습 및 생활에 관한 환경 게시 참고 자료	♣ 독서 지도판의 활용 교실 후면 벽에 베니어판으로 만든 게시판을 하나 달아 두고 수시로 자기가 읽고 싶은 잡지, 동화, 작품집, 만화의 책표지를 크레파스로 도화지에 예쁘게 그린 다음 그 밑에 독후감을 쓴 작은 종이를 달아 둔다. 이런 독서 지도판을 이용하면 책표지에 매력을 느낄 뿐만 아니라, 그림 공부·글짓기 공부를 함께 할 수 있으며 교실 환경도 이색적인 감을 준다. ♣ 노벨상 ① 유래: 스웨덴의 발명가 노벨에 의해서 비롯되었다. 노벨은 다이너마이트의 발명으로 많은 재산을 모았으나 그것이 병기로 사용되는 것을 보고 몹시 슬퍼하였다. 그리하여 1896년 12월 10일 죽을 당시 전 재산 900만 달러를 노벨상 기금으로 내놓고 인류의 행복을 위해서 가장 공로가 큰 사람에게 상을 줄 것을 유언하였다. 스웨덴 정부에서 1901년부터 매년 시상하고 있다. ② 노벨상의 종류: • 물리학 부문에 뛰어난 사람, • 화학에 있어서 개선 및 중요한 발견, • 의학상: 의학 부문에 뛰어난 사람, • 문학상: 문학 부문에서 공적이 큰 사람, • 평화상: 세계 평화에 공헌을 한 사람, • 경제학상이 있다.
퀴즈, 예화 메모 등에 관한 환경 게시 참고 자료	♣ 돈 아이슈타인 박사는 돈에 아주 무관심했다. 어느 날 미국의 석유왕 록펠러 재단에서 1,500불짜리 수표를 받는데 이것을 현금으로 바꾸지도 않고 책상 위에 그대로 놓아두었다가 책을 보던 끝에 수표를 책갈피에 넣어 두었다. 얼마 후 보니까 수표만 없어진 게 아니라 책도 누가 집어 가 버렸다. "돈이 좋은 모양이지? 책까지 돈을 보고 따라 갔으니." 또 그는 은행에서 붙여 온 송금 수표를 그 용도를 몰라 불쏘시개를 한 적도 있었다.
실내 환경 구성을 위한 아이디어	♣ 낙엽 모으기와 표본 만들기 ① 여러 가지 모양과 빛깔의 낙엽을 모은다. ② 낙엽을 모으는 과정에 목피, 나뭇가지 또는 나무에 붙어 있는 벌레집 등도 함께 수집하여 표본을 만들어 내도록 한다. ③ 낙엽은 책갈피 등에 꽂아 무거운 것으로 눌러 습기를 제거한다. ④ 벌레집은 가지에 붙어 있는 모양대로 표본에 이용하도록 한다.

8. 11월의 행사 참고 자료

주요 행사 및 시사에 관한 게시 참고 자료	♣ 육림의 날: ① 11월 첫째 토요일, ② 나무를 보살피고 가꾸는 마음 ♣ 학생의 날: ① 11월 3일, ② 학생 독립 운동의 정신을 계승·발전 ♣ 수출의 날: ① 11월 30일, ② 수출 산업의 발전과 수출 입국을 다짐 ♣ 화재 예방: ① 불조심 강조, ② 표어, 포스터, 글짓기, ③ 가정 방화 예방 ♣ 생활 지도: ① 등교할 때의 질서, ② 쉬는 시간, 점심시간의 생활, ③ 출입구를 사용할 때, ④ 계단을 이용할 때, ⑤ 복도 통행
학습 및 생활에 관한 환경 게시 참고 자료	♣ 육림의 날(11월 첫 토요일) 육림의 날은 11월 첫째 토요일로 하고 있다. 육림은 나무를 가꾼다는 뜻으로 육림의 날에는 봄에 심은 나무를 잘 돌보아 추운 겨울에 죽지 않도록 하는 데 그 뜻이 있다. 정부에서는 1977년부터 육림의 날을 정하여 산에 심어 놓은 나무를 바르게 가꾸어 나가는 데 힘을 쓰고 있다. 그 나라의 국력을 보려면 그 나라의 산이 얼마나 푸른가를 보라는 다른 나라의 속담이 있듯이 그만큼 산의 수풀은 그 나라의 경제와 직접적인 관련을 맺고 있는 것이다. 산에 나무를 심고 가꾸는 일은 다른 일과는 달리 오랜 기간 동안 끈기 있게 해야 하며 모든 국민이 단결하여 노력한 결과 지금 우리나라의 산은 아름다운 금수강산이 되고 있으므로 산불 조심에 더욱 노력해야 하겠다. ♣ 한자의 유래 약 5,000년 전에 중국의 어느 학자가 새나 짐승의 발자국 모양을 보고 만들었다고 전해진다. 처음에는 물건의 모양을 흉내 낸 그림 글자였는데 오랜 세월을 거치는 동안에 발달되어 오늘날과 같은 글자가 되었다. 지금 남아 있는 가장 오래된 글자는 약 3~4000년 전 은나라 때의 것으로 짐승의 뼈나 거북이의 등에 새겨져 있다.
퀴즈, 예화 메모 등에 관한 환경 게시 참고 자료	♣ 최후의 심판 기독교에서는 사람이 죽으면 바로 그 생애의 선악에 따라 하느님으로부터 각각의 심판을 받는다. 그리하여 영혼은 각기 지옥, 연옥, 천국에 가게 되는데 이 심판은 사심판이다. 이 세상의 마지막에 가서는 영혼이 육체와 함께 나타나 모든 사람이 함께 그리스도에 의해 재판을 받는다. 그 심판이 공심판 또는 '최후의 심판'이라고 하는데 그때는 천국과 지옥의 두 곳으로 가게 된다. 이것을 화제로 삼은 대표적인 작품으로는 미켈란젤로의 유명한 「최후의 심판」이 있는데 로마의 '시스티나' 성당에 있다.
실내 환경 구성을 위한 아이디어	♣ 미술(그림) 감상력과 평가 관점: 보통 칠판에 한 줄쯤은 철사나 얇은 줄이 쳐 있다. 각종 낱말카드 따위를 게시하기 위해서이다. 그러나 거기다 미술 작품을 다 게시할 수 없다. 스케치북 정도의 간격으로 못질만 해 두었다가 필요시에 나일론 줄(빨래줄)을 쳐서 사용하면 많이 걸 수 있다.

9. 12월 행사 참고 자료

주요 행사 및 시사에 관한 게시 참고 자료	♣ 국민교육헌장 선포 기념일: ① 12월 5일, ② 헌장에 내포된 정신 알기 ♣ 세계인권선언일: ① 12월 10일, ② 인권 선언의 의의, ③ 글짓기 ♣ 교과 진도 조절: ① 학기 말 총복습, ② 예습, 복습의 지도 ♣ 방학 중 생활지도: ① 빙상 안전 지도, ② 건강, 위생 안전 지도, ③ 교통안전 지도, ④ 위험물 안전 지도 ♣ 겨울방학: ① 방학 중 계획서 작성, ② 자기 학습 습관 지도
학습 및 생활에 관한 환경 게시 참고 자료	♣ 색의 종류 ① 무채색: 흰색, 검정, 회색 등 색감이 없는 색, 색의 성질 중 명도는 있으나 색상과 채도는 갖추고 있지 않다. 어떤 경우에도 유채색을 만들 수 없다. ② 유채색: 무채색 이외의 모든 색, 색의 3요소를 갖추고 있다. 　• 순색: 같은 색상 중에서 채도가 가장 높은 색 　• 청색: 순색에 흰색이나 검정을 섞은 색으로 맑게 보인다. 　• 탁색: 순색에 회색을 섞어 흐리게 보인다. ③ 물감의 3원색: 빨강, 노랑, 파랑(같은 분량으로 전부 혼합하면 검정이 된다.) ④ 빛깔의 3원색: 빨강, 녹색, 파랑(동시에 비쳐서 혼합하면 흰색이 된다.) ⑤ 보색: 두 색을 혼합하면 무채색이 되는 관계의 색(반대색) ♣ 겨울철 건강관리 ① 습관적인 운동 생활: 매일같이 계속할 수 있는 적당한 운동 종목을 설정(실내에서도 간단히 할 수 있는), 실시하도록 한다. ② 체온 조절: 갑자기 더운 곳에서 찬 곳으로, 또는 추운 곳으로 환경의 변화를 가져오지 않게 한다. ③ 몸을 청결하게: 자주 목욕을 하고 날씨가 춥더라도 외출 후 귀가했을 때나 저녁에 잠자리에 들어가기 전에 손발을 씻도록 한다. ④ 일광소독 및 환기: 침구나 옷가지 등을 주 1회 햇볕에 쪼이게 하고 탁한 실내의 공기를 자주 환기시키도록 한다.
퀴즈, 예화 메모 등에 관한 환경 게시 참고 자료	♣ 크리스마스트리 '크리스마스트리'는 스칸디나비아의 전설에서 유래된 것임을 아는 사람은 드물 것이다. 겨울이 길고 눈이 많은 '스칸디나비아'의 어느 곳에 나무를 베며 살아가는 촌부가 눈 오는 밤 갑자기 불쌍한 아이가 찾아와 음식과 잠자리를 청하기에 빵을 주고 침대에 재워 주었다. 다음 날 그 아이는 집 밖의 전나무를 만지며 "내게 빵과 잠자리를 주었으니 이 두 가지가 늘 풍성히 있으라."고 말한 뒤 사라져 버렸다는 전설이 있다. 그 나무꾼은 예수가 아이의 소원으로 나타난 것으로 믿고 기념으로 성탄목을 세운 게 유래가 됐다. 즉 성탄목은 이웃을 돕는 표시로 세워지고 있다.
실내 환경 구성을 위한 아이디어	♣ 교실에 갖추어야 할 7가지 연모 통: 교실은 어린이의 생활 장소이므로 교실의 환경 정비를 위해 준비해 둬야 하는데 쇠망치, 펜치, 드라이버, 칼, 자, 가위, 송곳 등이다. 이는 어느 지정된 곳에 두고 사용하는 것이 좋다.

10. 2월의 행사 참고 자료

주요 행사 및 시사에 관한 게시 참고 자료	♣ 개학식: ① 각종 과제물 점검, ② 대청소 실시, ③ 방학 생활 발표회 ♣ 생활 지도: ① 학교 규칙 지키기, ② 용의 검사, ③ 질서 생활 지도 ♣ 장부 정리: ① 생활기록부 정리, ② 건강기록부 정리, ③ 각종 장부 정리 ♣ 학년 말 평가: ① 교과 발달 평가, ② 행동 발달 평가, ③ 특별활동 평가 ♣ 학년 말 환경 구성: ① 졸업식, ② 학년을 마치며, ③ 새 학년 새 마음 ♣ 종업식: ① 선행아 표창, ② 국민의례 지도, ③ 3·1절 행사 지도
학습 및 생활에 관한 환경 게시 참고 자료	♣ 학년 말을 잘 정리하자. 학년 말이 되었다. 1년간의 공부를 마치고 곧 한 학년씩 진급을 하게 되었다. 어떤 일에서나 시작도 중요하지만 끝맺음도 중요하다. 지난 1년 동안 같은 교실에서 선생님과 친구들과 함께 사이좋게 잘 지냈으며 학습 면에서도 다 같이 열심히 잘하였다. 오랫동안 몸져눕거나 사고를 당한 어린이가 없이 무사히 1년을 보내고 한 학년씩 진급을 하게 되니 퍽 기쁜 일이다. 이제 우리가 쓰던 이 교실이나 책상은 아우들에게 물려주게 된다. 아우들에게 물려줄 이 교실을 우리는 더 깨끗이 청소하고 꾸며서 새로 들어오는 아우들을 즐겁게 해 주어야 하겠다. ♣ 행주대첩(1593년 2월 12일) 이조 선조 26년에 권율 장군이 행주산성에서 왜군과 싸워 대승한 날이다. 선조 26년 1월에 벽제관 싸움이 끝나자 권율 장군은 행주산성으로 이동한 후 적과 싸워 서울로 돌아갈 계획을 세웠다. 이 같은 권율 장군의 작전을 눈치챈 적군은 행주산성을 치려고 하였으나 관민이 합심하여 대승하였고, 여기서 적장 오시가와가 부상당한 채 패퇴하고 말았다. 이 싸움은 임진왜란 3대첩의 하나로 유명하다.
퀴즈, 예화 메모 등에 관한 환경 게시 참고 자료	♣ 1년에 28일 되는 달은 몇 번이나 될까? (12번, 28일까지라고는 안 했다.) ♣ 어느 부자가 많은 현상금을 내걸고 집을 짓되 창문을 4군데 사방으로 내되 모두 남쪽으로 내 달라고 했다. 어떻게 지으면 될까? ♣ (북극 맨 꼭대기 점에다 지으면 지붕만 빼고 모두 남향이다.) ♣ 귀에 걸면 귀걸이, 목에 걸면 목걸이, 코에 걸면 무엇이라고 부르는가? (코걸이가 아니고 답은 안경이다.) ♣ 사람들은 나를 먹기도 하고 타기도 하며 내가 나오기도 한다. 그러면 나는 누구인가? (배) ♣ 아침, 저녁으로 침만 흘리고 밥도 못 얻어먹는 것은? (행주)
실내 환경 구성을 위한 아이디어	♣ 졸업식 식순 • 개회사, • 졸업장 수여, • 졸업생 답사 • 국민의례, • 학교장 회고사, • 졸업생 노래 • 학사보고, • 내빈 축사, • 폐회사 • 상장 수여, • 재학생 송사 ♣ 식장 꾸미기 • 국기 달기, • 교직원석 • 교기, 교단, • 내빈석 • 졸업장 상품대, • 학부형석 • 졸업생, 재학생석, • 방송석

제  장

◀ ◀ ◀ 고사성어(속담·사자성어) 지도 ▶ ▶ ▶

제1절 속담(俗談) 탐구

[가까운 남이 먼 친척보다 낫다. / 나간 놈의 집구석 같다.

다 가서 문지방을 못 넘어간다. / 마누라가 귀여우면 처갓집 쇠말뚝 보고도 절한다.

바가지로 긁는다. / 사공이 많으면 배가 산 위로 올라간다.

아가리가 광주리만 해도 막말은 못한다. / 자는 범 침 주기.

차려 놓은 밥상 받듯 한다. / 칼날 위에 섰다.

탕약에 감초 빠질까? / 파김치가 되었다.

하늘 높은 줄은 모르고 땅 넓은 줄만 안다.]

제2절 사자성어(四字成語) 탐구

[가급인족(家給人足)/낙락장송(落落長松)

다다익선(多多益善)/마각노출(馬脚露出)

박리다매(薄利多賣)/사상누각(砂上樓閣)

아비규환(阿鼻叫喚)/자가당착(自家撞着)

참초제근(斬草除根)/쾌도난마(快刀亂麻)

타산지석(他山之石)/파란만장(波瀾萬丈)

하대명년(何待明年)]

[Key Point]
　　제7장에서는 우리 조상들의 얼과 넋이 배인 속담(俗談)과 사자성어(四字成語)를 탐구한다. 우리 생활 주변에서 아주 오랜 역사와 전통 속에서 이어져 내려온 속담과 사자성어 속에 내포된 중요한 함의(含意)를 파악하고 탐구하여 그 의미를 재음미하도록 지도한다. 그러한 탐구 과정 속에서 학생들이 여러 고사성어(故事成語) 속에 내재된 우리 조상들의 슬기와 해학(諧謔)의 여유와 표현에 대해서 현대적인 고찰을 하도록 한다. 나아가 학생들이 미래의 삶을 영위하면서 생활의 양념으로서 속담과 사자성어 등 고사성어를 바르게 사용할 수 있는 민주시민으로서의 언어구사력을 함양하도록 한다.

순	속 담	뜻 풀 이	지도 학년
1	○ 가까운 남이 먼 친척보다 낫다.	• 먼데 사는 친척보다 이웃 사람들이 더 잘 보살펴 주고 도와주는 일이 많기 때문에 이웃에 사는 남이 낫다는 뜻.	저
2	○ 가까운 제 눈썹 못 본다.	• 멀리 보이는 것은 용케 잘 보면서도 자기 눈 앞에 가깝게 보이는 것은 잘 못 본다는 말.	저
3	○ 가꿀 나무는 밑동을 높이 자른다.	• 어떠한 일이나 장래의 안목을 생각해서 미리부터 준비를 철저하게 해 두어야 한다는 뜻.	중
4	○ 가난도 스승이다.	• 가난하면 이를 극복하려는 의지와 노력이 생기므로 가난이 주는 가르침도 스승과 같은 역할을 한다는 의미.	저
5	○ 가난이 원수다. (가난이 도둑이다.)	• 일반적으로 불행한 사건이 일어나는 것은 가난이 그 동기가 된다는 생각 때문에 생긴 말.	중
6	○ 가난한 놈은 성도 없나.	• 가난한 사람이 괄시당할 때 하는 말.	고
7	○ 가난한 집 제사 돌아오듯 한다.	• 힘든 일이 자주 닥쳐옴을 일컫는 말.	중
8	○ 가난한 놈이 기와집만 짓는다.	• 가난하고 구차하게 사는 사람일수록 공상만 많이 하여 허풍을 떤다는 뜻.	고
9	○ 가난한 집 족보 자랑하기다.	• 가난뱅이 양반은 자신을 자랑할 만한 것이 없기 때문에 자기의 조상 자랑만 늘어놓는다는 뜻.	고
10	○ 가는 년이 물 길어다 놓고 갈까?	• 일을 그만두고 가는 사람이 뒷일을 생각하고 일하지 않는다는 뜻.	고
11	○ 가는 임은 밉상이요, 오는 임은 곱상이다.	• 말려도 뿌리치고 야속하게 가는 임은 미워도, 기다리던 끝에 오는 임은 반갑다는 뜻.	고
12	○ 가는 말에도 채찍질한다.	• 잘하는 일에 더욱 잘하라고 격려함을 이르는 말.	중
13	○ 가는 말이 고와야 오는 말이 곱다.	• 내가 남에게 말을 좋게 하여야 남도 내게 좋은 말을 한다.	저
14	○ 가는 세월에 오는 백발이다.	• 세월이 가면 사람은 늙게 마련이라는 뜻.	중
15	○ 가는 방망이, 오는 홍두깨	• 선불리 남을 해치려다 도리어 큰 화를 입는 것을 두고 하는 말.	저
16	○ 가는 정이 있어야 오는 정도 있다.	• 자기도 남에게 좋은 일을 해야 그 보답을 받을 수 있다는 것.	저
17	○ 가는 토끼 잡으려다 잡은 토끼 놓친다.	• 욕심을 너무 크게 부려 한꺼번에 여러 가지를 하려다가 이미 이룬 일까지 실패하기 쉽다는 말.	중
18	○ 가다 말면 안 가는 것만 못하다.	• 무슨 일을 하다가 중도에서 그만두려면 차라리 처음부터 안 하는 것이 낫다는 뜻.	중
19	○ 가던 날이 장날이다.	• 뜻하지 않은 일을 때마침 공교롭게 만난 경우를 일컫는 말	저

순	속 담	뜻 풀 이	지도 학년
20	○ 가랑비에 옷 젖는 줄 모른다.	• 조금씩 젖는 줄도 모르게 가랑비에 젖듯이 재산이 없어지는 줄 모르게 조금씩 줄어든다는 말.	중
21	○ 가랑잎에 불붙이기	• 성질이 급하고 마음이 좁은 사람을 가리키는 뜻.	저
22	○ 가랑잎이 솔잎더러 바스락거린다고 한다.	• 자기 허물이 더 크고 많은 사람이 도리어 허물이 적은 사람을 나무라거나 흉을 본다는 뜻.	저
23	○ 가랑이가 찢어지게 가난하다.	• 매우 가난하다는 뜻.	저
24	○ 가루 가지고 떡 못 만들랴?	• 누구나 할 수 있는 쉬운 일을 가지고 잘난 체 뽐내지 말라는 뜻.	중
25	○ 가루는 칠수록 고와지고 말은 할수록 거칠어진다.	• 말을 조심하고 삼가야 된다는 뜻.	고
26	○ 가르침은 배움의 반이다.	• 가르치고 배우는 데는 배우는 사람만 공부가 되는 것이 아니라 가르치는 사람도 같이 공부가 된다는 뜻.	중
27	○ 가마 타고 시집가기는 틀렸다.	• 제 격식대로 하기는 틀렸음을 이르는 말.	중
28	○ 가마 속의 콩도 삶아야 먹는다.	• 아무리 쉬운 일이라도 움직여서 손대지 않으면 제게 이익이 돌아오지 않는다는 말.	저
29	○ 가만히 먹으라니까 뜨겁다고 한다.	• 눈치 없이 비밀리 한 일을 드러낸다는 뜻.	저
30	○ 가만히 있으면 중간이나 간다.	• 잠자코 있으면 남들이 아는지 모르는지 모르기 때문에 중간은 되지만, 모르는 것을 애써 아는 척하다가는 무식이 탄로 난다는 말.	저
31	○ 가면 갈수록 첩첩 산중이다.	• 일이 순조롭게 나아가지 못하고 갈수록 힘들고 어렵게 꼬이는 상태를 이르는 말.	중
32	○ 가뭄 끝은 있어도 장마 끝은 없다.	• 큰 가뭄이라도 다소의 곡식은 거둘 수 있지만 큰 수해에는 농작물뿐 아니라 농토까지 유실되기 때문에 피해가 더 크다는 뜻.	고
33	○ 가뭄에 콩 나듯 한다.	• 어떤 일이나 물건이 드문드문 있을 때 하는 말.	중
34	○ 가을에는 부지깽이도 덤빈다.	• 바쁠 때는 모양이 비슷하기만 해도 사용된다는 뜻.	고
35	○ 가을에 못 지낸 제사를 봄에 지낼까?	• 형편이 넉넉할 때 못 한 일을 궁할 때 어떻게 할 수가 있겠느냐는 말.	중
36	○ 가을바람에 새털 날 듯한다.	• 가을바람에 새털이 잘 날듯이 사람의 처신머리가 몹시 가볍다는 뜻.	중
37	○ 가자니 태산이요 돌아서자니 숭산이라.	• 앞으로 가지도 못하고 뒤로 돌아갈 수도 없어 난처한 지경에 빠졌다는 뜻.	고
38	○ 가재는 게 편이요 초록은 한빛이라.	• 모양이 비슷한 같은 족속끼리 한편이 된다는 말.	중
39	○ 가재 뒷걸음이나 게 옆걸음이나	• 가재가 뒤로 가는 것이나 게가 옆으로 가는 것이나 앞으로 바로 가지 않는 것은 매일반이라는 뜻.	저

순	속 담	뜻 풀 이	지도 학년
40	○ 가죽 없는 털은 없다.	• 동물은 가죽이 있어야 털이 나듯이 세상만사는 모두 그 근원을 갖는다는 뜻.	중
41	○ 가지 많은 나무 바람 잘 날 없다.	• 자식 많이 둔 부모는 항상 자식을 위한 근심이 그치지 않아 편할 날이 없다는 말.	저
42	○ 가지 따 먹고 외수 한다.	• 남의 눈을 피하여 나쁜 짓을 하고 시치미를 뗀다는 뜻.	고
43	○ 간다 간다 하면서 아이 셋 낳고 간다.	• 하던 일을 말로만 그만둔다고 하면서 실제는 그만두지 못하고 질질 끈다는 말.	중
44	○ 간에 붙고 염통에 붙는다.	• 자기에게 이로우면 인격, 체면을 생각지 않고 아무에게나 아첨한다는 뜻.	중
45	○ 간에 기별도 아니 갔다.	• 음식의 양이 너무 적어서 먹은 것 같지도 않다는 뜻.	저
46	○ 간이 콩알만 하다.	• 겁이 나서 몹시 두렵다는 말.	저
47	○ 갈수록 태산이라.	• 날이 갈수록 괴로움이 많다는 뜻.	저
48	○ 갈치가 갈치 꼬리 문다.	• 친근한 사이에 서로 모함한다.	중
49	○ 고뿔도 남을 안 준다.	• 감기까지도 안 줄 정도로 인색하다.	고
50	○ 감나무 밑에서 입만 벌리고 있다.	• 불로소득이나 요행수를 바란다는 뜻.	중
51	○ 감사면 다 평양감사인가?	• 좋은 자리라고 모두가 다 좋은 자리는 아니라는 의미.	고
52	○ 감출수록 드러난다.	• 숨기려 드는 일은 도리어 드러나기 쉽다는 뜻.	중
53	○ 감투가 크면 어깨를 누른다.	• 실력이나 능력도 없이 과분한 지위에서 일을 하게 되면 감당할 수 없게 된다는 뜻.	고
54	○ 갑갑한 놈이 송사한다.	• 제게 긴요한 사람이 먼저 행동한다는 말.	중
55	○ 값도 모르고 싸다고 한다.	• 어떠한 일의 이치도 잘 모르고 덤벙거린다는 뜻.	저
56	○ 값싼 것이 비지떡.	• 값이 싸면 품질이 좋지 못하다는 뜻.	저
57	○ 갓 사러 갔다가 망건 산다.	• 본래의 의미를 잊어버리고 다른 일에 정신이 팔려 있다는 뜻.	중
58	○ 갓 쓰고 자전거 탄다.	• 어울리지 않아 어색하다는 뜻.	고
59	○ 강 건너 불구경이다.	• 자신과는 상관없는 일이라고 남의 일에 너무 무관심한 태도를 보일 때 쓰는 말.	저
60	○ 강물도 쓰면 준다.	• 아무리 많아도 헤프게 쓰다 보면 없어지는 법이니 아껴서 쓰라는 뜻.	중
61	○ 강아지 메주 먹듯 한다.	• 강아지가 좋아하는 메주를 먹듯이 음식을 매우 맛있게 먹는다는 말.	고
62	○ 강원도 간 포수(砲手)다.	• 일 보러 밖에 나간 사람이 오래오래 오지 않을 때 하는 말.	고
63	○ 강태공이 세월 낚듯 한다.	• 일을 아주 느리고 천천히 하는 것을 말함.	저
64	○ 강 하나가 천 리다.	• 장애물이 있으면 그렇게 가까이 지내던 이웃 동리도 천 리와 같이 멀어진다는 뜻.	저

순	속 담	뜻 풀 이	지도 학년
65	○ 같은 값이면 과붓집 머슴살이	• 같은 값이면 자기에게 좀 더 이롭고 편한 것을 택함.	중
66	○ 같은 값이면 다홍치마	• 같은 값이면 품질이 좋은 것을 뜻함.	저
67	○ 같은 말이라도 '아' 다르고 '어' 다르다.	• 비슷한 말이라도 듣기 좋은 말이 있고 듣기 싫은 말이 있듯이 말을 가려 하라는 의미.	저
68	○ 개가 똥을 마다한다.	• 평시에 좋아하는 것을 싫다고 거절할 때 하는 말.	중
69	○ 개가 제 방귀에 놀란다.	• 대단치도 않은 일에 깜짝깜짝 잘 놀라는 경솔한 사람을 두고 하는 말.	저
70	○ 개같이 벌어서 정승같이 쓴다.	• 비천하게 벌어서라도 떳떳이 가장 보람 있게 쓴다는 말.	중
71	○ 개꼬리는 먹이를 탐내서 흔든다.	• 누구에게나 반가운 척하는 사람의 이면에는 대부분 야심이 숨겨져 있다는 의미.	저
72	○ 개 꼬리 3년 두어도 황모(노란 털) 못 된다.	• 본디부터 나쁘게 태어난 사람은 아무리 하여도 그 본디 성질을 바꾸지 못한다는 뜻.	고
73	○ 개꿈도 꿈인가?	• 꿈도 꿈답지 않은 것은 꿈이라고 할 수 없듯이 물건도 물건답지 않은 것은 물건이라고 할 수 없다는 뜻.	저
74	○ 개구리도 움츠려야 뛴다.	• 매사에 아무리 급할지라도 준비하고 주선할 동안이 있어야 한다는 말.	저
75	○ 개구리 올챙이 적 생각 못 한다.	• 가난한 사람이 부자가 되어서 곤궁하던 옛날을 생각하지 못하고 잘난 듯이 구는 일.	저
76	○ 개는 잘 짓는다고 좋은 개가 아니다.	• 모름지기 사람이 말만 잘한다고 훌륭한 사람이 아니라 처신을 잘해야 훌륭한 사람이라는 말.	중
77	○ 개 눈에는 똥만 보인다.	• 자기가 어떤 물건을 좋아하면 모든 것이 다 그 물건같이 보인다는 말.	중
78	○ 개도 나갈 구멍을 보고 쫓아라.	• 무엇을 쫓아낼 때 그 갈 길을 남겨 놓고 쫓아야 한다는 말.	고
79	○ 개도 먹을 때는 안 때린다.	• 맛있게 음식을 먹고 있는 사람을 건드려서는 안 된다는 의미.	고
80	○ 개도 무는 개를 돌아본다.	• 사람도 악한 사람에게는 혹시 그 화를 입을까 하여 조심하고 잘 대하여 준다는 뜻.	중
81	○ 개도 얻어맞은 골목에는 가지 않는다.	• 한 번 실패한 경험이 있는 사람은 다시는 그때의 전철을 밟지 않도록 경계한다는 뜻.	중
82	○ 개도 제 주인은 알아본다.	• 주인의 은혜를 모르는 사람을 두고 이르는 말.	저
83	○ 개똥도 약에 쓰려면 없다.	• 흔한 것이라도 정작 소용이 있어 찾으면 없다.	저
84	○ 개똥이 무서워 피하나 더러워서 피하지.	• 행실이 더러운 사람과 다투는 것보다는 피하는 것이 자신을 위해서 낫다는 말.	중
85	○ 개똥참외도 먼저 맡은 놈이 임자다.	• 아무리 임자 없이 굴러다니는 물건이라도 먼저 와서 맡은 사람이 주인이라는 의미.	중

순	속 담	뜻 풀 이	지도 학년
86	○ 개 못된 것은 들에 나가 짓는다.	• 자기가 할 일을 하지 않고 쓸데없는 짓을 하는 사람을 가리키는 말.	고
87	○ 개미가 절구통을 물고 간다.	• 개미들도 서로 힘을 합치면 절구통을 운반할 수 있듯이 사람들도 협동하여 일을 하면 불가능한 일이 없다는 뜻.	고
88	○ 개미 금 탑 모으듯 한다.	• 절약해서 조금씩 재산을 모으는 것을 뜻하는 말.	고
89	○ 개미구멍으로 공든 탑 무너진다.	• 조그만 실수로 큰 손해를 초래했을 때를 일컬음.	중
90	○ 개미 나는 곳에 범 난다.	• 처음에는 개미만큼 작고 대수롭지 않던 것이 점점 커져서 나중에는 범같이 크고 무서운 것으로 된다는 말.	중
91	○ 개미 쳇바퀴 돌듯 한다.	• 조금도 진보가 없이 제자리걸음만 한다.	저
92	○ 개밥에 도토리	• 따돌림을 당해 함께 섞이지 못하고 고립됨.	저
93	○ 개 보름 쇠듯 한다.	• 명절날 맛 좋은 음식도 해 먹지 못하고 그냥 넘긴다는 뜻.	중
94	○ 개살구가 먼저 익는다.	• 개살구가 참살구보다 먼저 익듯이 악이 선보다 더 가속도로 발전하게 된다는 뜻(개살구가 지레 터진다.).	고
95	○ 개살구도 맛 들일 탓	• 자기 좋아하는 것은 더 낫게 보인다는 뜻(취미가 제각기 다르다는 말.).	중
96	○ 개새끼도 주인을 보면 꼬리 친다.	• 은혜를 모르는 체하는 사람을 조롱하는 말.	저
97	○ 개와 원숭이 사이다.	• 개와 원숭이 사이같이 관계가 몹시 어색하고 안 좋은 상태를 두고 하는 말.	중
98	○ 개 입에서 개 말 나온다.	• 입버릇이 아주 나쁜 사람의 입에서는 결코 고운 말이 나올 리가 없다는 뜻.	고
99	○ 개천에서 용 나고 미꾸라지가 용 된다.	• 변변치 못한 집안에서 태어났더라도 꾸준히 노력을 하면 훌륭한 사람이 될 수 있고 출세할 수 있다는 말.	저
100	○ 개 팔자가 상팔자다.	• 한가하게 놀 수 있는 개 또는 남에게 부양되어 밥벌이 걱정 없는 개 팔자가 더 좋다는 말.	중
101	○ 깨진 거울이다.	• 아무리 좋은 물건이라도 한 번 못쓰게 되면 소용이 없다는 뜻, 또는 부부간에 이혼을 하게 되었다는 뜻(깨진 거울).	저
102	○ 객지 벗도 사귈 탓이다.	• 객지에서 오래 사귀지 않은 친구라도 친하기에 따라 형제처럼 될 수도 있다는 뜻.	고
103	○ 거미도 줄을 쳐야 벌레를 잡는다.	• 무슨 일을 하거나 거기에 필요한 준비나 도구가 있어야 그 목적을 달성할 수 있다는 말.	중
104	○ 거미줄로 방귀 동이듯 한다.	• 일을 함에 있어 건성으로 형용만 하는 체하는 말.	고
105	○ 거지는 모닥불에 살찐다.	• 아무리 어려운 사람이라도 무엇이든 하나쯤은 사는 재미가 있다는 말.	고
106	○ 거지도 배 채울 날이 있다.	• 못살고 헐벗은 사람일지라도 언젠가는 행복한 날이 온다는 뜻.	중

순	속 담	뜻 풀 이	지도 학년
107	○ 거지도 부지런하면 더운밥을 얻어먹는다.	• 사람은 부지런해야 복을 받고 살 수 있다는 말.	고
108	○ 거지 발싸개 같다.	• 아주 더럽고 지저분한 것을 말함.	고
109	○ 거짓말은 새끼를 친다.	• 습관적으로 남을 속이는 사람은 언젠가는 사기 행위도 거침없이 하게 된다는 뜻.	저
110	○ 거짓말은 십 리를 못 간다.	• 일시적으로 사람을 속일 수는 있지만 오랫동안 시일을 두고 속이지는 못한다는 뜻.	고
111	○ 걱정도 팔자소관	• 항상 남의 일에 참견을 잘하는 사람.	저
112	○ 건너다보니 절터	• 미리부터 체념할 때 쓰는 말. 남의 것을 자기 것으로 만들려고 해도 될 수 없다는 것.	중
113	○ 건넛산 쳐다보듯 한다.	• 자기와는 아무 관계가 없다는 듯이 그저 멍하니 쳐다보며 방관하고 있다는 뜻.	고
114	○ 건드리지 않은 벌이 쏠까.	• 내가 남에게 특별히 해를 끼치지 않는 한 상대방도 나를 못살게 굴지 않는다는 뜻.	고
115	○ 걷기도 전에 뛰려고 한다.	• 제 실력도 돌아보지 않고 무리하게 하는 것.	저
116	○ 걸레 씹는 맛이다.	• 음식이 맛이 없다는 뜻으로 어떠한 일을 생각하면 할수록 기분이 나쁘다는 말.	중
117	○ 검둥개 멱 감긴 격이다.	• 검정개를 목욕시킨다고 하얗게 될 리가 없듯이 본바탕이 나쁘고 고약한 사람은 고칠 수가 없다는 뜻.	고
118	○ 검은 고양이 눈 감듯 한다.	• 검은 고양이가 눈을 뜨나 감으나 잘 알아보지 못하듯이 어떠한 일에 사리를 분별하기가 매우 어렵다는 뜻.	저
119	○ 검은 머리 파뿌리 되도록	• 검은 머리가 파 뿌리처럼 하얗게 되는 것처럼 아주 늙도록 까지라는 뜻.	저
120	○ 겉 다르고 속 다르다.	• 겉과 속이 서로 같지 않다는 말은 결국 행동과 말이 전혀 일치하지 않는다는 의미.	저
121	○ 게걸음 친다.	• 뒷걸음만 친다는 뜻으로 진보하지 못하고 퇴보만 함을 이르는 말.	저
122	○ 게 눈 감추듯 한다.	• 음식을 빨리 먹는다는 형용의 말.	중
123	○ 게으른 놈 짐 많이 진다.	• 게으른 사람이 일을 조금이라도 덜할까 하고 짐을 한꺼번에 많이 지면 힘에 겨워 움직이질 못하므로 도리어 더 더디다는 말.	중
124	○ 겨 묻은 개가 똥 묻은 개 나무란다.	• 자신의 결함은 생각지도 않고 남의 약점만 캔다.	저
125	○ 겸손도 지나치면 믿지 못한다.	• 지나치게 겸손하면 위선으로 변하게 된다는 의미.	중
126	○ 경치고 포도청 간다.	• 죽을 고비를 넘겨 가면서도 또 제 스스로 고문을 당하려고 포도청을 가듯이 혹독한 형벌을 거듭 당한다는 뜻.	고
127	○ 계집 때린 날 장모 온다.	• 자기 아내를 때린 날 장모가 오듯이 일이 공교롭게 잘 안 되며 낭패를 본다는 뜻.	고

순	속 담	뜻 풀 이	지도학년
128	○ 계집의 독한 마음 오뉴월에 서리 친다.	• 여자의 원한과 저주는 오뉴월에 서릿발이 칠 만큼 매섭고 독하다는 뜻.	중
129	○ 고기가 물을 얻은 격이다.	• 굶어 죽게 된 사람이 곡식을 얻어 살아나게 되었다는 뜻.	중
130	○ 고기는 씹어야 맛이요. 말은 해야 맛이다.	• 말도 할 말이면 시원히 헤 비려아 한나는 뜻.	중
131	○ 고기도 먹어 본 사람이 많이 먹는다.	• 무슨 일이든 늘 하던 사람이 더 잘하게 된다는 뜻.	고
132	○ 고기도 저 놀던 물이 좋다.	• 자기가 살던 정든 고장, 정든 사람들과 같이 지내는 것이 좋다는 것.	저
133	○ 고래 싸움에 새우등 터진다.	• 힘센 사람끼리 싸우는데 약한 사람이 그 사이에 끼어 아무 관계없이 피해를 입는다는 말.	저
134	○ 고름이 살 되랴.	• 이왕 그르친 일은 돌이킬 수 없으니 깨끗이 단념하라는 뜻.	중
135	○ 고삐가 길면 잡힌다.	• 나쁜 일 오래하면 마침내는 남에게 들킨다는 말.	고
136	○ 고삐 없는 말	• 아무런 구속도 받지 않고 자유스러운 처지라는 말.	저
137	○ 고사리도 꺾을 때 꺾어야 한다.	• 무슨 일이든 그에 알맞은 시기가 있으니 그때를 놓치지 말고 하라는 뜻.	중
138	○ 고생 끝에 낙이 온다.	• 어려운 일이나 괴로운 일을 겪고 나면 즐겁고 좋은 일도 있다.	저
139	○ 고슴도치도 제 새끼가 예쁘다면 좋아한다.	• 칭찬받지 못할 일이나 행동이라도 좋다고 추켜 주면 좋아한다.	저
140	○ 고양이가 발톱을 감춘다.	• 재주 있는 사람은 그 능력을 깊이 감추고 드러내지 않는다는 뜻.	중
141	○ 고양이 목에 방울 단다.	• 실행하기 어려운 공론을 함에 비유한 말.	저
142	○ 고양이 보고 반찬가게 지키라고 한다.	• 손해 끼칠 사람에게 무엇을 해 달라고 부탁을 하면 나중에 손해 볼 것은 뻔한 일이라는 말.	저
143	○ 고양이 세수하듯 한다.	• 남이 하는 대로 흉내만 내고 그치는 경우를 이르는 말. • 세수를 하되 콧등에 물만 묻히는 정도밖에는 안 한다는 말.	저
144	○ 고양이 앞에 쥐	• 두려워서 움직이지 못함을 두고 이르는 말.	저
145	○ 고양이 쥐 생각	• 마음속으로는 전혀 생각지도 않으면서 겉으로만 누구를 위하여 생각해 주는 척할 때 쓰는 말.	고
146	○ 고와도 내 님이요 미워도 내님이다.	• 좋으나 나쁘나 한 번 맺은 정은 어쩔 수 없다는 말.	고
147	○ 고운 사람 미운 데 없고, 미운 사람 고운 데 없다.	• 한 번 좋게 보면 그 사람이 하는 일은 다 좋게만 보이고 한 번 나쁘게 보이면 무엇이나 다 궂게만 보인다는 뜻.	고
148	○ 고추 밭에 말 달리기	• 매우 심술이 사납다는 뜻.	저

순	속 담	뜻 풀 이	지도 학년
149	○ 고추장 단지가 열둘이라도 서방님 비위를 못 맞춘다.	• 성미가 몹시 까다로워 비위 맞추기가 힘들다는 말.	중
150	○ 곤장을 메고 매 맞으러 간다.	• 스스로 화를 자초한다는 말.	고
151	○ 곧은 나무 먼저 찍힌다.	• 똑똑한 사람 또는 정직한 사람이 오히려 남의 모함을 받기 쉽다는 말.	고
152	○ 곧은창자다.	• 거짓을 말할 줄 모르고 성격이 대쪽같이 강직한 사람을 이르는 말.	고
153	○ 곰이 가재 잡듯 한다.	• 동작이 굼뜬 곰이 가재 잡듯이 게으른 사람이 느리게 행동하는 것을 보고 이르는 말.	중
154	○ 곱사등이 짐 지나마나다.	• 곱사등이가 짐을 져도 별 도움이 되지 않듯이 일을 해도 하지 않은 것이나 다름없다는 말.	고
155	○ 공것이라면 소도 잡아먹는다.	• 공것 먹기를 매우 즐긴다는 뜻.	중
156	○ 공든 탑이 무너지랴.	• 힘을 들여 한 일은 그리 쉽게 허사가 되지 않는다는 말.	저
157	○ 공연한 제사 지내고 어물 값에 졸린다.	• 하지 않아도 될 일을 공연히 하고 그 후환을 입게 되었다는 말.	고
158	○ 꽁지 빠진 장닭 같다.	• 겉으로 보기에 매우 추하고 초라한 모습을 이르는 말.	중
159	○ 곶감 꼬치에서 곶감 빼 먹듯 한다.	• 애써 모아 둔 것을 힘들이지 않고 하나하나 갖다 먹어 없앤다는 뜻.	고
160	○ 과일 망신은 모과가 시킨다.	• 못난 사람은 그가 속해 있는 단체의 여러 사람을 망신시키는 일만 저지른다.	중
161	○ 관 짜 놓고 죽기를 기다린다.	• 미리부터 관을 짜 놓고 사람 죽기를 기다리듯이 지나치게 일을 서두른다는 말.	고
162	○ 광에서 인심 난다.	• 자기의 살림이 넉넉하고 유복하여야 비로소 남의 처지를 동정하게 된다.	중
163	○ 구관이 명관이다.	• 아무래도 오랜 경험을 쌓은 사람이 낫다.	고
164	○ 구더기 무서워 장 못 담글까.	• 다소 방해물이 있더라도 마땅히 할 일을 해야 한다.	저
165	○ 구렁이 담 넘어가듯 한다.	• 슬그머니 남모르게 얼버무려 넘기는 모양.	저
166	○ 구렁이 제 몸 추듯 하다.	• 제 몸을 자랑하는 모양(속이 음흉하거나 능글맞은 사람을 비꼬아 일컫는 말.).	중
167	○ 구멍은 깎을수록 커진다.	• 잘못된 일을 수습하려다가 더 악화되는 경우를 말함.	저
168	○ 구멍을 보아 말뚝 깎는다.	• 형편을 보아 가며 알맞게 일을 꾸려 나간다.	저
169	○ 구슬이 서 말이라도 꿰어야 보배다.	• 아무리 좋은 솜씨와 훌륭한 일이라도 끝을 마쳐야 쓸모가 있다.	중
170	○ 국이 끓는지 장이 끓는지	• 일이 어떻게 되어 가는지 도무지 영문도 모른다는 말.	중
171	○ 국 쏟고 허벅지 덴다.	• 한 가지 손해를 보게 되면 그에 연관된 것까지도 모두 손해를 보기 쉽다는 뜻.	고

순	속　담	뜻　풀　이	지도 학년
172	○ 군밤에서 싹이 나겠다.	• 군밤에서 절대로 싹이 날 수 없듯이 아무리 오래 기다려도 가망이 없는 일이라는 뜻.	고
173	○ 군자는 입을 아끼고 범은 발톱을 아낀다.	• 학식과 덕망이 높은 사람일수록 항상 말을 조심해서 한다는 뜻.	중
174	○ 굳은 땅에 물이 고인다.	• 헤프지 않고 단단한 사람이 아껴서 재산을 모은다는 말.	저
175	○ 굴러 온 호박이다.	• 어디선가 호박이 굴러 오듯이 뜻밖에 횡재하게 되었다는 말(호박이 넝쿨째로 굴러떨어지다.).	중
176	○ 굼벵이도 뒹구는 재주가 있다.	• 아무리 미련하고 못난 사람이라도 생명만은 이어 갈 수 있다는 말.	저
177	○ 굼벵이도 밟으면 꿈틀거린다.	• 아무리 보잘것없는 것이라도 너무 멸시하면 반항한다는 뜻.	저
178	○ 굽은 나무가 선산을 지킨다.	• 쓸모없는 것이 도리어 소용된다.	고
179	○ 굿이나 보고 떡이나 먹지.	• 남의 일에 쓸데없는 간섭 말고 이익이나 얻도록 해라.	중
180	○ 굿하고 싶지만 맏며느리 춤추는 것 보기 싫다.	• 무엇을 하려고 할 때 자기 마음에 들지 않는 미운 사람이 참여하여 기뻐함이 보기 싫어서 꺼린다.	고
181	○ 궁지에 몰린 쥐가 고양이를 문다.	• 아무리 약한 놈이라도 죽을 지경에 이르면 강적에게 용기를 내어 달려든다는 말.	저
182	○ 궁하면 통한다.	• 매우 어려운 처지에 놓이면 헤어날 도리가 생긴다는 말.	고
183	○ 귀 막고 방울 도둑질한다.	• 어떤 옳지 못한 짓을 하고도 그것이 알려질까 봐 제가 제 귀를 막아도 아무 효과가 없다는 뜻.	고
184	○ 귀머거리 삼 년이요, 벙어리 삼 년이라.	• 여자가 출가하면 매사에 흉이 많으니 귀머거리가 되고 벙어리가 되어 한 삼 년 살아야 한다는 말(곧 시집살이의 어려움을 일컬음.).	중
185	○ 귀신 곡할 노릇	• 일이 매우 기묘하고 신통하다는 뜻.	고
186	○ 귀신도 모른다.	• 지극한 비밀이라서 아무리 잘 아는 이라도 그 비밀을 모른다.	저
187	○ 귀신도 빌면 듣는다.	• 사람이면 남이 진심으로 사과하는데 용서하지 않을 수 없다는 뜻	중
188	○ 귀신도 사귈 탓이다.	• 제 아무리 무서운 귀신도 잘 사귀어 놓으면 친하게 될 수 있듯이 사람도 사귀기에 달렸다는 뜻.	중
189	○ 귀신 씻나락 까먹는 소리	• 보이지 않는 곳에서 몇 사람이 무엇이라 수군거리는 소리.	중
190	○ 귀신이 곡할 일이다.	• 일이 하도 신기하게 되어 도무지 이상하다는 뜻.	중
191	○ 귀에 걸면 귀걸이 코에 걸면 코걸이	• 정해 놓은 것이 아니고 둘러댈 탓이라는 뜻.	저

순	속 담	뜻 풀 이	지도 학년
192	○ 귀한 자식 매 한 대 더 때리고, 미운 자식 떡 한 개 더 주랬다.	• 자녀 교육을 올바르게 하려면 당장 좋은 것이나 주고, 뜻을 맞추려 하기보다 귀할수록 버릇을 잘 가르쳐 길러야 한다는 말.	고
193	○ 그릇도 차면 넘친다.	• 그릇도 어느 한계에 이르게 되면 넘치듯이 모든 일에는 한도가 있어서 이를 초과하면 하강하게 된다는 뜻.	고
194	○ 그물도 없이 고기만 탐낸다.	• 아무런 도구도 없으면서 작업을 하려고 덤벼든다는 말로서 일은 하지 않고 좋은 성과만 바란다는 의미.	저
195	○ 그물에 든 고기	• 이미 잡힌 몸이 되어 벗어날 수 없는 신세를 말함.	저
196	○ 그물이 열 자라도 벼리가 으뜸이다.	• 아무리 수가 많더라도 주장되는 것이 없으면 소용이 없다는 뜻.	고
197	○ 그 아비에 그 아들	• 잘난 어버이에게서는 잘난 자식이, 못난이 어버이한테서는 못난 자식이 태어난다는 말(개가 개를 낳지.).	저
198	○ 급하면 임금 망건 값도 쓴다.	• 경제적으로 곤란에 빠지면 아무 돈이라도 있기만 하면 쓰게 된다는 의미.	중
199	○ 금강산도 식후경이다.	• 아무리 좋은 일이라도 배가 부르고 난 다음에야 좋은 줄 알지 배고프면 좋은 것도 경황이 없다는 말.	저
200	○ 급하면 관세음보살을 왼다.	• 평시에는 등한히 하다가도 위급하게 되면 관세음보살을 왼다는 말이니 일이란 평소에 해놓아 무슨 일이 생기더라도 뒷걱정이 없도록 준비하라는 뜻.	중
201	○ 급할수록 돌아가랬다.	• 급한 일일 경우에는 한없이 기다리기보다는 어렵더라도 돌아가는 편이 더 낫다는 말.	고
202	○ 급히 먹는 밥이 목에 멘다.	• 일을 급히 하면 실패하기 쉽다는 뜻.	저
203	○ 기갈이 반찬이다.	• 굶주렸을 때는 반찬이 좋건 나쁘건 상관없이 밥을 맛있게 먹는다는 말(기갈이 감식이다.).	중
204	○ 기는 놈 위에 나는 놈이 있다.	• 잘하는 사람 위에 더 잘하는 사람이 있다는 말이니 너무 자랑 말라는 뜻.	저
205	○ 기둥을 치면 대들보가 울린다.	• 직접 말하지 않고 간접으로 넌지시 말해도 알아들을 수가 있다는 뜻.	고
206	○ 기름 엎지르고 깨 줍는다.	• 많은 손해를 보고 조그만 이익을 추구한다는 말.	고
207	○ 기름에 물 탄 것 같다.	• 언뜻 보기에는 비슷한 것 같아 보이지만 자세히 살펴보면 서로 화합이 되지 않는다는 말.	중
208	○ 기생오라비 같다.	• 반들반들하게 모양을 내고 다니는 남자를 놀리는 말.	저
209	○ 기와 한 장 아끼다가 대들보 썩힌다.	• 조그마한 것을 아끼다가 큰 손해를 본다.	저

순	속 담	뜻 풀 이	지도학년
210	○ 기왕이면 다홍치마다.	• 동일한 조건이라면 자신에게 이익이 되는 것을 선택하여 가지겠다는 뜻.	저
211	○ 기운이 세면 소가 왕 노릇 할까.	• 힘이 세다 해도 지략이 없으면 남의 지도적 위치에 설 수 없다는 말.	중
212	○ 긴 병(우환)에 효자 없다.	• 아무리 효심이 두터워도 오래 병구완을 하노라면 자연히 정성이 한결같지 않게 된다는 말.	고
213	○ 길고 짧은 것은 대어 보아야 한다.	• 대소 우열은 실제로 겨루거나 체험해 보아야 한다.	고
214	○ 길 닦아 놓으니까 미친년이 먼저 지나간다.	• 애써 일을 이루어 놓으니까 달갑지 않은 놈이 먼저 이용한다는 뜻.	고
215	○ 길마 무서워 소가 드러누울까	• 일을 할 때 힘이 부족할까 미리부터 걱정을 할 것이 아니라 조금씩이라도 하라는 뜻.	고
216	○ 길이 아니면 가지 말고 말이 아니면 탓하지 마라.	• 사리에 어긋난 말이면 아예 참견하지도 말라는 뜻.	중
217	○ 깊은 물이라야 큰 고기가 논다.	• 깊은 물에 큰 고기가 놀듯이 포부가 큰 사람이라야 큰일도 하게 되고 성공을 하게 된다는 뜻.	저
218	○ 김칫국부터 마신다.	• 줄 사람은 생각도 안 하는데 받을 쪽에서 공연히 서두르며 덤빈다.	저
219	○ 까마귀 고기를 먹었나.	• 잊기를 잘하는 사람을 조롱하는 말.	저
220	○ 까마귀 날자 배 떨어진다.	• 엉뚱한 일로 말미암아 억울한 누명을 썼을 때를 두고 이르는 말.	중
221	○ 까마귀도 내 땅 까마귀라면 반갑다.	• 무엇이든지 고향 것이라면 반갑다는 말.	중
222	○ 까마귀 똥도 약이라니까 물에 깔긴다.	• 흔한 물건도 막상 필요할 때는 구하기가 어렵다는 뜻.	고
223	○ 까마귀 학이 되랴.	• 아무리 애를 써도 타고난 본바탕은 할 수 없다는 말.	고
224	○ 까막까치도 집이 있다.	• 자기 집이 없는 처지를 한탄하는 말.	저
225	○ 깨가 쏟아진다.	• 오붓하여 몹시 재미가 난다는 뜻.	저
226	○ 깨진 그릇 이 맞추기	• 이미 그릇된 일은 후회해야 소용없음을 비유하여 쓴 말.	중
227	○ 꼬리가 길면 밟힌다.	• 아무리 비밀리 한다 해도 옳지 못한 일을 오래 계속하면 결국 들키게 된다는 뜻.	저
228	○ 꽁지 빠진 새 같다.	• 차림새가 볼품없고 어색함을 가리키는 말.	중
229	○ 꽃샘잎샘에 반늙은이 얼어 죽는다.	• 꽃피고 잎이 나는 삼사월에는 날씨가 춥고 일기가 고르지 못하다 하여 하는 말.	고
230	○ 꿀 먹은 벙어리	• 마음속에 지닌 말을 발표하지 못하는 사람을 조롱하는 말.	저
231	○ 꿈보다 해몽이 좋다.	• 좋고 나쁨은 풀이하기에 달렸다는 말.	중
232	○ 꿔다 놓은 보릿자루	• 아무 말도 없이 우두커니 앉아 있는 사람을 일컫는 말.	저

순	속 담	뜻 풀 이	지도 학년
233	○ 꿩 대신 닭도 쓴다.	• 꼭 그것이 아니라도 비슷한 것이면 대신으로 쓸 수 있다는 뜻.	저
234	○ 꿩 먹고 알 먹는다.	• 일거양득, 송두리째 한꺼번에 모든 이익을 보는 것.	저
235	○ 꿩 잡는 것이 매다.	• 꿩을 잡지 않으면 매라고 할 수가 없으니 실제로 제구실을 해야 명실상부(名實相符)하다는 말.	고
236	○ 끓는 국에 맛 모른다.	• 급한 일을 당하면 사리 판단을 옳게 할 수 없다는 말.	고
237	○ 끝도 갓도 없다.	• 일이 어떻게 되었는지 알 수 없이 불투명하게 되었다는 뜻.	중
238	○ 나간 놈의 집구석 같다.	• 한참 살다가 그대로 두고 나간 집같이 집 안이 어수선하고 무질서하게 흐트러져 있다는 말.	고
239	○ 나간 사람 몫은 있어도 자는 사람 몫은 없다.	• 게으른 사람에게는 무엇을 남겼다 줄 필요도 없다는 뜻.	중
240	○ 나귀는 제 귀 큰 줄을 모른다.	• 누구나 남의 허물을 잘 알아도 자기 자신의 결함은 알기 어렵다는 의미.	중
241	○ 나는 닭 보고 따라가는 개 같다.	• 날아가는 닭을 보고 개가 따라가도 소용이 없듯이 가망성이 전혀 없는 일을 가지고 헛수고만 하고 다닌다는 뜻.	고
242	○ 나는 바담 풍 해도 너는 바람 풍 해라.	• 저는 잘하지 못하면서 남만 잘하라고 하는 사람.	고
243	○ 나는 새도 떨어뜨리고 닫는 짐승도 못 가게 한다.	• 권세가 등등하여 모든 일을 마음대로 한다는 뜻.	고
244	○ 나도 덩더꿍 너도 덩더꿍	• 서로 타협하지 않고 저마다 버티고 있다는 말.	고
245	○ 나라 하나에 임금이 셋이다.	• 한 집안에 어른이 여럿 있으면 일이 안 되고 분란만 생긴다는 뜻.	중
246	○ 나루 건너 배 타기	• 일의 순서가 뒤바뀌었다는 말.	저
247	○ 나 먹자니 싫고 개 주자니 아깝다.	• 인색하기 짝이 없다.	중
248	○ 나무는 큰 나무 덕을 못 보아도 사람은 큰사람의 덕을 본다.	• 큰사람한테서는 역시 음으로 덕을 입게 된다는 뜻.	고
249	○ 나무에 오르라 하고 흔드는 격	• 남을 불행한 구렁으로 끌어넣는다는 뜻.	고
250	○ 나이 이길 장사 없다.	• 아무리 기력이 왕성한 사람도 나이 들면 체력이 쇠하는 것을 어찌할 수 없다는 말.	고
251	○ 나중 난 뿔이 우뚝하다.	• 후배가 선배보다 나을 때 하는 말.	중
252	○ 나중에 삼수갑산을 갈지라도	• 일이 최악의 경우에 이를지라도 단행한다는 뜻.	고
253	○ 낙숫물이 댓돌을 뚫는다.	• 처마에서 떨어지는 낙숫물에도 댓돌이 뚫리듯이 비록 약한 힘이라도 끈질기게 오랫동안 계속 노력하면 무슨 일이든지 안 되는 것이 없다는 뜻.	고

순	속 담	뜻 풀 이	지도 학년
254	○ 날 잡아 잡수 한다.	• 무슨 말을 하든지 못 들은 것처럼 딴청을 피우면서 말없이 반항하고 있다는 말.	중
255	○ 남대문에서 할 말을 동대문에 가서 한다.	• 말을 해야 할 자리에서는 하지 못하고 엉뚱한 자리에서 말을 한다는 뜻.	고
256	○ 남의 눈에 눈물 내면 제 눈에는 피눈물 난다.	• 남에게 악한 일을 하면 반드시 저는 그보다 더 큰 죄를 받게 된다는 뜻.	고
257	○ 남의 다리 긁는다.	• 나를 위해 한 일이 남 좋은 결과가 되었다는 말.	저
258	○ 남의 떡에 설 쇤다.	• 남의 덕에 일이 이루어졌을 때 하는 말.	저
259	○ 남의 말이라면 쌍지팡이 짚고 나선다.	• 남에게 시비 잘 걸고, 나서는 사람을 말한다.	고
260	○ 남의 말 하기는 식은 죽 먹기	• 남의 잘못을 말하기는 매우 쉽다는 뜻.	저
261	○ 남의 밥에 든 콩이 굵어 보인다.	• 남의 것은 항상 제 것보다 좋게 보인다는 뜻.	중
262	○ 남의 사위 오거나 말거나	• 자기하고 전혀 관계가 없는 남의 일에는 관여할 필요가 없다는 뜻.	중
263	○ 남의 싸움에 칼을 뺀다.	• 자기에게 아무 관계없는 일에 공연히 흥분하고 나선다는 말.	고
264	○ 남의 속에 있는 글도 배운다.	• 눈에 안 보이는 남의 속에 있는 글도 배우는 데 직접 보고 배우는 것이야 못 할 것 없지 않느냐는 뜻.	고
265	○ 남의 염병이 내 고뿔만 못하다.	• 남의 큰 걱정이나 위험도 자기와 관계없는 일이면 대단찮게 여긴다는 말.	중
266	○ 남의 잔치에 감 놓아라 배 놓아라 한다.	• 쓸데없이 남의 일에 간섭한다는 뜻.	저
267	○ 남의 집 금송아지가 우리 집 송아지만 못하다.	• 남의 좋은 물건보다 나쁜 내 물건이 더 실속 있다는 말.	저
268	○ 남의 집 제사에 절하기.	• 관계없는 일에 참견하여 헛수고만 한다는 뜻.	고
269	○ 남의 흉 한 가지면 제 흉 열 가지	• 사람은 흔히 남의 흉을 잘 보나 자기 흉은 따지고 보면 그보다 많으니 남의 흉을 보지 말라는 뜻.	중
270	○ 남이 장에 간다고 하니 거름 지고 나선다.	• 주관 없이 남의 행동에 추종한다는 말.	저
271	○ 남자는 배짱이요 여자는 절개다.	• 미덕으로서 남자는 사물에 대하여 두려움 없는 담력을, 여자는 세상 남자들에게 농락당하지 않는 깨끗한 절개가 으뜸이다.	고
272	○ 남이 친 장단에 궁둥이 춤춘다.	• 줏대 없이 굴거나 관계없는 남의 일에 덩달아 나서는 것.	고
273	○ 남의 흉이 제 흉이다.	• 남의 잘못을 발견하거든 자신의 잘못으로 보고 고칠 줄 알아야 한다는 뜻.	저
274	○ 남 떡 먹는 데 고물 떨어지는 걱정한다.	• 쓸데없는 걱정을 하는 것.	중

순	속 담	뜻 풀 이	지도 학년
275	○ 낫 놓고 기역 자도 모른다.	• 무식하기 짝이 없다는 뜻.	저
276	○ 낫으로 눈 가리는 격이다.	• 폭이 좁고 가는 낫으로 눈을 가리고 제 몸이 다 숨겨진 줄 안다 함이니 곧 숨기려 해도 숨기지 못한다는 뜻.	중
277	○ 낮말은 새가 듣고 밤말은 쥐가 듣는다.	• 남이 안 듣는 곳에서도 말을 삼가야 한다.	저
278	○ 낯바닥이 땅 두께 같다.	• 아무리 자기가 잘못을 했어도 부끄러워할 줄 모르는 뻔뻔한 사람을 욕하는 말.	고
279	○ 내가 할 말을 사돈이 한다.	• 내가 마땅히 할 말을 도리어 남이 한다.	고
280	○ 내 것 주고 뺨 맞는다.	• 이중의 손해를 볼 때 하는 말.	중
281	○ 내 돈 서 푼은 알고 남의 돈 칠 푼은 모른다.	• 제 것은 작은 것도 소중히 여기고 남의 것은 많은 것도 대수롭지 않게 여긴다는 뜻.	중
282	○ 내 물건이 좋아야 값을 받는다.	• 자기의 지킬 도리를 먼저 지켜야 남에게 대접을 받는다는 뜻.	고
283	○ 내 발등의 불을 꺼야 아비 발등의 불을 끈다.	• 급할 때는 남의 일보다 자기의 일을 먼저 하기 마련이라는 뜻.	고
284	○ 내 손톱에 장을 지져라.	• 무엇을 장담할 때 쓰는 말.	저
285	○ 내 칼도 남의 칼집에 들면 찾기 어렵다.	• 자기의 물건이라도 남의 손에 들어가면 다시 찾기가 어렵다는 뜻.	고
286	○ 내 코가 석 자다.	• 자신이 궁지에 몰렸기 때문에 남을 도와줄 여유를 가지고 있지 않다는 의미.	저
287	○ 냉수 먹고 된똥 눈다.	• 아무 쓸모도 없는 재료를 가지고 실속 있는 결과를 만들어 낸다.	고
288	○ 냉수 먹고 이 쑤시기	• 실속은 없으면서 있는 체함.	저
289	○ 너무 고르다가 눈 먼 사위 얻는다.	• 무엇을 너무 지나치게 고르면 도리어 나쁜 것을 고르게 된다는 뜻.	중
290	○ 노루 꼬리 길면 얼마나 길까.	• 실력이 있는 체해도 실상은 보잘것없음을 비유한 말.	고
291	○ 노루 잠자듯 한다.	• 잠을 깊이 자지 않고 자주 깬다는 노루처럼 잠을 조금밖에 못 잤다는 말.	고
292	○ 노루 잡는 사람에 토끼가 보이나.	• 큰 것을 바라는 사람은 작은 일이 눈에 띄지 않는다는 뜻.	중
293	○ 노름에 미치면 신주도 팔아먹는다.	• 노름에 깊이 빠져든 사람은 노름 돈 마련을 위해 수단과 방법을 가리지 않고 나쁜 짓까지 해 가면서 노름하게 된다는 뜻.	고
294	○ 노적가리에 불 지르고 싸라기 주워 먹는다.	• 큰 것을 잃고 적은 것을 아끼는 사람을 말함.	저
295	○ 노처녀가 시집을 가려니 등창이 난다.	• 오랫동안 벼르던 일이 막상 되려고 하니 뜻하지 않는 일이 생겨 방해가 된다는 뜻.	고
296	○ 노처녀더러 시집가라 한다.	• 물어보나마나 좋아할 일을 쓸데없이 물어본다는 뜻.	고

순	속 담	뜻 풀 이	지도 학년
297	○ 논 끝은 없어도 일한 끝은 있다.	• 일을 하지 않으면 아무 성과가 없지만 일을 꾸준히 하게 되면 끝은 반드시 그 성과가 있다는 뜻.	중
298	○ 놀부 제사 지내듯 한다.	• 놀부가 제사를 지낼 때 재물 대신 돈을 놓고 제사를 지냈듯이 몹시 인색하고 고약한 짓을 한다는 뜻.	고
299	○ 농담이 진담 된다.	• 농담에도 평소 스스로 생각한 것이 섞여 들 수 있기 때문에 진담으로 될 수 있다는 뜻.	저
300	○ 높은 가지가 부러지기 쉽다.	• 높은 가지가 바람을 더 타기 때문에 부러지기가 쉽듯이 높은 지위에 있으면 오히려 몰락하기가 쉽다는 뜻.	중
301	○ 놓아먹인 말	• 길들이기 어려운 사람을 일컫는 말.	저
302	○ 놓친 고기가 더 크다.	• 먼저 것이 더 좋았다고 생각한다는 뜻.	저
303	○ 누운 소 똥 누듯 한다.	• 무슨 일을 아무런 힘을 들이지 않고 쉽게 해내는 것.	중
304	○ 누울 자리 봐 가며 발 뻗는다.	• 다가올 일의 경과를 미리 생각해 가면서 시작한다는 뜻.	중
305	○ 누워 떡 먹기.	• 일하기가 매우 쉽다는 뜻.	저
306	○ 누워서 침 뱉기.	• 남을 해치려다가 도리어 제게 해로운 결과가 돌아간다는 뜻.	저
307	○ 누이 믿고 장가 안 간다.	• 도저히 불가능한 일만 하려 하고 다른 방책을 세우지 않는 어리석음을 말함.	고
308	○ 누이 좋고 매부 좋다.	• 서로 다 좋다는 말.	고
309	○ 눈 가리고 아웅 한다.	• 얕은꾀를 써서 속이려고 한다.	저
310	○ 눈 감으면 코 베어 먹을 인심	• 세상인심이 험악하고 믿음성이 없다.	중
311	○ 눈 뜬 장님이다.	• 눈으로 보고도 알지 못한 사람을 일컬음.	저
312	○ 눈 먼 탓이나 하지 개천 나무래 무엇 하나.	• 자기의 모자람을 한탄할 것이지 남을 원망할 것이 없다는 말.	고
313	○ 눈에는 눈으로 이에는 이로 대하랬다.	• 눈을 빼면 다 같이 눈을 빼고, 이를 빼거든 다 같이 이를 빼서 보복해야 한다는 뜻.	고
314	○ 눈으로 우물 메우기.	• 눈으로 우물을 메우면 눈이 녹아서 허사가 되듯이 헛되이 애만 쓴다는 뜻.	저
315	○ 눈은 있어도 망울이 없다.	• 세상일의 옳고 그름을 판단할 줄 모른다는 뜻.	고
316	○ 눈이 눈을 못 본다.	• 자기 눈으로 자기 눈을 못 보듯이 자기 결함은 자기의 주관적인 안목에서는 찾아내기 어렵다는 뜻.	중
317	○ 눈치가 빠르면 절에 가도 젓국을 얻어먹는다.	• 눈치가 있으면 어디로 가든지 군색함을 당하지 않는다는 뜻.	중
318	○ 눈치코치 다 안다.	• 온갖 눈치를 다 짐작할 만하다.	저
319	○ 눈 허리가 시어 못 보겠다.	• 차마 볼 수 없을 정도로 하는 짓거리가 거만스럽고 도도하여 보기에 매우 아니꼽다는 말.	고

순	속 담	뜻 풀 이	지도 학년
320	○ 뉘 집에 죽이 끓는지 밥이 끓는지 아나.	• 여러 사람의 사정은 다 살피기 어렵다는 말.	고
321	○ 늙은 말이 콩 마다할까.	• 오히려 더 좋아한다는 뜻.	중
322	○ 늙은이 아이 된다.	• 늙으면 행동이 아이들 같아진다는 뜻.	저
323	○ 늦게 배운 도둑질 날 새는 줄 모른다.	• 늦게 배운 일에 매우 열중한다는 뜻.	고
324	○ 다 가서 문지방을 못 넘어간다.	• 힘들여서 일은 하였으나 완전히 끝을 맺지 못하고 헛수고만 하였다는 의미.	고
325	○ 다리가 위에 붙었다.	• 몸체의 아래에 붙어야 할 다리가 위에 가 붙어서 쓸모없듯이 일이 반대로 되어 아무짝에도 소용이 없다는 뜻.	고
326	○ 다리 아래서 원을 꾸짖는다.	• 직접 말을 못 하고 안 들리는 곳에서 불평이나 욕을 하는 것.	중
327	○ 다 먹은 죽에 코 빠졌다.	• 처음에는 아쉬워하던 것을 배가 부르니까 불평을 한다는 뜻.	저
328	○ 다시 긷지 않겠다고 우물에 똥 눌까.	• 다시 안 볼 것 같지만 얼마 안 가서 그 사람에게 청할 것이 생긴다는 말.	중
329	○ 다음에 보자는 놈 무서운 놈 없다.	• 일을 미루기만 하는 사람은 결국 일을 마무리하지 못한다는 말.	고
330	○ 다 팔아도 내 땅이다.	• 어떻게 하더라도 나중에 가서는 내 이익으로 되므로 손해 볼 염려는 하나도 없다는 의미.	고
331	○ 단맛 쓴맛 다 보았다.	• 세상살이의 즐거움과 괴로움을 모두 겪었다는 말.	중
332	○ 달걀로 바위 치기	• 맞서서 도저히 이기지 못한다는 뜻.	저
333	○ 달걀에도 뼈가 있다.	• 부드러운 달걀 속에도 뼈가 있을 수 있듯이 안심했던 일에서 오히려 실수하기 쉬우니 항상 신중을 기하라는 뜻.	고
334	○ 달리는 말에 채찍질한다.	• 형편이나 힘이 한창 좋은 때 더욱 힘을 가한다는 뜻(힘껏 하는데도 자꾸 더 하라는 데 쓰는 말.).	중
335	○ 달면 삼키고 쓰면 뱉는다.	• 신의나 지조를 돌보지 않고 자기에게 이로우면 잘 사귀어 쓰나 필요치 않게 되면 배척한다는 말.	저
336	○ 달밤에 삿갓 쓰고 나온다.	• 미운 사람이 더 미운 짓만 한다는 뜻.	중
337	○ 달 보고 짖는 개	• 어리석은 사람의 말이나 행동을 비유해서 하는 말.	저
338	○ 달은 차면 기운다.	• 모든 것이 한 번 번성하고 가득 차면 다시 쇠퇴한다는 말.	중
339	○ 닭의 볏이 될망정 쇠꼬리는 되지 마라.	• 크고 훌륭한 자의 뒤꽁무니가 되는 것보다는 차라리 잘고 보잘것없는 데서 우두머리가 되는 것이 좋다는 말.	고

순	속 담	뜻 풀 이	지도 학년
340	○ 닭 소 보듯 소 닭 보듯	• 서로 보기만 하고 아무 말을 않는 것. • 서로 의가 상해서 친한 사이라도 남처럼 대하는 것을 말한다.	저
341	○ 닭쌈에도 텃세한다.	• 어디에나 텃세는 있다는 말.	저
342	○ 닭의 새끼 봉이 되랴.	• 아무리 하여도 본디 타고난 성품은 고칠 수 없다는 뜻.	중
343	○ 닭이 천이면 봉이 한 마리	• 여럿이 모인 데는 반드시 뛰어난 사람도 있다는 말.	중
344	○ 닭 잡아 겪을 나그네 소 잡아 겪는다.	• 처음에 소홀히 함으로써 결과가 매우 어렵게 된 경우를 말함.	고
345	○ 닭 잡아먹고 오리발 내어놓는다.	• 어색하게 자기 행동을 숨기려 하되 그 솜씨가 드러난다는 말.	저
346	○ 닭 쫓던 개 지붕 쳐다본다.	• 일이 실패가 되어 어찌할 수가 없음을 비유하는 말.	저
347	○ 담벼락하고 말하는 셈이다.	• 알아듣지 못하는 사람에게는 아무리 말해도 소용이 없다는 뜻.	고
348	○ 닷새 굶어 도둑질 않는 놈 없다.	• 사람이 극도로 굶주리게 되면 도둑질도 불사하게 된다는 뜻.	고
349	○ 당기는 불에 검불 집어넣는다.	• 불이 한창 타는데 검불을 넣으면 바로 타 없어지듯이 어떤 것을 아무리 주어도 제대로 지탱하지 못하는 것을 두고 하는 말.	고
350	○ 당나귀 귀 치레 하듯 한다.	• 쓸데없는 데에 어울리지 않도록 장식하고 꾸미는 것.	중
351	○ 당장 먹기엔 곶감이 달다.	• 당장에 좋은 것은 한순간뿐이고 참으로 좋고 이로운 것이 못 된다.	중
352	○ 대가리 삶으면 귀까지 익는다.	• 제일 중요한 것만 처리하면 다른 것은 자연히 해결된다는 뜻.	고
353	○ 대가리 피도 안 말랐다.	• 아직 나이 어리고 철들지 못했다는 말.	중
354	○ 대동강 팔아먹을 놈	• 욕심 사납고 엉뚱한 짓을 잘하는 사람을 보고 하는 말.	저
355	○ 대문은 넓어야 하고 귓문은 좁아야 한다.	• 남의 말은 듣되 유익한 것과 해로운 것을 구별할 줄 알아야 한다는 뜻.	저
356	○ 대신 댁 송아지 백정 무서운 줄 모른다.	• 자기 주인의 세력을 믿고 안하무인격인 거만한 행동을 하는 사람을 두고 하는 말.	고
357	○ 대장장이 식칼이 논다.	• 마땅히 있음직한 곳에 오히려 없는 경우를 비유하여 쓰는 말.	고
358	○ 대천 바다도 건너 봐야 안다.	• 일이고 사람이고 실제로 겪어 봐야 그 참모습을 알 수 있다는 말.	고
359	○ 대추나무 방망이다.	• 대추나무로 만든 방망이같이 단단하여 어렵고 힘든 일이라도 능히 참고 견딜 수 있다는 뜻.	저
360	○ 대추나무에 연 걸리듯 하다.	• 여러 곳에 빚을 많이 걸머졌음을 비유하는 말.	저

순	속 담	뜻 풀 이	지도 학년
361	○ 대추씨 같다.	• 키는 작지만 성질이 야무지고 단단하여 빈틈이 없는 사람이라는 뜻.	중
362	○ 더운밥 먹고 식은 말 한다.	• 하루 세 끼 더운밥 먹고 살면서 실없는 소리만 한다는 뜻.	고
363	○ 더위도 큰 나무 그늘에서 피하랬다.	• 높은 지위에 있는 사람이나 돈이 많은 사람에게 의지해서 살아야 조그마한 덕이라도 볼 수 있다는 의미.	고
364	○ 덕은 닦은 데로 가고 죄는 지은 데로 간다.	• 덕을 베푼 사람에게는 보답이 돌아가고 죄를 지은 사람에게는 벌이 돌아가게 된다는 뜻.	고
365	○ 도깨비 대동강 건너듯 하다.	• 일의 진행이 눈에는 잘 띄지는 않지만, 그 결과가 빨리 나타나는 것.	고
366	○ 도깨비도 수풀이 있어야 모인다.	• 의지할 곳이 있어야 무슨 일이나 이루어진다.	고
367	○ 도깨비에게 홀린 것 같다.	• 어떤 영문인지 일의 내막을 전혀 몰라 정신을 차릴 수 없다는 말.	중
368	○ 도깨비장난 같다.	• 하는 것이 분명하지 아니하여 갈피를 잡을 수 없다는 말.	저
369	○ 도끼가 제 자루 못 찍는다.	• 자기 허물을 자기가 알아서 고치기 어렵다는 말.	중
370	○ 도끼자루 썩는 줄 모른다.	• 시간 가는 줄을 모른다는 뜻.	중
371	○ 도덕은 변해도 양심은 변하지 않는다.	• 사회가 발전됨에 따라 도덕은 편의대로 변할 수 있지만 인간의 양심은 세월이 가도 변할 수 없다는 뜻.	고
372	○ 도둑놈 개 꾸짖듯 한다.	• 남에게 들리지 않게 입속으로 중얼거림을 말함.	고
373	○ 도둑놈 문 열어 준 셈.	• 스스로 재화를 끌어들인 격이라는 말.	저
374	○ 도둑은 뒤로 잡으랬다.	• 도둑을 섣불리 앞에서 잡으려다가는 직접적으로 해를 당할 수 있기 때문에 뒤로 잡아야 한다는 뜻.	중
375	○ 도둑을 맞으려면 개도 안 짖는다.	• 뜻밖에 손재를 당하려면 악운이 겹친다는 말.	중
376	○ 도둑의 때는 벗어도 자식의 때는 못 벗는다.	• 도둑의 누명은 범인이 잡히면 벗을 수 있으나 자식의 잘못을 그 부모가 지지 않을 수 없다는 뜻.	고
377	○ 도둑의 씨가 따로 없다.	• 도둑은 조상 때부터 유전되어 온 것이 아니므로 누구나 악한 마음만 가지면 도둑이 된다는 뜻.	고
378	○ 도둑이 제 발 저리다.	• 잘못이 있으면 아무도 뭐라 안 하여도 마음이 조마조마한다.	저
379	○ 도둑질을 해도 손발이 맞아야 한다.	• 무슨 일을 하든지 자기에게 알맞은 도움이 있어야 이룩할 수 있다는 것.	중
380	○ 도둑집 개는 짖지 않는다.	• 윗사람이 나쁜 짓을 하면 아랫사람도 자기 할 일을 잊어버리고 태만하게 있다는 뜻.	중
381	○ 도랑 치고 가재 잡는다.	• 한 가지 일에 두 가지의 이득이 생겼다.	고
382	○ 도마에 오른 고기	• 어찌할 수 없는 운명을 일컫는 말.	고

순	속 담	뜻 풀 이	지도학년
383	○ 도토리 키 대보기다.	• 서로 별 차이가 없는 처지인데도 불구하고 서로들 제가 잘났다고 든다는 의미.	저
384	○ 독불장군(獨不將軍) 없다.	• 아무리 잘난 사람이라도 자기 혼자로는 지휘관으로서 역할을 수행할 수 없다는 말.	고
385	○ 독 안에 든 쥐다.	• 아무리 애써도 벗어나지 못하고 꼼짝할 수 없는 처지에 이르렀음을 말함.	저
386	○ 독을 보아 쥐를 못 잡는다.	• 독 사이에 숨은 쥐를 독 깰까 봐 못 잡듯이 감정 나는 일이 있어도 곁에 있는 사람 체면을 생각해서 자신이 참는다는 뜻.	고
387	○ 돈 떨어지자 입맛 난다.	• 무엇이나 뒤가 달리면 아쉬워지고 생각이 더 간절해진다는 말.	중
388	○ 돈만 있으면 귀신도 사귈 수 있다.	• 돈만 가지면 세상에 못 할 일이 없다.	중
389	○ 돈 모아 줄 생각 말고 자식 글 가르쳐라.	• 황금도 학문만은 못하므로 가장 크고 훌륭한 유산은 지식과 덕망이라는 뜻.	고
390	○ 돈에 침 뱉는 놈 없다.	• 어느 사람이나 돈은 중하게 여긴다는 뜻.	저
391	○ 돋우고 뛰어야 복사뼈라.	• 날뛰어 보아야 별것이 아니라는 뜻.	중
392	○ 돌다리도 두들겨 보고 건너라.	• 모든 일에 안전한 길을 택하여 후환이 없도록 한다는 말.	저
393	○ 돌부리를 차면 발부리만 아프다.	• 쓸데없이 성을 내면 자기만 해롭다.	중
394	○ 돌절구도 밑 빠질 날이 있다.	• 아무리 단단한 것도 결딴이 날 때가 있다는 말.	고
395	○ 동냥은 안 주고 쪽박만 깬다.	• 요구하는 것은 주지 않고 나무라기만 한다.	중
396	○ 동네북이냐.	• 이 사람 저 사람에게 놀림을 당하는 것.	저
397	○ 동네 색시 믿고 장가 못 간다.	• 터무니없는 것을 믿다가 일을 그르치게 된다.	중
398	○ 동네 송아지는 커도 송아지란다.	• 항상 눈앞에 두고 보면 자라나고 변하는 것을 알아보기 어렵다는 말.	고
399	○ 동녘이 훤하면 날 새는 줄 안다.	• 해가 뜨면 아침인 줄 알고 해가 지면 밤인 줄 아는 경우 그 정도의 어리석은 사람을 이름.	고
400	○ 동무 따라 강남 간다.	• 하고 싶지도 않은 일을 친구에게 끌려 같이 간다.	저
401	○ 동헌에서 원님 칭찬하듯 한다.	• 사실은 칭찬할 것도 없는데 공연히 꾸며서 칭찬하는 것.	중
402	○ 되 글을 가지고 말 글로 써먹는다.	• 글을 조금 배워 가지고 가장 효과 있게 써먹는다.	고
403	○ 되로 주고 말로 받는다.	• 남을 조금 건드렸다가 크게 앙갚음을 당함.	중
404	○ 될 성싶은 나무는 떡잎부터 알아본다.	• 장래성이 있는 사람은 어릴 때부터 다른 데가 있다.	저
405	○ 두꺼비 씨름하듯 한다.	• 서로 힘이 비슷하여 아무리 싸우더라도 승부가 나지 않는 것처럼 피차 매일반 이라는 뜻.	저

순	속 담	뜻 풀 이	지도 학년
406	○ 두꺼비 파리 잡아먹듯 한다.	• 무엇이고 닥치는 대로 사양 않고 받아 마시는 것을 이름.	중
407	○ 두레박은 우물 안에서 깨진다.	• 정든 고장은 떠나기 어렵듯이 한 번 몸에 밴 직업은 죽을 때까지 종사하게 된다는 뜻.	고
408	○ 두부 먹다 이 빠진다.	• 방심하는 데서 뜻밖의 실수를 한다는 말.	고
409	○ 두 손뼉이 맞아야 소리가 난다.	• 무엇이든지 상대가 있어야 하며 혼자서는 하기가 어렵다는 뜻.	저
410	○ 두 손 털고 나선다.	• 수단과 방법은 여하튼 결과가 마찬가지라는 말.	고
411	○ 둘러치나 메어치나 매일반이다.	• 수단과 방법은 여하튼 결과가 마찬가지라는 말.	고
412	○ 둘이 먹다 하나가 죽어도 모르겠다.	• 음식이 매우 맛있다는 말.	중
413	○ 둥근 돌은 구르나 모난 돌은 박힌다.	• 성격이 원만한 사람은 재물을 지키지 못하지만 성미가 급하고 날카로운 사람은 재물을 지킨다는 뜻.	중
414	○ 뒤웅박 차고 바람 잡는다.	• 맹랑하고 허황된 짓을 하는 사람을 이름.	고
415	○ 뒷간과 사돈집은 멀어야 한다.	• 뒷간은 가까우면 냄새가 나고 사돈집은 가까우면 이러쿵저러쿵 말이 많으므로 그것을 경계한 말.	고
416	○ 뒷간에 갈 적 마음 다르고 올 적 마음 다르다.	• 제 사정이 급할 때는 다급하게 굴다가 제 할 일을 다 하면 마음이 변한다.	중
417	○ 뒷구멍으로 호박씨 깐다.	• 겉으로는 얌전한 척하면서 속으로는 음흉한 것.	중
418	○ 드는 정은 몰라도 나는 정은 안다.	• 대인 관계에서 정이 드는 것은 의식하지 못해도 싫어질 때는 바로 느낄 수 있다는 뜻.	고
419	○ 드문드문 걸어도 황소걸음이다.	• 속도는 느리지만 일은 착실히 해 나간다는 말.	중
420	○ 듣기 좋은 꽃노래도 한두 번이다.	• 좋은 말이라도 되풀이하면 듣기 싫다.	중
421	○ 들어서 죽 쑨 놈은 나가도 죽 쑨다.	• 집에서 늘 일하던 사람은 다른 곳에 가도 일만 하게 된다는 뜻(집에서 새는 바가지 들에 가도 샌다.).	고
422	○ 들으면 병이요 안 들으면 약이다.	• 걱정되는 일은 차라리 아니 듣는 것이 낫다는 말.	고
423	○ 들은풍월 얻은 문자다.	• 자기가 직접 공부해서 배운 것이 아니라 보고 들어서 알게 된 글이라는 뜻.	중
424	○ 등잔 밑이 어둡다.	• 가까운 곳에서 생긴 일을 잘 모른다.	저
425	○ 등잔불에 콩 볶아 먹는 놈	• 어리석고 옹졸하며 하는 짓마다 보기에 답답한 일만 하는 사람을 두고 이름.	중
426	○ 등치고 간 내 먹는다.	• 겉으로는 제법 위하는 척하면서 실상으로는 해를 끼친다는 뜻.	저
427	○ 디딜방아질 삼 년에 엉덩이춤만 배웠다.	• 디딜방아질을 오랫동안 하다 보면 엉덩이춤도 절로 추게 된다는 뜻.	저
428	○ 따 놓은 당상이다.	• 확정된 일이니 염려 없다는 뜻.	저
429	○ 딸이 셋이면 문 열어 놓고 잔다.	• 딸이 여럿이면 재산이 다 없어진다는 말.	중

순	속 담	뜻 풀 이	지도 학년
430	○ 땅 넓은 줄은 모르고 하늘 높은 줄만 안다.	• 키가 홀쭉하게 크고 마른 사람을 보고 하는 말.	중
431	○ 땅 짚고 헤엄치기	• 쉽고 안전하며 실패할 염려가 없다.	저
432	○ 때리는 시어머니보다 말리는 시누이가 더 밉다.	• 가장 자기를 위해 주는 듯이 하면서도 속으로는 해하려는 사람이 가장 밉다는 비유.	고
433	○ 떠들기는 천안(天安) 삼거리 같다.	• 늘 끊이지 않고 떠들썩한 것.	고
434	○ 떡국 값이나 해라.	• 나잇값이나 제대로 하라는 뜻.	저
435	○ 떡도 먹어 본 사람이 먹는다.	• 무슨 일이나 경험이 풍부한 사람이라야 그 일을 능숙하게 한다는 의미.	중
436	○ 떡방아 소리 듣고 김칫국 찾는다.	• 준비가 너무 지나치게 빠르다는 말.	고
437	○ 떡 본 김에 제사 지낸다.	• 본 김에 처리해 버린다는 뜻.	저
438	○ 떡 주무르듯 한다.	• 먹고 싶은 떡을 자기 마음대로 주무르듯이 무슨 일을 자기가 하고 싶은 대로 하며 산다는 뜻.	중
439	○ 떡 줄 사람은 생각하지도 않는데 김칫국부터 마신다.	• 상대편은 생각하지도 않는데 자기가 지레짐작으로 된 일로 생각하고 행동한다는 말.	중
440	○ 똥구멍으로 호박씨 깐다.	• 겉으로 어수룩해 보이나 속이 음흉하여 딴짓하는 것을 말함.	저
441	○ 똥구멍이 찢어지게 가난하다.	• 매우 가난하다는 뜻.	저
442	○ 똥 누고 밑 안 씻은 것 같다.	• 뒤끝을 맺지 못하여 꺼림칙하다는 말.	저
443	○ 똥 누러 갈 적 마음 다르고 올 적 마음 다르다.	• 사람의 마음은 한결같지 않아서 제가 아쉽고 급할 때는 애써 다니다가 그 일이 끝나면 모르는 체하고 있다는 뜻.	중
444	○ 똥 먹던 개는 안 들키고 재 먹던 강아지는 들킨다.	• 크게 나쁜 일을 저지른 자는 오히려 버젓하게 살고 있는데 죄 없는 사람이 죄를 뒤집어쓴다는 말.	고
445	○ 똥 묻은 개가 겨 묻은 개 나무란다.	• 제게는 큰 흉이 있는 사람이 도리어 작은 흉 가진 이를 조롱한다는 말.	저
446	○ 똥 싼 놈이 성낸다.	• 잘못은 제가 저질러 놓고 오히려 화를 남에게 낸다는 말.	중
447	○ 똥 싼 주제에 매화타령 한다.	• 잘못하고도 뉘우치지 못하고 비위 좋게 행동하는 사람을 비웃는 말.	중
448	○ 똥은 건드릴수록 구린내만 난다.	• 악한 사람하고는 접촉할수록 불쾌한 일이 생긴다.	고
449	○ 똥이 무서워서 피하나.	• 악하거나 더러운 사람은 상대하여 겨루는 것보다 피하는 것이 낫다.	중
450	○ 뚝배기보다 장맛이 좋다.	• 겉모양보다 내용이 훨씬 낫다.	저
451	○ 뜨거운 국에 맛 모른다.	• 사리를 알지 못하고 날뛰거나 혹은 무턱대고 행동하는 사람을 가리키는 말.	중
452	○ 뜨고도 못 보는 당달봉사	• 무식하여 전혀 글을 못 본다는 뜻.	고

순	속 담	뜻 풀 이	지도학년
453	○ 뜨물 먹고 주정한다.	• 술도 먹지 않고 공연히 취한 체하면서 주정한다는 말. • 거짓말을 몹시 한다는 뜻.	고
454	○ 뜬쇠도 달면 어렵다.	• 성질이 온화하고 착한 사람도 한 번 노하면 무섭다는 뜻.	중
455	○ 마누라가 귀여우면 처갓집 쇠말뚝 보고도 절한다.	• 아내가 사랑스럽고 소중한 마음이 생기면 처갓집의 것은 무엇이나 다 사랑스러워진다는 뜻. (쇠: 소<牛>)	중
456	○ 마누라 자랑은 팔불출의 하나다.	• 자기 아내를 자랑하는 것은 여덟 가지 못난 짓 중에 하나라는 말.	저
457	○ 마소의 새끼는 시골로 보내고 사람의 자녀는 서울로 보내라.	• 사람은 도회지에서 배워야 견문도 넓어지고 잘될 수 있다는 말.	저
458	○ 마음에 있어야 꿈을 꾸지.	• 도무지 생각이 없으면 꿈도 안 꾸어진다는 말.	중
459	○ 마음은 굴뚝 같다.	• 속으로는 하고 싶은 마음이 많다.	저
460	○ 마파람에 게 눈 감추듯	• 음식을 어느 곁에 먹었는지 모를 만큼 빨리 먹어 버림을 이름.	중
461	○ 맏딸은 세간 밑천이다.	• 맏딸은 시집가기 전까지 집안 살림을 도와주기 때문에 밑천이 된다는 뜻.	고
462	○ 말꼬리의 파리가 천 리 간다.	• 남의 세력에 기운을 편다.	고
463	○ 말똥에 굴러도 이승이 좋다.	• 아무리 고생을 하고 천하게 살더라도 죽는 것보다는 낫다는 말.	중
464	○ 말로 주고 되로 받는다.	• 많이 주고 적게 받아 항상 손해만 보게 된다는 말.	저
465	○ 말 많은 집은 장맛도 쓰다.	• 말 많은 집안은 살림이 잘 안 된다.	저
466	○ 말 안 하면 귀신도 모른다.	• 무슨 일이든 말을 해야 안다는 뜻.	중
467	○ 말은 할수록 늘고, 되질은 할수록 준다.	• 말은 보태고 떡은 뗀다.	고
468	○ 말은 해야 맛이고 고기는 씹어야 맛이다.	• 말은 하는 데 묘미가 있고 음식은 씹는 데 참맛이 있다는 뜻(할 말은 해야 된다는 뜻.).	중
469	○ 말이 많으면 쓸 말이 적다.	• 말이 많으면 오히려 효과가 적다.	저
470	○ 말 타면 경마 잡히고 싶다.	• 사람의 욕심이란 한이 없다.	중
471	○ 말 한마디로 천 냥 빚도 갚는다.	• 말을 잘하면 어려운 일이나 불가능한 일도 해결할 수 있다.	저
472	○ 맛없는 국이 뜨겁기만 하다.	• 못된 사람이 오히려 까다롭게 군다는 말.	중
473	○ 맛 좋고 값싼 갈치자반.	• 한 가지 일로 두 가지 이익을 얻을 때 하는 말.	고
474	○ 맑은 물에 고기 안 논다.	• 너무 청렴하면 뇌물이 없다는 뜻(사람이 너무 깔끔하면 재물이 따르지 않는다는 말.).	저
475	○ 망건 쓰고 세수한다.	• 일의 순서가 뒤바뀌었다는 뜻.	저
476	○ 망건 쓰자 파장된다.	• 일이 늦어져 소기의 목적을 이루지 못함.	중
477	○ 망둥이가 뛰니까 꼴뚜기도 뛴다.	• 남이 하니까 멋도 모르고 따라서 함.	중

순	속 담	뜻 풀 이	지도 학년
478	○ 망신살이 무지갯살 뻗치듯 한다.	• 많은 사람으로부터 심한 원망과 욕을 먹게 되었을 때 쓰는 말.	고
479	○ 망신하려면 아버지 이름자도 안 나온다.	• 망신을 당하려면 내내 잘되던 일도 틀어진다는 뜻.	고
480	○ 망치로 얻어맞고 홍두깨로 친다.	• 복수란 인제나 제가 받은 피해보다 더 무섭게 한다는 뜻.	고
481	○ 맞기 싫은 매는 맞아도 먹기 싫은 음식은 못 먹는다.	• 음식이란 먹기 싫으면 아무리 먹으려 해도 먹을 수 없다는 말.	고
482	○ 매도 먼저 맞는 놈이 낫다.	• 당해야 할 일은 먼저 치르고 나는 것이 낫다.	중
483	○ 매사는 간주인이다.	• 무슨 일이나 주인이 맡아서 재량껏 하는 법이라는 말.	중
484	○ 매사는 불여튼튼	• 어떤 일이든지 튼튼히 하여야 한다는 뜻.	중
485	○ 매 앞에 장사 없다.	• 아무리 힘센 사람이라도 때리는 데는 꼼짝없이 굴복하게 된다는 뜻.	중
486	○ 맥도 모르고 침통 흔든다.	• 사리나 내용도 모르고 무턱대고 덤빈다는 말.	고
487	○ 맹물 먹고 속 차려라.	• 찬물을 먹고 속을 식혀서 다시 바른 마음을 갖도록 하라는 뜻.	저
488	○ 머리 검은 짐승은 구제를 말랬다.	• 사람들 중에는 짐승보다도 남의 은혜를 모르는 뻔뻔한 사람이 있으므로 이런 사람은 아예 구제도 해 주지 말라는 뜻.	중
489	○ 먹을 때는 개도 아니 때린다.	• 음식을 먹는 사람을 때리거나 꾸짖지 말라는 뜻.	저
490	○ 먹은 소가 똥을 누지.	• 공을 들여야 효과가 있다.	저
491	○ 먹을 가까이 하면 검어진다.	• 못된 사람과 같이 어울려 다니면 그와 같은 좋지 못한 행실에 물든다는 말.	고
492	○ 먹지도 못하는 제사에 절만 죽도록 한다.	• 아무 소득이 없는 일에 수고만 한다.	중
493	○ 먹지 않는 씨아에서 소리만 난다.	• 일 하는 체하고 떠벌리기만 한다.	고
494	○ 먼 사촌보다 가까운 이웃이 낫다.	• 남이지만 이웃에 사는 사람은 평시나 위급한 때에 도와줄 수 있어 먼 데 사는 친척보다 더 낫다는 말.	저
495	○ 메기가 눈은 작아도 저 먹을 것은 안다.	• 아무리 어리석고 우둔한 사람이라도 저에게 유리한 것은 잘 알아본다는 말.	중
496	○ 메뚜기도 오뉴월이 한철이다.	• 제때를 만난 듯이 날뛰는 자를 풍자하는 말.	중
497	○ 며느리 사랑은 시아버지, 사위 사랑은 장모	• 며느리는 보통 시아버지의 귀염을 받고 사위는 장모가 위한다는 뜻.	고
498	○ 명태 한 마리 놓고 딴전 본다.	• 곁에 벌여 놓고 있는 일보다는 딴 벌이 하는 일이 있다는 뜻.	중
499	○ 모기 다리의 피 뺀다.	• 교묘한 수단으로 없는 데서도 긁어내거나 빈약한 사람을 착취한다는 말.	저

순	속　담	뜻　풀　이	지도학년
500	○ 모기 칼 빼기.	• 시시한 일에 성을 냄을 가리키는 말.	중
501	○ 모난 돌이 정 맞는다.	• 말과 행동에 모가 나면 미움을 받는다.	저
502	○ 모래 위에 물 쏟는 격	• 소용없는 일을 함을 말함.	저
503	○ 모로 가도 서울만 가면 된다.	• 수단과 방법을 가리지 않고 목적만 이루면 된다.	고
504	○ 모르는 게 약이요, 아는 게 병이다.	• 아무것도 아는 것이 없으면 도리어 마음이 편하여 좋으나, 무얼 좀 알고 있으면 걱정거리가 되어 해롭다는 말.	저
505	○ 모진 놈 옆에 있다가 벼락 맞는다.	• 모진 사람하고 같이 있다가 그 사람에게 내린 화를 같이 입는다.	고
506	○ 모처럼 태수가 되니 턱이 떨어진다.	• 목적한 일이 모처럼 달성되었는데 그것이 헛일이 되고 말았다는 뜻.	고
507	○ 목구멍이 포도청이다.	• 먹는 일 때문에 해서는 안 될 일까지 한다.	저
508	○ 목마른 놈이 우물 판다.	• 제가 급해야 서둘러 일을 시작한다.	중
509	○ 못된 송아지 엉덩이에 뿔이 난다.	• 사람답지 못한 사람이 교만한 행동을 한다.	저
510	○ 못된 일가 항렬만 높다.	• 쓸데없는 친척이 촌수만 높다는 말.	고
511	○ 못 먹는 감 찔러나 본다.	• 일이 제게 불리할 때에 심술을 부려 훼방한다.	저
512	○ 못생긴 며느리 제삿날에 병난다.	• 미운 사람이 더욱 미운 짓만 한다는 뜻.	고
513	○ 못 입어 잘난 놈 없고 잘 입어 못난 놈 없다.	• 옷차림의 중요성을 나타낸 말.	고
514	○ 무당이 제 굿 못 하고 소경이 저 죽을 날 모른다.	• 제가 제 할 일을 처리하기는 힘들다는 말.	고
515	○ 무른 땅에 말뚝 박기.	• 일하기 쉽다는 말.	중
516	○ 무소식이 희소식이다.	• 객지에 가 있는 사람이 아무 소식도 전해 주지 않는 것은 어떤 사고나 실패가 없다는 증거이므로 오히려 희소식이라는 뜻.	중
517	○ 무쇠도 갈면 바늘 된다.	• 꾸준히 노력하면 아무리 어려운 일도 이룰 수 있다는 말.	고
518	○ 무자식이 상팔자다.	• 자식 때문에 괴로움이 많다.	중
519	○ 문전 나그네 혼연 대접.	• 어떤 신분의 사람이라도 자기를 찾아온 사람은 친절히 대하라는 말.	중
520	○ 물동이 이고 하늘 보기다.	• 동이를 머리에 이고 하늘을 보면 동이에 가려서 하늘이 보일 리 없듯이 어리석은 행동을 한다는 뜻.	고
521	○ 물 밖에 난 고기	• 죽고 사는 운명이 이미 결정되어 있다는 뜻(도마 위에 오른 고기).	중
522	○ 물방아 물도 서면 언다.	• 물방아가 정지하고 있으면 그 물도 얼듯이 사람도 운동을 하지 않고 있으면 건강이 나빠진다는 뜻.	고
523	○ 물 본 기러기 꽃 본 나비	• 바라던 바를 이루어 득의양양함을 이르는 말.	고

순	속 담	뜻 풀 이	지도 학년
524	○ 물불을 가리지 않는다.	• 어떠한 위험이라도 헤아리지 않고 뛰어드는 저돌적인 행동을 이름(물인지 불인지 모른다.).	저
525	○ 물에도 체한다.	• 방심하다가는 큰 실수를 할 수 있으므로 사소한 일이라도 조심성 있게 하라는 뜻.	저
526	○ 물에 물 단 듯, 술에 술 탄 듯 하다.	• 그 효과와 변화가 조금도 없음을 뜻한 말.	중
527	○ 물에 빠지면 지푸라기도 잡는다.	• 사람이 위급한 일을 당하면 보잘것없는 이에게라도 의지하려 한다는 말.	고
528	○ 물에 빠진 놈 건져 놓으니까 봇짐 내라 한다.	• 남에게 신세를 지고 그것을 갚기는커녕 도리어 그 은인을 원망한다는 말.	고
529	○ 물에 빠진 생쥐	• 몸이 흠뻑 젖어 있음을 말함.	저
530	○ 물 위에 기름	• 서로 융화하지 않는 것.	저
531	○ 물은 건너 보아야 알고 사람은 지내보아야 안다.	• 사람은 겉으로만 보아서 그 속을 잘 알 수 없으므로 실제로 겪어 봐야 바로 안다는 말.	고
532	○ 물은 트는 대로 흐른다.	• 사람은 가르치는 대로 따라 교화되고 일은 사람이 주선하는 대로 된다는 뜻.	중
533	○ 물이 깊어야 고기가 모인다.	• 자기 덕이 커야 남이 많이 따른다는 말.	중
534	○ 물이 깊을수록 소리가 없다.	• 덕망이 높고 생각이 깊은 사람일수록 잘난 체 하거나 아는 체 떠벌이지 않는다는 말.	고
535	○ 물이 아니면 건너지 말고, 인정이 아니면 사귀지 마라.	• 사람을 사귈 때 인정으로 사귀지 잇속이나 다른 목적으로 교제할 것이 아니라는 뜻.	고
536	○ 미꾸라지 한 마리가 온 물을 흐린다.	• 나쁜 사람 하나가 온 집안이나 온 세상을 더럽히고 어지럽게 한다는 말.	저
537	○ 미꾸라지 용 되었다.	• 가난하고 보잘것없던 사람이 크게 되었다는 뜻.	저
538	○ 미운 놈 떡 하나 더 준다.	• 미운 사람일수록 더 잘 대우해 주어야 호감을 갖도록 한다는 뜻.	중
539	○ 미운 털이 박혔다.	• 몹시 미워하며 못살게 구는 것을 비웃는 말.	중
540	○ 미친년이 달밤에 널뛰듯 한다.	• 무슨 일이든 행동이 몹시 경솔하고 침착하지 못한 사람을 가리키는 말.	중
541	○ 미친 체하고 떡판에 엎드린다.	• 잘못인 줄 알면서도 욕심을 부리는 것을 말함.	고
542	○ 믿는 도끼에 발등 찍힌다.	• 아무 염려 없다고 믿고 있던 일이 뜻밖에 실패한다는 뜻(믿고 있던 사람한테 도리어 해를 입었을 때 쓰는 말.).	저
543	○ 밀가루 장사하면 바람 불고 소금 장사하면 비가 온다.	• 운수가 사나우면 당하는 일마다 공교롭게 안 된다는 말.	중
544	○ 밑도 끝도 없다.	• 시작도 끝맺음도 없다 함이니, 까닭도 모를 말을 불쑥 꺼낸다는 말.	저
545	○ 밑 빠진 독에 물 붓기다.	• 아무리 하여도 한이 없고 한 보람도 보이지 않는 경우에 쓰는 말.	저
546	○ 바가지로 긁는다.	• 아내가 남편에게 불평 섞인 잔소리를 늘어놓는 것.	중

순	속 담	뜻 풀 이	지도 학년
547	○ 바늘 가는 데 실 간다.	• 서로 밀접한 관계에 있는 것끼리 떨어지지 아니하고 항상 따른다는 것.	저
548	○ 바늘구멍으로 하늘 보기.	• 견문이 좁은 사람을 말한다.	고
549	○ 바늘구멍으로 황소바람 들어온다.	• 추울 때는 아무리 작은 문구멍으로 새어 들어오는 바람도 몹시 차다는 뜻.	고
550	○ 바늘 도둑이 소 도둑 된다.	• 아주 작은 도둑이 자라서 큰 도둑이 된다는 뜻.	저
551	○ 바늘로 몽둥이를 막는 격이다.	• 바늘로 몽둥이를 막을 수 없듯이 도저히 감당하지 못할 행동을 한다는 뜻.	고
552	○ 바늘방석에 앉은 것 같다.	• 자리에 그대로 앉아 있기가 몹시 불안하다.	중
553	○ 바다는 메워도 사람의 욕심은 못 채운다.	• 사람의 욕심은 한이 없다는 말.	고
554	○ 바람 부는 대로 물결치는 대로	• 확고한 줏대가 없다는 뜻. • 정처 없이 떠돌아다니는 것.	중
555	○ 바위를 차면 제 발부리만 아프다.	• 일시적 흥분을 참지 못하고 일을 저지르면 제게만 해롭다.	고
556	○ 바지저고리만 다닌다.	• 사람이 아무 속이 없고 분수가 없이 행동함.	중
557	○ 받아 놓은 밥상	• 작정한 일이 확실하여 아주 틀림없다는 뜻.	저
558	○ 발가락의 티눈만큼도 안 여긴다.	• 업신여김이 매우 심하다는 뜻.	고
559	○ 발등에 불이 떨어졌다.	• 갑자기 피할 수 없는 급한 일이 닥쳐왔다는 뜻.	저
560	○ 발 벗고 나서도 못 따라간다.	• 아무리 노력하더라도 도저히 따라갈 수 없을 정도로 차이가 많이 난다는 의미.	중
561	○ 발 없는 말이 천 리 간다.	• 비밀로 한 말도 잘 퍼지니 말조심하라는 뜻.	저
562	○ 발을 뻗고 잔다.	• 어려운 일에서 벗어나 마음 놓고 편히 잔다.	저
563	○ 밤말은 쥐가 듣고 낮말은 새가 듣는다.	• 항상 말을 조심하라는 뜻.	저
564	○ 밥 빌어다가 죽을 쑤어 먹겠다.	• 게으르고 어리석은 사람을 두고 하는 말.	고
565	○ 방귀가 잦으면 똥 싸기 쉽다.	• 무슨 일이고 그 징조가 자주 보이면 결국은 그 일이 일어난다는 뜻.	중
566	○ 방바닥에서 낙상한다.	• 마음을 놓는 데서 실수가 생기는 것이니 항상 조심하라는 말.	중
567	○ 배고픈 놈더러 요기시키란다.	• 자기도 죽겠는데 도와 달라고 한다는 말.	중
568	○ 배 먹고 이 닦기	• 한 가지 일로 두 가지 이로움이 있다는 뜻.	저
569	○ 배보다 배꼽이 크다.	• 의례 작아야 될 물건이나 그에 딸린 것이 도리어 크다.	저
570	○ 배부른 흥정이다.	• 별로 관심이 없다는 뜻.	저
571	○ 배지 않은 아이를 낳으라 한다.	• 무리한 요구를 함.	중
572	○ 백미에도 뉘가 있고 옥에도 티가 있다.	• 아무리 훌륭한 사람이라 하더라도 사소한 실수를 저지를 수 있다는 말.	고

순	속 담	뜻 풀 이	지도 학년
573	○ 백 번 듣는 것이 한 번 보는 것만 못하다.	• 실제 한 번 보는 것이 간접으로 백 번 듣는 것보다 확실하다는 뜻(백문이불여일견: 百聞而不如一見).	저
574	○ 백일 장마에도 하루만 더 왔으면 한다.	• 자기 이익 때문에 자기 본위로 이야기하는 것을 말한다.	고
575	○ 백지장도 맞들면 낫다.	• 아무리 쉬운 일이라도 여럿이 하면 더 쉽다.	저
576	○ 밴댕이 콧구멍 같다.	• 밴댕이 콧구멍마냥 몹시 소견이 좁고 용렬하여 답답한 사람을 두고 하는 말(밴댕이 소갈머리다.).	
577	○ 밴 아이 사내 아니면 계집아이	• 할 일이 둘 중의 어느 하나라고 할 때 쓰는 말.	고
578	○ 뱁새가 황새를 따라가면 다리가 찢어진다.	• 분수에 넘치는 짓을 하면 도리어 해만 입는다는 뜻.	중
579	○ 뱁새는 작아도 알만 잘 낳는다.	• 작아도 제구실 못 하는 법이 없다.	중
580	○ 버들가지가 바람에 꺾일까.	• 부드러워서 곧 바람에 꺾일 것 같은 버들가지가 끝까지 꺾이지 않듯이 부드러운 것이 단단한 것보다 더 강하다는 뜻.	고
581	○ 버선이라면 뒤집어나 보이지.	• 버선이 아니라 뒤집어 보일 수도 없기 때문에 상대방의 의심을 풀어 주지 못하여 매우 답답하고 속상하다는 의미.	고
582	○ 번개가 잦으면 천둥을 친다.	• 자주 말이 나는 일은 마침내 그대로 되고야 만다.	저
583	○ 번갯불에 콩 볶아 먹겠다.	• 행동이 매우 민첩하고 빠르다.	저
584	○ 벌거벗고 환도 찬다.	• 그것이 그 격에 어울리지 않음을 두고 이르는 말.	고
585	○ 벌집을 건드렸다.	• 섣불리 건드려서 큰 골칫거리를 만났을 때의 말.	저
586	○ 범에게 물려가도 정신만 차리면 산다.	• 아무리 위험한 경우에 이르러도 정신만 차리면 살 수 있다.	고
587	○ 범 없는 골에 토끼가 선생	• 잘난 사람이 없는 곳에서 못난 사람이 잘난 체한다.	저
588	○ 법은 멀고 주먹은 가깝다.	• 이치를 따져서 해결하는 것보다 앞뒤를 헤아림 없이 폭력을 먼저 쓰게 된다는 뜻.	중
589	○ 벗 따라 강남 간다.	• 친구를 따라서는 먼 길이라도 간다는 뜻.	저
590	○ 벙어리 냉가슴 앓는다.	• 남에게 말하지 못하고 혼자만 걱정한다는 뜻.	중
591	○ 벙어리 속은 그 어미도 모른다.	• 설명을 듣지 않고는 그 내용을 알 수 없다는 뜻.	고
592	○ 벙어리 재판	• 아주 곤란한 일을 두고 하는 말.	중
593	○ 벼락 치는 하늘도 속인다.	• 벼락을 치는 하늘까지도 속이는데 사람 속이는 것은 예사로 하며 보통이라는 뜻.	고
594	○ 벼룩도 낯짝이 있다.	• 너무나도 뻔뻔스러운 사람을 보고 하는 말.	중
595	○ 벼룩의 간에 육간대청을 짓겠다.	• 도량이 좁고 하는 일이 이치에 어긋남.	고
596	○ 벼룩의 간을 내어 먹지.	• 극히 적은 이익을 당찮은 곳에서 얻으려 한다는 뜻.	중

순	속 담	뜻 풀 이	지도 학년
597	○ 벼 이삭은 잘 익을수록 고개를 숙인다.	• 이삭이 잘 익으면 고개를 숙이듯이 훌륭한 사람일수록 교만하지 않고 겸손하다는 뜻.	중
598	○ 변죽을 치면 복판이 울린다.	• 슬며시 귀띔만 해 주어도 눈치가 빠른 사람은 곧 알아듣는다는 의미.	고
599	○ 병신 달밤에 체조한다.	• 못난 자가 더욱더 미운 짓만 한다는 뜻.	저
600	○ 병신이 육갑한다.	• 되지 못한 자가 엉뚱한 짓을 할 때 하는 말.	저
601	○ 병신자식이 효도한다.	• 생각지도 않은 사람이 일을 이루거나 했을 때 쓰는 말.	중
602	○ 병 주고 약 준다.	• 해를 입힌 뒤에 어루만진다는 뜻.	저
603	○ 보기 좋은 떡이 먹기도 좋다.	• 내용이 좋으면 겉모양도 반반하다는 뜻.	중
604	○ 보리누름에 선 늙은이 얼어 죽는다.	• 따뜻해야 할 계절에 도리어 춥게 느껴지는 때에 쓰는 말.	고
605	○ 보리밥에는 고추장이 제격이다.	• 무엇이거나 자기의 격에 알맞도록 해야 좋다는 뜻.	고
606	○ 보리 주면 오이 안 주랴.	• 제 것은 아끼면서 남만 인색하다고 여기는 사람에게 하는 말.	고
607	○ 보채는 아이 밥 한 술 더 준다.	• 가만히 있지 말고 서둘러야 한다는 말이다.	저
608	○ 복날 개 패듯 한다.	• 복날 개를 잡기 위해 개를 패듯이 모질게 매질을 한다는 말.	중
609	○ 복불복이다.	• 똑같은 경우와 환경에서 여러 사람의 운이 각각 차이가 난다는 말.	고
610	○ 볶은 콩에서 싹이 날까.	• 전혀 가망성이 없음.	저
611	○ 볼기도 벗었다가 안 맞으면 섭섭하다.	• 설혹 손해가 되는 일이라 할지라도 시작하려다가 그만두게 되면 섭섭하다는 뜻.	중
612	○ 봄비에 얼음 녹듯 한다.	• 봄비에 얼음이 잘 녹듯이 무슨 일이 쉽게 해결된다는 의미.	저
613	○ 봉사가 개천 나무란다.	• 제 잘못은 모르고 남을 탓한다는 말.	고
614	○ 봉사 문고리 잡기.	• 소경이 문고리 잡기 어렵듯 아주 어려운 일을 두고 하는 말.	중
615	○ 부뚜막의 소금도 집어넣어야 짜다.	• 쉽고 좋은 기회나 형편도 이용하지 않으면 소용이 없다.	고
616	○ 부모 수치가 자식 수치다.	• 자식 된 자는 부모에게 부끄러움을 끼치지 않도록 잘 모셔야 한다는 뜻.	고
617	○ 부부 싸움은 칼로 물 베기.	• 부부간의 싸움이란 하나 마나 금방 의가 좋아진다는 뜻.	저
618	○ 부자는 망해도 삼 년 먹을 것이 있다.	• 부자이던 사람은 망했다 해도 얼마 동안은 그럭저럭 살아 나갈 수 있다는 뜻.	고
619	○ 부잣집 맏며느릿감	• 얼굴이 복스럽고 후하게 생긴 처녀를 보고 하는 말.	중

순	속 담	뜻 풀 이	지도 학년
620	○ 부잣집 외상보다 비렁뱅이 맞돈이 좋다.	• 아무리 튼튼한 자리라도 뒤로 미루는 것보다는 현재 충실한 것이 좋다는 뜻.	고
621	○ 부조는 않더라도 제상이나 치지 마라.	• 도와주지도 말고 폐도 끼치지 마라.	고
622	○ 부지런한 물레방아는 얼 새도 없다.	• 무슨 일이고 부지런히 하면 실수가 없고 성사가 된다는 뜻.	중
623	○ 부처님 가운데 토막.	• 마음이 어질고 조용한 사람.	저
624	○ 부처님 위하여 불공하나.	• 남을 위하는 것 같지마는 실상 사람이 하는 모든 일은 결국 자기를 위하는 것이라는 뜻.	중
625	○ 부처도 다급하면 거짓말을 한다.	• 훌륭한 사람이라도 자기가 다급한 사정이 있을 경우에는 거짓말을 하게 된다는 뜻.	중
626	○ 북은 칠수록 소리가 난다.	• 하면 할수록 그만큼 손해만 커진다는 말.	고
627	○ 분다 분다 하니 하루아침에 왕겨 석 섬 분다.	• 잘한다고 추어주니까 무작정 자꾸 한다는 뜻.	고
628	○ 불난 데 부채질한다.	• 엎친 데 덮치는 격으로 불운한 사람을 더 불운하게 만들거나 노한 사람을 더 노하게 한다.	저
629	○ 불면 꺼질까 쥐면 터질까.	• 어린 자녀를 아주 소중히 기른다는 말.	고
630	○ 불알 두 쪽만 대그락거린다.	• 집 안에 재산이라고는 아무것도 없고 다만 알몸뚱이밖에 없다는 뜻.	고
631	○ 불에 놀란 놈은 부지깽이만 보아도 놀란다.	• 무엇에 몹시 혼이 난 사람은 그에 관련 있는 물건만 보아도 겁을 낸다.	중
632	○ 비는 데는 무쇠도 녹는다.	• 자기의 잘못을 뉘우치고 빌면 아무리 완고한 사람이라도 용서해 준다는 말.	중
633	○ 비단옷을 입으면 어깨가 올라간다.	• 가난하게 살던 사람이 갑자기 돈을 벌게 되면 제 분수도 모르고 우쭐대게 된다는 뜻.	고
634	○ 비단옷 입고 밤길 걷기.	• 애써도 보람이 없음을 비유하는 말.	저
635	○ 비둘기는 콩밭에만 마음이 있다.	• 현재 하고 있는 일과는 달리 속마음은 엉뚱한 곳에 가 있다는 말.	중
636	○ 비 온 뒤에 땅이 굳어진다.	• 풍파를 겪고 나서야 일이 더욱 단단해진다는 뜻.	저
637	○ 빈 수레가 더 요란하다.	• 지식이 없고 교양이 부족한 사람이 더 아는 체하고 떠든다는 말.	저
638	○ 빚진 죄인이다.	• 빚을 진 사람은 빚쟁이에게 기가 죽어 죄인처럼 된다는 것.	고
639	○ 빛 좋은 개살구다.	• 겉만 좋고 실속은 없음을 일컫는 말.	저
640	○ 뺨 맞을 놈이 여기 때려라 저기 때려라 한다.	• 벌을 받을 놈이 도리어 큰소리 한다는 뜻.	고
641	○ 뺨을 맞아도 은가락지 낀 손에 맞는 것이 좋다.	• 이왕 욕을 당하거나 복종할 바에야 지위가 높고 덕망이 있는 사람에게 당하는 것이 낫다는 말.	고
642	○ 사공이 많으면 배가 산으로 올라간다.	• 무슨 일을 할 때 간섭하는 사람이 많으면 일이 잘 안 된다는 뜻.	저

순	속 담	뜻 풀 이	지도 학년
643	○ 사귀어야 절교하지.	• 사귀기도 전에 절교할 수 없듯이 서로 관계가 없으면 의를 상하지도 않는다는 뜻.	중
644	○ 사나운 개 콧등 아물 때가 없다.	• 남과 싸우기를 좋아하는 사람은 언제나 자기에게도 손해가 따름을 비유한 말.	중
645	○ 사내 등골 빼먹는다.	• 등골 속의 골을 뽑아 먹는다는 뜻으로 노는계집이 일하는 남자의 재물을 훑어 먹는다는 말.	고
646	○ 사또 떠난 뒤에 나팔 분다.	• 마땅히 하여야 할 때에 아니 하다가 그 시기가 지난 뒤에 함을 조롱하는 말.	중
647	○ 사돈 남 말을 한다.	• 제 일을 놔두고 남의 일에 말참견이 많다는 뜻.	저
648	○ 사돈의 팔촌	• 남과 다름없는 친척.	저
649	○ 사람과 쪽박은 있는 대로 쓴다.	• 살림살이를 하는 데 있어 쪽박이 있는 대로 다 쓰이듯이 사람도 제각기 쓸모 있다는 말.	중
650	○ 사람 위에 사람 없고 사람 밑에 사람 없다.	• 사람은 모두 평등하고 그 권리나 의무도 똑같다는 말.	저
651	○ 사람은 잡기를 해 보아야 마음을 안다.	• 사람의 본성은 투기성이 있는 놀음을 같이 해 보아야 잘 나타나서 그 사람의 참모습을 안다는 말.	중
652	○ 사람 살 곳은 골골이 있다.	• 이 세상은 어디에 가나 서로 도와주는 풍습이 있어 살아갈 수 있다는 말.	중
653	○ 사람은 태어나면 서울로 보내고 망아지는 제주로 보내라.	• 사람의 아들은 서울로 보내어 공부를 시켜 출세하도록 해야 하고, 망아지는 제주 목장으로 보내어 길들여 일을 시켜야 한다는 뜻.	고
654	○ 사람은 다 사람인가? 사람이 사람다워야 사람이지.	• 사람은 사람의 탈을 쓸 뿐만 아니라 사람이 사람다운 일을 해야 참다운 사람이라는 뜻.	중
655	○ 사람은 죽으면 이름을 남기고 범은 죽으면 가죽을 남긴다.	• 사람이 사는 동안 훌륭한 일을 하면 그 이름이 후세까지 빛나니 선행을 하여야 한다는 말.	고
656	○ 사람은 헌 사람이 좋고 옷은 새 옷이 좋다.	• 사람은 사귄 지 오래일수록 좋고 옷은 새것일수록 좋다는 말.	고
657	○ 사람의 마음은 조석변이라.	• 사람의 마음은 시시각각으로 변하기 쉽다는 말. • 사람의 마음은 하루에도 열두 번 변한다.	중
658	○ 사람 죽여 놓고 초상 치른다.	• 제가 잘못을 저질러 놓고 나서 도와준다는 말.	고
659	○ 사랑은 내리사랑	• 윗사람이 아랫사람을 사랑하기는 예사지만, 아랫사람이 윗사람 사랑하기는 어렵다는 뜻.	중
660	○ 사위는 백 년 손이요 며느리는 종신 식구라.	• 사위나 며느리는 모두 남의 자식이지만 며느리는 제집 사람이 되어 스스럼없으나 사위는 정분이 두터우면서도 끝내 손님처럼 어렵다는 말.	
661	○ 사위 선을 보려면 그 아버지를 먼저 보랬다.	• 그 아버지를 보면 사위 될 사람의 인품을 짐작할 수 있다는 뜻.	고
662	○ 사자어금니 같다.	• 사자의 어금니는 가장 요긴한 것이니 반드시 있어야만 하는 것을 말함.	중

순	속 담	뜻 풀 이	지도 학년
663	○ 사족을 못 쓴다.	• 무슨 일에 반하거나 혹하여 어쩔 줄 모른다.	중
664	○ 사주팔자에 없는 관을 쓰면 이마가 벗어진다.	• 제 분수에 넘치는 일을 하게 되면 도리어 괴롭다는 말.	고
665	○ 사촌이 땅을 사면 배가 아프다.	• 남이 잘됨을 매우 시기함을 일컫는 말.	저
666	○ 사흘 굶어 도둑질 아니 할 놈 없다.	• 착한 사람이라도 몹시 궁핍하게 되면 옳지 못한 짓도 저지르게 된다는 말.	중
667	○ 산 개가 죽은 정승보다 낫다.	• 아무리 구차하고 천한 신세라도 죽는 것보다는 사는 것이 낫다는 말.	고
668	○ 산 밑 집에 방앗공이가 논다.	• 그 고장 산물이 오히려 그곳에서 희귀하다는 말.	고
669	○ 산 사람의 목구멍에 거미줄 치랴.	• 사람은 아무리 가난하여도 입에 풀칠해 나갈 수 있다는 말.	중
670	○ 산에 들어가 호랑이를 피하랴.	• 이미 앞에 닥친 위험은 도저히 못 피한다.	고
671	○ 산에 가야 꿩을 잡고 바다에 가야 물고기를 잡는다.	• 일을 하려면 먼저 그 일의 목적지에 가야 일이 된다는 말.	고
672	○ 산은 오를수록 높고 물은 건널수록 깊다.	• 어려운 고비를 당하여 갈수록 점점 더 어렵고 곤란한 일만 생긴다는 뜻.	고
673	○ 산이 높아야 골이 깊다.	• 원인이나 조건이 갖추어져야 일이 이루어진다는 뜻.	고
674	○ 산전수전 다 겪었다.	• 세상의 온갖 고생과 어려움을 다 겪어 본 것의 비유.	저
675	○ 산 호랑이 눈썹	• 도저히 얻을 수 없는 것을 얻으려 하는 것.	중
676	○ 살강 밑에서 숟가락 줍는다.	• 횡재한 것 같으나 사실은 물건 임자가 분명한즉 헛좋았다는 말. • 아주 쉬운 일을 하고 자랑한다는 뜻.	중
677	○ 살림에는 눈이 보배다.	• 살림을 알뜰히 잘하려면 눈으로 잘 보살펴 처리해야 한다는 말.	중
678	○ 살아서 불효도 죽고 나면 슬퍼한다.	• 부모가 살았을 때 불효를 한 사람도 부모가 돌아가신 후에는 뉘우치고 슬퍼한다는 뜻.	저
679	○ 삼 년 먹여 기른 개가 주인 발등 문다.	• 오랫동안 은혜를 입은 사람이 도리어 그 은인을 해치며 비웃는다는 말.	중
680	○ 삼수갑산을 가도 님 따라 가랬다.	• 부부간에는 아무리 큰 고생이 닥치더라도 함께 극복해야 한다는 뜻.	고
681	○ 삼십육계에 줄행랑이 제일이다.	• 어려울 때는 그저 뺑소니치는 것이 제일이라는 뜻.	고
682	○ 삼촌 못난 것이 조카 짐만 지고 다닌다.	• 체구는 크면서 못난 짓만 하는 사람을 비웃는 말.	중
683	○ 상시에 먹은 맘이 취중에 난다.	• 누구나 술에 취하게 되면 평소에 가졌던 생각이 언행에 나타난다는 말(취중에 진담이 나온다.).	고
684	○ 상전 배부르면 종 배고픈 줄 모른다.	• 남의 사정은 조금도 알아주지 않고 저만 위할 줄 알고 제 욕심만 채우려는 사람을 일컫는 말.	고

순	속 담	뜻 풀 이	지도학년
685	○ 새도 가지를 가려서 앉는다.	• 친구를 사귀거나 사업을 함에 있어 잘 가리고 골라야만 한다는 뜻.	중
686	○ 새도 날려면 움츠린다.	• 어떤 일이든지 사전에 만반의 준비가 있어야 한다는 뜻에서 나온 말.	고
687	○ 새 발의 피	• 분량이 아주 작음을 비유한 말.	저
688	○ 새벽달 보자고 초저녁부터 기다린다.	• 일을 너무 서두른다는 뜻.	중
689	○ 새 옷도 두드리면 먼지 난다.	• 아무리 청백한 사람이라도 속속들이 파헤쳐 보면 부정이 드러난다는 뜻.	고
690	○ 새우 싸움에 고래 등 터진다.	• 아무 관련도 없는 사람이 해를 입는다는 뜻.	저
691	○ 새침데기 골로 빠진다.	• 얌전한 사람일수록 한 번 길을 잘못 들면 걷잡을 수 없이 된다는 뜻.	중
692	○ 생감도 떨어지고 익은 감도 떨어진다.	• 늙은 사람만 죽는 것이 아니라 젊은 사람도 죽는다.	중
693	○ 생나무에 좀이 날까?	• 생나무에 좀이 나지 않듯이 건실하고 튼튼하면 내부가 부패되지 않는다는 뜻.	고
694	○ 생초목에 불이 붙는다.	• 뜻하지 않는 변을 당한다.	고
695	○ 서당 개 삼 년이면 풍월 한다.	• 무식한 사람도 글 잘하는 사람과 오래 있게 되면 자연 견문이 생긴다.	고
696	○ 서리 맞은 구렁이	• 행동이 몹시 느리고 하는 일에 힘이 없는 사람.	중
697	○ 서울 가서 김 서방 집 찾기	• 잘 알지도 못하고 막연히 찾아다닌다는 뜻.	저
698	○ 서울이 무섭다니까 과천서부터 긴다.	• 어떤 일을 당하기도 전에 말로만 듣고 미리부터 겁낸다는 뜻.	고
699	○ 서투른 무당 장구만 나무란다.	• 능력이 부족한 것도 모르고 도구만 나쁘다고 탓함(서투른 목수가 피나무 안반만 나무란다.).	고
700	○ 섣달 그믐날 개밥 퍼주듯 한다.	• 섣달 그믐날은 먹을 것이 너무 많아서 개밥도 후하게 주듯이 남에게 음식을 후하게 준다는 뜻.	중
701	○ 설마가 사람 죽인다.	• 설마 그럴 수가 있나 하고 마음을 놓는 데서 탈이 일어난다.	저
702	○ 성인(聖人)도 시속(時俗)을 따른다.	• 사람은 누구나 세상일에 임기응변하여야 산다는 뜻.	중
703	○ 섶을 지고 불로 들어가려 한다.	• 제가 짐짓 그릇된 짓을 하여 화를 더 당하려 한다.	중
704	○ 세 살 버릇 여든까지 간다.	• 어린 시절에 몸에 밴 나쁜 버릇은 좀처럼 고치기가 어렵다는 뜻.	저
705	○ 소가 크다고 왕 노릇 할까.	• 지혜가 없이 힘만 가지고서는 지도자 위치에 나설 수 없다는 뜻.	고
706	○ 소경 보고 눈 멀었다 하면 노여한다.	• 누구든지 제 결점을 지적하면 싫어한다.	중

순	속 담	뜻 풀 이	지도 학년
707	○ 소경이 개천 탓한다.	• 자기 잘못은 조금도 생각지 못하고 남의 잘못을 원망한다는 뜻.	저
708	○ 소경 잠자나 마나다.	• 전연 성과가 없음을 뜻함.	중
709	○ 소금도 맛보고 사랬다.	• 물건을 살 때에는 잘 살펴보아야 한다는 말.	고
710	○ 소나기 맞은 증상이다.	• 몹시 불쾌한 얼굴을 하고 있는 사람을 가리켜서 하는 말.	고
711	○ 소도 언덕이 있어야 비빈다.	• 사람도 의지할 데가 있어야 발판으로 삼아 성공할 수 있다는 말.	중
712	○ 소매 긴 김에 춤춘다.	• 별로 생각이 없던 일이라도 그 일을 할 조건이 갖추어졌기 때문에 하게 될 때 쓰는 말.	고
713	○ 소문난 잔치에 먹을 것 없다.	• 세상의 평판과 실제는 일치하지 않다는 말.	중
714	○ 소 잃고 외양간 고친다.	• 이미 일을 그르친 뒤에 뉘우쳐도 소용없다.	저
715	○ 속곳 벗고 은가락지 낀다.	• 격에 맞지 않는 겉치레를 하여 도리어 보기 흉하다는 뜻.	중
716	○ 속 빈 강정이다.	• 속이 텅 비어 아무 실속이 없다는 말. • 수중에 돈이 한 푼도 없다는 뜻.	저
717	○ 손도 안 대고 코 풀려고 한다.	• 수고는 조금도 하지 않고 큰 소득만 얻으려고 한다는 뜻.	중
718	○ 손에 쥐어 줘도 모른다.	• 아주 무식하고 재주가 없어서 손에 쥐어 주고 가르쳐도 모른다는 말.	저
719	○ 손으로 하늘 찌르기.	• 될 것 같지 않은 가망이 없는 일이라는 뜻.	중
720	○ 손자를 귀여워하면 할아비 뺨을 친다.	• 철없는 사람들과 친하게 지내다가는 큰 망신만 당한다는 뜻.	고
721	○ 손자 턱에 흰 수염 나겠다.	• 오랜 시간을 기다리기가 지루하다는 말.	고
722	○ 손톱 밑에 가시 드는 줄은 알아도 염통 밑에 쉬스는 줄은 모른다.	• 눈앞에 보이는 작은 일에는 영리에는듯하나 당장 나타나 보이지 않는 큰일이나 큰 손해는 깨닫지 못함을 이르는 말.	고
723	○ 솜뭉치로 가슴을 칠 일이다.	• 몹시 원통함을 이르는 말.	중
724	○ 송충이가 갈잎을 먹으면 떨어진다.	• 제 직분에 맞지 않는 딴생각을 하다가는 실패를 한다.	고
725	○ 쇠가 쇠를 먹고 살이 살을 먹는다.	• 동족끼리 서로 싸우는 것을 말함.	고
726	○ 쇠가죽을 무릅쓰다.	• 체면을 생각하지 아니한다.	중
727	○ 쇠귀에 경 읽기다.	• 가르치고 일러 주어도 알아듣지 못한다.	저
728	○ 쇠똥에 미끄러져 개똥에 코방아 찧는다.	• 연거푸 실수하여 어이가 없다는 말.	중
729	○ 쇠뿔도 단김에 빼랬다.	• 무슨 일이든지 기회가 있을 때 바로 해치워야 한다는 말.	고
730	○ 쇠털같이 허구한 날.	• 많은 나날이라는 뜻.	고
731	○ 쇠털 뽑아 제 구멍에 박는다.	• 고지식하여 조금도 융통성이 없다는 말.	중

순	속 담	뜻 풀 이	지도 학년
732	○ 수박 먹다 이 빠진다.	• 운이 나쁘면 대단치 않은 일을 하다가도 큰 해를 당한다는 뜻.	저
733	○ 수염이 열 자라도 먹어야 양반이다.	• 먹은 후에라야 체면도 차릴 수 있다는 말.	고
734	○ 숙수가 많으면 국수가 수제비 된다(숙수: 솜씨 좋은 사람).	• 일을 하는 데 참견하는 사람이 많으면 오히려 일을 그르치게 된다는 뜻.	고
735	○ 술에 술 탄 듯 물에 물 탄 듯.	• 아무리 노력해서 일을 했어도 흔적이 없어 하나 마나라는 뜻.	중
736	○ 숭어가 뛰니까 망둥이도 뛴다.	• 제 처지는 생각하지 않고 저보다 나은 사람을 모방하려고 애쓴다는 말.	고
737	○ 숯이 검정 나무란다.	• 자기 흠이 더 큰 사람이 도리어 흠이 적은 사람을 흉본다.	중
738	○ 스승의 그림자는 밟지 않는다.	• 선생님을 모시고 갈 때는 비록 그림자라도 밟아서는 안 될 만큼 존경해야 한다는 뜻.	중
739	○ 시거든 떫지나 말고 떫거든 검지나 말지.	• 이모로도 저모로도 쓸모가 없는 사람을 이름.	고
740	○ 시골 놈이 서울 놈을 못 속이면 보름씩 배를 앓는다.	• 시골 사람이 서울 사람을 더 잘 속인다는 뜻.	고
741	○ 시루에 물 퍼붓기.	• 아무리 비용을 들이고 애를 써도 효과가 나타나지 않음.	중
742	○ 시어미 미워서 개 옆구리 찬다.	• 윗사람에게 꾸중을 듣고 화풀이를 엉뚱한 데서 하는 것.	중
743	○ 시원찮은 귀신이 사람 잡는다.	• 얼른 보아서 미련하고 못난 것 같아 보이는 자가 도리어 큰 사건을 일으킨다는 말.	고
744	○ 시작이 반이다.	• 무슨 일이나 셈을 잡아서 하면 그 뒷일은 어려울 것이 없음.	저
745	○ 시장이 반찬이다.	• 배가 고프면 반찬이 없어도 밥맛이 있다.	저
746	○ 시집갈 때 등창 난다.	• 공교롭게도 가장 중요한 때에 탈이 난다는 뜻.	중
747	○ 시집을 가야 효도도 안다.	• 시집을 가서 아이를 낳아 길러 봐야 부모의 은공을 알게 되어 효녀가 된다는 의미.	고
748	○ 시집도 가기 전에 기저귀 마련한다.	• 일을 너무 서두른다는 뜻.	고
749	○ 식은 죽 먹기	• 매우 쉽다는 뜻(누워 엿 먹기).	저
750	○ 신선놀음에 도끼자루 썩는 줄 모른다.	• 바둑, 장기 따위에 정신이 팔려 시간 가는 줄을 모른다는 말의 비유.	중
751	○ 신 신고 발바닥 긁기다.	• 일하기는 해도 시원치 않다는 말.	고
752	○ 실뱀 한 마리가 온 바닷물을 흐린다.	• 한 사람의 소인이 전체에 나쁜 영향을 끼친다는 뜻.	고
753	○ 실속 없는 잔치가 소문만 멀리 간다.	• 대개 소문난 것이 실속은 없다는 뜻.	고

순	속 담	뜻 풀 이	지도학년
754	○ 실없는 말이 송사 간다.	• 무심히 한 말 때문에 큰 변이 생긴다는 말.	중
755	○ 실이 와야 바늘이 가지.	• 오는 정이 있어야 가는 정이 있다는 뜻.	저
756	○ 심사가 놀부라.	• 본성이 좋지 못하여 탐욕을 일삼으며 일마다 심술을 부리는 것을 이르는 말.	중
757	○ 십 년 과부도 시집갈 마음은 못 버린디.	• 뼈에 사무치게 아픈 미음은 잊어버리기가 어렵다는 뜻.	고
758	○ 십 년 공부 나무아미타불	• 오랫동안 공을 들여쌓아 온 일이 모두 허사가 되었다는 말.	저
759	○ 십 년 세도 없고 열흘 붉은 꽃 없다.	• 부귀영화는 오래 계속되지 못한다는 뜻.	고
760	○ 십 년이면 강산도 변한다.	• 십 년이란 세월이 흐르면 세상에 변하지 않는 것이 없다는 말.	중
761	○ 십 리도 못 가서 발병 난다.	• 무슨 일이 얼마 가지 않아서 탈이 생긴다는 뜻.	저
762	○ 십시일반이다.	• 조그마한 것이라도 모으면 많아진다는 뜻.	저
763	○ 싸움은 말리고 흥정은 붙이랬다.	• 좋지 않은 일은 중지시키고 좋은 일은 권장하라는 뜻.	중
764	○ 싹이 노랗다.	• 희망이 처음부터 보이지 않는다는 말.	저
765	○ 싼 것이 비지떡	• 값싼 물건이 항상 품질이 좋지 않다는 말.	저
766	○ 쌀독에 앉은 쥐	• 부족함이 없고 만족한 처지를 말함.	중
767	○ 쌈짓돈이 주머닛돈	• 한 가족끼리의 재산은 누구의 것이라고 특별히 구별 짓지 않고 다 같이 그 집의 재산이라는 말.	저
768	○ 썩어도 준치	• 값있는 물건은 아무리 낡거나 헐어도 제대로의 가치를 지닌다는 뜻.	중
769	○ 썩은 새끼도 잡아당겨야 끊어진다.	• 아무리 쉬운 일이라도 하지 않고 기다리고 있으면 이루어지지 않는다는 의미.	고
770	○ 쓰다 달다 말이 없다.	• 아무런 반응이나 의사 표시가 없다는 뜻.	고
771	○ 씻어 놓은 흰 죽사발 같다.	• 생김새가 허여멀건 사람을 가리키는 말.	고
772	○ 아가리가 광주리만 해도 말을 못 한다.	• 염치가 없어 도저히 말할 염두가 안 난다는 의미.	중
773	○ 아갈잡이를 시켰다.	• 하기 싫어하는 것을 강제로 억눌러 시켰기 때문에 행동이 자연스럽지 못하고 경직된 자세로 한다는 의미.	고
774	○ 아끼다가 개 좋은 일만 한다.	• 좋은 음식을 너무 인색할 정도로 아끼듯 썩어서 결국 개에게 주듯이 너무 인색하게 굴다가는 오히려 손해를 본다는 말.	고
775	○ 아내가 여럿이면 늙어서 생홀아비 된다.	• 젊어서 아내를 많이 거느리던 사람이 결국 늙어서는 자기에게 잘해 주는 아내가 하나도 없게 된다는 뜻.	고
776	○ 아내 없는 처갓집 가기다.	• 목적 없는 일은 더 이상 할 필요가 없다는 의미.	고

순	속 담	뜻 풀 이	지도 학년
777	○ 아는 것이 병이다.	• 모든 것을 알기 때문에 도리어 걱정이 많다는 말.	저
778	○ 아는 길도 물어 가자.	• 쉬운 일도 물어서 해야 틀림이 없다는 말.	저
779	○ 아는 도끼에 발등 찍힌다.	• 친하여 믿는 사람에게 오히려 피해를 입는다는 말.	중
780	○ 아니 땐 굴뚝에 연기 날까.	• 사실과 원인이 없으면 그런 일(결과)이 있을 수 없다.	저
781	○ 아닌 밤중에 홍두깨	• 갑자기 불쑥 내놓은 것을 비유함.	중
782	○ 아랫돌 빼어 윗돌 괴기.	• 임시변통으로 한곳에서 빼어 다른 곳을 막는다는 말.	중
783	○ 아무리 바빠도 바늘허리 매어 못 쓴다.	• 아무리 바쁜 일이라도 일정한 순서를 밟아서 하여야 한다.	중
784	○ 아비만 한 자식이 없다.	• 자식이 아무리 훌륭히 되더라도 그 아비만큼은 못하다는 뜻.	저
785	○ 아이 귀여워하는 사람이 자식 없다.	• 자기 자식이 없는 사람은 어린아이가 부럽기 때문에 남의 아이를 유난히 더 귀여워하게 된다는 뜻.	중
786	○ 아이 말 듣고 배 딴다.	• 철없는 아이 말을 곧잘 듣는다는 말.	저
787	○ 아이 싸움이 어른 싸움 된다.	• 어린애들 싸움이 나중에는 그 부모들의 시비로 변한다는 말.	저
788	○ 아이 보는 데는 찬물도 못 먹는다.	• 아이들은 어른들이 하는 대로 본떠서 하므로 아이들 보는 데는 언행을 삼가야 한다는 뜻.	중
789	○ 아직 이도 나기 전에 갈비 뜯는다.	• 자신의 실력도 제대로 모르면서 턱도 없이 힘에 겨운 짓을 하려고 덤벼든다는 의미.	고
790	○ 안 되려면 뒤로 넘어져도 코가 깨진다.	• 운수가 사나운 사람은 온갖 일에 마가 끼어 엉뚱한 손해를 본다는 말.	저
791	○ 안 되면 조상 탓이다.	• 잘못은 제가 해 놓고 남을 원망한다는 말.	저
792	○ 안방에 가면 시어머니 말이 옳고 부엌에 가면 며느리 말이 옳다.	• 각각 일리가 있어 그 시비를 가리기 어렵다는 말.	고
793	○ 안성맞춤이다.	• 꼭 들어맞을 때 하는 말.	저
794	○ 앉아 주고 서서 받는다.	• 돈을 꾸어 주고 그것을 다시 받기가 매우 어렵다는 말.	중
795	○ 앉은 자리에 풀도 안 나겠다.	• 사람이 너무 깔끔하고 매서울 만큼 냉정하다.	고
796	○ 알아도 아는 척 말랬다.	• 아는 것이 있더라도 자랑하여 뽐내지 말고 마치 모르는 것처럼 겸손한 자세로 있어야 한다는 뜻.	중
797	○ 알아야 면장을 한다.	• 남의 윗자리에 서려면 알아야 한다는 말.	저
798	○ 앓느니 죽지.	• 앓느라 고생하고 괴로움을 당하는 것보다 차라리 죽어서 모든 것을 잊어버리는 게 낫겠다는 의미.	저

순	속 담	뜻 풀 이	지도 학년
799	○ 앓던 이 빠진 것 같다.	• 걱정을 끼치던 것이 없어져 시원하다.	저
800	○ 암탉이 울면 집안이 망한다.	• 여자가 지나치게 까불면 일이 잘 안 된다는 말.	중
801	○ 앞길이 구만 리 같다.	• 나이가 젊어서 앞길이 창창함을 이르는 말.	고
802	○ 애호박에 말뚝 박기.	• 심술궂은 짓을 한다는 뜻.	저
803	○ 약두 지나치면 해롭디.	• 아무리 좋은 것이라도 정도가 지나치게 되면 도리어 해롭게 된다는 뜻.	중
804	○ 약방에 감초	• 어떤 모임에나 참석 잘하는 사람을 두고 비유한 말.	중
805	○ 얌전한 고양이가 부뚜막에 먼저 올라간다.	• 겉으로는 얌전한 척하는 사람이 뒤로는 오히려 더 나쁜 짓만 일삼는다는 뜻.	중
806	○ 양반은 물에 빠져도 개헤엄은 안 한다.	• 아무리 위급한 때라도 점잖은 사람은 체면 깎이는 일을 하지 않는다는 말.	고
807	○ 양반은 얼어 죽어도 짚불은 안 쬔다.	• 아무리 궁해도 체면에 어울리지 않는 일은 안 한다는 뜻.	고
808	○ 양지가 음지 되고 음지가 양지 된다.	• 세상일에 번복이 많음을 일컫는 말.	중
809	○ 얕은 내도 깊게 건너라.	• 모든 일을 언제나 조심성 있게 해야 함을 일컫는 말(돌다리도 두드려 보고 건너라.).	고
810	○ 어느 구름에서 비가 올지.	• 일은 되어 보아야 알지 미리 짐작하기 어렵다는 말(언제 무슨 일이 생길지 모른다는 말.).	고
811	○ 어느 장단에 춤을 추랴.	• 하도 참견하는 사람이 많아 어느 말을 따라야 할지 모를 때 하는 말.	저
812	○ 어느 집 개가 짖느냐 한다.	• 남이 하는 말을 듣는 척도 하지 않는 것.	고
813	○ 어두운 밤에 주먹질하기다.	• 상대방이 보지 않는 데서 화를 내는 것은 아무 소용이 없다는 뜻.	고
814	○ 어르고 뺨치기.	• 그럴듯한 말로 남을 해롭게 한다는 뜻.	중
815	○ 어물전 망신은 꼴뚜기가 시킨다.	• 변변치 않은 것이 격에 맞지 않게 망신스러운 행동을 함으로써 전체적인 품위를 떨어뜨림을 비유한 말.	중
816	○ 어질병이 지랄병 된다.	• 작은 병통이 나중에는 큰 병통이 된다는 뜻.	고
817	○ 억지 춘향이	• 사리에 맞지 않아 안 될 일을 억지로 한다는 뜻.	중
818	○ 언 발에 오줌 누기.	• 눈앞에 급한 일을 피하기 위해서 하는 임시변통이 결과적으로 더 나쁘게 되었을 때 하는 말.	중
819	○ 얻은 떡이 두레 반이다.	• 여기저기서 조금씩 얻은 것이 남이 애써 만든 것보다 많다는 말.	고
820	○ 업은 아이 삼 년 찾는다.	• 가까운 데 있는 것을 모르고 먼 데 가서 여기저기 찾아다닌다는 뜻.	저
821	○ 엉덩이에 뿔이 났다.	• 아직 자립할 처지에 이르지 못한 사람이 옳은 가르침을 받지 못하고 빗나갈 때 쓰는 말.	저
822	○ 엎드리면 코 닿을 데	• 매우 가까운 거리.	저

순	속 담	뜻 풀 이	지도 학년
823	○ 엎지른 물이요 깨진 독이다.	• 다시 돌이킬 수 없는 일.	중
824	○ 엎친 데 덮친다.	• 불행이 거듭 생김을 뜻하는 말.	중
825	○ 열 길 물속은 알아도 한 길 사람 속은 모른다.	• 사람의 마음은 헤아릴 수 없다.	고
826	○ 열 번 찍어 안 넘어가는 나무 없다.	• 아무리 강철 같은 심지를 가진 사람이라도 여러 차례 꾀고 달래면 결국 그 유혹에 넘어가고 만다.	중
827	○ 열 사람이 지켜도 한 도둑을 못 막는다.	• 여러 사람이 애써도 한 사람의 나쁜 짓을 막지 못한다.	고
828	○ 열 손가락을 깨물어 안 아픈 손가락 없다.	• 자식이 아무리 많아도 부모에게는 다 같이 중하다는 뜻.	중
829	○ 열흘 굶어 군자 없다.	• 아무리 착한 사람일지라도 빈곤하게 되면 마음이 변하여 옳지 못한 짓을 하게 된다.	고
830	○ 염라대왕이 제 할아비라도 어쩔 수 없다.	• 큰 죄를 짓거나 무거운 병에 걸려 살아날 도리가 없다는 뜻.	고
831	○ 염불 못하는 중이 아궁이에 불 땐다.	• 무능한 사람은 같은 계열이라도 가장 천한 일을 하게 된다는 뜻.	고
832	○ 염불에는 마음이 없고 잿밥에만 마음이 있다.	• 마땅히 할 일에는 정성을 들이지 않고 딴 곳에 마음을 둔다.	중
833	○ 영리한 고양이가 밤눈 못 본다.	• 똑똑한 체하는 사람이 흔히 못난 짓을 함을 이르는 말.	고
834	○ 옆 찔러 절 받기.	• 상대방은 할 생각도 없는데 스스로가 요구하거나 알려 줌으로써 대접을 받는다는 말.	저
835	○ 오금아 날 살려라.	• 도망할 때 마음이 급하여 다리가 빨리 움직여지기를 갈망하는 뜻.	중
836	○ 오뉴월 감기는 개도 안 앓는다.	• 여름에 감기 앓는 사람을 조롱하는 말.	고
837	○ 오뉴월 똥파리 꾀듯 한다.	• 어디든지 먹을 것이라면 용케도 잘 찾아다니는 사람을 두고 하는 말.	중
838	○ 오뉴월에 얼어 죽는다.	• 과히 춥지도 않은데 추워하며 지나치게 추위를 못 이기는 사람을 보고 놀리는 말.	고
839	○ 오뉴월 하룻볕이 무섭다.	• 오뉴월은 해가 길기 때문에 잠깐 동안이라도 자라는 정도의 차이가 크다는 뜻.	고
840	○ 오던 복도 달아나겠다.	• 그 사람이 하는 짓이 하도 얄미워서 오던 복도 도로 나간다는 뜻.	중
841	○ 오라는 데는 없어도 갈 데는 많다.	• 하는 일이 없는 것 같아도 매우 바쁘다는 뜻.	중
842	○ 오랜 가뭄 끝에 단비 온다.	• 오랜 가뭄 끝에 비가 와서 농민들이 매우 좋아하듯이 오래도록 기다렸던 일이 성사되어 기쁘다는 뜻.	고
843	○ 오르지 못할 나무는 쳐다보지도 마라.	• 되지도 않을 일은 처음부터 뜻하지도 마라.	저

순	속　담	뜻　풀　이	지도 학년
844	○ 오 리 보고 십 리 간다.	• 적은 일이라도 유익한 것이면 수고를 아끼지 아니 해야 한다는 뜻.	저
845	○ 오소리감투가 둘이다.	• 한 가지 일에 책임질 사람은 두 명이 있어서 서 로 다툰다는 뜻.	중
846	○ 오장이 뒤집힌다.	• 마음이 몹시 상하여 걷잡을 수 없다는 뜻.	고
847	○ 옥도 닦아야 제 빛을 낸다.	• 사람도 정상적으로 교육을 받지 않으면 자기 의 뜻을 이루지 못한다는 뜻.	고
848	○ 옥에도 티가 있다.	• 아무리 훌륭한 물건이나 사람에게도 조그마한 흠은 있다.	중
849	○ 옥쟁반에 진주 구르듯 한다.	• 목소리가 맑고 깨끗하며 또렷한 것.	고
850	○ 옷이 날개다.	• 옷이 좋으면 인물이 한층 더 훌륭하게 보인다 는 뜻.	저
851	○ 왕후장상이 씨가 있나.	• 훌륭한 인물이란 가계나 혈통이 있는 것이 아 니고 노력 여부에 달렸다는 말.	고
852	○ 욕심 많은 놈이 참외 버리고 호박 고른다.	• 무슨 일에나 욕심을 너무 부리다가 도리어 자 신이 손해를 보게 된다는 뜻.	고
853	○ 용꼬리 되는 것보다 닭대가리 되는 것이 낫다.	• 큰 단체에서 맨 꼴찌로 있는 것보다는 오히려 작은 단체에서 우두머리로 있는 것이 낫다는 뜻.	중
854	○ 우물가에 어린애 보낸 것 같다.	• 익숙하지 못한 사람에게 무슨 일을 시켜 놓고 마음이 불안하다는 뜻.	중
855	○ 우물 안 개구리	• 견문이 좁아 넓은 세상의 사정을 모름을 비유.	저
856	○ 우물에서 숭늉 찾는다.	• 성미가 아주 급하다는 뜻.	저
857	○ 우박 맞은 호박잎이다.	• 우박 맞아 잎이 다 찢어져 보기가 흉한 호박 잎처럼 모양이 매우 흉측하다는 뜻.	고
858	○ 우물을 파도 한 우물을 파라.	• 무슨 일이든지 한 가지 일을 꾸준히 계속해야 성공할 수 있다는 말.	중
859	○ 우선 먹기는 곶감이 달다.	• 나중에 어떻게 되든지 우선은 좋은 편을 취한다.	중
860	○ 우수 경칩에 대동강이 풀린다.	• 추운 겨울 날씨도 우수와 경칩이 지나면 따뜻 해지기 시작한다는 말.	고
861	○ 울며 겨자 먹기.	• 싫은 일을 억지로 함의 비유.	저
862	○ 울지 않는 아이 젖 주랴.	• 요구가 없으면 주지도 않는다는 뜻.	저
863	○ 웃는 낯에 침 뱉으랴.	• 좋은 낯으로 대하는 사람에게는 모질게 굴지 못한다.	중
864	○ 웃음 속에 칼이 있다.	• 겉으로는 친한 체하면서 속으로는 도리어 해롭 게 한다는 말.	중
865	○ 윗물이 맑아야 아랫물이 맑다.	• 무슨 일이든지 윗사람의 행동이 깨끗해야 아 랫사람도 따라서 행실이 바르다.	저
866	○ 원님 덕에 나팔 분다.	• 훌륭하고 덕이 높은 사람을 따르다가 그 덕으 로 분에 넘치는 대접을 받음을 비유.	중
867	○ 원수는 외나무다리에서 만난다.	• 남의 원한을 사면 반드시 보복을 받는다는 뜻.	고

순	속　담	뜻　풀　이	지도 학년
868	○ 원숭이도 나무에서 떨어질 때가 있다.	• 아무리 익숙하고 잘하는 사람이라도 실수할 때가 있다는 말.	중
869	○ 윷짝 가르듯 한다.	• 윷짝의 앞뒤가 분명하듯이 무슨 일에 대한 판단을 분명히 한다는 말.	고
870	○ 은행나무도 마주 봐야 열매 연다.	• 은행나무도 마주 보아야 열매를 맺듯이 남녀도 서로 결합해야 집안이 번영한다는 뜻.	고
871	○ 은혜를 원수로 갚는다.	• 남에게서 은혜를 받고 보답하지는 못할망정 도리어 해친다는 뜻.	저
872	○ 음식은 들수록 줄고 말은 할수록 는다.	• 음식은 전할수록 줄고 말은 전할수록 늘어난다는 뜻.	중
873	○ 음지도 양지 된다.	• 현재의 불행이나 역경도 때를 만나면 행운을 맞이하게 된다.	저
874	○ 의뭉하기는 구렁이다.	• 속으로는 다 알고 있으면서 겉으로는 모르는 척하기를 잘하는 사람을 이르는 말.	중
875	○ 이로운 말은 귀에 거슬린다.	• 일반적으로 귀에 거슬리는 말은 자신에게 유익한 말이기 때문에 잘 판단해서 받아들여야 한다는 뜻.	고
876	○ 이마에 내 천(川) 자를 그린다.	• 얼굴을 찌푸린다는 말.	고
877	○ 이불 안에서 활개 친다.	• 남이 안 보는 곳에서 큰소리치는 사람을 두고 이르는 말.	고
878	○ 이사 가는 놈이 계집 버리고 간다.	• 자신이 하는 일 중에서 가장 중요한 것을 잊어버렸거나 잃었다는 말.	고
879	○ 이 없으면 잇몸으로 산다.	• 없으면 없는 그대로 살아갈 수 있다는 말.	중
880	○ 이웃사촌이다.	• 이웃 사람은 사촌끼리나 다름없이 정답게 지낸다는 뜻.	저
881	○ 이웃집 개도 부르면 온다.	• 불러도 대답조차 없는 사람을 핀잔주는 말.	중
882	○ 익은 밥 먹고 선소리한다.	• 실없는 말을 한다는 뜻.	중
883	○ 임도 보고 뽕도 딴다.	• 어떤 일을 함께 겸하여 계획한다는 뜻.	중
884	○ 입술에 침이나 바르고 말해라.	• 거짓말을 공공연히 할 때 욕하는 말.	고
885	○ 입에 맞는 떡.	• 마음에 꼭 드는 물건이나 일을 가리키는 말.	저
886	○ 입에 쓴 약이 병에는 좋다.	• 당장은 괴로우나 결과는 이롭다는 뜻.	고
887	○ 입은 비뚤어져도 말은 바로 해라.	• 말은 언제나 바르게 하라는 말.	고
888	○ 입이 여럿이면 무쇠도 녹인다.	• 여러 사람이 의견의 일치를 보면 무슨 일이라도 할 수 있다는 뜻	고
889	○ 입이 열이라도 할 말이 없다.	• 변명할 여지가 없다는 말.	중
890	○ 입추의 여지가 없다.	• 빈틈이 없다. • 발 들여놓을 틈도 없다.	고
891	○ 자는 범 침 주기.	• 그대로 가만두었으면 아무 일도 없었을 것을 공연히 건드려서 일을 저질러 위태롭게 된다는 말.	고

순	속 담	뜻 풀 이	지도 학년
892	○ 자다가 벼락 맞는다.	• 급작스레 뜻하지 않던 변을 당하여 어쩔 줄 모를 때를 일컫는 말.	저
893	○ 자다가 봉창 두드린다.	• 얼토당토않은 딴소리를 불쑥 내민다는 뜻.	고
894	○ 자라 보고 놀란 가슴 솥뚜껑 보고 놀란다.	• 한 번 혼이 난 뒤로는 매사에 필요 이상으로 조심을 한다는 뜻	고
895	○ 자라 알 지켜보듯 한다.	• 어떻게 일을 처리하려고 노력하지는 않고 그저 묵묵히 들여다보고만 있다는 의미.	고
896	○ 자랄 나무는 떡잎부터 알아본다.	• 앞으로 크게 될 사람은 어려서부터 장래성이 엿보인다는 말.	중
897	○ 자루 속 송곳은 빠져나오게 마련이다.	• 남들이 알지 못하도록 아무리 은폐하려 해도 탄로 날 것은 저절로 탄로가 난다는 뜻.	고
898	○ 자식 겉 낳지 속은 못 낳는다.	• 자식이 좋지 못한 생각을 품어도 그것을 부모가 알지 못한다는 뜻.	중
899	○ 자식도 품 안에 들 때 자식이다.	• 자식은 어렸을 때나 부모 뜻대로 다루지 크면 마음대로 할 수 없다는 말.	고
900	○ 자식을 길러 봐야 부모 은공을 안다.	• 부모의 입장이 되어 봐야 비로소 부모님의 길러 준 은공을 헤아릴 수 있다는 말.	고
901	○ 작은 고추가 더 맵다.	• 몸집이 작은 사람이 큰 사람보다 도리어 단단하고 재주가 뛰어남을 비유하는 말.	저
902	○ 잔고기가 가시는 세다.	• 몸집이 자그마한 사람이 속은 꽉 차고 야무지며 단단할 때 이르는 말.	중
903	○ 잔소리 많은 집안은 가난하다.	• 잔소리가 많으면 가정이 늘 화목하지 못하고, 화목하지 못하면 가난을 벗어날 수 없다는 뜻.	중
904	○ 잔솔밭에서 바늘 찾기다.	• 매우 찾아내기 어려움을 나타내는 말.	고
905	○ 잔칫날 잘 먹으려고 사흘 굶을까?	• 훗날에 있을 일만 믿고 막연히 기다리겠느냐는 뜻.	중
906	○ 잘되면 술이 석 잔이요 못되면 뺨이 세 대다.	• 예로부터 결혼 중매는 잘하면 술을 얻어먹게 되고 잘못하면 매를 맞게 되므로 조심해서 주선하라는 말.	고
907	○ 잘되면 제 탓이요 못되면 조상 탓이다.	• 일이 잘되면 제가 잘해서 된 것으로 여기고 안 되면 남을 원망한다는 뜻.	중
908	○ 잘되면 충신이요 못되면 역적이다.	• 일이 성공하면 칭송을 받고 실패하면 멸시당하는 것이 세상일이라는 뜻.	고
909	○ 잘살아도 내 팔자 못살아도 내 팔자.	• 잘살고 못사는 것이 모두 자기의 타고난 운명이라는 뜻.	중
910	○ 잘 집 많은 나그네가 저녁 굶는다.	• 일을 너무 어지럽게 여러 가지로 벌여 놓기만 하면 결국에는 일의 결실을 보지 못하고 실패하게 된다는 뜻.	고
911	○ 잠결에 남의 다리 긁는다.	• 자기를 위하여 한 일이 뜻밖에 남을 위한 일이 되어 버렸다(얼떨결에 남의 일을 제 일로 알고 한다는 말.).	고

순	속 담	뜻 풀 이	지도학년
912	○ 잠을 자야 꿈도 꾼다.	• 원인을 짓지 않고는 결과를 바랄 수 없다는 말.	중
913	○ 잠자리 날개 같다.	• 옷감이 매우 얇고도 고운 것을 이름.	저
914	○ 장가들러 가는 놈이 불알 떼어 놓고 간다.	• 가장 긴요한 것을 잊어버린다는 말.	고
915	○ 장구를 쳐야 춤을 추지.	• 거들어 주는 사람이 있어야 일을 할 수 있다는 말.	고
916	○ 장구 치는 놈 따로 있고 고개 까딱이는 놈 따로 있나?	• 저 혼자서 할 수 있는 일을 가지고 남에게 나누어 하자고 할 때 핀잔주는 말.	중
917	○ 장난 끝에 살인난다.	• 장난삼아 우습게 알고 한 일이 큰 사고를 일으키기도 한다.	중
918	○ 장님 제 닭 잡아먹기.	• 남을 해하려다 그 해가 제게로 돌아옴.	고
919	○ 장님 코끼리 말하듯 한다.	• 어느 부분만 가지고 전체인 것처럼 여기고 말한다는 뜻.	저
920	○ 장대로 하늘 재기.	• 가능성이 없는 짓.	저
921	○ 장마에 논둑 터지듯 한다.	• 장마 때 세차게 내리는 비에 의해서 논둑이 무너지듯이 일거리가 계속 생긴다는 뜻.	고
922	○ 장부가 칼을 빼었다가 다시 꽂나?	• 큰일을 결심하고 하려면 사람이 사소한 방해가 있다고 해서 그만둘 수 없다는 말.	고
923	○ 장부일언이 중천금.	• 남자의 말 한마디는 천금같이 무겁다는 뜻으로서 한 번 한 말은 꼭 지킨다는 뜻.	중
924	○ 장인 장모는 반 부모다.	• 부부는 한 몸과 같으므로 마땅히 아내의 부모도 자신의 부모와 똑같다는 의미.	고
925	○ 재주는 곰이 넘고 돈은 왕 서방이 받는다.	• 정작 수고한 사람은 응당 보수를 받지 못하고 엉뚱한 사람이 그 이익을 차지한다는 말.	고
926	○ 저녁 굶은 시어미 꼴 같다.	• 시무룩하게 성낸 사람을 가리키는 말.	중
927	○ 저 먹자니 싫고 개 주자니 아깝다.	• 몹시 인색하다는 말.	고
928	○ 저 살 구멍만 찾는다.	• 남이야 어떻게 되든지 전혀 상관하지 않고 제 욕심대로만 자기 이익을 취해 버린다는 의미.	중
929	○ 저 잘난 맛에 산다.	• 사람은 누구나 자기가 남보다 잘났다고 자존심을 가지고 살아간다는 뜻.	저
930	○ 적게 먹고 가는 똥 눈다.	• 욕심을 부리지 않고 분수대로 살라는 뜻.	저
931	○ 적게 먹으면 명주요 많이 먹으면 망주라.	• 모든 일은 정도에 맞게 하여야 한다는 말.	중
932	○ 전 정이 구만 리 같다.	• 나이가 젊어서 장래가 아주 유망하다.	고
933	○ 절룩 말이 천 리 간다.	• 약한 사람이라도 꾸준하게 열심히 노력해 나가면 무슨 일이라도 할 수 있다는 말.	중
934	○ 절에 가면 중노릇 하고 싶다.	• 일정한 주견이 없이 덮어놓고 남을 따르려 한다.	고
935	○ 절에 가서 젓국 달라 한다.	• 있을 수 없는 데 가서 없는 것을 구한다는 말이니 당치 않은 곳에 가서 어떤 물건을 찾을 때 쓰는 말.	중

순	속 담	뜻 풀 이	지도 학년
936	○ 젊어 고생은 사서도 한다.	• 젊었을 때의 고생은 후일에 잘살기 위한 밑거름이 된다는 의미.	고
937	○ 접시 물에도 빠져 죽는다.	• 처지가 매우 궁박하여 어쩔 줄을 모르고 답답해함을 이름.	중
938	○ 접시 밥도 담을 탓이다.	• 수단이나 성의를 다하면 어려운 일이리도 좋은 성과를 이룰 수 있다는 말.	고
939	○ 정성이 있으면 한식에도 세배 간다.	• 마음에만 있으면 언제라도 제 성의는 표시할 수 있다는 말.	고
940	○ 젖 먹던 힘이 다 든다.	• 일이 몹시 힘이 든다.	저
941	○ 제 것 주고 뺨 맞는다.	• 남에게 잘해 주고 도리어 욕을 먹는다.	중
942	○ 제 꾀에 제가 넘어간다.	• 꾀를 너무 부리다가 제가 도리어 그 꾀에 손해를 보게 된다.	고
943	○ 제 논에 물 대기.	• 자기의 이익만 생각한다는 뜻.	저
944	○ 제 눈의 안경이다.	• 보잘것없는 것도 마음에 들면 좋아 보인다는 말.	저
945	○ 제 도끼에 제 발등 찍힌다.	• 자기가 한 일이 자기에게 해가 된다.	중
946	○ 제 돈 서 푼만 알고 남의 돈 칠 푼은 모른다.	• 자기가 가지고 있는 것만 소중히 여기고 남의 것은 대수롭지 않게 여긴다는 말.	고
947	○ 제 똥 구린 줄은 모른다.	• 자기의 허물은 반성할 줄 모른다.	저
948	○ 제 방귀에 제가 놀란다.	• 자기의 무의식중에 한 일을 도리어 뜻밖으로 안다.	중
949	○ 제 배가 부르면 종 배고픈 줄 모른다.	• 남의 사정은 조금도 알아 줄 줄 모르고 자기만 알고 자기 욕심만 채우는 사람을 보고 하는 말.	고
950	○ 제 버릇 개 줄까.	• 나쁜 버릇은 쉽게 고치기 어렵다.	저
951	○ 제비는 작아도 강남을 간다.	• 사람이나 짐승이 모양은 작아도 제 할 일은 다 한다.	저
952	○ 제 얼굴 못나서 거울 깬다.	• 제 잘못은 모르고 남만 나무란다는 뜻.	중
953	○ 제 칼도 남의 칼집에 들면 찾기 어렵다.	• 비록 자기 물건이라도 남의 손에 들어가게 되면 제 마음대로 할 수 없다는 뜻.	고
954	○ 제 코가 석 자나 빠졌다.	• 남을 나서서 도와주기는커녕 자기도 궁지에 빠져서 어쩔 도리가 없다는 뜻.	저
955	○ 제 털 뽑아 제 구멍에 막기.	• 성미가 너무 고지식하여 융통성이 없다는 말.	고
956	○ 제 흉 열 가진 놈이 남의 흉 한 가지 본다.	• 제 결점 많은 것은 모르면서 남의 적은 결점을 도리어 흉본다.	고
957	○ 제 팔자 개 못 준다.	• 타고난 운명은 버릴 수 없다는 말.	저
958	○ 조상 덕에 이밥을 먹는다.	• 조상 덕에 부유하게 잘산다는 말.	중
959	○ 조잘거리는 아침 까치 같다.	• 커다란 소리로 지껄이는 사람을 가리키는 말.	고
960	○ 족제비도 낯짝이 있다.	• 염치나 체면을 모르는 사람을 탓하는 말.	중
961	○ 좁쌀 싸라기만 먹었나.	• 아무에게나 반말을 하는 버릇없는 사람을 두고 하는 말.	고

순	속 담	뜻 풀 이	지도 학년
962	○ 좁쌀영감이다.	• 꼬장꼬장하게 잔소리를 심히 하고 간섭을 많이 하는 사람을 이르는 말.	저
963	○ 종로에서 뺨 맞고 한강에 가서 눈 흘긴다.	• 욕을 당한 그 자리에서는 아무 말도 못 하고 화풀이를 딴 곳에 가서 한다는 뜻.	중
964	○ 종이 한 장 차이다.	• 종이 한 장 정도밖에 안 되는 근소한 차이라는 뜻.	저
965	○ 좋은 말도 세 번만 하면 듣기 싫다.	• 아무리 좋은 것도 늘 보고 접하게 되면 지루해지도 싫증이 난다는 말.	고
966	○ 죄는 지은 데로 가고 덕은 닦은 데로 간다.	• 죄지은 사람은 마땅히 벌을 받고, 덕을 베푼 사람은 결국에는 복을 받는다는 뜻.	고
967	○ 주린 개 뒷간 넘겨다보듯 한다.	• 누구나 배가 몹시 고플 때는 무엇이고 먹을 것을 찾기 위해 여기저기를 기웃거린다는 말.	고
968	○ 주머닛돈이 쌈짓돈이다.	• 결국은 마찬가지라는 뜻.	저
969	○ 주먹구구에 박 터진다.	• 무슨 일을 어림짐작으로 그저 대충 하다가는 크게 낭패를 당하게 된다는 뜻.	중
970	○ 주인 많은 나그네 밥 굶는다.	• 해 준다는 사람이 너무 많으면 서로 미루다가 결국 안 된다는 뜻.	고
971	○ 주인 모르는 공사 없다.	• 무슨 일이든지 주장 된 사람이 모르면 안 된다는 뜻의 말.	중
972	○ 죽도 밥도 안 된다.	• 되다가 말아서 아무짝에도 쓸모없다는 뜻.	저
973	○ 죽 쑤어서 개 좋은 일 하였다.	• 애써서 이루어 놓은 일이 남에게 유리할 뿐이다.	고
974	○ 죽어 봐야 저승을 알지.	• 무슨 일이나 겪어 보아야 실상을 알 수 있다는 말.	고
975	○ 죽은 나무에 꽃이 핀다.	• 보잘것없던 집안에서 영화로운 일이 있을 때 하는 말.	중
976	○ 죽은 뒤에 약 방문.	• 이미 때가 지나 아무 소용이 없게 되었다는 말.	저
977	○ 죽은 자식 나이 세기.	• 이왕 그릇된 일을 생각하여도 쓸데없다는 말.	중
978	○ 죽이 끓는지 밥이 끓는지 모른다.	• 무엇이 어떻게 되는지 도무지 모른다.	고
979	○ 죽 푸다 흘려도 솥 안에 떨어진다.	• 일이 제대로 안 되어 막상 손해를 본 것 같지만 따지고 보면 결코 손해는 없다는 뜻.	고
980	○ 중병에 장사 없다.	• 아무리 용감하고 튼튼한 사람도 중한 병에 걸리게 되면 꼼짝도 하지 못한다는 뜻.	중
981	○ 중은 중이라도 절 모르는 중이라.	• 반드시 알아야 할 처지에 있으면서 모르고 있다는 말.	고
982	○ 중의 양식이 절 양식.	• 그게 그것이라는 뜻.	고
983	○ 중이 미우면 가사도 밉다.	• 그 사람이 밉다 보니 그에게 딸린 것까지 다 밉게만 보인다는 말.	고
984	○ 중이 제 머리를 못 깎는다.	• 아무리 중요한 일이라도 자기 문제를 스스로 해결할 수 없다.	고

순	속 담	뜻 풀 이	지도 학년
985	○ 쥐구멍에도 볕들 날이 있다.	• 몹시 고생을 하는 사람도 좋은 운수를 만날 적이 있다.	저
986	○ 쥐구멍에 홍살문 세우겠다.	• 마땅치 않은 일을 주책없이 하려 한다는 뜻.	중
987	○ 쥐구멍을 찾는다.	• 매우 부끄럽고 난처하여 급히 몸을 숨기려고 애를 쓴다는 말	저
988	○ 쥐도 도망갈 구멍이 있어야 산다.	• 무슨 일이나 만일을 대비해서 생각하고 일을 해야 나중에 안전하다는 뜻.	중
989	○ 쥐뿔도 모른다.	• 아무것도 알지 못하고 아는 체한다는 말.	중
990	○ 지렁이도 밟으면 꿈틀한다.	• 아무런 보잘것없고 약한 사람이라도 너무 무시하면 반항한다.	저
991	○ 지붕 호박도 못 따는 주제에 하늘의 천도 따겠단다.	• 아주 쉬운 일도 못 하면서 당치도 않은 어려운 일을 하겠다고 덤빈다는 뜻.	고
992	○ 지성이면 감천이다.	• 사람이 무슨 일을 하나 정성이 지극하면 다 이룰 수 있다는 말.	중
993	○ 지척이 천 리다.	• 서로 가까이 있으면서도 오랫동안 모르고 왕래가 없어서 멀리 떨어져 사는 것이나 마찬가지라는 의미.	고
994	○ 지키는 사람 열이 도둑 하나를 못 당한다.	• 계획적인 도둑을 막기는 힘든다는 뜻.	중
995	○ 집과 계집은 가꾸기 탓.	• 허술한 집도 변변찮은 여자도 평소에 잘 가꾸면 훌륭하게 된다는 말.	중
996	○ 집도 절도 없다.	• 가진 집이나 재산이 없고 여기저기 떠 돌아다닌다는 말.	저
997	○ 집에 금송아지를 매었으면 무슨 소용이냐.	• 어떤 귀중한 물건을 가지고 있더라도 일을 당한 현장에서 그것을 쓰지 못한다면 아무 소용이 없다는 말.	고
998	○ 집에서 새는 바가지는 들에 가도 샌다.	• 타고난 천성이 나쁜 사람은 어디를 가나 그 성품을 고치기 어렵다는 말.	고
999	○ 짚신도 제짝이 있다.	• 보잘것없는 사람도 배필은 있다.	고
1000	○ 짝 잃은 기러기 같다.	• 몹시 외로운 사람을 뜻하는 말.	저
1001	○ 쪽박 빌려 주니 쌀 꿔 달란다.	• 편의를 봐주면 봐줄수록 더 요구한다는 뜻.	중
1002	○ 쪽박 쓰고 벼락 피한다.	• 아무리 애를 써도 피할 수 없음을 두고 비유한 말.	중
1003	○ 찔러도 피 한 방울 나오지 않는다.	• 아주 구두쇠나 인정이 없는 사람을 말함.	중
1004	○ 차려 놓은 밥상 받듯 한다.	• 이미 준비된 일을 하듯이 힘도 하나 안 들이고 손쉽게 한다는 뜻.	중
1005	○ 차면 넘친다.	• 너무 정도에 지나치면 안 된다는 뜻. • 흥성하면 언젠가는 쇠망한다는 뜻.	중
1006	○ 차일피일한다.	• 자꾸 기한을 물려 간다는 뜻.	고

순	속 담	뜻 풀 이	지도 학년
1007	○ 차(車) 치고, 포(包) 친다.	• 장기를 둘 때 차도 먹고 포도 먹듯이 무슨 일을 아주 시원스럽게 해치운다는 뜻.	고
1008	○ 찬물도 위아래가 있다.	• 무슨 일에나 순서(어른과 아이)가 있다는 말.	저
1009	○ 찬물에 기름 돌듯 한다.	• 서로 화합하지 않고 따로 도는 사람을 보고 하는 말.	고
1010	○ 찬밥 더운밥 다 먹어 봤다.	• 산전수전을 다 겪어 보았기 때문에 세상 물정을 다 훤히 안다는 뜻.	중
1011	○ 찬 이슬을 맞은 놈이다.	• 밤에만 돌아다니며 도둑질을 하느라고 이슬을 맞는 사람이라는 뜻.	고
1012	○ 찰거머리 정이다.	• 한 번 정이 들면 여간해서는 떨어질 줄 모르는 깊은 정이라는 뜻.	저
1013	○ 참깨 들깨 노는데 아주까리가 못 놀까?	• 남들이 다 하는 일을 나라고 못 하겠느냐는 뜻. • 나도 한몫 끼어 하자고 나설 때 쓰는 말.	고
1014	○ 참고 사는 것이 인생이다.	• 세상 사람들은 누구나 자기 마음대로 세상을 살아갈 수 없기 때문에 참고 살아야 한다는 뜻.	중
1015	○ 참는 것이 이기는 것이다.	• 자기에게 당면한 고난을 참고 견디어 승리를 위해서는 끝까지 싸워 나가면 결국 성공할 수 있다는 뜻.	고
1016	○ 참새가 방앗간을 그냥 지나랴.	• 욕심이 있는 사람이 솔깃한 것을 보고 그냥 지나쳐 버리지 못한다.	저
1017	○ 참새가 죽어도 짹 한다.	• 아무리 약한 사람이라도 너무 괴롭히면 대항한다.	중
1018	○ 참새가 허수아비 무서워 나락 못 먹을까?	• 반드시 큰일을 하려면 다소의 위험 정도는 감수해야 한다는 뜻.	고
1019	○ 참외 장수는 사촌이 지나가도 못 본 척한다.	• 장사하는 사람은 인색하다는 뜻.	중
1020	○ 참을 인(忍) 자 셋이면 살인도 면한다.	• 아무리 분한 일이 있어도 꾹 참으면 위기를 모면할 수 있다는 말.	고
1021	○ 책망은 몰래 하고 칭찬은 알게 하랬다.	• 남을 책망할 때는 다른 사람이 없는 데서 하고 칭찬할 때는 다른 사람 보는 앞에서 하여 자신감을 심어 주라는 뜻.	고
1022	○ 처갓집에 송곳 차고 간다.	• 처갓집 밥은 꼭꼭 눌러 담았기 때문에 송곳으로 파야 먹을 수 있다는 말이니 즉 처갓집에서는 사위대접을 극진히 한다는 뜻.	고
1023	○ 처녀가 아이를 낳아도 할 말이 있다.	• 아무리 못된 짓을 했어도 구실과 변명의 여지는 있다.	중
1024	○ 처마 끝에서 까치가 울면 편지가 온다.	• 까치는 길조이므로 아침에 까치가 울면 반가운 소식이 있다는 말.	고
1025	○ 처삼촌 묘 벌초하듯 하다.	• 일에 정성을 드리지 않고 건성건성 해치워 버리는 것.	고

순	속 담	뜻 풀 이	지도 학년
1026	○ 처음에는 사람이 술을 먹고 나 중에는 술이 사람을 먹는다.	• 술을 적당히 마시는 것은 상관없지만 지나치 게 많이 마시면 몸을 해치게 된다는 뜻.	중
1027	○ 척 하면 삼천 리다.	• 무슨 일이나 눈치로 분위기를 파악해서 신속 하고 능수능란하게 처리해야 한다는 뜻.	저
1028	○ 천 길 물속은 알아도 한 길 사 람 속은 모른다.	• 사람의 마음속은 물속처럼 들여다보이는 깃이 아니기 때문에 알아내기가 매우 어렵다는 뜻.	중
1029	○ 천 냥 빚도 말로 갚는다.	• 말만 잘하면 1,000냥이나 되는 엄청난 빚도 갚 을 수 있듯이 처세하는 데는 자고로 말재간이 좋아야 한다는 뜻.	저
1030	○ 천둥에 개 놀라듯 한다.	• 몹시도 놀라서 허둥대며 정신을 못 차리고 날 뛴다는 뜻.	저
1031	○ 천리마는 늙었어도 천 리 가던 생각만 한다.	• 몸은 비록 늙었어도 마음은 언제나 젊은 시절과 다름없다는 말.	고
1032	○ 천 리 길도 한 걸음부터	• 아무리 큰 일이라도 그 첫 시작은 작은 일부터 비롯된다는 말.	저
1033	○ 천만 재산이 서투른 기술만 못 하다.	• 자기가 지닌 돈은 있다가도 없어질 수 있지만 한 번 배운 기술은 죽을 때까지 지니고 있기 때문에 생활의 안정을 기할 수 있다는 뜻.	고
1034	○ 천석꾼은 천 가지 걱정이요, 만석꾼은 만 가지 걱정이다.	• 사람은 누구에게나 저마다 한 가지씩은 걱정 이 있게 마련이므로 이를 참고 극복하여야 한 다는 뜻.	고
1035	○ 철나자 망령 난다.	• 인생이란 어물어물하다 보면 무엇 하나 이루 어 놓은 일도 없이 무상하게 늙는다는 뜻.	고
1036	○ 첫날밤에 지게 지고 들어가도 제멋이다.	• 제가 좋아서 하는 일은 남이 어떻게 보든지 전혀 상관이 없다는 뜻.	중
1037	○ 첫딸은 살림밑천	• 처음에 딸을 낳은 서운함을 위로하는 말.	중
1038	○ 첫술에 배부르랴.	• 어떤 일이든지 단번에 만족할 수는 없다.	저
1039	○ 청대콩이 여물어야 여물었나 한다.	• 청대콩은 다 여물어도 여문 것인지 안 여문 것인지 눈으로 보아서는 잘 모르듯이 모든 일 을 겉으로만 봐서는 잘 파악할 수 없다는 것.	고
1040	○ 청실홍실 매야만 연분인가.	• 혼례식을 치르지 않고 동거생활을 하여도 부 부는 역시 부부라는 뜻.	고
1041	○ 초가삼간 다 타도 빈대 죽는 것만 시원하다.	• 비록 큰 손해를 보더라도 마음에 들지 않는 것이 없어진 것만 흐뭇하게 여긴다.	중
1042	○ 초년고생은 사서라도 한다.	• 초년에 고생을 겪은 사람이라야 세상살이에 밝고 경험이 많아서 복을 누리는 까닭에 그 고생을 달게 받아야 한다.	고
1043	○ 초록은 동색이다.	• 끼리끼리 모인다는 뜻의 말.	중
1044	○ 초사흘 달은 부지런한 며느리 만 본다.	• 부지런한 사람이 아니고서는 사소한 일까지 모두 헤아려서 살필 수 없다는 뜻.	중
1045	○ 초상술에 권주가 부른다.	• 때와 장소를 분별하지 못하고 행동한다.	고

순	속 담	뜻 풀 이	지도 학년
1046	○ 초상집 개 같다.	• 의지할 데가 없이 이리저리 헤매어 초라하다.	저
1047	○ 초학(初學) 훈장(訓長)의 똥은 개도 안 먹는다.	• 훈장 즉 선생의 일이 매우 어렵고 힘들다는 말.	고
1048	○ 촌놈은 밥그릇 큰 것만 찾는다.	• 무식한 사람은 어떠한 물건의 질은 무시하고 그저 양이 많은 것만 요구한다는 뜻.	중
1049	○ 촌닭 관청에 잡혀 온 격이다.	• 경험 없는 일을 당하여 어리둥절하다.	고
1050	○ 친 사람은 다리를 오그리고 자도 맞은 사람은 다리를 펴고 잔다.	• 남을 괴롭힌 가해자는 뒷일이 걱정되어 불안하나 피해자는 그보다 마음이 편하다는 뜻.	고
1051	○ 칠 년 가뭄에 하루 쓸 날 없다.	• 오랫동안 날씨가 개고 좋다가도 모처럼 무슨 일을 하려고 하면 비가 온다는 말.	고
1052	○ 침 뱉은 우물을 다시 먹는다.	• 다시는 안 볼 듯이 야박하게 행동하더니 어쩌다가 자신의 처지가 아쉬우니까 다시 찾아온다는 뜻.	중
1053	○ 칼날 위에 섰다.	• 매우 위태로운 처지에 놓였다는 말.	중
1054	○ 칼도 날이 서야 쓴다.	• 자기에게 주어진 역할을 제대로 하려면 그만한 실력이 있어야 한다는 뜻.	고
1055	○ 코가 납작해지다.	• 심한 무안을 당하거나 기가 죽음을 이르는 말.	저
1056	○ 코가 댓 자나 빠졌다.	• 근심 걱정이 많아 맥이 확 풀렸다는 뜻.	고
1057	○ 코딱지 둔다고 살이 될까.	• 이미 잘못된 것을 그대로 둔다고 하더라도 다시 원상태로 바로잡을 수 없다는 뜻.	중
1058	○ 콧방귀만 뀐다.	• 남의 말은 들은 체 만 체하면서 대꾸가 없다는 뜻.	저
1059	○ 코에서 단내가 난다.	• 일에 시달리고 고뇌하여 몸과 마음이 몹시 피로하다는 뜻.	중
1060	○ 콩 볶아 먹다가 가마솥 터뜨린다.	• 작은 이익을 탐내다가 도리어 큰 해를 입는다.	고
1061	○ 콩 볶아 먹을 집안	• 가족끼리 서로 다투고 싸워 형편이 없다는 뜻.	고
1062	○ 콩 심은 데 콩 나고 팥 심은 데 팥 난다.	• 원인이 있으면 반드시 그에 따르는 결과가 있다.	고
1063	○ 콩으로 메주를 쑨다 하여도 곧이 듣지 않는다.	• 거짓말을 잘하여 신용할 수 없다.	중
1064	○ 콩이야 팥이야 한다.	• 별 차이 없는 것을 가지고 다르다고 따지거나 시비한다는 말.	저
1065	○ 크고 작은 것은 대봐야 안다.	• 어떤 것이 크고 어떤 것이 작은가는 직접적으로 비교해 보아야 안다는 의미.	고
1066	○ 큰 방축도 개미구멍으로 무너진다.	• 작은 사물이라고 업신여기다가는 그 때문에 큰 화를 입는다.	중
1067	○ 큰 북에서 큰 소리 난다.	• 도량이 커야 훌륭한 일을 한다는 말.	저
1068	○ 키 크고 싱겁지 않은 사람 없다.	• 키 큰 사람의 행동은 멋없어 보인다.	중

순	속 담	뜻 풀 이	지도 학년
1069	○ 탕약에 감초가 빠질까.	• 여기저기 끼어들지 않는 데가 없는 사람을 비웃는 말.	고
1070	○ 태산 명동에 서일필 (泰山 鳴動에 鼠一匹)	• 무엇을 크게 떠벌였는데 실제의 결과는 작다는 뜻.	고
1071	○ 태산을 넘으면 평지를 본다.	• 고생을 하게 되면 그다음에는 즐거움이 온다는 말.	중
1072	○ 터를 잡아야 집도 짓는다.	• 모든 일에는 기반과 순서가 있어야 된다는 뜻.	중
1073	○ 터진 꽈리 보듯 한다.	• 터져서 쓸데없는 꽈리를 보듯이 어느 누구도 탐탁지 않게 여기고 중요시하지 않는다는 말.	고
1074	○ 털도 안 난 것이 날기부터 하려 한다.	• 못난 사람이 제격에 맞지 않는 엄청난 짓을 한다는 것.	고
1075	○ 털도 아니 뜯고 먹으려 한다.	• 사리에 맞지 않게 노력도 없이 남의 물건을 거저 차지하려고 한다는 뜻.	저
1076	○ 털어서 먼지 안 나는 사람 없다.	• 누구든지 그의 결점을 찾아내려면 조금도 결점 없는 사람이 없다는 말.	고
1077	○ 토끼를 다 잡으면 사냥개를 삶는다.	• 필요할 때는 소중히 여기다가도 필요 없게 되면 천대하고 없애 버림을 비유하는 말.	중
1078	○ 티끌 모아 태산	• 적은 것도 거듭 쌓이면 많아짐을 일컬음.	저
1079	○ 파김치가 되었다.	• 기운이 지쳐서 아주 나른하게 된 모양을 비유한 말.	중
1080	○ 파리 날리다.	• 영업, 사무 따위가 번성하지 아니하고 한산하다.	저
1081	○ 파리 떼 덤비듯 한다.	• 이권을 보고 모리배가 파리 꾀듯 여기저기서 자꾸 모여든다는 뜻.	중
1082	○ 파리똥도 똥이다.	• 양적으로는 비록 적을지라도 본질적으로는 전혀 다를 바가 없다는 뜻.	저
1083	○ 판에 박은 것 같다.	• 언제나 똑같다는 뜻. • 다른 것이 조금도 없다는 말.	고
1084	○ 팔십 노인도 세 살 먹은 아이한테 배울 것이 있다.	• 어린아이의 말이라도 기발하고 사리에 맞아 귀담아들을 만한 말이 있으니 덮어놓고 무시하지 말라는 뜻.	고
1085	○ 팔이 들이굽지 내굽나.	• 친밀한 사이에 있는 사람에게 먼저 동정하게 되며 어느 일에나 자기에게 유리하도록 꾀하는 것이 인간의 상정이라는 뜻.	중
1086	○ 팔자 고치다.	• 갑작스레 부자가 되거나 지체를 얻어 딴사람처럼 됨을 비유.	저
1087	○ 평생 신수가 편하려면 두 집을 거느리지 말랬다.	• 두 집 살림을 차리게 되면 대부분 집안이 항상 편하지 못하다는 뜻.	고
1088	○ 평양감사도 저 싫으면 그만이다.	• 아무리 좋은 일이라도 저 하기 싫다면 억지로 시킬 수 없다는 뜻.	고
1089	○ 평택이 무너지나 아산이 깨어지나.	• 끝까지 경쟁을 해 보자는 뜻(평택과 아산은 청·일전쟁 때 싸움을 한 곳이다.).	고

순	속 담	뜻 풀 이	지도 학년
1090	○ 포도청 문고리도 빼겠다.	• 겁이 없고 대담한 사람을 두고 하는 말.	중
1091	○ 풀 방구리에 쥐 드나들 듯 한다.	• 풀을 담아 놓은 그릇의 풀을 먹으려고 드나드는 쥐처럼 자주 드나드는 모양을 두고 이르는 말.	고
1092	○ 피는 물보다 진하다.	• 뭐니 뭐니 해도 한 형제자매가 낫다는 말.	저
1093	○ 피장파장이다.	• 누가 낫고 누가 못한 것이 없이 양자가 똑같다는 뜻.	중
1094	○ 핑계 없는 무덤 없다.	• 어떤 일이라도 반드시 핑계거리가 있다는 말.	저
1095	○ 하늘 높은 줄은 모르고 땅 넓은 줄만 안다.	• 키가 작고 옆으로만 퍼져 뚱뚱하게 생긴 사람을 보고 하는 말.	고
1096	○ 하나를 보고 열을 안다.	• 일부만 보고 전체를 미루어 안다.	저
1097	○ 하늘 보고 주먹질한다.	• 아무 소용없는 일을 한다는 뜻.	중
1098	○ 하늘 보고 침 뱉기다.	• 하늘에다 대고 침을 뱉으면 결국 자기 얼굴에 떨어지듯이 남을 해치려다가 자기가 당한다는 뜻.	고
1099	○ 하늘을 보아야 별도 딴다.	• 노력과 준비가 있어야 보람을 얻는다는 말.	저
1100	○ 하늘이 무너져도 솟아날 구멍이 있다.	• 아무리 큰 재난에 부닥치더라도 그것에서 벗어나 도움을 받을 방법과 꾀가 서게 된다.	중
1101	○ 하늘을 쓰고 도리질한다.	• 세상이 무서운 줄을 모르고 마구 권력을 휘두른다는 뜻.	고
1102	○ 하룻강아지 범 무서운 줄 모른다.	• 철모르고 아무에게나 함부로 힘을 쓰면서 덤비는 사람을 두고 하는 말.	저
1103	○ 하룻밤을 자도 만리장성을 쌓는다.	• 잠깐 사귀어도 정을 깊이 둔다.	중
1104	○ 학도 아니고 봉도 아니고	• 아무것도 아니라는 말. • 행동이 뚜렷하지 않거나 사람이 분명치 않다는 말.	고
1105	○ 한강에 돌 던지기	• 지나치게 작아 전혀 효과가 없다는 말.	중
1106	○ 한 귀로 듣고 한 귀로 흘린다.	• 어떤 말을 하여도 곧 잊어버리고 듣지 않은 것과 같다는 뜻.	중
1107	○ 한날한시에 난 손가락도 길고 짧다.	• 한 형제간에도 슬기로운 사람과 어리석은 사람이 생기며, 같은 등속이라도 고르지 못하다는 말.	고
1108	○ 한 다리가 천 리(千里)다.	• 촌수가 가까울수록 정에 더 이끌린다는 말.	중
1109	○ 한 달이 크면 한 달이 작다.	• 세상일이란 한 번 좋은 일이 있으면 한 번은 나쁜 일이 있게 마련이라는 뜻.	중
1110	○ 한 번 실수는 병가지상사	• 한 번 정도의 실수는 흔히 있을 수 있는 일이니 크게 탓하거나 나무랄 것이 없다.	중
1111	○ 한 번 엎지른 물은 주워 담지 못한다.	• 한 번 한 일은 다시 원상태로 되돌리지 못한다는 뜻.	저
1112	○ 한 부모는 열 자식을 거느려도 열 자식은 한 부모를 못 거느린다.	• 한 사람이 잘되면 여러 사람을 도와 살릴 수 있으나 여러 사람이 합하여 한 사람을 잘살게 하기는 힘들다는 말.	고

순	속　담	뜻　풀　이	지도 학년
1113	○ 한솥밥 먹고 송사한다.	• 가까운 사람끼리 다툰다는 말.	중
1114	○ 한술 밥에 배부르랴.	• 무슨 일이나 처음에는 자기가 기대한 만큼의 성과를 얻을 수 없다는 뜻.	저
1115	○ 한 어미 자식도 아롱이다롱이 가 있다.	• 세상일이 다 같을 수는 없다는 말.	고
1116	○ 한 잔 술에 눈물 난다.	• 대단찮은 일에 원한이 생기므로 차별대우를 하 지 말라는 말.	중
1117	○ 한편 말만 듣고 송사 못 한다.	• 한편 말만 듣고서는 시비를 판단하기 어렵다 는 뜻.	고
1118	○ 함박 시키면 바가지 시키고, 바가지 시키면 쪽박 시킨다.	• 어떤 일을 윗사람이 아랫사람에게 시키면 그 는 또 제 아랫사람에게 다시 시킨다는 말.	고
1119	○ 항우도 댕댕이덩굴에 넘어진다.	• 항우와 같은 장사라도 보잘것없는 덩굴에 걸 려 낙상할 때가 있다는 말. • 아무리 작은 일도 무시하면 실패하기 쉽다는 뜻.	고
1120	○ 행랑 빌면 안방까지 든다.	• 처음에는 소심하게 발을 들여놓다가 재미를 붙 이면 대담해져 정도가 심한 일까지 한다는 뜻.	고
1121	○ 허파에 바람 들었다.	• 실없이 행동하거나 웃어 대는 사람을 비유하여 하는 말.	중
1122	○ 허허 해도 빚이 열닷 냥이다.	• 겉으로는 호기 있게 보이나 속으로는 근심이 가득하다는 뜻.	중
1123	○ 헌신짝 버리듯 한다.	• 긴하게 쓰고 난 뒤에 아무 거리낌 없이 내버 린다는 뜻.	중
1124	○ 형만 한 아우 없다.	• 아우가 형보다 못하다는 말.	저
1125	○ 호떡집에 불이 났다.	• 질서 없이 떠들썩하게 지껄임을 빈정거려 일 컫는 말.	저
1126	○ 호랑이 담배 필 적	• 까마득해서 종잡을 수 없는 옛날.	저
1127	○ 호랑이도 제 말 하면 온다.	• 제삼자를 가리켜 이야기를 하고 있을 때 그 사람이 공교롭게 찾아온다.	저
1128	○ 호랑이에게 개 꾸어 주기.	• 빌려 주면 다시 받을 가망이 없다는 말.	고
1129	○ 호랑이에게 물려 가도 정신만 차리면 산다.	• 아무리 위급한 일을 당하여도 정신만 똑똑히 차리면 위기를 면할 수 있다는 말.	중
1130	○ 호미로 막을 것을 가래로 막는다.	• 적은 힘으로 될 일을 기회를 놓쳐 큰 힘을 들 이게 된다.	중
1131	○ 호박꽃도 꽃이라고	• 얼굴은 못생겨도 여자라고 여자티를 낸다는 뜻.	고
1132	○ 호박씨 까서 한입에 넣는다.	• 조금씩 저축하였다가 그것을 한꺼번에 소비해 버림을 말함.	중
1133	○ 호박꽃도 꽃이라니까 오는 나 비 괄시한다.	• 못생긴 여자에게 구애를 하였다가 오히려 거 절을 당하였다는 뜻.	고
1134	○ 호박에 침 주기.	• 아무 반응이 없다는 뜻.	저
1135	○ 호박이 덩굴째로 굴렀다.	• 의외의 횡재를 했다.	중

순	속 담	뜻 풀 이	지도학년
1136	○ 혹 떼러 갔다가 혹을 붙여 온다.	• 이득을 얻으려고 갔다가 도리어 손해만 보고 왔다는 뜻.	고
1137	○ 홀아비 사정은 과부가 알아준다.	• 남의 어려운 사정은 서로 비슷한 환경에 있는 사람이라야 헤아릴 수 있다는 의미.	고
1138	○ 화약을 지고 불에 들어간다.	• 자기 스스로 위험한 곳에 들어간다.	중
1139	○ 홧김에 화냥질한다.	• 격분을 이기지 못하여 될 대로 되라고 탈선까지 하여 결국 제 신세를 망치게 된다는 뜻.	고
1140	○ 황금 천 냥이 자식 교육만 못하다.	• 막대한 유산을 남겨 주는 것보다는 자녀 교육이 더 중요한 것이라는 뜻.	고
1141	○ 황소 뒷걸음치다가 쥐 잡는다.	• 어리석은 사람이 미련한 행동을 하다가 뜻밖에 좋은 성과를 얻었을 때 하는 말.	`중
1142	○ 흘러가는 물도 떠 주면 공이 된다.	• 쉬운 일이라도 도와주면 은혜가 된다는 뜻.	고
1143	○ 흥정은 붙이고 싸움은 말리랬다.	• 좋은 일은 될 수 있는 대로 권장하고, 나쁜 일은 뜯어 말려야 한다는 뜻.	중
1144	○ 흰죽에 코다.	• 좋은 것인지 나쁜 것인지 전혀 구별할 수 없게 되었다는 의미.	고

순	고사성어				뜻 풀 이
1	家 집 가	給 줄 급	人 사람 인	足 닉닉할 족	• 가급인족: 집집마다 실기가 넉넉하고, 사람마다 의식(衣食)에 부족함이 없음.
2	街 거리 가	童 아이 동	走 달릴 주	卒 무리 졸	• 가동주졸: 길거리에서 노는 철없는 아이. 주견 없이 길거리를 떠돌아다니는 아이.
3	假 거짓 가	弄 희롱할 롱	成 이룰 성	眞 참 진	• 가롱성진: 처음에 실없이 한 말이 나중에 정말이 된다는 말.
4	佳 아름다울 가	人 사람 인	薄 엷을 박	命 목숨 명	• 가인박명: 용모가 아름다운 여자는 대개 불행한 사람이 많다는 뜻
5	刻 새길 각	骨 뼈 골	難 어려울 난	忘 잊을 망	• 각골난망: 입은 은혜에 대한 고마운 마음이 깊이 뼈에 사무쳐 잊히지 않음.
6	刻 새길 각	舟 배 주	求 구할 구	劍 칼 검	• 각주구검: 배에서 칼을 떨어뜨리고 떨어진 자리에 표를 하였다가 배가 정박한 뒤에 칼을 찾는다는 뜻으로, 사람이 미련해서 융통성이 없음을 비유한 말.
7	肝 간 간	膽 쓸개 담	相 서로 상	照 비칠 조	• 간담상조: 간과 쓸개를 서로 보인다 함이니 서로의 진심이 통하고 알려짐. 서로 마음을 터놓고 사귐.
8	看 볼 간	雲 구름 운	步 걸음 보	月 달 월	• 간운보월: 고향 생각이 간절하여 낮에는 구름을 바라보고 밤에는 달을 바라보며 거니는 것.
9	甘 달 감	呑 삼킬 탄	苦 쓸 고	吐 토할 토	• 감탄고토: 달면 삼키고 쓰면 뱉음. 비위에 맞으면 좋아 덤비고 안 맞으면 돌아섬.
10	干 방패 간	城 재 성	之 갈 지	材 재목 재	• 간성지재: 방패와 같은 구실을 하는 인재, 국방의 책임을 다할 장수감.
11	間 사이 간	於 어조사 어	齊 나라 제	楚 초나라 초	• 간어제초: 제나라와 초나라 사이에 끼임. 곧 약자와 강자 틈에 끼여 괴로움을 받는 것을 말함.

순	고사성어				뜻 풀 이
12	感 느낄 감	舊 옛 구	之 갈 지	懷 품을 회	• 감구지회: 지난 일을 생각하는 마음
13	感 느낄 감	之 갈 지	德 큰 덕	之 갈 지	• 감지덕지: 분에 넘치는 듯이 고맙게 여김.
14	剛 굳셀 강	木 나무 목	水 물 수	生 날 생	• 강목수생: 마른 나무에서 물을 내게 한다 함이니, 어려운 사람에게 없는 것을 내라고 억지를 부리며 강요함을 비유.
15	剛 굳셀 강	柔 부드러울 유	兼 겸할 겸	全 온전할 전	• 강유겸전: 강하고 부드러움을 다 갖춤. 성품이 부드러우면서도 단단함.
16	蓋 덮을 개	棺 관 관	事 일 사	定 정할 정	• 개관사정: 시체를 관에 넣고 뚜껑을 덮은 뒤에라야 그 사람이 살아 있을 때의 가치가 판명된다는 말.
17	改 고칠 개	頭 머리 두	換 바꿀 환	面 낯 면	• 개두환면: 내용은 그대로 두고 단지 그 표면만을 고침. 일을 근본적으로 고치지 않고 사람만 바꿔 놓음.
18	蓋 덮을 개	世 인간 세	之 갈 지	才 재주 재	• 개세지재: 세상을 놀라게 할 만큼 뛰어난 재주를 말함.
19	客 손 객	窓 창문 창	寒 찰 한	燈 등불 등	• 객창한등: 객창에 비치는 차가운 등불. 나그네의 외로운 숙소에 비치는 차고 쓸쓸한 등불.
20	去 갈 거	頭 머리 두	截 끊을 절	尾 꼬리 미	• 거두절미: 머리와 꼬리를 잘라 버림. 앞뒤의 잔사설은 빼놓고 요점만 말함.
21	擧 들 거	世 인간 세	皆 다 개	濁 흐릴 탁	• 거세개탁: 온 세상이 다 흐림. 곧 지위의 고하를 막론하고 모든 사람이 다 바르지 않음.
22	乾 하늘 건	坤 따 곤	敢 북쪽 감	裏 밝을 리	• 건곤감리: 우리나라 태극기의 4괘
23	乞 구걸할 걸	人 사람 인	憐 불쌍할 연	天 하늘 천	• 걸인연천: 거지가 하늘을 불쌍히 여김. 부질없는 걱정을 한다는 말.

순	고사성어				뜻 풀 이
24	隔 막을 격	世 인간 세	之 갈 지	感 느낄 감	• 격세지감: 그리 오래되지 않은 동안에 전보다 변화가 심하여 딴 세대처럼 몹시 달라진 느낌. 딴 세상 느낌. 뒤바뀐 느낌.
25	牽 딩길 견	强 상할 강	附 붙일 부	會 모을 회	• 견강부회: 가당하지도 않은 말을 억지로 끌어다 붙여 조건이나 이치에 맞추려고 함.
26	見 볼 견	利 이로울 리	思 생각 사	義 옳을 의	• 견리사의: 눈앞에 이익이 보일 때 의리에 맞는지 안 맞는지의 여부를 잘 생각함.
27	見 볼 견	蚊 모기 문	拔 뺄 발	劍 칼 검	• 견문발검: 모기를 보고 칼을 뺀다는 뜻으로 하찮은 일에 너무 크게 허둥지둥 덤빔.
28	見 볼 견	物 만물 물	生 날 생	心 마음 심	• 견물생심: 실물을 보면 욕심이 생김.
29	犬 개 견	猿 원숭이 원	之 갈 지	間 사이 간	• 견원지간: 개와 원숭이의 사이. 서로 사이가 나쁜 두 사람.
30	堅 굳을 견	忍 참을 인	不 아니 불	拔 뺄 발	• 견인불발: 굳게 참고 견디어 마음을 빼앗기지 않음.
31	結 맺을 결	者 놈 자	解 풀 해	之 갈 지	• 결자해지: 맺은 사람이 풀어야 한다는 뜻으로 자기가 저지른 일은 자기가 해결해야 한다는 뜻.
32	謙 겸손할 겸	讓 사양할 양	之 갈 지	德 큰 덕	• 겸양지덕: 겸손한 태도로 남에게 사양하는 덕을 말함.
33	輕 가벼울 경	擧 들 거	妄 허망할 망	動 움직일 동	• 경거망동: 경솔하고 분수없이 행동함.
34	耕 밭갈 경	堂 집 당	問 물을 문	奴 종 노	• 경당문노: 농사일은 머슴에게 물어야 한다는 뜻으로 일은 항상 그 부문의 전문가와 상의해야 한다는 뜻.
35	經 다스릴 경	世 인간 세	致 다스릴 지	用 쓸 용	• 경세치용: 학문은 실제사회에서 이바지되는 것이 아니면 안 된다는 유교상의 한 주장.

순	고사성어				뜻 풀 이
36	耕 발갈 경	者 놈 자	有 있을 유	田 밭 전	• 경자유전: 농사를 짓는 사람은 자기 토지가 있어야 한다는 말.
37	鯨 고래 경	戰 싸울 전	蝦 두꺼비 하	死 죽을 사	• 경전하사: 고래 싸움에 새우 등이 터진다는 말.
38	鏡 거울 경	中 가운데 중	美 아름다울 미	人 사람 인	• 경중미인: 거울에 비친 미인 즉 실속보다는 겉치레가 더한 사람.
39	敬 공경할 경	天 하늘 천	愛 사랑 애	人 사람 인	• 경천애인: 하늘을 공경하고 인류를 사랑함.
40	鏡 거울 경	花 꽃 화	水 물 수	月 달 월	• 경화수월: 거울에 비치는 꽃과 물에 비치는 달. 눈에는 보이지만 손으로 잡을 수 없다는 뜻.
41	鷄 닭 계	卵 알 란	有 있을 유	骨 뼈 골	• 계란유골: 계란에도 뼈가 있다는 뜻으로 복이 없는 사람은 아무리 좋은 기회를 만나도 덕을 못 본다는 뜻.
42	鷄 닭 계	有 있을 유	五 다섯 오	德 큰 덕	• 계유오덕: 닭에 다섯 가지 덕이 있다는 뜻(벼슬-文, 발-武, 싸움-勇, 우는 것-信, 먹이 부르기-仁).
43	鷄 닭 계	皮 가죽 피	鶴 학 학	髮 터럭 발	• 계피학발: 사람이 늙어서 피부는 닭의 살갗과 같이 되고 머리는 세어서 학의 날개처럼 희어진다는 말.
44	高 높을 고	談 말씀 담	峻 높을 준	論 말할 론	• 고담준론: 남의 이목에 아랑곳없이 잘난 체하면서 과장하여 하는 말.
45	膏 기름 고	梁 돌보 량	珍 보배 진	味 맛 미	• 고량진미: 기름지고 살찐 고기와 맛있는 음식을 말함.
46	古 옛 고	老 늙을 로	相 서로 상	傳 전할 전	• 고로상전: 옛 노인들 말로 서로 전해 내려옴.
47	孤 외로울 고	立 설 립	無 없을 무	援 구원할 원	• 고립무원: 아무도 도와줄 사람 없이 외롭게 됨.
48	鼓 북 고	腹 배 복	擊 칠 격	壤 부드러울 흙 양	• 고복격양: 배를 두드리며 땅을 침. 의식이 풍부하여 안락한 세월을 즐김을 뜻함.

순	고사성어				뜻 풀 이
49	孤 외로울 고	城 재 성	落 떨어질 락	日 날 일	• 고성락일: 해질 무렵의 지평선에 외딴섬이 보인다는 뜻으로 남의 도움을 받지 못하는 외로운 사정이나 형편.
50	孤 외로울 고	雲 구름 운	野 들 야	鶴 두루미 학	• 고운야학: 소낙구름과 무리를 떠난 한 마리의 학이라는 뜻으로 명예나 이익을 떠나 벼슬을 하지 않고 한가롭게 사는 선비를 일컫는 말.
51	高 높을 고	材 재목 재	疾 빠를 질	足 발 족	• 고재질족: 키는 크고 걸음은 빠르다는 뜻으로 뛰어난 재주가 있는 인물을 말함.
52	苦 굳을 고	執 잡을 집	不 아니 불	通 통할 통	• 고집불통: 자기의 의견을 굳게 세워 변통성이 없음.
53	曲 굽을 곡	學 배울 학	阿 아첨할 아	世 인간 세	• 곡학아세: 진리에 어그러진 학문으로 세상 사람에게 아첨함.
54	恐 두려울 공	喝 꾸짖을 갈	脅 으름 협	迫 핍박할 박	• 공갈협박: 무섭게 으르고 대듦.
55	空 빌 공	理 다스릴 리	空 빌 공	論 말할 론	• 공리공론: 실천이 따르지 않는 헛된 이론.
56	空 빌 공	山 뫼 산	明 밝을 명	月 달 월	• 공산명월: 산 위에 외로이 비추는 밝은 달. (대머리를 농으로 이르는 말)
57	空 빌 공	前 앞 전	絶 끊을 절	後 뒤 후	• 공전절후: 비교될 만한 사물이 이전에도 이후에도 없음. 곧 비할 데 없이 훌륭함.
58	空 빌 공	中 가운데 중	樓 다락 루	閣 집 각	• 공중누각: 공중에 누각을 짓는 것처럼 근거가 없고 곧 변하는 사물을 가리키는 말.
59	誇 자랑할 과	大 큰 대	妄 허망할 망	想 생각 상	• 과대망상: 자기의 현재 상태를 턱없이 과장하여 엉뚱하게 생각하는 것.
60	過 허물 과	勿 말 물	憚 두려울 탄	改 고칠 개	• 과물탄개: 잘못을 깨닫거든 고치기를 꺼려하지 마라.

순	고사성어				뜻 풀 이
61	瓜 오이 과	田 밭 전	李 오얏 리	下 아래 하	• 과전이하: 외밭 걸을 때는 몸을 굽히어 신을 고쳐 신지 않고 자두나무 밑을 지날 때는 손을 들어 갓을 고쳐 쓰지 않는다는 말.
62	官 벼슬 관	尊 높을 존	民 백성 민	卑 낮을 비	• 관존민비: 관리는 높고 존귀하며 백성은 비천하다는 잘못된 생각.
63	觀 볼 관	形 형상 형	察 살필 찰	色 빛 색	• 관형찰색: 남의 심정을 떠보기 위해 안색을 살펴봄. 사문을 자세히 관찰함.
64	刮 긁을 괄	目 눈 목	相 서로 상	對 대할 대	• 괄목상대: 눈을 비비고 자세히 봄. 남의 학문이나 재주가 부쩍 느는 것을 보고 놀라는 데 쓰는 말.
65	狂 미칠 광	夫 지아비 부	之 갈 지	言 말씀 언	• 광부지언: 미친 사람의 쓸데없는 말.
66	光 빛 광	陰 그늘 음	如 같을 여	流 흐를 류	• 광음여류: 세월이 흐르는 물과 같이 한 번 지나면 되돌아오지 않음의 비유.
67	巧 교묘할 교	發 발할 발	奇 기이할 기	中 가운데 중	• 교발기중: 교묘하게 말을 꺼내어 이상스럽게도 들어 맞춘다는 뜻.
68	交 사귈 교	友 벗 우	以 써 이	信 믿을 신	• 교우이신: 믿음으로써 벗을 사귐.
69	舊 옛 구	官 벼슬 관	名 이름 명	官 벼슬 관	• 구관명관: 무슨 일이든 경험이 많거나 익숙한 이가 잘하는 법이라는 말.
70	口 입 구	無 없을 무	完 완전 완	人 사람 인	• 구무완인: 입에 오르기만 하면 완전한 사람이 없다는 뜻으로 사람의 흠집만을 꼬집어 들추어내는 버릇이 있는 사람을 이르는 말.
71	口 입 구	腹 배 복	之 갈 지	計 꾀 계	• 구복지계: 입에 풀칠을 하거나 배를 채우기 위한 계획. 살아가는 방법.
72	口 입 구	尙 오히려 상	乳 젖 유	臭 냄새 취	• 구상유취: 입에서 아직 젖 냄새가 난다 함이니 아직 어리고 유치한 짓을 하는 사람을 보고 하는 말.

순	고사성어				뜻 풀 이
73	九 아홉 구	十 열 십	春 봄 춘	光 빛 광	• 구십춘광: 봄의 석 달. 구십일 동안의 봄의 경치.
74	口 입 구	耳 귀 이	之 갈 지	學 배울 학	• 구이지학: 들은 풍월격으로 아무런 연구성이 없는 천박한 학문을 이름.
75	口 아홉 구	折 꺾을 절	羊 양 양	腸 창자 장	• 구절양장: 아홉 번 꺾어진 양의 창자. 즉 산 같은 것이 꼬불꼬불하고 험한 것을 이름.
76	九 아홉 구	重 무거울 중	宮 집 궁	闕 대궐 궐	• 구중궁궐: 여러 겹 대문으로 둘러싸인 깊은 대궐.
77	國 나라 국	難 어려울 난	克 이길 극	服 웃 복	• 국난극복: 나라의 위태로운 상태나 어려운 고비를 이겨 나감.
78	國 나라 국	泰 클 태	民 백성 민	安 편안 안	• 국태민안: 나라가 태평하고 백성이 살기가 평안함.
79	軍 군사 군	令 명령할 령	泰 클 태	山 뫼 산	• 군령태산: 군대의 명령은 태산과 같이 무거움.
80	群 무리 군	雄 영웅 웅	割 나눌 할	據 기댈 거	• 군웅할거: 많은 영웅들이 제각기 자리를 잡고 서로 세력을 다툼.
81	君 임금 군	子 아들 자	三 석 삼	樂 즐거울 락	• 군자삼락: 군자에게는 3가지 즐거움이 있다. 첫째 - 부모 모시고 형제가 무고한 것, 둘째 - 하늘과 사람에게 부끄러움이 없는 것, 셋째 - 영재를 교육하는 것.
82	窮 다할 궁	餘 남을 여	之 갈 지	策 꾀 책	• 궁여지책: 매우 궁박하여 어려운 끝에 짜낸 한 가지 꾀.
83	權 권세 권	門 문 문	勢 형세 세	家 집 가	• 권문세가: 권력 있는 문중과 세력 있는 집안.
84	權 권할 권	善 착할 선	懲 징계할 징	惡 악할 악	• 권선징악: 선한 행동은 권하고 악한 행동은 징계함.
85	龜 거북 귀	毛 터럭 모	兔 토끼 토	角 뿔 각	• 귀모토각: 거북이 털과 토끼 뿔이라는 말. 도저히 있을 수 없는 물건이라는 뜻.

순	고사성어				뜻 풀 이
86	克 이길 극	己 몸 기	復 돌아올 복	禮 예도 례	• 극기복례: 제 욕심을 누르고 예의범절을 따름.
87	近 가까울 근	墨 먹 묵	者 놈 자	黑 검을 흑	• 근묵자흑: 먹을 가까이하면 먹이 묻기 쉽다는 말. 악한 사람을 가까이하면 그 버릇에 물들기 쉽다는 말.
88	金 쇠 금	權 권세 권	萬 일만 만	能 능할 능	• 금권만능: 돈의 힘으로 되지 않는 일이 없다는 뜻.
89	錦 비단 금	上 위 상	添 더할 첨	花 꽃 화	• 금상첨화: 아름다움 위에 아름다움을 한층 더함. 좋은 것 위에 좋은 것을 더한다는 말.
90	金 쇠 금	石 돌 석	之 갈 지	約 맺을 약	• 금석지약: 쇠나 돌같이 변함없는 굳은 약속.
91	金 쇠 금	城 성(잿) 성	湯 끓을 탕	池 못 지	• 금성탕지: 굳게 쌓은 성과 그 바깥에 둘러 파 놓은 도랑. 쉽게 함락하기 어려운 성지.
92	琴 거문고 금	瑟 비파 슬	之 갈 지	樂 즐거울 락	• 금슬지락: 부부 사이의 화락한 즐거움.
93	今 이제 금	時 때 시	初 처음 초	聞 들을 문	• 금시초문: 이제야 비로소 처음 들음.
94	錦 비단 금	衣 옷 의	玉 구슬 옥	食 밥 식	• 금의옥식: 호의호식으로 사치한 생활을 하는 사람들의 의식을 말함.
95	金 쇠 금	枝 가지 지	玉 구슬 옥	葉 잎 엽	• 금지옥엽: 귀여운 자손을 일컫는 말.
96	急 급할 급	轉 구를 전	直 곧을 직	下 아래 하	• 급전직하: 갑자기 형세가 바뀌어 걷잡을 수 없이 마구 내리밀림.
97	奇 기이할 기	奇 기이할 기	妙 묘할 묘	妙 묘할 묘	• 기기묘묘: 매우 기이하고 교묘함.
98	岐 높을 기	路 길 로	亡 망할 망	羊 양 양	• 기로망양: 학문이나 일을 함에 있어서 방법을 강구해야지 제멋대로 하다가는 헛수고만 하게 마련이라는 뜻.

순	고사성어				뜻 풀 이
99	奇 기이할 기	想 생각할 상	天 하늘 천	外 밖 외	• 기상천외: 상식을 벗어난 아주 엉뚱한 생각.
100	起 일어날 기	承 이을 승	轉 구를 전	結 맺을 결	• 기승전결: 시문을 짓는 격식 즉 시의 처음을 기, 처음의 뜻을 받아쓰는 것을 승, 중간에 뜻을 한 번 바꾸는 것을 전, 전편을 거두어서 맺는 것을 결이라 함.
101	杞 산버들 기	人 사람 인	憂 근심 우	天 하늘 천	• 기인우천: 장래의 일에 대해 쓸데없는 걱정을 한다는 말.
102	氣 기운 기	絶 끊을 절	招 부를 초	風 바람 풍	• 기절초풍: 너무 놀라서 넋이 달아남.
103	騎 말탈 기	虎 범 호	之 갈 지	勢 형세 세	• 기호지세: 범을 타고 가는데 도중에서 내리면 범에게 물릴 것이니 내리지 못하는 처지, 즉 중도에서 그만둘 수 없는 형세.
104	落 떨어질 락	落 떨어질 락	長 긴 장	松 솔 송	• 낙락장송: 가지가 축축 늘어진 오래되고 키 큰 소나무.
105	落 떨어질 락	髮 터럭 발	爲 할 위	僧 중 승	• 낙발위승: 머리를 깎고 중이 됨.
106	落 떨어질 락	張 베풀 장	不 아니 불	入 들 입	• 낙장불입: 화투 따위를 할 때 내어놓은 패를 다시 집어 들이지 못함.
107	落 떨어질 락	花 꽃 화	流 흐를 류	水 물 수	• 낙화유수: 떨어지는 꽃과 흐르는 물. 정이 있어 서로 보고 싶어 하는 남녀의 관계를 비유한 말.
108	爛 빛날 란	商 장수 상	討 칠 토	議 의논할 의	• 난상토의: 낱낱이 들어 잘 토의함.
109	難 어려울 난	兄 맏 형	難 어려울 난	弟 아우 제	• 난형난제: 누구를 형이라 아우라 하기 어렵다는 뜻으로, 곧 두 사물의 낫고 못함을 분간하기 어려울 때 비유하는 말.
110	南 남녘 남	男 사내 남	北 북녘 북	女 계집 녀	• 남남북녀: 남쪽은 남자가 씩씩하고 용맹하며 북쪽은 여자가 아름답다는 말.

순	고사성어				뜻 풀 이
111	南 남녘 남	山 뫼 산	之 갈 지	壽 목숨 수	• 남산지수: 장수(長壽)를 축원할 때 쓰는 말.
112	南 남녘 남	征 칠 정	北 북녘 북	伐 칠 벌	• 남정북벌: 자주 전쟁을 일으켜 싸움을 하는 것을 말함.
113	內 안 내	憂 근심 우	外 밖 외	患 근심 환	• 내우외환: 내부적인 근심과 외부적인 걱정. 나라 안팎의 근심 걱정.
114	冷 찰 냉	血 피 혈	動 움직일 동	物 물건 물	• 냉혈동물: 체온이 외기의 온도보다 낮은 동물. 의리도 없고 인정사정도 없는 냉혹하고 박정한 사람을 가리키는 말.
115	老 늙을 로	當 마땅할 당	益 더할 익	壯 장할 장	• 노당익장: 늙었어도 더욱 기운이 씩씩함.
116	老 늙을 로	馬 말 마	之 갈 지	智 지혜 지	• 노마지지: 늙은 말의 지혜라는 뜻으로 사물은 각기 특징이 있음을 말함.
117	老 늙을 로	少 젊을 소	同 한가지 동	樂 즐거울 락	• 노소동락: 늙은이와 젊은이가 함께 즐김.
118	勞 수고로울 로	而 말 이을 이	無 없을 무	功 공 공	• 노이무공: 애를 썼으나 보람이 없음.
119	綠 푸른 록	衣 옷 의	紅 붉을 홍	裳 치마 상	• 녹의홍상: 연두저고리에 다홍치마. 젊은 여자의 곱게 차린 치장을 말함.
120	弄 희롱할 롱	璋 막힐 장	之 갈 지	喜 기쁠 희	• 농장지희: 아들을 낳은 기쁨을 한문 투로 축하하는 말.
121	訥 말 더듬거릴 눌	言 말씀 언	敏 민첩할 민	行 행할 행	• 눌언민행: 사람은 말하기는 쉬워도 행하기는 어려우므로 군자는 언어는 둔하여도 행동은 민첩해야 함을 이름.
122	能 능할 능	小 작을 소	能 능할 능	大 큰 대	• 능소능대: 능히 작게도 하고 크게도 함.

순	고사성어				뜻 풀 이
123	陵 짓밟을 능	遲 더딜 지	處 처치할 처	斬 베일 참	• 능지처참: 머리, 몸, 손, 발을 토막 쳐서 죽이던 극형.
124	多 많을 다	多 많을 다	益 더할 익	善 착할 선	• 다다익선: 많으면 많을수록 좋음.
125	多 많을 다	事 일 사	多 많을 다	難 어려울 난	• 다사다난: 일도 만고 어려움도 많음.
126	多 많을 다	情 뜻 정	多 많을 다	感 느낄 감	• 다정다감: 다정하고 다감함. 생각과 느낌이 많음.
127	斷 끊을 단	機 틀 기	之 갈 지	誡 경계 계	• 단기지계: 학문을 중도에 그만두는 것은 마치 짜던 베의 날을 끊어 버리는 것과 같이 아무런 공이 없다 는 뜻.
128	達 통달할 달	人 사람 인	大 큰 대	觀 볼 관	• 달인대관: 학술 기예 등에 능한 사람은 세상일을 넓게 관 찰함.
129	堂 집 당	拘 개 구	風 바람 풍	月 달 월	• 당구풍월: 무식한 사람도 유식한 사람과 같이 있으면 감화를 받는다는 말. (서당 개 3년이면 풍월을 읊는다.)
130	大 큰 대	喝 꾸짖을 갈	一 한 일	聲 소리 성	• 대갈일성: 큰 소리로 한 번 꾸짖음.
131	大 큰 대	驚 놀랄 경	失 잃을 실	色 빛 색	• 대경실색: 너무나 놀라 얼굴빛이 질림.
132	大 큰 대	巧 교묘할 교	若 같을 약	拙 옹졸할 졸	• 대교약졸: 훌륭한 기교는 도리어 졸렬한 듯하다는 뜻.
133	大 큰 대	同 한가지 동	團 둥글 단	結 맺을 결	• 대동단결: 크게 한가지로 단결함.
134	大 큰 대	同 한가지 동	之 갈 지	役 부릴 역	• 대동지역: 모든 사람이 다 함께하는 부역.
135	大 큰 대	書 글 서	特 특별할 특	筆 붓 필	• 대서특필: 아주 크게 써서 표시함.

순	고사성어				뜻 풀 이
136	大 큰 대	逆 거스를 역	無 없을 무	道 길 도	• 대역무도: 죄악이 사람의 도리에 크게 어그러짐.
137	對 대답할 대	牛 소 우	彈 칠 탄	琴 거문고 금	• 대우탄금: 소를 보고 거문고를 탄다는 말로 어리석은 사람에게 깊은 이치를 말하여도 아무 보람이 없음.
138	大 큰 대	慈 인자할 자	大 큰 대	悲 슬플 비	• 대자대비: 넓고 커서 가없는 자비.
139	德 큰 덕	必 반드시 필	有 있을 유	隣 이웃 린	• 덕필유린: 덕을 쌓은 사람은 외롭지 아니하고 반드시 이웃이 있다는 말.
140	途 길 도	中 가운데 중	下 아래 하	車 수레 차	• 도중하차: 차를 타고 가다가 도중에서 내림. 즉, 중간에서 그만두는 것을 비유한 말.
141	塗 진흙 도	炭 숯 탄	之 갈 지	苦 괴로울 고	• 도탄지고: 진구렁이나 숯불과 같은 데 빠져 몹시 고통스러운 지경을 이르는 말. 백성들이 심한 고통에 처했을 때를 가리킴.
142	讀 읽을 독	書 글 서	三 석 삼	昧 어둘 매	• 독서삼매: 딴생각은 않고 오직 책 읽기에만 골몰하는 일.
143	獨 홀로 독	也 이끼 야	靑 푸를 청	靑 푸를 청	• 독야청청: 홀로 푸르다는 뜻. 높은 절개.
144	同 한가지 (같을) 동	價 값 가	紅 붉을 홍	裳 치마 상	• 동가홍상: 같은 값이면 다홍치마. 곧 같은 값이면 품질이 좋은 것을 가진다는 뜻.
145	同 한가지 동	氣 기운 기	一 한 일	身 몸 신	• 동기일신: 동기간은 한 몸이라는 뜻.
146	同 한가지 동	名 이름 명	異 다를 이	人 사람 인	• 동명이인: 이름은 같으나 사람은 다름.
147	同 한가지 동	門 문 문	受 받을 수	學 배울 학	• 동문수학: 한 스승 밑에서 같이 학문을 닦고 배움.
148	東 동녘 동	奔 분주할 분	西 서녘 서	走 달릴 주	• 동분서주: 사방으로 이리저리 몹시 바쁘게 돌아다님.

순	고사성어				뜻 풀 이
149	同 한가지 동	生 날 생	共 한가지 공	死 죽을 사	• 동생공사: 서로 생사를 같이함.
150	同 한가지 동	聲 소리 성	相 서로 상	應 응할 응	• 동성상응: 같은 소리는 서로 대응한다는 뜻으로 같은 무리 끼리 서로 통하여 응함.
151	東 동녘 동	征 칠 정	西 서녘 서	伐 칠 벌	• 동정서벌: 전쟁을 하여 여러 나라를 이리저리로 정벌함.
152	同 한가지 동	族 겨레 족	相 서로 상	殘 쇠 잔	• 동족상잔: 동족끼리 서로 싸우고 죽임.
153	杜 막을 두	門 문 문	不 아니 불	出 날 출	• 두문불출: 집에만 있고 세상에 나가지 않음.
154	得 얻을 득	失 잃을 실	相 서로 상	半 반 반	• 득실상반: 얻은 것과 잃은 것이 서로 반반 하여 별로 이득 도 없고 손해도 없다는 말.
155	登 오를 등	高 높을 고	自 스스로 자	卑 낮을 비	• 등고자비: 지위가 높아질수록 스스로를 낮춤. 낮은 곳에서부터 높이 올라가듯이 만사에 반드시 차 례를 밟아야 함.
156	燈 등잔 등	下 아래 하	不 아니 불	明 밝을 명	• 등하불명: 등잔 밑이 어둡다는 뜻으로 가까이 있는 것이 도리어 알아내기 어려움을 이르는 말.
157	馬 말 마	脚 다리 각	露 이슬 로	出 날 출	• 마각노출: 숨기고 있던 간사한 꾀가 부지중에 드러남.
158	馬 말 마	耳 귀 이	東 동녘 동	風 바람 풍	• 마이동풍: 말 귀에 봄바람이라는 뜻으로 남의 비평이나 의 견을 조금도 귀담아듣지 아니하고 곧 흘려버림 을 일컫는 말.
159	莫 없을 막	逆 거스를 역	之 갈 지	間 사이 간	• 막역지간: 벗으로서 허물없이 아주 친한 사이.
160	萬 일만 만	古 예 고	江 물 이름 강	山 뫼 산	• 만고강산: 만고에 변함없는 강산.
161	萬 일만 만	古 예 고	逆 거스를 역	賊 도둑 적	• 만고역적: 두고두고 그 허물을 벗을 수 없을 만큼 나라에 반역한 사람.

순	고사성어				뜻 풀 이
162	萬 일만 만	古 예 고	風 바람 풍	霜 서리 상	• 만고풍상: 오랫동안 겪어 온 많은 쓰라린 고생.
163	萬 일만 만	卷 책 권	讀 읽을 독	破 깨뜨릴 파	• 만권독파: 만 권이나 되는 책을 처음부터 끝까지 다 읽어 냄. 굉장히 많은 책을 읽음.
164	滿 가득할 만	面 낯 면	愁 근심 수	色 빛 색	• 만면수색: 근심하는 빛이 얼굴에 가득 차 있음.
165	萬 일만 만	福 복 복	之 갈 지	源 근원 원	• 만복지원: 만복의 근원 부부의 결합을 축복하는 말.
166	萬 일만 만	事 일 사	亨 형통할 형	通 통할 통	• 만사형통: 모든 일이 순탄하게 잘됨.
167	萬 일만 만	壽 목숨 수	無 없을 무	疆 강할 강	• 만수무강: 한없이 목숨이 긺. 장수하기를 비는 말.
168	滿 가득할 만	場 마당 장	一 한 일	致 이를 치	• 만장일치: 회장에 모인 여러 사람의 뜻이 한결같음.
169	晩 늦을 만	秋 가을 추	佳 아름다울 가	景 별 경	• 만추가경: 늦가을의 아름다운 경치.
170	罔 없을 망	極 다할 극	之 갈 지	恩 은혜 은	• 망극지은: 부모나 임금이나 나라에서 받은 그지없고 잊지 못할 큰 은혜.
171	亡 잃을 망	羊 양 양	得 얻을 득	牛 소 우	• 망양득우: 양을 잃고 소를 얻었다는 뜻. 작은 것을 잃고 큰 것을 얻음을 비유한 말.
172	亡 잃을 망	羊 양 양	之 갈 지	嘆 탄식할 탄	• 망양지탄: 양을 잃었는데 길이 많고 복잡하여 어디로 갔는 지 몰라 한탄한다는 뜻으로 어떤 일에 방법을 찾지 못함을 한탄하는 말.
173	忙 바쁠 망	中 가운데 중	有 있을 유	閑 한가할 한	• 망중유한: 바쁜 중에도 또 한가한 짬이 있음. 바쁜 중에 마음에 한가한 짬을 얻음.
174	埋 묻을 매	頭 머리 두	沒 잠길 몰	身 몸 신	• 매두몰신: 일에 파묻혀 헤어나지 못함. 일에 덤벼 물러날 줄을 모름.

순	고사성어				뜻 풀 이
175	孟 맏 맹	母 어미 모	三 석 삼	遷 옮길 천	• 맹모삼천: 맹자의 어머니가 맹자를 가르치기 위해 세 번 이사했다는 고사. 이웃을 가려 사귀고 환경의 중요함을 말함.
176	盲 어두울 맹	者 놈 자	丹 붉을 단	靑 푸를 청	• 맹자단청: 사물을 감정할 능력이 없이 보는 것을 이르는 말.
177	面 낮 면	壁 벽 벽	參 참여할 참	禪 중 선	• 면벽참선: 벽을 향하여 앉아 마음을 가다듬어 수행하는 일.
178	面 낮 면	從 좇을 종	腹 배 복	背 등 배	• 면종복배: 겉으로 따르는 척하고 속으로는 배신함.
179	明 밝을 명	見 볼 견	萬 일만 만	里 마을 리	• 명견만리: 사물 보는 식견이 밝아서 만 리를 보는 듯한 통찰력을 말함.
180	名 이름 명	利 이로울 리	兩 둘 량	全 온전 전	• 명리양전: 명예와 재물을 한꺼번에 얻었다는 말.
181	名 이름 명	不 아니 불	虛 빌 허	傳 전할 전	• 명불허전: 이름이 헛되이 전하여진 것이 아님.
182	名 이름 명	實 열매 실	相 서로 상	符 부적 부	• 명실상부: 이름과 실상이 서로 꼭 들어맞음.
183	名 이름 명	傳 전할 전	千 일천 천	秋 가을 추	• 명전천추: 이름을 크게 떨쳐 오랜 세월에 길이 남도록 전하여 감.
184	謀 꾀 모	利 이로울 리	之 갈 지	輩 무리 배	• 모리지배: 도덕과 의리에는 아랑곳없이 재리만을 꾀하는 무리.
185	沐 머리 감을 목	浴 목욕할 욕	齊 제계할 제	戒 경계할 계	• 목욕제계: 몸을 깨끗이 닦고 마음을 가다듬어 부정을 피함.
186	妙 묘할 묘	技 재주 기	百 일백 백	出 날 출	• 묘기백출: 교묘한 재주와 기술이 많이 나옴.
187	墓 무덤 묘	前 앞 전	畢 다할 필	言 말씀 언	• 묘전필언: 생전에 못 했던 말을 무덤 앞에서 속 있는 말을 다 함.

순	고사성어				뜻 풀 이
188	無 없을 무	愧 부끄러울 괴	於 늘 어	心 마음 심	• 무괴어심: 언행이 공명정대하여 마음에 부끄러울 것이 없음.
189	無 없을 무	根 뿌리 근	之 갈 지	說 말씀 설	• 무근지설: 근거없는 헛소문.
190	武 굳셀 무	陵 큰 언덕 릉	桃 복숭아 도	源 근원 원	• 무릉도원: 신선이 살았다는 전설적인 중국의 명승지, 별천지.
191	無 없을 무	物 만물 물	不 아니 불	成 이룰 성	• 무물불성: 돈 없이는 아무 일도 이루어지지 않음.
192	無 없을 무	病 병들 병	長 긴 장	壽 목숨 수	• 무병장수: 병 없이 오래 삶.
193	無 없을 무	不 아니 불	通 통할 통	知 알 지	• 무불통지: 모두 통하여 모르는 것이 없음.
194	無 없을 무	常 항상 상	出 날 출	入 들 입	• 무상출입: 아무 데나 언제나 마음대로 드나듦.
195	務 힘쓸 무	實 열매 실	力 힘 력	行 행할 행	• 무실역행: 참되고 실속 있도록 힘써 실행함.
196	無 없을 무	爲 할 위	徒 무리 도	食 밥 식	• 무위도식: 아무 하는 일 없이 한가하게 먹고 놀기만 함.
197	無 없을 무	爲 할 위	自 스스로 자	然 그럴 연	• 무위자연: 사람의 힘을 들이지 아니한 그대로의 자연.
198	無 없을 무	人 사람 인	之 갈 지	境 지경 경	• 무인지경: 사람이라고는 전혀 없는 곳.
199	無 없을 무	情 뜻 정	世 해 세	月 달 월	• 무정세월: 덧없이 흘러가는 세월.
200	無 없을 무	知 알 지	莫 없을 막	知 알 지	• 무지막지: 아는 것이 없고 우악스러움.

순	고사성어				뜻 풀 이
201	無 없을 무	害 해할 해	無 없을 무	得 얻을 득	• 무해무득: 해로울 것도 없고 이로울 것도 없음.
202	文 글월 문	武 무사 무	兼 겸할 겸	備 갖출 비	• 문무겸비: 문무의 재능을 겸함.
203	聞 들을 문	一 한 일	知 알 지	十 열 십	• 문일지십: 한 가지를 듣고 열 가지를 알아차린다는 뜻.
204	門 문 문	前 앞 전	沃 기름질 옥	畓 논 답	• 문전옥답: 집 앞에 가까이 있는 기름진 논.
205	勿 말 물	失 잃을 시	好 좋을 호	機 베틀 기	• 물실호기: 좋은 기회를 놓치지 않음.
206	微 작을 미	官 벼슬 관	末 끝 말	職 벼슬 직	• 미관말직: 지위가 아주 낮은 벼슬.
207	微 작을 미	妙 묘할 묘	玄 검을 현	通 통할 통	• 미묘현통: 지식이 미묘 유현한 곳까지 통철하다는 뜻.
208	尾 꼬리 미	生 날 생	之 갈 지	信 믿을 신	• 미생지신: 우직하게 약속만을 굳게 지킴을 일컫는 말.
209	美 아름다울 미	風 바람 풍	良 어질 량	俗 풍속 속	• 미풍양속: 아름답고 좋은 풍속.
210	薄 엷을 박	利 이로울 리	多 많을 다	賣 팔 매	• 박리다매: 작은 이익으로 많이 판매하여 수입을 올림.
211	博 넓을 박	物 만물 물	君 임금 군	子 아들 자	• 박물군자: 온갖 사물을 널리 아는 사람.
212	博 넓을 박	施 베풀 시	濟 건널 제	衆 무리 중	• 박시제중: 널리 사랑과 은혜를 베풀어 뭇사람을 구제함.
213	博 넓을 박	學 배울 학	多 많을 다	識 알 식	• 박학다식: 학문이 넓고 식견이 많음.

순	고사성어				뜻 풀 이
214	半 반 반	官 벼슬 관	半 반 반	民 백성 민	• 반관반민: 어떤 사업체를 정부와 민간인이 공동으로 경영하는 것.
215	反 돌아올 반	目 눈 목	疾 투기할 질	視 볼 시	• 반목질시: 서로 질투하고 미워하는 눈으로 봄.
216	半 반 반	信 믿을 신	半 반 반	疑 의심할 의	• 반신반의: 반쯤은 믿고 반쯤은 의심하는 것.
222	百 일백 백	計 꾀할 계	無 없을 무	策 꾀 책	• 백계무책: 온갖 지모를 다 써 보아도 별 수 없음.
223	百 일백 백	鬼 귀신 귀	夜 밤 야	行 다닐 행	• 백귀야행: 온갖 잡귀가 밤에 몰려다닌다는 뜻으로 괴상하고 간악한 자가 활개를 치고 다님을 일컫는 말.
224	百 일백 백	年 해 년	大 큰 대	計 꾀할 계	• 백년대계: 먼 앞날까지에 걸친 큰 계획.
225	百 일백 백	年 해 년	河 물 하	淸 맑을 청	• 백년하청: 아무리 기다려도 일이 해결될 가망이 없음.
226	白 흰 백	面 낮 면	書 글 서	生 날 생	• 백면서생: 얼굴이 하얀 선비란 말로 글만 읽고 세상 경험이 없는 사람을 가리킴.
227	白 흰 백	雪 눈 설	亂 어지러울 난	舞 춤출 무	• 백설난무: 흰 눈이 어지럽게 춤추듯이 휘날림.
228	白 흰 백	手 손 수	乾 하늘 건	達 사무칠 달	• 백수건달: 손에 아무것도 없는 멀쩡한 사람.
229	白 흰 백	衣 옷 의	民 백성 민	族 겨레 족	• 백의민족: 흰옷을 입은 민족 즉 우리나라 국민을 가리킴.
230	百 일백 백	戰 싸움 전	老 늙을 로	將 장수 장	• 백전노장: 온갖 세상 풍파를 다 겪은 사람.
231	伯 맏 백	仲 버금 중	之 갈 지	勢 형세 세	• 백중지세: 서로 어금버금할 사이라는 뜻으로 우열을 가리기 어렵다는 말.

순	고사성어				뜻 풀 이
232	百 일백 백	八 여덟 팔	煩 번거로울 번	惱 번뇌할 뇌	• 백팔번뇌: 인간의 과거, 현재, 미래에 걸쳐 일어나는 가지 가지의 번거로운 생각으로 시달림.
233	凡 무릇 범	夫 지아비 부	肉 고기 육	眼 눈 안	• 범부육안: 현실에 집착한 식견이 없는 보통 사람의 천박한 안목.
234	變 변할 변	化 될 화	無 없을 무	雙 쌍 쌍	• 변화무쌍: 조금도 같은 것이 아닌 다른 것으로 변함.
235	輔 도울 보	車 수레 거	相 서로 상	依 의지할 의	• 보거상의: 수레의 덧방나무와 바퀴가 떠날 수 없는 것처럼 서로 도와서 의지함.
236	保 보전할 보	身 몸 신	之 갈 지	策 꾀 책	• 보신지책: 자기 한 몸을 보전하기 위한 소극적인 계책.
237	本 근본 본	末 끌 말	顚 엎드러질 전	倒 넘어질 도	• 본말전도: 일의 원줄기를 잊고 사소한 부분에만 사로잡힘.
238	富 부자 부	國 나라 국	强 강할 강	兵 군사 병	• 부국강병: 나라를 부유하게 하고 병력을 강력하게 하는 것.
239	富 넉넉할 부	貴 귀할 귀	在 있을 재	天 하늘 천	• 부귀재천: 사람의 부귀는 하늘에 매어 있어 인력으로 되는 것이 아님.
240	父 아비 부	母 어미 모	俱 함께 구	存 있을 존	• 부모구존: 부모가 다 살아 계심.
241	浮 뜰 부	生 날 생	如 같을 여	夢 꿈 몽	• 부생여몽: 인생은 항상 허무한 꿈과 같음을 이르는 말.
242	俯 구부릴 부	仰 우러러볼 앙	無 없을 무	愧 부끄러울 괴	• 부앙무괴: 하늘을 우러러보나 세상을 굽어보나 양심적으로 조금도 부끄러울 것이 없음.
243	父 아비 부	慈 사랑할 자	子 아들 자	孝 효도 효	• 부자자효: 아비 된 자는 자애를 주로 하며 자식 된 자는 효행을 주로 함.
244	父 아비 부	傳 전할 전	子 아들 자	傳 전할 전	• 부전자전: 그 아버지에 그 아들, 곧 아들이 아버지를 닮았다는 뜻.

순	고사성어				뜻 풀 이
245	釜 가마 부	中 가운데 중	之 갈 지	魚 고기 어	• 부중지어: 솥 가운데 들어 있는 고기로서 생명이 길지 않음을 말함.
246	負 질 부	債 빚 채	如 같을 여	山 뫼 산	• 부채여산: 남에게 진 빚이 산더미 같다.
247	父 아버지 부	風 바람 풍	母 어미 모	習 익힐 습	• 부풍모습: 아버지의 풍모와 어머니의 습관을 고루 닮음.
248	北 북녘 북	門 문 문	之 갈 지	嘆 탄식할 탄	• 북문지탄: 벼슬자리에 나가기는 하였으나 뜻대로 성공하지 못하여 그 곤궁함을 한탄한다는 뜻.
249	粉 가루 분	骨 뼈 골	碎 부서질 쇄	身 몸 신	• 분골쇄신: 뼈가 가루가 되고 몸이 깨어지도록 노력함. 곧 희생적 노력을 가리킴.
250	焚 탈 분	香 향기 향	再 다시 재	拜 절 배	• 분향재배: 향을 피우고 두 번 절을 함.
251	不 아니 불	可 옳을 가	勝 이길 승	數 헤아릴 수	• 불가승수: 하도 수가 많아서 이루 셀 수가 없음.
252	不 아니 불	可 옳을 가	刑 형상 형	言 말씀 언	• 불가형언: 말로는 다 형용할 수 없음.
253	不 아니 불	顧 돌아볼 고	廉 청렴 염	恥 부끄러울 치	• 불고염치: 뻔뻔스럽게 부끄러운 줄도 모르고 달라붙음.
254	不 아니 불	勞 일할 로	所 바 소	得 얻을 득	• 불로소득: 생산적, 노동적 노동에 직접 종사함이 없이 얻는 소득, 즉 힘들이지 않고 얻는 소득.
255	不 아니 불	眠 졸 면	不 아니 불	休 쉴 휴	• 불면불휴: 자지도 않고 쉬지도 아니함. 곧 쉴 새 없이 힘써 함.
256	不 아니 불	問 물을 문	可 옳을 가	知 알 지	• 불문가지: 묻지 않아도 알 수 있음.
257	不 아니 불	費 쓸 비	之 갈 지	惠 은혜 혜	• 불비지혜: 자기에게는 해가 될 것이 없고 남에게는 이익이 될 만하게 베풀어 주는 은혜.

순	고사성어				뜻 풀 이
258	不 아니 불	世 인간 세	之 갈 지	功 공 공	• 불세지공: 세상에 보기 드문 혁혁한 공로.
259	不 아니 불	言 말씀 언	之 갈 지	敎 가르칠 교	• 불언지교: 말이 없는 가운데 자연히 주는 교훈
260	不 아니 불	虞 염려할 우	之 갈 지	患 근심 심	• 불우지환: 뜻밖에 생기는 근심 걱정.
261	不 아니 불	義 의로울 의	之 갈 지	財 재물 재	• 불의지재: 의롭지 못한 수단으로 얻은 재물.
262	不 아니 불	撤 걷을 철	晝 낮 주	夜 밤 야	• 불철주야: 밤낮을 가리지 않고 일함. 즉 조금도 쉬지 않고 힘씀.
263	不 아니 불	快 쾌할 쾌	指 가리킬 지	數 헤아릴 수	• 불쾌지수: 무더위에 대하여 인체가 느끼는 쾌, 불쾌의 정도 를 나타내는 지수.
264	不 아니 불	惑 미혹할 혹	之 갈 지	年 해 년	• 불혹지년: 나이 마흔 살을 일컫는 말로 유혹당하지 않는 나이.
265	朋 벗 붕	友 벗 우	有 있을 유	信 믿을 신	• 붕우유신: 벗과 사귀는 도리는 믿음에 있음.
266	非 아닐 비	禮 예도 예	勿 말 물	視 볼 시	• 비례물시: 예의에 어긋나는 일은 보지를 말라는 말.
267	非 아닐 비	夢 꿈 몽	似 같을 사	夢 꿈 몽	• 비몽사몽: 꿈인지 아닌지 어렴풋한 상태.
268	非 아닐 비	肉 고기 육	之 갈 지	嘆 탄식할 탄	• 비육지탄: 성공할 기회를 잃고 허송세월하는 것을 탄식함.
269	鼻 코 비	下 아래 하	政 정할 정	事 일 사	• 비하정사: 겨우 먹고 살아가는 일.
270	氷 얼음 빙	炭 숯 탄	之 갈 지	間 사이 간	• 빙탄지간: 얼음과 숯의 차이 정도로 둘이 어긋나 맞지 않 는 사이.

순	고사성어				뜻 풀 이
271	砂 모래 사	上 위 상	樓 다락 루	閣 집 각	• 사상누각: 모래 위에 세운 누각 즉 기초가 약하여 오래 유지 못 할 일 또는 실현 불가능한 일을 비유한 말.
272	死 죽을 사	生 날 생	有 있을 유	命 목숨 명	• 사생유명: 사람의 생사는 천명이므로 사람의 힘으로 좌우할 수 없다는 말.
273	四 넉 사	書 글 서	三 석 삼	經 글 경	• 사서삼경: 논어, 맹자, 중용, 대학과 시경, 서경, 주역을 일컫는 말.
274	四 넉 사	時 때 시	長 긴 장	靑 푸를 청	• 사시장청: 소나무와 대나무와 같이 잎이 일 년 내내 푸름.
275	蛇 뱀 사	心 마음 심	佛 부처 불	口 입 구	• 사심불구: 속은 음흉하면서 입으로는 착한 체하는 것.
276	四 넉 사	顧 돌아볼 고	無 없을 무	親 친할 친	• 사고무친: 사방을 돌아보아도 의지할 만한 친족이 없음.
277	士 선비 사	氣 기운 기	衝 찌를 충	天 하늘 천	• 사기충천: 사기가 하늘을 찌를 듯이 높음.
278	四 넉 사	大 큰 대	六 여섯 육	身 몸 신	• 사대육신: 팔, 다리, 머리, 몸통을 통틀어 말함.
279	私 사사 사	利 이로울 리	私 사사 사	慾 욕심 욕	• 사리사욕: 한 개인의 이익이나 욕심만 채우려는 것.
280	四 넉 사	分 나눌 분	五 다섯 오	裂 찢어질 열	• 사분오열: 이리저리 아무렇게나 나눠지고 분열함. 천하가 심히 어지러움.
281	四 넉 사	柱 기둥 주	八 여덟 팔	字 글자 자	• 사주팔자: 사주의 간지가 되는 여덟 글자 즉 타고난 신수.
282	四 넉 사	通 통할 통	五 다섯 오	達 통할 달	• 사통오달: 사방으로 막힘없이 통함.
283	削 깎을 삭	株 뿌리 주	掘 팔 굴	根 뿌리 근	• 삭주굴근: 화근(禍根)을 뽑아 없앰.

순	고사성어				뜻 풀 이
284	山 뫼 산	高 높을 고	水 물 수	長 긴 장	• 산고수장: 군자나 어진 사람의 덕이 후세에 길이길이 전해짐을 이르는 말.
285	山 뫼 산	不 아니 불	厭 싫어할 염	高 높을 고	• 산불염고: 산이 높으면 높을수록 좋듯이 덕은 쌓으면 쌓을수록 좋나는 말.
286	山 뫼 산	戰 싸움 전	水 물 수	戰 싸움 전	• 산전수전: 세상의 온갖 고생과 어려움을 겪음.
287	殺 죽일 살	氣 기운 기	衝 찌를 충	天 하늘 천	• 살기충천: 살기가 하늘을 찌를 듯한 살벌한 전투 직전의 긴장이 고조된 상태를 말함.
288	殺 죽일 살	身 몸 신	成 이룰 성	仁 어질 인	• 살신성인: 몸과 목숨을 바쳐 절개를 지키는 일.
289	三 석 삼	顧 돌아볼 고	草 풀 초	廬 집 려	• 삼고초려: 촉한의 임금 유비가 제갈량의 초가를 세 번이나 찾아가서 그를 군사로 맞았다는 고사로 윗사람의 신임을 받는 일.
290	三 석 삼	省 살필 성	吾 나 오	身 몸 신	• 삼성오신: 매일 세 가지 것에 관하여 내 몸을 반성한다는 뜻.
291	三 석 삼	日 날 일	天 하늘 천	下 아래 하	• 삼일천하: 권세의 허무함을 말함.
292	三 석 삼	從 좇을 종	之 갈 지	義 옳을 의	• 삼종지의: 어려서는 아버지를 시집가서는 남편을 죽어서는 아들을 좇는 봉건 시대의 여자의 도리.
293	喪 상사 상	家 집 가	之 갈 지	狗 개 구	• 상가지구: 상갓집 개라는 뜻으로 궁상맞은 모습으로 이곳저곳 기웃거리며 얻어먹을 것을 찾아다닌다는 말.
294	相 서로 상	扶 도울 부	相 서로 상	助 도울 조	• 상부상조: 서로 돕고 서로 도움을 받음.
295	塞 변방 새	翁 늙은이 옹	之 갈 지	馬 말 마	• 새옹지마: 인생의 길흉화복은 변화가 심하여 무상하므로 예측할 수 없다는 뜻.
296	生 날 생	老 늙을 로	病 병들 병	死 죽을 사	• 생로병사: 인생의 겪는 고통 즉 낳음, 늙음, 병듦, 죽음을 일컫는 말.

순	고사성어				뜻 풀 이
297	生 날 생	不 아니 불	如 같을 여	死 죽을 사	• 생불여사: 형편이 몹시 어려워서 삶이 죽느니만 못하다는 뜻.
298	生 날 생	者 놈 자	必 반드시 필	滅 멸할 멸	• 생자필멸: 세상은 무상하므로 생명이 있는 것은 반드시 죽는다는 말.
299	先 먼저 선	見 볼 견	之 갈 지	明 밝을 명	• 선견지명: 일이 생기기 전에 미리 알아차리는 밝은 슬기.
300	先 먼저 선	公 귀 공	後 뒤 후	私 사사 사	• 선공후사: 공사를 먼저 하고 사사를 나중에 함.
301	先 먼저 선	憂 근심 우	後 뒤 후	樂 즐거울 락	• 선우후락: 근심한 일은 남보다 먼저 근심하고 즐거워할 일은 남보다 나중에 즐거워함.
302	先 신선 선	姿 맵시 자	玉 구슬 옥	質 바탕 질	• 선자옥질: 맵시가 고상하고 우아한 아름다운 사람을 형용.
303	雪 눈 설	上 위 상	加 더할 가	霜 서리 상	• 설상가상: 눈 위에 서리가 덮인다는 뜻으로 불행한 일이 엎친 데 덮쳐서 거듭 일어남을 비유하는 말.
304	成 이룰 성	德 큰 덕	君 임금 군	子 아들 자	• 성덕군자: 도덕을 닦고 학식을 갖춘 인품이 훌륭한 사람.
305	城 재 성	下 아래 하	之 갈 지	盟 맹서할 맹	• 성하지맹: 적군에게 성 밑까지 쳐들어옴을 당하고서 항복하고 맺는 강화의 약속.
306	勢 형세 세	利 이로울 리	之 갈 지	交 사귈 교	• 세리지교: 권세와 이익을 위한 사귐.
307	歲 해 세	寒 찰 한	三 석 삼	友 벗 우	• 세한삼우: 겨울철 관상용의 3가지 나무 즉 소나무, 대나무, 매화나무라 하여 동양화의 소재가 됨.
308	騷 떠돌 소	人 사람 인	墨 먹 묵	客 손 객	• 소인묵객: 시문과 서화를 일삼는 사람.
309	束 묶을 속	手 손 수	無 없을 무	策 꾀 책	• 속수무책: 어찌할 도리가 없어 꼼짝 못 함.

순	고사성어				뜻 풀 이
310	送 보낼 송	舊 예 구	迎 맞을 영	新 새 신	• 송구영신: 묵은해를 보내고 새해를 맞음.
311	守 지킬 수	口 입 구	如 같을 여	甁 병 병	• 수구여병: 비밀을 잘 지켜서 남에게 알리지 아니함을 일컫는 말.
312	水 물 수	到 이를 도	渠 개천 거	成 이룰 성	• 수도거성: 물이 흐르면 자연 도랑이 생긴다는 뜻으로 학문을 깊이 닦으면 자연 도가 이루어진다는 말.
313	首 머리 수	鼠 쥐 서	兩 두 량	端 끝 단	• 수서양단: 어쩔 줄을 몰라 머뭇거리며 자기의 행방을 결정짓지 못하고 살피기만 하는 상태.
314	袖 소매 수	手 손 수	傍 곁 방	觀 볼 관	• 수수방관: 조금도 도와주지 않고 그냥 곁에서 보고만 있음을 뜻함.
315	水 물 수	魚 고기 어	之 갈 지	交 사귈 교	• 수어지교: 물과 물고기가 떨어질 수 없듯이 아주 떨어질 수 없는 친밀한 사이를 말함.
316	純 순수할 순	潔 맑을 결	無 없을 무	垢 더러울 구	• 순결무구: 마음과 몸가짐이 아주 깨끗하여 조금도 더러운 티가 없음.
317	述 지을 술	而 말 이을 이	不 아니 불	作 지을 작	• 술이부작: 그전에 있었던 일을 말하고 있는 것으로 새로 창안한 것이 아니라는 말.
318	乘 오를 승	勝 이길 승	長 긴 장	驅 몰 구	• 승승장구: 거리낌 없이 이겨 나감.
319	是 이 시	非 아닐 비	曲 굽을 곡	直 곧을 직	• 시비곡직: 일의 옳고 그름.
320	始 비로소 시	終 끝 종	一 한 일	貫 꿸 관	• 시종일관: 처음부터 끝까지 한결같음.
321	識 알 식	字 글자 자	憂 근심 우	患 근심 환	• 식자우환: 학식이 있는 것이 도리어 근심을 가져온다는 말.
322	身 몸 신	言 말씀 언	書 글 서	判 판단할 판	• 신언서판: 사람이 갖추어야 할 몸가짐, 말씨, 문필, 판단력의 네 가지 조건을 말함.

순	고사성어				뜻 풀 이
323	新 새 신	入 들 입	舊 예 구	出 날 출	• 신입구출: 새것이 들어오고 묵은 것은 나감을 뜻함. 즉 새것과 헌것이 서로 바뀜.
324	身 몸 신	體 몸 체	髮 터럭 발	膚 살 부	• 신체발부: 머리끝부터 발끝까지의 몸 전체.
325	身 몸 신	土 흙 토	不 아니 불	二 두 이	• 신토불이: 우리 체질에는 우리 농산물이 제일이라는 뜻으로 우리 것을 이용하자는 말.
326	實 열매 실	事 일 사	求 구할 구	是 이 시	• 실사구시: 사실에 힘써서 잘되고 옳음을 구함.
327	深 깊을 심	根 뿌리 근	固 굳을 고	柢 뿌리 저	• 심근고저: 깊이 뿌리가 땅에 뻗어 있어 움직이지 않는 것.
328	深 깊을 심	思 생각 사	熟 익을 숙	考 상고할 고	• 심사숙고: 깊이 생각하고 익히 고찰함.
329	心 마음 심	悅 기쁠 열	誠 정성 성	服 복종할 복	• 심열성복: 인격적으로 사표가 될 만한 사람에게 마음에 울어나서 지성으로 복종하는 것.
330	十 열 십	年 해 년	減 감할 감	壽 목숨 수	• 십년감수: 수명이 십 년이나 줄었다는 말로 심한 고생이나 큰 위험을 겪고 난 다음에 쓰는 말.
331	十 열 십	目 눈 목	所 바 소	視 볼 시	• 십목소시: 여러 사람이 다 같이 보고 있다는 뜻으로 남의 눈을 속일 수 없다는 말.
332	十 열 십	匙 숟가락 시	一 한 일	飯 밥 반	• 십시일반: 열 사람의 밥에서 한술씩만 보태면 한 사람 먹을 밥이 생긴다는 말.
333	阿 언덕 아	鼻 코 비	叫 부르짖을 규	喚 부를 환	• 아비규환: 뜻밖의 일로 여러 사람이 몹시 비참한 지경에 빠졌을 때 그 고통에서 헤어나려고 악을 쓰며 소리 지르는 모양을 말함.
334	我 나 아	心 마음 심	如 같을 여	秤 저울 칭	• 아심여칭: 내 마음은 저울과 같이 공평무사함.
335	惡 악할 악	戰 싸움 전	苦 괴로울 고	鬪 싸움 투	• 악전고투: 죽을힘을 다하여 고되게 싸움.

순	고사성어				뜻 풀 이
336	顔 얼굴 　　안	面 낯 　　면	薄 얇을 　　박	待 기다릴 　　대	• 안면박대: 아는 사람을 박대함.
337	眼 눈 　　안	下 아래 　　하	無 없을 　　무	人 사람 　　인	• 안하무인: 자기밖에 없는 듯이 교만하여 사람을 업신여긴 다는 밀.
338	仰 우러러볼 　　앙	天 하늘 　　천	大 큰 　　대	笑 웃음 　　소	• 앙천대소: 하늘을 쳐다보고 크게 웃음.
339	哀 슬플 　　애	乞 구걸할 　　걸	伏 엎드릴 　　복	乞 구걸할 　　걸	• 애걸복걸: 무엇을 달라고 슬피 하소연하며 머리를 숙여 뷈.
340	愛 사랑 　　애	之 갈 　　지	重 무거울 　　중	之 갈 　　지	• 애지중지: 매우 사랑하고 소중히 여기는 모양.
341	藥 약 　　약	房 방 　　방	甘 달 　　감	草 풀 　　초	• 약방감초: 한약의 첩약에 대부분 들어가는 감초처럼 무슨 일이나 참견하고 꼭 쓰임을 이르는 말.
342	弱 약할 　　약	者 놈 　　자	先 먼저 　　선	手 손 　　수	• 약자선수: 장기나 바둑을 둘 때 수가 약한 사람이 먼저 두 는 것.
343	陽 볕 　　양	動 움직일 　　동	作 지을 　　작	戰 싸움 　　전	• 양동작전: 자기 편의 기도를 숨기고 적의 판단을 그르치게 하기 위해 어떤 행동을 유별히 드러내어 적의 주의 를 그쪽으로 쏠리게 하는 작전.
344	梁 대들보 　　양	上 위 　　상	君 임금 　　군	子 아들 　　자	• 양상군자: 대들보 위에 숨어 있는 군자란 뜻으로 도둑을 가리키는 말.
345	兩 두 　　량	手 손 　　수	執 잡을 　　집	餠 떡 　　병	• 양수집병: 두 손에 떡을 쥔 격으로 가지기도 어렵고 버리 기도 어려운 경우를 가리키는 말.
346	良 어질 　　량	藥 약 　　약	苦 괴로울 　　고	口 입 　　구	• 양약고구: 효험이 좋은 약은 입에 쓰나 병에 이롭다는 뜻 으로 충고하는 말은 듣기 싫지만 자신에게 이롭 다는 말.
347	魚 고기 　　어	頭 머리 　　두	鬼 귀신 　　귀	面 낯 　　면	• 어두귀면: 지질이 못난 보잘것없는 사람.

순	고사성어				뜻 풀 이
348	魚 고기 잡을 어	變 변할 변	成 이룰 성	龍 용 룡	• 어변성룡: 물고기가 변하여 용이 된다는 말로 어려운 사람이 부귀하게 되거나 출세하게 되는 것을 비유한 말.
349	語 말씀 어	不 아니 불	成 이룰 성	說 말씀 설	• 어불성설: 말이 사리에 맞지 않음. 도무지 말이 안 됨.
350	億 일억 억	千 일천 천	萬 일만 만	怯 구속할 겁	• 억천만겁: 무한한 시간, 영원한 세월.
351	焉 어찌 언	敢 구태여 감	生 날 생	心 마음 심	• 언감생심: 감히 그런 마음을 먹을 수도 없음.
352	言 말씀 언	語 말씀 어	道 길 도	斷 짧을 단	• 언어도단: 너무 어이없어서 말하려 해도 말할 수 없음.
353	言 말씀 언	中 가운데 중	有 있을 유	骨 뼈 골	• 언중유골: 보통 예사로운 말속에 단단한 속뜻이 들어 있다 는 말. 말속에 뼈가 있다.
354	言 말씀 언	行 행할 행	一 한 일	致 이룰 치	• 언행일치: 말과 행동이 꼭 같음.
355	嚴 엄할 엄	正 바를 정	中 가운데 중	立 설 립	• 엄정중립: 어느 편에도 기울지 않음.
356	與 줄 여	世 인간 세	推 밀 추	移 옮길 이	• 여세추이: 세상이 변하는 대로 따라서 변함.
357	與 줄 여	人 사람 인	同 한가지 동	樂 즐거울 락	• 여인동락: 딴사람과 더불어 같이 즐김.
358	易 바꿀 역	子 아들 자	而 어조사 이	敎 가르칠 교	• 역자이교: 자기 자식을 자기가 가르친다는 것은 어려우므 로 자식을 서로 바꾸어 가르치게 함.
359	延 미칠 연	年 해 년	益 더할 익	壽 목숨 수	• 연년익수: 나이를 많이 먹고 오래 사는 것을 뜻함.
360	年 해 년	富 부자 (넉넉할) 부	力 힘 력	强 굳셀 강	• 연부역강: 나이가 젊고 힘이 셈.

순	고사성어				뜻 풀 이
361	念 생각 념	力 힘 력	通 통할 통	巖 바위 암	• 염력통암: 염력이 바위를 뚫는다는 뜻으로 정신을 가다듬어 노력하면 마침내는 이루어진다는 말.
362	榮 영화 영	枯 마른 나무 고	盛 성할 성	衰 쇠약할 쇠	• 영고성쇠: 번영하고 시퇴하는 것.
363	禮 예도 례	不 아니 불	可 옳을 가	廢 폐할 폐	• 예불가폐: 어느 때 어느 장소에서나 예의는 지켜야 한다는 말.
364	五 다섯 오	穀 곡식 곡	百 일백 백	果 과실 과	• 오곡백과: 쌀, 보리, 콩, 조, 기장 등 다섯 가지 곡식과 온갖 과실. 온갖 곡식과 여러 가지 과실.
365	五 다섯 오	里 마을 리	霧 안개 무	中 가운데 중	• 오리무중: 짙은 안개 속에서 길을 찾기 어려운 것같이 무슨 일에 대하여 알 길이 없음을 일컫는 말.
366	吾 나 오	不 아니 불	關 빗장 관	焉 이끼 언	• 오불관언: 자기는 그 일에 상관하지 않음.
367	吳 오나라 오	越 넘을 월	同 한가지 동	舟 배 주	• 오월동주: 중국 춘추전국시대의 오왕 부차와 월왕 구천이 항상 적의를 품고 싸웠다는 고사로 서로 적의를 품은 자들이 같은 처지나 한자리에 놓임을 가리키는 말.
368	屋 집 옥	上 위 상	加 더할 가	屋 집 옥	• 옥상가옥: 지붕 위에 또 지붕을 만든다는 뜻으로 사물의 부질없는 중복을 비유.
369	屋 집 옥	下 아래 하	私 사사 사	談 말씀 담	• 옥하사담: 쓸데없는 개인의 이야기.
370	蝸 달팽이 와	角 뿔 각	知 갈 지	爭 다툴 쟁	• 와각지쟁: 사소한 일을 가지고 서로 다투는 것의 비유. 달팽이 두 뿔끼리 서로 다툰다는 말에서 온 고사.
371	臥 누울 와	薪 땔나무 신 섶 신	嘗 일찍 상	膽 쓸개 담	• 와신상담: 옛날 중국의 월왕 구천이 오왕부 차에게 나라를 빼앗기고 괴롭고 어려움을 참고 견디어 나라를 회복한 고사에서 나온 말로 섶에 누워 쓸개를 맛본다는 뜻으로 괴롭고 어려움을 참고 견딤의 비유.

순	고사성어				뜻 풀 이
372	日 갈 왈	可 옳을 가	日 갈 왈	否 아니 부	• 왈가왈부: 어떤 일에 옳거니 않거니 하고 구구하게 입씨름 하는 것.
373	外 밖 외	柔 부드러울 유	內 안 내	剛 굳셀 강	• 외유내강: 겉은 부드러운 듯하나 속은 곧고 굳음.
374	燎 햇불 료	原 근원 원	之 갈 지	火 불 화	• 요원지화: 무서운 기세로 타 나가는 벌판의 불.
375	搖 흔들 요	之 갈 지	不 아니 불	動 움직일 동	• 요지부동: 흔들어도 꼼짝하지 않음.
376	欲 하고자 할 욕	巧 공교할 교	反 돌아올 반	拙 못날 졸	• 욕교반졸: 잘하려고 하다가 도리어 잘못되는 것을 일컫는 말.
377	欲 하고자 할 욕	速 빠를 속	不 아니 불	達 통달할 달	• 욕속부달: 일을 속히 하고자 하다가 도리어 이루지 못함.
378	龍 용 룡	頭 머리 두	蛇 뱀 사	尾 꼬리 미	• 용두사미: 머리는 용이요 꼬리는 뱀이라는 뜻으로 처음 시 작은 그럴듯하게 하나 끝이 흐지부지하는 현상 을 비유하는 말.
379	用 쓸 용	意 뜻 의	周 두루 주	到 이를 도	• 용의주도: 고루 마음을 쓰고 준비하여 빈틈이 없음.
380	勇 쓸 용	錢 돈 전	如 같을 여	水 물 수	• 용전여수: 돈을 물처럼 흔하게 마구 씀.
381	龍 용 룡	虎 범 호	相 서로 상	博 칠 박	• 용호상박: 용과 범이 서로 싸움. 곧 강한 두 사람이 서로 싸운다는 뜻.
382	憂 근심 우	國 나라 국	志 뜻 지	士 선비 사	• 우국지사: 나랏일을 근심하고 염려하는 뜻있는 선비.
383	愚 어리석을 우	問 물을 문	賢 어질 현	答 대답 답	• 우문현답: 어리석은 질문에 현명한 대답.
384	優 넉넉할 우	勝 이길 승	劣 못날 열	敗 패할 패	• 우승열패: 나은 자는 이기고 못난 자는 진다는 뜻.

순	고사성어				뜻 풀 이
385	右 오른 우	往 갈 왕	左 왼 좌	往 갈 왕	• 우왕좌왕: 이리저리 왔다 갔다 함.
386	牛 소 우	耳 귀 이	讀 읽을 득	經 글 경	• 우이독경: 쇠귀에 경 읽기. 즉 가르치고 일러 주어도 알아듣지 못함.
387	雨 비 우	後 뒤 후	竹 대 죽	筍 준순 순	• 우후죽순: 비가 온 뒤에 죽순이 무럭무럭 솟는 것처럼 어떤 사물이 일시에 많이 생기는 것을 비유.
388	雲 구름 운	泥 진흙 니	之 갈 지	差 어기어질 차	• 운니지차: 구름과 땅과의 차이 즉 서로 차이가 많이 난다는 뜻.
389	遠 멀 원	交 사귈 교	近 가까울 근	攻 칠 공	• 원교근공: 먼 나라와 사귀어 가까운 나라를 치는 국책의 한 가지 방법을 말함.
390	遠 멀 원	禍 재화 화	召 부를 소	福 복 복	• 원화소복: 불행을 물리치고 복을 부름.
391	越 넘을 월	津 나루 진	乘 오를 승	船 배 선	• 월진승선: 상대자를 제쳐 놓고 엉뚱한 사람과 싸우는 것을 가리키는 말.
392	危 위태할 위	邦 나라 방	不 아니 불	入 들 입	• 위방불입: 위태한 나라에 들어가지 아니함.
393	韋 가죽 위	編 엮을 편	三 석 삼	絶 끊을 절	• 위편삼절: 공자가 주역을 많이 읽었으므로 그 책을 매었던 가죽끈이 세 번 끊어졌다는 데서 나온 말로 책을 많이 읽음을 비유한 말.
394	有 있을 유	口 입 구	無 없을 무	言 말씀 언	• 유구무언: 변명할 말이 없음. 입이 열이라도 할 말이 없음을 나타냄.
395	有 있을 유	名 이름 명	無 없을 무	實 열매 실	• 유명무실: 이름뿐이고 실속이 없음.
396	有 있을 유	備 갖출 비	無 없을 무	患 근심 환	• 유비무환: 준비가 있으면 걱정이 없음.
397	流 흐를 유	水 물 수	不 아니 불	腐 썩을 부	• 유수불부: 흐르는 물은 썩지 아니함.

순	고사성어				뜻 풀 이
398	唯 오직 유	我 나 아	獨 홀로 독	尊 높을 존	• 유아독존: 이 세상에 나보다 더 높은 것이 없다고 하는 말로 자기만 잘난 체하는 태도를 이르는 말.
399	六 여섯 육	月 달 월	飛 날 비	霜 서리 상	• 유월비상: 유월에 서리가 내린다 함이니 원한을 품고 앙갚음을 꾀함에 그 영향이 무섭다는 뜻.
400	唯 오직 유	一 한 일	無 없을 무	二 두 이	• 유일무이: 오직 하나뿐이고 둘은 없음.
401	有 있을 유	終 마칠 종	之 갈 지	美 아름다울 미	• 유종지미: 끝맺음을 잘 마무리함.
402	陸 뭍 륙	地 따 지	行 다닐 행	船 배 선	• 육지행선: 되지도 않을 일을 억지로 하려고 고집부림
403	隱 숨을 은	忍 참을 인	自 스스로 자	重 무거울 중	• 은인자중: 마음속으로 참으며 몸가짐을 장중히 함.
404	吟 읊을 음	風 바람 풍	弄 희롱할 롱	月 달 월	• 음풍롱월: 바람에 취한 듯이 밝은 달을 보고 시를 지어 읊음.
405	泣 울 읍	斬 벨 참	馬 말 마	謖 일어날 속	• 읍참마속: 중국 촉나라 제갈량이 사랑하는 장수 마속이 군령을 어기어 가정 싸움에서 패했을 때 울면서 그의 목을 벤 일. 큰 목적을 위하여 자기가 아끼는 자를 버리는 것의 비유.
406	意 뜻 의	氣 기운 기	投 던질 투	合 합할 합	• 의기투합: 마음이 서로 맞음.
407	異 다를 이	口 입 구	同 한가지 동	聲 소리 성	• 이구동성: 여러 사람의 말이 한결같음.
408	以 써 이	卵 알 란	擊 칠 격	石 돌 석	• 이란격석: 약한 것으로 강한 것을 이겨 내려는 일을 비유.
409	以 써 이	文 글월 문	會 모을 회	友 벗 우	• 이문회우: 학문으로 친구를 사귀는 것.
410	二 두 이	姓 성 성	之 갈 지	合 합할 합	• 이성지합: 두 성을 가진 남녀가 혼례를 이루는 일.

순	고사성어				뜻 풀 이
411	以 써 이	心 마음 심	傳 전할 전	心 마음 심	• 이심전심: 서로 마음과 마음이 통함.
412	二 두 이	律 법 률	背 등 배	反 돌이킬 반	• 이율배반: 서로 모순 대립되는 사실이나 한 행동이 사건 속의 주장이 되는 일.
413	以 써 이	財 재물 재	發 펼 발	身 몸 신	• 이재발신: 재물을 써서 인심을 얻어 출세함.
414	泥 진흙 이	田 밭 전	鬪 싸울 투	狗 개 구	• 이전투구: 진흙 속에서 싸우는 개와 같이 엉망진창인 모습.
415	二 두 이	重 무거울 (거듭) 중	人 사람 인	格 자격 격	• 이중인격: 한 사람이 전혀 다른 두 개의 성격을 동시에 지 니고서 때로는 다른 사람과 같이 행동하는 일, 또는 그러한 성질.
416	離 떠날 리	合 모을 합	集 모을 집	散 헤어질 산	• 이합집산: 헤어짐과 모임. 떨어짐과 맞춤.
417	人 사람 인	間 사이 간	大 큰 대	事 일 사	• 인간대사: 인간의 일생 중 중대한 일. 곧 결혼과 장례를 이름.
418	因 인할 인	果 과실 과	應 응할 응	報 갚을 보	• 인과응보: 좋은 원인에는 좋은 결과가 나오고, 나쁜 원인에 는 나쁜 결과가 나오는 것처럼 선악의 원인이 있음.
419	人 사람 인	命 목숨 명	在 있을 재	天 하늘 천	• 인명재천: 사람이 살고 죽음은 하늘에 매어 있음.
420	人 사람 인	事 일 사	不 아니 불	省 살필 성	• 인사불성: 의식을 잃어서 정신을 차리지 못하는 상태.
421	人 사람 인	山 뫼 산	人 사람 인	海 바다 해	• 인산인해: 사람이 헤아릴 수 없이 많이 모였음을 말함.
422	因 인할 인	循 좇을 순	姑 아직 고	息 쉴 식	• 인순고식: 낡은 습관을 버리지 못하고 임시방편이나 현상 유지에 급급함.

순	고사성어				뜻 풀 이
423	人 어질 인	義 옳을 의	禮 예도 례	智 슬기 지	• 인의예지: 사람이 타고날 때부터 마음에 지닌 4가지 덕, 곧 어질고, 의롭고, 예의를 지킬 줄 알고, 지혜로움을 일컫는 말.
424	仁 어질 인	者 놈 자	無 없을 무	敵 대적할 적	• 인자무적: 어진 사람은 모든 사람이 그를 따르므로 적이 없음.
425	人 사람 인	之 갈 지	常 항상 상	情 뜻 정	• 인지상정: 사람이면 누구나 가지는 보통 인정.
426	人 사람 인	海 바다 해	戰 싸움 전	術 꾀 술	• 인해전술: 막대한 출혈을 각오하고 엄청나게 많은 인원을 동원함으로써 상대편을 제압하려는 전술.
427	一 한 일	刻 새길 각	千 일천 천	金 쇠 금	• 일각천금: 극히 짧은 시각도 천금같이 아깝고 귀중함.
428	一 한 일	口 입 구	難 어려울 난	說 말씀 설	• 일구난설: 한마디로 이를 다 말할 수 없음.
429	一 한 일	口 입 구	二 두 이	言 말씀 언	• 일구이언: 한 입으로 두 가지 말을 함.
430	一 한 일	諾 대답할 낙	千 일천 천	金 쇠 금	• 일낙천금: 한 번 승낙한 것을 절대로 어기지 않음.
431	一 한 일	念 생각할 념	通 통할 통	天 하늘 천	• 일념통천: 한마음으로 열심히 하면 하늘이 감동되어 성취함.
432	日 날 일	落 떨어질 락	西 서녘 서	山 뫼 산	• 일락서산: 해가 서쪽 산에 떨어짐.
433	一 한 일	網 그물 망	打 칠 타	盡 다할 진	• 일망타진: 한 번 그물을 쳐서 많은 물고기를 깡그리 잡는다는 뜻이 바뀌어 어떤 무리를 한꺼번에 모조리 잡음.
434	一 한 일	面 낯 면	如 같을 여	舊 옛 구	• 일면여구: 단 한 번 만나서 사귀고 옛 친구처럼 친해진다.
435	一 한 일	罰 벌줄 벌	百 일백 백	戒 경계할 계	• 일벌백계: 한 가지로 벌을 주어 여러 가지를 깨우치게 함.

순	고사성어				뜻 풀 이
436	一 한 　일	絲 실 　사	不 아니 　불	亂 어지러울 　란	• 일사불란: 질서가 바로잡혀 조금도 어지러움이 없음.
437	一 한 　일	生 날 　생	行 다닐 　행	樂 즐거울 　락	• 일생행락: 나서 죽을 때까지 일평생을 즐겁게 지냄.
438	一 한 　일	笑 웃을 　소	一 한 　일	少 젊을 　소	• 일소일소: 한 번 웃으면 한 번 젊어진다는 뜻으로 명랑하고 화내지 않고 웃으면 건강에 좋다는 말.
439	一 한 　일	視 볼 　시	同 한가지 　동	仁 어질 　인	• 일시동인: 모든 것을 평등하게 사랑함.
440	一 한 　일	心 마음 　심	專 오로지 　전	力 힘 　력	• 일심전력: 한마음으로 온 정력을 기울임.
441	一 한 　일	言 말씀 　언	半 반 　반	句 구절 　구	• 일언반구: 단 한마디의 말.
442	一 한 　일	葉 잎 　엽	片 조각 　편	舟 배 　주	• 일엽편주: 한 조각의 조그마한 조각배.
443	一 한 　일	以 써 　이	貫 펠 　관	之 갈 　지	• 일이관지: 한 가지 이치로써 모든 일을 꿰뚫음.
444	一 한 　일	字 글자 　자	無 없을 　무	識 알 　식	• 일자무식: 글 한 자도 모르는 아주 무식한 사람.
445	一 한 　일	場 마당 　장	春 봄 　춘	夢 꿈 　몽	• 일장춘몽: 한바탕의 봄꿈처럼 헛된 부귀영화.
446	一 한 　일	陣 진칠 　진	狂 미칠 　광	風 바람 　풍	• 일진광풍: 한바탕 부는 사나운 바람.
447	一 한 　일	切 끊을 절 온통 체	衆 무리 　중	生 날 　생	• 일체중생: 이 세상의 모든 인간. 우주 일체의 생명이 있는 것 전부.
448	一 한 　일	寸 마디 　촌	光 빛 　광	陰 그늘 　음	• 일촌광음: 아주 짧은 시간.

순	고사성어				뜻 풀 이
449	一 한 일	波 물결 파	萬 일만 만	波 물결 파	• 일파만파: 한 물결이 조금 움직이면 천만의 물결이 이에 따라 움직인다는 뜻으로 조그마한 일이라도 그 영향이 여러 군데로 파급하는 것을 말함.
450	一 한 일	片 조각 편	丹 붉을 단	心 마음 심	• 일편단심: 한 가지 지극한 마음.
451	一 한 일	筆 붓 필	揮 휘두를 휘	之 갈 지	• 일필휘지: 한숨에 줄기차게 글씨를 내리씀.
452	一 한 일	喜 기쁠 희	一 한 일	悲 슬플 비	• 일희일비: 기쁜 일과 슬플 일이 번갈아 일어남.
453	臨 임할 임	機 틀 기	應 응할 응	變 변할 변	• 임기응변: 그때그때 일의 기틀에 따라 알맞게 처리함.
454	臨 임할 임	戰 싸움 전	無 없을 무	退 물러날 퇴	• 임전무퇴: 싸움에 임하여 물러섬이 없음.
455	立 설 립	錐 송곳 추	之 갈 지	地 따 지	• 입추지지: 송곳 하나 세울 만한 땅이라는 뜻. 매우 좁아 조금도 여유가 없음을 가리키는 말.
456	自 스스로 자	家 집 가	撞 칠 당	着 부딪칠 착	• 자가당착: 자기가 한 말이나 글의 앞뒤가 서로 어긋나 모순됨.
457	自 스스로 자	激 부딪칠 격	之 갈 지	心 마음 심	• 자격지심: 자기가 한 일에 대하여 자기 스스로 미흡하게 여기는 마음.
458	自 스스로 자	給 줄 급	自 스스로 자	足 넉넉할 족	• 자급자족: 자기 수요를 자기가 생산하여 충당함.
459	自 스스로 자	問 물을 문	自 스스로 자	答 대답할 답	• 자문자답: 저 혼자서 묻고 제가 대답함.
460	自 스스로 자	手 손 수	成 이룰 성	家 집 가	• 자수성가: 물려받은 재산이 없는 사람이 제힘으로 재산을 모음.
461	自 스스로 자	業 일 업	自 스스로 자	得 얻을 득	• 자업자득: 제가 저지른 일의 과보를 자신이 받음.

순	고사성어				뜻 풀 이
462	自 스스로 자	酌 따를 작	自 스스로 자	飮 마실 음	• 자작자음: 술을 손수 따라 마심.
463	自 스스로 자	稱 일컬을 칭	千 하늘 천	子 아들 자	• 자칭천자: 스스로 잘난 체하여 제 자랑만을 하는 사람을 비웃는 말.
464	自 스스로 자	他 다를 타	公 한가지 공	認 알 인	• 자타공인: 자기나 남들이 다 같이 인정함.
465	自 스스로 자	畵 그림 화	自 스스로 자	讚 칭찬받을 찬	• 자화자찬: 자기가 그린 그림을 자기가 칭찬한 다는 뜻에서 제 일을 제 스스로 자랑함을 이르 는 말.
466	作 지을 작	心 마음 심	三 석 삼	日 날 일	• 작심삼일: 결심이 사흘을 가지 못한다는 뜻.
467	殘 해칠 잔	忍 참을 인	薄 얇을 박	行 행할 행	• 잔인박행: 잔인하고도 야박한 짓.
468	長 긴 장	久 오랠 구	之 갈 지	策 꾀 책	• 장구지책: 긴 안목으로 내다보는 원대한 사업계획.
469	長 긴 장	幼 어릴 유	有 있을 유	序 차례 서	• 장유유서: 어른과 어린이는 차례와 질서가 있어야 한다.
470	長 긴 장	足 발 족	進 나갈 진	步 거름 보	• 장족진보: 아주 빠르게 되어 가는 진보.
471	才 재주 재	色 빛 색	兼 겸할 겸	備 갖출 비	• 재색겸비: 여자의 여러 가지 재주와 용모가 두루 갖추어짐.
472	賊 도둑 적	謨 꾀 모	難 어려울 난	測 헤아릴 측	• 적모난측: 도적의 간악한 꾀를 헤아리기 어려움.
473	積 쌓을 적	善 착한 선	餘 남을 여	慶 경사 경	• 적선여경: 남에게 착한 일을 많이 한 보답으로 그 자손이 받는 경사.
474	赤 붉을 적	手 손 수	空 빌 공	拳 주먹 권	• 적수공권: 맨손과 빈주먹. 아무것도 가진 것이 없음을 뜻함.

순	고사성어				뜻 풀 이
475	適 마침 적	材 재목 재	適 마침 적	所 바 소	• 적재적소: 적당한 인재를 적당한 자리에 씀.
476	傳 전할 전	家 집 가	之 갈 지	寶 보배 보	• 전가지보: 조상 때부터 대대로 내려오는 보물.
477	前 앞 전	功 공 공	可 옳을 가	惜 아낄 석	• 전공가석: 조금 되어 가던 일이 실패로 돌아갔다는 말.
478	前 앞 전	代 대신할 대	未 아닐 미	聞 들을 문	• 전대미문: 이제까지 들은 적이 없는 새로운 것.
479	前 앞 전	無 없을 무	後 뒤 후	無 없을 무	• 전무후무: 과거에도 없었고 앞으로도 없음.
480	專 오로지 전	心 마음 심	全 온전 전	力 힘 력	• 전심전력: 모든 힘과 마음을 오로지 한군데에만 씀.
481	前 앞 전	程 길 정	萬 일만 만	里 마을 리	• 전정만리: 앞길이 멀다는 뜻으로 나이가 젊어서 장래가 아주 유망함.
482	絶 끊을 절	壁 벽 벽	江 물 강	山 뫼 산	• 절벽강산: 귀가 아주 먹었거나 사리에 어두운 사람을 낮추어 일컫는 말.
483	切 끊을 절	嗟 슬플 차	琢 쫄 탁	磨 갈 마	• 절차탁마: 옥이나, 돌, 따위는 갈고 닦아서 빛을 낸다는 뜻으로 도덕이나 학문, 기술을 노력하여 닦음을 이르는 말.
484	切 끊을 절	海 바다 해	孤 외로울 고	島 섬 도	• 절해고도: 육지에서 아주 멀리 떨어져 있는 외딴섬.
485	點 수효 점	滴 물방울 적	穿 뚫을 천	石 돌 석	• 점적천석: 한 방울 두 방울씩 떨어지는 물방울도 돌을 뚫는다. 작은 힘도 쌓이고 쌓이면 능히 센 힘이 된다.
486	政 정사 정	略 다스릴 략	結 맺을 결	婚 혼인할 혼	• 정략결혼: 주혼자가 제 이익을 위해 당사자의 의사를 무시하고 억지로 시키는 결혼.
487	井 우물 정	中 가운데 중	之 갈 지	蛙 개구리 와	• 정중지와: 우물 안 개구리. (넓은 세상의 형편을 모름)

순	고사성어				뜻 풀 이
488	濟 건널 제	濟 건널 제	多 많을 다	士 선비 사	• 제제다사: 훌륭한 여러 선배.
489	糟 지게미 조	糠 겨 강	之 갈 지	妻 아내 처	• 조강지처: 가난해서 재강과 겨 같은 것밖에 먹지 못하고 고생을 같이헤 온 부인은 제아무리 복이 터져 부귀를 누리게 되더라도 버리거나 마구 취급해 서는 안 된다는 말.
490	朝 아침 조	問 들을 문	夕 저녁 석	死 죽을 사	• 조문석사: 아침에 진리를 들어 깨치면 저녁에 죽어도 한이 없다는 뜻.
491	朝 아침 조	三 석 삼	暮 저물 모	四 넉 사	• 조삼모사: 간사스러운 꾀로 남을 속여 희롱함을 일컫는 말.
492	鳥 새 조	足 발 족	之 갈 지	血 피 혈	• 조족지혈: 새 발의 피라는 뜻으로 아주 적은 것을 가리키 는 말.
493	存 있을 존	亡 망할 망	之 갈 지	秋 가을 추	• 존망지추: 존재하느냐 멸망하느냐의 절박한 때.
494	縱 마칠 종	無 없을 무	消 사라질 소	息 쉴 식	• 종무소식: 끝끝내 아무런 소식이 없음.
495	從 좇을 종	心 마음 심	所 바 소	慾 욕심 욕	• 종심소욕: 마음에 하고 싶은 대로 좇아 함.
496	坐 앉을 좌	見 볼 견	千 일천 천	里 마을 리	• 좌견천리: 앉아서 천 리를 본다는 말로 멀리 앞을 내다봄 을 뜻함.
497	坐 앉을 좌	不 아니 불	安 편안 안	席 자리 석	• 좌불안석: 마음에 불안, 초조, 공포 따위가 있어 한자리에 진득하게 앉아 있지 못함.
498	左 왼 좌	之 갈 지	右 오른쪽 우	之 갈 지	• 좌지우지: 자기 마음대로 다룸.
499	主 주인 주	客 손 객	顚 엎드러질 전	倒 엎어질 도	• 주객전도: 사물의 경중, 선후, 완급이 서로 바뀜.
500	周 두루 주	到 이를 도	綿 솜 면	密 빽빽할 밀	• 주도면밀: 주의가 빈틈없이 두루 미침.

순	고사성어				뜻 풀 이
501	走 달릴 주	馬 말 마	看 볼 간	山 뫼 산	• 주마간산: 말을 타고 달리면서 산천을 구경한다는 뜻으로 천천히 살펴볼 여가가 없이 바쁘게 대강 보고 지남을 이르는 말.
502	晝 낮 주	夜 밤 야	長 긴 장	川 내 천	• 주야장천: 밤낮으로 쉬지 않고 잇따라서 늘, 언제나 늘.
503	主 임금 주	酒 술 주	客 손 객	飯 밥 반	• 주주객반: 주인은 손에게 술을 권하고 손은 주인에게 밥을 권하며 다정히 식음함.
504	竹 대 죽	馬 말 마	故 예 고	友 벗 우	• 죽마고우: 죽마를 타던 벗이라는 뜻으로 어릴 때부터 같이 놀며 자란 친구.
505	衆 무리 중	口 입 구	難 어려울 난	防 막을 방	• 중구난방: 뭇사람의 입은 다 막기가 어려움.
506	中 가운데 중	庸 떳떳할 용	之 갈 지	道 길 도	• 중용지도: 마땅하고 떳떳한 중용의 도리. 극단에 치우치지 않고 평범함 속에서의 진실한 도리.
507	志 뜻 지	氣 기운 기	相 서로 상	合 합할 합	• 지기상합: 두 사람의 뜻이 서로 맞음.
508	知 알 지	德 큰 덕	合 모을 합	一 한 일	• 지덕합일: 지식 덕행은 합치되어야 한다는 뜻.
509	知 알 지	路 길 로	問 물을 문	行 다닐 행	• 지로문행: 아는 길도 물어서 가면 실수가 없다.
510	支 지탱할 지	離 떠날 리	滅 멸할 멸	裂 찢어질 렬	• 지리멸렬: 이리저리 어지럽게 흩어져 갈피를 잡을 수 없이 됨.
511	池 못 지	魚 고기 어	之 갈 지	災 재앙 재	• 지어지재: 아무 까닭 없이 화를 당하는 것. 연못물을 길어다가 성문의 불을 끄고 나니 연못물이 말라 그 속의 물고기가 다 죽었다는 말.
512	知 알 지	者 놈 자	不 아니 불	惑 미혹할 혹	• 지자불혹: 사리에 밝은 사람은 의리에 통하여 미혹되지 않음.
513	至 이를 지	精 자세할 정	至 이를 지	密 빽빽할 밀	• 지정지밀: 지극히 정밀함.

순	고사성어				뜻 풀 이
514	遲 더딜 지	遲 더딜 지	不 아니 불	進 나아갈 진	• 지지부진: 매우 더뎌 잘 진척되지 않음.
515	知 알 지	彼 저 피	知 알 지	己 몸 기	• 지피지기: 상대방의 사정과 나의 사정을 잘 앎
516	指 손가락 지	呼 부를 호	之 알 지	間 사이 간	• 지호지간: 손짓하여 부를 만큼 가까운 거리.
517	盡 다할 진	忠 충성 충	報 갚을 보	國 나라 국	• 진충보국: 충성을 다하여 나라의 은혜를 갚음.
518	塵 티끌 진	合 합할 합	泰 클 태	山 뫼 산	• 진합태산: 티끌 모아 태산. 작은 것도 많이 모이면 나중에 크게 이루어짐의 비유.
519	斬 벨 참	草 풀 초	除 덜 제	根 뿌리 근	• 참초제근: 걱정이나 재앙이 될 일은 뿌리째 뽑아야 한다는 말.
520	冊 책 책	床 평상 상	退 물러날 퇴	物 만물 물	• 책상퇴물: 글만 읽고 세상 물정 모르는 사람.
521	淺 얕을 천	見 볼 견	薄 얇을 박	識 알 식	• 천견박식: 자기의 식견이 천박하다고 겸칭하는 것.
522	千 일천 천	軍 군사 군	萬 일만 만	馬 말 마	• 천군만마: 썩 많은 병마(군인과 말, 병력).
523	天 하늘 천	道 길 도	無 없을 무	心 마음 심	• 천도무심: 하늘이 무심함을 한탄하는 말.
524	千 일천 천	萬 일만 만	多 많을 다	幸 다행 행	• 천만다행: 매우 다행인 경우.
525	天 하늘 천	方 모 방	地 따 지	軸 수레바퀴 축	• 천방지축: 못난 사람이 종작없이 덤벙거림. 너무 바빠서 허둥지둥 방향을 잡지 못하고 함부로 날뜀.
526	千 일천 천	思 생각할 사	萬 일만 만	慮 생각 려	• 천사만려: 천만 가지 생각. 여러 가지 근심 걱정.

순	고사성어				뜻 풀 이
527	千 일천 천	辛 고생 신	萬 일만 만	苦 쓸 고	• 천신만고: 여러 가지로 애를 쓰는 무한한 고생.
528	天 하늘 천	佑 도울 우	神 귀신 신	助 도울 조	• 천우신조: 하늘과 신의 도움.
529	天 하늘 천	人 사람 인	共 함께 공	怒 성낼 노	• 천인공노: 하늘이나 사람이 다 함께 노한다는 뜻으로 도저히 용납 못 함.
530	天 하늘 천	長 긴 장	地 따 지	久 오랠 구	• 천장지구: 하늘과 땅이 영구히 변하지 않는 것처럼 사물이 길게 이어 나감을 축복하는 말.
531	天 하늘 천	定 정할 정	配 짝 배	匹 짝 필	• 천정배필: 하늘이 정한 연분. 썩 잘 어울리는 부부.
532	天 일천 천	載 실을 재	一 한 일	遇 만날 우	• 천재일우: 좀처럼 만나기 어려운 기회. 어쩌다가 혹 한 번 만남.
533	千 일천 천	差 어기어질 차	萬 일만 만	別 나눌 별	• 천차만별: 여러 가지 사물이 모두 차이가 있고 구별이 있음.
534	千 일천 천	態 모양 태	萬 일만 만	象 코끼리 상 모양 상	• 천태만상: 천차만별의 상태.
535	天 하늘 천	下 아래 하	泰 클 태	平 평할 평	• 천하태평: 온 세계가 평화스러움.
536	鐵 쇠 철	石 돌 석	肝 간 간	腸 창자 장	• 철석간장: 쇠나 돌처럼 야무진 간장.
537	徹 통할 철	天 하늘 천	之 갈 지	恨 한할 한	• 철전지한: 하늘에 사무치도록 깊이 맺힌 원한.
538	青 푸를 청	雲 구름 운	萬 일만 만	里 마을 리	• 청운만리: 푸른 구름 일만 리. 곧 원대한 포부나 높은 이상을 이르는 말.
539	青 푸를 청	天 하늘 천	白 흰 백	日 날 일	• 청천백일: 하늘이 맑게 갠 밝은 날.

순	고사성어				뜻 풀 이
540	草 풀 초	根 뿌리 근	木 나무 목	皮 가죽 피	• 초근목피: 풀뿌리나 나무껍질. 험한 음식을 일컫는 말.
541	草 풀 조	綠 푸를 록	同 한가지 동	色 빛 색	• 초록동색: 풀빛과 녹색은 한 색깔이라는 맗. 서로 같은 무리끼리 어울린다는 뜻.
542	焦 탈 초	眉 눈썹 미	之 갈 지	急 급할 금	• 초미지급: 눈썹에 불이 붙음과 같이 급하다는 말. 매우 위급함을 뜻함.
543	楚 초나라 초	材 재목 재	晉 나라 진	用 쓸 용	• 초재진용: 초나라 인재를 진나라에서 이용한다는 뜻으한다 자체 안에서는 그 가치를 알아주지 못하고 남이 그것을 이용함을 이르는 말.
544	初 처음 초	志 뜻 지	一 한 일	貫 꿸 관	• 초지일관: 처음 계획한 일을 이루려고 끝까지 밀고 나감.
545	寸 마디 촌	進 나아갈 진	尺 자 척	退 물러날 퇴	• 촌진척퇴: 진보는 적고 퇴보는 많음. 곧 얻은 것은 적고 잃은 것은 많음.
546	寸 마디 촌	鐵 쇠 철	殺 죽일 살	人 사람 인	• 촌철살인: 한 치의 칼로도 능히 사람을 죽인다는 데서 간 결한 말과 글로 급소를 잡아 표현하는 말.
547	秋 가을 추	風 바람 풍	落 떨어질 낙	葉 잎 엽	• 추풍낙엽: 가을바람에 흩어져 떨어지는 낙엽. 낙엽처럼 세 력 같은 것이 시들어 우수수 떨어짐의 비유.
548	春 봄 춘	秋 가을 추	筆 붓 필	法 법 법	• 춘추필법: 대의명분을 밝혀 세우는 사필의 논법. 공자가 춘 수라는 역사를 기록할 때 엄격한 대의명분에 입 각해서 기록했음.
549	春 봄 춘	風 바람 풍	秋 가을 추	雨 비 우	• 춘풍추우: 봄바람과 가을비. 지나간 세월을 일컫는 말.
550	出 날 출	嫁 시집갈 가	外 밖 외	人 사람 인	• 출가외인: 시집간 딸은 남과 같다는 뜻.
551	出 날 출	天 하늘 천	之 갈 지	孝 효도 효	• 출천지효: 천성으로 타고난 효도.

순	고사성어				뜻 풀 이
552	忠 충성 충	言 말씀 언	逆 거스를 역	耳 귀 이	• 충언역이: 충직한 말은 귀에 거슬려 불쾌함.
553	醉 술 취할 취	生 날 생	夢 꿈 몽	死 죽을 사	• 취생몽사: 취하여 살고 꿈속에서 죽는다는 뜻.
554	治 다스릴 치	外 밖 외	法 법 법	權 권세 권	• 치외법권: 외국 사절이 그 나라의 경찰권, 재판권, 관세권에서 면제되는 특권을 말함.
555	置 들 치	之 갈 지	度 법도 도	外 밖 외	• 치지도외: 내버려 두고 거들떠보지도 않음.
556	七 일곱 칠	去 갈 거	之 갈 지	惡 악할 악	• 칠거지악: 유교 도덕에서 아내를 내쫓을 수 있는 이유로 일곱 가지 조건. 그중 한 가지만 해당돼도 내쫓을 수 있음. ① 부모에게 순종하지 않는 것. ② 자식 못 낳는 것. ③ 행실이 음탕한 것. ④ 질투하는 것. ⑤ 나쁜 병이 있는 것. ⑥ 말썽이 많은 것. ⑦ 도둑질하는 것.
557	七 일곱 칠	顚 엎드러질 전	八 여덟 팔	起 일어날 기	• 칠전팔기: 일곱 번 넘어지고 여덟 번 일어난다는 뜻으로 여러 번의 실패에도 굽히지 않고 꾸준히 분투함.
558	針 바늘 침	小 작을 소	棒 몽둥이 봉	大 큰 대	• 침소봉대: 작은 일에 크게 허풍 떨어 말함.
559	快 쾌할 쾌	刀 칼 도	亂 어지러울 란	麻 삼 마	• 쾌도난마: 잘 드는 칼로 어지럽게 헝클어진 삼 가닥을 자른다는 뜻으로 어지럽게 뒤얽힌 사물을 명쾌하게 처리함의 비유.
560	他 다를 타	山 뫼 산	之 갈 지	石 들 석	• 타산지석: 다른 산에서 난 나쁜 돌도 자기의 구슬을 가는 데에 소용이 된다는 뜻으로 다른 사람의 하찮은 언행일지라도 자기의 지덕을 연마하는 데에 도움이 된다는 말.
561	卓 뛰어날 탁	上 위 상	空 빌 공	論 의논 논	• 탁상공론: 현실성이나 실천성이 없는 허황된 의논.
562	貪 탐할 탐	官 벼슬 관	汚 더러울 오	吏 아전 리	• 탐관오리: 욕심 많고 행실이 깨끗하지 못한 관리.

순	고사성어				뜻 풀 이
563	泰 클 태	山 뫼 산	北 북녘 북	斗 말 두	• 태산북두: 태산과 북두칠성. 사람이 우러러보며 존경하는 사람.
564	泰 클 태	山 뫼 산	峻 클 준	嶺 재 령	• 태산준령: 큰 산괴 험한 고게.
565	泰 클 태	然 그럴 연	自 스스로 자	若 같을 약	• 태연자약: 마음에 무슨 충동을 당하여도 듬직하고 천연스 러움.
566	土 흙 토	崩 산 무너질 붕	瓦 기와 와	解 풀 해	• 토붕와해: 흙이 무너지고 기와가 산산이 깨어진다는 뜻으 로 사물이 여지없이 무너져 나가 손댈 수 없이 됨을 가리키는 말.
567	投 던질 투	筆 붓 필	成 이룰 성	字 글자 자	• 투필성자: 붓을 던져도 글씨가 된다. 명필은 아무렇게나 써도 글씨가 잘된다는 말.
568	波 물결 파	瀾 물결 란	萬 일만 만	丈 길 장	• 파란만장: 물결의 기복이 몹시 심한 것처럼 사건의 진행에 도 변화가 심함.
569	破 깨질 파	廉 청렴할 렴	恥 부끄러울 치	漢 한수 한	• 파렴치한: 염치를 모르는 사람.
570	破 깨질 파	邪 간사할 사	顯 나타낼 현	正 바를 정	• 파사현정: 사견 사도를 파괴하여 정법을 창현함.
571	破 깨질 파	顔 얼굴 안	大 큰 대	笑 웃을 소	• 파안대소: 얼굴을 활짝 펴고 크게 웃음.
572	破 깨질 파	竹 대 죽	之 갈 지	勢 형세 세	• 파죽지세: 대를 쪼개는 기세라는 뜻으로 세력이 강대하여 감히 막을 수 없도록 대적을 물리치고 쳐들어 가는 기세.
573	八 여덟 팔	面 낯 면	不 아니 불	知 알 지	• 팔면부지: 어느 모로 보나 안면이 전혀 없는 사람.
574	八 여덟 팔	方 모 방	美 아름다울 미	人 사람 인	• 팔방미인: 어느 모로 보나 흠이 없이 아름다운 사람. 여러 방면의 일에 능통한 사람.

순	고사성어				뜻 풀 이
575	敗 패할 패	家 집 가	亡 망할 망	身 몸 신	• 패가망신: 가산을 없애고 몸을 망침.
576	覇 으뜸 패	氣 기운 기	滿 가득할 만	滿 가득할 만	• 패기만만: 패기가 넘침.
577	悖 어그러질 패	倫 인륜 륜	滅 멸할 멸	德 큰 덕	• 패륜멸덕: 인륜에 어그러져 덕이 전혀 없음.
578	敗 패할 패	將 장수 장	無 없을 무	言 말씀 언	• 패장무언: 한 번 크게 실수한 사람은 그 일에 대해 왈가왈부하지 못함을 뜻함.
579	偏 치우칠 편	母 어미 모	侍 모실 시	下 아래 하	• 편모시하: 홀로 남은 어머니를 모시고 있는 처지. (편모슬하)
580	平 평할 평	地 땅 지	落 떨어질 락(낙)	傷 상할 상	• 평지낙상: 평지에서 넘어져 몸을 다침. 뜻밖에 어떤 불행한 일을 당했다는 뜻.
581	平 평할 평	地 땅 지	風 바람 풍	波 물결 파	• 평지풍파: 평지에서 풍파를 일으킴. 뜻밖에 분쟁이 일어남의 비유.
582	肺 허파 폐	附 상부 부	之 갈 지	言 말씀 언	• 폐부지언: 마음속 깊이 우러나오는 참된 말.
583	抱 안을 포	腹 배 복	絶 끊을 절	倒 넘어질 도	• 포복절도: 몹시 우스워서 배를 잡고 몸을 가누지 못할 만큼의 웃음을 말함.
584	飽 배부를 포	食 먹을 식	煖 따뜻할 난	衣 옷 의	• 포식난의: 배불리 먹고 따뜻하게 입음. 곧 의식이 넉넉함.
585	暴 사나울 포	惡 악할 악	無 없을 무	道 길 도	• 포악무도: 성질이 사납고 악함.
586	布 베 포	衣 옷 의	之 갈 지	交 사귈 교	• 포의지교: 벼슬길에 있지 않을 때에 사권 벗.
587	暴 사나울 포	虎 범 호	憑 말 빨리 걸을 빙	河 물 하	• 포호빙하: 범을 맨주먹으로 치고 큰 냇물을 그냥 건넌다는 뜻으로 무모한 용기를 말함.

순	고사성어				뜻 풀 이
588	表 겉 표	裏 속 리	不 아니 불	同 한가지 동	• 표리부동: 마음이 음흉해서 겉과 속이 다름.
589	豹 표범 표	死 죽을 시	留 머무를 유	皮 가죽 피	• 표사유피: 표범은 죽어서 가죽을 남긴다는 뜻.
590	風 바람 풍	磨 갈 마	雨 비 우	洗 씻을 세	• 풍마우세: 비석이 오래되어 비에 씻기고 바람에 갈리다.
591	風 바람 풍	聲 소리 성	鶴 두루미 학	庚 학을 려	• 풍성학려: 동진 때 진황 부견이 비수에서 크게 패하고 바람소리와 학의 울음을 듣고도 추병이 아닌가 하고 놀랐다는 고사에서 나온 말로 겁을 집어먹은 사람이 하찮은 일에도 놀람.
592	風 바람 풍	樹 나무 수	之 갈 지	悲 슬플 비	• 풍수지비: 부모가 돌아가신 뒤에 아무리 봉양코자 해도 할 수 없으니 살아 계실 때 효성을 다해야 한다는 말.
593	風 바람 풍	雲 구름 운	造 지을 조	化 될 화	• 풍운조화: 바람과 구름 같은 헤아리기 어려운 변화, 시대를 만난 영웅의 변화무쌍한 일을 비유한 말.
594	風 바람 풍	月 달 월	主 주인 주	人 사람 인	• 풍월주인: 청풍명월 같은 풍류를 즐기는 사람.
595	風 바람 풍	前 앞 전	燈 등불 등	火 불 화	• 풍전등화: 바람 앞에 켠 등불이라는 뜻으로 몹시 위급한 상태를 말함.
596	風 바람 풍	塵 티끌 진	世 인간 세	界 지경 계	• 풍진세계: 전쟁 등으로 인하여 요란하고 시끄러워 편안하지 못한 세상.
597	皮 가죽 피	骨 뼈 골	相 서로 상	接 이을 접	• 피골상접: 살가죽과 뼈가 맞붙을 정도로 몸이 몹시 말랐음을 일컫는 말.
598	被 입을 피	害 해로울 해	妄 허망할 망	想 생각할 상	• 피해망상: 남이 자기에게 해를 입힌다고 생각하는 일. 친절이 오히려 속인다고 생각하는 것 따위.
599	匹 짝 필	夫 지아비 부	之 갈 지	勇 용감할 용	• 필부지용: 소인의 혈기에서 나오는 경솔한 용기.

순	고사성어				뜻 풀 이
600	必 반드시 필	有 있을 유	曲 굽을 곡	折 꺾을 절	• 필유곡절: 반드시 무슨 까닭이 있음.
601	何 어찌 하	待 기다릴 대	明 밝을 명	年 해 년	• 하대명년: 기다리기가 매우 지루함을 일컫는 말.
602	夏 여름 하	爐 화로 로	冬 겨우 동	扇 부채 선	• 하로동선: 여름의 화로와 겨울의 부채라는 뜻으로 곧 철에 맞지 않는 사물, 또는 무익한 재능을 말함.
603	下 아래 하	遇 어리석을 우	不 아니 불	移 옮길 이	• 하우불이: 어리석고 못난 사람의 버릇은 고치지 못함.
604	下 아래 하	意 뜻 의	上 위 상	達 통할 달	• 하의상달: 아랫사람의 뜻을 윗사람에게 말이나 글로써 여쭈어 알게 함.
605	河 물 하	海 바다 해	之 갈 지	澤 못 택	• 하해지택: 큰 강이나 넓은 바다와 같이 넓고 큰 혜택.
606	下 아래 하	厚 두터울 후	上 위 상	薄 엷을 박	• 하후상박: 아랫사람에게 후하고 윗사람에게 박함.
607	鶴 두루미 학	首 머리 수	苦 괴로울 고	待 기다릴 대	• 학수고대: 학의 목처럼 목을 길게 늘여 기다린다는 뜻으로 몹시 기다림을 일컫는 말.
608	漢 한수 한	江 물 이름 강	投 던질 투	石 돌 석	• 한강투석: 한강에 돌 던지기. 지나치게 미미하여 전혀 효과가 없음을 나타내는 말.
609	汗 땀 한	牛 소 우	充 채울 충	棟 기둥 동	• 한우충동: 책이 매우 많음을 일컫는 말.
610	閑 한가 한	雲 구름 운	野 들 야	鶴 두루미 학	• 한운야학: 허공에 뜬 한가한 구름과 들에 노는 학처럼 아무 구속도 없는 한가로운 생활을 일컬음.
611	緘 봉할 함	口 입 구	無 없을 무	言 말씀 언	• 함구무언: 입을 다물고 일체 말을 하지 않음.

참고문헌

강경석(2006). 학교ㆍ학급경영의 이론과 실제. 서울: 원미사.

강원근 외(2010). 학급경영: 미주알 고주알 열 두 빛깔. 파주: 교육과학사.

고은정 외(2010). 2010 맛있는 일반 상식. 서울: 법률출판사.

공주교육대학교 초등교육연수원(2004). 수업분석 및 평가의 이론과 실제(연수 자료).

교육과정ㆍ교과서연구회(2000). 한국 교육과정의 변천. 서울: 대한교과서주식회사.

곽병선(1983). 교육과정. 서울: 배영사.

곽영순 외(2007). 수업 컨설팅 바로하기. 서울: 원미사.

권기욱(2006). 최신 학급경영. 서울: 학지사.

권은숙(2005). Consulting 동료장학을 통한 교단 교사의 유능감 형성. 전국현장교육연구대회 연구보고서.

권현진 외(2002). 학급경영 길라잡이: 새내기 초등교사를 위한. 서울: 양서원.

김두정(2002). 학교 교육과정 편성 및 운영의 실제. 교육과정: 이론과 실제. 서울: 교육과학사.

김상원(1981). 교육과정과 교수학습론. 서울: 학문사.

김순택 외(1990). 현대 교수 원론. 서울: 교육과학사.

김신자(2002). 효과적 교수 설계 및 교수 방법. 서울: 교육과학사.

김영채(1999). 사고력: 이론, 개발과 수업. 서울: 교육과학사.

김인식ㆍ최호성ㆍ최병옥(1998). 학교중심 교육과정 탐구. 마산: 경남대학교출판부.

김용신ㆍ김남규(2009). 초등학교 교육과정 해설. 파주: 교육과학사.

김용주 외(2006). 학교 및 학급경영의 이해. 서울: 양서원.

김원경(2003). 특수학교 학급경영론. 서울: 도서출판 특수교육.

김재복(1995). 교육과정의 통합적 접근. 서울: 교육과학사.

김재복 외(1999). 학교 현장의 교육과정 혁신안 적용 실태 및 개선방안. 서울: 한국교원단체총연합회.

김종서(1987). 교육연구의 방법. 서울: 배영사.

김종서ㆍ김영찬(1983). 수업형태분석법. 서울: 교육과학사.

김종철(1997). 교육행정의 이론과 실제. 서울: 교육과학사.

김철주(1999). 효과적인 교수 방법의 탐구. 서울: 강남대학교출판부.

김태수(2006). 수업컨설팅 장학 실천 모형의 탐색. 대구교육대학교 교육대학원 석사학위 논문.

김학수(1993). 현대 교수ㆍ학습론. 서울: 교육과학사.

김호권ㆍ이돈희ㆍ이홍우(1983). 현대 교육과정론. 서울: 교육과학사.

박남기(2003). 학급경영 마이더스. 서울: 교육과학사.

박남기ㆍ김근영(2007). 서울: 태일사.

박남기 외(2008). 초등학급경영의 이론과 실제. 파주: 교육과학사.

박병량(2003). 학급경영: 성공적인 교실 운영을 위한 지침서. 서울: 학지사.

박병량(2005). 학교 학급경영. 서울: 학지사.

박병철(1990). 교과교육의 원리와 실제. 서울: 정민사.

박봉운 외(2010). 2010 기막힌 일반상식: 각종 시험 대비. 서울: 서울고시각.

박성익 외(2009). 교육방법의 교육공학적 이해. 파주: 교육과학사.

박승배(2001). 교육과정학의 이해. 서울: 양서원.

박승배 외 공역(2003). 교실 수업 관찰. 서울: 교육과학사.

박은종(2008). 재량활동 교육과정의 실행: 이론과 실제. 파주: 한국학술정보(주).

박은혜 외 공역(1999). 교사발달에 적합한 장학의 이론과 실제. 서울: 정민사.

백순근(1999). 수행평가의 이론과 실제. 서울: 원미사.

백영균(2002). ICT 활용교육론. 서울: 문음사.

변영계(2004). 교수학습이론의 이해. 서울: 학지사.

변영계(2004). 수업장학. 서울: 학지사.

변영계·김경현(2005). 수업장학과 수업분석. 서울: 학지사.

변영계·이상수(2005). 수업설계. 서울: 학지사.

변홍규(1994). 질문 제시방법. 서울: 교육과학사.

부천상인초등학교(2007). PCK 수업컨설팅을 통한 교사의 전문성 신장. 경기도교육청 지정 2007 자율장학
    모델학교 운영보고서.

설양환 외 공역(2002). 효과적인 수업 관찰. 서울: 아카데미프레스.

송민영(1998). 홀리스틱 교육과정 이론의 철학적 배경. 홀리스틱 교육 실천 연구. 제2집 제1호.

송용의 역(1998). 초등교수·학습 이론. 서울: 교육과학사.

시사정보연구원(2006). 에센스 시사일반상식. 서울: 연암사.

심덕보(2004). 수업분석의 실제. 서울: 예원문화사.

심우엽(2001). 교육심리학. 서울: 교육과학사.

아이패스 진로개발 편(2007). 솔루션 일반상식. 서울: 한국교육문화원.

양미경(2003). 교육과정과 교수 방법. 서울: 교육과학사.

원효헌(2002). 수업평가의 이해와 적용. 서울: 교육과학사.

유봉호(1992). 한국 교육과정사 연구. 서울: 교학연구사.

유택렬(2002). 실천연구와 방법. 서울: 교육과학사.

윤기옥 외(2002). 수업모형의 이론과 실제. 서울: 학문출판(주).

윤정일(2000). 교육행정학 원론. 서울: 학지사.

이경섭(1997). 한국 현대 교육과정사 연구(상). 서울: 교육과학사.

이귀윤(1996). 교육과정 연구: 과제와 전망. 서울: 교육과학사.

이돈희 외(1994). 교과 교육학 탐구. 서울: 교육과학사.

이상기·옥장흠(2000). 교육행정 및 교육경영. 서울: 형설출판사.

이상수 외(2003). 수업설계. 서울: 학지사.

이성호(2009). 교수방법론. 서울: 학지사.

이용숙·김영천(1998). 교육에서의 질적 연구: 방법과 적용. 서울: 교육과학사.

이용숙·조영태(1989). 수업방법. 서울: 배영사.

이원희 외(2010). 교육과정과 수업. 파주: 교육과학사.

이윤식(2000). 장학론. 서울: 교육과학사.

이윤식(2001). 학교경영과 자율장학. 서울: 교육과학사.

이윤식 (2004). 장학론 논고. 서울: 과학과 예술.

이의준 (1999). 컨설팅, 컨설턴트. 서울: 이문사.

이홍우(1992). 증보 교육과정 탐구. 서울: 박영사.

이홍우(1996). 지식의 구조와 교과. 서울: 교육과학사.

이홍우·유한구·정성모(2003). 교육과정 이론. 서울: 교육과학사.

이혁규 외(2009). 수업, 비평을 만나다. 서울: 우리교육.

임창재(1994). 수업 심리학. 서울: 학지사.

전국교직원노동조합(1991). 학급경영 1학기: 올바른 배움과 올바른 실천. 서울: 돌베개.

전국교직원노동조합(1991). 학급경영 2학기: 올바른 배움과 올바른 실천. 서울: 돌베개.

정석기(2009). 좋은 수업 설계와 실제. 서울: 원미사.

정숙경(2003). 수업의 기초와 실제 탐구. 부산: 동아대학교출판부.

정태범(2002 a). 교육행정의 발전방향. 서울: 양서원.

정태범(2002 b). 학교경영의 발전과 과제. 서울: 양서원.

조광제·허학도(2006). 현대교육과 학교공동체. 서울: 원미사.

조난심 외(1999). 국가 수준 교육과정 개발 및 적용 체제 개선을 위한 기초 연구. 연구보고 CRC 2005－
16. 서울: 한국교육과정평가원.

조벽(2003). 조벽 교수의 명강의 노하우 & 노와이. 서울: 해냄출판사.

조성일(2006). 교육행정과 학교 학급경영. 서울: 학이당.

조성일·신재흡(2010). 장학행정의 이론과 실재. 서울: 학이당.

조영달 외(1999). 한국 교실수업이 이해. 서울: 집문당.

조영일(2003). 새로운 접근의 교육학 개론. 서울: 교육과학사.

주삼환(1999). 장학·교장론: 교육의 질 관리. 서울: 성원사.

주삼환(1991). 장학론. 서울: 학연사.

주삼환(2006). 장학의 이론과 기법. 서울: 학지사.

주삼환·김영식(1990). 장학론. 서울: 한국방송통신대학교출판부.

주삼환 외(2000). 교육행정과 교육경영. 서울: 학지사.

주삼환 외(2003). 수업관찰과 분석. 서울: 원미사.

진동섭(2003 a). 경기도교육청 컨설팅장학의 개선방향. 수원: 경기도교육청.

진동섭 (2003 b). 학교 컨설팅: 교육개혁의 새로운 접근 방법. 서울: 학지사.

진동섭(2004). 학교 컨설팅. 서울: 원미사.

진동섭·홍창남·김도기(2009). 학교경영 컨설팅과 수업 컨설팅. 파주: 교육과학사.

천호성(2009). 수업 분석의 방법과 실제. 서울: 학지사.

천호성(2007). 사회과 수업 컨설팅 모형 개발에 관한 토론. 경인교육대학교 3C컨설팅멘토링 프로젝트팀.
서울대학교 컨설팅연구회 공동세미나 자료집. 학교 컨설팅과 수업 컨설팅의 과제와 전망. 192－196.

최희선(2004). 학교·학급경영: 이론과 실제. 서울: 형설출판사.

최병섭김행식(1998). 학급경영 백과. 서울: 내일을 여는 책.

최호성(1996). 학교 중심 교육과정의 과제와 전망. 교육과정연구. 제14권. 제1호. 한국교육과정학회. 78－105.

충청남도교육청(2001). 클릭! 수업분석(장학 자료). 대전: 충청남도교육청.

충청남도교육청(2003). 클릭! 으뜸수업 길라잡이(장학 자료). 대전: 충청남도교육청.

충청남도교육연수원(2002). 초등 교수학습방법 직무연수(연수 교재). 공주: 충청남도교육연수원.

충청남도천안교육청(2001). 수업분석의 실제(장학 자료). 천안: 충청남도천안교육청.

충청남도보령교육청(2001). 장학자료2001 - ②호『수업분석의 방법과 실제』. 대전: 씨엔씨.

충청남도천안교육청(2005). 으뜸수업을 위한 수업분석 도움자료(장학 자료). 천안: 충청남도천안교육청.

하영철(2002). 수업 지도의 실제. 서울: 동현출판사.

한국교육과정평가원(2006). 초 · 중등학교 교육과정 총론 개정 시안 수정 보완 연구. 연구자료.

한숙경 · 오인수(2002). 집단상담 프로그램: 효과적인 학급경영을 위한. 서울: 교육과학사.

한형식(2008). 수업기술의 정석 모색. 파주: 교육과학사.

함수곤 외(2003). 교육과정 개발의 이론과 실제. 서울: 교육과학사.

허경철(1999). 수행평가 정책의 과제와 전망. 한국교육과정평가원.

허영식(1997). 민주시민교육의 방법. 서울: 학문사.

현장교육지도기술연구회(1990). 바람직한 교수·학습 방법의 기술. 서울: 현대교육출판.

현장교육지도기술연구회(1990). 학급경영 기술과 실제. 서울: 현대교육출판.

현장교육지도기술연구회(1990). 교재연구 · 지도안 · 연구수업의 지도기술. 서울: 현대교육출판.

홍주희(2006). 수업개선지원단을 활용한 수업컨설팅. 서울교육. 2006. 여름호. 102 - 107.

황순희(2010). 다중지능 학급경영. 서울: 시그마프레스.

황윤한(2003). 교수·학습의 패러다임적 전환. 서울: 교육과학사.

Alfonso, R. J., Firth, G. R., & Neville, R. F.(1975). Instructional supervision: A behavior system. Boston: Allyn & Bacon, Inc.

Bogdan, R. C., & S. K. Birklen.(1982). Qualitative Research for Education. Allyn Bacon, Inc.

Bourdieu, P.(1977). Cultural Reproduction and Social Reproduction, J. Karabel & A. H. Halsey, Power and ideology in Education, N. Y.: Oxford University Pres.

Campbell, R. J.(1985). *Developing the primary school curriculum.* NY: Holt, Rinehart and Winston.

Dolye, W.(1986). "Classroom Organization and Management" M. C. Wittrock(ed.), Handbook of Research on Teaching(3rd ed.). New York: Macmillan, 392 - 431.

Glattorn, A. A.(1994). *Developing a Quality curriculum,* Alexadria, Verginia: ASCD.

Harris, B. H.(1975). Supervision behavior in education. N. J.: Prentice - Hall Inc.

Huberman, A., & Miles, M.(1994). *Data Management and Analysis Methods.* In N. Denzin and Y. Lincoln(Eds.), Handbook of Qualitative Research, 428 - 444. London: Sage.

Lofland, J.(1971). *Analyzing Social Settings: A Guide to Qualitative Observation and Analysis.* Belmont, CA: Wadsworth.

Matoba M., Crawford, K. A., Mohammad, R., & Sarkar Arani(2006). Lesson Study: international Perspective on Policy and Practice, Educational Science Publishing House.

Rist, R. C.(1985). On understanding the process of schooling: The contributions of labelin theory, J. H. Ballantine ed, Schools and sosiety, Mayfield Publishing Company.

Robinson, J. H.(1982). *Social typing at Hanseong Elementary: A transcultural model of social bias Schooling.* Spindler. G. ed., Doing the ethnography of schooling, Holt, Rindhart and Winston.

Sharp, R. & A. Green(1975). Education and social control: A study of progressive primary school, RKP.

Travers, R. M. W.(1981). Criteria of good teaching. In J. Millman(Ed.), Handbook of teacher evaluation. CA: SAGE.

Weber, B. J.(1992). *Reliability and discrimination power of performance criteria for students' ratings of teachers:* A comparison of K－5 and 6－12. ph. D. Dissertation. The Iowa State Univ.

찾아보기

[ㄱ]

[ㅇ]

아이디어 ; 54, 87, 91, 93, 130, 157, 162, 183, 185,
　　506, 508, 510, 514
악수 ; 233, 315, 332, 381
안내 ; 15, 98, 99, 129, 138, 238, 265, 281, 294,
　　426, 427, 428, 429, 435, 437, 460, 464, 472,
　　487, 488, 498, 501, 504, 506, 511
양적 ; 53, 114, 319, 567
양친 ; 30, 318, 323
언어적 상호작용 ; 113
언어폭력 ; 284
에티켓 ; 286
연구보고서 ; 51, 626
연구수업 ; 118, 629
연습 ; 37, 91, 96, 135, 161, 314, 321, 328, 329,
　　342, 344, 350, 353, 357, 368, 379, 384, 385,
　　388, 488, 500
영역 ; 16, 17, 19, 21, 51, 52, 53, 54, 58, 64, 68,
　　75, 117, 175, 196, 199, 201, 389
영역별 ; 16, 19, 21, 58, 68, 196, 201
예법 ; 223, 238, 469, 470
예의범절 ; 193, 206, 578
예절 ; 6, 48, 52, 191, 193, 202, 206, 208, 210,
　　211, 217, 218, 225, 235, 237, 240, 242, 248,
　　252, 263, 274, 276, 286, 460
예절교육 ; 6, 191, 193, 206, 208, 209, 211, 214
예절교육관 ; 211
오감 교육 ; 483
온라인 ; 284, 288
우애 ; 80, 199, 235, 236, 237
운영 ; 5, 6, 13, 15, 17, 18, 19, 20, 21, 22, 30, 47,
　　53, 55, 62, 63, 65, 69, 75, 79, 202, 391, 400,
　　411, 421, 473
웅변대회 ; 427, 457, 486
위인전 ; 204, 441, 443, 492
유틸리티 프로그램 ; 64
윤독 ; 482
윤리관 ; 235
융화 ; 118, 543
의사 ; 49, 50, 53, 60, 108, 161, 339, 397, 399,
　　401, 405, 417, 428, 442, 553
의사봉 ; 398, 399, 404, 407, 417

의제 ; 334, 367, 396, 410, 411
이기주의 ; 72, 240, 260
인간관계 ; 47, 205, 340, 444
인사말 ; 230, 237, 278, 288, 355, 504
인성 ; 25, 26, 62, 134, 191, 193, 194, 196, 197,
　　198, 199, 200, 202, 203, 205
인지 ; 34, 54, 130, 137, 146, 149, 150, 187, 201, 286
인지적 ; 52, 188
일반화 ; 91, 96, 115, 124, 125, 128, 171, 189
임상장학 ; 113

[ㅈ]

자기 주도적 ; 21, 29, 49, 50, 62, 63, 74, 118
자기수업 ; 113
자기장학 ; 21
자기평가 ; 49, 51, 56, 58, 59, 71, 75, 123, 124
자료 ; 6, 17, 49, 51, 55, 75, 88, 104, 109, 112,
　　113, 115, 121, 125, 130, 138, 156, 165, 361,
　　375, 418, 485, 509, 511, 513, 515, 629
자료 분석 ; 159
자아 개념 ; 72, 203
자연보호 ; 67, 199, 282, 427, 477
자연실험 ; 317, 319, 340
자율장학 ; 627
잠재적 교육과정 ; 199, 202
장학 ; 6, 40, 116, 187, 626
장학 담당자 ; 111
장학의 ; 627
재구성 ; 49, 50, 51, 53, 54, 57, 61, 75, 118
재량활동 ; 5, 6, 19, 29, 62, 63, 154, 196
재생화장지 ; 283
재청 ; 399, 402, 404, 407
적극적 반응 ; 159
적용 ; 46, 48, 50, 57, 63, 100, 125, 132, 136, 140,
　　154, 181, 205, 627
적용적 발문 ; 129, 143, 155
전문성 ; 27, 62, 627
전통예절 ; 217
절차 ; 15, 57, 88, 89, 102, 117, 132, 170, 245,
　　264, 400, 411
정보 사회 ; 64
정보화 ; 5, 25, 53, 284, 286

박은종 朴殷鍾 ────────────────────────

▌약 력

학 력

진주교육대학교 사회교육과 졸업
충남대학교 교육대학원 사회교육과 졸업
한국교원대학교 대학원 사회과교육학과 졸업(사회과교육 전공)
충남대학교 대학원 교육학과 박사과정 수료(교육심리학 및 교육과정 전공)
공주대학교 대학원 사회교육학과 박사과정 졸업(사회과교육 전공)
(교육학 박사: 사회과과교육 전공)

경 력

한국교총 정책위원, 혁신위원, 교권위원
충남교총 연구위원, 한국교총 정책연구소 객원연구원
한국 교원 교직윤리헌장 제정위원
충남대학교 교육연구소 객원연구원
충남대학교 인문과학연구소 객원연구원(Post—doc)
공주대학교 시간강사
한국산업연수원 청주능력개발원 외래 첨삭 교수
동신대학교 교양교직학부 외래 교수
홍익대학교 교양학부 외래 교수
충청남도교육청 장학사(충청남도당진교육청·부여교육청 근무)
(현) 충청남도교육연수원 교육연구사
(현) 공주대학교 겸임 교수
(현) 한국사회과교육연구회 회장

▌주요 논문

「사회과 기능 영역의 지도 방안 연구」
「사회과 수업 설계에 관한 연구」
「사회과의 새로운 평가 방법 연구」
「사회과 법교육과정 연계성 분석 연구」
「초등학교 사회과 교과서 자료 분석 연구」
「현대 사회과 교육의 구성주의적 접근 방법 연구」
「세계화 시대 한국 민주시민교육 접근 방법 탐색」
「국제 이해 증진을 위한 세계 시민 교육의 방안 연구」
「제7차 사회과 교육과정의 문제점과 대안적 접근 방안 연구」
「세계화·정보화 시대 바람직한 민주시민교육 방법 연구」
외 다수

▌주요 저서

『학위 논문 작성법』(공저)
『수업 장학 및 수업 분석』(공저)
『현장 체험 학습 길라잡이』(공저)
『재량활동 교육과정 지도』(공저)
『특별활동 길라잡이』(공저)
『사회과 평가 자료집』(공저)
『사회과 교육학과 교육평가』
『한국사회과 교육과정 탐구: 분석 및 모형 개발 탐색』
『사회과 교육학 핸드북: Key Point』
『현대 사회과 교육학·사회과 교육론 신강: 이론과 실제』

e—mail: ejpark7@kongju.ac.kr